南京大学经济学院教授文选

李晓春自选集

劳动力转移的经济学理论探索

李晓春 著

南京大学出版社

前 言

我对经济学理论研究的兴趣产生于我在日本名古屋市立大学经济学研究科攻读博士学位期间。那时,我看到一篇研究国际移民汇款的理论论文,篇幅不长,用数理公式推演,论证了移民汇款是如何有利于移民输出国经济而又如何不利于移民接受国经济的。论文以经济模型表述,结构明了、问题明晰,以严密的逻辑、清晰的结论给我留下深刻印象。我当时就联想到了国内农民工汇款,很想自己也能掌握理论研究的方法来解释农民工汇款的经济效果。正是从那时起我就开始了劳动力转移理论的系统学习,因为我坚信,用经济学理论研究方法明确劳动力转移的市场结构和机制一定是祖国建设所需要的。2003年9月入职南京大学商学院经济学系以后,我的研究选题和申请项目基本上都围绕在这个领域。本书就主要收集了我从经济学理论角度研究劳动力转移中的就业、农民工汇款、收入差距以及环境等问题的论文。

所谓"经济学理论研究",就是指依靠利用宏观经济学、微观经济学的基本原理和数学工具构建模型进行经济研究的方式,具有经济结构清晰、推理严谨的特点,是当前世界经济学研究的主流方式。与理论研究相对的是实证研究,这也是一种重要的研究方法。实证研究与经济实际结合紧密,问题的针对性强,是我国的劳动经济学研究(当然也包括劳动力转移的研究)中大多数学者采用的研究方式。然而,实证研究却代替不了理论研究,其原因是:

第一,理论研究可以在预设的条件下进行,既可以对已实施、也可以对还未实施的经济政策进行效果研究,有预警分析的作用,类似于军事演习中的"兵棋推演"。而绝大多数的实证研究需要数据支撑,这些数据必须在经济活动中采集,分析的是事后效果。

　　第二，理论研究中的经济结构可以根据研究目标的需要简单地重组改建，以便为实际经济找到最为合理的结构。众所周知，现实中的经济结构是不能轻易改动的，牵一发而动全身，在很多情况下即便发现问题也不能改动，就是改动了也不能保证改动的效果。所以，理论研究可以用最小的成本或无成本地为经济找到最为合理的结构。

　　本书之所以大多选取理论分析的成果，主要是想在已经有了许多实证研究成果的环境中，尽可能地为经济学人多奉献一些理论研究的成果，为他们提供更为立体的思考空间。正是在理论研究的框架下，本书各章对劳动力转移过程中出现或有可能出现的政策和事件进行经济学理论分析，除了关心就业、劳动力去向、部门经济的发展、收入差距和社会福利等经济问题外，还分析了经济对环境的影响。需要指出的是，本书的副标题是"劳动力转移的经济学理论探索"，各章内容也大多与劳动力转移有关，但大多数章的标题里并没有出现劳动力转移，这正好说明劳动力转移不仅局限在要素的配置上，它是一个广泛的存在，与经济的许多方面都会产生联系。本书的主体是2009年至今我在遂行各个科研项目的任务时写下的，也有一些是平时研究的所思所想。全书按研究的年代排序，共分为三篇31章，大部分选自我在这一期间所写的三本书：《劳动力转移中环境保护的经济政策研究》《江浙沪经济发展中的问题及差异研究》《长三角地区全面建成小康社会中绿色发展问题研究》。此次编辑时除了修改了个别文字之外，尽量保持了原貌。例如，2015年以前我们将"现代农业"称为"先进农业"，此次亦未做修改，保持原文发表时的状态。本书中的一些相关章节能比较完整地体现出我对劳动力转移中的环境和经济问题认识的深化和探索过程。

　　在理论分析中，我还发现了一些隐藏在经济政策中的问题，即"隐蔽性污染问题"。所谓"隐蔽性环境污染"，是指某些表面上与环境问题没有直接关联的经济政策在实施之后，对环境造成的一定程度的污染。这是我们在制定经济政策时，片面强调经济发展造成的。以促进农业现代化的政策为例，一般地，这样的政策不会直接与环境问题相联,但在促进农业现代化的生产中往往会通过增加农膜使用量来提高农业产量。然而,农膜是具有污染性质的生产要素。于是,便有了以下的政策传导路径(见图1)。目前,中国已成为农膜使用量第一的国家。根据中国塑料加工工业协会农膜专业委员会公布的信息,2019年,我国农用地膜覆盖面积超过3亿亩,农用棚膜覆盖面积约6200万亩。显然,农膜覆盖技术的应用会显著提高农业生产力,使用了农膜之后,农作物的生产率将提升20%—50%。但与此同时,农膜的使用也带来了"白色污染"的环境问题。有研究表明,我国农业生产中地膜回收率不到60%,这些未能回收的农膜会进入农作物土壤,影响土壤通透性,阻碍农作物吸收水分及根系生长,从而使得耕地质量恶化。

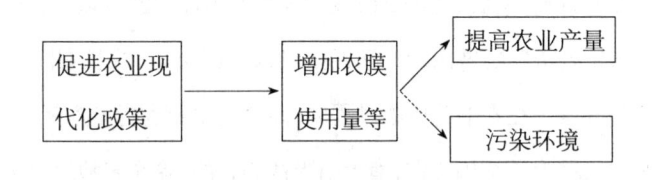

图1:隐蔽性污染传导路径

可以说,农膜使用带来的环境污染便是"提高农业现代化水平"这一积极政策所带来的"隐蔽性环境污染"。若未能注意这一类污染,那么我们很可能走上过去我国工业化过程中那条"先发展后治理"的老路;若注意到了这一类污染,我们便可以采取一些措施,如从源头上确保农膜的可回收性、研发农膜降解技术等。本书有许多章节致力于隐蔽性污染的研究。

感谢我们身处的这个伟大时代。改革开放40年把中国变成了全球GDP第二的国家,在研究上也为我们提供了观察经济发展的最好的实物空间。一些被国外经济学家看成已经没有研究价值的理论和模型,在中国的经济研究中得以重获新生。例如,劳动力转移研究中的哈里斯-托达罗(Harris-Todaro)模型,20世纪80年代至21世纪初的20多年是运用这个模型的研究高峰期,有上百篇相关研究成果发表在世界一流和知名杂志上，2005年以后研究趋于寂静。原因之一就是某些学者认为这个模型已经被研究透了。可当我们把它运用到中国的经济中，它就焕发出了新活力，这是因为中国经济崛起的体量巨大，许多在一般的发展中国家不易观察到的经济规律，在中国经济中得到放大，变得清晰。2011年以后，我和我的学生们以我国经济中的劳动市场为基础，以现实经济问题为导向，在国际杂志（SSCI杂志）上发表了20余篇运用哈里斯-托达罗模型的理论研究论文，我还有另外一些关于运用哈里斯-托达罗模型的研究设想，有待今后的研究加以实现。我衷心地希望，本书的研究结论能为政策部门提供有益的参考，为我国经济建设发挥作用；也希望本书能成为研究同行的学术基础，让更多有为的年轻人掌握理论经济学的研究方法，加入劳动经济学的研究领域，为我国经济的可持续发展，为经济研究的进步做出优异的贡献。

感谢南京大学经济学院做出的出版教授自选集的决定，院长安同良教授给予了我莫大的鼓励与鞭策。在本书的成书过程中，南京大学毓秀青年学者、经济学院博士后伍云云老师主动承担了统稿工作，南大出版社的张静、徐媛老师给予了许多专业指导，南京大学经济学院博士生傅华楠、贾甜甜等同学参与了校稿。没有他们的卓越工作，本书不可能顺利问世，在此，一并向他们表示感谢！

李晓春

2020年12月1日于安中楼

目 录

第Ⅰ篇 劳动力转移中环境保护的经济政策研究：2009年至2013年

第1章 关于长三角劳动力转移中的环境保护研究……… 003
- 第1节 序 言……… 003
- 第2节 工业化、劳动力转移与环境污染……… 004
- 第3节 经济学的数理分析方法……… 008
- 第4节 关于本篇……… 017

第2章 工业化进程中的环境保护研究之现状……… 021
- 第1节 工业污染对经济的影响……… 021
- 第2节 工业污染对农业生产的影响……… 025
- 第3节 中间品部门产生的污染……… 029
- 第4节 对未来研究方向的展望……… 032
- 参考文献……… 034

第3章 长三角地区最低工资线的农民工就业效果……… 039
- 第1节 问题的提出……… 039
- 第2节 文献回顾……… 040
- 第3节 最低工资的农民工就业效果——雇主主导市场下的工资与就业的决定……… 043
- 第4节 实证分析……… 045
- 第5节 金融危机冲击下最低工资的农民工就业效应——对买方垄断模型的

　　　　再分析 ······ 052

　　第6节　结　论 ······ 054

　　参考文献 ······ 055

第4章　城乡二元户籍制度背景下劳动力转移：失业与污染 ······ 058

　　第1节　序　言 ······ 058

　　第2节　理论模型 ······ 061

　　第3节　理论分析 ······ 062

　　第4节　结　论 ······ 069

　　参考文献 ······ 070

第5章　民间资本投资先进农业时的经济政策研究 ······ 071

　　第1节　引　言 ······ 071

　　第2节　建立模型 ······ 073

　　第3节　理论分析 ······ 077

　　第4节　结束语 ······ 085

　　附　录 ······ 086

　　参考文献 ······ 090

第6章　发展先进农业的环境和社会福利 ······ 092

　　第1节　引　言 ······ 092

　　第2节　建立模型 ······ 093

　　第3节　理论分析 ······ 095

　　第4节　结　论 ······ 105

　　附　录 ······ 105

　　参考文献 ······ 110

第7章　城乡人力资本水平差距的经济学分析 ······ 113

　　第1节　序　言 ······ 113

　　第2节　理论模型 ······ 116

　　第3节　分　析 ······ 121

第 4 节　结论及政策建议……………………………………………… 129
参考文献………………………………………………………………… 129

第 8 章　人力资本投资的环境效果:对生产性服务业的考察 …………… 131
第 1 节　引　言…………………………………………………………… 131
第 2 节　理论模型………………………………………………………… 136
第 3 节　理论分析………………………………………………………… 139
第 4 节　结　论…………………………………………………………… 146
参考文献………………………………………………………………… 146

第 9 章　经济发展政策,污染治理技术与跨界污染 ……………………… 149
第 1 节　引　言…………………………………………………………… 149
第 2 节　理论模型………………………………………………………… 151
第 3 节　理论分析………………………………………………………… 156
第 4 节　结　论…………………………………………………………… 163
参考文献………………………………………………………………… 163

第Ⅱ篇　江浙沪经济发展中的问题及差异研究:
2014 年至 2017 年

第 10 章　江浙沪经济发展中的问题及差异 ……………………………… 167
第 1 节　研究的背景和意义……………………………………………… 167
第 2 节　本篇的研究方法、研究价值、创新之处和主要结论…………… 170

第 11 章　农业二元化背景下的国际要素流动:失业与工资差距的分析 … 174
第 1 节　引　言…………………………………………………………… 174
第 2 节　模　型…………………………………………………………… 176
第 3 节　国际生产要素流动与工资差异………………………………… 179
第 4 节　结　论…………………………………………………………… 184
附　录…………………………………………………………………… 185

参考文献 187

第12章 环境与内外合资的混合制企业的民营化 189
第1节 引 言 189
第2节 模型的构建 192
第3节 理论分析 193
第4节 结 论 199
参考文献 200

第13章 混合制企业最优民营化与最优环境民营化：从混合制企业与民营企业的技术差距视角 202
第1节 引 言 202
第2节 模型的构建 204
第3节 理论分析 205
第4节 结 论 211
附 录 212
参考文献 213

第14章 江浙沪三地最低工资线就业效果的比较分析 216
第1节 序 言 216
第2节 劳动力买方垄断市场及其持续存在 220
第3节 江浙沪最低工资的就业效果比较 223
第4节 结 论 235
参考文献 236

第Ⅲ篇 关于隐蔽性环境污染的研究：2018年至2020年

第15章 关于隐蔽性环境污染和本篇构成 241
第1节 什么是"隐蔽性环境污染" 242
第2节 乡村振兴战略与环境保护 242

第 3 节　关于本篇的构成 …………………………………………… 244

第 16 章　环境保护中防污和治污谁更有效？ …………………………… 246
第 1 节　引　言 …………………………………………………… 246
第 2 节　建立模型 ………………………………………………… 248
第 3 节　理论分析 ………………………………………………… 251
第 4 节　结束语 …………………………………………………… 258
附　录 ……………………………………………………………… 259
参考文献 …………………………………………………………… 262

第 17 章　乡村振兴战略下要素国际流动的环境效果 …………………… 263
第 1 节　引　言 …………………………………………………… 263
第 2 节　乡村振兴战略实施的初始阶段 ………………………… 267
第 3 节　乡村振兴战略全面实施阶段 …………………………… 273
第 4 节　数值模拟 ………………………………………………… 278
第 5 节　结论 ……………………………………………………… 282
参考文献 …………………………………………………………… 283

第 18 章　现代农业补贴政策的环境与经济效果 ………………………… 286
第 1 节　引　言 …………………………………………………… 286
第 2 节　建立模型 ………………………………………………… 289
第 3 节　理论分析 ………………………………………………… 292
第 4 节　数值模拟分析 …………………………………………… 296
第 5 节　结束语 …………………………………………………… 302
附　录 ……………………………………………………………… 303
参考文献 …………………………………………………………… 304

第 19 章　对农业生产性服务业和对农业的补贴政策：环境效果的比较 …… 306
第 1 节　引　言 …………………………………………………… 306
第 2 节　模型及比较静态分析 …………………………………… 309
第 3 节　不同补贴的环境效果比较 ……………………………… 318

第 4 节　数值模拟⋯⋯⋯⋯⋯⋯⋯⋯⋯⋯⋯⋯⋯⋯⋯⋯⋯⋯⋯⋯⋯⋯⋯⋯⋯　320

第 5 节　结束语⋯⋯⋯⋯⋯⋯⋯⋯⋯⋯⋯⋯⋯⋯⋯⋯⋯⋯⋯⋯⋯⋯⋯⋯⋯⋯　325

附　录⋯⋯⋯⋯⋯⋯⋯⋯⋯⋯⋯⋯⋯⋯⋯⋯⋯⋯⋯⋯⋯⋯⋯⋯⋯⋯⋯⋯⋯⋯⋯　326

参考文献⋯⋯⋯⋯⋯⋯⋯⋯⋯⋯⋯⋯⋯⋯⋯⋯⋯⋯⋯⋯⋯⋯⋯⋯⋯⋯⋯⋯⋯　326

第 20 章　农业污染背景下，征收工业污染税补贴农业的环境效果⋯⋯　329

第 1 节　前　言⋯⋯⋯⋯⋯⋯⋯⋯⋯⋯⋯⋯⋯⋯⋯⋯⋯⋯⋯⋯⋯⋯⋯⋯⋯⋯　329

第 2 节　短期模型⋯⋯⋯⋯⋯⋯⋯⋯⋯⋯⋯⋯⋯⋯⋯⋯⋯⋯⋯⋯⋯⋯⋯⋯⋯　332

第 3 节　长期模型⋯⋯⋯⋯⋯⋯⋯⋯⋯⋯⋯⋯⋯⋯⋯⋯⋯⋯⋯⋯⋯⋯⋯⋯⋯　338

第 4 节　数值模拟⋯⋯⋯⋯⋯⋯⋯⋯⋯⋯⋯⋯⋯⋯⋯⋯⋯⋯⋯⋯⋯⋯⋯⋯⋯　342

第 5 节　结　论⋯⋯⋯⋯⋯⋯⋯⋯⋯⋯⋯⋯⋯⋯⋯⋯⋯⋯⋯⋯⋯⋯⋯⋯⋯⋯　347

附　录⋯⋯⋯⋯⋯⋯⋯⋯⋯⋯⋯⋯⋯⋯⋯⋯⋯⋯⋯⋯⋯⋯⋯⋯⋯⋯⋯⋯⋯⋯⋯　348

参考文献⋯⋯⋯⋯⋯⋯⋯⋯⋯⋯⋯⋯⋯⋯⋯⋯⋯⋯⋯⋯⋯⋯⋯⋯⋯⋯⋯⋯⋯　355

第 21 章　乡村振兴，混合制企业的民营化的经济与环境效果⋯⋯⋯⋯　357

第 1 节　前　言⋯⋯⋯⋯⋯⋯⋯⋯⋯⋯⋯⋯⋯⋯⋯⋯⋯⋯⋯⋯⋯⋯⋯⋯⋯⋯　357

第 2 节　基础模型⋯⋯⋯⋯⋯⋯⋯⋯⋯⋯⋯⋯⋯⋯⋯⋯⋯⋯⋯⋯⋯⋯⋯⋯⋯　360

第 3 节　乡村振兴战略与混合制企业民营化⋯⋯⋯⋯⋯⋯⋯⋯⋯⋯⋯⋯⋯　365

第 4 节　结　论⋯⋯⋯⋯⋯⋯⋯⋯⋯⋯⋯⋯⋯⋯⋯⋯⋯⋯⋯⋯⋯⋯⋯⋯⋯⋯　369

附　录⋯⋯⋯⋯⋯⋯⋯⋯⋯⋯⋯⋯⋯⋯⋯⋯⋯⋯⋯⋯⋯⋯⋯⋯⋯⋯⋯⋯⋯⋯⋯　370

参考文献⋯⋯⋯⋯⋯⋯⋯⋯⋯⋯⋯⋯⋯⋯⋯⋯⋯⋯⋯⋯⋯⋯⋯⋯⋯⋯⋯⋯⋯　370

第 22 章　农民工汇款的环境效果⋯⋯⋯⋯⋯⋯⋯⋯⋯⋯⋯⋯⋯⋯⋯⋯⋯　372

第 1 节　前　言⋯⋯⋯⋯⋯⋯⋯⋯⋯⋯⋯⋯⋯⋯⋯⋯⋯⋯⋯⋯⋯⋯⋯⋯⋯⋯　372

第 2 节　理论模型⋯⋯⋯⋯⋯⋯⋯⋯⋯⋯⋯⋯⋯⋯⋯⋯⋯⋯⋯⋯⋯⋯⋯⋯⋯　374

第 3 节　比较静态分析⋯⋯⋯⋯⋯⋯⋯⋯⋯⋯⋯⋯⋯⋯⋯⋯⋯⋯⋯⋯⋯⋯⋯　377

第 4 节　结　论⋯⋯⋯⋯⋯⋯⋯⋯⋯⋯⋯⋯⋯⋯⋯⋯⋯⋯⋯⋯⋯⋯⋯⋯⋯⋯　384

附　录⋯⋯⋯⋯⋯⋯⋯⋯⋯⋯⋯⋯⋯⋯⋯⋯⋯⋯⋯⋯⋯⋯⋯⋯⋯⋯⋯⋯⋯⋯⋯　384

参考文献⋯⋯⋯⋯⋯⋯⋯⋯⋯⋯⋯⋯⋯⋯⋯⋯⋯⋯⋯⋯⋯⋯⋯⋯⋯⋯⋯⋯⋯　386

第23章　关于收入差距与环境污染的经济学分析 389
第1节　序　言 389
第2节　劳动力转移框架下工资差距影响环境质量的理论模型 392
第3节　劳动力转移框架下工资差距影响环境的理论分析 394
第4节　收入差距影响环境质量的实证研究 400
第5节　结　论 409
参考文献 410

第24章　长三角地区最低工资对环境污染的影响探究 413
第1节　序　言 413
第2节　文献回顾 414
第3节　理论模型 416
第4节　实证分析 419
第5节　政策建议和结束语 425
参考文献 426

第25章　产业升级：农民工的培训成本与异质劳动力转移 428
第1节　序　言 428
第2节　模型与分析 430
第3节　政策建议与结论 439
参考文献 440

第26章　劳动培训对农民工汇款的影响研究 442
第1节　引　言 442
第2节　模　型 445
第3节　分　析 447
第4节　参数校准与数值模拟 454
第5节　研究结论 458
附　录 458
参考文献 463

第27章 现代农业的职业培训：企业出资还是个人出资？ 466
第1节 引 言 466
第2节 企业投资的分析 469
第3节 个人投资的分析 474
第4节 社会福利水平分析 478
第5节 结 论 479
参考文献 480

第28章 合资混合制企业股权转让的经济效果研究 482
第1节 引 言 482
第2节 模 型 483
第3节 合资混合制企业的股权转让分析 484
第4节 结 论 490
参考文献 490

第29章 农民工汇款与现代农业的发展 492
第1节 前 言 492
第2节 模 型 494
第3节 比较静态分析 495
第4节 数值模拟分析 502
第5节 结 论 506
附 录 506
参考文献 507

第30章 农民工汇款对就业和福利的影响 509
第1节 引 言 509
第2节 模 型 511
第3节 比较静态分析 513
第4节 政策启示和结束语 518
附 录 519

参考文献 ·· 520
第31章　农民工汇款与城乡收入差距的关联研究 ························· 522
  第1节　引　言 ··· 522
  第2节　理论模型 ··· 524
  第3节　比较静态分析 ·· 527
  第4节　数值模拟分析 ·· 534
  第5节　结　论 ··· 537
  附　录 ··· 538
  参考文献 ·· 547

图目录

图1-1 刘易斯模型机制 ……………………………………………… 011
图1-2 哈里斯-托达罗的劳动分配机制 …………………………… 016
图3-1 雇主市场下的就业与工资决定 …………………………… 045
图3-2 长三角地区平均最低工资变动趋势 ……………………… 047
图3-3 长三角地区最低工资与当地职工平均工资的平均比例变动趋势 … 047
图3-4 金融危机冲击下最低工资的农民工就业效应 …………… 053
图4-1 环境保护技术进步对环境以及城市失业的影响 ………… 064
图4-2 城市人口禀赋量增加对城市失业的影响 ………………… 066
图4-3 农村居民增加对城市失业的影响 ………………………… 067
图5-1 劳动力转移机制 …………………………………………… 076
图5-2 对先进农业部门资本补贴的经济效果 …………………… 080
图5-3 对先进农业部门工资补贴的经济效果 …………………… 083
图6-1 污染治理技术的变化对环境的影响 ……………………… 103
图7-1 初始状态的三部门劳动力分配状态 ……………………… 117
图7-2 均衡状态的三部门劳动力分配机制 ……………………… 121
图7-3 正式部门的边际产出和平均产出 ………………………… 122
图7-4 $h\downarrow$时的三部门劳动力分配 ……………………………… 127
图8-1 均衡机制 …………………………………………………… 140
图8-2 降低利息i对环境E的影响 ……………………………… 141
图8-3 投资成本c的增加对于环境E的影响 …………………… 142
图8-4 贷款利息i降低对L_3的影响 …………………………… 143

图 9-1　跨境污染与要素流动机制图 ······ 152
图 9-2　系统均衡状态劳动力分配机制图 ······ 155
图 9-3　转移成本降低的局部经济效果 ······ 158
图 9-4　区域 1 污染治理技术提高的局部经济效果图 ······ 161
图 10-1　本篇的研究框架 ······ 170
图 12-1　环境污染指数对企业 0 产量的影响 ······ 197
图 14-1　调整最低工资线的省份个数(2001—2015 年) ······ 218
图 14-2　劳动力买方市场 ······ 220
图 14-3　劳动力买方市场的持续存在 ······ 221
图 14-4　买方市场中就业与失业同时增加 ······ 221
图 14-5　买方市场中就业下降失业增加 ······ 222
图 14-6　长三角规模以上工业企业生产者剩余 ······ 222
图 14-7　江浙沪三地最低工资/城镇居民人均可支配收入(2002—2012) ······ 230
图 16-1　在人均污染消费条件下的劳动力配置 ······ 250
图 16-2　治污支出 ······ 251
图 16-3　治污商品支出的减少 ······ 254
图 17-1　初始阶段模型的数值模拟 ······ 280
图 18-1　环境污染与现代农业发展趋势 ······ 287
图 18-2　对现代农业的利息补贴对环境的影响 ······ 295
图 19-1　农业部门工资补贴的环境效果的传导机制 ······ 313
图 19-2　农业生产性服务业部门工资补贴环境效果的传导机制 ······ 317
图 19-3　农业生产性服务业部门利息补贴环境效果的传导机制 ······ 317
图 19-4　生产性服务业部门两种补贴分别对污染要素使用量的影响 ······ 323
图 19-5　农业部门两种补贴分别对污染要素使用量的影响 ······ 323
图 19-6　不同部门工资补贴对污染要素使用量的比较 ······ 324
图 19-7　不同部门利息补贴对污染要素使用量的比较 ······ 325
图 20-1　短期工业污染税补贴农业对环境的影响机制 ······ 337

| 图目录 |

图 20-2	长期工业污染税补贴农业对环境的影响机制	341
图 20-3	短期情况工业污染税补贴农业的经济与环境效果	345
图 20-4	长期情况工业污染税补贴农业的经济与环境效果	347
图 21-1	中国人均二氧化碳排放和规模以上国有与私营工业企业数量和比例	358
图 21-2	民营化对社会福利影响	364
图 22-1	2000—2011年上海市年度汇款总量与工业废气排放量	374
图 22-2	短期中移民者增加汇款的部分环境影响	380
图 22-3	长期中移民者增加汇款的部分环境影响	383
图 24-1	最低工资标准对环境压力的影响机制	417
图 24-2	最低工资标准与环境压力的关系	418
图 24-3	长三角三省(市)2003—2016年碳排放量	419
图 24-4	长三角三省(市)2003—2016年废水排放总量	420
图 24-5	不完全买方垄断劳动力市场	424
图 24-6	不完全买方垄断的初始位置(E点)	424
图 25-1	2012—2014年各年龄层接受过技能培训的农民工比重	429
图 25-2	劳动力转移机制	433
图 25-3	培训成本降低对劳动市场的影响	435
图 26-1	短期城市部门提高总产出中培训费用占比对汇款与经济的影响	450
图 27-1	1990—2012年农村居民家庭劳动力各文化程度占比状况	467
图 27-2	企业出资的经济效果	474
图 27-3	个人出资的经济效果	477
图 28-1	福利变化图	489
图 29-1	提升汇款效果图	500
图 29-2	现代农业产出值与农民工汇款	504
图 29-3	GDP与农民工汇款	505
图 29-4	传统农业部门劳动力数量与农民工汇款	505

表目录

表 3-1　长三角地区最低工资的农民工就业效应的回归结果 …… 048
表 3-2　分地区最低工资标准的农民工就业效应的回归结果 …… 050
表 5-1　式(5-14)和式(5-15)计算结果(计算过程详见附录 A) …… 079
表 5-2　式(5-16)计算结果(计算过程详见附录 B) …… 081
表 5-3　资本和劳动要素禀赋变化的结果(计算过程详见附录 C) …… 084
表 6-1　(6-17)和(6-20)式计算结果(计算过程详见附录 A) …… 098
表 6-2　(6-22)式计算结果(计算过程详见附录 B) …… 100
表 6-3　(6-23)式计算结果(计算过程详见附录 C) …… 101
表 6-4　(6-24)式计算结果(计算过程详见附录 D) …… 102
表 8-1　东、中、西部城乡文教娱乐支出人均比较 …… 132
表 8-2　东、中、西部工业发展与污染排放 …… 135
表 9-1　发展政策的比较静态分析结果 …… 157
表 9-2　污染治理技术变动的比较静态分析结果 …… 161
表 12-1　2005—2013 年中国主要污染物排放量和环境损失额 …… 191
表 14-1　五国(地区)最低工资的年增长率:2006—2015 年 …… 217
表 14-2　调整后实验组和控制组(上海—江苏) …… 224
表 14-3　调整后实验组和控制组(江苏—广东) …… 225
表 14-4　调整后实验组和控制组(浙江—江苏) …… 225
表 14-5　江浙沪三地规模以上工业企业双重差分回归结果 …… 227
表 14-6　上海双重差分回归结果 …… 228
表 14-7　对最低工资调整反应显著的细分行业 …… 231

表14-8	江浙沪三地对最低工资变化敏感显著的企业类型	234
表16-1	比较静态分析结果	252
表17-1	参数校准值	279
表17-2	乡村振兴战略实施初期模型的劳动力国际流动数值模拟	281
表17-3	乡村振兴战略实施初期模型的资本国际流动数值模拟	281
表17-4	不同污染参数下国际要素流动的环境效果	282
表18-1	对现代农业部门进行工资补贴的效果	293
表18-2	对现代农业部门进行利息补贴的效果	294
表18-3	提升现代农业部门的工资补贴率的效果	297
表18-4	不同α对应的城市部门资本使用量($\varepsilon_2=0.75$)	299
表18-5	不同α对应的城市部门资本使用量($\varepsilon_2=0.5$)	299
表18-6	不同α,s_2对应的城市部门资本使用量	300
表18-7	提升现代农业部门的利息补贴率的效果	302
表19-1	农业部门的补贴政策效果	312
表19-2	生产性服务业补贴政策的效果	316
表19-3	两部门生产函数和劳动力效率的具体函数形式	320
表19-4	所有参数的校准值	322
表20-1	短期计算结果	336
表20-2	工业污染税补贴农业三种补贴政策短期环境效果比较	338
表20-3	长期模型计算结果	340
表20-4	工业污染税补贴农业三种补贴政策长期环境效果比较	342
表20-5	参数校准值	344
表22-1	式(22-13)的计算结果	379
表22-2	式(22-16)的计算结果	382
表23-1	模型(23-17)的回归结果	404
表23-2	模型(23-18)的回归结果	404
表23-3	模型(23-19)和(23-20)的回归结果	405

| 表目录 |

表号	内容	页码
表23-4	变量对城乡收入差距效应的回归结果	406
表23-5	变量对熟练劳动力与非熟练劳动力收入差距效应的回归结果	407
表24-1	碳排放量的回归结果	422
表24-2	废水排放总量的回归结果	422
表25-1	短期计算结果汇总	434
表25-2	式(25-21)计算结果	438
表26-1	短期一般均衡分析结果	449
表26-2	长期一般均衡分析结果	453
表26-3	短期模型参数校准	455
表26-4	长期模型参数校准	455
表26-5	短期模型数值模拟	456
表26-6	长期模型数值模拟	457
表26-7	短期模型参数校准	459
表26-8	长期模型参数校准	460
表26-9	短期模型数值模拟($\bar{W}=276.4$)	460
表26-10	长期模型数值模拟($\bar{W}=276.4$)	460
表26-11	短期模型参数校准	461
表26-12	长期模型参数校准	461
表26-13	短期模型数值模拟($\bar{W}=296.4$)	461
表26-14	长期模型数值模拟($\bar{W}=296.4$)	462
表27-1	企业投资的各项计算结果表	473
表27-2	个人投资的各项计算结果表	476
表29-1	(29-14)式的计算结果	497
表29-2	(29-17)式的计算结果	499
表29-3	用于外生变量校准的内生变量值	503
表29-4	模型外生变量的校准值	504
表31-1	(31-17)式的计算结果汇总	528

表 31-2　短期汇款率对城乡收入差距的影响 ······················· 530
表 31-3　(31-18)式的计算结果 ····································· 532
表 31-4　长期汇款率对城乡收入差距的影响 ······················· 533
表 31-5　短期汇款率上升的经济效果 ······························· 535
表 31-6　长期汇款率上升的经济效果 ······························· 536
表 31-7　长期汇款率上升对各部门收入以及收入差距的影响 ········· 536

第Ⅰ篇

劳动力转移中环境保护的经济政策研究：2009 年至 2013 年

第1章 关于长三角劳动力转移中的环境保护研究

第1节 序　言

在地理上,长江三角洲是指长江和钱塘江在入海处冲积成的三角洲,包括江苏省东南部和上海市,浙江省东北部,是长江中下游平原的一部分,面积约5万平方千米。在经济上则指以上海市为中心、南京市和杭州市为"副中心"的沪、苏、浙经济带,其地域范围远远超出了地理上所指的长江三角洲,并在不断增容。2010年3月在浙江省嘉兴市召开的长三角城市经济协调会第十次市长联席会议宣布,协调会成员由此前的16个增至22个,此举意味着长三角城市群扩容,不仅吸收盐城、淮安、金华、衢州4个苏浙城市为新会员,而且宣布泛长三角区域内的合肥、马鞍山两个安徽省的城市也正式"加盟"。如今,长江三角洲经济圈是全国最大的经济圈,其经济总量相当于全国GDP的20%,且年增长率远高于全国平均水平,长江三角洲的进出口总额、财政收入、消费品零售总额均居全国第一[1],成为推动中国工业经济发展的强大动力源。在长三角的发展过程中,我们很容易观察到长三角地区经济存在的两个特征:一是长三角已经成为全国农村劳动力转移的目的地,而且正是这些转移劳动力为长三角经济发展做出了不可替代的贡献;另一个是,在经济高速发展的同时,长三角地区的环境状况却越来越差,污染状况令人震惊。以长三角的"副中心"城市之一的杭州市为例,2012年2月2日该市气象局发布2011年的环境报告指出,2011年该市市区霾日数有159天,其中,中度霾天39天,重度霾天12天[2]。也就是说,自古以来被比作人

---

[1] 请参考:维基百科,长江三角洲 http://zh.wikipedia.org/wiki/。
[2] 请参考:新华网,长三角频道,2012年2月3日,杭州发布去年雾霾天气情况市区霾日数159天。

间天堂的杭州一年中有40%左右的时间要与阴霾做伴！笔者在南京市出生、长大，儿时夏天夜晚乘凉，多是与小伙伴们一起数着漫天灿烂的星辰入睡，现在想来也是十分奢侈之事。上海的情况也不容乐观，笔者不久前与国外两名学者一起从名古屋飞往上海浦东，起飞不久，没有去过中国的A先生问数次去过中国的B先生："在空中如何知道已经到上海了呢？"B先生曰："只要看到机翼下的海面变得模糊不清了，就是快到了。"此番对话令人无语，今天在长三角地区很难看到在许多经济发达国家随处可见的蓝天白云，环境污染像一个挥之不去噩梦，与长三角的经济发展如影随形。更加令人不安的是，长三角的环境问题并不是长三角地区所特有的，而是中国普遍存在的一种现象。

造成环境污染的因素很多，但大致可分为两种：一类为显性因素，另一类则为隐性因素。前者，简单地说，如重化工业等的生产形成的工业污染，汽车尾气以及燃煤取暖、燃放烟花爆竹等生活和风俗习惯因素造成的生活污染等。只要对污染的零容忍成为社会共识，对于污染源明确的显性因素所导致的污染，就能够制定出比较明确的治理方案。多年来长三角地区各级政府从多种角度制定了环境保护的措施，限制排污、搬迁和撤销排污量大的企业，设置排污税费、多地联手治理"跨界污染"，等等，取得不少成绩和经验。但是，在保护环境的种种措施里，人们容易忽视对隐性因素导致污染的治理，隐性因素往往隐藏在对经济社会发展起着积极推动作用的"正面"事物之中，使人们不易观察到真面目。例如：引致环境污染的重要因素——劳动力转移。那么，我们不禁要问，究竟为什么看上去似乎完全不相关的劳动力转移与环境污染会联系在一起呢？

第2节　工业化、劳动力转移与环境污染

工业化进程中的环境污染与劳动力转移伴随环境污染似乎是两个问题。工业化产生环境污染容易被人理解，但劳动力转移产生环境污染就不太容易被人理解了。但是，发展中国家在经济发展初期往往伴随大规模的劳动力转移，它们之间的关系呈现为：

劳动力转移→扩大工业规模→环境污染

所以,在发展中国家工业化发展的基础是劳动力转移,故而,劳动力转移引致环境污染就容易理解了。另一方面,美国经济学家 Grossman & Krueger(1991,1993)对经济活动与环境的关系从实证的角度进行了研究。他们指出,经济活动能够影响环境质量,主要表现在三个方面:

① 经济规模,一般地,经济规模越大,对环境的不利影响也就越大;

② 技术水平,一般地,技术水平越高,对环境的改善就越有利;

③ 综合因素,包括经济结构等因素。

发展中国家的劳动力转移影响环境的作用机制就可以用上述关系进行解释。由于发展中国家普遍是二元经济结构,工业部门的发展主要依靠吸纳农村向城市转移的剩余劳动力,工业部门在吸纳农村转移劳动力的同时,扩张自身的生产规模,增加工业生产,也增加了污染的排放。然而在短期内,包括防治污染技术在内的环保软、硬件条件不能及时跟进,排放的污染也就不能及时消除。这就是劳动力转移导致环境污染的内在作用机制,由于发展中国家在工业化过程中不可避免地发生劳动力向城市工业部门的转移,故而这也成为发展中国家普遍存在环境问题的一个重要原因。

我国起始于 20 世纪 80 年代中期的大规模劳动力转移为经济高速增长做出了巨大的贡献。今天的中国,当我们享受着经济高速增长带来巨大的物质便利的同时,环境污染也给我们的生活和工作蒙上了阴影。虽然环境污染不仅仅是劳动力转移所致,它关系到经济建设中的各个方面,但如果我们对因劳动力转移引致的环境污染不认知或不予关注,那么,我们的环境保护工作就不是完整的,所实施的经济政策或许对经济发展有所帮助,却是有害于环境的,甚至可能出现一边治理环境,一边破坏环境的情况,而当局者还不知问题之所在。所以,我们的环保工作中,不能缺少对劳动力转移引致环境污染的治理,这也正是本篇探讨劳动力转移中环境保护经济政策的目的。

对于发展中国家因劳动力转移所带来的环境污染自 1990 年开始受到了学术界的关注,并被系统地进行研究。其中,二元经济结构中的哈里斯-托达罗模型(Harris-Todaro Model,后文中介绍)是以发展中国家城乡劳动力转移方式来讨论环境保护政策,讨论劳动力转移对环境污染、失业、国民经济产值以及社会收入分配的影响的。由于劳动力转移对许多发展中国家而言是促进经济发展所不可或缺的,故而学者们努力发掘市场内在潜质,找出既能实现劳动力转移、以保障工业部门发展所需的生产要素,又能尽量减少工业污染的市场规律,以期实现劳动力的"绿色转移"。

  在国际经济学界的研究中,我们看到日本、印度和美国学者在劳动力转移与环境污染的研究方面走在了研究前列,成果的数量最多,1990年以后集中出现了一批高质量的理论研究成果。这些与日本在战后经济高速成长时期有过一段环境污染的历史不无关系;这也与印度正处于经济发展上升期,劳动力转移在其全国各地非常普遍,同时环境问题非常突出有关。20世纪50至60年代,日本先后发生了多起大规模环境污染事件,造成不少人员的伤病甚至死亡。如20世纪50年代熊本县工业废水的随意排放造成水污染,并引致甲基汞中毒的"水俣病"(Minamata disease),20世纪60年代三重县四日市因工业废气、烟尘所造成的"四日市哮喘"(Yokkaichi Asthma Episode)都是在经济高速发展时期,工业生产规模扩张所致[①]。时至今日,虽然发生污染的时代已经渐行渐远,我们依然可以从媒体或人们的回忆中感受到这些污染事件所产生的恶劣的社会负面影响。

  水俣病是世界上第一个出现的由环境污染所引起的公害病。水俣是日本熊本县一个4万人口的临海小镇,周围村庄还住着1万多农民和渔民。1956年前后,在水俣湾经常发现一些死鱼漂浮海面、海藻枯萎,还出现飞翔中的海鸟突然坠海死亡的情况。逐渐地,这些可怕的现象向附近的居民发展,出现一些生"怪病"的人。患者开始口齿不清,步履不稳,面部痴呆,然后耳聋眼瞎,全身麻木,精神失常,病重者不治身亡。日本熊本大学医学部研究班经过两年多的研究,于1958年宣布查明病因,系水银中毒所致。研究班在水俣地区的一些工厂排放的废水中查出甲基汞,这些甲基汞在海湾中经过食物链的富集作用,使人患了以神经系统症状为主的"怪病",被称为"水俣病"。

  四日市是日本伊势西岸三重县的一座工业化滨海小城的名字,如今这里是一个市级城市了,人口31万。该市1955年以来,相继兴建了三座石油化工联合企业,其

---

  ① 对于这些污染事件的进一步了解可以查阅:http://www.chinarm.cn/Risk/show.php?itemid。

后产生产业集聚效应，在其周围密集建立起了三菱石化等十余个大厂和一百余个中小企业，使这个原本风景秀丽、安静宜人的小城变得热闹非凡。在小城逐渐繁华的另一面，石油冶炼和工业燃油产生的废气却严重污染了城市空气。20世纪60年代初，全市工厂年排出二氧化硫和粉尘总量已达13万吨，大气中二氧化硫浓度超出容许标准的5~6倍，四日市上空500米厚的烟雾中还漂浮着许多种毒气和有毒金属粉尘，以及重金属微粒与二氧化硫形成的硫酸雾霾。1961年，由于大气污染，四日市罹患支气管哮喘、慢性支气管炎、哮喘性支气管炎和肺气肿等呼吸系统疾病的居民激增，故而这些疾病被统称为"四日市哮喘"。其中慢性支气管炎占25%，支气管哮喘占30%，哮喘支气管炎占40%，肺气肿和其他呼吸系统疾病占5%。1964年，四日市出现连续三天雾霾不散的情况，致使一些哮喘病患者死亡，1967年甚至还出现一些患者不堪忍受疾病痛苦而自杀的情况。由于当时日本各大城市中的工厂普遍使用高硫重油，曾致使四日市哮喘一度蔓延至日本全国，仅1975年，日本政府就四日市哮喘公诉案认定"公害病"患者1 140人。

最后要强调的是，本篇主要讨论工业化中劳动力转移引致污染的治理问题，探讨实现劳动力绿色转移的经济政策，其基础是全社会对环境保护有高度的自觉性，大家都能够注意从点滴做起，否则，即便有了好的政策也不能保证能够改善环境。2013年初，全国许多大城市出现严重雾霾天气，空气污染频频告急，甚至引起一些周边国家的不安。可是当年春节各地仍大放烟花爆竹，中新网2013年2月11日报道："除夕夜（2013年2月9日——笔者注）过后，燃放烟花爆竹让中国许多城市的PM2.5值上升"，"初一凌晨零点南京全市笼罩在一片烟雾和爆竹声中时，空气污染指数陡然飙升并突破350，达到最高级别重度污染水平"。也许十年或二十年之后回首我们今天所遭受的污染，就像现在一些经济发达国家的人在回顾他们历史上曾经有过的污染事件一样，有一份自豪和庆幸的心情；但如果我们对目前的污染依然麻木，十年或二十年之后我们面临的环境会更糟。这样的担心绝非空穴来风，因为我国强调保护环境已经十几年，而今天的自然环境问题却更为严峻，个中的原因值得我们深思。消除当今的污染，或许要使付出更多的努力，过程会更艰辛，但中国只有一条路，就是改善环境，我们别无选择。

第3节　经济学的数理分析方法

经济学的数理分析方法又被称为理论分析(以下同)或称为技术分析。由于与本篇以后章节的论述有关,在此,笔者先就经济学数理分析方法阐述一些我之见,其次,我们就"刘易斯模型"和本篇频繁涉及的"Harris-Todaro 模型"做一个简单的介绍。

一、经济学的数理分析

1. 科学方法

经济学是从经济的侧面考察社会的学科,与政治学、社会学、心理学等同属于"社会科学"的大范畴。科学则分为社会科学领域以及诸如数、理、化等自然科学领域,社会科学和自然科学的不同之处在于它们的研究对象,前者是人文社会,而后者则为自然地理,但其研究方法都要遵循"科学方法"(scientific method)。对于科学方法的解释有多种表述,其核心是指获取新知识或修正、整合已知知识所使用的求知程序,它要建立在收集可观察、可实证(empirical)、可度量的证据之上,并符合明确的推理原则。大体包括三个方面:问题的认知与表述,假说构成的推理、获取试验数据对假说验证。在经济学领域,对于理论研究而言,用数学工具研究经济问题就是经济学研究的科学方法的具体体现,这也是现代经济学研究的主流方法。不论是经济学中哪个领域,以数学工具的研究过程大致可以归纳成"三步曲":首先对一个假说进行数学化处理,将经济学问题转化成数学表达,通常是用数学等式或计算式来表示经济问题,也就是所谓的"建立数理模型";然后根据数学方法进行演绎,推导出结果;最后将数学结果还原成经济表达。可以简单地归纳如下:

假说设定、将经济问题数学化→数学演绎→还原成经济问题

就科学方法而言,用数学工具得到结论还需要验证其在现实经济运行中的"正确性"。当结论和现实一致时,假说就是正确的,称为"定理",否则所考虑的假说就是不正确的,或被称为"悖论"。而判断结论和现实是否一致,往往采用实证分析的方式,这里就不再赘言了。在上述"三步曲"过程中,没有实际数据验证的步骤,既然验证是

科学方法过程的一部分,为什么不完成科学方法的全过程呢?笔者将在本节第3部分回答。另外,对于要论证的假说,为了使假说更具有一般性,所设条件越少越好;为了使假说有更广泛的用途,而能演绎出来的结论则是越多越好。

2. 构建模型的基本概念

一个假说经过证明过程,证实是正确的就是定理。所以定理应该尽量具有一般性。将高度抽象化的概念以具体的形式呈现出来,我们将这样的表现形式称为"模型"。通常,学者们用一个或数个数学等式,或用几何图形的形式进行抽象和概括,如劳动经济学中经常提到的"Harris-Todaro模型",国际经济学中大家所熟知的"雷布津斯基定理"等。

经济学中的数理分析不能离开经济学的原理和有关概念,需要研究人员具备扎实的微观经济学和宏观经济学的基础知识。下面,我们举例说明一些经济学理论研究中构建模型时不能回避的概念,在一般的情况下这些概念和条件是被默认的。

首先,关于"经济主体"的概念。

社会是由人类组成的。人类之间相互进行交流就是社会活动。经济学把社会和经济活动紧密联系来考察。所以,我们考虑经济社会是由经济人、经济活动组成的。而这里所说的"经济人",又被称为"合理的经济主体"。所谓主体,除了生物学意义上的自然人,也可以是企业、组织等法人。故而,合理的经济主体就是指在经济活动中计算自身利益得失的个人或法人,统称为"经济主体"。

其次,经济社会往往由以下两大元素构成:

- 进行消费、生产活动的经济主体;
- 交易市场。

根据研究内容,有时对市场有较强的假定,即假定市场中的商品和服务的价格是自然形成的,经济主体只根据其价格来决定是否交易或如何交易。这就是所谓的"完全竞争市场条件",此时,经济主体都是市场价格接受者。当然,在处理一些比较特殊的情况时,也可以考虑较为复杂的市场状况。

最后,确定市场中经济主体的行为准则。

根据上文所述,经济人就是根据自身利益得失计算的结果采取行为的经济主体。

而自身利益得失的计算是根据市场交易价格等内外部信息进行的。经济主体一边跟踪市场价格的变化,一边综合考虑自身的内部情况、判断消费、生产、贸易的损益。一般来说,经济主体分为消费者和生产者两部分。其中,消费者是根据"效用"(utility)最大化采取行动的,所谓效用,就是消费者从商品或服务的消费中获得的满足程度。在市场经济中,生产者则以利润(benefit)的最大化为行为准则。

3. 理论分析结论的检验

数理模型推导出来的结论,还应拿到实体经济中去检验。在经济学的研究中,这样的检验往往是通过计量的方法来实现的,这在经济学的方法论中被称为"实证分析"。如果模型推导的结论没有经过充分实证,只能属于假说范围。但是,这也不意味着所有的理论分析必须要有实证的支持才能成为论文。一个原因是,理论分析往往置前,相应的政策还未跟上,所以数字统计就无从谈起,使得实证分析无法进行。所以,在经济学研究中的许多理论分析的论文是不配实证分析部分的,我们以下的各章中也有不配实证的部分,这只有等待今后加以完善。

另一个原因是,"三步曲"中的第一步所设的条件比较抽象,很难在现实经济环境下找到结论成立的条件。有的读者会说:既然如此,就不应该设置没有现实意义的条件!笔者曾在专家学者参与的学术讨论会上也听到过类似的声音,但是,我们解决一个问题或推出一个新的政策,往往需要经过多次论证,由理论到实际,人们的认识是循序渐进、逐步深化的。没有比较抽象的阶段,我们可能就不能到达理想的彼岸,今天的抽象条件,或许就是通向明天现实条件的必由之路。请注意,上述笔者的认识,并不意味着我主张设置条件时就不要考虑现实经济,正好相反,我主张在设立假说条件时应该尽量与现实经济贴近,这样可以通过科学方法之过程,尽快地实现从"假说"到"定理"转变,尽快地使经济学理论服务于经济活动的实际。

最后,回到环境问题上来。最终形成环境政策时,需要判断采用什么样的政策,以什么样的形式来实施这个政策。考虑政策制定基础,采用社会科学的哪个学科领域的问题需要根据社会经济综合情况而定。故而,并不是本篇的模型推导出的所有结论都应该被政策当局采纳,因为本篇考虑的仅仅是经济学领域的因素,我们的结论只是从经济学的角度为政策当局提供了参考的建议。事实上,在世界各国的环境政策制定过程中,不断发生经济学批判者和经济学者之间的主义、主张之争论。所以,虽然本篇提出了一系列的政策建议,但我不认为从单独的经济学领域得出的建议就是唯一的政策选项,当然,我也绝不认为环境政策可以完全离开来自经济学领域的政策建言。希望本篇能为我国的环境改善起到作用,能为我国的经济学科的发展起到作用。

二、刘易斯模型以及 Harris-Todaro 模型

1. 刘易斯模型(如图 1-1)

1954 年,英国的著名经济学家、1979 年诺贝尔经济学奖得主威廉·阿瑟·刘易斯(William Arthur Lewis)在题为《劳动力无限供给条件下的经济发展》的论文中提出"二元经济论(Dual Economies)",刘易斯的解释是,许多发展中国家都存在着两个不同的经济部门:一个是城市的现代工业部门,该部门集中了大量资本,具有较高的劳动生产率;另一个是传统的农业部门,该部门缺乏资本,劳动生产率低下,农民仅能维持最低的生活水平,但拥有大量剩余劳动力,农村剩余劳动力的劳动边际生产率等于零。这时只要工业部门需要,就可从农业部门中得到无限的劳动力供给。

图 1-1　刘易斯模型机制

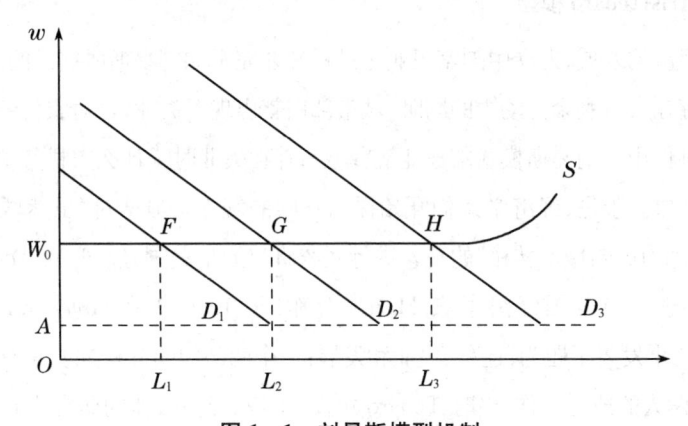

如图 1-1 刘易斯模型机制所示,在发展中国家的二元结构中,我们设 OA 为农业部门劳动力维持自己和家庭最低生活水平的平均收入,即生存收入;Ow 为城市中工业部门提供的实际工资水平,在这个工资水平上农业劳动力的供给是"无限"的。

城市中工业部门在实际工资不变的情况下不断将利润用于再投资,扩大资本规模,由此劳动的边际生产曲线不断向右平移,从 D_1 到 D_2 再到 D_3;并创造出更多的劳动机会,吸纳更多的农业劳动力,从 L_1 到 L_2 再到 L_3。如此循环往复,城市中工业部门的资本越是扩张,就越是将剩余的农业劳动力吸收过去,只要传统的农业部门依然存在剩余劳动力,城市中工业部门就能够不断地扩大投资规模,利用这些劳动力。这种情况一直延续到刘易斯转折点 S 点(也被称为"刘易斯拐点"),农业部门的剩余劳动力被工业部门吸纳完毕,农业的边际劳动生产率不再为零,也就是农业生产由于农业劳动力的流失会使农业产值减少。此时的劳动力供给曲线变为向右上方倾斜,工业部门不提高工资水平就不再会有农业劳动力的供给;农业部门和工业部门这两个基本生产部门的结构由此发生变化,并处于平衡发展状态。最终结果就是城乡差别缩小,二元经济结构变为一元的经济结构,朝着工业化和城市化迈进。刘易斯提出的二元经济构造被后人广泛地运用在发展中国家的经济研究中。但是,刘易斯理论中没有讨论市场经济中不能回避的失业问题,从而使刘易斯理论的应用受到很大限制,往往仅限于研究在工业经济起飞阶段的问题时使用。

2. Harris-Todaro 模型

随着经济的发展,发展中国家工业化过程并非完全如刘易斯所描述的那样,在农业部门还存在大量剩余劳动力的同时,城市部门就出现了失业,这对农村劳动力流向城市有抑制作用。刘易斯模式却不能解释城市存在失业时为什么农村劳动力还会转移进城的现象。于是,经济学家们开始提出不同的观点。最早对"虽然城市存在失业,农村劳动力仍向城市转移"的现象进行系统研究的是美国经济学家 Todaro(1969年),之后,他又与美国经济学家 Harris 合作,于 1970 年在 *American Economic Review* 杂志上发表了题为《迁移、失业和发展:一个两部门的分析》的、具有开创性的论文,成为两人的成名之作,当时 Todaro 年仅 31 岁。此后,他的研究引起世界经济学界的广泛关注,在全球经济学界享有很高的声望,而该论文所阐述的劳动力转移机制,亦被学术界称为"Harris-Todaro 模型"。2011 年 1 月,在纪念 *American Economic Review* 杂志发行 100 周年的纪念活动中,该杂志列出 100 年来所发表的论文中引用率最高的 20 篇论文,其中就有 Harris & Todaro 合作的《迁移、失业和发展:一个两部门的分析》。

Harris-Todaro 模型设想在一个二元结构的经济中，工业部门中存在失业，农村转移劳动力在转移进城后也未必一定能进入城市部门就业。所以，农村部门劳动力为了寻求更高水平的工资而意愿转移到工业部门时，并不是将自己的农村工资与工业部门的工资做比较，而是与工业部门的预期工资进行比较。所谓预期工资，就是在工业部门能够找到工作的概率与工业部门的工资乘积。Harris & Todaro 设想的劳动力转移机制是：农村工资小于工业部门的预期工资时，农村劳动力便向城市工业部门转移；当转移人数上升、工业部门的失业人数随之上升时，工业部门的预期工资就会下降；当农村工资等于工业部门的预期工资时，农村劳动力向城市部门的转移就会停止。Harris-Todaro 模型是对刘易斯模型的继承、批判和发展。Harris-Todaro 模型考虑的大环境与刘易斯模型相同，都是发展中国家的二元经济，其批判和发展部分主要体现在城市的失业问题上。

以下，作为阅读以后各章的预备知识，本篇介绍如何对 Harris & Todaro 设想的机制进行的数学化——建立数理模型。

(1) 前提条件的设置

我们考虑的经济是一个小国开放的二元产品经济，由 2 个部门组成，即：城市部门和农村部门，研究的前提假设如下：

① 城市部门生产可供进口的工业产品，农村部门生产可供出口的农产品；

② 两个部门的生产要素都是劳动力和资本。

最初的 Harris-Todaro 模型还考虑了农业部门的另一个生产要素土地对于农业生产的影响，这种情况下的问题会变得很复杂。这里为了解说方便，暂且不考虑土地要素。对于资本，根据研究需要一般有两种设定，一种是在部门间可以自由移动的资本，一种是不可移动的资本。在这里我们取后者，设定资本是部门专用的，即资本在部门之间不可移动。部门专用资本又被称为"特殊的资本"，此时，各部门所用资本可以看作常数。

(2) 生产函数的设定

在上述前提条件下，城市部门、农村部门的生产量分别为 X_m 和 X_a。生产函数可以分别表示成：

$$X_m = F^m(L_m, \overline{K}_m)$$

$$X_a = F^a(L_a, \overline{K}_a)$$

其中，L_i，$\overline{K}_i$ 是生产所需的劳动和资本的量（$i=a,m$），F^m 和 F^a 都是严格拟凹、一阶齐次的函数。

(3) 劳动分配机制

设想城市部门的工资率高于农村部门的工资率，并且，农村劳动力受城市高工资的吸引，而向城市移动。但城市部门因工资的下方刚性而存在失业，故从农村向城市转移的劳动力，即便是到了城市也存在找不到工作而加入失业行列的可能。于是，农村的劳动力在决定是否转移时，将农村工资率与在城市可能获得的工资率相比较：

$$w_m L_m / (L_m + L_u)$$

其中，w_m 是城市工资率，L_u 为城市部门的失业人数，$L_m/(L_m+L_u)$ 就是在城市部门找到工作的概率，而 $w_m L_m/(L_m+L_u)$ 为他们对城市部门的"期望工资"，也被称为"预期工资"。如果预期工资高于农村工资，则农村劳动力向城市移动到城市里去找工作，这个移动一直持续到预期工资与农村工资相等为止。这也就是著名的 Harris-Todaro 的劳动力转移均衡式，换言之，城市、农村部门间的劳动力资源分配以 $w_a = w_m L_m/(L_m+L_u)$ 进行。其中，w_a 是农村部门的实际工资。要注意的是，城市部门的工资有下方刚性，为外生变量；而农村部门的工资有弹性，为内生变量。如果令 $\lambda = L_u/L_m$，则上式可以表示成：

$$w_a = w_m / (1+\lambda) \tag{1-1}$$

这里的 λ 是失业人数与在职人数的比，在一些经济学教材里被定义为"失业率"（请注意与经济学中的"失业率"的差异），之所以这样处理，是为了在以后的分析问题时的便利。(1-1)式就是 Harris-Todaro 模型关于劳动力分配的核心关系式。

(4) 劳动市场的均衡

经济的劳动力禀赋量设为 L，则：

$$L = L_m + L_u + L_a$$

将 $\lambda = L_u/L_m$ 的关系式代入上式便可得到：

$$L = (1+\lambda)L_m + L_a \qquad (1-2)$$

另一方面，城市部门的利润可以归结成下面的定式：

$$\pi = pX_m - w_m L_m$$

这里，π 是城市部门的利润，p 是将农产品价格标准化后的工业产品的价格，即将农产品的价格视为 1 时，工业产品的价格为 p。根据城市部门的利润最大化行动，求出上式的一阶条件，可以获得下式：

$$pF_L^m = w_m \qquad (1-3)$$

同样，从农业部门的利润最大化行动上可以得到：

$$F_L^a = w_a \qquad (1-4)$$

这里，$F_L^m = \partial F^m/\partial L_m$，$F_L^a = \partial F^a/\partial L_a$。(1-3)、(1-4)两式的经济学意义就是：在完全竞争条件下，工资和劳动要素的边际生产相等。

如果着眼于劳动市场，劳动市场的一般均衡就由(1-1)~(1-4)共四个式子构成，我们把它称为"Harris-Todaro 的基础模型"。其中外生变量 3 个：w_m、p、L；内生变量 4 个：w_a、λ、L_a、L_m。在给定外生变量时，系统可以决定内生变量。Harris-Todaro 的基础模型主要用于考察二元经济中与劳动要素相关的经济问题。例如，考察农村劳动力项城市转移中政府补助农民收入政策的经济效果时，可以将补助政策转化成收入的比例植入(1-4)式，再演算 Harris-Todaro 的基础模型的方程组，便可以得到我们所关心的结果(具体的演算方法可以参考本篇有关章节的方法)；当我们关心劳动力转移引致环境问题时，则需要扩大所考虑的市场范围，加入有关环境与生产的关联等式，具体做法可以参考本篇的有关章节。

(5) 图示 Harris-Todaro 模型

Harris-Todaro 模型的劳动力分配核心关系式可以用图表示。图1-2左纵轴表示城市部门的工资率，右纵轴表示农村部门的工资率，横轴表示经济的劳动要素禀赋量，aa 线和 bb 线分别为城市部门和农村部门的劳动力需求曲线，也是城市部门和农村部门的边际生产力曲线。

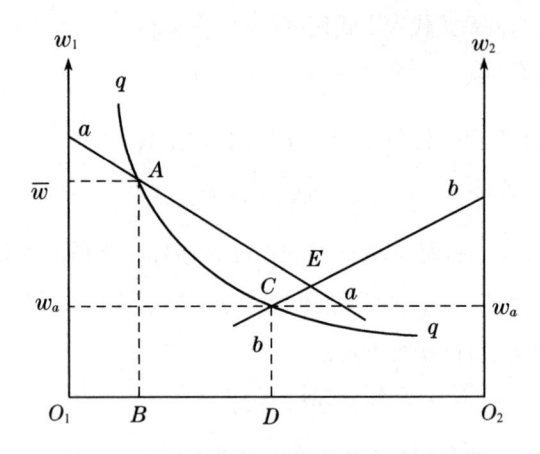

图 1-2　哈里斯-托达罗的劳动分配机制

在传统的劳动移动模型中,劳动力均衡在图 1-2 的 E 点达成。两部门的工资率相同,没有失业。而 Harris-Todaro 模型中,城市部门的工资率(设为 $\bar{w}$)是外生给定的,A 是过 $\bar{w}$ 与横轴的平行线与 aa 的交点,过 A 引横轴的垂线,交横轴于 B 点决定城市部门的雇佣量 L_m;通过 A 引一条正双曲线 qq,过 qq 与 bb 的交点 C 分别引横轴的平行线交 w_2 轴于 w_a 决定农村部门的工资率,引纵轴的平行线交横轴于 D 决定了农村部门的雇佣量 L_a。此时,失业人数 L_u 为 BD。根据正双曲线的性质,四边形 $\bar{w}_m ABO_1$ 与四边形 $w_a CDO_1$ 的面积相等,所以,$\bar{w}_m L_m = w_a(L_m + L_u)$,这也就是 (1-1) 式所表示的关系。

在 Harris-Todaro 模型初期的研究上,人们普遍关心的问题是开发政策和经济增长政策的经济效果,如工资的补助以及对促进(或限制)劳动转移的政策所产生的经济效果,尤其是这些政策对社会福利水平影响。后来,学者们将发展经济学的诸多问题,如提升人力资本水平、产业升级、产业集群、自然环境等与该模型相结合,其研究领域大为拓展。近年来,环境保护为中心的研究相对集中,学者们获得了较多的成果。这也从另一个方面反映出当前发展中国家的环境问题的重要性已经超越国界,成为世界瞩目的问题。

第4节 关于本篇

本篇受到教育部人文社会科学重点研究基地2009年度重大项目的资助,研究项目的名称是"长三角工业化过程中的劳动力转移与环境保护研究",项目批准号2009JJD790023,由笔者主持研究(以下,称为"本项目")。多年来,长三角在成为我国的制造业中心地区的同时,也成为我国农村劳动力转移的主要积聚地。虽然长三角地区的环境问题或许不仅仅因劳动力转移所致,但迄今为止,劳动力转移引致环境污染的问题没有引起长三角地区有关部门应有的重视也是不争的事实,使得环保工作出现缺位。所以,我们研究的目的有三条:一是提高社会对劳动力转移引致环境污染问题的重视;二是探寻市场经济条件下规避或减少劳动力转移带来环境污染的市场机制;三是填补经济学研究和环境学研究中的空白,提升学术研究水平。

本篇大多数章是独立的论文,是我们研究团队在2009年至2012年间就工业化过程中劳动力转移引致环境污染的各种问题展开研究的成果。它们虽然是"独立的",但相互之间又有许多紧密的联系,分为以下五个部分。

第一部分是全篇基础,由本章和第2章构成。我们在本章介绍了本项目的研究背景、提出了问题,并就本研究涉及的有关知识和研究的概况进行了基础性介绍;第2章则对1990年至2012年国际杂志已经发表的20余篇论文进行了回顾,这是本研究的基础和出发点。

第二部分是劳动力转移环境污染成因探寻部分。之所以要进行成因探讨,是为了证明长三角地区劳动力转移对环境的影响。分别由第3章和第4章构成。其中的第3章检讨了长三角的劳动力供给与经济增长之间的关系,第4章则以实证来证明长三角的经济增长与环境污染的正相关关系。其主要内容简要地归纳如下:第3章具体地检验了长三角的劳动力供给情况,最低工资线对劳动力供给的影响甚大,该章基于买方垄断模型对最低工资的农民工就业效应进行了分析,并以长三角中七市的数据进行了实证分析,结果证明最低工资水平能够促进农民工的就业。通过以上的分析,我们能够清晰地看到以下的当前劳动转移到环境污染的传导路径:

劳动力转移↑→经济增长↑→环境污染↑

除了明确大路径,对于长三角来说来有一些因素影响劳动力转移,间接影响环境。第4章则对户籍制度对劳动力转移以及环境的影响进行分析。2008年以来,虽然长三角陆续有一些地区宣布以统一的居民户籍替代二元户籍制①,但因农村土地所附带社保功能,各地取消二元户籍制的工作进行得并不彻底,甚至遭到某些地方政府的抵制。所以,分析户籍制度影响环境的市场机制有其重要的现实意义。

第三部分是关于现代农业的研究。本篇研究劳动力转移的大背景下发展现代农业的环境效果。这一部分主要由第5章和第6章组成。第5章将先进农业部门纳入分析框架。讨论在城市民间部门资本投资高效农业的背景下的发展先进农业的经济政策的经济效果,而第6章则建立了一个三部门模型来研究发展现代农业政策的环境效果。现代农业部门既接受转移劳动力,又在生产中与传统农业一样也受环境的制约。我们的研究兼顾了发展先进农业和保护环境两个方面,弥补了过去研究中的不足,是理论研究中的创新。我们的主要结论为:对先进农业部门进行利息补贴以及污染治理技术的发展,可以改善环境、提高先进农业部门工资;对先进农业部门进行工资补贴有提高先进农业部门工资、增加城市失业率的效果;经济资本禀赋的增加会加剧环境污染,同时制约先进农业部门的发展。

第四部分是与人力资本水平相关的研究。本篇研究在劳动力转移的大背景下,劳动力的人力资本水平的变化对环境的影响,由第7章、第8章构成。第7章对城乡人力资本水平差距进行了经济学分析。随着我国经济的发展和工业部门的物质资本积累水平的提高,农村转移劳动力的人力资本水平已经不能适应工业部门之需求,在一些地区形成了企业对高人力资本水平劳动力的需求大于供给的"结构性用工荒"。故而,就城乡人力资本水平差距以及城乡劳动供需情况对环境的影响研究是现实经济发展的需要,是本篇研究的重点。另外,在国际金融危机的深刻影响下,中国的产业升级步伐加快,以长三角地区为代表的经济发达地区的生产性服务业异军突起,第

---

① 请参考:中国社会科学院蓝皮书,2011年12月8日,《城乡一体化蓝皮书:中国城乡一体化发展报告(2011)》,http://news.xinhuanet.com/ziliao。

8章分析了生产性服务业部门对转移劳动力进行人力资本投资的环境效果,本篇的主要结论为:政府降低人力资本投资的贷款利率导致环境污染加重;生产性服务业部门增加单位劳动力的培训费用时,使自然环境得到改善。

第五部分是跨界污染的研究。本篇探讨跨界污染的问题,由第9章构成。长三角地区的跨界污染问题是长三角污染的一大特征。如太湖水污染,其污染源来自水源上游的各个地区。从理论上研究跨界污染问题,有助于实际经济活动中解决跨界污染问题。但以前研究跨界污染,就跨界谈跨界,没有与劳动力转移相联系,形成了理论研究中的一块空白。本章构建了一个包含区域内劳动力转移及区域间劳动力转移的 Harris-Todaro 模型,结合中国经济的实际状况,研究了存在单向跨界污染的经济中,降低区域间劳动力转移成本以及向发展落后区域给予资金支援的政策对于自然环境和区域经济影响。同时,本书还比较了不同区域治理污染技术水平提高对于自然环境和区域经济影响。

由于理论分析所设定的大背景是中国经济,甚至是发展中国家的经济特征,其中当然包含长三角地区,但它的适用面照顾到了更大的范围。

回顾本篇的写作过程,我非常感谢我的研究团队,这是一个主要由年轻的研究生们组成的集体。因为我们在缺少经验和资料的情况下起步,前期积累也比较薄弱,我们不得不比别人更加努力,大家在研究中忘我拼搏的精神让我难忘。在整个研究过程中,我们几乎没有一个完整休息的周末,也没有寒暑假。即使是春节,大家相互的新春问候也多是与研究有关的。参与本篇执笔的有:马轶群、钱小颖、沈琴和何平等。他们都是或曾经是南京大学经济系的研究生,朝气蓬勃、富有理想,在3年时间中,学生成员换了三茬,前面参加研究的学生已经毕业,后来的学生又积极地加入我们的研究。他们克服专业知识底子薄、功课忙等困难,各尽所能。有的学生在毕业后仍然不放弃研究,继续为我们的项目做贡献。我们的努力也有了回报,3年来,我们已经在国内外杂志上发表了近10篇论文,受到国内外同行的关注,使南京大学在理论研究劳动力转移与环境污染研究方面进入了世界同行的研究行列。笔者衷心地希望我们的研究成果不仅仅局限于本篇,期待它能引起更多人关注劳动力转移引致的环境污染的问题,在学术和实际工作的两个层面中处理好发展与环境保护"矛盾",赶超世界一流水平。

  我还要感谢名古屋大学国际经济研究中心的同行们,本篇的一些章节书稿是我于 2012 年 12 月至 2013 年 3 月间在该中心做访问教授期间完成的。中心为我提供了一流的研究环境,多和田真教授、小川光教授、柳原光芳副教授、米田耕士博士等同行常常与我讨论,交换意见,国际经济研究中心还为我举行了专题研讨会,使我受益匪浅,增添了我探索劳动力转移与环境关系的信心,为本篇的顺利完成营造了良好的外部条件。

第 2 章 工业化进程中的环境保护研究之现状

本章摘要：劳动力转移中的环境污染在国外学术界有很高的关注度,而这样的问题一般发生在发展中国家,这是因为发展中国家在工业化进程中,常常伴随大规模的城乡间劳动力转移。如何在发生劳动力转移时保护自然环境,自20世纪90年代起,在劳动经济学领域中引起学者们的广泛关注。本章就1990年以后发表的有关 Harris-Todaro 模式下劳动力转移与环境污染的主要论文进行介绍。本章在介绍劳动力转移与环境污染之间的内在联系后,按产生污染形式为主线对国际学术界的研究状况进行介绍,归纳它们的分析方法和主要结论及其特点,并预测今后研究发展的趋势。

第 1 节 工业污染对经济的影响

在实际经济生活中,工业部门生产的污染可能影响到整个经济。例如,工业生产过程中的废气形成酸雨后,对于城市和农村都会造成一定程度的危害;再如,工业废料随意排放后污染了农产品,农产品被消费后工业污染对所有消费者的身体健康造成危害。为此,需要研究整个经济遭受污染的情况。故而,学者们在研究时通常采用这样的设定,即:工业生产中投入了污染环境的生产要素(dirty input),污染的范围为整个经济(如 Wang, 1990; Beladi & Rapp, 1993; Beladi & Frasca, 1999,等等)。如此设定使得劳动力转移与工业部门投入污染要素之间联系地更加紧密:如果污染环境的生产要素与劳动力具有互补关系,那么污染要素使用的增加会增加劳动力向工业部门的转移数量,如果具有替代关系则有相反的效应,生产函数可以表示为:

$$M = F^M(L_M, K_M, Z) \qquad (2-1)$$
$$A = F^A(L_A, K_A)$$

其中，M、A 分别表示农业部门和工业部门的产量，L_M、L_A 分表代表工业部门和农业部门雇佣劳动力数量，K_M 与 K_A 分别代表工业部门与农业部门所使用的资本数量，Z 为工业部门污染要素投入量。

另外，在环境保护的问题上政府往往采用征税手段。但是，征什么税、对什么部门征税可以使经济获得最大效益，学者们也从各个角度进行了研究。这里，我们首先介绍政府对企业征收"污染要素使用税"（以下简称"使用税"），即对工业生产中投入污染环境的生产要素征税。在这样的情况下，使企业利润最大化的税率应满足：

$$p^M F_Z^M = \tau \qquad (2-2)$$

其中，p^M 为工业产品的相对价格（设农业产品价格为计价物），τ 为单位使用税。如果考虑政府以强制手段规定污染要素的使用量来控制污染①，则有：

$$M = F^M(L_M, K_M, \bar{Z}) \qquad (2-3)$$

其中，表示工业部门生产所投入的污染要素数量，为一固定数量；(2-2)和(2-3)式分别反映了政府对于污染要素使用在"价格"和"数量"上的规制。不少学者在处理这类问题时考虑资本在城乡间可以自由流动，此时有：

$$F_{K_A}^A = p^M F_{K_M}^M = r \qquad (2-4)$$

其中，r 为资本收益率。以下回顾的文献都是在上述基本框架下以资本在部门间流动为前提展开研究的。

Wang(1990)研究了提高使用税对经济的影响，结论是：提高使用税使得农业部门工资上升，经济资本收益率下降，环境质量得到改善。如果高税收可以抵消产出减少带来的损失，此时更严格的污染控制（提高税收）可能提高国民生产总值。在这篇文章中，作者在数理分析的基础上还采用了比较直观的几何图形分析。但该文与后续的论文有所不同，并没有注重分析污染要素使用税对于社会福利的影响。

---

① 这里 $F_Z^M = \partial F^M / \partial Z$，在下文中，生产函数如果出现下标，就代表生产函数对于相应的下标代表的要素求偏导。

Beladi & Rapp(1993)在封闭经济下分析了农业部门不产生污染,工业部门产生污染,政府控制工业部门污染要素使用量对经济的影响。他们得到的结论是:更为严格的污染要素使用量管制会使工业部门产量下降,雇佣劳动人数增加,城市地区失业人数下降,农业部门产出和工资上升;如果环保政策使得工业部门减少的产值小于因工业部门就业人数增加所带来的收入总量的增加值,那么国民收入将会提高。该文的结论依赖于一个隐含的假设,即污染要素与劳动要素是替代关系。该论文结论给出了一个既可以严格控制污染又能够减少失业的结果,它告诉我们污染、失业以及经济增长并非相互矛盾,而是可以协调展开的。Beladi & Frasca(1999)将 Beladi & Rapp(1993)的研究向前推进了一步,他们通过构建一个包含农业生产部门、产生污染的工业部门和不产生污染的工业部门组成的三部门模型研究了更为严格的污染要素使用数量管制对于经济诸元的影响。其主要结论是:严格控制污染要素数量将会引起资本从产生污染的城市部门向不产生污染的城市部门流动,减少城市失业人数,增加国民收入以及增加农村向城市劳动转移的效应。该文表明,政府对污染要素数量的控制相对于价格规制手段而言可以更为直接地控制污染量。此外,该文关于污染规制可以降低城市失业人数之结论的前提是劳动力可以在城市两个部门间进行自由转移,这样的前提与结论对中国有参考价值,因为中国目前的情况是劳动力无法在城市两个部门之间进行自由转移,农民工因人力资本水平低或户籍等原因,很难进入城市中由现代服务业、高技术产业构成的部门。

Beladi & Chao(2006)进一步讨论了农业生产以及工业生产过程中同时产生污染的情形。他们也建立了一个包含农业部门、工业部门和专门治理污染的部门组成的三部门模型,分析讨论了提高污染排放税(the emission tax)对于经济的影响以及社会最优污染排放税税率的设定。他们发现:发展中国家对于工业生产过程中更为严格的污染排放管制会使得产生污染的产品失去比较优势,但这同时又培育了非污染产品的比较优势,这是一种绿色的发展模式。本书认为,由于城市部门工资刚性,提高污染排放税将会提高城市商品的相对价格,恶化城市部门的失业率;社会福利最大化条件下的最优排放税率小于庇古税率。该文的缺陷是将拟线性效应函数作为社会福利函数形式,使得政府即便采用其他不同的治污政策,对于工业产品价格影响也是相同的。

如果考虑开放经济,工业产品的国内价格与国际价格存在如下关系:
$$p^M=(1+t)p^* \qquad (2-5)$$
其中,t 表示工业产品的进口关税(ad valorem import tariff,从价关税,以下称为"关税"),是政府对于工业部门造成环境污染的主要规制手段。

Daitoh(2008)将关税以及污染要素使用税同时纳入了分析框架中,分析了在小国开放的经济中不同税种对经济的影响。研究发现:提高关税会降低工业部门就业人数并且恶化环境质量;如果生产中污染要素与资本是互补关系,则提高污染要素使用税会增加制造业就业人数并改善环境质量;在一定条件下,提高关税和污染要素使用税可以降低城市失业人数;两种政策都可以提高社会福利水平。Daitoh & Omote (2008)[①]则在开放的经济条件下研究了提高污染要素使用税对于经济的影响。该文发现在污染要素与人均资本量互补关系的前提下,得到了一个与 Daitoh(2008)相反的结论,即提高税收会导致城市失业率上升。而如果污染要素与人均资本量是替代关系时,提高税收则会引起城市失业率下降。作者对于污染要素与人均资本量的互补和替代关系的讨论,完善了前面的研究。该文在一定程度上改进了 Beladi & Rapp (1993),Daitoh(2008)对于生产要素关系的研究。

然而,2000 年以后有一些学者将目光集中在资本在部门间不流通(sector specific)的类型上。此时,(2-4)式所示的条件不再存在。之所以采用资本在部门间不流通的类型,这是因为与资本部门间流通相比,资本部门间不流通与发展中国家的现实状况更相吻合。

Daitoh 在其 2002 年的一篇会议论文中考虑了资本在部门间不流通的二元经济,他在该文中研究了封闭经济背景下提高污染要素使用税、提升污染治理技术水平以及实施城市部门工资补贴对于经济的影响[②]。文章研究发现:提高污染要素使用税将会降低工业部门产出,改善环境质量,并在一定条件下会增加工业部门就业,减少

---

① 文献来源:http://www.google.com.hk/search,I Daitoh, M Omote-2008-econ. hit-u. ac. jp。
② 如果政府对于城市部门进行补贴,则有 $p^M F_{L_M}^M=(1-s)\bar{w}$,$s$ 为补贴。

城市失业人数;对工业部门实施工资补贴则会增加工业部门的劳动雇佣,降低农业部门劳动力数量;适当的使用税可以提高社会福利水平。Daitoh 于 2003 年将这篇文章的部分函数进行特殊形式处理后发表在《发展经济学评论》*Review of Development Economics* 上,并引起了后续研究的广泛关注。正如作者所说,该文的缺陷是在封闭经济条件下讨论政府政策的效应。

值得一提的是,Whalley & Jha(2003)在资本部门间不流通的前提下,采用了与一般研究不同的视角,他们认为由于城市里存在着大量的污染(如拥挤、空气污染以及水污染),农村转移劳动力在城市里的工作效率会降低,那么传统 H-T 模型中农村转移劳动力在城市找到工作的概率便可看成城市污染对转移劳动力收益的影响系数。在这个前提下,他们认为政府可以通过税收手段对于城市污染进行控制从而提高社会福利。该文的新意在于他们认为工业部门产生的污染将影响劳动力的边际收益,这种收益反映在劳动力城乡间转移的动机上,它提醒我们工业污染的外部性会被转移劳动力所承担,故而污染会增加转移成本。但这篇文章所设定的经济中没有失业,读者无法用该文所建议的政策来检验它们对失业的影响。

作为一个特例,Tsakiris *et al.*(2008)在农业部门和工业部门资本专用且工业部门可以吸纳到国际资本的框架下[①],讨论了工业产品进口关税、污染排放税以及外国资本税等政策单独使用或者是组合使用时对于经济福利的影响[②]。这篇文章的特点是对多种影响环境污染的政策联合使用的效果以及对国际资本进入工业部门给经济的影响进行了详细的分析。这篇论文对中国现阶段的经济发展极具价值,因为吸引外资是中国经济获得巨大发展的重要因素,而这篇论文对于如何协调外资引进与保护环境提供了一定的分析依据。

第 2 节　工业污染对农业生产的影响

工业部门在生产过程中产生污染直接表现为对农业部门的生产有负的外部性,

---

① Tsakiris 等(2008)将农村土地看成了农业部门的专用"资本"。
② 如果 p^* 是世界产品价格,p 是产品国内价格,污染排放税是指 $p^*=p+\varepsilon$,其中 ε 为排放税。

这种负外部性通常被看成工业污染对农业生产造成的影响。另外,由于在现实生活中工业和农业部门通常处于不同的区域,一些学者研究将这种类型的污染称为"跨界污染"(transboundary pollution,如 Fukuyama & Naito, 2007)。在这种情形下,工业部门与农业部门的生产函数可以表示为:

$$A=g(E)F^A(L_A,K_A)$$
$$M=F^M(L_M,K_M) \qquad (2-6)$$
$$E=\bar{E}-\lambda F^M$$

或者是:

$$A=g(M)F^A(L_A,K_A)$$
$$M=F^M(L_M,K_M) \qquad (2-7)$$

其中,A 与 M 分别代表农业部门和工业部门的产量,L_A 表示农业部门雇佣劳动力数量,K_A 与 K_M 分别表示农业部门与工业部门所使用的资本数量。$\bar{E}$ 为没有发生污染时经济最佳的环境状态,E 为发生污染后的环境状态,或者可以看成环境存量(environmental capital stock);λ 为生产 1 单位工业产品产生的污染数量,λ 的降低意味着污染治理技术的提高;$g(M)$ 是对农业生产的外部性,并且满足条件 $0<g(M)<1, g'(M)<0, g''(M)>0$,$g(E)$ 所具有的性质和 $g(M)$ 相同;将 $g(M)$ 看成对农业的污染,由于 $g(M)$ 与工业部门的生产量有关,这就意味着与劳动要素的投入量有关。

李晓春(2005)在(2-6)式的设定下融入了中国城乡户籍制度的分离条件[①],考察了环境治理技术、经济成长效应(劳动力、资本禀赋增加)以及工业产品出口关税等的变化对经济的影响,这是为数不多的中文理论研究成果之一。他的主要结论是:当工业部门成长较快、资本积累有较大增长时,会促进劳动力转移,但对农业生产以及环境质量产生负面影响;治理污染的技术进步将提高社会福利水平,减少城市失业,提高农业生产部门劳动力人数以及农村工资,并有减少劳动力转移规模的效应。这

---

① 李晓春(2005)认为,中国的户籍制度分离可以体现为农业部门的劳动力等于具有农村户籍的劳动力减去向城市转移的劳动力,城市部门的劳动力等于具有城市户籍的劳动力与向城市转移的具有农村户籍的劳动力人数之和。

篇文章的一个特点是将中国的户籍制度问题以数学形式纳入了劳动力转移与环境保护的框架之中，使其分析和结论与中国实际问题十分接近。

Tawada & Nakamura(2009)在(2-6)式的框架下分析了污染治理技术的提升以及经济成长效应(劳动力、资本禀赋增加)对于经济的影响。他们的结论是：在城市比农村更加劳动力密集的条件下，劳动力禀赋的增加会引起工业部门劳动力与城市失业人数同时增加，并且使环境恶化；然而资本禀赋的增加将会同时降低工业部门劳动力与城市失业人数；如果工业部门资本密集度比农业部门更高，污染治理技术的提高将会导致城市失业增加。该文最大的贡献在于论证了将环境因素引入传统的H-T模型后可以消除H-T模型中的悖论[①]。

Kondoh & Yabuuchi(2010)考虑了一个三部门模型，即位于城市地区的工业部门以及位于农村地区的污染治理部门和农业生产部门。工业部门的生产将对于农业部门的生产的影响机制如(2-7)式所示[②]。污染治理部门通过"生产"治污技术来降低工业部门对于农业部门的影响。同时，作者假定经济中劳动禀赋的增加是因为国际劳动力转移所致。文章的结论是：提高工业部门污染排放税、降低工业部门的刚性工资，劳动力禀赋增加则会降低城市部门失业率，提高农村地区的工资水平，改善环境并且提高经济的福利水平。该文将治理污染的部门纳入了分析框架，使得劳动要素禀赋的增加对于经济产生了正面的影响，所得的结论与 Tawada & Nakamura (2009)恰好相反。

2007年，Fukuyama & Naito 对(2-7)进行了如下改动：

$$M = F^M(L_M, K_M, Z)$$
$$A = g(t, Z) F^A(L_A, K_A) \quad (2-8)$$
$$p^M F_Z^M = \tau$$

其中，p^M 是工业产品的国内价格，t 是治理污染的技术，Z 是污染要素使用量，τ

---

① 这个悖论在原始的 H-T 模型中是资本禀赋将增加城市失业人数，劳动力禀赋增加将减少城市失业人数。

② 准确地说，作者只是借用了(2-7)的思想，在具体建模时有些细微的差别。

是污染要素使用税。t 的提高可以增加农业产出,污染要素 Z 的增加会降低农业产出,故 t 是重要的政策变量。Fukuyama & Naito(2007)在只有劳动要素可以自由流动的假设下,分析了使用税以及提高污染治理技术对于小国开放经济的影响。他们的结论是:更为严格的使用税会直接影响工业部门生产中污染要素的使用量,但是并不一定会提高城市失业率。而城市失业人数的增加将会引起工业部门增加污染要素使用量,这些说明了环境保护和经济发展之间并不矛盾。污染治理技术的提高对于工业部门劳动力以及污染要素的使用没有直接的影响,只是改善了经济的环境。在一定条件下还会降低城市失业率,扩大农业部门的生产规模。

Rapanos(2007)则在(2-7)式设定下分别从短期和长期视角研究了政府课征排放税对经济的影响效应。作者研究发现:在资本部门间不流通、劳动力自由流动的短期前提下,提高排放税会改善环境质量,降低工业部门劳动力雇佣数量以及工业部门资本收益率;但将增加农业部门就业人数,此时农业部门工资在很大程度上会下降。从长期来看,资本可以部门间自由流动,提高排放税会缩小工业部门规模,降低城市失业率,同时农业部门的生产规模得到扩张,农业部门工资上升;资本的收益率下降;如果农业收入在国民收入中所占比重较大,提高税收还会增加国民收入。该文没有给出切实可行的政策建议,因为在现实中,如果为治理污染而仅依靠扩张农业部门来带动国民收入,对于大多数发展中国家而言并不是一条可以选择的发展路径。

长期以来,传统观点认为工资收入差距是引起劳动力转移的主要动因。但在环境问题日益严峻的情况下,Saito & Sugiyama(2007)认为,发展中国家劳动力城乡间的转移不仅仅取决于城市的期望工资,还取决于城市的环境。他们设想的劳动力转移均衡式是城乡的间接效用的等式:

$$V^A(p^M,w)=V^M(p^M,\bar{w},E) \qquad (2-9)$$

其中,V^A 为农业部门劳动力的间接效用函数,V^M 为农村向城市转移的劳动力获得的间接效用函数,在这样的设定下,Saito & Sugiyama 分析了污染治理技术进步对经济的影响效应。他们的结论是:治理污染技术的提高将会有效地减少污染,与此同时还会降低城市部门失业率。由于污染治理技术的提高并不会影响生产要素价格的变动,所以其对社会福利的变动没有影响。这篇文章的新意在于以包含环境质量的期望间接效用函数替代传统的以期望工资收入函数作为劳动力转移的均衡条件。

Tawada & Sun shuqin(2010)采用了与 Saito & Sugiyama(2007)相同的处理方法,认为劳动力的转移取决于其效用,他们在论文中分析了经济成长政策(经济中资本及劳动力禀赋的增加)以及污染治理技术进步等对经济的影响,文章的主要结论是:污染治理技术提高引起城市就业人口减少,而总失业人口变动不确定,但工业部门的工资并不受其影响。

我们应该看到,当今劳动力转移引致环境污染的研究几乎是外国或境外学者的天下,他们的研究不以中国经济为背景,而中国经济中的"中国特色"却是在其他国家和地区不具有也不能复制的。故而,当前国际上的许多研究成果多不能直接为我们所用。Li & Zhou(2013)以中国经济现实中存在的跨界污染为研究对象并结合 H－T 模型构建了一个包含区域内劳动力转移及区域间两种劳动力转移模式的一般均衡模型,研究了存在单向跨境污染的经济中,降低区域间劳动力转移成本以及向发展落后区域的经济政策对于自然环境和区域经济的影响,同时,该文还比较了不同区域污染治理技术水平的提高对于自然环境和区域经济的影响。

第 3 节 中间品部门产生的污染

除了上述两个主要的研究方向外,一些学者关注中间产品生产过程中排放的污染(如:Dean & Gangopadhyay, 1997;Chao et al., 2000;Chao & Yu, 2003;Chaudhuri, 2006)。对中间品生产部门产生环境污染研究的实质是分析劳动力转移、环境污染以及产业结构之间的关系。中间品部门的生产可以在农村,也可以在城市,它作为一个产业链的上游企业(upstream firm),为该产业链的下游企业(downstream firm)提供中间投入品。如果中间部门在农村,中间部门的生产可能导致农村的水源污染、土质下降,或者是在采集原材料的过程造成植被等生态环境的破坏;如果中间部门在城市,那么"三废"的排放还会直接影响城市的环境质量和居民的身体健康。对于中间产品产生污染的情形,政府对其规制时往往更加谨慎,因为对于污染的控制有可能引起中间产品生产规模缩小,导致最终产品生产部门规模减小,从而增加经济中的失业。这就是一些文献(如 Chao, 2003)中提到的触发效应(trigger effect)。对于这类问题的研究,学者们通常设定经济由三个部门组成:一个直接生产最终产品的部门,一个生产中间产品部门①和一个加工部门(processed sector)②,后两者具有纵向联系。两个最终产品的生产部门分别为 A' 以及 Y'。中间产品部门(上游部门)为 M。Y' 除了使用劳动力作为生产要素外,还将中间部门生产的产品作为生产要素。

$$M = F^M(L_M, K_M)$$
$$A' = F^A(L_A, K_A) \qquad (2-10)$$
$$Y' = F^Y(L_Y, M)$$

其中,L_A 与 L_M 分别表示最终产品部门 A' 以及中间品部门 M 雇佣劳动力数量,K_A 与 K_M 分别表示最终产品部门 A' 以及中间品部门使用的资本数量,L_Y 为加工部门雇佣劳动力数量。

通常来说,政府以两种方式控制中间产品部门。一是控制中间产品在最终产品生产过程中的使用量:

$$M' = M - Z \qquad (2-11)$$

其中,Z 为政府强制性控制中间产品在最终产品生产过程中的投入量,政府往往出于保护自然资源的目的使用这种规制污染的手段。因为如果中间品部门在农村,如毗连自然资源丰富地域,那么生产造成的污染就会很直接且破坏力会很大。可以考虑这样一种情形:木材是一种中间产品,但是木材的砍伐可能直接造成生态环境的破坏,物种减少等,此时政府就会选择强制手段控制砍伐树木量。Chao et al. (2000)借鉴(2-10)和(2-11)式构建模型分析了政府选择强制性自然资源保护手段对于经济的影响,他们的主要结论是:在封闭经济情况下,提高控制数量会导致城市失业率提高,如果社会群众环境保护的意识及意愿越强,更为严格的控制数量将会提高社会福利;相对于经济自给自足情形,在开放的条件下,为了实现社会福利最大化,政府将会

---

① 这和前面提到的"上游企业"是一个意思。
② 加工部门是另一个生产最终产品的部门,也就是前面所说的"下游企业"。

更为严格地管制最终产品生产过程中中间品的投入数量,此时环境保护并不会增加城市地区失业人数。通过 Chao 的研究结论,我们可以知道:应从"量"上直接控制破坏生态环境的产品生产,虽然通过税收可以对已遭受破坏的环境进行治理,但是大量使用资源品(environment good)作为中间产品的部门对于自然造成的破坏是不可逆的。

政府另一种规制污染的手段是对使用中间投入品的最终产品部门征收污染税:

$$M=M'$$
$$p^Y Y'_M = p^M + s \qquad (2-12)$$

其中,p^Y 为 Y' 价格,p^M 为中间投入品价格,s 为政府对单位中间产品征收的生产税。如果中间产品具有比较优势,政府还要对中间产品的出口征收出口税:

$$p^M + s = p^* - t \qquad (2-13)$$

其中 p^* 为中间产品的世界价格,t 为从价出口税。

Dean & Gangopadhyay(1997)在小国开放经济背景下研究了纵向联系的加工业对于农业生产的影响。作者在文中假定加工业的上游企业在农村,它的生产会降低农业生产要素的生产率,而下游企业在城市。Dean & Gangopadhyay 分析了征收中间品出口关税和中间品生产税对经济的影响效应。作者研究发现:在短期内,出口税和生产税会降低农业部门工资,提高城市部门失业。在长期,出口税将提高农业部门产出,提高农业部门工资,缓解城市失业。该文在建模方法上的一个亮点是,作者考虑了中间产品的生产对其他部门要素投入的影响,即工业污染可能影响农业生产过程中的某一投入要素,加快其边际生产率递减的速度。这种思想具有较好的现实意义,例如土地的盐碱化虽然不会直接影响劳动要素和土地的投入数量,但是土地肥力的下降会直接影响到总产出。该研究提醒我们,一些生产过程中对其他生产投入要素的"隐性"污染应当引起我们的充分重视。

Chao & Yu(2003)考察了上游企业以及下游企业都在农村地区的情形,他们着重研究了中间产品生产税对经济的影响效应。文章的主要结论是:增加生产税会提高环境质量,但是会导致上游企业生产规模的萎缩,从而增加了失业。由于失业人数的增加会减少对最终产品的需求,从而导致上游企业生产规模进一步萎缩,这就是触发效应的作用机制,这也解释了发展中国家为何往往采取相对宽松的环境保护政策。然而,实证数据指出,产生污染的上游企业往往是城市的非正式部门(informal sector)①。Chaudhuri(2006)分析了城市非正式部门生产产生污染的情形中提高中间产品生产税对经济的影响②。作者发现:即使政府对非正式部门征收更高的排放税,非正式部门依然有可能扩张,并且由于产量的增加比例大于税收增加比例而恶化环境。该文的结论(提高生产税可能导致污染的扩大)与其他研究不同,值得我们引起注意。城市非正式部门是无法通过政府的政策进行约束和管制的,虽然Chaudhuri 讨论了通过运用生产税的方式来控制最终产品的生产进而限制非正式部门产生的污染,但直接控制中间产品使用量或许是一种更好的方式。

第 4 节 对未来研究方向的展望

由于从 20 世纪 90 年代起,劳动力转移与环境污染问题才逐渐得到了国外经济学界的关注,并成为发展经济学和环境经济学研究的一个热点课题,所以我们介绍的跨度是 1990—2010 年。另外,本书评述的对象主要是发表在英文期刊上的文献,而其他语种的杂志上一定有不少优秀的成果,限于作者的水平只能割爱。关于 Harris-Todaro 模式下劳动力转移与环境污染未来的研究,以下五点最有可能成为新的研究方向。

1. 转移动机的研究

自 Harris-Todaro 模型提出以来,它的一个关键性假设——劳动力转移取决于城市部门的期望工资与农业部门实际工资受到了众多学者的批评(如 Fields, 1980; Stark & Levhari, 1982; Stark, 1984)。但是由于其简洁明了的形式以及建模时的方便性,在后续的理论研究中一直被采用。然而我们注意到,从 2000 年以后,将环境因

---

① 具体的实证数据及相关参考文献,可直接参考 Chaudhuri (2006)。
② 准确说,文中政府是通过直接调节允许排放污染数量来控制污染排放税多少来规制污染的。污染排放税是政府允许排放污染数量的函数。

素纳入 H-T 分析框架后,逐渐开始有学者(如 Saito & Sugiyama,2007; Tawada & Sun Shuqin,2009;等)认为劳动力转移的动机不仅取决于城市与农村收入的差距,还取决于二者之间环境的比较,他们采用了期望效用函数的形式将两者结合。现阶段我们对于在这种情形下的转移动机分析甚少,在以后的研究中,在期望效用下来分析劳动力转移与环境污染有待进行更为细致的刻画。

2. 农业部门产生的污染

目前的文献研究大多数集中于工业部门产生污染后,政府对其规制,然后通过建模的方法来讨论各种政策对于经济的影响。但是在日常生活中,我们同样可以发现农业生产过程中产生大量的污染,如化肥、催熟剂和漂白剂的滥用,这种农业污染经常使得农村的水质"富氧化"等。所以,对于农业部门产生污染以及农业与工业部门的交叉污染将是一个非常值得研究的方向。

3. 与经济学其他分支的结合

在目前关于劳动力转移与环境污染问题的分析框架中,还有加入一部分"新元素"的空间,即将发展中国家的一些实际经济问题纳入分析的框架,就中国而言,如有人力资本水平对于劳动力转移导致环境污染的影响;农村土地流转对劳动力转移导致环境污染的影响;取消户籍制度对劳动力转移导致环境污染的影响,等等。解决这些问题对于中国等发展中国家的经济发展、制度建设具有很重要的意义。从学术研究的角度上看,将实际问题纳入已有的框架之中进行研究,增强模型的解释力与预测力,也具有重要的意义。

4. 实证研究

现阶段对于将环境污染纳入 Harris-Todaro 模型的实证分析非常少,主要的困难是相关统计数据或调查数据不完整,而统计数据或调查数据的不完整与发展中国家对这方面问题的不重视有关。随着环境问题受到越来越多的重视,我们相信,在未来实证研究将会有一个发展,我们期待实证研究能够对现阶段的理论研究的结果给出验证,对实际经济生活中因劳动力转移而导致的污染给出有力的数据支持。

5. 现有理论的进一步拓展

目前的理论研究还存在这样一个问题，即在讨论工业部门产生的污染对于整个经济影响时，只是假设污染会影响消费者的效用函数而不是支出函数。但是我们注意到，在污染发生后消费者被动地"消费"污染，比如被动地增加体检的频率，接受手术、定期吃药，等等。故而在今后的研究中，消费者对于污染的被动消费或许进入消费者的预算约束中，劳动输入地的环境越差，其污染被动消费也越多，这将影响劳动转移的均衡式；另外，如 Whalley & Jha(2003)所指出的，污染可以看成由于城市人口过度增加而引发的问题，由于这样的设定与实际经济生活很吻合，今后会有进一步拓展的空间。

在以下的各章中，我们将围绕劳动力转移与环境的主题进行分项分析。本篇的各类分项，就是考虑实体经济运行中的种种因素对经济发展的影响，从而导致环境政策的变化，如劳动力的人力资本水平、发展先进农业等因素。受研究时间和本篇的篇幅限制，我们考虑的各种因素还不全面，有待今后不断完善。

参考文献

[1] 李晓春. 劳动力转移和工业污染——在现行户籍制度下的经济分析[J]. 管理世界，2005(6)：27-33.

[2] BAHNS K M. Rural-to-Urban Migration in Developing Countries：The Applicability of the Harris Todaro Model with a Special Focus on the Chinese Economy [J]. Dissertation, 2005.

[3] BELADI H, CHAO C-C. Environmental Policy, Comparative Advantage, and Welfare for a Developing Country[J]. Environment and Development Economics，2006(11)：559-568.

[4] BELADI H, FRASCA R. Pollution Control under an Urban Binding Minimum Wage [J]. Annals of Regional Science, 1999(33)：523-33.

[5] BELADI H, RAPP J. Urban Unemployment and the Backward Incidence of Pollutioncontrol[J]. Annals of Regional Science, 1993(27)：153-163.

[6] BHAGWATI J N, SRINIVASAN T N. On Reanalyzing the Harris-Todaro Model: Policy Rankings in the Case of Sector-specific Sticky Wages[J]. American Economic Review, 1974(64): 502-508.

[7] BHAGWATI J N, SRINIVASAN, T N. The Theory of Wage Differentials: Production Response and Factor Price Equalization [J]. Journal of International Economics, 1971(I): 19-35.

[8] BOURGUIGNION F. Growth and Inequality in a Dual Model of Development: The Role of Demand Factors[J]. Review of Economic Studies, 1990(64): 502-508.

[9] CALVO G A. Urban Unemployment and Wage Determination in LDC's: Trade Unions in the Harris-Todaro Model[J]. International Economic Review, 1978(19): 65-81.

[10] CHAO C-C. Jobs, Production Linkages, and the Environment [J]. Journal of Economics, 2003(79): 113-22.

[11] CHAO C-C, KERKVLIET J R, YU, E S H. Environmental Preservation, Sectoral Unemployment, and Trade in Resources[J]. Review of Development Economics, 2000 (4): 39-50.

[12] CHAO C-C, YU E S H. Capital Markets, Urban Unemployment and Land[J]. Journal of Development Economics, 1992(38): 407-413.

[13] CHAO C-C, YU E S H. Content Protection, Urban Unemployment and Welfare[J]. Canadian Journal of Economics, 1993(26): 481-492.

[14] CHAUDHURI S. Pollution and Welfare in the Presence of Informal Sector: Is There Any Trade-Off? [J]. Keio Economic Studies, 2006.

[15] CHOI J, YU E S H. Technical Progress, Terms of Trade and Welfare in a Mobile Capital Harris-Todaro Model[J]. Economic Theory and International Trade: Essays in Memoriam of J. Trout Rader, 1993.

[16] CHOW Y, ZENG J. Foreign Capital in a Neoclassical Model of Growth[J]. Applied Economics Letters, 2001(8): 613-615.

[17] DAITOH I. Consumption Externality of Pollution and Environmental Policy Reform in the Dual Economy[R]. The paper presented in the Fall meeting of Japanese Economic

Association, 2002.

[18] DAITOH I. Environmental Protection and Trade Liberalization in a Small Open Dual Economy[J]. Review of Development Economics, 2008(12): 728-736.

[19] DAITOH I. Environmental Protection and Urban Unemployment: Environmental Policy Reform in a Polluted Dualistic Economy [J]. Review of Development Economics, 2003(7): 496-509.

[20] DEAN J M, GANGOPADHYAY S. Export Bans, Environmental Protection, and Unemployment[J]. Review of Development Economics, 1997(1): 324-336.

[21] FIELDS G S. 'Comment', in: R. Easterlin, ed. , Population and economic change in developing countries[M], Chicago: University of Chicago Press, 1980.

[22] FUKUYAMA H, NAITO T. Unempolyment, Trans-boundary Pollution, and Environment Policy in a Dualistic Economy[J]. Review of Urban and Regional Development StudiesReview of Urban and Regional Development Studies, 2007, 19(2): 154-172

[23] GROSSMAN G M, KRUEGER B A. Economic Growth and the Environment[J]. Quarterly Journal of Economics, 1995, 110(2): 353-377.

[24] GROSSMAN G M, KRUEGER B A. Environmental Impacts of a North American Free Trade Agreement[J]. NBER working paper, NO. 3914,1991.

[25] HARRIS J R, TODARO M. Migration, Unemployment and Development: A Two Sector Analysis[J]. American Economic Review, 1970(40): 126-42.

[26] JORGENSON D W. The Development of a Dual Economy[J]. The Economic Journal, 1961, 71(288): 309-334.

[27] KHAN M A, NAQVI S N H. Capital Markets and Urban Unemployment[J]. Journal of International Economics,1983,15 (3-4): 367-385.

[28] KONDOH K, YABUUCHI S. Unemployment, Environmental Policy, and International Migration[J]. Discussion Paper Series, NO. 1002, 2010.

[29] LEWIS W A. Economic Development with Unlimited Supp lies of Labor [J]. Manchester School of Economic and Social S tudies, 1954, 22(2): 139-191.

[30] MCGUIRE M C. Regulation, Factor Rewards, and International Trade[J]. Journal of Public Economics, 1982(17): 335–354.

[31] MOENE K O. A Reformulation of the Harris-Todaro Mechanism with Endogenous Wages[J]. Economics Letters, 1988(27): 387–390.

[32] NEARY J P. On the Harris-Todaro Model with Intersectoral Capital Mobility[J]. Economica,1981(48): 219–34.

[33] PETHIG R. Pollution, Welfare, and Environmental Policy in the Theory of Comparative Advantage[J]. Journal of Environmental Economics and Management, 1976(2): 160–169.

[34] RANIS, GUSTAV, FEI, JOHN C H. A Theory of Economic Development[J]. American Economic Review, 1961, 51 (4): 533–565.

[35] RAPANOS V T. Environmental Taxation in a Dualistic Economy[J]. Environment and Development Economics, 2007(12): 73–89.

[36] RAUCH J. Economic Development, Urban Underemployment and Income Inequality [J]. Canadian Journal of Economics, 1993(26): 901–918.

[37] SAITO M, SUGIYAMA Y. Transfer of Pollution Abatement Technology and Unemployment[J]. Economics Bulletin, 2007, 6(5): 1–8.

[38] STARK O, LEVHARI D. On Migration and Risk in LDCs [J]. Economic Development and Cultural Change, 1982(31): 191–196.

[39] STARK O. Rural-to-urban migration in LDCs: A Relative Deprivation Approach[J]. Economic Development and Cultural Change,1984(32): 475–486.

[40] STIGLITZ J E. Alternative Theories of Wage Determination and Unemployment in LDC's: The Labour turnover Model[J]. Quarterly Journal of Economics, 1974(88): 194–227.

[41] TAWADA M, NAKAMURA Z. International Trade and Economic Dynamics[J]. Springer Berlin Heidelberg, 2009: 87–99.

[42] TAWADA M, SHUQIN SUN. Urban Pollution, Unemployment and National Welfare in a Dualistic Economy[J]. Review of Development Economics, 2010(14):

311-322.

[43] TODARO M P. A Model of Labor Migration and Urban Unemployment in Less Developed Countries[J]. American Economic Review, 1969(59): 138-48.

[44] TODARO M P. An Analysis of Industrialization: Employment and Unemployment in LDCs[J]. Yale Economic Essays, 1968(8): 329-492.

[45] TSAKIRIS N, PANOS H, MICHAEL S M. Pollution, Capital Mobility and Tax Policies with Unemployment[J]. Review of Development Economics, 2008(12): 223-236.

[46] WANG LFS. Unemployment and the Backward Incidence of Pollution Control[J]. Journal of Environmental Economics & Management, 1990(18): 292-298.

[47] WHALLEY J, JHA R. Migration and Pollution[J]. ANU Department of Economics, 2003(6): 39-59.

[48] XIAOCHUN LI, YU ZHOU. Development Policies, Transfer of Pollution Abatement Technology and Trans-boundary Pollution[J]. Economic Modelling, 2013(31): 183-188.

第3章　长三角地区最低工资线的农民工就业效果

本章摘要：本章基于买方垄断模型，从理论上对最低工资的农民工就业效应进行了分析，并以长三角城市中七市的数据进行了实证分析，结果证明最低工资水平能够促进农民工的就业。在如同2008年至2009年那样的金融危机冲击下，市场的调整可能使原先具有积极效应的最低工资的就业效应变得不确定，此时，需要政府采取对策介入劳动力市场，促进市场合理调整，实现保就业、保增长。

第1节　问题的提出

2008年的金融危机对我国众多中小企业造成很大的冲击，许多企业减产、停产甚至倒闭，失去工作岗位的农民工纷纷返乡。国家人力资源社会保障部于2008年11月发出通知：根据经济形势和企业实际，近期暂缓调整企业最低工资标准；2009年初的两会期间，有人大代表建议国家取消最低工资线，认为最低工资增加了中小企业的压力，在金融危机的形势下，农民工有工作就行，不应该过分计较工资，国家应取消最低工资制度，把工资交给市场决定云云。这样的言论如一石激起千层浪，引起人们的热议。这一切都不禁引起我们的思考：最低工资制度到底对劳动力市场特别是农民工市场有什么影响？金融危机冲击下，最低工资制度又该何去何从？

最低工资是指劳动者在法定工作时间或依法签订的劳动合同中约定的工作时间内，用人单位依法应该支付的最低劳动报酬。中国于1994年建立了最低工资制度，但大部分省市都是在1995年才制定了当地的最低工资标准。按照国家的要求，最低工资标准应该相当于当地职工平均工资的40%～60%，当时大部分地区是达标的。

但是由于当时并未对最低工资的调整频率和调整幅度做出规定,以至于有些地区如青海、甘肃的最低工资长达十年未做调整。虽然 2006 年"民工荒"后,各地相继向上调整了最低工资线,但与经济发展水平相比,最低工资仍处于一个相对较低的水平。到 2007 年,全国 34 个大中城市的最低工资与当地职工平均工资之比的平均值只有 26%,其中最低的北京只有 19%,最高的贵阳也只有 35%,无一达标。此外部分地区的最低工资的实际购买力呈现下降的趋势,最低工资严重滞后于地区经济发展。近年来,最低工资也一直是人们关心的课题,议论的焦点之一就是最低工资的就业效应,有学者认为最低工资是对劳动力市场的干预与扭曲,质疑最低工资会造成劳动力资源的不合理配置,引发失业问题;而支持者则认为最低工资不一定导致失业,反而有显著的保护低技能、低收入人群的利益的作用①。最低工资针对的是低收入低技能的人群,让我们很容易联想到农民工群体。事实上,劳动力市场一般可以分割为一级劳动力市场和次级劳动力市场,在次级劳动力市场中,劳动力从事苦脏累的工作,工资接近甚至低于最低工资水平,而农民工是次级劳动力市场的最主要的供给方,故而,不论在理论上还是现实中最低工资线的设定对农民工的就业都有比较大的影响。

另外,在我们对劳动市场进行理论分析时,往往规定城市部门的工资是下放刚性的,这与城市有最低工资线有很大的关系。故而做好对最低工资线的分析,不仅仅是因为实体经济发展的需要,也与理论分析的基础有关。以下,本章的第二部分是相关的文献回顾;第三部分是进行有关的理论分析;第四部分则是以长三角地区的部分城市数据进行了实证分析;第五部分对经济危机背景下的最低工资线的雇佣效果进行了分析。

第 2 节 文献回顾

对于最低工资的就业效应,不管在国外国内,理论上和实证上都有许多研究,但

---

① 何帆:围绕最低工资法的争论,中国社会科学院世界经济与政治研究所网 http://www.iwep.org.cn/info/content.asp? infoId=2834。

是得出的结论却始终存在着分歧。

在理论方面,韩兆洲(2006),姚先国(2008)做了详细的文献综述,本章在此做一个简单的概括。一种意见认为最低工资对就业有负面影响。失业效应模型认为在完全竞争的条件下,如果最低工资要发挥作用,其水平就必须高于均衡水平,但是这样又会导致企业对劳动力需求减少,劳动力市场供过于求,导致失业。两部门模型也对最低工资提出了反对意见,认为最低工资会导致不适于实行该政策的部门减少对劳动力的需求。另一种则认为在雇主垄断市场中适当的最低工资可以增加就业。在竞争性市场中,通过冲击效应模型分析得到的结论认为:提高工资率可促进人均边际产出,从而产出的实际工资率下降,企业对劳动的需求增加;效率工资模型认为最低工资可以降低工人的怠工,减少效率工资的支付,最终减少失业。企业反应模型认为最低工资的提高可能会导致企业对工人更高的劳动任务要求,不一定会导致失业。以上四个模型分别从不同的角度出发,在一定程度上对最低工资的正面的就业效应进行了肯定。

在实证研究方面,前期学者们大多是以西方发达国家为研究对象,Joseph & William(1983)分析了 1975—1979 年加拿大的省际数据,发现最低工资不管对于成年劳动者或青少年劳动者的就业以及劳动力供给都有显著的负作用,综合起来它能导致失业率显著增加。David & William(1992)认为最低工资会减少就业:对于青少年降低 1%~2%,对于成年的青壮劳动力减少 1.5%~2%。而 Katz & Krueger(1992)通过分析德州快餐行业的就业则认为最低工资未必会减少就业。随着研究的深入,部分学者开始关注最低工资在发展中国家的经济效应。Bell(1997)通过分析墨西哥和哥伦比亚的面板数据,发现最低工资在两国的就业效应截然不同:哥伦比亚失业大幅增加,墨西哥几乎不受影响。作者认为关键在于,哥伦比亚的最低工资是有效工资,而墨西哥的是无效工资。Lemos(2006)分析了最低工资对巴西的正规与非正规部门的就业影响,结论是不管在哪个部门最低工资对就业都没有影响。

国内从最低工资确立至今虽然只有 16 年的时间,但是众多学者都对最低工资的就业效应倾注了很大的热情,得出的结论却也大相径庭。

张五常(2000)是国内较早对最低工资提出反对意见的学者,认为最低工资反而会导致下层工人找不到工作,而且还会导致资本的外逃。同年,汪燕敏等(2004)对此进行了反驳,强调了最低工资的可行性。平新乔(2005)也对最低工资提出了质疑,认为最低工资会提高企业用工的实际成本和违法成本,客观上削减城镇就业量。张智勇(2007)对最低工资不利于农民工就业的各种观点进行了反驳,肯定了对农民工实行最低工资的可行性,认为最低工资的实施不可避免失业的存在,但是它能避免农民工失业的进一步恶化。

随着对问题认识的深入,学者们的研究不再单纯地停留在定性分析上,更多地开始进一步地结合中国的国情,进行深入的实证分析。

罗小兰(2007)认为最低工资标准对农民工就业的影响存在一个阈值。在该阈值之前,最低工资标准的增加会促进农民工就业,超过该阈值后会阻碍农民工就业。进一步区分行业和地区分析表明,最低工资标准东西部为正作用,中部为负作用;制造业为正作用,建筑业为负作用。韩兆洲(2007)通过分析深圳的时间序列数据认为最低工资对失业率并没有什么影响,短期内反而能够促进劳动力的供给。罗小兰(2007)通过中国健康和营养调查的数据论证了由于机会成本的低廉性、自身工作的易替代性以及未来支出的刚性,目前中国的农民工的劳动力供给曲线呈现向右下方倾斜的特征,并由此推断实施最低工资的必要性。石娟(2009)进行实证分析后得出结论:在短期最低工资的提高能够增加就业,但长期而言对就业几乎没有影响。

综合上述学者的观点,我们发现研究的角度、样本选取以及研究方法的不同都会对结论产生不同的影响。事实上,就我国而言由于地区间的经济发展水平相差较大,最低工资水平以及劳动力市场发育的完善程度不尽相同,最低工资的就业效应肯定也有一定的差别。鉴于此,本章把重点放在了长三角地区,重点研究长三角地区最低工资的农民工就业效应。

本书选择长三角作为代表的原因有两点。(1) 长三角地区中,上海于1993年开始实行最低工资标准,浙江省和江苏省分别与1994年和1995年开始实施,是最早实行最低工资的一批城市。此外这些城市的最低工资标准调整比较及时,我们能够比较好地观察其就业效应。(2) 长三角二、三产业占总产出的比例很大,2007年,长三角十六市中二、三产业占总产出的平均比例为94.7%,其中农民工就业最多的制造业和建筑业迅速发展,吸引了大量的农民工前往长三角务工。而最低工资制度目前主要二、三产业实行,最低工资对农民工的就业效应在长三角能够有比较充分的反映。下面我们首先对最低工资的农民工就业效应进行理论分析。

第3节 最低工资的农民工就业效果
——雇主主导市场下的工资与就业的决定

农民工市场的买方垄断是指在对农民工的雇佣中,买方即雇主对于农民工的价格即工资具有决定权。我国的劳动力市场长期分割为一级劳动市场与次级劳动市场,农民工市场可以说是次级劳动力市场最主要的构成部分。总体而言,在我国包括长三角的农民工市场中,都表现出较明显的买方垄断的特征。刘江峰等(2004)认为民工荒其实是农民工市场买方垄断的表现之一,雇主的优势地位以及农民工劳动力的供给过剩导致市场均衡工资低于劳动力价格以至于不能保证劳动者的最低正常生活,倒逼农民工返回土地。夏小林(2004)认为在我国普遍存在着买方及雇主主导市场的现象,并详细地分析了浙江的劳动市场的买方(雇主)主导的性质。罗小兰(2007)认为在现实经济生活中分割的劳动力市场中常会出现买方垄断——雇主主导市场的情况,在我国的次级劳动力市场中,劳动供给过剩,劳资双方力量、谈判和博弈能力高度倾斜,呈现出买方垄断市场的典型特征。白暴力等(2007)认为中国劳动力市场的特点之一就是劳动力市场的力量不对称,每一个劳动者都是弱势的,其分散性又导致了其整体的弱势状态,而相对于单个分散的弱势劳动者,雇主则具有垄断者的特点。

总的来说,由于农民工处于供过于求的状态,并且大多受教育水平低,工作技能低,只能从事一些苦脏累的体力活,除去少部分高技能与熟练工人,大部分农民工并不具备与厂方进行价格谈判的条件与能力。而且农民工多在三资、私营的中小企业工作,这些企业很多都是劳动密集型的,工资在其成本中占的比例较大,企业对工资会尽量压低。随着经济的发展,一些由政府推动的工业园、工业城的出现进一步促进了企业的集群效应,厂方联合制定价格要比农民工联合要求提高工资的可能性与可行性都要更大。此外,在农民工市场中,厂方作为组织者,对于农民工的工资具有话语权。农民工市场表现出典型的买方垄断的特点。

下面我们具体分析买方垄断下的最低工资的就业效果。模型的前提假设是劳动力同质,结合实际,假定劳动力是同质的低技能劳动力。如图 3-1,在完全竞争情况下,市场的均衡点在 $A(L^*, W^*)$。买方垄断条件下,如果不存在其他干预,由于劳动力假定为同质的,所以当雇主以较高的工资率每增加一单位的劳动力雇佣量时,为了保持原有工人的工作积极性,也必须给原有的工人支付同等的工资水平,这样导致雇佣劳动力的边际成本在任何水平下都要高于劳动力的供给价格。此时的就业量与工资决定于 $MPR_L = MC$ 的一点 $B(L_0, W_0)$,但是由于在 W_1 的水平下已经能吸引足够的劳动力,所以在 L_0 的就业水平下,企业实际给付的工资为 W_1。如果政府规定最低工资 W_m,就业量增加到 L_m。同时雇方的 MC 曲线发生变化:到 L_m 之前 MC 曲线为水平线 W_m,超过 L_m 之后恢复为原来的向上倾斜的形态,如图 3-1 中 MC_1。随着 MC 曲线的变化,L_m 有可能成为雇方的最优雇佣量。

不过,不同最低工资水平所产生的农民工就业效应则有很大的区别。

(1) 最低工资低于 W_1,企业的最优雇佣点仍然在 (W_1, L_0),而且在这一点进行雇佣不会受到最低工资法规的干涉,所以工资与就业水平仍然维持在 W_1 与 L_0 的水平,最低工资对农民工的就业不产生任何影响。见图 3-1 中 W_{m1}。

(2) 最低工资高于 W_1,同时不高于 W^*,最低工资能够促进农民工的就业量,同时不会导致农民工失业。如图 3-1 中 W_{m2},就业水平增加到 L_{m2},但并未造成失业。

(3) 最低工资高于 W^* 同时不高于 W_0,能够增加农民工的就业量,但同时伴随着失业,而且随着最低工资的提高,就业的增加量会降低,而失业量却增加。如图 3-1 中 W_{m3},就业水平增加到 L_{m2},但同时也造成了 CD 段的失业。

(4) 最低工资高于 W_0,不仅使农民工就业量减少,同时造成大幅失业。如图 3-1 中 W_{m4},就业量下降到 L_{m4},而且造成了 EF 段的失业。

不过,由于农民工在城市求职不顺,可以再度转移到农村,所以理论上而言农民工的失业事实上是可以转移消失的,这就意味着如果只是要达到促进农民工的就业的目标,最低工资的水平处于 W_1 与 W_0 之间的水平都是可以接受的。但是考虑到城市就业的稳定和发展的和谐,政府还是应该致力于使最低工资水平处于 W_1 与 W_0 之间,因为此时最低工资对农民工的就业效应显得最为积极,而且促进就业的同时不会造成失业。

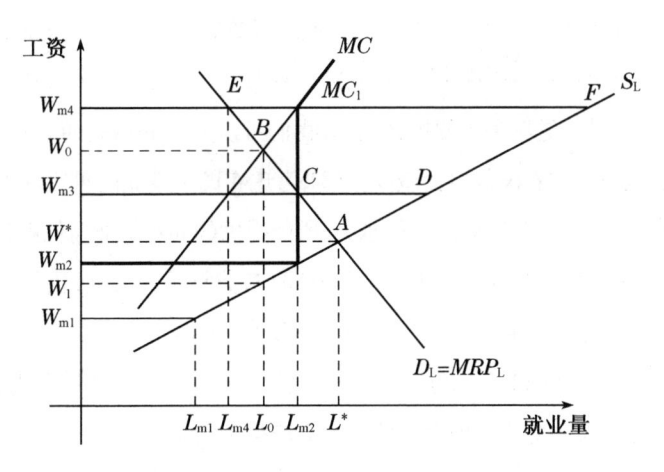

图 3-1 雇主市场下的就业与工资决定

以上是理论分析的结果,具体到现实中,现行的最低工资是否处在一个合理的市场水平?如果是又能否如理论上所言对农民工的就业有促进作用?我们需要进行计量检验。

第4节 实证分析

一、数据选取

为了增大样本数量,本章采取了面板数据进行计量检验。由于数据的限制,本书不对长三角十六市都进行计量检验,而是选取了上海、杭州、宁波、南京、无锡、常州以及徐州7个城市 1995—2007 年的数据。选取的变量总共五个。

被解释变量:农民工的就业(JY)。就理论而言,综合考虑各市本地农民工和外来农民工在城市中的就业是最理想的。但是关于外来农民工就业的数据我们难以获得。首先目前在统计上并未对农民工做出明确的界定,其次关于农民工就业的统计数据更是缺乏。考虑到各市乡村劳动力的基数相差比较大,所以本书采用当地农民从事二、三产业的比例来代表农民工的就业。

解释变量:最低工资(GZ)。由于中国大约 80% 的农民工都是以月薪的方式领取工资①,所以这里的最低工资采取的是月最低工资数据,并且采用当地最高标准。

控制变量三个:(1) 考虑农民工就业的意愿性,主要考虑农业性收入(SR)。农民的农业性收入是其进城务工的机会成本,我们可以先验的假设随着农民在农村收入的提高,进城务工的农民数量会减少。(2) 考虑农民工就业的可实现性,理论上在中性技术的条件下,二、三产业的产值越大,所能提供的非农就业岗位就越多,农民实现非农就业的可能性也越大。由于各地的 GDP 基数相差比较大,我们这里采用二、三产业总值占地区国内生产总值的比例(FNGDP)来表示当地二、三产业的发展。(3) 城镇登记失业率(SYL)。这是针对城镇居民的失业率,但是基本代表了总体的就业形势,我们假设失业率对农民工的就业会产生负面影响。

最低工资数据来源于各市人力资源和社会保障部网站,其他数据来源于各市统计年鉴或根据其中的数据计算而得。

二、长三角地区最低工资的现状分析

在进行计量分析之前,我们首先来看一下 1995—2007 年长三角地区最低工资的变动趋势。从图 3-2 可以看出,在扣除物价指数之后,长三角地区的最低工资仍然呈现出不断上涨的趋势,也就是说最低工资的实际购买力是不断上涨的。但是同时我们也可以看到最低工资的实际增长其实并不大,就绝对数而言,从 1995—2007 年共上涨了 434 元,平均起来每年只增长了 33 元。

再观察同期各市最低工资与当地职工平均工资的平均比例(见图 3-3)。从这一指标来看,长三角地区的最低工资标准是偏低的,按照国际标准,最低工资应占当地职工平均工资的 40%~60%,而长三角地区只有两年达到了这个标准,而且这里

---

① 《城市农民工生活与教育状况——城市农民工生活质量状况调查报告之二》,江苏劳动保障网:http://www.js.lss.gov.cn/pub/ldbzw/nmggz/dcbg/t20061225_10263.htm。

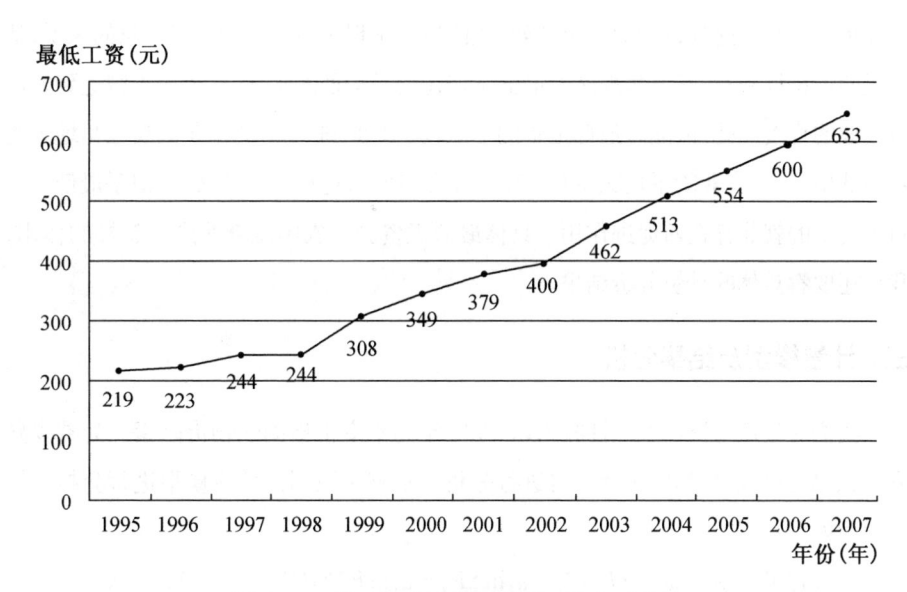

图 3-2 长三角地区平均最低工资变动趋势

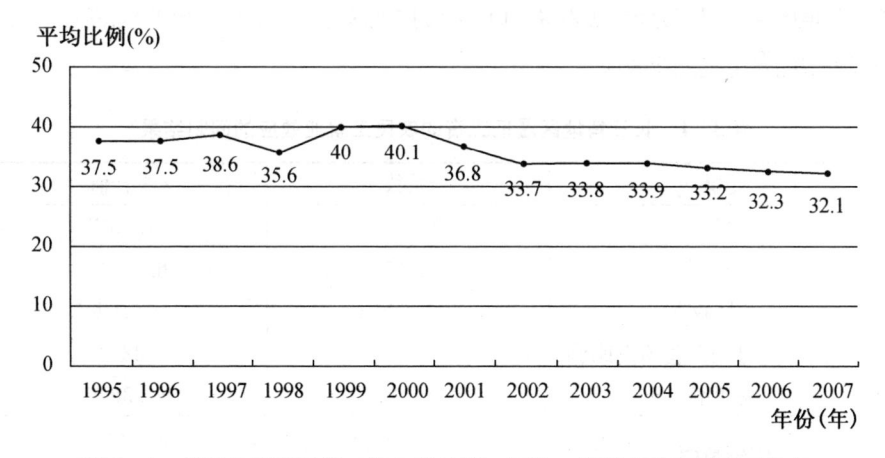

图 3-3 长三角地区最低工资与当地职工平均工资的平均比例变动趋势

注：1. 图 3-2 平均最低工资，各市首先以 1995 年为基准对最低工资剔除物价指数，然后对 7 市进行简单平均算出每一年的平均最低工资。

2. 图 3-3 中最低工资与职工平均工资均为当期价格。

的最低工资数据只是各地区的最高档次,如果考虑不同档次的最低工资,该比例实际上要更小一些。此外,从 2000 年开始,该比例就呈现不断下降的趋势。总的来说,从上述两项指标来看,长三角地区的最低工资还处于偏低的水平,应该还未曾达到能造成失业的程度。此外,随着最低工资的上涨,从 1998 到 2007 的十年间长三角地区的农民从事二、三产业的平均比例从 52% 上升到 72%,这样直观地来看,似乎最低工资对农民工的就业存在着促进作用。具体最低工资会对农民工就业产生怎样的作用,我们还要看具体的计量分析结果。

三、计量模型及结果分析

我们对最低工资和农业性收入以 1995 年为不变价格剔除物价因素。为减少异方差,对数据采取自然取对数后再进行分析。本书采取固定效应模型进行分析。计量模型如下:

$$\ln JY_{it} = \alpha_{1i} + \alpha_2 \ln ZDGZ_{it} + \alpha_3 \ln SR_{it} + \alpha_4 \ln FNGDP_{it} + \alpha_5 \ln SYL_{it} + u_{it}$$

由于各地的最低工资、经济结构以及劳动力市场的完善程度不同,我们将首先对长三角地区进行回归分析(如表 3-1),之后按地区分类,分别考察江苏、浙江、上海最低工资的农民工就业效应。

表 3-1 长三角地区最低工资的农民工就业效应的回归结果

变量	系数	t 统计值
C	−1.63	−7.33***
最低工资	0.13	6.37***
农业性收入	−0.000 2	−0.01
第二、第三产业总产值所占比例	1.68	6.22***
失业率	−0.08	−4.38***
固定效应	前两位:嘉兴 0.07 后两位:南京 −0.09	无锡 0.05 徐州 −0.04
Adjusted R^2	0.94	
F 统计值	140.25***	

注:*,**,*** 分别代表在 10%,5%,1% 的显著水平上统计显著。下文同。

从表3-1的结果我们可以看到,最低工资的系数为正且在统计上显著,但是其系数较小,只有0.14,缺乏弹性。这说明虽然最低工资对农民工的就业有正向的促进作用,但是这种作用可能是比较微弱的。可能的解释有以下几点。首先,最低工资的水平偏低。联系前文的理论分析,最低工资对农民工的促进作用与最低工资的水平有很大关系。我们在前文中曾经提到,不管是考虑最低工资的绝对值还是考虑其与当地职工平均工资的比例,当前长三角地区的最低工资水平还是偏低的,这样一个偏低的最低工资对农民工的就业所能产生的促进作用可能本身就比较有限。此外,就这偏低的最低工资,要真正地落到实处,还要克服来自现实的种种挑战。挑战主要来自三个方面。第一,来自作为直接受益者的农民工的挑战。少部分农民工仍然不知道最低工资法规,还是厂方给多少就拿多少。部分农民工不能关注到最新的最低工资的调整。还有一大部分,基于自身工作的易替代性、机会成本的低廉行以及未来支出的刚性,即使知道自己的工资低于最低工资,也会"理性"地接受。第二,来自作为直接"受害者"的企业的挑战。不可否认,最低工资在一定程度上加重了企业的用工成本。企业在考虑是否要遵守法规时,会考虑遵守法规增加的用工成本和违规而被惩罚的成本。如果违规面被惩罚的成本低于遵守规定而增加的用工成本,经过理性衡量,企业不会遵守规定;反之,企业遵守法规。但是这种"遵守"可能是以变相克扣农民工工资或者延长农民工的劳动时间为前提的。第三,来自作为最低工资确定者与监督者的政府的挑战。基于目前地方政府的政绩考核标准,本地的GDP与城镇居民的就业显然要比农民工的就业与权益保障来得重要。由于最低工资会增加企业特别是劳动密集型企业的用工成本,可能会导致企业的外流,直接减少本地的经济收入。其次,最低工资促进农民工的就业,却也一定程度上增加了本地居民的失业,虽然有学者认为本地居民的失业更多的是一种自愿失业,但是农民工的确挤兑了一部分本地居民在次级劳动市场的就业。综合起来,政府从自身的利益出发,最低工资的实行可能会大打折扣。

虽然最低工资对农民工的就业的促进作用不是很明显,但是与农业性收入相比,最低工资不管在系数还是显著性上都更胜一筹。农业性收入作为农民工外出就业的最基本的机会成本一直以来都是影响农民工就业的最重要的因素之一,现在最低工资对农民工就业的促进作用远远超越农业性收入,说明最低工资已经成为影响农民工就业的一个很重要的因素。二、三产业占地区国内生产总值的比例为正作用,而且系数大于1,说明农民工就业对于二、三产业的发展比较敏感。农业性收入为正作用,失业率为负作用,与原假设相符合。下面我们再具体分析不同地区的最低工资的农民工就业效应,我们把长三角地区分解为江苏省、浙江省和上海市,并分别进行回归(如表3-2)。

表 3-2 分地区最低工资标准的农民工就业效应的回归结果

变量	江苏	浙江	上海
C	−1.47 (−4.97)***	−1.88 (−6.54)***	9.22 (1.03)**
最低工资	0.17 (5.22)***	0.13 (4.45)***	0.40 (−2.8)***
农业性收入	−0.001 (−0.03)	0.07 (2.11)**	0.17 (−1.37)
第二、三产业总值所占比例	1.27 (3.00)***	1.44 (3.44)***	−12.22 (−1.30)
失业率	−0.09 (−3.57)***	−0.04 (−1.45)	−0.02 (−0.19)
固定效应	最大:无锡 0.09 最小:南京 −0.07	最大:嘉兴 0.10 最小:杭州 −0.10	
Adjusted R^2	0.95	0.93	0.46
F 统计值	139.67***	71.26	3.52

从表3-2的结果,我们可以看出,在长三角地区中,最低工资在江苏、浙江和上海均为正作用,这说明三个地区的最低工资的提高对农民工的就业都存在着促进作用。但是三者的系数都小于1,也就是说三个地区农民工就业对最低工资的提高反应都不是很敏感。关于这点可能的原因我们在前文已经进行过分析。同样,三个地区的最低工资在弹性上比农业性收入大,在显著性上也显得更加显著,说明在这三个地区最低工资已经成为影响农民工就业的一个重要因素。三个地区的弹性并不一样,最小的浙江0.13,江苏与浙江相差不大为0.17,最大的上海达到0.40。可能的

原因有以下几点。首先就绝对值而言,上海的最低工资水平一直是三个地区中最高的,此外上海的最低工资标准调整比较及时,从制定最低工资标准以来,上海一直坚持每年都进行调整,这对于农民工而言,事实上是每一年都在发送一种积极的激励的信号,激励农民工进行非农就业。此外,从1996—2007最低工资的调整幅度平均在每年10%左右,相比于同期14%的经济增长水平而言,10%应该不会给用人企业带来太大的负担,负担过重减少对农民工的雇佣量。其次是考虑经济结构,浙江的民营经济在三个地区中最发达,中小企业林立,大多农民工都在这些中小企业里工作,由于劳动者在工资谈判中处于弱势地位,浙江省的私营部门中的许多雇工在面对工资等劳动条件时只能完全听从公司单方面的决定①。再由于中小企业本身生存的压力以及追逐利润的目的,可以推见违反最低工资的企业不在少数,这使得最低工资的作用得不到应有的发挥。

二、三产业总值所占比例对农民工就业的影响在江苏和浙江为正影响,与原假设相符。在上海则为负作用,与原假设不符。可能的解释是,随着城市经济的发展,产业结构不断升级,在工业上优先发展高新技术产业是上海产业升级的基本目标之一,截至2007年底上海市高新技术产业总产值占工业总产值的比例已经达到24.4%,在对传统工业的改造中也秉承着向高技术密度的方向发展,这导致上海工业的发展对工人的技能要求越来越高,而农民工普遍受教育程度低,工作技能简单,不能适应岗位的要求。在第三产业的发展中,着重发展的也是金融、保险、外贸、旅游等农民工几乎无缘进入的领域。总的来说,二、三产业总值所占比例在上海的负作用其实是当前农民工的技能无法适应岗位要求导致结构性失业的体现之一。

农业性收入在江苏为负作用,但是在浙江和上海为正作用,与原假设不符。比较该时期这两个地区的工资收入与农业性收入后发现,在扣除物价指数后,浙江地区农民年平均工资收入比其年平均农业性收入高了约572元,上海地区农民年平均工资收入比其年平均农业性收入则高了达3 313元,而且随着经济的发展,两种收入的差距呈现逐步拉大的趋势,这些可能导致农业性收入作为机会成本显得过于低廉,不足

---

① 夏小林,私营部门:劳资关系及协调机制,管理世界,2004年第6期。

以吸引农民工留在农村务农。

失业率在三个地区均为负作用,与原假设相符合。

总的来说,不管是从总体来看,还是分地区而言,最低工资水平对农民工的就业都有积极作用,不同地区的弹性略有差别,但是共同点是促进作用比较微弱。由于最低工资对农民工就业的促进作用,我们可以推断,目前的最低工资水平可能是处于一个比较合理的市场水平,也就是处在图 3-3 中的 W_1 与 W_0 之间。再结合前文中对长三角地区的最低工资水平的现状分析,认为现行最低工资水平还处于一个偏低的水平,超过完全竞争下的均衡工资 W^* 造成失业的可能性非常小。也就是说,最低工资对农民工的就业效应很可能是处于一个非常积极的状态,而且最低工资仍有较大的上调空间。

第 5 节 金融危机冲击下最低工资的农民工就业效应——对买方垄断模型的再分析

上述的分析论证了长三角地区在实行最低工资的十几年来,总体来说最低工资对农民工的就业有积极作用,能够促进农民工的就业,虽然由于种种现实的限制,作用不是明显,但是作用是积极的。而在经历金融危机后,还能否保持其积极的促进作用?

2008 年的金融危机对我国的经济造成了重大冲击,长三角也未能幸免,中小企业受到严重的打击,众多的中小企业倒闭或者减员,直接减少对农民工的需求,农民工掀起了浩浩荡荡的返乡潮。为了避免大规模的农民工失业,各地开始出台各种应对措施,例如劝导农民接受技能培训,提高农村的软硬设施,引导农民返乡建设现代农业,此外还为农民创业提供各种优惠等。这些政策的出台使部分农民工开始重新审视自己的城市务工之路,不再一味地涌向城市。此外还有部分农民工开始为长远的"民工路"做准备,积极准备接受技能培训,还有部分则是审时度势推迟外出的时间,这都使得城市中的农民工供给有一定程度的减少。那么经过金融危机的洗礼,由于市场主体供求的变化,最低工资的农民工就业效应又将会是何走向?

我们在图 3-1 的基础上进行再分析，如图 3-4。企业的倒闭或减员，对农民工的需求减少，表现在图 3-1 中是 D_L 向左下方移动。同时部分农民工考虑留在农村进行自主创业或者发展农业，这使得城市农民工市场中的农民工供给有所减少，供给曲线 S_L 向左上方移动，原 MC 曲线也向左上方移动。由于 MC 曲线会随 S_L 曲线的移动而移动，为简化分析，我们在此固定 S_L 的调整幅度，并假设最低工资处在最优水平，在金融危机下暂未做调整，则 MC 曲线就被固定了：在 L_m 之前的一段为水平线 W_m，L_m 之后为右上倾斜的形态。记：市场调整后，完全竞争条件下的均衡工资与就业分别为 W^*、L^*，未受干预的垄断条件下的均衡工资和就业水平分别为 W_1、L_0，最低工资仍为 W_m，最低工资所能达到的就业水平为 L_m。如图 3-4，市场的调整可能导致最低工资的就业效应出现下面四种情况。

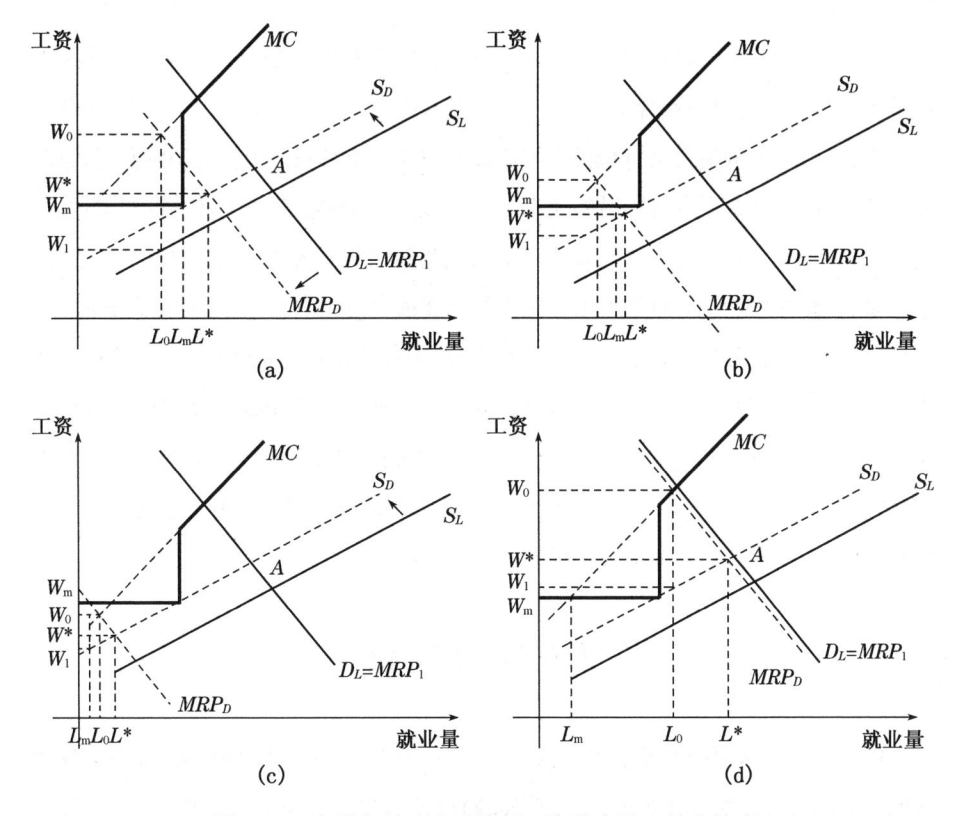

图 3-4　金融危机冲击下最低工资的农民工就业效应

(1) 调整后，W^* 仍高于 W_m，不会造成失业，L_m 也高于 L_0。也就是说在新的市场情况下，最低工资对农民工就业的促进作用仍然存在。此时，最低工资还存在着一定的上调空间。见图 3-4(a)。

(2) 调整后，W^* 低于 W_m，虽然 L_m 也高于 L_0，但是这时过高的最低工资造成农民工供过于求，部分农民工失业。由于最低工资只可上调不可下调，此时最低工资可以暂不调整，保持在原有水平，避免失业进一步加剧。见图 3-4(b)。

(3) 调整后，W_m 显得过高，已经高于 W_0 的水平，L_m 低于 L_0，并且由于供过于求造成失业。这个时候如有必要，政府有必要考虑适当地降低最低工资的水平，不过这可能会导致低收入群体的强烈抗议，所以需要慎重考虑。见图 3-4(c)。

(4) 调整后，W_m 低于 W_1，最低工资失去作用，如同虚设，有必要大幅度提高。见图 3-4(d)。

总的来说，在金融危机的冲击下，由于市场的调整，即使是原来处于最优水平的最低工资也可能变得不再合理，其农民工就业效应也显得很不确定。从图 3-4 我们可以看到，最低工资能否维持积极的就业效应取决于市场双方主体的调整幅度，这就需要政府发挥作用，采取各种措施使本地的市场合理调整，避免任何一方调整过度，引发市场混乱。事实上，为了金融危机下的就业稳定和市场和谐，长三角也已经采取了众多有力的措施，例如对于作为农民工的主要需求方的中小企业，采取了降低创业门槛、扩大融资服务等系列措施支持其发展；对于作为供给方的农民工，则通过给予农民自主创业各种优惠，加强农村基础设施建设等使农民工重新审视自己的城市务工道路，不再盲目地涌向城市。此外，政府必须根据本地市场的实际调整情况及时调整当地的最低工资水平，因为如果最低工资能始终保持在 W_1 与 W^* 之间并且得到执行，其对农民工就业就能发挥积极的作用。

第6节 结 论

由于农民工从事的大多是工资低廉、不稳定的工作，理论上该群体的就业会受到最低工资的较大影响。在表现出买方垄断特征的农民工劳动力市场中，最低工资对农民工的就业效应取决于最低工资的"度",如果最低工资能够维持在一个合理的水平——高于厂商给付的工资水平的同时不高于完全竞争市场下的均衡水平,那么最低工资就能对农民工的就业发挥积极作用:在扩大就业量的同时又不会导致失业。通过计量检验发现,长三角地区的最低工资水平有助于扩大农民工的就业量,联系现实情况认为现阶段的最低工资水平超过完全竞争市场下的均衡工资水平造成失业的可能性很小,所以现阶段的最低工资应该是处在一个合理的市场水平,并且还存在较大的上调空间。金融危机的冲击会导致农民工市场发生调整,使原先处在合理水平的最低工资可能变得不再合理,相对应的其农民工就业效应也变得很不确定,至于具体会产生怎样的效应则取决于市场双方主体调整的幅度,所以政府务必采取各种有效措施,促使本地市场合理调整,此外必须及时根据本地市场的调整情况调整当地的最低工资水平,尽量使其保持在一个合理的市场水平,使其能充分发挥正面作用。基于最低工资一般调高不调低的原则,如果最低工资显得过高,可以采取减少增幅或者暂不调高的方式。

最后,笔者向广大仍然倾向进城务工的农民工提一点建议:农民工应该积极参加技能培训,提高自身的劳动素质。农民工的低技能状况根本上决定了其工作的易替代性以及工资的低廉性,就业存在很大的不稳定性,结构性失业严重,金融危机只是使这个问题进一步凸现出来而已。此次金融危机淘汰的劳动力中,低技能的农民工占了大部分,相对而言有技术的熟练工人的就业情况则要好得多,在一些地区,即便是在金融危机中市场上也出现高技能的熟练工人供不应求的情况。提高自身的工作技能是农民工实现就业、提高工资谈判力的最根本的方法。

参考文献

[1] 白暴力,丛丽. 建立现代产权制度,解决消费需求不足[J]. 经济经纬,2007(2):1-4.

[2] 丁元. 劳动生产率与工资关系的脉冲响应分析[J]. 中国人口科学,2007(3):72-80.

[3] 韩兆洲、安宁宁. 最低工资、劳动力供给与失业[J]. 暨南学报,2007(1):38-44.

[4] 韩兆洲、魏章进. 我国最低工资标准实证研究[J]. 统计研究,2006(1):35-38.

[5] 孔丽娜、韩兆洲. 最低工资制度的博弈分析[J]. 经济问题探索,2007(10).

[6] 刘江峰,张晓辉.工资偏低权益缺乏保障,珠三角大闹"民工荒"[N].中华工商时报,2004-10-5.

[7] 陆义敏.最低工资政策约束下的劳动力转移分析和政策启示——基于托达罗模型的一个解释[J].桂海论丛,2007(1):43-45.

[8] 罗小兰.我国劳动力市场卖方垄断条件下最低工资就业效应分析[J].财贸研究,2007(4):1-5.

[9] 罗小兰.我国最低工资标准农民工就业效应分析——对全国、地区及行业的实证分析[J].财经研究,2007(11):114-123.

[10] 罗小兰.向右下倾斜的非农劳动供给曲线—来自中国健康与营养调查的证据[J].中国农村经济,2007(10):23-29.

[11] 平新乔.关注民企劳资关系[J].民营视界,2005(4):61-62.

[12] 石娟.我国最低工资标准与就业关系的实证研究[J].当代经济,2009(3):152-154.

[13] 汪燕敏,张得银.谁种下了祸根[J].合作经济与科技,2004(7).

[14] 魏章进,韩兆洲.国外最低工资制度理论研究及启示[J].商业时代,2006(14):48+50.

[15] 魏章进,韩兆洲.中外最低工资制度比较研究[J].工业技术经济,2006(6):57-58+74.

[16] 夏小林.私营部门:劳资关系及协调机制[J].管理世界,2004(6):33-52+155-156.

[17] 杨先明,徐亚非,程厚思.劳动力市场运行研究[M].北京:商务印书馆,1999.

[18] 姚先国,王光新.最低工资对就业影响的理论研究,重庆大学学报[J](社会科学版).2008(1):17-22.

[19] 张智勇.最低工资会打击农民工就业吗[J].财经科学,2007(10):103-110.

[20] BELL L A. The Impact of Minimum Wages in Mexico and Colombia[J]. Journal of labor Economics, 1997, 15(S3): S102-S135.

[21] CARD DAVID, ALAN KRUEGER. Minimum Wages and Employment: a Case Study of the Fast Food Industry[J]. American Economic Review, 1992(84): 772-793.

[22] DAVID NEUMARK, WILLIAM WASCHER. Employment Effects of Minimum and Subminimum Wages: Panel Data on State Minimum Wage Laws[J]. Industrial and Labor Relations Review, 1992(46): 55-81.

[23] JOSEPH SCHAAFSMA, WILLIAM D, WALSH. Employment and Labour Supply Effects of the Minimum Wage: Some Pooled Time-Series Estimated from Canadian Provincial Data[J]. The Canadian Journal of Economics, 1983(16): 86-97.

[24] KATZ L F, KRUEGER A B. The Effect of the Minimum Wage on the Fast-food Industry[J]. ILR Review, 1992, 46(1): 6-21.

[25] LEMOS S. Anticipated Effects of the Minimum Wage on Prices[J]. Applied Economics, 2006, 38(3): 325-337.

[26] LINDA A. BELL. The Impact of Minimum Wages in Mexico and Colombia[J]. Journal of Labor Economics, 1997(15): 102-136.

[27] SARA LEMOS. Minimum Wage Effects in a Developing Country[J]. Labour Economics, 2006(16): 224-237.

第4章 城乡二元户籍制度背景下劳动力转移：失业与污染

本章摘要：产生于计划经济时代的城乡分离的二元户籍制度已经实行了 50 余年，至今仍没有完全废除，它深刻地影响着中国经济的发展。本章构建一个包含劳动力转移、失业和环境污染的一般均衡模型，并向其中导入城乡二元户籍制因素，用所构建的模型分析二元户籍制度下劳动力转移中的政策和经济增长对失业与环境的影响。本章的主要结论是：提升工业部门工资、环境保护技术的进步都会改善自然环境；不论是农村户籍人口禀赋量还是城市户籍人口禀赋量的增长对自然环境都没有影响，但都会增加经济的失业。

第1节 序 言

中国现行的农村与城市相隔离的城乡二元户籍制度（以下简称"二元户籍制"）起源于 1958 年，以婴儿出生时父母所在属地为划分原则，分为农村户籍和城市户籍。中国之所以实行二元户籍制度，除了有政治、管理方面的原因，还与当时的中国经济落后，政府很难向人口众多的农民提供社会福利的保障有很大关系。现在，中国经济已经获得长足的发展，各地要求取消二元户籍制的呼声甚高，2008 年以来，全国一些地区陆续宣布以统一的居民户籍替代二元户籍制。但因农村土地所附带的社保功能，各地取消二元户籍制的工作进行得并不彻底，甚至遭到某些地方政府的抵制。为编制国家《促进城镇化健康发展规划（2011—2020 年）》，由国家发改委、中央编办、民政部、财政部、国土资源部、住房和城乡建设部等 11 个部门和单位组成国家城镇化专题调研组,2012 年 5 月完成了对浙江、广东、江西和贵州等 8 个省份的调研,该专题组在全国不同城市发现"户籍改革几乎遭遇所有市长的反对";2012 年 6、7 月间,笔者走访过江苏省一些取消了二元户籍制的地区,发现其中不少地方虽然将农村户籍和城市户籍统一在"居民户籍"的名下,但在政府的内部管理中仍然沿用二元户籍制的做法,按城市与农村两种户口分开管理。究其原因,可以看到城市地区改革户籍的高昂成本和地方保护主义等地方经济色彩很重的一面,也有经发展城乡差距、地区差距的全国性问题。可以预计,在今后的数年甚至十几年中,不论是形式上还是实质上,二元户籍制还会存在下去。

另一方面,1990 年以后,对于发展中国家的劳动力转移中的失业与环境污染问题,在 Harris-Todaro 模式下已经有了不少研究。例如,Beladi & Rapp(1993)在封闭经济下分析了农业部门不产生污染,工业部门产生污染,政府控制工业部门污染要素使用量对经济的影响,他们得到的结论是:严格管制污染要素使用量会使工业部门雇佣劳动力人数增加,城市地区失业人数下降。Beladi & Frasca(1999)将 Beladi & Rapp(1993)的研究向前推进了一步,他们构建了一个三部门模型,由农业生产部门、产生污染的工业部门和不产生污染的工业部门组成经济,他们认为,严格管制工业生产的污染要素的使用量会使资本从产生污染的城市部门向不产生污染的城市部门流动,从而使得失业人数减少,国民收入增加,还有增加农村向城市劳动转移等效应。在这一时期,一些学者还将税负作为政策变量,考察引入各种税负对于劳动力转移、失业和环境的影响。例如,Daitoh 在其 2003 年的一篇会议论文中在资本在部门间不流通和封闭经济的前提下,研究了提高污染要素使用税、提高污染治理技术水平以及实施城市部门工资补贴对于经济的影响,文章的结论是:提高污染要素使用税将会降低工业部门产出,改善环境质量,并在一定条件下会减少城市失业人数。Daitoh(2008)将关税以及污染要素使用税同时纳入分析框架,讨论了在小国开放的经济中不同税种对经济的影响,其结论是:提高关税将会降低工业部门就业人数并且恶化环境质量;如果生产中污染要素与资本是互补关系时,提高污染要素使用税会增加制造业就业人数,环境质量得到改善,在一定条件下,提高关税和污染要素使用税可以降低城市失业人数等。

我们要特别提到的是，这里有一些成果是围绕 Harris-Todaro 悖论展开的。所谓"Harris-Todaro 悖论"，是指从基础的 Harris-Todaro 模式可以推出"劳动力禀赋量的增加使失业减少"的结论，这与现实经济中的常识相左，故而得名。Tawada & Nakamura(2009)精密地论证了将环境因素引入基础的 Harris-Todaro 模型后便可消除 Harris-Todaro 悖论，他们的主要结论是：在城市比农村劳动力更加密集的条件下，劳动力禀赋的增加将会使得工业部门劳动力与城市失业人数同时增加，并且使得经济环境恶化；Tawada & Sun shuqin(2010)在两部门 H-T 模型中，将环境因素纳入了转移均衡式，在资本可以在部门间自由流动、城市部门人均资本量大于农村部门人均资本量的假设前提下，也消除了 Harris-Todaro 悖论。此时，关于 Harris-Todaro 悖论的研究已经向多部门方面展开，Kondoh & Yabuuchi(2010)则考虑了一个三部门模型，即位于城市地区的工业部门、位于农村地区的污染治理部门和农业生产部门，同时他们假定经济的劳动要素禀赋的增加是因为国际劳动转移所致，其文章的主要结论是：提高工业部门污染排放税、降低工业部门的刚性工资以及劳动力禀赋增加会降低城市部门失业率，该文将治理污染的部门纳入分析框架，使得劳动要素禀赋的增加对于经济产生了正面影响，所得结论与 Tawada & Nakamura(2009)恰好相反。

至此，我们可以注意到以上回顾的研究成果并没有考虑二元户籍制，但是现阶段中国经济中存在大规模的劳动力转移，而户籍制度又是现阶段中国经济不能回避的问题，若将二元户籍制与劳动力转移引致的环境污染联系来，我们就不禁要问：在二元户籍制的背景下，劳动力转移中的失业与环境污染问题会有什么不同，Harris-Todaro 悖论又会发生什么样的变化？

本章拟就回答上述问题展开研究。我们构建一个包含劳动力转移、失业和环境污染的一般均衡模型，并向其中导入二元户籍制因素，用所构建的模型分析劳动力转移中的政策和经济增长对失业与环境的影响。本书的主要结论是：工业部门工资的提升、环境保护技术的进步都会改善自然环境；不论是农村户籍人口禀赋量还是城市户籍人口禀赋量的增长对自然环境都没有影响，但都会增加经济的失业，为解决 Harris-Todaro 悖论提供了新途径。

第 2 节 理论模型

本章考虑的经济由城市工业部门和农村农业部门两个部门组成。为了突出分析研究的重点和讨论问题的方便,对其前提进行以下的设定。居民的户口分为城市口和农村户口,工业部门不仅雇佣城市户口的劳动力,也雇佣农村户口的农民工;而农业部门仅使用农村户口的劳动力;为了着重考察劳动力流动对经济的影响,本书设定资本在各部门之间是非流动的;设定工业部门的工资高于农业部门的工资并且是固定的,因而存在失业。根据我国目前的情况,本书只考虑城市户口劳动力的失业;农业部门的工资是弹性的,根据 Harris-Todaro 模式在均衡点它等于城市的期望工资。对于环境的工业污染问题,本书以 Copeland & Taylor(1999)在所建立的、两种产品经济的李嘉图(D. Ricardo)型的模式为依据进行设定,即工业部门在生产中排放的废气、废渣、废水等有害物质,通过大气、河流等媒介污染自然环境,使农业用水和土壤受到污染,造成农业部门的生产效率下降、产量降低。

基于上述的前提设定,下面建立研究模型。各部门的生产函数为:

$$M = F^1(L_1, \bar{K}_1) \tag{4-1}$$

$$A = E^\varepsilon F^2(L_2, \bar{K}_2), 0 < \varepsilon < 1 \tag{4-2}$$

其中,M 和 A 分别是工业产品和农业产品的产量,L_1 和 L_2,K_1 和 K_2 分别是工业部门和农业部门生产所用的劳动力和资本。E 表示自然环境的状态,F^1 和 F^2 为 1 次同次的强准凹函数。设定生产一个单位的工业产品,发生 λ 单位的污染,则产生的污染量 D 可以表示为:

$$D = \lambda M, \lambda > 0 \tag{4-3}$$

产生污染的量越多,自然环境遭受污染的程度就越严重,这种关系可以表示成:

$$E = \bar{E} - D$$

这里,E 为自然环境的遭受污染的状况,$\bar{E}$ 表示的是没有发生污染,环境处于最良好状态。考虑到(4-1)、(4-3)式,上式可以写成:

$$E = \bar{E} - \lambda F^1(L_1, \bar{K}_1) \tag{4-4}$$

经济的劳动力 L 分为城市户口和农村户口，分别以 L_U 和 L_R 表示城市户口和农村户口的劳动力人数，它们之间有以下的关系：

$$L = L_U + L_R$$

L_U 和 L_R 及这两个量的和 L 都是外部给定的。以 L_{RR} 表示从农村流动到城市里的农民工，由于经济中的失业不考虑农村户口的劳动力，如果用 L_{UU} 表示城市户口失业的人数，劳动力市场的供需平衡条件就为：

$$L_1 = L_U + L_{RR} - L_{UU} \tag{4-5}$$

$$L_2 = L_R - L_{RR} \tag{4-6}$$

以 $\bar{w}$、w 分别表示工业部门和农业部门的工资，根据本节开始时的设定，$\bar{w} > w$。由各部门的利润最大化，可得：

$$pF_L^1(L_1, \bar{K}_1) = \bar{w} \tag{4-7}$$

$$E F_L^2(L_2, \bar{K}_2) = w \tag{4-8}$$

其中，p 是以农业产品的价格为基准的工业产品的国内相对价格，$F_L^1 = \partial F^1/\partial L_1$，$F_L^2 = \partial F^2/\partial L_2$。根据 Harris-Todaro 劳动分配模型，在均衡处农业部门工资与工业部门期待工资相等，故有：

$$w = \bar{w} L_1/(L_1 + L_{UU}) \tag{4-9}$$

至此，分析模型构建完成。式（4-1）、（4-2）、（4-4）、（4-5）、（4-6）、（4-7）、（4-8）和（4-9）共 8 个方程可以决定 M、A、E、L_1、L_2、L_{RR}、L_{uu} 和 w 共 8 个内生变量，模型中的其他的变量均是外生变量。

第 3 节 理论分析

我们根据上一节建立的模型，就政策效应和经济增长效应对环境和失业的影响分别进行分析。所建立的经济系统可以分为两个子系统，第一个为环境系统，由（4-1）、（4-4）和（4-7）式构成，不妨称为"环境系统"；余下的（4-2）、（4-5）、（4-6）、（4-8）和（4-9）式构成第二个系统，不妨称为"农村系统"。具体求解过程如下：在环境系统中，给定 $\bar{w}$ 由（4-7）式可以得到 L_1，将 L_1 代入（4-1）式和（4-4）式可

求得 M 和 E；在农村系统中，给定 L_U 和 L_R 的情形下，将环境系统的均衡值 L_1 和 E 代入，就可以根据(4-5)、(4-6)、(4-8)和(4-9)式联立解得 L_2、L_{RR}、L_{UU} 和 w，最后根据(4-2)式求得 A。

对农村系统除(4-2)式以外的等式全微分，可以得到(4-10)式：

$$\begin{pmatrix} 0 & 1 & E^\varepsilon F_{LL}^2 & 0 \\ 1 & 1 & 0 & 0 \\ -1 & 0 & 0 & w \\ 0 & 0 & -1 & L_1 + L_{UU} \end{pmatrix} \begin{pmatrix} dL_2 \\ dL_{RR} \\ dL_{UU} \\ dw \end{pmatrix}$$

$$= \begin{pmatrix} -\dfrac{1}{pF_{LL}^1} \\ 0 \\ \dfrac{\lambda \varepsilon E^{\varepsilon-1} F_L^1 F_L^2}{pF_{LL}^1} \\ L_1 + \dfrac{\bar{w}-w}{pF_{LL}^1} \end{pmatrix} d\bar{w} + \begin{pmatrix} 1 \\ 0 \\ 0 \\ 0 \end{pmatrix} dL_U + \begin{pmatrix} 0 \\ 1 \\ 0 \\ 0 \end{pmatrix} dL_R + \begin{pmatrix} 0 \\ \varepsilon E^{\varepsilon-1} F_L^2 F^1 \\ 0 \\ 0 \end{pmatrix} d\lambda \quad (4-10)$$

以 Δ 表示(4-10)式的系数行列式，我们有：

$$\Delta = -w + E^\varepsilon F_{LL}^2 (L_1 + L_{UU}) < 0$$

有了上述准备我们就可以对政策效应和人口增长效应进行分析了。

一、政策效应

1. 提高城市工资的效果

提高城市的最低工资，是近年来中国各地经常使用的经济政策。据统计，自 2005 年以来，中国各省、市、自治区政府几乎每年都在上调最低工资。本书用环境系统考察调整最低工资的经济效果。由(4-7)式易知，$\dfrac{dL_1}{d\bar{w}} < 0$，因此提高 $\bar{w}$ 会令 L_1 减小。再由(4-4)式可得，$\dfrac{dE}{dL_1} = -\lambda F_L^1(L_1, \bar{K}_1) < 0$，故而 L_1 的减少会使得环境 E 增大，即环境得到改善。下面，我们考察对失业 L_{UU} 的影响。通过对农村系统进行

分析，根据(4-5)、(4-6)、(4-8)和(4-9)式，使用 Cramer 法则可以得到：

$$dL_{UU}/d\bar{w} = -\left[\lambda \varepsilon E^{\varepsilon-1} F_L^1 F_L^2 - \frac{\bar{w}L_1}{(L_1+L_{UU})^2} + E^{\varepsilon} F_{LL}^2\right.$$

$$\left. - pF_{LL}^1 \frac{L_1}{L_1+L_{UU}}\right]/\Delta(<,=,>)0 \qquad (4-11)$$

上述结果可归纳为命题 1。

命题1：提升工业部门的工资使工业污染量减少、自然环境得到改善，并有减少工业部门雇佣量的效果。

2. 提高防污技术水平的效果

本小节研究防污技术水平提高的经济效果。首先，我们通过图 4-1 来研究防污技术水平提高(即 λ 降低)对环境 E 以及失业人数 L_{UU} 的影响。

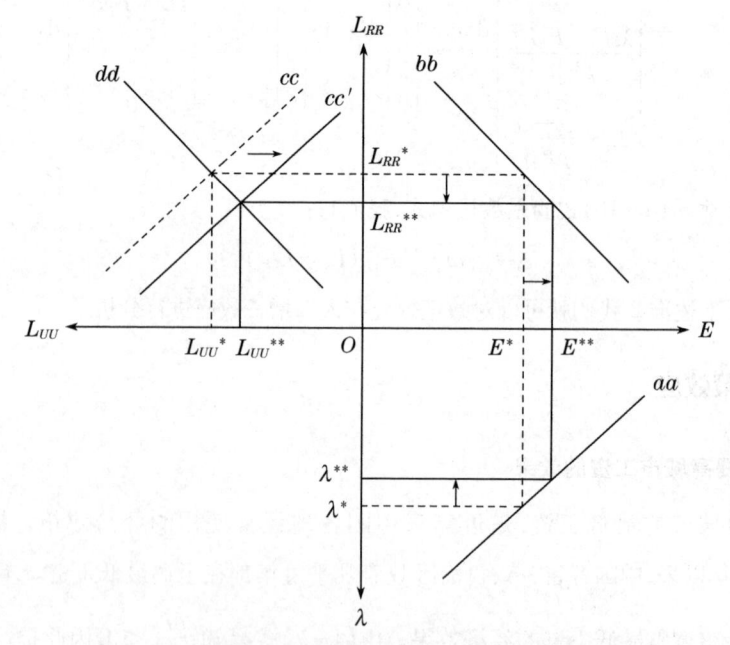

图 4-1　环境保护技术进步对环境以及城市失业的影响

图 4-1 表示了环境保护技术进步对环境以及失业人数的影响。O 为坐标原点，横轴的左半轴表示失业人数 L_{UU}；右半轴表示环境 E；纵轴的上半轴表示农村部门转

移至城市部门的劳动力数量 L_{RR},纵轴的下半轴表示控制变量 λ。图中 aa 线,bb 线,cc 线和 dd 线分别刻画了外生变量 λ 与 E,E 与 L_{RR},L_{RR} 与 L_{UU} 以及 L_{RR} 与 L_{UU} 的关系。

外生变量 λ 与 E 的关系可以由(4-4)式得到,即 $\frac{\mathrm{d}E}{\mathrm{d}\lambda}<0$,表示 λ 与 E 的变动呈负相关系,故而 aa 线在第四象限中向上倾斜。由(4-5)、(4-6)、(4-8)和(4-9)式可以推出,E 与 L_{RR} 的变动呈反向关系,因此在第一象限中 bb 线向右下方倾斜。同时,由(4-6)、(4-8)和(4-9)式易知,L_{RR} 与 L_{UU} 存在负向关系,所以在第二象限中 cc 线向右上方上扬。由(4-5)式可知,L_{RR} 的增加会使得失业人数 L_{UU} 增加,故而 dd 线向左上方上扬。在给定外生变量 λ 的前提下,不妨设此时外生变量值为 λ^*。可以解得 E 的值 E^*。在解得 E^* 后,可由 cc 线和 dd 线解得均衡值 L_{RR}^* 和 L_{UU}^*。下面我们考察 λ 的降低对于环境 E 和失业人数 L_{UU} 的影响。

由于 λ 只出现在(4-4)式中,故 λ 的变动只会对 aa 线产生影响。当 λ 下降至 λ^{**} 时,由 aa 线可以求得 E 会增加至 E^{**},通过 bb 线可知 L_{RR} 会减少到 L_{RR}^{**},根据 dd 线可知 L_{UU} 会减少至 L_{UU}^{**}。此时,cc 线会向右平移至 cc',cc' 与 bb 的交点为新的均衡点。

上述结果可以归纳为命题 2。

命题 2:环境保护技术的进步会改善自然环境,减少经济的失业。

二、人口增长效应

1. 城市人口增长效应

本小节对城市人口禀赋量增长所产生的经济效果进行分析。由于 L_U 所在的(4-5)式处于农村系统中,所以 L_U 的变化对环境没有影响,即 $\frac{\mathrm{d}E}{\mathrm{d}L_U}=0$。下面,我们将通过图 4-2 分析城市人口禀赋量的增长 L_U 对城市失业人数 L_{UU} 的影响。

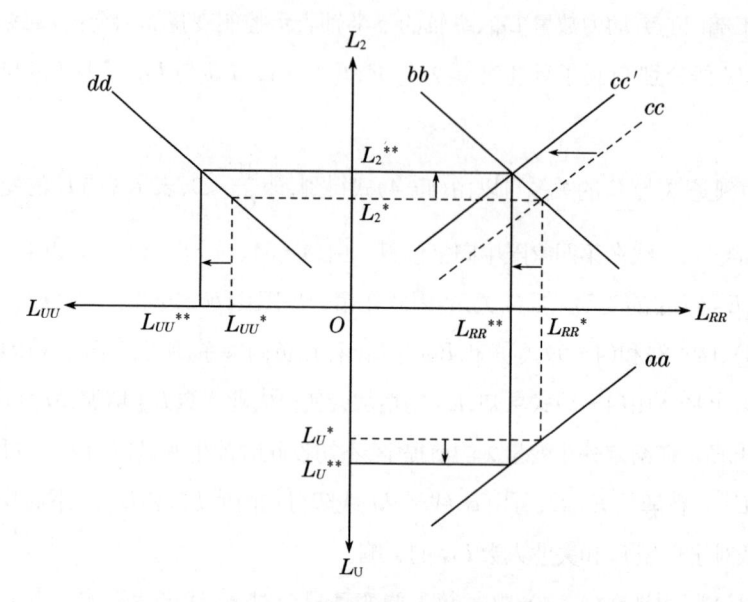

图 4-2　城市人口禀赋量增加对城市失业的影响

图 4-2 表示了城市居民增加对失业人数的影响。O 为坐标原点,横轴的左半轴表示失业人数 L_{UU},右半轴表示农村部门转移至城市部门的劳动力数量 L_{RR};纵轴的上半轴表示农村部门使用的劳动力数量 L_2,纵轴的下半轴表示控制变量 L_U。图中 aa 线,bb 线,cc 线和 dd 线分别刻画了外生变量 L_U 与 L_{RR},L_{RR} 与 L_2,L_{RR} 与 L_2 以及 L_2 与 L_{UU} 的关系。

外生变量 L_U 与 L_{RR} 的关系可以由(4-5)式得到,即 $\dfrac{\mathrm{d}L_{RR}}{\mathrm{d}L_U}<0$,表示 L_U 与 L_{RR} 的变动呈负相关系,故而 aa 线在第四象限中向上倾斜。(4-6)式中 L_{RR} 与 L_2 关系变动呈反向关系,因此在第一象限中 bb 线向右下方倾斜。同时,由(4-5)、(4-8)和(4-9)式可以推出,L_{RR} 与 L_2 存在正向关系,所以 cc 线向右上方上扬。由(4-8)和(4-9)易知,L_2 的增加会使得失业人数 L_{UU} 增加,故而 dd 线向左上方上扬。在给定外生变量 L_U 的前提下,不妨设此时外生变量值为 L_U^*。可以解得 L_{RR} 和 L_2 的均衡值分别为 L_{RR}^* 和 L_2^*。在解得 L_2 的均衡值后,可由 dd 线解得 L_{UU} 的均衡值 L_{UU}^*。下面我们考察城市居民 L_U 的增长对于失业人数 L_{UU} 的影响。

由于 L_U 只出现在(4-5)式中,故 L_U 的变动不会对 bb 线和 dd 线的位置产生影响。当 L_U 增加至 L_U^{**} 时,由 aa 线可以求得 L_{RR} 会减少至 L_{RR}^{**},通过 bb 线可知 L_2 会增加到 L_2^{**},根据 dd 线可知 L_{UU} 会增加至 L_{UU}^{**}。此时,cc 线会向左平移至 cc',cc' 与 bb 的交点为新的均衡点。

综上所述,可以得到命题3。

命题3:城市人口禀赋量的增长对自然环境没有影响,但会增加经济的失业。

2. 农村人口增长效应

本小节对农村人口禀赋量增长所产生的经济效果进行分析。由于 L_R 所在的(4-5)式处于农村系统中,所以 L_R 的变化对环境没有影响,即 $\dfrac{dE}{dL_R}=0$。我们将通过图4-3分析出农村人口禀赋量的增长 L_R 对城市失业人数 L_{UU} 的影响。

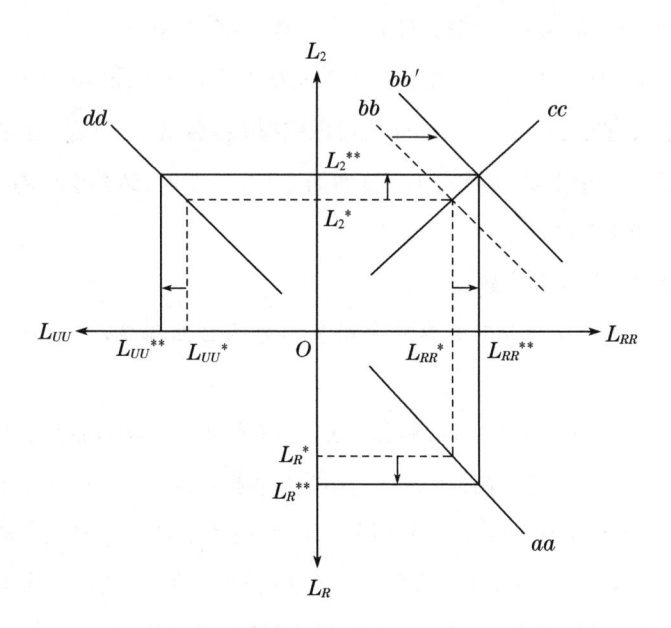

图4-3 农村居民增加对城市失业的影响

图4-3表示反映农村居民增加引起失业人数增加。横轴的左半轴表示失业人口 L_{UU},右半轴表示农村部门转移至城市部门的劳动力数量 L_{RR},纵轴的上半轴表示

农村部门使用的劳动力数量 L_2,纵轴的下半轴表示控制变量 L_R,O 为坐标原点。图中 aa 线,bb 线,cc 线和 dd 线分别刻画了外生变量 L_R 与 L_{RR},L_{RR} 与 L_2,L_{RR} 与 L_{UU} 以及 L_2 与 L_{UU} 的关系。

外生变量 L_R 与 L_{RR} 的关系可以由(4-5)式得到,即 $\frac{\mathrm{d}L_{RR}}{\mathrm{d}L_R}>0$,表示 L_R 与 L_{RR} 的变动呈正向关系,故而 aa 线在第四象限中向下倾斜。(4-6)式中 L_{RR} 与 L_2 关系变动呈反向关系,因此在第一象限中 bb 线向右下方倾斜。同时,由(4-5)、(4-8)和(4-9)式可以推出,L_{RR} 与 L_2 存在正向关系,所以 cc 线向右上方上扬。由(4-8)式和(4-9)式易知,L_2 的增加会使得失业人数 L_{UU} 增加,故而 dd 线向左上方上扬。在给定外生变量 L_R 的前提下,不妨设此时外生变量值为 L_R^*。可以解得 L_{RR} 和 L_2 的均衡值分别为 L_{RR}^* 和 L_2^*。在解得 L_2 的均衡值后,可由 dd 线解得 L_{UU} 的均衡值 L_{UU}^*。下面我们考察农村居民 L_R 的增长对于失业人数 L_{UU} 的影响。

由于 L_R 只出现在(4-5)式中,故 L_R 的变动不会对 cc 线和 dd 线的位置变动产生影响。当 L_R 增加至 L_R^{**} 时,由 aa 线可以求得 L_{RR} 会增加至 L_{RR}^{**},通过 cc 线可知 L_2 会增加到 L_2^{**},根据 dd 线可知 L_{UU} 会增加至 L_{UU}^{**}。此时,bb 线会向右平移至 bb',bb' 与 cc 的交点为新的均衡点。

综上,我们可以得到命题 4。

命题 4:农村户口的劳动力禀赋的增长不影响自然环境,但是会增加经济的失业。

由命题 3 和命题 4 可知,城市和农村人口禀赋的增加均会增加失业人数,从而消除了 Harris-Todaro 悖论。在本书的序言中我们也提到 Tawada 和 Nakamura(2009)以及 Tawada & Sun Shuqin(2010)的研究,他们用考虑环境因素的两部门模型对 Harris-Todaro 悖论进行了讨论,有条件地解决了这个问题。虽然这两篇研究成果的前提条件在理论研究中是有意义的,但是现实经济中却不容易实现。例如,前者要求在城市比农村劳动力更加密集,后者要求农村部门和城市部门的资本是流通的,这对于许多以家庭为经营单位的小农经济为主的发展中国家而言(如中国),农村经济远落后于城市经济,目前这样的前提还是很难实现的。本书的命题 3 和命题 4 虽然考虑了二元户籍制，但无须比较城市与农村部门人均资本量，也不要考虑农村部门和城市部门的资本是否流通，所以，本书的讨论对解决 Harris-Todaro 悖论是有益补充。

三、提高环保技术水平和人口增长对福利水平的影响分析

设经济的社会效用函数为 $U=U(D_U,D_R)$，U 为凹函数，D_U 和 D_R 分别为经济对工业产品和农业产品的需求。经济的收支均衡条件为：

$$e(p,U)=A+pM \qquad (4-12)$$

(4-12)式中的 $e(p,U)$ 为支出函数。通过对(4-12)式全微分可以得到：

$$e_U \mathrm{d}U/\mathrm{d}\lambda = \varepsilon E^{\varepsilon-1} F^2 \mathrm{d}E/\mathrm{d}\lambda + E^{\varepsilon} F_L^2 \mathrm{d}L_2/\mathrm{d}\lambda + p F_L^1 L_1/\mathrm{d}\lambda < 0 \qquad (4-13)$$

考察 L_U 变化对福利水平的影响。对(4-12)式进行全微分，可以得到结果：

$$e_U \mathrm{d}U/\mathrm{d}L_U = E^{\varepsilon} F_L^2 \mathrm{d}L_2/\mathrm{d}L_U > 0 \qquad (4-14)$$

此外，我们还考察 L_R 变化对福利水平的影响。对(4-12)式进行全微分，可以得到结果：

$$e_U \mathrm{d}U/\mathrm{d}L_R = E^{\varepsilon} F_L^2 \mathrm{d}L_2/\mathrm{d}L_U > 0 \qquad (4-15)$$

综上，我们可以得到命题 5。

命题 5：提高环保技术水平使经济的福利水平上升；不论是城市户口还是农村户口的劳动力禀赋的增长都使经济的福利水平上升。

由命题 2 和命题 5 可知，环保技术提高带来的正面效应最大，不仅可以减少失业人数，改善环境，还能提高社会福利。因此，环保技术的提高在环境保护项目中应被优先考虑。由命题 1 可知，提高最低工资线虽然可以改善环境，但对失业人数的影响并不明确，所以在实施最低工资政策时应对失业问题给予特别关注。

第 4 节 结 论

以上，本书讨论了在二元户籍制的背景下劳动力转移中的政策和经济增长对失业与环境的影响。本书的命题 3 和命题 4 为解决 Harris-Todaro 悖论提供了新途径；命题 2 和命题 5 又告诉我们，提高环保技术水平不仅可以减少失业人数，改善环境，

还能提高社会福利,应该成为存在二元户籍制度的中国经济发展中的政策首选。作为本书的一个发展方向,还可以在模型中加入土地要素进行研究,留作今后努力的方向。

参考文献

[1] BELADI H, FRASCA R. Pollution Control under an Urban Binding Minimum Wage [J]. Annals of Regional Science, 1999(33): 523–533.

[2] BELADI H, RAPP J. Urban Unemployment and the Backward Incidence of Pollution Control[J]. Annals of Regional Science, 1993(27): 153–163.

[3] COPELAND B, TAYLOR M. Trade, Spatial Separation, and the Environment[J]. Journal of International Economics 1999(47): 137–168.

[4] DAITOH I. Environmental Protection and Trade Liberalization in a Small Open Dual Economy[J]. Review of Development Economics, 2008(12): 728–736.

[5] DAITOH I. Environmental Protection and Urban Unemployment: Environmental Policy Reform in a Polluted Dualistic Economy[J]. Review of Development Economics 2003(7): 496–509.

[6] KONDOH K, YABUUCHI S. Unemployment, Environmental Policy, and International Migration[J]. Discussion Paper Series, 2010(1002).

[7] LI, XIAOCHUM, HE, PING, ZHOU, YU. Minimum Wage on Migrant Workers and Its Employment Effect: A Case Study of the Yangtze River Delta Region before and after the Financial Crisis[J]. Studies in Regional Science 2010(4): 977–995.

[8] TAWADA M, NAKAMURA Z. International Trade and Economic Dynamics[M]. Springer Berlin Heidelberg, 2009: 87–99.

[9] TAWADA M, SUN SHUQIN. Urban Pollution, Unemployment and National Welfare in a Dualistic Economy[J]. Review of Development Economics, 2010(14): 311–322.

[10] YAO YANG. The System of Farmland in China: An Analytical Framework[J]. Social Science in China, 2000(2): 54–65.

第 5 章 民间资本投资先进农业时的经济政策研究

本章摘要:本章将农村部门分割成先进农业部门和传统农业部门,在城市民间部门资本投资先进农业的背景下,建立了一个一般均衡模型,研究了政府的促进先进农业发展政策的经济效果。本章的主要结论是:政府为促进先进农业发展对该部门实施利息补贴政策,会减少农业劳动力向城市的转移、却能促进农村劳动力向先进农业的转移;对先进农业部门实施工资补贴政策,则会导致城市失业率上升,传统农业部门的劳动力数量减少。

第 1 节 引 言

长期以来,发展中国家的农村主要以家庭为生产经营单位,由于规模小不适宜接受金额较大的民间资本(非正式金融除外),而民间资本又不愿为小额借款而花费时间成本与人力成本,使得资本在城市与农村之间几乎处于不流动状态。然而,近年来这样的情况在一些发展中国家所改变。例如 2005 年以后,中国的一些地方政府在农村推广"先进农业",以此为契机,民间资本开始流入农村。所谓"先进农业"学术界没有严格统一的定义,说法种种,但其核心是指以市场为导向,引入现代农业生产设备和技术,实现单位面积土地收益高于传统农业的新兴农业。开展先进农业有多种形式,与传统农业相比需要更多的资本投入是其共同特征。为了获得足够的资本开发先进农业,中国一些地区的地方政府设立了专项基金向农户提供帮助[1],由政府的基层组织或由懂市场经营的"现代农民"联系若干农户将各自承包的土地统一运作,开

---

[1] 王建华,农村土地规模转资金补助效果分析,江苏农村经济,2011年第3期。

展集约化种植、养殖或其他产业,以合作社的形式对生产到销售各环节进行经营管理。在中国,先进农业虽然被认为是一种能使农民尽快脱贫致富的优良模式,然而,仅依赖政府基金的发展模式对于广大农村是不够的,有一些地区开始尝试利用民间资本发展先进农业①。在此背景下,政府促进先进农业发展的政策会有什么样的经济效果呢?由于缺乏深入的理论研究,加上先进农业运作的时间不长,所以各地对其发展规律不甚了解,在其发展过程中存在许多不足,在产业化、生产效率和环境保护等方面存在诸多问题②。

另一方面,在研究经济发展和劳动力转移的课题时,常将城市部门分割成两个部门,例如,将传统的城市劳动市场分割为正式部门和非正式部门,以 Harri-Todaro 模型研究农村劳动力向城市正式部门和非正式部门的转移,这就是 20 世纪 90 年代以来的热门课题,代表性的研究有 Gupta(1993)、Grinols(1991)、Chandra & Khan(1993)、Din(1996)等。但是,将农业劳动市场进行分割的研究却不是很多,本章在这里作一简单的回顾:Gupta(1997a)利用一个四部门模型,分析一个小国开放欠发达国家产品价格的变化对正式和非正式资本市场的影响,其发现先进农业部门产品价格的上升会提高农业部门和非正式部门的工资,降低非正式资本市场利率,但同时会导致城市失业率的上升;Gupta(1997b)同样利用一个四部门的一般均衡模型分析了存在转移成本和人力资本培训成本的情形下,Brecher & Alejandro(1977)命题的失效;Chaudhuri(2006),Chaudhuri(2007)将农业部门分为先进部门和落后部门,前者也用一个三部门的一般均衡模型分析发展中国家的劳动力市场改革的合理性和重要性,其研究表明一定条件下,劳动力市场的自由化可以引起农村工资率的上涨,土地资本回报率下降,城市工资的下降和社会福利的提升;后者通过一个三部门的一般均衡模型分析发展中国家积极争取外来资本和改革中失业率上升的原因,他发现外国资本的增长会改善社会福利,也会降低城市的失业率。

上述研究虽然各有特色,但有一定的局限性,因为这些论文的前提都是先进农业

---

① 请参考:鞠俊美,现代高效农业发展存在的问题及对策,现代农业科技,2011年第7期。
② 请参考:王真、韩晓飞,我国发展高效农业的对策选择研究,农村经济,2010年第12期。

部门和传统农业部门的工资是相同的,这与发展先进农业的宗旨不符,在理论上不能解释传统农业部门劳动力转移到先进农业部门的动力来源,在实际中也不符合发展中国家发展先进农业的现状。例如,在中国,先进农业的工资就明显高于传统农业部门[1]。另外,上述的研究也没有将重点放在民间资本投资先进农业的背景下政府促进先进农业发展政策的经济效果上。

为了明确民间资本投资先进农业的背景下政府促进先进农业发展政策的经济效果,本章将农业部门分割成先进农业部门和传统农业部门。与上述文献不同的是,我们设定先进农业部门的工资高于传统农业部门的工资,在政府鼓励发展先进农业的规模化经营的前提下,用比较静态的方法分析以下政策的经济效果:

(1) 政府提供专项资金或介绍民间借款信息,对其贷款的利息进行补助的政策[2];

(2) 政府实施对先进农业部门用工的工资进行补助的政策;

(3) 要素禀赋增加的经济效果。

本章拓宽了现有的理论研究的领域,以图形几何地展示出三部门(1个城市部门和2个农村部门)经济中的劳动力转移机制,通过本章的研究发现,对先进农业部门贷款利息的补贴政策效果优于对先进农业部门工资补贴的效果。

以下,本章的第二部分是建立一般均衡模型,第三部分是根据建立的模型进行理论分析,第四部分为总结全文的结束语。

第2节 建立模型

本章考虑一个三部门的封闭经济,这三个部门分别是城市部门、先进农业部门和传统农业部门,本章考虑的背景是先进农业刚建立不久,正处于成长发展阶段。城市

---

[1] 请参考:郑建初,刘华周,周建涛等,江苏省现代高效农业发展目标与模式研究,江苏农业学报,2009年第25期。

[2] 在中国已经有先例,请参考:郑建初,刘华周,周建涛等,江苏省现代高效农业发展目标与模式研究,江苏农业学报,2009年第25期;王建华,农村土地规模转资金补助效果分析,江苏农村经济,2011年第3期。

部门和先进农业部门都使用劳动力和资本两种生产要素,传统农业部门只使用劳动力一种投入。为了建立模型,我们进一步对经济做出以下设定。

(1) 本章考虑的是传统农业部门劳动力向先进农业部门和城市部门进行部分转移的情况;资本在城市部门和先进农业部门之间自由流动。

(2) 城市部门的工资率外生给定,农村两个部门的工资率自由浮动,并且城市部门工资高于农村部门,先进农业部门工资又高于传统农业部门。

(3) 市场是完全竞争的,要素禀赋量外生给定。

设各部门生产函数为:

$$M = F^1(L_1, K_1) \qquad (5-1)$$

$$A = g(K_2) F^2(L_2) \qquad (5-2)$$

$$B = F^3(L_3) \qquad (5-3)$$

这里,M,A,B 分别表示工业部门、先进农业部门以及传统农业部门产品的产量,L_1、L_2、L_3 分别表示工业部门、先进农业部门和传统农业部门所使用的劳动力数量,K_1、K_2 分别表示工业部门和先进农业部门所使用的资本,其中的 K_2 是来自城市民间的贷款;函数 F^1 为一阶齐次的拟凹函数,$F^i(i=2,3)$ 为凹函数。定义 $g=g(K_2)$ 为先进农业部门使用资本的规模效应函数,并设 g 为函数值大于 1 的凹函数,即:$g=g(K_2)>1, \forall K_2>0$;且 $g'=g'(K_2)>0, g''=g''(K_2)<0, \forall K_2>0$,并且,当 $K_2=0$ 时,设定 $g(0)=1$,这意味着在没有资本投入的情况下,先进农业部门就退化为传统农业部门。

以 $L、K$ 分别表示整个经济中的劳动力和资本禀赋量,L_{uu} 表示城市失业人数,便有:

$$L_1 + L_2 + L_3 + L_{uu} = L \qquad (5-4)$$

以 $\lambda = \dfrac{L_{uu}}{L_1}$ 表示城市部门失业率,则式(5-4)式可变形为:

$$(1+\lambda)L_1 + L_2 + L_3 = L \qquad (5-5)$$

另外,我们设定传统农业部门的劳动力不能无限制地向先进农业部门转移,先进农业部门吸收传统农业部门的劳动力数量受先进农业部门资本量约束,其雇佣人数与资本的关系如下：

$$L_2 = \begin{cases} f(K_2), f'(K_2) > 0, f''(K_2) < 0, K_2 < K_2^* \\ f(K_2), f'(K_2) \leqslant 0, f''(K_2) > 0, K_2 \geqslant K_2^* \end{cases}, f'(K_2^*) = 0 \quad (5-6)$$

要注意的是，式(5-6)上半段是针对先进农业处于发展阶段设定的。

经济的资本是被城市部门和先进农业部门完全雇佣的：

$$K_1 + K_2 = K \quad (5-7)$$

以 $\bar{w}_1$、w_2 和 w_3 分别表示城市部门、先进农业部门和传统农业部门的工资，由各部门的利益最大化的条件可得以下3式：

$$p_1 F_L^1 = \bar{w}_1 \quad (5-8)$$

$$p_2 g(K_2) F_L^2 = w_2 \quad (5-9)$$

$$F_L^3 = w_3 \quad (5-10)$$

其中，$F_L^i = \partial F^i / \partial L_i (i=1,2,3)$；$\bar{w}_1$ 是外生变量；p_1 和 p_2 分别表示以传统农业部门产品价格为基准的城市部门和先进农业部门产品价格。

以 r 表示贷款利息率，根据利润最大化和资本在城市工业部门和先进农业部门之间自由流动条件，我们可以得到：

$$p_1 F_K^1 = r \quad (5-11)$$

$$p_2 g'(K_2) F^2(L_2) = r \quad (5-12)$$

这里，$F_K^1 = \partial F^1 / \partial K_1$，$g'(K_2) = \partial g / \partial K_2$。

在劳动力分配机制方面，本章采用三部门的 Harris-Todaro 劳动力分配模式。本章设想的情况是：虽然传统农业部门的劳动力转移到城市存在失业风险，但他们将从事传统农业得到的实际工资与先进农业部门和城市部门的期望工资相比较，当先进农业部门和城市部门的期望工资高于传统农业的工资时，他们就会转移。虽然城市部门存在失业，但传统农业部门的体力劳动力在先进农业部门和城市工业部门的较高的预期工资吸引下，会向先进农业部门和城市工业部门转移。这样的行为，与式(5-6)并不矛盾，因为通过式(5-9)可知先进农业部门的工资最终决定于该部门的资本量。资本量变化，先进农业部门雇佣人数就会变化，工资随之发生相应变化。但

作为劳动力个人而言,是否转移则取决于他对预期工资的判断。在转移均衡处,有下式成立:

$$\frac{L_1}{(1+\lambda)L_1+L_2}\bar{w}_1 + \frac{L_2}{(1+\lambda)L_1+L_2}w_2 = w_3 \qquad (5-13)$$

以上(5-1)至(5-13)式中,有 L_1、L_2、L_3、K_1、K_2、λ、w_2、w_3、r 共 9 个内生变量,L、K、$\bar{w}_1$、p_1、p_2 为外生变量,由(5-5)至(5-13)式这 9 个等式决定 9 个内生变量的值。至此,完成一般均衡模型的构建。根据式(5-13),可以绘出经济的劳动力转移机制,如图 5-1,以下给出解释:

将式(5-13)变形,可得:

$$L_1\bar{w}_1 + L_2 w_2 = w_3[(1+\lambda)L_1+L_2] = w_3(L-L_3) \qquad (5-14)$$

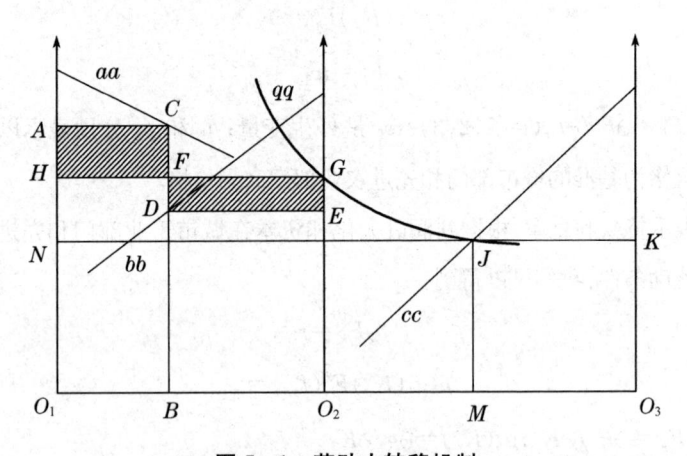

图 5-1 劳动力转移机制

图 5-1 的横轴 O_1O_3 表示经济中劳动力禀赋量 L,左纵轴以 O_1 为原点,表示城市部门的工资水平,右纵轴则以 O_3 为原点,表示传统农业部门的工资水平。因为 $\bar{w}_1$ 外生给定,令 $O_1A=\bar{w}_1$,过 A 作横轴的平行线交城市部门的劳动边际生产曲线 aa 于 C,再过 C 点引横轴 O_1O_3 的垂线,交 O_1O_3 于 B,可以得知 $O_1B=L_1$;联立(5-5)、(5-6)、(5-7)、(5-11)、(5-12)式可以解得 K_2、L_2,令 $O_2B=L_2$,确定点 O_2 的位置,并以 O_2 为原点作中间纵轴,以此表示先进农业部门的工资水平。设线段 CB 和先进农业部门的劳动边际生产曲线 bb 的交点为 D,过 D 点作横轴 O_1O_3 的平行线交

中间纵轴于 E，由式(5-10)可知 $O_2E=w_2$。在左纵轴上确定点 H，使得 $O_1H=\dfrac{L_1\bar{w}_1+L_2w_2}{L_1+L_2}$，过点 H 作横轴 O_1O_3 的平行线交中间纵轴于 G，此时，$S_{AHFC}=S_{FDEG}$（即图 5-1 中的两个阴影部分面积相等）。最后，过点 G 做一条正双曲线 qq 交农业部门的劳动边际生产曲线 cc 于点 J，过 J 点引横轴 O_1O_3 的垂线交 O_1O_3 于 M，过 J 点作横轴 O_1O_3 的平行线分别交左、右纵轴于 N 和 K，易知 $O_3M=L_3$，$O_2M=L_{UU}$，$JM=KO_3=NO_1=w_3$，而正双曲线 qq 则表示式(5-14)所示的劳动力转移机制。

第 3 节　理论分析

上节建立的模型可以分为两个子系统，其中由式(5-6)、(5-7)、(5-8)、(5-11)、(5-12)决定内生变量 L_1、L_2、K_1、K_2 和 r，我们不妨将其命名为"资本系统"，由式(5-4)、(5-9)、(5-10)、(5-13)决定内生变量 L_3、λ、w_2 和 w_3，不妨称其为"劳动系统"。

一、补贴先进农业部门贷款利息的经济效果

如果在民间资本投资先进农业时，政府为促进先进农业的发展，实施补贴先进农业部门贷款利息的政策，补贴率为 s_1，则(5-12)式变为：

$$p_2 g'(K_2)F^2 = r(1-s_1) \tag{5-15}$$

对资本系统式(5-6)、(5-7)、(5-8)、(5-11)、(5-15)进行全微分，并在补贴政策启动之初令 $s_1=0$，便可得到以下的线性方程组：

$$\begin{bmatrix} 0 & 1 & 1 & 0 \\ F^1_{LL} & F^1_{LK} & 0 & 0 \\ p_1 F^1_{KL} & p_1 F^1_{KK} & 0 & -1 \\ 0 & 0 & -p_2(g''F^2+g'f'F^2_L) & 1 \end{bmatrix} \begin{bmatrix} dL_1 \\ dK_1 \\ dK_2 \\ dr \end{bmatrix} = \begin{bmatrix} 0 \\ 0 \\ 0 \\ rds_1 \end{bmatrix} \tag{5-16}$$

令 Δ 为式(5-16)的系数矩阵行列式，则有：

$$\Delta = p_1(F^1_{LL}F^1_{KK}-F^1_{KL}F^1_{LK})+p_2 F^1_{LL}(g''F^2+g'f'F^2_L)$$

根据系统稳定性条件,必须要满足 $\Delta>0$。由于函数 F^1 具有一阶齐次性,所以 $F^1_{LL}F^1_{KK}-F^1_{KL}F^1_{LK}=0$,故不等式 $p_2(g''F^2+g'f'F^2_L)<0$ 成立时,系统稳定。而这个条件实际上是被满足的,引理 1 给出证明。

引理 1:当 $f'>0$ 时,在本章所设的经济中不等式 $p_2(g''F^2+g'f'F^2_L)<0$ 成立。

证明:对式(5-12)全微分可以得到下式:

$$p_2g''(K_2)F^2(L_2)dK_2+p_2g'(K_2)F^2_L(L_2)f'dK_2=dr$$

从而有:

$$p_2[g''(K_2)F^2(L_2)+g'(K_2)f'(K_2)F^2_L(L_2)]=dr/dK_2$$

随着流入先进农业部门的资本增多,利息应该下降。所以有 $dr/dK_2<0$,注意到 $f'>0$,就意味着 $p_2(g''F^2+g'f'F^2_L)<0$。

(证明完毕)

用 Cramer 法则解式(5-16)可以判断 s_1 变化对内生变量 L_1、K_1、K_2 和 r 的影响,如表 5-1 的相关部分。进而,我们考察 s_1 变化对其他内生变量的影响。对劳动系统中的式(5-4)、(5-9)、(5-10)、(5-15)进行全微分,整理可得下式:

$$\begin{bmatrix} L_1 & 1 & 0 \\ 0 & 0 & 1 \\ 0 & w_3-(L-L_3)F^3_{LL} & L_2 \end{bmatrix} \begin{bmatrix} d\lambda \\ dL_3 \\ dw_2 \end{bmatrix} = \begin{bmatrix} -(1+\lambda)dL_1-f'dK_2 \\ p_2(g'F^2_L+gF^2_{LL}f')dK_2 \\ -\bar{w}_1dL_1-w_2f'dK_2 \end{bmatrix} \quad (5-17)$$

令 Ω 为式(5-17)系数矩阵行列式,由式(5-13)可以得到:$\Omega=L_1\{[(1+\lambda)L_1+L_2]F^3_{LL}-w_3\}<0$。

在进行下一步的分析前,先证明以下两个不等式在所设经济中成立:

引理 2:在本章所设的经济中,以下的不等式成立:

1. 当 $f'>0$ 时,$g'F^2_L+gF^2_{LL}f'>0$
2. $\bar{w}_1dL_1/ds_1+w_2dL_2/ds_1>0$

证明 1:对式(5-9)全微分,可得下式:

$$p_2(g'F^2_L+gF^2_{LL}f')dK_2=dw_2$$

注意到 $dw_2/dK_2>0$(这是因为由于随着进入先进农业的城市资本增加,集聚的农村劳动力就会增多,而工资上升正是集聚劳动力的主要力量),便可以得到 $g'F_L^2 + gF_{LL}^2 f' > 0$。

(证明完毕)

证明 2:先进农业出现后,农村劳动力向先进农业转移,传统农业部门因劳动力数量减少而损失的工资收入的绝对值一定小于先进农业部门因劳动力增加而增加的工资收入,否则无法解释劳动力的转移。故而有:

$$\bar{w}_1 dL_1/ds_1 + w_2 dL_2/ds_1 > 0$$

(证明完毕)

用 Cramer 法则解式(5-17)可以直接判断 s_1 变化对内生变量 L_3、λ、w_2 的影响,不等式 $g'F_L^2 + gF_{LL}^2 f' > 0$ 用在判断 dw_2/ds_1 的符号上;而 $\bar{w}_1 dL_1/ds_1 + w_2 dL_2/ds_1 > 0$ 则用在判断 dL_3/ds_1 的符号上,并进而判断出 s_1 变化对 L_3 和 λ 的影响,如表 5-1 的相关部分。

表 5-1 式(5-14)和式(5-15)计算结果(计算过程详见附录 A)

	dL_1	dL_2	dL_3	$d\lambda$	dK_1	dK_2	dr	dw_2	dw_3
ds_1	−	+	−	/	−	+	0	+	+

注意:其中,"−"表示横向栏中项与 ds_1 之比为负值;"+"表示横向栏中项与 ds_1 之比为正值;"/"表示表示横向栏中项与 ds_1 之比无法判断符号。

综上所述,我们可以获得以下的命题 1。

命题 1:给予先进农业部门贷款利息补贴有以下经济效果:

(1) 城市部门的劳动力雇佣量下降,城市资本流向先进农业部门;

(2) 先进农业部门劳动力雇佣量以及工资水平上升;

(3) 传统农业部门的劳动力雇佣量下降、工资水平上升。

对先进农业部门贷款利息进行补贴以后,城市部门减少的雇佣劳动力加入了失业人群,但同时原来城市失业人群中的传统农业部门劳动力转向了先进农业部门。所以不能确定城市失业率的变化状况。对先进农业部门进行资本补贴之所以导致城市部门劳动力雇佣量下降,并不是因为农村转移劳动力减少,而是因为农村转移劳动力有了既能够增收入，又更近更便利的去向——先进农业部门，从而减少了向城市的劳动转移。这种状况与命题1的(2)和(3)的结论相吻合。这是一个充满积极性的结论，它与政府解决"三农"问题的大方向一致，该政策使得先进部门可以以更低的利率引入资本，由此可以提高工资水平，进而雇佣更多的劳动力。无疑，这样的政策有利于促进先进农业部门的发展，但实施该政策时应充分考虑城市部门的"用工荒"现象，采取适当措施缓解城市部门的用工荒，使城市经济与农村经济得以协调发展。对先进农业部门资本进行补贴的经济效果可以用图5-2表示。

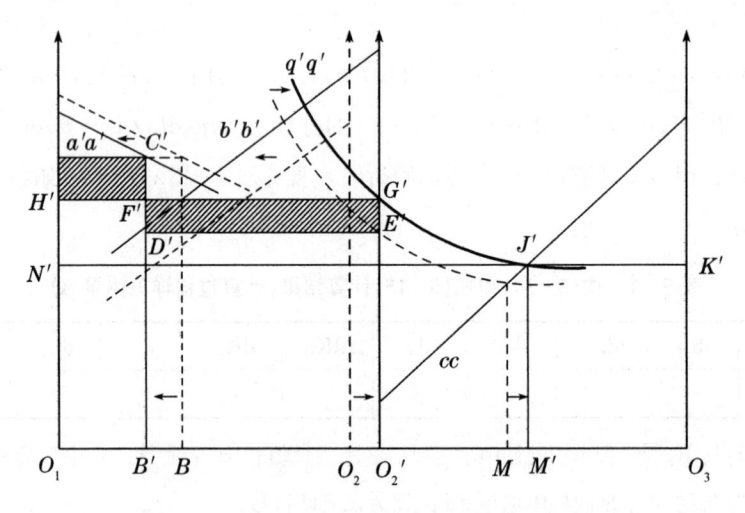

图5-2 对先进农业部门资本补贴的经济效果

由表5-2可知，对先进农业部门的资本补贴使K_1减小，使得城市工业部门边际劳动曲线以及先进农业部门边际劳动曲线向左平移，假设分别至$a'a'$和$b'b'$，再参考前述的图5-1构成就不难得知：对先进农业部门资本进行补贴使得中间纵轴应向右平移(不妨设原点O_2右移至O_2')，劳动力配置机制曲线则向右上方移动至$q'q'$；图5-2中的B'、D'、E'、F'、G'、H'、K'、M'、N'、J'诸点分别是图5-1中的B、D、E、F、G、H、K、M、N、J点移动后的位置，城市部门、先进农业部门以及传统农村部门的新雇佣量L_1和L_3分别缩小为O_1B'、$O_2'B'$和O_3M'，城市部门失业人数为$O_2'M'$，先进农业部门的工资w_2则上升为$O_2'E'$。

二、补贴先进农业部门工资的经济效果

如果对先进农业部门的工资进行补贴,贴率为 s_2,则(5-9)改变为:

$$p_2 g(K_2) F_L^2 = w_2(1-s_2) \quad (5-18)$$

对式(5-5)、(5-6)、(5-7)、(5-8)、(5-10)、(5-11)、(5-12)、(5-13)、(5-18)进行全微分,并在补贴政策启动之初令 $s_2=0$,进行整理可得下列线性方程组:

$$\begin{bmatrix} 0 & 0 & 0 & 1 & 1 & 0 \\ F_{LL}^1 & 0 & 0 & F_{LK}^1 & 0 & 0 \\ -p_1 F_{KL}^1 & 0 & 0 & -p_1 F_{KK}^1 & P_2[g'(K_2)F_L^2 f' + g''(K_2)F^2] & 0 \\ 0 & 0 & 0 & 0 & P_2[g(K_2)F_{LL}^2 f' + g'(K_2)F_L^2] & -1 \\ 1+\lambda & 1 & L_1 & 0 & f' & 0 \\ \bar{w}_1 & w_3-(L-L_3)F_{LL}^3 & 0 & 0 & w_2 f' & L_2 \end{bmatrix} \begin{bmatrix} dL_1 \\ dL_3 \\ d\lambda \\ dK_1 \\ dK_2 \\ dw_2 \end{bmatrix}$$

$$= \begin{bmatrix} 0 \\ 0 \\ 0 \\ -w_2 \\ 0 \\ 0 \end{bmatrix} ds_2 \quad (5-19)$$

令 Δ 为式(5-19)的系数矩阵行列式的值,则有:

$$\Delta_2 = L_1 [w_3 - (L-L_3)F_{LL}^3] \Delta > 0$$

根据 Cramer 法则解式(5-16),可得表5-2:

表5-2 式(5-16)计算结果(计算过程详见附录 B)

	dL_1	dL_2	dL_3	$d\lambda$	dK_1	dK_2	dr	dw_2	dw_3
ds_2	0	0	−	+	0	0	0	+	+

注意:"0"表示横向栏中项与 ds_1 之比为 0;其余各种符号的意义同表5-1下方的"注意"。

根据表 5-2,我们可以得到以下命题。

命题 2：补贴先进农业部门工资的政策有以下经济效果：

（1）引起城市失业率上升，但对城市部门的劳动力数量、工资和资本水平没有影响；

（2）对先进农业部门的劳动力数量和资本水平没有影响，但是工资会上升；

（3）使传统农业部门的劳动力数量减少，工资上升。

对先进农业部门进行工资补贴政策的劳动力转移效果特别值得注意，它一方面对城市部门和先进农业部门的雇佣不产生影响，但另一方面却能促进传统农业部门的劳动力的转出。根据命题2的(1)我们可以发现，这些转出的劳动力都进入了城市加入了失业者行列，这主要是因为对先进农业部门的工资补助将促进于先进农业的发展，对于身在传统农业部门的劳动力来说是一个激励，使他们为致富尽快地行动起来。但是对先进农业部门进行工资补贴时不会对该部门雇佣产生影响，这是先进农业部门的雇佣主要受来自城市部门资本的流入所左右，而对先进农业部门进行工资补贴却不能影响城市资本流动，传统农村部门的劳动力只有向城市部门转移，从而增加了劳动力转移的盲目性，进城后直接加入失业行列的可能性大大增加。如果经济的综合形势需要政府使用对先进农业部门的工资补贴时，应该注意到该政策的负面影响，而这个负面影响的核心是使得城市失业率上升，所以政府要在实施该政策的同时，积极开发城市就业渠道。扩大就业领域，鼓励企业增加雇佣，尽量降低失业率，不能顾此失彼。

对先进农业部门进行工资补贴的经济效果可以用图 5-3 来表示。对先进农业部门的工资进行补贴，由 $p_2 g(K_2) F_L^2 = w_2(1-s_2)$ 可知先进农业部门的边际劳动曲线向左上方移动。我们不难验证：原来的先进农业部门工资水平上升至 $O_2 E'$，劳动力配置机制曲线则向右上方移动至 $q'q'$；

图 5-3 中的 D'、E'、F'、G'、H'、K'、M'、N'、J' 诸点分别是图 5-1 中的 D、E、F、G、H、K、M、N、J 点移动后的位置，此时，城市部门失业人数为 $O_2 M'$。

相比产出是劳动和资本函数的一般情况而言，产出只是资本函数的情形时，对先进部门的资本利息补贴将会更直接地促进生产量的提高，从而就会有更好的经济效

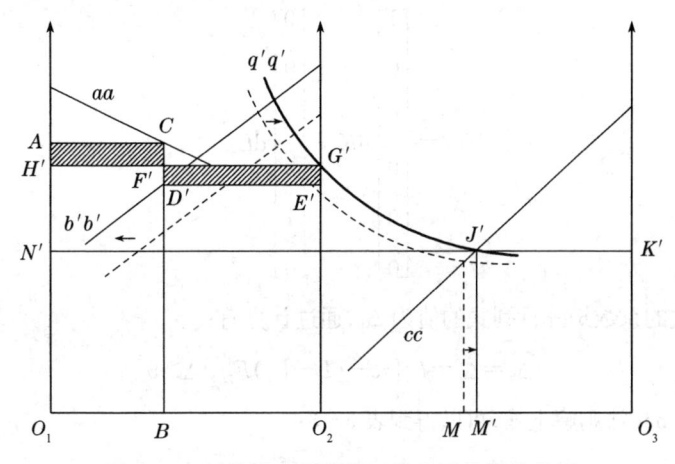

图 5-3 对先进农业部门工资补贴的经济效果

果,这一点也反映到命题 1 和命题 2 的比较上。

比较命题 1 和命题 2,我们可以清楚地看到:给予先进农业部门贷款利息补贴政策比起补贴先进农业部门工资政策更加优越,正面影响多、负面影响较小,这是因为先进部门雇佣劳动受到该部门资本量的制约。所以,对先进农业部门的资本补贴政策应为有关部门考决策时的首选。

三、生产要素禀赋的变化对经济体的影响

对(5-5)、(5-6)、(5-7)、(5-8)、(5-9)、(5-10)、(5-11)、(5-12)、(5-13)式进行全微分,进行整理可得下列线性方程组:

$$\begin{bmatrix} 0 & 0 & 0 & 1 & 1 & 0 \\ F_{LL}^1 & 0 & 0 & F_{LK}^1 & 0 & 0 \\ -p_1 F_{KL}^1 & 0 & 0 & -p_1 F_{KK}^1 & P_2[g'(K_2)F_L^2 f' + g''(K_2)F^2] & 0 \\ 0 & 0 & 0 & 0 & P_2[g(K_2)F_{LL}^2 f' + g'(K_2)F_L^2] & -1 \\ 1+\lambda & 1 & L_1 & 0 & f' & 0 \\ \bar{w}_1 & w_3 - (L-L_3)F_{LL}^3 & 0 & 0 & w_2 f' & L_2 \end{bmatrix} \begin{bmatrix} dL_1 \\ dL_3 \\ d\lambda \\ dK_1 \\ dK_2 \\ dw_2 \end{bmatrix}$$

$$= \begin{pmatrix} 1 \\ 0 \\ 0 \\ 0 \\ 0 \\ 0 \end{pmatrix} dK + \begin{pmatrix} 0 \\ 0 \\ 0 \\ 0 \\ 1 \\ 0 \end{pmatrix} dL \qquad (5-20)$$

设上式的系数矩阵行列式的值为 Δ_3，通过计算有：

$$\Delta_3 = \Delta_2 = L_1[w-(L-L_3)F_{LL}^3]\Delta > 0$$

用 Cramer 法则解上式，可以得到表 5-3：

表 5-3　资本和劳动要素禀赋变化的结果(计算过程详见附录 C)

	dL_1	dL_2	dL_3	$d\lambda$	dK_1	dK_2	dr	dw_2	dw_3
dK	+	0	−	−	+	0	0	0	+
dL	0	0	0	+	0	0	0	0	0

根据表 5-3 可以得到以下命题。

命题 3：劳动禀赋量的增加部分全部被城市部门的失业所吸收；资本禀赋的增加有以下的经济效果：

(1) 使部门 1 的劳动力雇佣量上升，失业率下降，所增加的资本禀赋量全部被城市部门吸收；

(2) 对先进农业部门的资本，劳动力数量和工资都没有影响；

(3) 使得传统农业部门的雇佣量下降，工资上升。

从命题 3 可以看出，资本禀赋增加的经济效果要优于劳动禀赋增加的经济效果，资本禀赋增加给城市部门和传统农业部门带来的正面效果非常明显，但是它们的共同点是对先进部门没有影响。所以如何利用资本禀赋增加的优势促进先进农业的发展应该作为政策当局考虑的问题，同时政策当局也要重视劳动禀赋增加时失业率上升的负面效应。

四、补贴先进农业部门工资政策的社会福利效果

我们考虑封闭经济的情况。如果设 $G=G(p_1,p_2,\bar{L})$ 为总产出,则:

$$G(p_1,p_2,\bar{L})=p_1M+p_2A+B \tag{5-21}$$

设经济的最小支出函数为 $e=e(p_1,p_2,U)$,其中 U 为社会效用水平,那么有如下关系成立:

$$e(p_1,p_2,U)=G(p_1,p_2,\bar{L}) \tag{5-22}$$

将式(5-21)代入式(5-22),并对式(5-22)两边求全微分,有:

$$e_U dU = dG = p_1 dM + p_2 dA + dB$$

$$= p_1 F_L^1 dL_1 + p_1 F_K^1 dK_1 + P_2[g(K_2)F_L^2 f' + g'(K_2)F^2]dK_2 + F_L^3 dL_3$$

根据表5-2我们可以知道:

$$e_U \frac{dU}{ds_2} = p_1 F_L^1 \frac{dL_1}{ds_2} + p_1 F_K^1 \frac{dK_1}{ds_2} + P_2[g(K_2)F_L^2 f' + g'(K_2)F^2]\frac{dK_2}{ds_2} + F_L^3 \frac{dL_3}{ds_2}$$

$$= \frac{-w_2 L_2 F_L^3}{w_3 - (L-L_3)F_{LL}^3} < 0$$

上式意味着对先进农业部门进行工资补贴会降低社会的福利水平,这样的结果与政策的制定者的初衷大相径庭。对先进农业部门工资补贴虽然意在促进其发展,但根据命题2,此举却能引起城市部门的失业率上升,这是导致社会的福利水平下降的主要原因所在。所以,在实际经济工作中如果确有必要对先进农业部门进行工资补贴,就需要在城市部门采取反失业措施,以确保社会的福利水平不会因此而降低。

第4节 结束语

本章在发展中国家民间资本投资先进农业的前提下,研究了政府促进先进农业发展政策的经济效果。在所建的一般均衡模型中,我们根据发展中国家的实际情况,将农村部门分割成先进农业部门和传统农业部门,与现有的其他相关研究不同,我们设定先进农业部门的工资高于传统农业部门的工资,在研究方法上拓宽了现有领域。

我们设想的促进政策是对先进农业部门所用资本的利息进行补助以及对先进农业部门的用工进行工资补助;本章还考察了要素禀赋变化的经济效果。通过本章的研究,我们认为,对先进农业部门所用资本的利息进行补助政策经济效果优于对先进农业部门的用工进行工资补助政策的经济效果;资本禀赋的增加效果优于劳动禀赋的增效果。本章得到了3个命题和关于工资补贴的社会福利效果之结论,可以供有关部门在推广先进农业的过程中参考。

由于本章讨论范围所限,本研究有以下可以改进的方向,留作今后的课题。

(1) 如果将城市部门分割成正式部门和非正式部门,还可以清楚地看到政策对城市的影响。

(2) 在农业发展水平较高的发展中国家,农村民间资本增大,它们也有理由进入先进农业部门,这样的分析对发展水平较高的发展中国家或许更有价值。

附　录

附录 A

对资本系统(5-6)、(5-7)、(5-8)、(5-11)、(5-15)式进行全微分,并在补贴政策启动之初令 $s_1=0$,便可得到以下的线性方程组:

$$\begin{bmatrix} 0 & 1 & 1 & 0 \\ F_{LL}^1 & F_{LK}^1 & 0 & 0 \\ p_1 F_{KL}^1 & p_1 F_{KK}^1 & 0 & -1 \\ 0 & 0 & -p_2(g''F^2+g'f'F_L^2) & 1 \end{bmatrix} \begin{bmatrix} dL_1 \\ dK_1 \\ dK_2 \\ dr \end{bmatrix} = \begin{bmatrix} 0 \\ 0 \\ 0 \\ rds_1 \end{bmatrix} \quad (A-1)$$

令 Δ 为式(A-1)的系数矩阵行列式,则有:

$$\Delta = p_1(F_{LL}^1 F_{KK}^1 - F_{KL}^1 F_{LK}^1) + p_2 F_{LL}^1 (g''F^2 + g'f'F_L^2)$$

对劳动系统中的(5-4)、(5-9)、(5-10)、(5-13)式进行全微分,整理可得下式:

$$\begin{bmatrix} L_1 & 1 & 0 \\ 0 & 0 & 1 \\ 0 & w_3-(L-L_3)F_{LL}^3 & L_2 \end{bmatrix} \begin{bmatrix} d\lambda \\ dL_3 \\ dw_2 \end{bmatrix} = \begin{bmatrix} -(1+\lambda)dL_1 - f'dK_2 \\ p_2(g'F_L^2 + gF_{LL}^2 f')dK_2 \\ -\bar{w}_1 dL_1 - w_2 f'dK_2 \end{bmatrix} \quad (A-2)$$

令 Ω 为式(A-2)系数矩阵行列式,则有:

$$\Omega = L_1\{[(1+\lambda)L_1+L_2]F_{LL}^3 - w_3\} < 0。$$

由式(A-1)计算可得:

$$dK_2/ds_1 = -rF_{LL}^1/\Delta > 0$$

$$dL_2/ds_1 = f'dK_2/ds_1 > 0$$

$$dK_1/ds_1 = rF_{LL}^1/\Delta < 0$$

$$dL_1/ds_1 = -rF_{LK}^1/\Delta < 0$$

$$dr/ds_1 = rp_1(F_{LL}^1 F_{KK}^1 - F_{LK}^1 F_{KL}^1)/\Delta = 0$$

由式(A-2)计算可以得到:

$$dw_2/ds_1 = p_2(g'F_L^2 + gF_{LL}^2 f')dK_2/ds_1 > 0$$

$$dw_3/ds_1 = F_{LL}^3 dL_3/ds_1 > 0$$

$$dL_3/ds_1 = \frac{p_2 L_1 L_2(g'F_L^2 + gF_{LL}^2 f')dK_2/ds_1 + L_1(\bar{w}dL_1/ds_1 + w_2 dL_2/ds_1)}{\Omega} < 0$$

$$d\lambda/ds_1 = -\{[\bar{w}_1 - (1+\lambda)w_3]dL_1/ds_1 + F_{LL}^3[(1+\lambda)L_1 + L_2][(1+\lambda)dL_1/ds_1 + dL_2/ds_1] + p_2(g'F_L^2 + gF_{LL}^2 f')dK_2/ds_1 + (w_2 - w_3)dL_2/ds_1\}/\Omega$$

附录 B

对(5-5)、(5-6)、(5-7)、(5-8)、(5-9)、(5-10)、(5-11)、(5-12)、(5-13)式进行全微分,并在补贴政策启动之初令 $s_2=0$,进行整理可得下列线性方程组:

$$\begin{bmatrix} 0 & 0 & 0 & 1 & 1 & 0 \\ F_{LL}^1 & 0 & 0 & F_{LK}^1 & 0 & 0 \\ -p_1 F_{KL}^1 & 0 & 0 & -p_1 F_{KK}^1 & P_2[g'(K_2)F_L^2 f' + g''(K_2)F^2] & 0 \\ 0 & 0 & 0 & 0 & P_2[g(K_2)F_{LL}^2 f' + g'(K_2)F_L^2] & -1 \\ 1+\lambda & 1 & L_1 & 0 & f' & 0 \\ \bar{w}_1 & w_3 - (L-L_3)F_{LL}^3 & 0 & 0 & w_2 f' & L_2 \end{bmatrix} \begin{bmatrix} dL_1 \\ dL_3 \\ d\lambda \\ dK_1 \\ dK_2 \\ dw_2 \end{bmatrix}$$

$$= \begin{bmatrix} 0 \\ 0 \\ 0 \\ -w_2 \\ 0 \\ 0 \end{bmatrix} ds_2 \qquad (A-3)$$

令 Δ_2 为式(A-3)的系数矩阵行列式的值,则有:

$$\Delta_2 = L_1[w_3 - (L-L_3)F_{LL}^3]\Delta > 0$$

由式(A-3)计算可得:

$$dL_1/ds_2 = 0$$

$$dK_2/ds_2 = 0$$

$$dL_2/ds_2 = f'dK_2/ds_1 = 0$$

$$dL_3/ds_2 = \frac{-w_2 L_2}{w_3 - (L-L_3)F_{LL}^3} < 0$$

$$d\lambda/ds_2 = \frac{w_2 L_2}{L_1[w_3 - (L-L_3)F_{LL}^3]} > 0$$

$$dK_1/ds_2 = 0$$

$$dr/ds_2 = 0$$

$$dw_2/ds_2 = w_2 > 0$$

$$dw_3/ds_2 = F_{LL}^3 dL_3/ds > 0$$

附录 C

对(5-5)、(5-6)、(5-7)、(5-8)、(5-9)、(5-10)、(5-11)、(5-12)、(5-13)进行全微分,进行整理可得下列线性方程组:

$$\begin{bmatrix} 0 & 0 & 0 & 1 & 1 & 0 \\ F_{LL}^1 & 0 & 0 & F_{LK}^1 & 0 & 0 \\ -p_1 F_{KL}^1 & 0 & 0 & -p_1 F_{KK}^1 & P_2[g'(K_2)F_L^2 f' + g''(K_2)F^2] & 0 \\ 0 & 0 & 0 & 0 & P_2[g(K_2)F_{LL}^2 f' + g'(K_2)F_L^2] & -1 \\ 1+\lambda & 1 & L_1 & 0 & f' & 0 \\ \bar{w}_1 & w_3-(L-L_3)F_{LL}^3 & 0 & 0 & w_2 f' & L_2 \end{bmatrix} \begin{bmatrix} dL_1 \\ dL_3 \\ d\lambda \\ dK_1 \\ dK_2 \\ dw_2 \end{bmatrix}$$

$$= \begin{bmatrix} 1 \\ 0 \\ 0 \\ 0 \\ 0 \\ 0 \end{bmatrix} dK + \begin{bmatrix} 0 \\ 0 \\ 0 \\ 0 \\ 1 \\ 0 \end{bmatrix} dL$$

设上述系数矩阵行列式的值为 Δ_3，则有：

$$\Delta_3 = \Delta_2 = L_1[w-(L-L_3)F_{LL}^3]\Delta > 0$$

用 Cramer 法则解上式，可以得到：

$$dL_1/dK = -\frac{F_{LK}^1}{F_{LL}^1} > 0$$

$$dL_3/dK = \frac{\bar{w}_1 F_{LK}^1}{F_{LL}^1[w-(L-L_3)F_{LL}^3]} < 0$$

$$d\lambda/dK = \frac{F_{LK}^1\{(1+\lambda)[w_3-(L-L_3)F_{LL}^3]-\bar{w}_1\}}{F_{LL}^1 L_1[w_3-(L-L_3)F_{LL}^3]} < 0$$

$$dK_1/dK = 1$$

$$dK_2/dK = 0$$

$$dL_2/dK = f' dK_2/dK = 0$$

$$dw_2/dK = 0$$

$$dr/dK = 0$$

$$dw_3/dK = F_{LL}^3 dL_3/dK > 0$$

$$dL_1/dL=0$$

$$dL_3/dL=0$$

$$d\lambda/dL=\frac{1}{L_1}>0$$

$$dK_1/dL=0$$

$$dK_2/dL=0$$

$$dL_2/dL=f'dK_2/dL=0$$

$$dw_2/dL=0$$

$$dr/dL=0$$

$$dw_3/dL=F_{LL}^3 dL_3/dL>0$$

参考文献

[1] BRECHER R A, ALEJANDROC F D. Tariffs, Foreign Capital and Immiserating Growth[J]. Journal of international Economics, 1977, 7(4): 317-322.

[2] BRECHER R A, DIAZ ALEJANDRO F C. Tariffs, Foreign Capital and Immiserizing Growth[J]. Journal of International Economics, 1977, 7(4): 317-22.

[3] CHANDRA V, ALI KHAN M. Foreign Investment in the Presence of an Informal Sector[J]. Economica, 1993, 60(237): 79-103.

[4] CHANDRA V, KHANM A. Foreign Investment in the Presence of an Informal Sector[J]. Economica, 1993: 79-103.

[5] CHAUDHURI S. Foreign Capital, Welfare and Urban Unemployment in the Presence of Agricultural Dualism[J]. Japan and the World Economy, 2007(19): 149-165.

[6] CHAUDHURI S. Labour Market Reform, Welfare and Unemployment in a Small Open Economy[J]. Keio Economics Studies, 2006, 43(2): 1-17.

[7] DIN M. International Capital Mobility and Development Policy in a Dual Economy[J]. Review of the International Economics, 1996(6): 185-201.

[8] GRINOLS E L. Unemployment and Foreign Capital: The Relative Opportunity Costs of Domestic Labor and Welfare[J]. Economica, 1991, 58(229): 107-121.

[9] GUPTA M. Foreign Capital and the Informal Sector: Comments on Chandra and Khan [J]. Economica, 1997, 64(254): 353-363.

[10] GUPTA M. Informal Sector and Informal Capital Market in a Small Open Less-Developed Economy[J]. Journal of Development Economics, 1997, 52(2): 409-428.

[11] GUPTA M. Rural-Urban Migration, Informal Sector and Development Policies: A Theoretical Analysis[J]. Journal of Development Economics, 1993(41): 137-151.

[12] HARRIS J, TODARO M. Migration, Unemployment and Development: a Two-Sector Analysis[J]. American Economic Review, 1970(60): 126-142.

第6章 发展先进农业的环境和社会福利

本章摘要:本章是第5章研究的延续,从劳动力转移的角度探讨发展先进农业与环境保护的关系。将农村分为先进农业部门和传统农业部门后,劳动力转移引致的环境问题将发生变化,本章以发展中国家经济为背景,建立了一个包含城市部门、先进农业部门和传统农业部门三部门经济,并设定传统农业部门劳动力向先进农业部门和城市部门转移。本章在这样的前提下,考察了促进先进农业发展政策的环境和社会福利效果。

第1节 引 言

上章对民间资本投资先进农业时发展先进农业的经济政策进行了分析。目前,在学术界虽然有了一些关注先进农业的研究,但研究的面还不够宽,一些与国计民生相关的领域还没有被触及。例如,通过第5章的文献回顾就可以发现:考虑环境问题的研究没有考虑先进农业,考虑先进农业的却又没有将环境问题列入讨论范围。在先进农业部门发展起来以前,传统农业部门的转移劳动力只有去城市,但经济中有了先进农业部门后,农村劳动力就多了一个转移选项——先进农业部门。所以,先进农业部门发展起来以后,原来的劳动力转移模式必然会发生变化,而这种转移的变化又会影响到环境,这种新转移模式对环境的影响值得我们研究。本章正是为了明确发展先进农业对环境有什么样的影响而在一个三部门的经济情况下展开研究的,我们的研究兼顾了先进农业和环境保护两个方面,弥补了过去研究的不足。本章的主要结论为:对先进农业部门进行利息补贴以及污染治理技术的进步,可以改善环境、提高先进农业部门工资;对先进农业部门进行工资补贴有提高先进农业部门工资、增加城市失业率的效果;经济中资本禀赋的增加会加剧环境污染,同时制约先进农业部门的发展。

本章的第二部分是一般均衡模型的建立,第三部分是对已建立模型进行的理论分析,第四部分为总结全文的结束语。

第2节 建立模型

本章考虑一个三部门的封闭经济,这三个部门分别是城市部门、先进农业部门和传统农业部门,本章考虑的背景是先进农业刚建立不久,正处于成长发展阶段;传统农业部门则有大量的剩余劳动力,生产力极为低下,边际生产接近于零。城市部门和先进农业部门都使用劳动力和资本两种生产要素,传统农业部门只使用劳动力一种要素投入。城市部门的生产中产生污染。两个农业部门的生产不产生污染,但是生产都会受到环境的影响。为了建立模型,我们对经济进一步做出以下设定:

(1) 本章考虑的是传统农业部门体力劳动力向先进农业部门和城市部门进行部分转移的情况,资本在城市部门和先进农业部门之间自由流动;

(2) 城市部门的工资率外生给定,农村两个部门的工资率自由浮动,并且城市部门工资高于农村部门,先进农业部门工资又高于传统农业部门;

(3) 市场是完全竞争的,要素禀赋量外生给定。

设各部门生产函数为:

$$Y_1 = F^1(L_1, K_1) \quad (6-1)$$

$$Y_2 = E^{\varepsilon_2} g(K_2) F^2(L_2) \quad (6-2)$$

$$Y_3 = E^{\varepsilon_3} F^3(L_3) \quad (6-3)$$

这里,Y_1、Y_2、Y_3 分别表示城市部门、先进农业部门以及传统农业部门产品的产量,L_1、L_2、L_3 分别表示城市部门、先进农业部门和传统农业部门所使用的劳动力数量,K_1、K_2 分别表示城市部门和先进农业部门所使用的资本,其中 K_2 为来自城市民间的贷款;函数 F^1 为一阶齐次的拟凹函数,$F^i(i=2,3)$ 为凹函数。定义 $g=g(K_2)$ 为先进农业部门使用资本的规模效应函数,并设 g 为函数值大于1的凹函数,即:

$g=g(K_2)>1, \forall K_2>0$；且 $g'=g'(K_2)>0, g''=g''(K_2)<0, \forall K_2>0$，并且，当 $K_2=0$ 时，设定 $g(0)=1$，这意味着在没有资本投入的情况下，先进农业部门就退化为传统农业部门。ε_2 和 ε_3 外生给定，分别表示环境对先进农业部门和传统农业部门的影响程度，$0<\varepsilon_i<1,(i=2,3)$。设定生产一个单位的工业产品，产生 μ 单位的污染，则经济中的污染量 D 可表示为：

$$D=\mu Y_1 \quad (6-4)$$

其中，$\mu>0$ 表示污染和城市部门产出的关系，也表示污染治理的技术水平，μ 的值越低说明污染治理的技术水平越高。E 表示经济中的环境状态，其和污染的关系是：

$$E=\bar{E}-D \quad (6-5)$$

这里，$\bar{E}$ 表示经济中的环境总量，是外生的。

我们用 L、K 分别表示整个经济中的劳动力和资本禀赋量，L_{uu} 表示城市失业人数，便有：

$$L_1+L_2+L_3+L_{uu}=L \quad (6-6)$$

以 $\lambda=\dfrac{L_{uu}}{L_1}$ 表示城市部门失业率，则(6-6)式可变形为：

$$(1+\lambda)L_1+L_2+L_3=L \quad (6-7)$$

另外，我们设定传统农业部门的劳动力不能无限制地向先进农业部门转移，先进农业部门吸收的劳动力数量受该部门资本量的约束，其雇佣人数与资本的关系如下：

$$L_2=\begin{cases} f(K_2), f'(K_2)>0, & f''(K_2)<0, K_2<K_2^* \\ f(K_2^*), & f'(K_2^*)=0, K_2=K_2^* \\ f(K_2), f'(K_2)\leqslant 0, & f''(K_2)>0, K_2>K_2^* \end{cases} \quad (6-8)$$

要注意的是(6-8)式上半段是针对先进农业处于发展初期阶段设定的，本章研究的就是这个阶段。

经济的资本被城市部门和先进农业部门完全雇佣，即：

$$K_1+K_2=K \quad (6-9)$$

以 w_1、w_2 和 w_3 分别表示城市部门、先进农业部门和传统农业部门的工资，由各部门的利益最大化的条件可得以下 3 式：

$$p_1 F_L^1 = \bar{w}_1 \qquad (6-10)$$

$$p_2 E^{\varepsilon_2} g(K_2) F_L^2 = w_2 \qquad (6-11)$$

$$E^{\varepsilon_3} F_L^3 = w_3 \qquad (6-12)$$

其中，$F_L^i = \partial F^i / \partial L_i (i=1,2,3)$；$\bar{w}_1$是外生变量；$p_1$和$p_2$分别表示以传统农业部门产品价格为基准的城市部门和先进农业部门产品价格。

以r表示贷款利息率，根据利润最大化和资本在城市部门和先进农业部门之间自由流动条件，我们可以得到：

$$p_1 F_K^1 = r \qquad (6-13)$$

$$p_2 E^{\varepsilon_2} g'(K_2) F^2(L_2) = r \qquad (6-14)$$

这里，$F_K^1 = \partial F^1 / \partial K_1$，$g'(K_2) = \partial g / \partial K_2$。

本章考虑的劳动力转移是传统部门的在劳动力向城市部门、先进农业部门的转移，采用三部门的Harris-Todaro劳动力分配模式。本章设想的情况是：虽然传统农业部门的劳动力转移到城市存在失业风险，但他们将从事传统农业得到的实际工资与先进农业部门和城市部门的期望工资想比较，当先进农业部门和城市部门的期望工资高于传统农业的工资时，他们就会转移。在转移均衡处，有下式成立：

$$\frac{L_1}{(1+\lambda)L_1 + L_2}\bar{w}_1 + \frac{L_2}{(1+\lambda)L_1 + L_2}w_2 = w_3 \qquad (6-15)$$

至此，完成一般均衡模型的构建。以上(6-4)、(6-5)、(6-7)至(6-15)式中，共有L_1、L_2、L_3、K_1、K_2、λ、w_2、w_3、r、E和D共11个内生变量，L、K、$\bar{w}_1$、p_1、p_2、μ、ε_2、ε_3为外生变量，由(6-4)至(6-15)式这11个等式决定11个内生变量的值。

第3节 理论分析

上一节建立的模型可以分为两个子系统，其中由(6-4)、(6-5)、(6-8)、(6-9)、(6-10)、(6-11)、(6-13)和(6-14)式决定内生变量L_1、L_2、K_1、K_2、E、D、w_2和r，我们不妨将其命名为"资本系统"，由(6-7)、(6-12)和(6-15)式决定内生变量L_3、λ和w_3，不妨称其为"劳动系统"。

一、开发政策的经济效果

1. 补贴先进农业部门贷款利息的政策

如果政府对先进农业部门实施贷款利息补贴的政策,补贴率分别为 s_1,则 (6-14) 式变为:

$$p_2 E^{\varepsilon_2} g'(K_2) F^2 = r(1-s_1) \tag{6-16}$$

对资本系统(6-4)、(6-5)、(6-8)、(6-9)、(6-10)、(6-11)、(6-12)和(6-16)式进行全微分,并在补贴政策启动之初令 $s_1 = 0$,便可得到以下的线性方程组:

$$\begin{bmatrix} 1 & \mu F_L^1 & \mu F_K^1 & 0 & 0 \\ 0 & F_{LL}^1 & F_{LK}^1 & 0 & 0 \\ p_2 g F_L^1 \varepsilon_2 E^{\varepsilon_2-1} & 0 & 0 & p_2 E^{\varepsilon_2}(gF_{LL}^2 f' + g'F_L^2) & -1 \\ -p_2 g' F^2 \varepsilon_2 E^{\varepsilon_2-1} & p_1 F_{KL}^1 & p_1 F_{KK}^1 & -p_2 E^{\varepsilon_2}(g''F^2 + g'F_L^2 f') & 0 \\ 0 & 0 & 1 & 1 & 0 \end{bmatrix} \begin{bmatrix} dE \\ dL_1 \\ dK_1 \\ dK_2 \\ dw_2 \end{bmatrix} = \begin{bmatrix} 0 \\ 0 \\ 0 \\ r \\ 0 \end{bmatrix} ds_1 \tag{6-17}$$

Δ_1 为(6-17)式的系数矩阵行列式,则有:

$$\Delta_1 = p_1(F_{KL}^1 F_{LK}^1 - F_{LL}^1 F_{KK}^1) + \varepsilon_2 E^{\varepsilon_2-1} p_2 g' F^2 \mu (F_L^1 F_{LK}^1 - F_K^1 F_{LL}^1) - p_2 E^{\varepsilon_2} F_{LL}^1 (g''F^2 + g'f'F_L^2)$$

由于函数 F^1 具有一阶齐次性,所以 $F_{LL}^1 F_{KK}^1 - F_{KL}^1 F_{LK}^1 = 0$。在判断 Δ_1 的符号之前,我们先证明一个引理。

引理 1: 当 $f' > 0$ 时,在本章所设的经济中不等式 $p_2(g''F^2 + g'f'F_L^2) < 0$ 成立。

证明:对(6-14)式全微分可以得到下式:

$$p_2 E^{\varepsilon_2}(g''F^2 + g'F_L^2 f') = \frac{dr}{dK_2} - p_2 \varepsilon_2 E^{\varepsilon_2-1} g'F^2 \frac{dE}{dK_2}$$

根据(6-4)和(6-5)式,可以得到:

$$E = \bar{E} - \mu F^1(L_1, K_1)$$

对上式进行全微分,则有:

$$dE = -\mu F_L^1 dL_1 - \mu F_K^1 dK_1 \qquad (6-18)$$

另全微分(6-10)式,有:

$$p_1 F_{LL}^1 dL_1 = -p_1 F_{LK}^1 dK_1 \qquad (6-19)$$

将(6-19)代入(6-18),并结合(6-9)式,在资本禀赋不变的前提下,可以得到:

$$\frac{dE}{dK_2} = \mu \left(\frac{F_K^1 F_{LL}^1 - F_L^1 F_{LK}^1}{F_{LL}^1} \right) > 0$$

在经济中,随着流入先进农业部门资本的增多,利息应该下降,所以有 $dr/dK_2 < 0$,注意到 $\dfrac{dE}{dK_2} > 0$,可以推出 $p_2(g''F^2 + g'f'F_L^2) < 0$。

(证明完毕)

为了判定 Δ_1 的符号,我们设定环境技术水平 $\mu < \dfrac{EF_{LL}^1(g''F^2 + g'f'F_L^2)}{\varepsilon_2 g'F^2(F_L^1 F_{LK}^1 - F_K^1 F_{LL}^1)}$,这表示经济中污染治理的技术已经达到了一定水平,此时,

$$\Delta_1 = p_2 E^{\varepsilon_3 - 1}[\varepsilon_2 g'F^2 \mu(F_L^1 F_{LK}^1 - F_K^1 F_{LL}^1) - EF_{LL}^1(g''F^2 + g'f'F_L^2)] < 0。$$

用 Cramer 法则解(6-17)式可以判断 s_1 变化对内生变量 E、L_1、K_1、K_2、L_2、w_2 和 r 的影响,如表 6-1 的相关部分,我们接下来考察 s_1 变化对其他内生变量的影响。对劳动系统中的(6-7)、(6-12)和(6-15)式进行全微分,整理可得下式:

$$\begin{bmatrix} 1 & -E^{\varepsilon_3} F_{LL}^3 & 0 \\ 0 & 1 & L_1 \\ L-L_3 & -w_3 & 0 \end{bmatrix} \begin{bmatrix} dw_3 \\ dL_3 \\ d\lambda \end{bmatrix} = \begin{bmatrix} \varepsilon_3 E^{\varepsilon_3 - 1} F_L^3 dE \\ -(1+\lambda)dL_1 - dL_2 \\ \bar{w}_1 dL_1 + L_2 dw_2 + w_2 dL_2 \end{bmatrix} \qquad (6-20)$$

令 Δ_2 为(6-20)式系数矩阵行列式,则可以得到:

$$\Delta_2 = L_1[w_3 - (L-L_3)E^{\varepsilon_3} F_{LL}^3] > 0。$$

在进行下一步的分析前,先证明以下两个不等式在所设经济中成立。

引理 2:在本章所设的经济中,以下的不等式成立:

(1) 当 $f' > 0$ 时,$g'F_L^2 + gF_{LL}^2 f' > 0$

(2) $\bar{w}_1 dL_1/ds_1 + w_2 dL_2/ds_1 > 0$

证明 1:根据(6-11)式,可得下式:

$$\frac{\partial w_2}{\partial K_2} = p_2 E^{\epsilon_2}(g' F_L^2 + g F_{LL}^2 f')$$

注意到 $\partial w_2/\partial K_2 > 0$(这是因为由于随着进入先进农业的城市资本增加,集聚的农村劳动力就会增多,而工资上升正是集聚劳动力的主要力量),便可以得到 $g'F_L^2 + gF_{LL}^2 f' > 0$。

(证明完毕)

证明 2:先进农业出现后,农村劳动力向先进农业转移,传统农业部门因劳动力数量减少而损失的工资收入的绝对值一定小于先进农业部门因劳动力增加而增加的工资收入,否则无法解释劳动力的转移。故而有:

$$\bar{w}_1 dL_1/ds_1 + w_2 dL_2/ds_1 > 0$$

(证明完毕)

用 Cramer 法则解(6-20)式,再结合直(6-17)式的结果可以判断 s_1 变化对内生变量 L_3、λ、w_3 的影响,不等式 $g'F_L^2 + gF_{LL}^2 f' > 0$ 用在判断 dw_2/ds_1 的符号上;而 $\bar{w}_1 dL_1/ds_1 + w_2 dL_2/ds_1 > 0$ 则用在判断 dw_3/ds_1 的符号上,如表 6-1 的相关部分。

表 6-1 (6-17)和(6-20)式计算结果(计算过程详见附录 A)

	dE	dL_1	dL_2	dL_3	$d\lambda$	dK_1	dK_2	dr	dw_2	dw_3
ds_1	+	−	+	/	/	−	+	0	+	+

注意:其中:"−"表示横向栏中项与 ds_1 之比为负值;"+"表示横向栏中项与 ds_1 之比为正值;"0"表示横向栏中项与 ds_1 之比为 0;"/"表示无法判断横向栏中项与 ds_1 比值的符号。

综上所述,我们可以获得以下的命题 1。

命题 1:给予先进农业部门贷款利息补贴可以改善环境,不影响利息率,并有以下经济效果:

(1) 城市部门的劳动力和资本雇佣量下降,城市资本流向先进农业部门;

(2) 先进农业部门劳动力雇佣量、资本以及工资水平上升;

(3) 传统农业部门的工资水平上升。

对先进农业部门贷款利息进行补贴,使得城市部门劳动力和资本雇佣量下降,其生产规模随之缩小,所以生产中释放的污染必然减少,经济的自然环境改善。另外,对先进农业部门贷款利息进行补贴以后,吸引了传统农村部门向先进农业部门转移;虽然从我们的计算结果上看不出传统部门的劳动力是增加还是减少,但是,我们知道传统农业部门的工资水平是上升的,这就是劳动力转向先进农业部门的结果。由于对先进农业部门贷款利息补贴有城市部门劳动雇佣量下降的效果,故而,一般地,人们自然地想到这个效果会导致城市部门失业率上升,然而,我们计算结果对失业率无法判断。这里的主要原因是原来在失业队伍中的转移劳动力受到对先进农业部门贷款利息补贴政策的鼓舞转而去了先进农业部门。

2. 补贴先进农业部门工资的经济效果

如果对先进农业部门的工资进行补贴,贴率为 s_2,则(6-11)变为:

$$p_2 g(K_2) F_L^2 = w_2 (1 - s_2) \quad (6-21)$$

对(6-4)、(6-5)、(6-8)、(6-9)、(6-10)、(6-21)、(6-13)和(6-16)行全微分,并在补贴政策启动之初令 $s_2 = 0$,进行整理可得下列线性方程组:

$$\begin{bmatrix} 1 & \mu F_L^1 & \mu F_K^1 & 0 & 0 \\ 0 & F_{LL}^1 & F_{LK}^1 & 0 & 0 \\ p_2 g F_L^2 \varepsilon_2 E^{\varepsilon_2 - 1} & 0 & 0 & p_2 E^{\varepsilon_2}(g F_{LL}^2 f' + g' F_L^2) & -1 \\ -p_2 g' F^2 \varepsilon_2 E^{\varepsilon_2 - 1} & p_1 F_{KL}^1 & p_1 F_{KK}^1 & -p_2 E^{\varepsilon_2}(g'' F^2 + g' F_L^2 f') & 0 \\ 0 & 0 & 1 & 1 & 0 \end{bmatrix} \begin{bmatrix} dE \\ dL_1 \\ dK_1 \\ dK_2 \\ dw_2 \end{bmatrix} = \begin{bmatrix} 0 \\ 0 \\ -w_2 \\ 0 \\ 0 \end{bmatrix} ds_2$$

$$(6-22)$$

设定 Δ_1 表示(6-22)式的系数矩阵行列式的值。则根据 Cramer 法则可以判断 s_2 变化对内生变量 E、L_1、K_1、K_2、L_2、w_2 和 r 的影响,如表6-2的相关部分。对劳动系统中的(6-7)、(6-12)和(6-15)式进行全微分,可以得到 s_2 变化对其他内生变量的影响。

表 6-2　(6-22)式计算结果(计算过程详见附录 B)

	dE	dL_1	dL_2	dL_3	dλ	dK_1	dK_2	dr	dw_2	dw_3
ds_2	0	0	0	−	+	0	0	0	+	+

注意:各种符号的意义同表 6-1。

根据表 6-2,我们可以得到以下命题。

命题 2:补贴先进农业部门工资的政策不影响环境和利息率,并有以下经济效果:

(1) 引起城市部门失业率上升,但对城市部门的劳动力数量、工资和资本水平没有影响;

(2) 对先进农业部门的劳动力数量和资本水平没有影响,但是工资会上升;

(3) 使传统农业部门的劳动力数量减少,工资上升。

补贴先进农业部门工资的政策之所以不影响环境,其主要原因是该政策对城市部门的劳动力数量、工资和资本水平没有影响,故而不会影响城市部门的生产,从而不影响到环境。值得注意的是,对先进农业部门进行工资补贴政策的劳动力转移效果,它一方面对城市部门和先进农业部门的雇佣不产生影响,但另一方面却能促进传统农业部门的劳动力的转出。根据命题 2 的(1)我们可以发现,补贴先进农业部门工资的政策会引起城市部门失业率上升,这主要是因为该政策将提高先进农业部门劳动力的工资,对于身在传统农业部门的劳动力来说是一个激励,使他们为致富尽快地行动起来。但是对先进农业部门进行工资补贴时不会对该部门雇佣产生影响,这是先进农业部门的雇佣主要受来自城市部门资本的流入所左右的缘故,传统农村部门的劳动力只有向城市部门转移,从而增加了劳动力转移的盲目性,进城后直接加入失业行列的可能性大大增加。

二、生产要素禀赋的变化对经济体的影响

对(6-4)、(6-5)、(6-7)、(6-8)、(6-9)、(6-10)、(6-11)、(6-12)、(6-13)、(6-14)、(6-15)进行全微分,进行整理可得下列线性方程组:

第 6 章 发展先进农业的环境和社会福利

$$\begin{bmatrix} 1 & \mu F_L^1 & 0 & \mu F_K^1 & 0 & 0 & 0 & 0 \\ 0 & F_{LL}^1 & 0 & F_{LK}^1 & 0 & 0 & 0 & 0 \\ p_2 g F_L^2 \varepsilon_2 E^{\varepsilon_2-1} & 0 & 0 & 0 & p_2 E^{\varepsilon_2}(gF_{LL}^2 f' + g'F_L^2) & -1 & 0 & 0 \\ -p_2 g'F^2 \varepsilon_2 E^{\varepsilon_2-1} & p_1 F_{KL}^1 & 0 & p_1 F_{KK}^1 & -p_2 E^{\varepsilon_2}(g'F_L^2 f' + g''F^2) & 0 & 0 & 0 \\ 0 & 0 & 0 & 1 & 1 & 0 & 0 & 0 \\ \varepsilon_3 E^{\varepsilon_3-1} F_L^3 & 0 & E^{\varepsilon_3} F_{LL}^3 & 0 & 0 & 0 & -1 & 0 \\ 0 & 1+\lambda & 1 & 0 & f' & 0 & 0 & L_1 \\ 0 & \bar{w}_1 & w_3 & 0 & w_2 f' & L_2 & -(L-L_3) & 0 \end{bmatrix} \begin{bmatrix} dE \\ dL_1 \\ dL_3 \\ dK_1 \\ dK_2 \\ dw_2 \\ dw_3 \\ d\lambda \end{bmatrix} = \begin{bmatrix} 0 \\ 0 \\ 0 \\ 0 \\ dK \\ 0 \\ dL \\ w_3 dL \end{bmatrix} \quad (6-23)$$

设上式的系数矩阵行列式的值为 Δ_3,通过计算得到:

$$\Delta_3 = L_1 [w_3 - (L-L_3) E^{\varepsilon_3} F_{LL}^3] \Delta_1 < 0$$

用 Cramer 法则解(6-23)式,可以得到表 6-3:

表 6-3 (6-23)式计算结果(计算过程详见附录 C)

	dE	dL_1	dL_2	dL_3	$d\lambda$	dK_1	dK_2	dr	dw_2	dw_3
dK	−	+	−	/	/	+	−	0	−	/
dL	0	0	0	+	+	0	0	0	0	−

注意:各种符号的意义同表 6-1。

从表 6-3 可以得到以下命题。

命题 3：劳动要素禀赋量的增加不影响环境，其增加部分被城市部门失业和传统农业部门所吸收，传统农业部门的工资下降；资本要素禀赋的增加使得环境恶化，并有以下经济效果：

（1）使城市部门的劳动力、资本雇佣量上升；

（2）使先进部门的资本禀赋量，劳动力雇佣量和工资下降。

正如命题 3 所表述的那样，劳动要素禀赋量的增加不影响环境的原因是其增加部分被城市部门失业和传统农业部门所吸收，这两个部分不影响生产，故而不会影响环境；而资本要素禀赋的增加使得环境恶化，是因为资本禀赋增加使城市部门的劳动力和资本的雇佣量上升，造成城市部门的生产规模扩大的缘故。

三、污染治理技术变化引起的经济效果

对资本系统进行全微分，可以得到方程组(6-24)：

$$\begin{bmatrix} 1 & \mu F_L^1 & \mu F_K^1 & 0 & 0 \\ 0 & F_{LL}^1 & F_{LK}^1 & 0 & 0 \\ p_2 g F_L^2 \varepsilon_2 E^{\varepsilon_2-1} & 0 & 0 & p_2 E^{\varepsilon_2}(gF_{LL}^2 f' + g'F_L^2) & -1 \\ -p_2 g'F^2 \varepsilon_2 E^{\varepsilon_2-1} & p_1 F_{KL}^1 & p_1 F_{KK}^1 & -p_2 E^{\varepsilon_2}(g''F^2 + g'F_L^2 f') & 0 \\ 0 & 0 & 1 & 1 & 0 \end{bmatrix} \begin{bmatrix} dE \\ dL_1 \\ dK_1 \\ dK_2 \\ dw_2 \end{bmatrix} = \begin{bmatrix} -F^1 \\ 0 \\ 0 \\ 0 \\ 0 \end{bmatrix} d\mu$$

(6-24)

设上述方程组系数矩阵的行列式值为 Δ_4，则明显地，$\Delta_4 = \Delta_1 < 0$。

利用 Cramer 法则解上述方程组，可以得到表 6-4：

表 6-4　(6-24)式计算结果(计算过程详见附录 D)

	dE	dL_1	dL_2	dL_3	$d\lambda$	dK_1	dK_2	dr	dw_2	dw_3
$d\mu$	−	+	−	/	/	+	−	0	−	/

注意：各种符号的意义同表 6-1。

从表 6-4 可以得到以下命题。

| 第 6 章　发展先进农业的环境和社会福利 |

命题 4：环境保护技术水平的上升使得环境改善，对利息水平没有影响，并有以下的经济效果：

(1) 城市部门的劳动雇佣量和资本雇佣量下降；

(2) 先进农业部门的劳动雇佣量和资本雇佣量增加，工资上升。

环境保护技术水平的上升使城市部门的劳动雇佣量和资本雇佣量下降，从而改善环境。我们用一个图示来反映资本禀赋增加所引起的经济效果，如图 6-1：

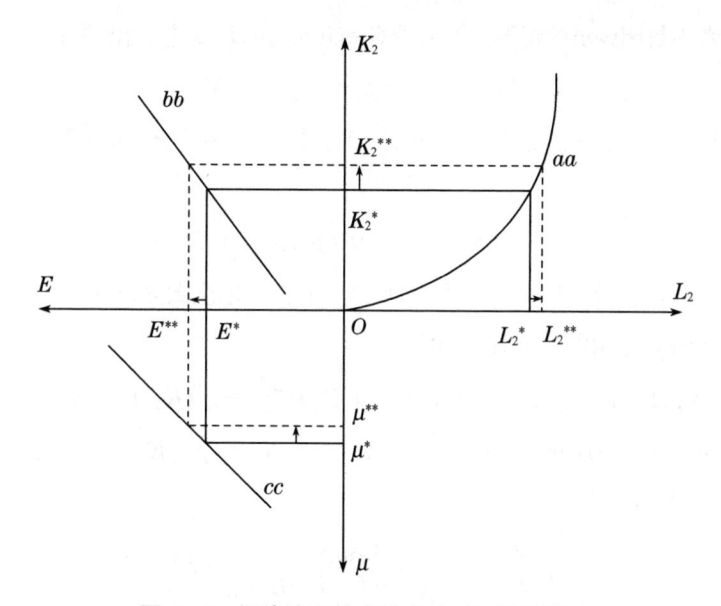

图 6-1　污染治理技术的变化对环境的影响

图 6-1 表示了污染治理技术进步对环境的影响。O 为坐标原点，横轴的左半轴表示环境 E；右半轴表示先进农业部门就业人数 L_2；纵轴的上半轴表示先进农业部门资本 K_2，纵轴的下半轴表示污染治理技术 μ。图中 aa 线、bb 线和 cc 线分别刻画了 L_2 与 K_2，E 与 K_2 以及 E 与 μ 的关系。

L_2 与 K_2 的关系可以由(6-8)式得到，我们这里只考虑(6-8)式上半段的情形，即 L_2 与 K_2 的变动呈正相关关系。由引理 1 可以知道 E 与 K_2 呈正向关系，因此在第二象限中 bb 线向左上方倾斜，同时，由(6-4)和(6-5)式易知，E 与 μ 存在负向关系。图中 L_2^*、K_2^*、E^* 表示在污染治理技术水平为 μ^* 时,先进农业部门的劳动力,资本水平以及经济中环境的状态,当污染治理技术水平由 μ^* 提高到 μ^{**} 时,环境将提高至 E^{**},又由 E 与 K_2 的关系,先进农业部门的资本水平将上升至 K_2^{**},这意味着先进部门的劳动力也将扩大至 L_2^{**}。

四、社会福利水平的变化

我们考虑封闭经济的情况。如果设 $G=G(p_1,p_2,\bar{L})$ 为总产出,则:

$$G(p_1,p_2,\bar{L})=p_1Y_1+p_2Y_2+Y_3 \tag{6-25}$$

设经济的最小支出函数为 $e=e(p_1,p_2,U)$,其中 U 为社会效用水平,那么有如下关系成立:

$$e(p_1,p_2,U)=G(p_1,p_2,\bar{L}) \tag{6-26}$$

将(6-25)式代入(6-26)式,并对(6-26)式两边求全微分,有:

$$e_U dU = dG = p_1 dY_1 + p_2 dY_2 + dY_3$$
$$= p_1 F_L^1 dL_1 + p_1 F_K^1 dK_1 + p_2 E^{\varepsilon_2}[g(K_2)F_L^2 f' + g'(K_2)F^2]dK_2 + E^{\varepsilon_3} F_L^3 dL_3$$
$$= \bar{w}_1 dL_1 + r(dK_1 + dK_2) + w_2 f' dK_2 + w_3 dL_3 + (p_2 \varepsilon_2 E^{\varepsilon_2-1} gF^2 + \varepsilon_3 E^{\varepsilon_3-1} F^3)dE$$

故可以得到:

$$e_U \frac{dU}{ds_2} = \frac{L_2 w_2 w_3}{[-w_3+(L-L_3)E^{\varepsilon_3} F_{LL}^3]} < 0 \tag{6-27}$$

$$e_U \frac{dU}{dL} = \frac{w_2 w_3}{[w_3-(L-L_3)E^{\varepsilon_3} F_{LL}^3]} > 0 \tag{6-28}$$

从(6-27)和(6-28)式,可以得到命题。

命题5:对先进部门的工资进行补贴会降低社会福利水平;经济中劳动禀赋的增加会提高社会福利水平。

对先进部门的工资补贴政策会降低社会福利水平,这与命题2联系起来就很容易解读。这个政策虽然不影响环境,还能使得高先进农业部门和传统农业部门的工资上升,但如果我们注意到传统农业部门是一个边际生产接近于零的部门,就会发现工资上升是在经济三部门的生产不发生变化的情况下得到的,这极有可能引起通货膨胀,而且,对先进部门的工资补贴政策还会引起城市部门失业率上升。这些都只有一个结果,那就是低社会福利水平。另一方面,劳动禀赋的增加意味着劳动力的供给增加,先进农业部门可以用相对较低的工资吸纳传统农业的劳动力,促进先进农业的发展。考虑到发展中国家的劳动力主要集中于农村,城市失业率即便上升,但先进农业的发展也会大于失业的损失,从而使得经济福利水平上升。

第4节 结 论

发展先进农业,是当今发展中国家振兴经济的重要方策。笔者认为,将农村分为先进农业部门和传统农业部门后,劳动力转移引致的环境问题必然发生变化,为此,本章以发展中国家经济为背景,建立了一个包含城市部门、先进农业部门和传统农业部门的三部门经济,并设定传统部门劳动力向先进农业部门和城市部门转移。本章在这样的前提下,考察了促进先进农业发展政策的环境和社会福利效果。本章共得到五个命题,有较强的政策含义,请读者自行参考。在此,我们仅将环境效果做一归纳:对先进农业部门贷款利息的补贴政策的环境效果优于对先进农业部门工资的补贴政策;技术进步改善环境的效果最为明显;要特别注意资本要素禀赋的增加对环境的负面影响。

附 录

附录 A

如果政府对先进农业部门实施贷款利息补贴的政策,补贴率为 s_1,则(6-14)变为:

$$p_2 E^{e_2} g'(K_2) F^2 = r(1-s_1) \qquad (6-16)$$

对资本系统(6-4)、(6-5)、(6-8)、(6-9)、(6-10)、(6-11)、(6-13)和(6-16)式进行全微分,并在补贴政策启动之初令 $s_1=0$,便可得到以下的线性方程组:

$$\begin{bmatrix} 1 & \mu F_L^1 & \mu F_K^1 & 0 & 0 \\ 0 & F_{LL}^1 & F_{LK}^1 & 0 & 0 \\ p_2 g F_L^2 \varepsilon_2 E^{\varepsilon_2-1} & 0 & 0 & p_2 E^{\varepsilon_2}(g F_{LL}^2 f' + g' F_L^2) & -1 \\ -p_2 g' F^2 \varepsilon_2 E^{\varepsilon_2-1} & p_1 F_{KL}^1 & p_1 F_{KK}^1 & -p_2 E^{\varepsilon_2}(g'' F^2 + g' F_L^2 f') & 0 \\ 0 & 0 & 1 & 1 & 0 \end{bmatrix} \begin{bmatrix} dE \\ dL_1 \\ dK_1 \\ dK_2 \\ dw_2 \end{bmatrix} = \begin{bmatrix} 0 \\ 0 \\ 0 \\ r \\ 0 \end{bmatrix} ds_1 \quad (A1)$$

令 Δ_1 为(A1)式的系数矩阵行列式,则有:

$$\Delta_1 = p_1(F_{KL}^1 F_{LK}^1 - F_{LL}^1 F_{KK}^1) + \varepsilon_2 E^{\varepsilon_2-1} p_2 g' F^2 \mu(F_L^1 F_{LK}^1 - F_K^1 F_{LL}^1) - p_2 E^{\varepsilon_2} F_{LL}^1 (g'' F^2 + g' f' F_L^2)$$

$$= \varepsilon_2 E^{\varepsilon_2-1} p_2 g' F^2 \mu(F_L^1 F_{LK}^1 - F_K^1 F_{LL}^1) - p_2 E^{\varepsilon_2} F_{LL}^1 (g'' F^2 + g' f' F_L^2) < 0$$

则利用 Cramer 法则可以解得:

$$\frac{dE}{ds_1} = \frac{-r\mu(F_L^1 F_{LK}^1 - F_K^1 F_{LL}^1)}{\Delta_1} > 0 \quad (A2)$$

$$\frac{dL_1}{ds_1} = \frac{r F_{LK}^1}{\Delta_1} < 0 \quad (A3)$$

$$\frac{dK_1}{ds_1} = \frac{-r F_{LL}^1}{\Delta_1} < 0 \quad (A4)$$

$$\frac{dK_2}{ds_1} = \frac{r F_{LL}^1}{\Delta_1} > 0 \quad (A5)$$

$$\frac{dL_2}{ds_1} = f' \frac{dK_2}{ds_1} = \frac{r f' F_{LL}^1}{\Delta_1} > 0 \quad (A6)$$

$$\frac{dw_2}{ds_1} = \frac{r[F_{LL}^1 p_2 E^{\varepsilon_2}(g F_{LL}^2 f' + g' F_L^2) - p_2 g F_L^2 \varepsilon_2 E^{\varepsilon_2-1} \mu(F_L^1 F_{LK}^1 - F_K^1 F_{LL}^1)]}{\Delta_1} > 0 \quad (A7)$$

$$\frac{dr}{ds_1} = \frac{p_1(F_{KL}^1 dL_1 + F_{KK}^1 dK_1)}{ds_1} = 0$$

对劳动系统中的(6-7)、(6-12)和(6-15)式进行全微分,整理可得下式:

$$\begin{bmatrix} 1 & -E^{\varepsilon_3} F_{LL}^3 & 0 \\ 0 & 1 & L_1 \\ L - L_3 & -w_3 & 0 \end{bmatrix} \begin{bmatrix} dw_3 \\ dL_3 \\ d\lambda \end{bmatrix} = \begin{bmatrix} \varepsilon_3 E^{\varepsilon_3-1} F_L^3 dE \\ -(1+\lambda) dL_1 - dL_2 \\ \bar{w}_1 dL_1 + L_2 dw_2 + w_2 dL_2 \end{bmatrix} \quad (A8)$$

令 Δ_2 为(A8)式系数矩阵行列式,则可以得到:

$$\Delta_2 = L_1 [w_3 - (L - L_3) E^{\varepsilon_3} F_{LL}^3] > 0$$

利用 Cramer 法则解(A8),可以得到:

$$dw_3 = \frac{-w_3 \varepsilon_3 E^{\varepsilon_3 - 1} F_L^3 dE + E^{\varepsilon_3} F_{LL}^3 (\bar{w}_1 dL_1 + L_2 dw_2 + w_2 dL_2)}{-w_3 + (L - L_3) E^{\varepsilon_3} F_{LL}^3}$$

$$dL_3 = \frac{\bar{w}_1 dL_1 + L_2 dw_2 + w_2 dL_2 - (L - L_3) \varepsilon_3 E^{\varepsilon_3 - 1} F_L^3 dE}{-w_3 + (L - L_3) E^{\varepsilon_3} F_{LL}^3}$$

$$d\lambda = -\frac{(1+\lambda) dL_1 + dL_2}{L_1} - \frac{[\bar{w}_1 dL_1 + L_2 dw_2 + w_2 dL_2 - (L - L_3) \varepsilon_3 E^{\varepsilon_3 - 1} F_L^3 dE]}{L_1 [-w_3 + (L - L_3) E^{\varepsilon_3} F_{LL}^3]}$$

将(A2)、(A3)、(A4)、(A5)、(A6)、(A7)带入上面三个式子,就可以得到

$$\frac{dw_3}{ds_1} > 0, \frac{dL_3}{ds_1}(<, =, >)0, \frac{d\lambda}{ds_1}(<, =, >)0$$

附录 B

如果对先进农业部门的工资进行补贴,贴率为 s_2,则(6-11)变为:

$$p_2 g(K_2) F_L^2 = w_2 (1 - s_2) \qquad (6-21)$$

对(6-4)、(6-5)、(6-7)、(6-8)、(6-9)、(6-10)、(6-21)、(6-12)和(6-13)行全微分,并在补贴政策启动之初令 $s_2 = 0$,进行整理可得下列线性方程组:

$$\begin{bmatrix} 1 & \mu F_L^1 & \mu F_K^1 & 0 & 0 \\ 0 & F_{LL}^1 & F_{LK}^1 & 0 & 0 \\ p_2 g F_L^2 \varepsilon_2 E^{\varepsilon_2 - 1} & 0 & 0 & p_2 E^{\varepsilon_2}(g F_{LL}^2 f' + g' F_L^2) & -1 \\ -p_2 g' F^2 \varepsilon_2 E^{\varepsilon_2 - 1} & p_1 F_{KL}^1 & p_1 F_{KK}^1 & -p_2 E^{\varepsilon_2}(g'' F^2 + g' F_L^2 f') & 0 \\ 0 & 0 & 1 & 1 & 0 \end{bmatrix} \begin{bmatrix} dE \\ dL_1 \\ dK_1 \\ dK_2 \\ dw_2 \end{bmatrix} = \begin{bmatrix} 0 \\ 0 \\ -w_2 \\ 0 \\ 0 \end{bmatrix} ds_2$$

(B1)

明显地,(B1)式的系数矩阵行列式的值等于 Δ_1。

利用 Cramer 法则可以解得:

$$\frac{dE}{ds_2} = \frac{dL_1}{ds_2} = \frac{dK_1}{ds_2} = \frac{dK_2}{ds_2} = \frac{dL_2}{ds_2} = \frac{dr}{ds_2} = 0$$

$$\frac{dw_2}{ds_2} = w_2 > 0$$

$$\frac{dw_3}{ds_2} = \frac{E^{\varepsilon_3} F_{LL}^3 L_2 w_2}{[-w_3 + (L-L_3) E^{\varepsilon_3} F_{LL}^3]} > 0$$

$$\frac{dL_3}{ds_2} = \frac{L_2 w_2}{[-w_3 + (L-L_3) E^{\varepsilon_3} F_{LL}^3]} < 0$$

$$\frac{d\lambda}{ds_2} = \frac{-L_2 w_2}{L_1 [-w_3 + (L-L_3) E^{\varepsilon_3} F_{LL}^3]} > 0$$

附录 C

对 (6-4)、(6-5)、(6-7)、(6-8)、(6-9)、(6-10)、(6-11)、(6-12)、(6-13)、(6-14)、(6-15) 进行全微分,进行整理可得下列线性方程组:

$$\begin{bmatrix} 1 & \mu F_L^1 & 0 & \mu F_K^1 & 0 & 0 & 0 & 0 \\ 0 & F_{LL}^1 & 0 & F_{LK}^1 & 0 & 0 & 0 & 0 \\ p_2 g F_L^2 \varepsilon_2 E^{\varepsilon_2-1} & 0 & 0 & 0 & p_2 E^{\varepsilon_2}(g F_{LL}^2 f' + g' F_L^2) & -1 & 0 & 0 \\ -p_2 g' F^2 \varepsilon_2 E^{\varepsilon_2-1} & p_1 F_{KL}^1 & 0 & p_1 F_{KK}^1 & -p_2 E^{\varepsilon_2}(g' F_L^2 f' + g'' F^2) & 0 & 0 & 0 \\ 0 & 0 & 0 & 1 & 1 & 0 & 0 & 0 \\ \varepsilon_3 E^{\varepsilon_3-1} F_L^3 & 0 & E^{\varepsilon_3} F_{LL}^3 & 0 & 0 & 0 & -1 & 0 \\ 0 & 1+\lambda & 1 & 0 & f' & 0 & 0 & L_1 \\ 0 & \bar{w}_1 & w_3 & 0 & w_2 f' & L_2 & -(L-L_3) & 0 \end{bmatrix} \begin{bmatrix} dE \\ dL_1 \\ dL_3 \\ dK_1 \\ dK_2 \\ dw_2 \\ dw_3 \\ d\lambda \end{bmatrix} = \begin{bmatrix} 0 \\ 0 \\ 0 \\ 0 \\ dK \\ 0 \\ dL \\ w_3 dL \end{bmatrix} \quad (C1)$$

第6章 发展先进农业的环境和社会福利

设上式的系数矩阵行列式的值为 Δ_3,通过计算得到:

$$\Delta_3 = L_1 [w_3 - (L-L_3)E^{\varepsilon_3} F_{LL}^3] \Delta_1 < 0$$

利用 Cramer 法则求解(C1),有:

$$\frac{dE}{dK} = \frac{-p_2 E^{\varepsilon_2}(g'F_L^2 f' + g''F^2)\mu(F_L^1 F_{LK}^1 - F_K^1 F_{LL}^1)L_1[w_3 - (L-L_3)E^{\varepsilon_3} F_{LL}^3]}{\Delta_3} < 0$$

$$\frac{dL_1}{dK} = \frac{F_{LK}^1 p_2 E^{\varepsilon_2}(g'F_L^2 f' + g''F^2)L_1[w_3 - (L-L_3)E^{\varepsilon_3} F_{LL}^3]}{\Delta_3} > 0$$

$$\frac{dK_1}{dK} = \frac{-F_{LL}^1 p_2 E^{\varepsilon_2}(g'F_L^2 f' + g''F^2)L_1[w_3 - (L-L_3)E^{\varepsilon_3} F_{LL}^3]}{\Delta_3} > 0$$

$$\frac{dK_2}{dK} = \frac{p_2 g'F^2 \varepsilon_2 E^{\varepsilon_2 - 1}\mu(F_L^1 F_{LK}^1 - F_K^1 F_{LL}^1)L_1[w_3 - (L-L_3)E^{\varepsilon_3} F_{LL}^3]}{\Delta_3} < 0$$

$$\frac{dL_2}{dK} = f'\frac{dK_2}{dK} = \frac{f' p_2 g'F^2 \varepsilon_2 E^{\varepsilon_2 - 1}\mu(F_L^1 F_{LK}^1 - F_K^1 F_{LL}^1)L_1[w_3 - (L-L_3)E^{\varepsilon_3} F_{LL}^3]}{\Delta_3} < 0$$

$$\frac{dw_2}{dK} = \frac{\mu(F_L^1 F_{LK}^1 - F_K^1 F_{LL}^1)p_2^2 \varepsilon_2 E^{2\varepsilon_2 - 1}[g'F^2(gF_{LL}^2 f' + g'F_L^2) - gF_L^2(g'F_L^2 f' + g''F^2)]}{\Delta_1} < 0$$

$$\frac{dr}{dK} = \frac{p_1(F_{KL}^1 dL_1 + F_{KK}^1 dK_1)}{dK} = 0$$

$$\frac{dw_3}{dK}(<,=,>)0, \frac{dL_3}{dK}(<,=,>)0, \frac{d\lambda}{dK}(<,=,>)0$$

$$\frac{dE}{dL} = \frac{dL_1}{dL} = \frac{dK_1}{dL} = \frac{dK_2}{dL} = \frac{dL_2}{dL} = \frac{dw_2}{dL} = \frac{dr}{dL} = 0$$

$$\frac{dw_3}{dL} = \frac{E^{\varepsilon_3} F_{LL}^3 w_3}{w_3 - (L-L_3)E^{\varepsilon_3} F_{LL}^3} < 0$$

$$\frac{dL_3}{dL} = \frac{w_3}{w_3 - (L-L_3)E^{\varepsilon_3} F_{LL}^3} > 0$$

$$\frac{d\lambda}{dL} = \frac{-(L-L_3)E^{\varepsilon_3} F_{LL}^3}{L_1[w_3 - (L-L_3)E^{\varepsilon_3} F_{LL}^3]} > 0$$

附录 D

对资本系统进行全微分,可以得到方程组(D1):

$$\begin{bmatrix} 1 & \mu F_L^1 & \mu F_K^1 & 0 & 0 \\ 0 & F_{LL}^1 & F_{LK}^1 & 0 & 0 \\ p_2 g F_L^2 \varepsilon_2 E^{\varepsilon_2 -1} & 0 & 0 & p_2 E^{\varepsilon_2}(gF_{LL}^2 f' + g'F_L^2) & -1 \\ -p_2 g' F^2 \varepsilon_2 E^{\varepsilon_2 -1} & p_1 F_{KL}^1 & p_1 F_{KK}^1 & -p_2 E^{\varepsilon_2}(g''F^2 + g'F_L^2 f') & 0 \\ 0 & 0 & 1 & 1 & 0 \end{bmatrix} \begin{bmatrix} dE \\ dL_1 \\ dK_1 \\ dK_2 \\ dw_2 \end{bmatrix} = \begin{bmatrix} -F^1 \\ 0 \\ 0 \\ 0 \\ 0 \end{bmatrix} d\mu$$

(D1)

设上述方程组系数矩阵的行列式值为 Δ_4，则明显地，$\Delta_4 = \Delta_1 < 0$。

利用 Cramer 法则解(D1)，可以得到：

$$\frac{dE}{d\mu} = \frac{F_{LL}^1 F^1 p_2 E^{\varepsilon_2}(g''F^2 + g'F_L^2 f')}{\Delta_4} < 0$$

$$\frac{dL_1}{d\mu} = -\frac{p_2 g' F^2 \varepsilon_2 E^{\varepsilon_2-1} F_{LK}^1 F^1}{\Delta_4} > 0$$

$$\frac{dK_1}{d\mu} = \frac{p_2 g' F^2 \varepsilon_2 E^{\varepsilon_2-1} F_{LL}^1 F^1}{\Delta_4} > 0$$

$$\frac{dK_2}{d\mu} = -\frac{p_2 g' F^2 \varepsilon_2 E^{\varepsilon_2-1} F_{LL}^1 F^1}{\Delta_4} < 0$$

$$\frac{dL_2}{d\mu} = f' \frac{dK_2}{d\mu} = -\frac{f' p_2 g' F^2 \varepsilon_2 E^{\varepsilon_2-1} F_{LL}^1 F^1}{\Delta_4} < 0$$

$$\frac{dw_2}{d\mu} = \frac{F^1 p_2^2 \varepsilon_2 E^{2\varepsilon_2 -1} F_{LL}^1 [gF_L^2(g''F^2 + g'F_L^2 f') - g'F^2(gF_{LL}^2 f' + g'F_L^2)]}{\Delta_4} < 0$$

$$\frac{dr}{d\mu} = \frac{p_1(F_{KL}^1 dL_1 + F_{KK}^1 dK_1)}{d\mu} = 0$$

$$\frac{dw_3}{d\mu}(<,=,>)0, \frac{dL_3}{d\mu}(<,=,>)0, \frac{d\lambda}{d\mu}(<,=,>)0$$

参考文献

[1] BELADI H, FRASCA R. Pollution Control Underan Urban Binding Minimum Wage[J]. The Annals of Regional Science,1999(33): 523-533.

[2] BRECHER R A, DIAZ ALEJANDRO F C. Tariffs, Foreign Capital and Immiserizing

Growth[J]. Journal of International Economics, 1977, 7(4): 317-22.

[3] CHANDRA V, ALI KHAN M. Foreign investment in the Presence of an Informal Sector[J]. Economica, 1993, 60(237): 79-103.

[4] CHAO C C, KERKVLIET J R, YU S H. Environmental Preservation, Sectoral Unemployment and Trade in Resources[J]. Review of Development Economics, 2000, 4 (1): 39-50.

[5] CHAUDHURI S. Foreign Capital, Welfare and Urban Unemployment in the Presence of Agricultural Dualism[J]. Japan and the World Economy, 2007(19): 149-165.

[6] CHAUDHURI S. Labour Market Reform, Welfare and Unemployment in a Small Open Economy[J]. Keio Economics Studies, 2006, 43(2): 1-17.

[7] COPELAND B, TAYLOR S. Trade, Spatial Separation and the Environment[J]. Journal of International Economics, 1999(47): 137-168.

[8] DEAN J M, GANGOPADHYAY S. Export Bans, Environmental Protection and Unemployment[J]. Review of Development Economics, 1997(1): 324-336.

[9] DIN M. International Capital Mobility and Development Policy in a Dual Economy[J]. Review of the International Economics, 1996(6): 185-201.

[10] GRINOLS E L. Unemployment and Foreign Capital: The Relative Opportunity Costs of Domestic Labor and Welfare[J]. Economica, 1991, 58(229): 107-121.

[11] GUPTA M. CHAUDHURI S. Formal Credit, Corruption and the Informal Credit Market in Agriculture: A Theoretical Analysis[J]. Economica, 1997, 64 (254): 331-343.

[12] GUPTA M. Foreign Capital and the Informal Sector: Comments on Chandra and Khan [J]. Economica, 1997, 64(254): 353-363.

[13] GUPTA M. Informal Sector and Informal Capital Market in a Small Open Less-developed Economy[J]. Journal of Development Economics, 1997, 52(2):409-428.

[14] GUPTA M. Rural-urban Migration, Informal Sector and Development Policies: A Theoretical Analysis[J]. Journal of Development Economics, 1993(41): 137-151.

[15] HARRIS J, TODARO M. Migration, Unemployment and Development: a

Two-Sector Analysis[J]. American Economic Review, 1970(60): 126-142.

[16] WANG Z, HAN F X. A Selective Study on the Development of Modern Agriculture in China[J]. Rural Economy, 2010(12): 63-64.

第7章 城乡人力资本水平差距的经济学分析

本章摘要:随着我国经济的发展和工业部门的物质资本积累水平的提高,农村转移劳动力的人力资本水平已经不能与之相适应,在一些地区形成了工业部门对高人力资本水平劳动力的需求大于供给的"结构性用工荒"。在已有的文献中,研究农村人力资本的绝对水平与劳动力转移、收益变化、经济增长关系的成果较多,本章则从工业部门投资农村劳动力的人力资本着手,建立了一个能够揭示城乡人力资本水平相对差距的静态均衡模型,并以该模型就城乡人力资本水平差距对经济诸元的影响进行了理论分析。分析结果表明,缩小城乡劳动力的人力资本水平差距,不仅能改善"用工荒",对提高经济各部门的产出和利润、提高社会经济福利水平也有积极的作用。

第1节 序 言

劳动力的人力资本水平是指劳动者的知识水平、掌握工作技能的程度和健康水平,是影响生产过程的重要因素。若经济社会高水平的物质资本与低水平的人力资本形成较大差距,就会在生产部门引起高科技含量的生产手段和产品与低素质的劳动力之间的矛盾,造成生产效率的损失,增加生产成本,降低企业竞争力。

20世纪80年代中期,在我国劳动力转移的开始阶段,中国正处在经济高速发展的初期,工业化程度相对不高,人力资本水平较低的农村转移劳动力尚能满足城市工业和服务业部门的需要,随着经济的快速增长,城市部门的物质资本不断积累,而农村劳动力的人力资本积累状况却不能与之相适应。笔者根据1997—2007年《中国人口统计年鉴》对全国乡村、城镇按教育程度划分的人口(抽样)的数据计算得知,农村地区的加权平均教育年限从 6.46 年增至 7.70 年,城镇地区从 11.42 年增至 13.44 年。相对于城市地区而言,农村地区不仅增幅较少,平均教育水平也只在初中左右,远不及城市地区平均达到的高中水平。与经济的现代化进程相比,农村转移劳动力的人力资本水平已经处于相对落后的状态。2004 年下半年起,中国的珠三角、闽东南和长三角一部分地区发生"用工荒",许多企业招不到工人,究其原因,就有工业部门对高素质劳动力的需求大于供给的问题,被称为"结构性用工荒"。此后,"用工荒"还陆续出现在一些输出农民工的内陆省份,如江西省、湖南省、安徽省和四川省等地。2009 年下半年,正当中国经济逐渐摆脱世界金融危机的阴影、企稳向好之际,一些地区又传来"用工荒"的信息,这里也有"结构性用工荒"的因素。而造成"用工荒"的主要原因是农村转移劳动力的受教育水平低、接受工作培训的机会少和缺乏劳动技能,农村劳动力人力资本水平低。其实,早在"用工荒"的问题困扰中国经济之前,有不少学者就中国的人力资本水平对经济的影响进行了多方位的研讨。

在研究中国农村劳动力的人力资本水平对其劳动转移、个人收入的影响方面,赵耀辉(1997)探讨了农村劳动力不同人力资本状况对外出行为的影响,据其实际考察发现,农村劳动力受教育程度与外出打工收入成正相关,受教育程度越高,外出打工收入一般也较高;在考虑外出成本的前提下,人力资本水平程度较高的劳动力倾向于第一选择农村本地工业部门就业,其次才是外出就业,人力资本水平最低的选择是本地务农。都阳(1999)针对贫困地区的农村劳动力向非农行业的转移,研究了受教育水平的影响因素,其认为农村劳动力接受最基本的文化教育是使他们能够迁移打工的前提条件。世界银行的经济专家 Jamison & Gaag(1987)对甘肃省徽县 481 个农户有效样本进行调研,估算了 1985 年前后的甘肃农村居民的教育收益率。周晓(2003)则对农村劳动力的文化程度对其个人收入的贡献进行了测算,如果文盲劳动力对收入的贡献为 1,那么,小学文化程度劳动力对收入的贡献为 1.070,具有初中、高中和大学文化程度劳动力对收入的贡献依次为 1.254、1.308、1.634。侯风云(2004)对农村外出劳动力的人力资本状况与收益率做了定量分析,指出通过政府力量建立健全城乡一体化的农村劳动力培训体系对于增加农村劳动力外出就业机会和提高收入是非常必要的。

在农村劳动力的人力资本水平对经济增长影响的研究方面,蔡昉和王德文(1999)讨论了改革开放以来中国劳动力使用模式变化、劳动力市场发育情况及其对经济增长和结构转变产生的"诱致效应",并实际估计了人力资本和劳动资源重新配置对中国经济增长的贡献,认为中国劳动力资源配置效率的改善对经济增长的贡献达到了20.23%,作用显著。潘海红等(2002)建立了农民人均农业生产总值的模型来研究投资农民教育对农业经济增长的贡献,认为教育投资的社会回报率为32.88%。

从上述回顾的国内外相关文献中可以看到,在已有的文献中,研究农村人力资本绝对水平与劳动力转移、收入变化、经济增长关系的成果较多,而将城乡人力资本水平相对差距(以下称之为"城乡人力资本水平差距")和劳动力转移结合起来进行研究的文献较少,也缺少研究城乡人力资本水平差距的变化对城乡各部门的产出、利润及社会经济福利水平影响的成果。从实际经济中存在的城乡人力资本差距联系到近年来我国一些地区出现的"用工荒"现象,我们不禁要问,城乡人力资本水平差距与"用工荒"有没有关联?城乡人力资本水平差距对经济的发展究竟意味着什么?另一方面,我国农村人力资本的投资主体主要由工业部门、政府和农民个人三方组成,虽然有多方的投资主体,可我国城乡人力资本水平差距依然很大,这不能不说是各主体投资农村人力资本不力,而投资不力则源于各主体对于缩小差距的经济意义认识不足。为了厘清认识,本章拟就这些过去研究不足的方面作为重点展开研究。在研究对象的选取上,本章以城市工业部门为投资的主体进行展开,这主要是因为以政府为主导的人力资本投资问题我们将另外行文研究,而现阶段我国农民往往难以负担较高的人力资本投资成本,故不能期待农民个人的人力资本投资会有很好的效果。以下,我们就从城市工业部门投资农村转移劳动力的人力资本入手,建立理论模型分析城乡人力资本水平差距对于"用工荒"的意义,研究城乡人力资本水平差距变化对经济各部门工资、产出、利润、社会经济福利水平等经济诸元的影响,最后,我们小结全文并提出参考性的政策建议。

第2节 理论模型

本章对哈里斯—托达罗的两部门模型进行扩展,并引入城乡人力资本水平差距的因素进行经济学分析。

一、初始状态

在本章中,经济被分为三个部门:城市正式部门、城市非正式部门和农村部门。最早提出城市非正式部门观点的是 Grinols(1991),他认为农村劳动力进入城市后如果找不到工作,为了生计会从事诸如卖报、保姆、小商贩、搬运、废品回收等的工作,这些工作属于非组织性的、小资本的行业,统称之为城市非正式部门。这样,他就将城市部门分割为两个部门,即城市正式部门和城市非正式部门,所谓城市正式部门就是一般意义上的工业部门。这样的分割方法与中国的基本国情相吻合,故本章的理论模型中也采取相同的分割方式。以下对建模的前提进行设定。

设定三部门都以资本和劳动力作为生产要素进行生产,资本在各部门间不转移;正式部门生产可进口产品,农村部门生产可出口产品;正式部门的工资具有下方刚性,而非正式部门和农村部门的工资则是弹性的;劳动力转移分为两个阶段,即初始阶段和转移阶段,初始阶段时的农村劳动力全部在农村部门就业,而城市劳动力则在城市就业,其中部分劳动力在正式部门就业,其余在非正式部门就业;本模型不考虑劳动力的转移成本。

设经济中的劳动力禀赋人数为 L,分别以 L_U、L_R 表示城市和农村劳动力的禀赋人数,则 $L=L_U+L_R$。

各部门的生产函数分别为:

$$M_{11}=F^1(L_{11},\bar{K}_{11})$$

$$M_{21}=F^2(L_{21},\bar{K}_2)$$

$$A_{31}=F^3(L_R,\bar{K}_3)$$

其中,两位数字足标的意义是:第一位表示所在部门,即1、2、3分别表示城市正式部门、城市非正式部门和农村部门;第二位表示所处的转移阶段,即 1、2 分别表示初始阶段和转移阶段;单个数字的足标则表示所在部门,与所处阶段无关;F^i($i=1$, 2, 3)是正式部门、非正式部门和农村部门的生产函数,均为严格拟凹、一阶齐次函数;M_{11}、M_{21} 和 A_{31} 分别表示正式部门、非正式部门和农村部门的产量;L_{11}、L_{21}、L_R、$\bar{K}_{11}$、$\bar{K}_2$、$\bar{K}_3$ 分别是正式部门、非正式部门和农村部门的生产所投入的劳动力和资本。以 $\bar{w}_1$ 表示正式部门的工资水平,为定值;w_{21} 和 w_{31} 分别表示非正式部门和农村部门的工资水平。由各部门的利润最大化条件可得以下三式:

$$p_1 F_L^1(L_{11}, \bar{K}_{11}) = \bar{w}_1 \qquad (7-1)$$

$$p_2 F_L^2 = w_{21} \qquad (7-2)$$

$$F_L^3 = w_{31} \qquad (7-3)$$

其中,$F_L^i = \partial F^i / \partial L_i$ 表示生产函数 F^i 关于劳动力的一阶导数($i=1,2,3$);p_1、p_2 为农村部门产品价格为 1 时正式部门、非正式部门产品的相对价格,考虑到非正式部门的性质,设 p_2 也为给定的。城市劳动力 L_U 满足下式:

$$L_U = L_{11} + L_{21} \qquad (7-4)$$

由(7-1)至(7-4)共 4 个方程可以决定 L_{11}、L_{21}、w_{21} 和 w_{31},模型中出现的其他变量为外生变量。在初始阶段,其劳动力分配状态可用下图表示:

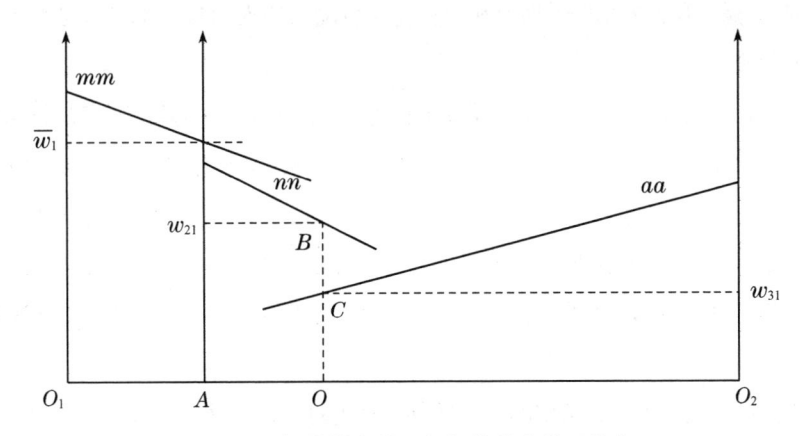

图 7-1 初始状态的三部门劳动力分配状态

在图 7-1,横轴为经济的劳动总保有量,O_1O 是城市劳动力保有量,O_2O 是农村劳动力保有量,mm、aa 分别是正式部门、农村部门的边际产值曲线,由于正式部门的工资 $\bar{w}_1$ 是固定的,故 L_{11} 的大小是 O_1A,L_{12} 的大小是 AO。以 O 为原点做横轴的垂线,交非正式部门的边际产值曲线 nn 于 B,交农村部门的边际产值曲线 aa 于 C。过 B、C 做平行于横轴的直线得 w_{21}、w_{31},这便是初始阶段的三部门劳动力分配状态。

二、劳动力转移的静态均衡模型

进入了劳动力转移阶段后,我们还需要根据国情做出一些前提假设。

在经济发展中由于正式部门的资本增长,技术集约度上升,因而提高了正式部门对高人力资本水平劳动力的需求。在劳动力的供给方面,由于存在城乡经济和教育水平的差异,城市劳动力的人力资本水平相对较高,农村劳动力的人力资本水平相对较低,所以我们设定在正式部门雇佣劳动力的过程中,城市劳动力可以直接进入正式部门就业,而农村劳动力能否进入正式部门就业,取决于他们是否经过培训。

在实际经济生活中,农村转移劳动力的人力资本水平或许要高于农村整体的人力资本水平,但他们的人力资本水平比较城市劳动力而言仍有较大差距(在许多研究中可以看到,许多地区的农村转移劳动力的平均受教于水平在初中或初中以下),为了研究的方便,我们分别假设城市和农村转移劳动力的人力资本水平就是城市和农村的人力资本水平。

另外,正式部门往往更倾向于吸收年轻的劳动力(章铮,2005),以广东省东莞市为例,"年龄在 18~28 岁的劳动力约占八成",缺工"年龄结构上 17~25 岁的占 87%"[①];故进城务工的农村劳动力多为青年人,这意味着正式部门的新增劳动力来源主要是青年劳动力;在非正式部门就业的城市劳动力多为年长体弱等不能适应正式部门工作的劳动力,所以,我们设定他们无法重新获得在正式部门就业的机会。

我们设定在进入正式部门的农村转移劳动力对城市劳动力没有挤出作用。对于

---

① 《南方都市报》,"珠三角苦留外来工",2004 年 8 月 5 日。

农村转移劳动力而言,即便是暂时进不了正式部门,但进入城市非正式部门从地理位置上更加接近正式部门,可以获得更为准确、更为及时的工作和培训信息。所以,我们设定农村劳动力可以在正式部门、非正式部门或农村部门就业。

以下建立并研究模型。

在转移阶段,各部门的生产函数分别为:

$$M_1 = F^1(L_{12}, \bar{K}_{12})$$
$$M_{22} = F^2(L_{22}, \bar{K}_2)$$
$$A_{32} = F^3(L_{32}, \bar{K}_3)$$

其中,$\bar{K}_{12}(\bar{K}_{12} > \bar{K}_{11})$是正式部门资本增长后达到的存量,非正式部门和农村部门所用的资本保持不变。

正式部门为提高劳动力的人力资本水平而进行投资。假定在正式部门按产值比例提取资金进行人力资本投资,并且劳动力素质一旦达到正式部门的雇佣要求就停止对其投资,并不再进行二次投资。则:

$$T = \lambda p_1 M_{12}$$

这里,T为正式部门对人力资本的投资量,λ为正式部门的产值中用于农村转移劳动力的人力资本投资比率。设h为培训一个农村劳动力达到正式部门所需人力资本水平的费用,即农村劳动力和城市劳动力人力资本水平差距的货币衡量。L_{12}为正式部门生产所用的劳动力,在正式部门就业的城市劳动力保持不变,那么能进入正式部门的农村转移劳动力数量$L_{12} - L_{11}$为:

$$L_{12} - L_{11} = \frac{T}{h} = \frac{\lambda p_1 M_{12}}{h} = \frac{\lambda p_1 F^1(L_{12}, \bar{K}_{12})}{h} \tag{7-5}$$

因为只有经过培训的农村转移劳动力才能进入正式部门就业,故余下的转移劳动力$L_{22} - L_{21}$人进入非正式部门工作。

在转移阶段,农村劳动力在各部门的人数为:

$$L_R = (L_{12} - L_{11}) + (L_{22} - L_{21}) + L_{32} \tag{7-6}$$

三部门的利润函数分别为:

$$\pi_1 = p_1 F^1 - \bar{w}_1 L_{12} - r_1 \bar{K}_{12} - \lambda p_1 F^1$$

$$\pi_2 = p_2 F^2 - w_{22} L_{22} - r_2 \bar{K}_2$$

$$\pi_3 = F^3 - w_{32} L_{32} - r_3 \bar{K}_3$$

其中 r_1、r_2、r_3 分别为三个部门的完全竞争市场的资本利息，w_{22} 和 w_{32} 分别表示非正式部门和农村部门的工资。由各部门的利润最大化条件可得以下 3 式：

$$(1-\lambda) p_1 F_L^1(L_{12}, \bar{K}_{12}) = \bar{w}_1 \qquad (7-7)$$

$$p_2 F_L^2 = w_{22} \qquad (7-8)$$

$$F_L^3 = w_{32} \qquad (7-9)$$

在劳动力转移均衡处，农村部门的工资等于农村转移劳动力在正式部门、非正式部门的预期工资之和，即：

$$w_{32} = \frac{L_{12} - L_{11}}{L_{12} - L_{11} + L_{22} - L_{21}} \bar{w}_1 + \frac{L_{22} - L_{21}}{L_{12} - L_{11} + L_{22} - L_{21}} w_{22} \qquad (7-10)$$

上式可以变形为：

$$(L_{12} - L_{11})(\bar{w}_1 - w_{32}) = (L_{22} - L_{21})(w_{32} - w_{22}) \qquad (7-11)$$

由于正式部门的工资水平 $\bar{w}_1$ 是所有工资水平之中最高的，$L_{12} > L_{11}$ 且 $L_{22} > L_{21}$，因此有 $\bar{w}_1 > w_{32} > w_{22}$。农村劳动力的转移伴随着经济发展，农村部门的工资逐渐增加，而非正式部门的工资逐渐降低，使得非正式部门的工资低于农村部门。即便如此，基于本节的假设，一部分农村劳动力依然愿意转移到城市非正式部门。

图 7-2 就是式(7-10)所表达的三部门劳动力分配机制。该图中的横轴为经济的劳动总禀赋量，O_1O 是城市户口的劳动力禀赋量，O_2O 是农村户口的劳动力禀赋量，mm、aa 分别是正式部门、农村部门的边际产值曲线，正式部门的工资 $\bar{w}_1$ 是固定的。L_{11} 的大小是 O_1A，由(7-5)、(7-7)两式解得 L_{12} 的大小是 O_1B。过 $\bar{w}_1$ 做与横轴平行的直线，分别与过 A、B 的垂直于横轴的直线交与 C、D。以 B 为原点做纵轴，再做非正式部门的边际产值曲线 nn，可得 $\lambda = DL/LB$。令 $OE = AB = L_{12} - L_{11}$，则 $BE = AO = L_{21}$。由(7-6)、(7-8)至(7-10)这 4 式解得 L_{22}，它的大小是 BF，则 $EF = L_{22} - L_{21}$，$OF = OE + EF = L_{12} - L_{11} + L_{22} - L_{21}$ 即是农村转移劳动力的数量，$FO_2 = L_{32}$。过 F 做与纵轴平行的直线交 nn、aa 于 H、K，过 H、K 做平行于横轴的直线得 w_{22}、w_{32} 和点 G、J、M、N。根据式(7-11)，图中的面积 $GHKJ$ = 面积 $CDMN$（阴影面

第7章 城乡人力资本水平差距的经济学分析

积相等)。

综上所述,由(7-5)至(7-10)共 6 个方程可以决定 L_{12}、L_{22}、L_{32}、L_3、λ、w_{22} 和 w_{32} 共 6 个内生变量,模型中出现的其他变量为外生变量。至此,模型构建完毕。

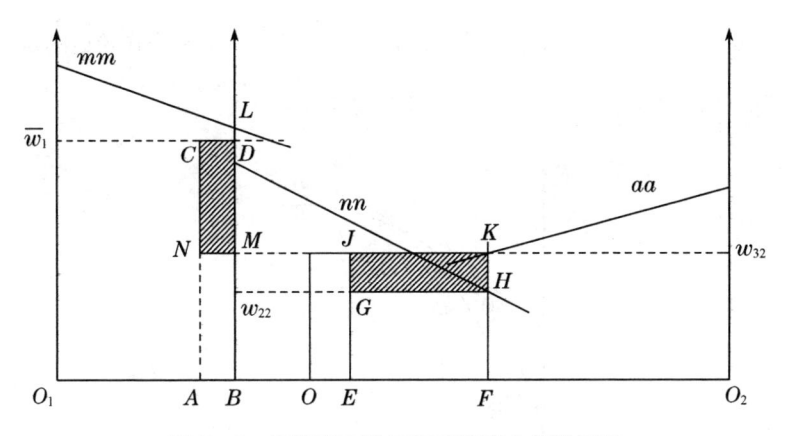

图 7-2 均衡状态的三部门劳动力分配机制

第 3 节 分 析

通过以上建立的模型,我们可以就正式部门最低工资水平、城乡劳动力人力资本水平差距的变化所产生的经济效果进行理论分析。

将(7-5)、(7-7)两式全微分可得:

$$(\lambda p_1 F_L^1 - h)dL_{12} + p_1 F^1 d\lambda = (L_{12} - L_{11})dh$$

$$(1-\lambda)F_{LL}^1 dL_{12} - F_L^1 d\lambda = \frac{d\bar{w}_1}{p_1}$$

整理后可得以下联立方程:

$$\begin{pmatrix} (1-\lambda)F_{LL}^1 & -F_L^1 \\ \lambda p_1 F_L^1 - h & p_1 F^1 \end{pmatrix} \begin{pmatrix} dL_{12} \\ d\lambda \end{pmatrix} = \begin{pmatrix} 0 \\ L_{12} - L_{11} \end{pmatrix} dh + \begin{pmatrix} \frac{1}{p_1} \\ 0 \end{pmatrix} d\bar{w}_1 \qquad (7-12)$$

其中, $F_{LL}^i = \partial F_L^i/\partial L_i$ 表示生产函数 F^i 关于劳动力的二阶导数($i=1,2,3$)。设

式(7-12)的左边系数矩阵的行列式为 Δ_1，则

$$\Delta_1 = (1-\lambda)p_1 F^1 F_{LL}^1 + F_L^1(\lambda p_1 F_L^1 - h)$$

由于 $F_{LL}^1 < 0$，故上式的正负决定于 $\lambda p_1 F_L^1 - h$ 的正负。F^1 是严格拟凹函数，故 F_L^1 在区间 $[0, L_{12}]$ 上递减，因此有 $F_L^1(L_{12}) < \dfrac{F^1(L_{12})}{L_{12}}$。这个不等式表达的是正式部门的边际产出小于它的平均产出，可用图7-3表示：

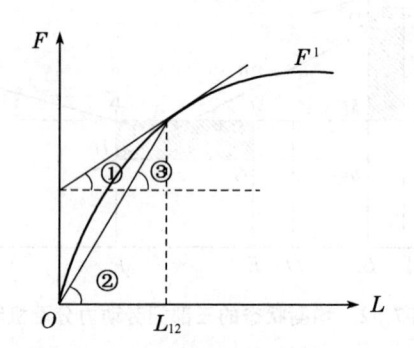

图7-3 正式部门的边际产出和平均产出

即 $\tan\angle① < \tan\angle③ = \tan\angle②$。整理可得：

$$\lambda p_1 F_L^1(L_{12}) < \frac{\lambda p_1 F^1(L_{12})}{L_{12}} < \frac{\lambda p_1 F^1(L_{12})}{L_{12}-L_{11}} = h$$

因此得出 $\Delta_1 < 0$。

将(7-6)、(7-8)、(7-9)、(7-10)四式全微分可得：

$$p_2 F_{LL}^2 dL_{22} - dw_{22} = 0$$

$$F_{LL}^3 dL_{32} - dw_{32} = 0$$

$$dL_{22} + dL_{32} = -dL_{12}$$

$$(w_{32} - w_{22})L_{22} - (L_{22} - L_{21})dw_{22} + (L_{12} - L_{11} + L_{22} - L_{21})dw_{32} = \frac{d\bar{w}_1}{p_1}$$

整理后可得以下联立方程：

$$\begin{pmatrix} w_{32}-w_{22} & 0 & -(L_{22}-L_{21}) & (L_{12}-L_{11}+L_{22}-L_{21}) \\ p_2 F_{LL}^2 & 0 & -1 & 0 \\ 0 & F_{LL}^3 & 0 & -1 \\ 1 & 1 & 0 & 0 \end{pmatrix} \begin{pmatrix} dL_{22} \\ L_{32} \\ dw_{22} \\ dw_{32} \end{pmatrix}$$

$$= \begin{pmatrix} \bar{w}_1-w_{32} \\ 0 \\ 0 \\ -1 \end{pmatrix} dL_{12} + \begin{pmatrix} L_{12}-L_{11} \\ 0 \\ 0 \\ 0 \end{pmatrix} d\bar{w}_1 \qquad (7-13)$$

设式(7-12)的左边系数矩阵的行列式为 Δ_2，则设该矩阵的行列式为：

$$\Delta_2 = w_{32}-w_{22}-p_2 F_{LL}^2(L_{22}-L_{21})-F_{LL}^3(L_{12}-L_{11}+L_{22}-L_{21})>0$$

为了考察经济的福利水平变化情况，我们设 C_1、C_2、C_3 分别为正式部门、非正式部门和农村部门产品的消费量，设 $U(\cdot)$ 为定义在 $(C_1、C_2、C_3)$ 上的社会效用函数，是严格凹函数；设 $e(p_1,p_2,U)$ 为效用 U 下的最小支出，则经济的收支平衡条件为：

$$e(p_1,p_2,U)=p_1 M_{12}+p_2 M_{22}+A_3$$

对上式进行全微分，整理可得下式：

$$e_U dU = p_1 F_L^1 dL_{12} + p_2 F_L^2 dL_{22} + F_L^3 dL_{32} \qquad (7-14)$$

城乡劳动力人力资本水平差距 h 影响着正式部门的农村转移劳动力的人力资本投资成本，进而影响着投资比例、转移人数和各部门的产出和利润。

用 Cramer 法则解式(7-12)可得：

$$\frac{dL_{12}}{dh} = \frac{(L_{12}-L_{11})F_L^1}{\Delta_1} < 0 \qquad (7-15)$$

$$\frac{d\lambda}{dh} = \frac{(1-\lambda)(L_{12}-L_{11})F_{LL}^1}{\Delta_1} > 0 \qquad (7-16)$$

根据上述两式我们可以获得以下的结果：

$$\frac{dF^1}{dh} = F_L^1 \frac{dL_{12}}{dh} < 0 \qquad (7-17)$$

$$\frac{d(\lambda p_1 F^1)}{dh} = \frac{p_1(L_{12}-L_{11})}{\Delta_1}[(1-\lambda)F^1 F_{LL}^1 + \lambda(F_L^1)^2](<,=,>)0 \qquad (7-18)$$

$$\frac{\mathrm{d}\pi_1}{\mathrm{d}h}=-p_1F^1\frac{\mathrm{d}\lambda}{\mathrm{d}h}<0$$

用 Cramer 法则解式(7-13),并根据式(7-15)可得:

$$\frac{\mathrm{d}L_{22}}{\mathrm{d}h}=\frac{\mathrm{d}L_{22}}{\mathrm{d}L_{12}}\cdot\frac{\mathrm{d}L_{12}}{\mathrm{d}h}=\frac{(L_{12}-L_{11})F_L^1[\bar{w}_1-w_{32}+F_{LL}^3(L_R-L_{32})]}{\Delta_1\Delta_2}(<,=,>)0$$

(7-19)

$$\frac{\mathrm{d}w_{22}}{\mathrm{d}h}=\frac{\mathrm{d}w_{22}}{\mathrm{d}L_{12}}\cdot\frac{\mathrm{d}L_{12}}{\mathrm{d}h}=\frac{(L_{12}-L_{11})p_2F_L^1F_{LL}^2[\bar{w}_1-w_{32}+F_{LL}^3(L_R-L_{32})]}{\Delta_1\Delta_2}(<,=,>)0$$

(7-20)

$$\frac{\mathrm{d}L_{32}}{\mathrm{d}h}=\frac{\mathrm{d}L_{32}}{\mathrm{d}L_{12}}\cdot\frac{\mathrm{d}L_{12}}{\mathrm{d}h}=\frac{-(L_{12}-L_{11})F_L^1[(\bar{w}_1-w_{22})-p_2F_{LL}^2(L_{22}-L_{21})]}{\Delta_1\Delta_2}>0$$

$$\frac{\mathrm{d}w_{32}}{\mathrm{d}h}=\frac{\mathrm{d}w_{32}}{\mathrm{d}L_{12}}\cdot\frac{\mathrm{d}L_{12}}{\mathrm{d}h}=\frac{-(L_{12}-L_{11})F_L^1F_{LL}^3[(\bar{w}_1-w_{22})-p_2F_{LL}^2(L_{22}-L_{21})]}{\Delta_1\Delta_2}<0$$

根据上述四式我们可以获得以下结果:

$$\frac{\mathrm{d}F^2}{\mathrm{d}h}=F_L^2\frac{\mathrm{d}L_{22}}{\mathrm{d}h}(<,=,>)0 \tag{7-21}$$

$$\frac{\mathrm{d}\pi_2}{\mathrm{d}h}=-L_{22}\frac{\mathrm{d}w_{22}}{\mathrm{d}h}(<,=,>)0 \tag{7-22}$$

$$\frac{\mathrm{d}F^3}{\mathrm{d}h}=F_L^3\frac{\mathrm{d}L_{32}}{\mathrm{d}h}>0$$

$$\frac{\mathrm{d}\pi_3}{\mathrm{d}h}=-L_{32}\frac{\mathrm{d}w_{32}}{\mathrm{d}h}>0$$

将上述相关等式代入表达福利水平的式(7-14),可以得出:

$$\frac{e_U\mathrm{d}U}{\mathrm{d}h}=p_1F_L^1\frac{\mathrm{d}L_{12}}{\mathrm{d}h}+p_2F_L^2\frac{\mathrm{d}L_{22}}{\mathrm{d}h}+F_L^3\frac{\mathrm{d}L_{32}}{\mathrm{d}h}$$

$$=\frac{(L_{12}-L_{11})F_L^1}{\Delta_1\Delta_2}\left[\frac{\lambda}{1-\lambda}\frac{\bar{w}_1}{}(w_{32}-w_{22})-p_2F_{LL}^2(L_{12}-L_{11})\left(\frac{\bar{w}_1}{1-\lambda}-w_{32}\right)-\right.$$

$$\left.F_{LL}^3(L_R-L_{32})\left(\frac{\bar{w}_1}{1-\lambda}-w_{22}\right)\right]<0$$

综上所述,我们可以得到以下的命题。

命题 1:在所设的经济中,缩小城乡人力资本水平差距有以下的经济效果:

(1) 有增加正式部门的用工量、降低正式部门产值中用于人力资本投资的比率的效果,并且提高正式部门的产出和利润;

(2) 有增加农村转移劳动力人数、减少农村部门劳动力的用工量,提高农村部门工资水平的效果,但降低农村部门的产出和利润;

(3) 有提高社会经济福利水平的效果。

另外,式(7-18)表达的是正式部门的人力资本投资量 $\lambda p_1 F^1$ 和 h 关系,如同(7-16)与(7-17)式的结果那样,λ 与 h 同向变动,F^1 与 h 反向变动,因此由两者决定的 $\lambda p_1 F^1$ 变动方向与 h 变动方向之比的符号无法直接判定,但我们可以在一定的条件下求出它们之间的关系,即:

当 $(1-\lambda)F^1 F^1_{LL} + \lambda (F^1_L)^2 > 0$ 时,$\lambda p_1 F^1$ 与 h 反向变动,h 的减少会造成正式部门的人力资本投资量的上升;

当 $(1-\lambda)F^1 F^1_{LL} + \lambda (F^1_L)^2 < 0$ 时,$\lambda p_1 F^1$ 与 h 同向变动,h 的减少会带动正式部门的人力资本投资量的降低。

另外,从(7-19)至(7-22)式可以看出,非正式部门的若干经济元素的变动方向与 h 变动方向的关系都是无法直接判定的,但根据具体的计算结果可以确定,h 变动时,非正式部门的用工数量 L_{22}、工资 w_{22}、产出 F^2 三者的变动方向是相同的,且均与利润 π_2 的变动方向相反。通过与上述类似的分析方法可以得出:

$\bar{w}_1 - w_{32} + F^3_{LL}(L_R - L_{32}) > 0$ 时,h 与 L_{22}、w_{22}、F^2 反向变动,与 π_2 同向变动,即 h 的减少会造成 L_{22}、w_{22}、π_2 的上升和 F^2 的下降;

$\bar{w}_1 - w_{32} + F^3_{LL}(L_R - L_{32}) = 0$ 时,h 的变动与 L_{22}、w_{22}、π_2、F^2 无关;

$\bar{w}_1 - w_{32} + F^3_{LL}(L_R - L_{32}) < 0$ 时,h 与 L_{22}、w_{22}、F^2 同向变动,与 π_2 反向变动,即 h 的减少会带动 L_{22}、w_{22}、π_2 的下降和 F^2 的上升。从而获得以下命题。

命题 2: 在所设的经济中,如果缩小城乡人力资本水平差距 h,

(1) 当 $(1-\lambda)F^1 F^1_{LL} + \lambda (F^1_L)^2 > 0 (<0)$ 时,正式部门会增加(减小)的人力资本投资量;

(2) 当 $\bar{w}_1 - w_{32} + F^3_{LL}(L_R - L_{32}) > 0 (<0)$ 时,在非正式部门有增加(减少)雇佣、工资和产出的效果,但利润下降(上升);当 $\bar{w}_1 - w_{32} + F^3_{LL}(L_R - L_{32}) = 0$ 时,非正式部

门的雇佣、工资、利润和产出均不受影响。

我们从命题1可以看到,缩小城乡人力水平差距,可以增加正式部门的雇佣,这就是缓解"用工荒"的效果,从这里我们可以清楚地看到:城乡人力资本水平差距是直接影响"用工荒"现象的。从这个命题还可以得知:缩小城乡人力水平差距可以增加农村转移劳动力的数量,减轻正式部门的人力资本积累的负担,同时提高农村部门的工资和社会经济福利水平,而这些都有利于改善我国的二元经济结构,使得经济社会走向城市化,属于积极正面的经济效果。命题1还告诉我们,缩小城乡人力水平差距的经济效果并非都是完美无缺,它虽然提高了正式部门产值和利润,却降低了农村部门的产值和利润,对非正式部门产值和利润的影响也不确定,但这里需要注意两点。

(1) 由于社会经济福利水平上升,可以判断缩小城乡人力水平差距的正面经济效果应该大于负面经济效果,所以,我们要毫不犹豫地做好缩小城乡人力水平差距的工作。

(2) 命题1提醒我们在致力于缩小城乡人力资本水平差距的同时,要特别关注农村部门,留意缩小城乡人力资本水平差距的工作对农业的部门的不利影响,采取预防措施,使农业部门受到的伤害降到最低。其实,从命题推导的过程就可以知道,农业部门的产值和利润下降的主要原因是受到过培训的劳动力的流失,故提高农村人力资本水平、发展高效农业和加速农业现代化都可以成为预防措施的选项。

另外,命题2是对命题1没有涉及的经济效果的补充,它反映了在一定的条件下缩小城乡劳动力人力资本水平差距会产生的经济效果。

反之,如果我们考察城乡人力水平差距扩大的情形,它不仅影响农村劳动力的转移,使农村部门的工资水平进一步降低,还会迫使正式部门增加产值中用于人力资本积累的比率,增加了缩小城乡人力水平差距的成本,对正式部门的产出和利润甚至是社会经济福利也都有负面作用。

下面从三个部门劳动力分配机制图上来直观分析各个经济变量的变动。不妨设 $h \downarrow$。根据命题 1,$L_{12} \uparrow$,$(L_{12} - L_{11}) \uparrow$,故直线 BL 右移,$DL \downarrow$,$\lambda = DL/LB \downarrow$;$L_{32} \downarrow$,故直线 FK 右移;$w_{32} \uparrow$,故 $(\bar{w}_1 - w_{32}) \downarrow$。相同面积的阴影部分,即是式(7-11),

第 7 章 城乡人力资本水平差距的经济学分析

$(L_{12}-L_{11})(\bar{w}_1-w_{32}) = (L_{22}-L_{21})(w_{32}-w_{22})$。

式(7-11)表示在均衡状态下，农村转移劳动力在正式部门就业比在农村就业多获得的工资总额，与在非正式部门就业比在农村就业少获得的工资总额是相等的。

下面讨论 $h\downarrow$ 时阴影面积的变化情况：

$$\frac{\mathrm{d}[(\bar{w}_1-w_{32})(L_{12}-L_{11})]}{\mathrm{d}h} = \frac{(L_{12}-L_{11})F_L^1}{\Delta_1 \Delta_2}\{(\bar{w}_1-w_{32})(w_{32}-w_{22})-F_{LL}^3(L_{12}-L_{11})[(w_{32}-w_{22})-p_2 F_{LL}^2(L_{22}-L_{21})]-(\bar{w}_1-w_{32})(L_{22}-L_{21})(p_2 F_{LL}^2-F_{LL}^3)\}$$

当 $p_2 > \dfrac{F_{LL}^3}{F_{LL}^2}$，即 $p_2 F_{LL}^2 - F_{LL}^3 < 0$ 成立时，有 $\dfrac{\mathrm{d}[(\bar{w}_1-w_{32})(L_{12}-L_{11})]}{\mathrm{d}h}<0$，阴影面积增大，农村转移劳动力在正式部门就业比在农村就业多获得的工资部分增加。

由此得到以下命题。

命题 3：在 $p_2 > \dfrac{F_{LL}^3}{F_{LL}^2}$ 的前提条件下，缩小城乡人力资本水平差距，会增加农村转移劳动力在正式部门就业比在农村就业多获得的工资部分。

命题 3 可用图 7-4 表示：

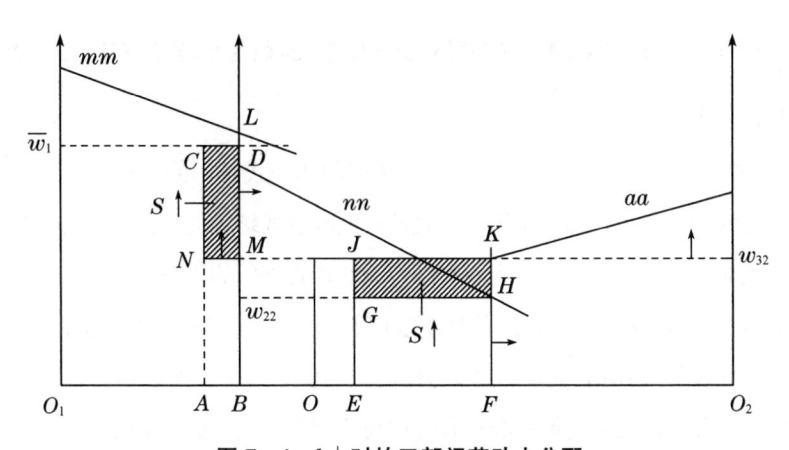

图 7-4　$h\downarrow$ 时的三部门劳动力分配

由(7-11)式和命题 3 可知，

$$\frac{\mathrm{d}[(w_{32}-w_{22})(L_{22}-L_{21})]}{\mathrm{d}h}=\frac{\mathrm{d}[(\bar{w}_1-w_{32})(L_{12}-L_{11})]}{\mathrm{d}h}$$

$$=(w_{32}-w_{22})\frac{\mathrm{d}L_{22}}{\mathrm{d}h}+(L_{22}-L_{21})\frac{\mathrm{d}(w_{32}-w_{22})}{\mathrm{d}h}$$

也小于零。下面进行分情况讨论：

① $\frac{\mathrm{d}L_{22}}{\mathrm{d}h}>0$ 时，为使上式的"<0"成立，必须有 $\frac{\mathrm{d}(w_{32}-w_{22})}{\mathrm{d}h}<0$。

② $\frac{\mathrm{d}L_{22}}{\mathrm{d}h}<0$ 时，由(7-16)、(7-17)可得 $\frac{\mathrm{d}w_{22}}{\mathrm{d}h}>0$，而 $\frac{\mathrm{d}w_{32}}{\mathrm{d}h}<0$，因此 $\frac{\mathrm{d}(w_{32}-w_{22})}{\mathrm{d}h}<0$。

由此得到以下命题。

命题 4：在 $p_2>\frac{F_{LL}^3}{F_{LL}^2}$ 成立时，缩城乡人力资本水平差距，有扩大农村部门和非正式部门的工资差距的效果。

从形变化上看，如图 7-3 的箭头所示，当 $h\downarrow$ 且 $p_2>\frac{F_{LL}^3}{F_{LL}^2}$ 时，$(w_{32}-w_{22})\uparrow$，矩形 $CDMN$ 变矮变宽，面积变大；矩形 $GHKJ$ 在纵向变高，面积也变大。同理，当 $h\uparrow$ 且 $p_2>\frac{F_{LL}^3}{F_{LL}^2}$ 时，$(w_{32}-w_{22})\downarrow$，矩形 $CDMN$ 变长变窄，面积变小；矩形 $GHKJ$ 在纵向变矮，面积也变小。

另一方面，$(w_{32}-w_{22})\uparrow$，意味着农村部门和非正式部门的工资水平差距扩大。前面提到，我国农村劳动力为了等待正式部门的就业或培训的机会，愿意接受较低工资，转移到城市的非正式部门。当农村部门和非正式部门的工资水平差距扩大时，非正式部门对农村转移劳动力的吸引力势必下降，非正式部门在地理上接近正式部门的优势也会减弱。但由于缩小了城乡劳动力人力资本水平差距，农村劳动力更容易转移到正式部门，甚至不需要在非正式部门待机，就可以直接进入正式部门工作，故当 $p_2>\frac{F_{LL}^3}{F_{LL}^2}$ 时缩小城乡劳动力人力资本水平差距，对于农村转移劳动力来说并无不利。

第4节 结论及政策建议

本章在哈里斯—托达罗的劳动力分配模式下,建立了正式部门进行人力资本投资的农村劳动力转移模型,就改变城乡人力资本水平差距的经济效果进行了理论推演,取得了一些具有参考价值的结果。根据本章的四个命题的要点,可以得出以下结论。

通过正式部门的人力资本投资缩小农村劳动力和城市劳动力的人力资本水平差距,可以提高农村部门的工资和提高社会经济福利水平,也是改善"结构性用工荒"问题的有效方法。在现阶段,中国农村劳动力和城市劳动力的人力资本水平差距过大,不仅影响农村劳动力的转移,对正式部门的产出和利润也都有负面作用。因此,社会各界都要支持正式部门投资农村劳动力的人力资本,有效地缩减小城乡人力水平差距。

另外,通过我们的研究可知:所设经济的各部门都可从缩减小城乡人力水平差距中获益,它或体现在工资,或体现在产出、利润、社会经济福利水平等多个方面。而缩小城乡人力资本水平差距的可能途径只能通过提高农村劳动力的人力资本水平来实现,并且最好是在他们转移到城市之前人力资本水平已得到提高。有鉴于我国的正式部门和农村部门的发展都依赖于农村劳动力,所以我们建议政府积极推动和鼓励正式部门对农村转移劳动力的人力资本投资,同时还要加强对农村义务和职业教育的投入,夯实农村基础教育,以足够的农村人力资本水平来保证经济的顺利发展。最后,在本章所设的经济中,正式部门投资农村转移劳动力人力资本的获益是无须其他条件的,本着"谁获益、谁投资"的一般经济规律,正式部门应积极承担起填补农村转移劳动力和城市劳动力的人力资本水平差距的工作,以提高正式部门的经济收益。

参考文献

[1] 阿瑟·刘易斯. 二元经济论[M]. 北京:北京经济学院出版社,1989.
[2] 蔡昉,王德文. 中国农村人力资本收益率研究[J]. 经济研究,1999(10).

[3] 都阳.教育对贫困地区农户非农劳动供给的影响研究[J].中国人口科学,1999(6).

[4] 侯风云.农村外出劳动力收益与人力资本状况相关性研究[J].财经研究,2004(4).

[5] 陆杰华.贫困地区人力资源开发与消除贫困研究[J].人口研究,1998(1).

[6] 潘海红,程培堽.农村教育投资对农业经济增长的贡献[J].苏南科技开发,2002(8).

[7] 章铮.民工供给量的统计分析[J].中国农村经济,2005(1).

[8] 赵耀辉.中国农村劳动力流动及教育在其中的作用[J].经济研究,1997(2).

[9] 周绍林,胡德龙等.中部发展与区域合作[M].北京:北京出版社,2005.

[10] 周晓,朱农.论人力资本对中国农村经济增长的作用[J].中国人口科学,2003(6).

[11] CHANDRA V, KHAN A M. Foreign Investment in the Presence of an Informal Sector, Economica[J]. New series, 1993(60): 79-103.

[12] GRINOLS L E. Umployment and Foreign Capital: the Relative Opportunity Costs of Domestic Labor and Welfare[J]. Economica, 1991(58): 107-121.

[13] GUPTA R M. Foreign Capital and the Informal Sector: Comments on Chandra and Khan[J]. Economica, 1997(64): 353-63.

[14] HARRIS R J, TODARO P M. Migration, Unemployment and Development: A Two Sector Analysis[J]. The American Economic Review, 1970(60): 126-142.

[15] JAMISON D, GAAG J. Education and Earnings in the People's Republic of China[J]. Economics of Education Review, 1987(6).

[16] TODARO P M. A Model of Labor Migration and Urban Unemployment in Less Developed Countries[J]. The American Economic Review, 1969(59): 138-148.

第 8 章 人力资本投资的环境效果：
对生产性服务业的考察

本章摘要：本章是第 7 章研究的拓展，分析了政府、生产性服务业部门对提高转移劳动力人力资本水平的努力所产生的环境效果。本章的主要结论为：政府降低人力资本投资的贷款利率导致环境污染加重；生产性服务业部门增加单位劳动力的培训费用时，则能使自然环境得到改善。在一定条件下，政府降低人力资本的贷款利率还会增加农业生产损失，并且降低国民收入以及社会福利水平。

第 1 节 引 言

从 20 世纪 90 年代开始，中国的生产性服务业在产业经济发展中异军突起，企业从计划经济时代追求"小而全"逐步改变为企业内部的生产与服务环节剥离，形成普遍实行服务外包的格局。生产性服务业已经发展成独立于制造业的部门，为制造业生产提供包括中间产品在内的服务。随着知识经济的发展，中国的生产性服务业也走向高科技化，对雇员的人力资本水平需求也越来越高，其结果必然是服务于制造业的能力增强，制造业的规模扩大。但中国的生产性服务业的发展绝非一帆风顺，它除了要解决硬、软件方面技术进步的问题之外，必须要面对以下两个问题。

(1) 转移劳动力的人力资本水平问题。生产性服务业的发展需要劳动要素的支持，它需要来自农村的转移劳动力[①]，但中国的农村的受教育程度一直处于相对落后

---

① 根据《2010 年中国农村住户调查统计年鉴》，从事服务业的农民工占比 11.8%。

的水平。表 8-1 比较了 2005 年和 2009 年全国不同区域的城乡文教娱乐方面的人均支出,它反映了我国在受教育方面的城乡差距和地区差距。从中我们可以看出,虽然 2009 年城乡文教娱乐人均支出比 2005 年有所增长,但各年各地区的城镇人均支出都高于农村,城镇人均支出是农村人均支出 2~4 倍,而且各地区城镇文教娱乐人均支出的增长比例都高于农村;我们还可以看出各年东部城镇、农村的文教娱乐人均支出都领先于中部和西部的城镇、农村。在受教育年限上,根据 Li & Qian(2011)的计算,1997—2007 年农村地区的加权平均教育年限从 6.46 年增至 7.70 年,城镇地区则从 11.42 年增至 13.44 年,农村地区的平均受教育水平仅在初中左右,远不及城镇地区平均达到的高中水平。正是因为如此,农村转移劳动力的人力资本水平远不能满足生产性服务业部门的需求,生产性服务业的发展受到了农村转移劳动力的人力资本水平的制约,是我国生产性服务业虽然已经发展了 20 年但 GDP 占比却长期停滞不前的原因之一(刘志彪、张少军,2008)。所以,要使生产性服务业获得进一步发展,就必须解决劳动力人力资本水平不高的问题。

表 8-1　东、中、西部城乡文教娱乐支出人均比较　　(单位:元)

	东部		增长比
	2009 年	2005 年	
城镇	1 821.16	1 363.06	133%
农村	549.49	469.10	117%
城乡支出比	331%	290%	
	中部		
城镇	1 101.52	856.95	128%
农村	332.96	266.19	125%
城乡支出比	330%	321%	
	西部		增长比
	2009 年	2005 年	
城镇	1 067.12	906.04	117%
农村	213.72	198.70	107%
城乡支出比	499%	455%	

注：

东部：北京、天津、河北、辽宁、上海、江苏、浙江、福建、山东、广东、海南；

中部：山西、安徽、黑龙江、湖北、湖南、吉林、江西、河南；

西部：内蒙古、广西、重庆、四川、贵州、云南、西藏、陕西、甘肃、青海、宁夏、新疆；

数据来源：笔者根据《中国统计年鉴》2006年和2010年计算。

(2) 环境问题。在短期条件下，工业污染的排放与制造业的规模成正比，工业生产规模越大排放的"三废"就越多，这就是所谓环境污染的"规模效应"(Grossman & Kruger,1993)。故而，当生产性服务业获得发展时，它一定会对制造业以更大的支持，使得生产规模扩大，释放出更多的污染，这就是发展生产性服务业引致环境污染加重的内在机制。所以，我们关注如何帮助生产性服务业提高转移劳动力的人力资本水平时，也应该注意解决好次生的环境问题。在环境问题日益突出的今天，如果没有认识到这一点，我们工作带来的负效应会使其绩效事倍功半，甚至得不偿失。然而，在经济活动中不仅仅发展生产性服务业有导致环境污染加重之虞，在短期条件下，工业部门如果接受了大量转移劳动力也会使生产规模扩大，导致污染加重，这是劳动力转移引致环境污染的内在机制(李晓春,2005)，与发展生产性服务业有导致环境污染的机制具有共性，都是通过扩大工业部门的生产规模，引致污染增加。

欲解决上述问题，就要处理好生产性服务业对转移劳动力的人力资本投资与环境保护间的关系。但在既有文献中，一方面，缺乏对发展生产性服务业引致环境污染内在机制的研究；另一方面，对劳动力转移引致污染的研究也为数不多。如果我们抓住劳动力转移引致环境污染的内在机制与发展生产性服务业引致环境污染的机制的共性，并将这一共性作为研究基础，就可以进行拓展性研究。正是根据这样的思路，我们必须处理好人力资本投资、环境保护和劳动力转移三者关系。为此，本章对有关研究简单回顾如下。

首先，对于发展中国家劳动力转移过程中伴随而来的环境污染问题，学者们关注的焦点之一是政府的作用。这类研究的特点是在 Harris-Todaro 模型下分析政府如何合理地选择环境政策并实施。Beladi & Rapp(1993)就在封闭经济的前提下分析了工业部门产生污染、农业部门不产生污染时，政府控制工业部门污染要素使用量对经济的影响。当然,政府作用还可以通过征税来体现,研究税制对工业污染的作用,也是劳动力转移引致环境污染研究中的重要领域。Chao(2003)考察了上游企业以及下游企业都在农村地区并且生产中间产品会产生污染的情形下政府对中间产品生产部门征收生产税对经济的影响效应;Beladi & Chao(2006)则讨论了在农业生产、工业生产过程中都产生污染时,提高污染排放税(the pollution emission tax)对经济体的影响以及如何设定社会最优污染排放税率的问题;Rapanos(2007)从短期以及长期角度研究了政府开征排污染放税对经济的影响;Tsakiris et al.(2008)在农业部门及工业部门资本专用且工业部门可以吸纳国际资本的框架下,讨论了工业产品进口关税、污染排放税以及外国资本税等政策单独使用或者是组合使用时对经济福利的影响;Daitoh(2008)将关税以及污染要素使用税同时纳入了分析框架中,讨论了在小国开放的经济中不同税种对经济的影响;Daitoh & Omote(2011)则在开放经济条件以及污染要素与人均资本量互补的前提下,研究了提高污染要素使用税对经济的影响。从考察政府作用的角度出发,上述成果对中国问题或许有借鉴意义,但令人感到缺憾的是国外理论文献在劳动力转移与污染的研究中没有考虑人力资本投资因素。在这方面国内有一些实证研究值得关注:有学者[①]用一些调查或统计数据推导出提高劳动力人力资本水平可以改善自然环境的结论。但是,我们根据《中国统计年鉴》数据做出了表8-1,从中可以清楚地看到,中国东部排放污染远高于其他地区,还有学者指出东部因为污染而造成的经济损失要大于中部和西部[②]。根据表8-2,中国东部城镇地区的城市人力资本水平应高于其他地区,而城镇正是东部工业的集中地区。所以,人们看到的是人力资本水平提高与环境恶化同时发生在东部,那么我们不禁要问,提升人力资本水平对于改善环境究竟有没有贡献?

---

① 彭水军和包群(2006),刘渝琳和温怀德(2007),黄菁(2010)等。
② 具体实证研究见刘渝琳和温怀德(2007)。

表 8-2 东、中、西部工业发展与污染排放

	东部	
	2009 年	2005 年
工业废水排放总量(万吨)	1 235 459	1 321 346
工业固体废物产生总量(万吨)	81 576	55 088
工业废气排放总量(亿标立方米)	212 391	142 010
	中部	
	2009 年	2005 年
工业废水排放总量(万吨)	580 150	574 253
工业固体废物产生总量(万吨)	62 767	41 289
工业废气排放总量(亿标立方米)	110 033	67 597
	西部	
	2009 年	2005 年
工业废水排放总量(万吨)	528 248	535 519
工业固体废物产生总量(万吨)	59 600	38 073
工业废气排放总量(亿标立方米)	113 639	59 379

数据来源:笔者根据《中国统计年鉴》2010 年和 2006 年计算。

其次,在发展中国家人力资本投资与劳动力转移的研究方面,Bhagwati & Srinivasan(1977)研究了教育对于劳动力工作选择的影响,提出了工作阶梯模型;Djajic(1985)在最低工资线设定前提下,研究了生产部门对劳动力进行人力资本投资对于城市失业的关系;Samanta(2003)则在农村地区完全竞争,城市地区不完全竞争的框架下研究城市部门对于转移劳动力进行人力资本投资的经济效果;Li & Qian(2011)研究了中国企业对城乡转移劳动力进行人力资本投资之于城乡工资差距、企业利润增长以及社会福利的影响效应。然而,上述文献也都没有考虑对农村转移劳动力人力资本投资的环境效果。

如上所述,迄今为止学术界对劳动力转移与环境污染,或者人力资本水平与劳动力转移都有研究,但我们很难找到将三者结合在一个研究框架下进行研究的成果。

缺少了这样的研究，仅仅单纯地将上述两个研究方面的结论运用于分析中国实际问题不免会产生局限性。为了弥补现阶段国内外理论研究缺陷，本章以中国经济的实际为基础，从劳动力转移的视角将环境污染、生产性服务业的人力资本投资纳入一个框架下进行理论考察。我们假定生产性服务业部门为扩大本部门生产而投资农村转移劳动力的人力资本，其费用来源于银行贷款；政府则透过银行系统为培训提供低息贷款作为支持；生产性服务业企业根据其业务需要决定单位转移劳动力的培训成本。我们着重分析政府、企业对提高人力资本水平的努力所产生的环境与经济效果。本章之所以考虑政府用低息贷款支持生产性服务业提高人力资本水平，是因为一些亚洲国家（如日本和韩国）已经用这样的政策支持新技术以及中、小企业的发展，并取得较好的成效①，我国政府近年来也以类似的政策支持了新能源发展项目②，今后，这样的经济政策也极有可能成为我国政府促进生产性服务业发展的重要选项。本章的主要结论为：提升人力资本水平对于改善环境是否有贡献，取决于所采取的方式，如果政府降低对转移劳动力人力资本投资的贷款利率将加重自然环境污染；而生产性服务业部门增加单位转移劳动力的培训费用时，将使自然环境得到改善。

第 2 节　理论模型

本章将经济分为三个部门：农业部门、生产性服务业部门和制造业部门。农业部门使用农村劳动力和资本进行生产，其产量不仅取决于生产要素的投入量，还和所处的自然环境有关，自然环境污染程度越小产量越高，农村部门的工资具有弹性；生产性服务业部门使用城市劳动力、农村转移劳动力以及资本进行生产，它的生产既不影响环境也不受环境影响；制造业部门使用城市劳动力、农村转移劳动力、资本以及生产性服务业的产品进行生产，其工资具有下方刚性，制造业部门的生产不受环境影响，但其生产过程中将会排放污染，通过河流、空气等媒介破坏农村地区的自然环境。

---

① Detailed information can be referred to：http://www.cyhelp.cn/NewShow.asp? ID=12316.
② Detailed information can be referred to：http://zhcfg.esepworld.com/zhcgch/182795/index.html

资本在各部门间是专用的(sector-specific),经济中劳动力禀赋不变。三个部门的生产函数都满足新古典假设。假定在知识经济发展以及中国产业升级初期,生产性服务业部门、制造业部门和农业部门的劳动力雇佣量分别$\bar{L}_1$、$\bar{L}_2$和$\bar{L}_3$,经济中的失业为$\bar{L}_U$,农产品价格标准化为1。

一、生产性服务业部门

由于城乡经济和教育水平的差异,城市劳动力的人力资本水平高于农村劳动力,我们假定城市劳动力可以直接进入生产性服务业就业,而农村转移劳动力进入生产性服务业部门则需进行培训。政府通过向提供企业低息贷款培训转移劳动力,而企业可以决定对于单位转移劳动力培训的投资额度。此时,生产性服务业部门的生产函数为:

$$Y_1 = F^1(hL_1, \bar{K}_1) \tag{8-1}$$

其中,Y_1、L_1和$\bar{K}_1$分别是生产性服务业部门的产量,雇佣的劳动人数和资本使用量。h表示经过人力资本投资后,单位转移劳动力的实际有效劳动单位(efficient units),它与企业单位劳动力的培训成本有关:

$$h = h(c) \tag{8-2}$$

其中,c表示企业单位劳动力培训花费,$h(\cdot)$满足$h(0)=1$,$h'>0$以及$h''<0$。生产性服务业部门的工资设为$h\bar{w}$,这里对于高人力资本雇员工资设定的依据是Galor & Moav(2004)。如果政府为企业提供低息贷款的利率为i情况下,我们考虑该企业的利润最大化,可以得到:

$$p_1 h F_L^1 - (1+i)c = h\bar{w} \tag{8-3}$$

其中,p_1表式生产性服务业产品与农业产品的相对价格。

二、制造业部门

制造业部门的生产函数为:

$$Y_2 = F^2(L_2, T, \bar{K}_2) \tag{8-4}$$

其中,Y_2、L_2、T和$\bar{K}_2$分别是制造业部门的产量、雇佣的劳动人数,中间投入品需求

量以及资本使用量。我们设 $F_{LT}^2=0$(Gupta, 1993),于是:

$$p_2 F_L^2 = \bar{w} \qquad (8-5)$$

$$p_2 F_T^2 = p_1 \qquad (8-6)$$

其中,p_2 表示制造业产品与农业产品的相对价格,可以解得:

$$T = T(p_1) \qquad (8-7)$$

其中,$T'<0$,生产性服务业产品的国内市场供求相等可以得到:

$$Y_1 = T(p_1) \qquad (8-8)$$

三、农业部门

农业部门的生产函数为:

$$Y_3 = g(E) F^3(L_3, \bar{K}_3) \qquad (8-9)$$

其中,Y_3、L_3 和 $\bar{K}_3$ 分别是农业部门的产量、雇佣的劳动人数和资本使用量。E 为农村自然环境,$g(E)$ 代表了自然环境对农业生产的影响,满足 $g'>0$ 以及 $g''<0$,在考虑污染对农业生产的影响时,我们采用 Copeland & Taylor(1999)以及 Tawada & Sun(2010)的设定方式,于是我们有:

$$E = \bar{E} - \lambda Y_2 \qquad (8-10)$$

其中,$\bar{E}$ 表示在不存在污染的情形下的农村最佳自然环境状态,λ 代表了单位制造业产品的生产过程中所释放的污染。进一步可以得到:

$$g F_L^3 = w_a \qquad (8-11)$$

其中,w_a 为农业部门工资。

四、劳动市场

劳动禀赋与各劳动力变量的关系为:

$$L_1 + L_2 + L_3 + L_U = \bar{L} \qquad (8-12)$$

其中,L_U 表示城市地区失业人数,Harris-Todaro 的三部门劳动分配机制为:

$$w_a = \frac{L_1 - \bar{L}_1}{\bar{L}_3 - L_3} h \bar{w} + \frac{L_2 - \bar{L}_2}{\bar{L}_3 - L_3} \bar{w} \qquad (8-13)$$

其中，$L_1-\bar{L}_1$、$L_2-\bar{L}_2$ 分别表示农村向城市生产性服务业以及制造业转移人数，$\bar{L}_3-L_3$ 表示农村向城市地区转移劳动力总人数①。这里，$\frac{L_1-\bar{L}_1}{\bar{L}_3-L_3}$ 和 $\frac{L_2-\bar{L}_2}{\bar{L}_3-L_3}$ 分别表示了城乡转移劳动力在城市生产性服务业和制造业部门就业的概率，故而(8-13)的右边表示了城乡转移劳动力在城市务工所获得的期望工资。当城市务工获得的期望工资和从事农业生产获得的工资相同时，城乡劳动力转移达到均衡。类似的这种设定方式还可以参见 Li & Qian(2011)。

至此，完成模型的构建。12 个方程(8-1)～(8-5)以及(8-7)～(8-13)决定了 12 个内生变量 L_1、L_2、L_3、L_U、w_a、p_1、h、E、T、Y_1、Y_2 和 Y_3；$\bar{w}$ 为外生变量，系统的控制变量为 i 和 c。

第 3 节 理论分析

在上节设定的一般均衡模型中，给定 $\bar{w}$、i、c 时，由(8-2)和(8-5)式可以确定 h 和 L_2，联立(8-3)、(8-8)式可解得 p_1 和 L_1，将 p_1 带入(8-7)式可以解得 T。将 L_2 和 T 带入(8-4)式可以求得 Y_2，将其带入(8-10)式可解得 E。将 E 带入(8-11)式以及将 L_1、L_2 带入(8-13)式，此时的(8-11)式和(8-13)式只含有 w_a、L_3 两个内生变量，故可以联立求解。将解得的 w_a、L_3 带入(8-12)式便可得 L_U，将 h 和 L_1 带入(8-1)式可得 Y_1，将 E 和 L_3 带入(8-9)可解得最后一个内生变量 Y_3。

以下，我们就政府为促进生产性服务业部门进行人力资本投资而降低其培训贷款的利率 i，以及生产性服务业部门调整转移劳动力人力资本的单位投资 c 所产生的经济效果进行分析。

图 8-1 表示了均衡机制，横轴的左半轴表示在环境状况 E，E 越向左移表示环境越好；右半轴表示部门 1 使用的劳动数量 L_1，纵轴的上半轴表示部门 1 的价格 p_1，下半轴表示控制变量 c 和 i，O^* 为坐标原点。图中 aa 线、bb 线、cc 线和 dd 线分别刻

---

① 在(8-13)，$\bar{L}_3-L_3=L_1-\bar{L}_1+L_2-\bar{L}_2+L_U-\bar{L}_U$。

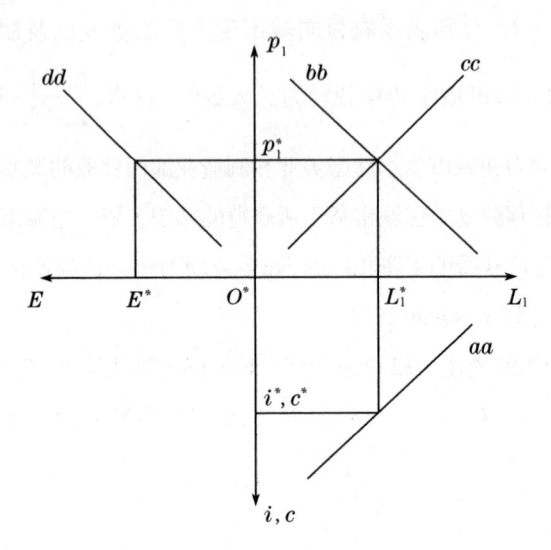

图 8-1 均衡机制

画了外生变量 c 和 i 与 L_1 关系，(8-8)式中 p_1 和 L_1 关系，(8-3)式中 p_1 和 L_1 关系，以及 p_1 和 E 的关系。外生变量 c 和 i 与 L_1 关系可以通过联立(8-3)式和(8-8)式求解得到，即 $\dfrac{dL_1}{di}<0$ 和 $\dfrac{dL_1}{dc}<0$，表示 c 和 i 的变动与 L_1 呈负向关系，故而 aa 线在第四象限中向上倾斜。(8-8)式中 p_1 和 L_1 关系变动呈反向关系，因此，在第一象限中 bb 线向右下方倾斜；(8-3)式中 p_1 和 L_1 变动呈正向关系，所以 cc 线向右上方上扬；由(8-4)、(8-7)和(8-10)式易知，p_1 的上升将会使得环境 E 改善(E 的数值增大)，所以 dd 线向左上方上扬。在给定外生变量 i 和 c 前提下，不妨设此时外生变量值为 i^* 和 c^*。可以解得 L_1 和 p_1 的均衡值分别为 L_1^* 和 p_1^*。在解得 p_1 的均衡值后，可以通过 dd 线解得 E 的均衡值 E^*。下面我们考察改变控制变量 i 和 c 的值对环境 E 的影响效应。

首先，我们考察 i 的降低对于 E 的影响。由于 i 只出现在(8-3)式中，故 i 的变动不会对 bb 线和 dd 线产生影响。图 8-2 刻画了 c^* 一定的条件下 i 变化的影响效果。当 i 降低至 i^{**} 时，由 aa 线可以求得此时 L_1 增大至 L_1^{**}，通过为 bb 线可以求得此时 p_1 会下降到 p_1^{**}，根据 dd 线可知，此时 E 会减小到 E^{**}。我们同时还可以知

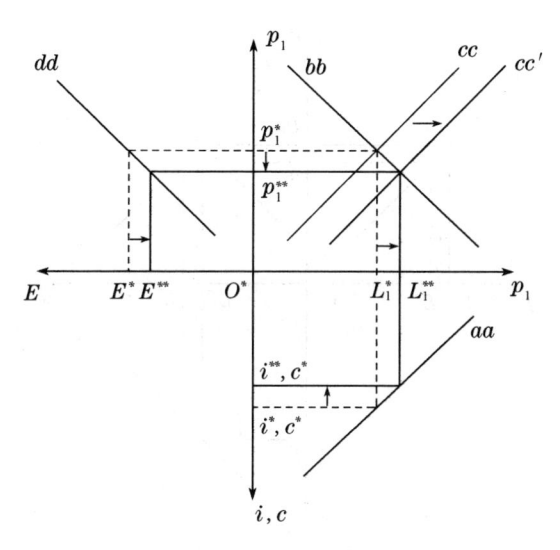

图 8-2 降低利息 i 对环境 E 的影响

道,此时,cc 线会向右平移至 cc',cc' 与 bb 交点为新均衡点。上述结果可以归纳为命题 1。

命题 1:生产性服务业部门贷款投资农村转移劳动力的人力资本时,政府降低贷款利率不影响其人力资本水平的变化,却会加重自然环境污染。

命题 1 的经济传导机制如下:当政府降低人力资本投资贷款利率后,生产性服务部门中的企业能够减少借款成本,故而其会扩大农村转移劳动力培训数量。此举虽然能够使更多的城乡转移劳动力得到培训机会、提高他们的人力资本水平,但它也有生产性服务业部门增加劳动投入的效果,从而增加了产出,直接使得制造业部门的生产规模扩大,排放更多的污染,造成污染恶化。这是一条轨迹清晰的导致污染恶化的路径,它表明:政府降低培训贷款利息以支持生产性服务业部门提升劳动力的人力资本水平,对改善环境并无帮助,应当慎用此政策。

以下,我们以图 8-3 考察企业增加单位人力资本投资 c 的对环境 E 的影响。由于 c 只出现在 (8-3) 式中,故 c 的变动不会使 bb 线和 dd 线产生位移,当 c 增加至 c^{**} 时,由 aa 线可以求得此时 L_1 下降至 L_1^{**},根据 bb 线可以得知 p_1 上升至 p_1^{**},再根据

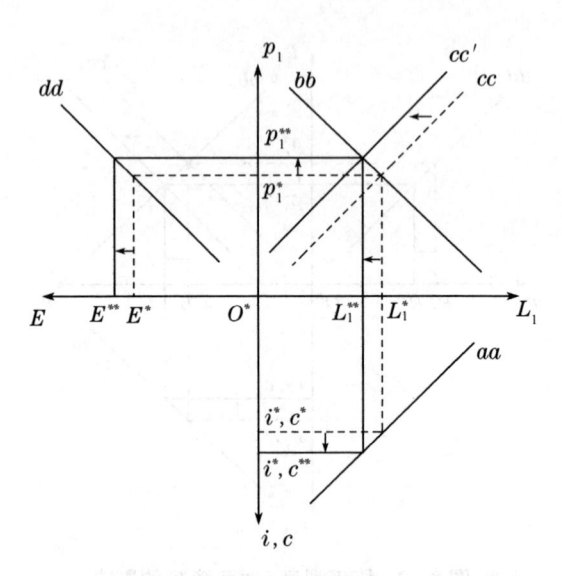

图 8-3　投资成本 c 的增加对于环境 E 的影响

dd 线可以得知环境 E 改善至 E^{**}。同时我们还可以知道,此时 cc 线向左平移至 cc',cc' 线与 bb 线的交点即为新的均衡点。将上述结果归纳为命题 2。

命题 2: 生产性服务业部门自主增加单位劳动力的培训费用,增加单位劳动力的培训费用能够提高该部门转移劳动力人力资本水平,并使自然环境得到改善。

当生产性服务业部门自主增加单位劳动力的培训费用后,该部门对培训农村转移劳动力成本增加,因此企业将会减少培训农村转移劳动力数量。由于劳动投入减少缩减了生产性服务业部门的产出,直接使得制造业部门的生产规模减小,污染排放减少,因此改善了环境质量。这就是命题 2 的经济含义。

通过比较命题 1 和命题 2 可以容易地看到,降低培训贷款利息的政策,虽然有良好的动机,也会使生产性服务业有所发展,但环境效果却事与愿违;而生产性服务业部门自主增加单位劳动力的培训费用不仅可以提高人力资本水平,更有改善环境的效果,应该成为发展生产性服务业的优先选项。这里需要指出的是,虽然命题 1 明确指出了降低贷款利率不利于改善环境,但在一定的条件下,降低贷款利率有可能减少因工业污染使农业遭受的损失,或在一定的条件下,降低贷款利率有可能提高社会的

第8章 人力资本投资的环境效果：对生产性服务业的考察

福利水平。以下，我们分析降低贷款利率的其他经济效果。

首先，分析由于降低贷款利率引起工业污染增加从而导致农业遭受损失的情况。我们记 S 为因工业污染遭受的农业损失，可以表示为：

$$S = F^3 - g(E)F^3 \qquad (8-14)$$

对(8-14)式求全微分，可得：

$$\frac{dS}{di} = (1-g)F_L^3 \frac{dL_3}{di} - g'F^3 \frac{dE}{di}$$

根据(8-10)式，进而有：

$$\frac{dS}{di} = (1-g)F_L^3 \frac{dL_3}{di} + g'F^3 \lambda F_T^2 T' \frac{dp_1}{di} \qquad (8-15)$$

根据图 8-2 的分析可以知道，$i \downarrow \rightarrow p_1 \downarrow$，即 $\frac{dp_1}{di} > 0$，考虑到 $T' < 0$，从而有 $-g'F^3 \lambda F_T^2 T' \frac{dp_1}{di} > 0$。现在我们分析 i 降低对 L_3 的影响。在控制变量 c 和 i 一定的情况下，通过图 8-1 可以求得 p_1、L_1 和 E。将 E 带入(8-11)式，可以得出 L_3 和 w_a 之间存在反向变动关系；将 L_1 带入(8-13)式，可以得知 L_3 和 w_a 之间是同向变动关系。故而，我们可以用图 8-4 中的虚线 ee 和 ff 分别表示(8-11)式和(8-13)式。ee 线和 ff 线的交点为系统达到均衡时 L_3 和 w_a 的均衡值，记均衡时 L_3 的均衡值为 L_3^*。当 i 降低时，由图 8-1 可知，其效果是 E 减少以及 L_1 增加。E 的减少意味着 ee

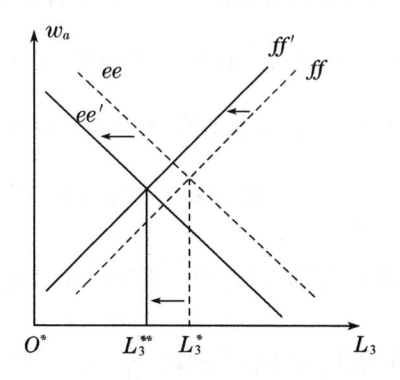

图 8-4　贷款利息 i 降低对 L_3 的影响

向左移动,不妨设移动至实线 ee' 位置。L_1 增加意味着 ff 线向左移动,不妨设移动至实线 ff' 位置。由图 8-4 可以知道在系统到达新均衡时,L_3 的新均衡值 L_3^{**} 要小于 L_3^*。

据此,我们可以得到命题 3。

命题 3: 当 $(1-g)F_L^3\dfrac{dL_3}{di} > -g'F^3\lambda F_T^2 T'\dfrac{dp_1}{di}$ 时,降低贷款利率会减少农业生产因污染造成的损失;当 $(1-g)F_L^3\dfrac{dL_3}{di} < -g'F^3\lambda F_T^2 T'\dfrac{dp_1}{di}$ 时,降低贷款利率会增加农业生产因污染造成的损失。

根据(8-15)式可知,政府降低贷款利率对农业生产的影响是通过农业雇佣劳动人数和生产性服务业的产品价格这两方面对农业生产造成影响的。第一方面,根据图 8-2、图 8-4 可知,低息贷款会使得生产性服务业部门增加对于农村转移劳动力的雇佣,减少从事农业部门生产的人数。所以,(8-15)式中的 $(1-g)F_L^3\dfrac{dL_3}{di}$ 表示农村部门就业人数减少对农业生产因环境造成的损失,这是因为因贷款利率下降增加了农业部门向生产性服务业部门转移的劳动力人数,从而减少了农业生产,但因环境污染而造成的农业生产损失也随之降低。这是一种消极意义上的污染损失的减少,不妨将其称为"减少效果";第二方面,政府降低贷款利率使得生产性服务业的产品价格水平下降,故而增加了制造业部门服务外包依赖,使得制造业生产效率提高、增大生产规模,产生了更多的污染。而(8-15)式中的 $g'F^3\lambda F_T^2 T'\dfrac{dp_1}{di} = -g'F^3\dfrac{dE}{di}$,表示了因环境质量的变化对于农业生产损失的影响,这是因贷款利率下降而导致环境恶化,会扩大农业生产的损失,不妨将其称为"增加效果"。当 $(1-g)F_L^3\dfrac{dL_3}{di} > -g'F^3\lambda F_T^2 T'\dfrac{dp_1}{di}$,即"减少效果"大于"增加效果"时,降低贷款利率会减少由于环境污染而造成的农业生产的损失;如果 $(1-g)F_L^3\dfrac{dL_3}{di} < -g'F^3\lambda F_T^2 T'\dfrac{dp_1}{di}$,即"减少效果小"于"增加效果",降低贷款利率会增加由于环境污染而造成的农业生产的损失,这

就是命题 3 的经济意义。

其次,考虑政府降低贷款利率的变化对封闭经济的福利水平变化。设经济的最小支出函数为 $e=e(p_2,U)$,在经济均衡处应有市场出清,即

$$e(p_2,U)=p_2Y_2+Y_3$$

对上式两边求全微分,有:

$$e_U\mathrm{d}U=p_2\mathrm{d}Y_2+\mathrm{d}Y_3$$

进而有:

$$e_U\frac{\mathrm{d}U}{\mathrm{d}j}=(p_2-\lambda g'F^3)F_T^2T'\frac{\mathrm{d}p_1}{\mathrm{d}j}+gF_L^3\frac{\mathrm{d}L_3}{\mathrm{d}j},j=i,c \qquad (8-16)$$

同上理,我们有 $i\downarrow\rightarrow p_1\downarrow$,即 $\frac{\mathrm{d}p_1}{\mathrm{d}i}>0$ 以及 $i\downarrow\rightarrow L_3\downarrow$,即 $\frac{\mathrm{d}L_3}{\mathrm{d}i}>0$,故而我们可以得到命题 4[①]。

命题 4:当 $(p_2-\lambda g'F^3)F_T^2T'>-gF_L^3\frac{\mathrm{d}L_3}{\mathrm{d}i}\big/\frac{\mathrm{d}p_1}{\mathrm{d}i}$ 时,降低贷款利率会降低社会福利水平;当 $(p_2-\lambda g'F^3)F_T^2T'<-gF_L^3\frac{\mathrm{d}L_3}{\mathrm{d}i}\big/\frac{\mathrm{d}p_1}{\mathrm{d}i}$ 时,降低贷款利率则可以提高社会福利水平。

由(8-16)式可以看出,政府降低贷款利率通过影响生产性服务业部门产品价格和农业部门雇佣人数来影响经济总产出和社会福利水平的。一方面,低息贷款会使得生产性服务业部门增加对于农村转移劳动力的雇佣,减少从事农业部门生产的人数,因此农业部门产出下降;另一方面,政府降低贷款利率使得生产性服务业的产品价格水平下降,故而增加了制造业部门对于中间品的需求和投入,使得制造业产出增加,同时也产生了更多的污染,对农业部门产量产生负面影响,这就是在 $(p_2-\lambda g'F^3)F_T^2T'>-gF_L^3\frac{\mathrm{d}L_3}{\mathrm{d}i}\big/\frac{\mathrm{d}p_1}{\mathrm{d}i}$ 的条件下政府降低贷款利率导致社会福利水平降低的主要原因。特别是,如果政府降低贷款利率使得制造业产值的增加小于因环境污染所造成的农业产值的减少,即当 $(p_2-\lambda g'F^3)F_T^2T'>0$ 时,政府降低贷款利率会降低社会福

---

① 这里 c 的变动对总产出及社会福利的影响无法判断。

利水平;如果制造业产值的增加充分大,超过了由于环境污染以及农业部门雇佣人数减少所带来的农业产值减少的总效果,政府降低贷款利率会提高经济社会福利水平。

第4节 结 论

以上,我们主要通过图解模型,对中国劳动力转移过程中生产性服务业部门以及政府用低息贷款支持该部门提高人力资本水平的效果进行了经济学分析。通过比较命题1和命题2,我们可以知道,生产性服务业企业增加单位劳动力的培训费用具有较好的环境效果,也有利于生产性服务部门转移劳动力的人力资本水平的提升,从这个意义上看,提升人力资本水平与环境的改善是同步的,可以避免中国东部地区出现两者矛盾的尴尬。所以,引导企业主动增加单位劳动力的培训费用,应成为中国政府发展生产性服务业时积极考虑的内容,并做好关联分析、制定预案。除此之外,我们还得到一些其他的经济效果,例如在一定条件下,政府降低贷款利率会减少由于环境污染而造成的农业生产的损失,也可能降低经济总产出和社会福利水平等;在用图8-1进行的分析中,我们还可以根据控制变量的变化考察各部门就业人数、价格项目,这些相关结论都可以为制定与环保相关的经济政策提供参考依据。

最后需要指出的是,本章没有考虑资本因素变化对环境的影响,这是我们今后研究的努力方向。

参考文献

[1] 黄菁. 环境污染与内生经济增长——模型与中国的实证检验[J]. 山西财经大学学报, 2010(6).

[2] 李晓春. 劳动力转移与工业污染[J]. 管理世界, 2005(6).

[3] 李晓春. 我国劳动力转移的双重机制[J]. 南京社会科学, 2005(7).

[4] 刘渝琳, 温怀德. 经济增长下的FDI、环境污染损失与人力资本[J]. 世界经济研究, 2007(11).

[5] 刘志彪, 张少军. 中国地区差距及其纠偏:全球价值链和国内价值链的视角[J]. 学术月

刊,2008(05):49-55.

[6] 彭水军,包群. 环境污染、内生增长与经济可持续发展[J]. 数量经济技术经济研究,2006(9).

[7] BELADI H, CHAO CC. Environmental Policy, Comparative Advantage, and Welfare for a Developing Economy[J]. Environment and Development Economics, 2006, 11(5): 559-568.

[8] BELADI H, RAPP J. Urban Unemployment and the Backward Incidence of Pollution Control[J]. The Annals of Regional Science, 1993, 27(2): 153-163.

[9] BHAGWATI J N, SRINIVASAN T N. Education in a 'job ladder' model and the fairness-in-hiring rule[J]. Journal of Public Economics, 1977, 7(01): 1-22.

[10] CHAO C.-C. Jobs, Production Linkages, and the Environment[J]. Journal of Economics, 2003(79): 113-122.

[11] CHAUDHURI S, MUKHOPADHYAY U. Pollution and Informal Sector: A Theoretical Analysis[J]. Journal of Economic Integration, 2006, 21(2): 363-378.

[12] CHAUDHURI S. Pollution and Welfare in the Presence of Informal Sector: Is There Any Trade-Off? [J]. Keio Economic Studies, 2006,129. 3. 20.41.

[13] COPELAND B R, TAYLOR M S. Trade, Spatial Separation, and the Environment [J]. Journal of International Economics, 1999, 47(1): 137-68.

[14] DAITOH I. Environmental Protection and Trade Liberalization in a Small Open Dual Economy[J]. Review of Development Economics, 2008, 12(4): 728-736.

[15] DAITOH I, OMOTE M. The Optimal Environmental Tax and Urban Unemployment in an Open Economy[J]. Review of Development Economics, 2011, 15(1): 168-179.

[16] DJAJIC S. Human Capital, Minimum Wage and Unemployment: A Harris-Todaro Model of Developed Open Economy[J]. Economica, 1985(52): 491-508.

[17] FINDLAY R, KIERZKOWSKI H. International trade and human capital: a simple general equilibrium mode[J]. Journal of Political Economy, 1983, 91(6): 957-978.

[18] GALOR O, MOAV O. From Physical to Human Capital Accumulation: Inequality in the Process of Development[J]. Review of Economic Studies, 2004, 71(4): 1001-

1026.

[19] GROSSMAN G M, KRUEGER A B. Economic Growth and the Environment[J]. The Quarterly Journal of Economics, 1995, 110(2): 353-377.

[20] GUPTA M R. Rural-urban migration, informal sector and development policies[J]. Journal of Development Economics, 1993(41): 137-151.

[21] HARRIS J R, TODARO M. Migration, Unemployment and Development: A Two Sector Analysis[J]. American Economic Review, 1970(40): 126-42.

[22] LI X, QIAN X. Economic Analysis on the Urban - rural Disparity in Human Capital in China[J]. South African Journal of Economics, 2011, 79(2): 146-160.

[23] PETHIG R. Pollution, Welfare, and Environmental Policy in the Theory of Comparative Advantage[J]. Journal of Environmental Economics and Management, 1975(2): 160-69.

[24] RAPANOS V T. Environmental Taxation in a Dualistic Economy[J]. Environment and Development Economics, 2007, 12(1): 73-89.

[25] SAMANTA S. Training, Unemployment and Fiscal Subsidy: A Harris Todaro Approach[J], SSRN working paper series, 2003.

[26] TSAKIRIS N, Hatzipanayotou P, Michael M S. Pollution, Capital Mobility and Tax Policies with Unemployment[J]. Review of Development Economics, 2008, 12(2): 223-236.

第 9 章 经济发展政策，污染治理技术与跨界污染

本章摘要：本章构建了一个包含区域内劳动力转移及区域间劳动力转移的 Harris-Todaro 模型，研究了存在单向跨境污染的经济中，降低区域间劳动力转移成本以及向发展落后区域给予资金支援的政策对于自然环境和区域经济影响。同时，本章还比较了不同区域污染治理技术水平提高对于自然环境和区域经济影响。

第 1 节 引 言

所谓"跨界污染"，是指某地产生的污染物通过大气、水流等媒介的传递造成另一地区环境受到污染。跨界污染可能发生在同一个国家的不同地区中，也可能发生在不同的国家之间。跨界污染的特点是，本地(本国)的环境状况不仅仅受制于本地(本国)环保体系的健全与否，还要受到外来的影响。而这样的影响往往仅仅依靠本地(本国)的努力是难以改变的。

在经济学界，现阶段对于跨界污染的理论研究主要在下述两个方面进行：第一，跨界污染对于国与国之间贸易的影响，即跨境污染对于比较优势、贸易条件、贸易收益及贸易政策的影响；第二，跨界污染对于区域间环境政策的制定以及要素流动的影响，在这方面的代表性研究如 Hoel & Shapiro(2003)，Haavio(2005)，Sigman(2005)以及 Candel (2006)。Hoel & Shapiro(2003)研究了区域间存在跨境污染的情形下，人口区域间完全流动对于两区域环境政策制定的影响；在他们的基础上，Haavio(2005)研究了人口区域间不完全流动对于区域环境政策制定的影响；Sigman(2005)研究了存在区域间跨境污染时，不同区域政府间"搭便车"行为对于环境政策的制定

和污染排放水平的影响;Candel(2006)则利用了 Varian(1994)的补偿机制原理研究了区域间跨界污染的最优排放水平。

然而,上述文献的研究大多以经济发达国家为背景进行的。故而上述研究结论不能用于解决二元经济构造的区域间跨界污染的问题上。例如,中国在经历高速经济增长的同时,环境污染日益严重,区域间的跨境污染就是其中一个不容忽视的问题。由于中国东西部地理位置上的差异,大部分河流的流向以及大气环流的方向都是自西向东。这使得中国区域间的跨境污染呈现自西向东的趋势。与此同时,由于西部地区经济发展落后,而东部沿海地区经济发展迅速,故而区域间劳动力也呈现自西向东进行转移的特征。为了促进区域间的协调发展,缓解目前经济发展东高西低的不均衡状态,中国政府于 2000 年提出西部大开发的发展战略,这使得西部经济在逐渐发展成长的同时,自西向东的跨境污染问题日益突出。在跨界污染方面长三角地区也不能幸免,跨界水污染就是长三角地区污染的一个突出问题。

长三角地区水资源非常丰富,江、河、湖多是跨行政区域分布。这些水资源为本地方的经济发展做出了重要贡献,然而它同时也遭受这些地区经济发展所带来的污染。京杭运河长三角地区段、太湖、长江下游段、钱塘江段等水资源都受到不同程度的来自上游的污染,其中以太湖受污染最为严重。太湖大面积污染,水质整体下降与周边地区经济发展、特别是其水源地区工业发展密切相关,尽管环境保护部 1999 年起多次组织江浙沪三地实施"零点行动"进行治理(即深夜零点对排污企业的突查),取得了一定成果,但是形势依然不容乐观。另外,长三角地区的大气跨界污染也很严重,江苏南部、上海和整个浙江都是酸雨的重度污染区,几乎整个长三角都处于酸雨的威胁中,全年平均降雨 pH 值均低于 5.6[①],而酸雨泛滥的根源之一就是跨界大气污染。为了遏制环境状况的迅速恶化,近年长三角地区成立了跨界环境污染纠纷处置和应急联动机制,每年定期举行联合会议,共同商讨环保大计。但由于劳动力转移引致的跨界污染问题没有受到应有的重视,在现有的理论框架下对于长三角地区的

---

① 请参考:长三角跨界污染非常突出区域环境合作应先行一步(参考消息),国际金融报,2004 年 06 月 28 日第八版。

跨界污染问题很难找到彻底解决问题的方案。

本章以一个二元经济为基础,在单向跨境污染的经济中将经济区域内劳动力转移及区域间劳动力转移同时纳入分析框架,研究政府通过发展交通、通信等基础设施降低区域间劳动力转移成本(包含时间成本、心理成本和经济成本),以及对发展落后区域给予资金支援的发展政策对于自然环境和经济的影响效应。同时,本章还比较了不同区域污染治理技术水平提高的环境及经济效果。我们的主要研究结论是:政府发展基础设施降低转移成本不能对跨界污染产生影响;政府增加对于放出跨界污染的区域进行资金援助使该地区自然环境破坏加重;提高跨界污染放出区域的技术水平可以改善整个经济的环境,但跨界污染受害区域的污染治理技术提高仅可改善受害区域的环境。

本章其余部分的结构安排如下:第二部分是理论模型的构建;第三部分,我们利用比较静态分析,考察了转移成本降低,资金补助政策,不同区域污染治理技术提高的经济、环境效果;第四部分是本章的结论。

第2节 理论模型

考虑一个小国封闭经济,经济被分为两个区域,区域1和区域2。区域1是发展相对落后的区域,由农业部门1和城市地区的工业部门1组成;农业部门1使用本区域农村劳动力和资本进行生产,其生产还受自然环境的影响,即自然环境越好,产量越高;区域1的农村劳动力不仅向工业部门1转移,还向区域2转移;工业部门1使用本区域城市劳动力、农村转移劳动力和资本进行生产,其生产过程产生污染,污染的一部分影响本区域农业生产,另一部分则通过河流,空气等媒介扩散至区域2。区域2包含农业部门2和城市地区的工业部门2,农业部门2使用本区域农村劳动力、区域1转移劳动力和资本进行生产,其生产也受自然环境的影响,区域2农村劳动力只向工业部门2转移;工业部门2使用本区域城市劳动力、区域1转移劳动力和资本进行生产,其生产过程产生污染,与区域1不同的是,区域2工业部门产生的污染不会跨界污染区域1。我们还假定:区域1和区域2农业部门和工业部门资本专用。

政府为了经济发展,一方面通过大力发展交通和通信等基础设施,并对于区域1给予资金支援,将工业部门2的一部分资本引入工业部门1。除此之外,政府节能减排的政策还促进各区域污染治理技术水平的提高。区域间要素流动方向和污染流动方向可由图9-1表示。

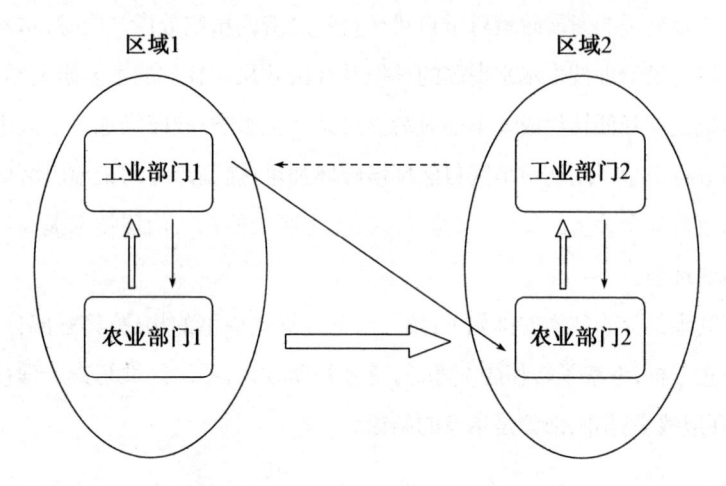

图9-1 跨境污染与要素流动机制图

注:(1)"→"表示污染流动方向;

(2)"⇨"表示劳动力转移方向;

(3)"----▶"表示资本流动方向。

一、关于区域1的经济的设定

1. 工业部门1

工业部门1的生产函数为:

$$M_1 = F^{M_1}(L_{M_1}, K_{M_1}) \tag{9-1}$$

其中,M_1表示产量;L_{M_1}表示雇佣劳动力数量;K_{M_1}表示资本使用数量。由利润最大化得:

$$p_{M_1} F_L^{M_1} = \bar{w}_1 \tag{9-2}$$

其中，p_{M_1} 为工业产品与区域 1 农业产品的相对价格①；$\bar{w}_1$ 为下方刚性工资。

2. 农业部门 1

农业部门 1 生产函数为：

$$A_1 = g_1(E_1) F^{A_1}(L_{A_1}, \bar{K}_{A_1}) \tag{9-3}$$

其中，A_1 表示产量；L_{A_1} 表示雇佣劳动力数量；$\bar{K}_{A_1}$ 表示资本使用数量；g_1 表示自然环境对于农业生产的影响，满足 $g_1' > 0$ 且 $g_1'' > 0$。如果用 E_1 表示环境资本量，我们有：

$$E_1 = \bar{E}_1 - \alpha \lambda_1 M_1 \tag{9-4}$$

其中，$\bar{E}_1$ 表示初始自然环境资本存量；λ_1 表示生产 1 单位工业产品 1 排放的污染数量；α 表示产生的工业污染中有 α 比例留在了区域 1，满足 $\alpha \in (0,1)$。由利润最大化得：

$$g_1(E_1) F_L^{A_1} = w_{A_1} \tag{9-5}$$

其中，w_{A_1} 表示工资。

3. 要素禀赋与流动

区域 1 的劳动和资本的禀赋为：

$$L_{M_1} + L_{U_1} + L_{A_1} = \bar{L}_1 - L_{tr} \tag{9-6}$$

$$K_{M_1} - \bar{K}_{tr} = \bar{K}_1 \tag{9-7}$$

区域 1 内劳动力转移均衡：

$$w_{A_1} = \frac{L_{M_1}}{L_{M_1} + L_{U_1}} \bar{w}_1 \tag{9-8}$$

其中，L_{U_1} 为区域 1 失业人数，$\bar{K}_{tr}$ 表示政府资本支援数量。

---

① 这里将农业部门 1 的产品价格标准化为 1，本章中的价格都是指与农业部门 1 产品的相对价格。本章中所涉及的生产函数满足严格拟凹性和线性齐次性，生产函数下标表示对相应的变量求导。如 F_L^M 表示对劳动力求一阶导数，F_{LL}^M 表示对其求二阶导数。

二、关于区域 2 的经济的设定

1. 工业部门 2

工业部门生产函数为:

$$M_2 = F^{M_2}(L_{M_2}, K_{M_2}) \tag{9-9}$$

其中,M_2 表示产量;L_{M_2} 表示雇佣劳动力数量;K_{M_2} 表示资本使用数量。由利润最大化得:

$$p_{M_2} F_L^{M_2} = \bar{w}_2 \tag{9-10}$$

其中,p_{M_2} 为工业产品价格;$\bar{w}_2$ 为下方刚性工资。

2. 农业部门 2

农业部门 2 的生产函数为:

$$A_2 = g_2(E_2) F^{A_2}(L_{A_2}, \bar{K}_{A_2}) \tag{9-11}$$

其中,A_2 表示产量;L_{A_2} 表示雇佣劳动力数量;$\bar{K}_{A_2}$ 表示资本使用数量;g_2 表示自然环境对于农业生产的影响,满足 $g_2' > 0$ 且 $g_2'' > 0$。如果用 E_2 表示环境资本量,我们有:

$$E_2 = \bar{E}_2 - \lambda_2 M_2 - (1-\alpha)\lambda_1 M_1 \tag{9-12}$$

其中,$\bar{E}_2$ 表示原有自然环境存量;λ_2 表示生产 1 单位工业产品 1 排放的污染数量;由利润最大化得:

$$g_2(E_2) F_L^{A_2} = w_{A_2} \tag{9-13}$$

其中,w_{A_2} 表示工资。

3. 要素禀赋与流动

劳动和资本的禀赋为:

$$L_{M_2} + L_{U_2} + L_{A_2} = \bar{L}_2 + L_{tr} \tag{9-14}$$

$$K_{M_2} + \bar{K}_{tr} = \bar{K}_2 \tag{9-15}$$

区域 2 内劳动力转移均衡:

$$w_{A_2} = \frac{L_{M_2}}{L_{M_2} + L_{U_2}} \bar{w}_2 \tag{9-16}$$

其中，L_{U_1} 为区域 1 失业人数。区域间劳动力转移均衡：

$$w_{A_1}+C=\frac{L_{M_2}}{L_{M_2}+L_{U_2}+L_{A_2}}\bar{w}_2+\frac{L_{A_2}}{L_{M_2}+L_{U_2}+L_{A_2}}w_{A_2}$$

将(9-16)式代入上式，化简得：

$$w_{A_1}+C=w_{A_2} \qquad (9-17)$$

其中，C 表示转移成本。由于政府通过发展交通、通信等基本建设可以有效地降低转移劳动力的时间成本、心理成本和经济成本，所以，我们将 C 视为政策变量。

至此完成模型的构建，共有 17 个内生变量：$M_1, L_{M_1}, K_{M_1}, A_1, L_{A_1}, E_1, w_{A_1}, L_{U_1}, L_{tr}, M_2, L_{M_2}, K_{M_2}, A_2, L_{A_2}, E_2, w_{A_2}, L_{U_2}$；4 个政策变量：$\bar{K}_{tr}, C, \lambda_1, \lambda_2$。经济系统在均衡状态时的劳动力分配机制可由图 9-2 表示。

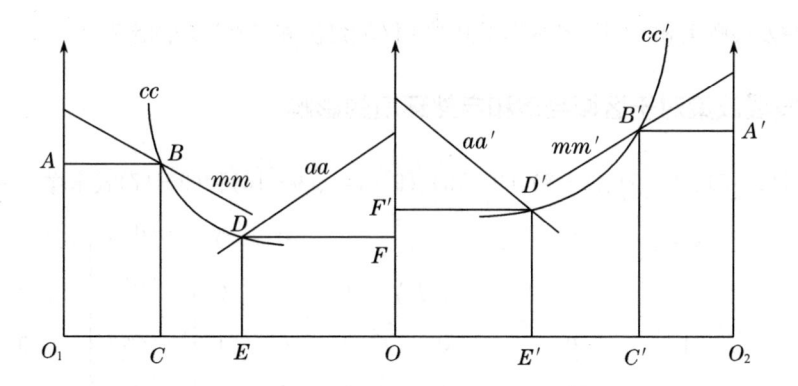

图 9-2 系统均衡状态劳动力分配机制图

图 9-2 中，横轴 O_1O, O_2O 分别表示系统到达均衡状态时，区域 1、区域 2 劳动要素总量即 $\bar{L}_1-L_{tr}, \bar{L}_2+L_{tr}$。过 O_1 点，O 点，O_2 点的纵轴分别表示工业部门 1，农业部门 1(农业部门 2)，工业部门 2 的边际产值。mm 线、aa 线、aa' 线、mm' 线分别表示工业部门 1、农业部门 1、农业部门 2、工业部门 2 的边际产值曲线。工业部门 1 工资，O_1A 即 $\bar{w}_1$ 已知，过点 A 做横轴的平行线交 mm 线于 B，过点 B 做横轴垂线交 O_1O 于点 C，故可得 $O_1C=L_{M_1}$。过点 B 做双曲线 cc，与 aa 线交于点 D，过点 D 分别做横轴的垂线和平行线，交横轴于点 E，交过 O 点纵轴于点 F，故而得到 $OE=L_{A_1}, OF=w_{A_1}$。进一步可以求得 $CE=L_{U_1}$。由于工业部门 2 工资，O_2A' 即 $\bar{w}_2$ 已知，同理可以得

出:$O_2C'=L_{M_2}$,$OE'=L_{A_2}$,$OF'=w_{A_2}$ 以及 $C'E'=L_{U_2}$。当区域间劳动力转移达到均衡状态时,由(9-13)可知,$w_{A_2}-w_{A_1}=C$,即 $FF'=C$。

第3节 理论分析

模型的求解过程如下,给定外生变量,由(9-7)、(9-2)、(9-1)和(9-4)式决定 K_{M_1},L_{M_1},M_1,E_1;将 M_1 带入(9-12),由(9-15)、(9-10)、(9-9)和(9-12)式可以决定 K_{M_2},L_{M_2},M_2,E_2;将 E_1 和 E_2 分别代入(9-5)和(9-13)式,由(9-5)、(9-6)、(9-8)、(9-13)、(9-14)、(9-16)和(9-17)式可以决定 $w_{A_1},L_{U_1},L_{A_1},L_{tr},w_{A_2},L_{U_2},L_{A_2}$;分别将 E_1,L_{A_1} 代入(9-3)式,E_2 和 L_{A_2} 代入(9-11)式,可得 A_1 和 A_2。现在我们考虑发展政策和治理污染水平提高对于区域经济和自然环境的影响。

一、发展政策对于区域经济和自然环境的影响

对(9-5)、(9-6)、(9-8)、(9-13)、(9-14)、(9-16)和(9-17)式全微分可得:

$$\begin{pmatrix} 1 & -g_1 F_{LL}^A & 0 & 0 & 0 & 0 & 0 \\ 0 & 0 & 1 & -g_2 p_A F_{LL}^A & 0 & 0 & 0 \\ 0 & 1 & 0 & 0 & 1 & 0 & 1 \\ 0 & 0 & 0 & 1 & 0 & 1 & -1 \\ 1 & 0 & -1 & 0 & 0 & 0 & 0 \\ L_{M_1}+L_{U_1} & 0 & 0 & 0 & w_{A_1} & 0 & 0 \\ 0 & 0 & L_{M_2}+L_{U_2} & 0 & 0 & w_{A_2} & 0 \end{pmatrix} \cdot \begin{pmatrix} dw_{A_1} \\ dL_{A_1} \\ dw_{A_2} \\ dL_{A_2} \\ dL_{U_1} \\ dL_{U_2} \\ dL_{tr} \end{pmatrix} = \begin{pmatrix} 0 \\ 0 \\ 0 \\ 0 \\ -1 \\ 0 \\ 0 \end{pmatrix} dC +$$

$$\begin{pmatrix} -F_L^{A_1} g_1' \lambda_1 \left(\dfrac{F_{LK}^{M_1}}{F_{LL}^{M_1}} - F_K^{M_1} \right) \\ p_A F_L^{A_2} g_2' \left[\lambda_2 \left(-\dfrac{F_{LK}^{M_2}}{F_{LL}^{M_2}} + F_K^{M_2} \right) - (1-\alpha)\lambda_1 \left(-\dfrac{F_{LK}^{M_1}}{F_{LL}^{M_1}} + F_K^{M_1} \right) \right] \\ \dfrac{F_{LK}^{M_1}}{F_{LL}^{M_1}} \\ -\dfrac{F_{LK}^{M_2}}{F_{LL}^{M_2}} \\ 0 \\ -(\bar{w}_1 - w_{A_1})\dfrac{F_{LK}^{M_1}}{F_{LL}^{M_1}} \\ (\bar{w}_2 - w_{A_2})\dfrac{F_{LK}^{M_2}}{F_{LL}^{M_2}} \end{pmatrix} \mathrm{d}\bar{K}_{tr} \quad (9-18)$$

定义(9-18)式系数矩阵值为 Δ,则:

$$\Delta = g_1 F_{LL}^{A_1} w_{A_1} [w_{A_2} - g_2 p_A F_{LL}^{A_2}(L_{M_2} + L_{U_2})] + w_{A_2} g_2 p_A F_{LL}^{A_2} [w_{A_1} - g_1 F_{LL}^{A_1}(L_{M_1} + L_{U_1})] < 0$$

运用 Cramer 法则解(9-18)式可得表 9-1:

表 9-1　发展政策的比较静态分析结果

	dK_{M_1}	dL_{M_1}	dM_1	dE_1	dK_{M_2}	dL_{M_2}	dM_2	dE_2	dw_{A_1}
dC	/	/	/	/	/	/	/	/	—
$d\bar{K}_{tr}$	+	+	+	—	—	—	—	*	*
	dL_{A_1}	dL_{U_1}	dw_{A_2}	dL_{A_2}	dL_{U_2}	dL_{tr}	dA_1	dA_2	
dC	+	+	+	—	—	—	+	—	
$d\bar{K}_{tr}$	*	*	*	*	*	*	*	*	

注:"—""+"分别表示内生变量与外生变量反向,同向变化。"/"表示外生变量变动对于内生变量变动没有影响。"*"表示外生变量变动对于内生变量变动影响无法判定。

由表 9-1 可得下述命题。

命题 1:降低劳动力的转移成本不影响区域 1 和区域 2 的自然环境。

由于降低劳动力的转移成本不影响区域 1 和区域 2 的自然环境,所以政府的基础建设不会造成跨界污染。通过表 9-1 我们还可以知道,降低劳动力的转移成本对于区域 1 而言,使得农业部门工资水平上升,劳动力雇佣人数减少,农业产出减少;城市地区失业降低;区域 1 向区域 2 转移劳动力人数增加;不影响区域 1 工业部门的产量、劳动雇佣资本量。降低劳动力的转移成本对于区域 2 而言,农业部门工资水平降低,劳动力雇佣人数增加,农业产出增加;城市地区失业增加;不影响区域 2 工业部门的产量、劳动雇佣资本量。从上述的经济效果可以看出:降低劳动力的转移成本之所以不影响区域 1 和区域 2 的自然环境,是因为区域 1 的工业部门的产量不受其影响之故。在图 9-2 的基础上,我们考虑转移成本减少带来的局部经济效果,可以得到图 9-3:

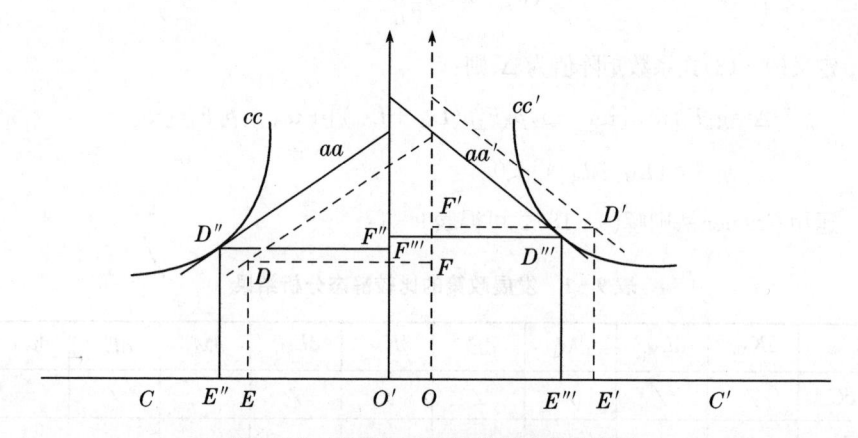

图 9-3 转移成本降低的局部经济效果

由(9-17)式可知,转移成本的降低会增加区域间劳动力转移数量,在图 9-3 中表现为过点 O 的纵轴向左平移,不妨假设平移至横轴上的点 O'。转移成本的降低对于两个区域的自然环境没有影响,即对于农业边际产值曲线的位置没有影响,aa 线、aa' 线随过点 O 的纵轴向左平移。设此时双曲线 cc、cc' 分别交 aa 线、aa' 线于点 D'' 和点 D'''。过点 D'' 分别做横轴的垂线和平行线,交横轴于点 E'',交过 O' 点纵轴于点 F'',因此可得新均衡状态下农业部门 1 工资 $O'F''$,劳动力雇佣量 $O'E''$。进一步可以求得区域1城市地区此时的失业人数 CE''。同理可求得新均衡状态下农业部门2工资 $O'F'''$，劳动力雇佣量 $O'E'''$，区域2城市地区失业人数 $C'E'''$。由图9-3可以看出，在新的均衡状态下，农业部门1工资升高，劳动力雇佣人数减少，区域1城市地区失业降低；农业部门2工资降低，劳动力雇佣人数增加，区域2城市地区失业人数增加。

命题2：政府增加对于区域1的资本支援使得区域1的污染加重，并增加对区域2的跨界污染。

增加对于区域1的资本支援之所以造成跨界污染，是因为工业部门1在得到资金支援后扩张了生产规模，从而加重了该地区的污染所致。通过表1，我们还可以知道增加对于区域1的资本支援具有如下经济和环境效果：对于区域1而言，工业部门资本雇佣量增加，劳动力雇佣人数增加，工业产出增加；对于区域2而言，工业部门资本雇佣量减少，劳动力雇佣人数减少，工业产出减少。

如果设 $e^1(p_{M_1}, U_1)$ 为区域1的最小支出函数，并假定从区域1向区域2的转移劳动力将收入中的 β 部分汇入区域1，由收支平衡可得：

$$e^1(p_{M_1}, U_1) = w_{A_1}(\bar{L}_1 - L_{tr}) + \beta w_{A_2} L_{tr} \qquad (9-19)$$

如果设 $e^2(p_A, p_{M_2}, U_2)$ 为区域2的最小支出函数，由收支平衡式可得：

$$e^2(p_A, p_{M_2}, U_2) = w_{A_2}\bar{L}_2 + (1-\beta)w_{A_2} L_{tr} \qquad (9-20)$$

分别对(9-19)、(9-20)求全微分，并考虑转移成本变动对其影响，可得①：

$$e^1_U \frac{dU_1}{dC} = (\bar{L}_1 - L_{tr})\frac{dw_{A_1}}{dC} - w_{A_1}\frac{dL_{tr}}{dC} + \beta\frac{dw_{A_2}L_{tr}}{dC} \qquad (9-21)$$

$$e^2_U \frac{dU_2}{dC} = [\bar{L}_2 + (1-\beta)L_{tr}]\frac{dw_{A_2}}{dC} + (1-\beta)w_{A_2}\frac{dL_{tr}}{dC} \qquad (9-22)$$

命题3：降低转移成本对于区域福利有如下影响：

(1) 对于区域1而言，当 $(\bar{L}_1 - L_{tr})\frac{dw_{A_1}}{dC} < w_{A_1}\frac{dL_{tr}}{dC} - \beta\frac{dw_{A_2}L_{tr}}{dC}$ 时，降低区域1的福利水平；当 $(\bar{L}_1 - L_{tr})\frac{dw_{A_1}}{dC} > w_{A_1}\frac{dL_{tr}}{dC} - \beta\frac{dw_{A_2}L_{tr}}{dC}$ 时，提高区域1的福利水平。

---

① 资本流动对于区域福利影响无法判断。

(2) 对于区域 2 而言,当 $[\bar{L}_2+(1-\beta)L_{tr}]\dfrac{\mathrm{d}w_{A_2}}{\mathrm{d}C} > -(1-\beta)w_{A_2}\dfrac{\mathrm{d}L_{tr}}{\mathrm{d}C}$ 时,降低区域 2 的福利水平;当 $[\bar{L}_2+(1-\beta)L_{tr}]\dfrac{\mathrm{d}w_{A_2}}{\mathrm{d}C} < -(1-\beta)w_{A_2}\dfrac{\mathrm{d}L_{tr}}{\mathrm{d}C}$ 时,提高区域 2 的福利水平。

二、污染治理技术提高对于区域经济和自然环境的影响

对(9-5)、(9-6)、(9-8)、(9-13)、(9-14)、(9-16)和(9-17)式全微分可得(9-23)式:

$$\begin{pmatrix} 1 & -g_1 F_{LL}^{A_1} & 0 & 0 & 0 & 0 & 0 \\ 0 & 0 & 1 & -g_2 p_A F_{LL}^{A_2} & 0 & 0 & 0 \\ 0 & 1 & 0 & 0 & 1 & 0 & 1 \\ 0 & 0 & 0 & 1 & 0 & 1 & -1 \\ 1 & 0 & -1 & 0 & 0 & 0 & 0 \\ L_{M_1}+L_{U_1} & 0 & 0 & 0 & w_{A_1} & 0 & 0 \\ 0 & 0 & L_{M_2}+L_{U_2} & 0 & 0 & w_{A_2} & 0 \end{pmatrix} \cdot \begin{pmatrix} \mathrm{d}w_{A_1} \\ \mathrm{d}L_{A_1} \\ \mathrm{d}w_{A_2} \\ \mathrm{d}L_{A_2} \\ \mathrm{d}L_{U_1} \\ \mathrm{d}L_{U_2} \\ \mathrm{d}L_{tr} \end{pmatrix} = \begin{pmatrix} -\alpha M_1 F_L^{A_1} g_1' \\ -(1-\alpha)M_1 p_A F_L^{A_1} g_2' \\ 0 \\ 0 \\ 0 \\ 0 \\ 0 \end{pmatrix} \mathrm{d}\lambda_1 + \begin{pmatrix} 0 \\ -M_2 p_A F_L^{A_2} g_2' \\ 0 \\ 0 \\ 0 \\ 0 \\ 0 \end{pmatrix} \mathrm{d}\lambda_2 \quad (9-23)$$

运用 Cramer 法则解(9-23)式可得表 9-2。由表 9-2 可得下述命题。

命题 4: 提高区域 1 的污染治理技术将改善区域 1 和区域 2 的自然环境,减少区域 1 的跨界污染量;提高区域 2 的污染治理技术将改善区域 2 的自然环境,区域 1 的跨界污染量无变化。

表9-2 污染治理技术变动的比较静态分析结果

	dK_{M_1}	dL_{M_1}	dM_1	dE_1	dK_{M_2}	dL_{M_2}	dM_2	dE_2	dw_{A_1}
$d\lambda_1$	/	/	/	−	/	/	/	−	−
$d\lambda_2$	/	/	/	/	/	/	/	−	−

	dL_{A_1}	dL_{U_1}	dw_{A_2}	dL_{A_2}	dL_{U_2}	dL_{tr}	dA_1	dA_2
$d\lambda_1$	∗	+	−	∗	+	∗	∗	∗
$d\lambda_2$	+	+	−	−	+	−	+	−

注:"−""+"分别表示内生变量与外生变量反向,同向变化。"/"表示外生变量变动对于内生变量变动没有影响。"∗"表示外生变量变动对于内生变量变动影响无法判定。

这个命题比较直观,但它明确地告诉我们,提高经济发展落后、地处西部的区域1的环境治理技术水平,是一项更为迫切的工作,因为它可以收到事半功倍的效果。下面我们用图9-4考察区域1污染治理技术提高的局部经济效果。为了简化分析,我们假设区域1污染治理技术提高对于区域间转移劳动力数量没有影响。由于区域1污染治理技术的提高同时改善了区域1及区域2的自然环境,故农业部门1,农业部门2边际产值曲线分别向左,向右水平移动,此时农业部门1,农业部门2的边际产值曲线分别为$a'a'$线和aa''线。设双曲线cc,cc'分别交$a'a'$线,aa''线于点D^*和点

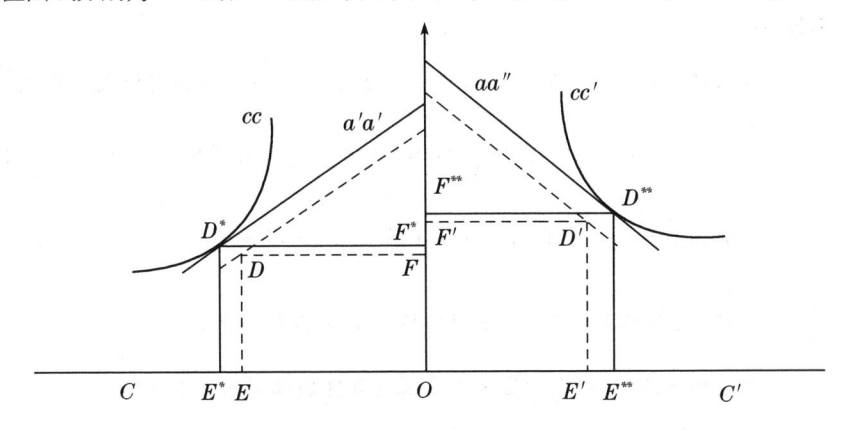

图9-4 区域1污染治理技术提高的局部经济效果图

D^{**}。过点 D^* 分别做横轴的垂线和平行线,交横轴于点 E^*,交过 O 点纵轴于点 F^*,因此可得新均衡状态下农业部门 1 工资 OF^*,劳动力雇佣量 OE^*。进一步可以求得区域 1 城市地区此时的失业人数 CE^*。同理可得新均衡状态下农业部门 2 工资 OF^{**},劳动力雇佣量 OE^{**},区域 2 城市地区失业人数 $C'E^{**}$。在新的均衡状态下,农业部门 1 工资升高,区域 1 城市地区失业人数减少;农业部门 2 工资升高,区域 2 城市地区失业人数增加。

根据表 9-2,我们还可以知道,提高区域 1 的污染治理技术具有如下经济效果:对于区域 1 而言,农业部门工资提高,城市地区失业减少;对于区域 2 而言,农业部门工作提高,城市地区失业增加。而提高区域 2 的污染治理技术则具有如下经济效果:对于区域 1 而言,农业部门工资提高,但减少劳动力雇佣人数和农业产出,减少城市地区失业,区域 1 向区域 2 转移劳动力人数增加;对于区域 2 而言,农业部门工资提高,增加劳动力雇佣人数和农业产出增加;城市地区失业减少。

由(9-19)和(9-20)式可得①:

$$e_U^1 \frac{\mathrm{d}U_1}{\mathrm{d}\lambda_2} = [\bar{L}_1 - (1-\beta)L_{tr}]\frac{\mathrm{d}w_{A_1}}{\mathrm{d}\lambda_2} + (\beta w_{A_2} - w_{A_1})\frac{\mathrm{d}L_{tr}}{\mathrm{d}\lambda_2} \quad (9-24)$$

$$e_U^2 \frac{\mathrm{d}U_2}{\mathrm{d}\lambda_2} = [\bar{L}_2 + (1-\beta)L_{tr}]\frac{\mathrm{d}w_{A_2}}{\mathrm{d}\lambda_2} + (1-\beta)w_{A_2}\frac{\mathrm{d}L_{tr}}{\mathrm{d}\lambda_2} \quad (9-25)$$

命题 5:

(1) 对于区域 1 而言,当 $\beta w_{A_2} - w_{A_1} > 0$ 或 $\beta w_{A_2} - w_{A_1} < 0$ 且同时满足不等式 $[\bar{L}_1 - (1-\beta)L_{tr}]\frac{\mathrm{d}w_{A_1}}{\mathrm{d}\lambda_2} < -(\beta w_{A_2} - w_{A_1})\frac{\mathrm{d}L_{tr}}{\mathrm{d}\lambda_2}$ 成立时,提高污染治理技术使得区域 1 的福利水平上升;当 $\beta w_{A_2} - w_{A_1} < 0$ 且同时满足不等式 $[\bar{L}_1 - (1-\beta)L_{tr}]\frac{\mathrm{d}w_{A_1}}{\mathrm{d}\lambda_2} > -(\beta w_{A_2} - w_{A_1})\frac{\mathrm{d}L_{tr}}{\mathrm{d}\lambda_2}$ 成立时,提高污染治理技术使得区域 1 福利水平下降。

(2) 对于区域 2 而言,提高污染治理技术使得区域福利水平上升。

---

① 区域 1 污染治理技术提高对于区域福利影响无法判断。

第4节 结 论

本章利用拓展的 Harris-Todaro 模型,研究了存在跨境污染的经济中,政府降低区域间劳动力转移成本,对发展落后区域给予资本支援的发展政策对于自然环境和经济影响。本章的主要贡献在于,首先,我们在 Harris-Todaro 模型基础上考虑了经济中存在单向跨境污染的情形,这种情形由于区域的地理位置不同而产生,并且,经济发展落后区域所产生的跨界污染会污染经济发展较好区域;其次,我们考察了政府以加强基础设施建设来降低劳动力的转移成本,以及资金补助对于区域发展的经济效果;最后,与现有的 Harris-Todaro 文献不同,本章同时将区域内劳动力转移及区域间劳动力转移纳入分析框架。

当然,本章的研究仅仅局限于区域间资本不完全流动,跨境污染具有单向性情形。进一步的研究可以放松这两个假设。

参考文献

[1] BELADI H, CHAO C-C. Environmental Policy, Comparative Advantage, and Welfare for a developing Country[J]. Environment and Development Economics, 2006(11): 559-568.

[2] BHAGWATI J N, SRINIVASAN T N. On Reanalyzing the Harris-Todaro Model: Policy Rankings in the Case of Sector-specific Sticky Wages[J]. American Economic Review, 1974(64): 502-508.

[3] CANDEL SANCHEZ F. The Externalities Problem of Transboundary and Persistent Pollution[J]. Journal of Environmental Economics and Management, 2006(52): 517-526.

[4] CHANDRA V, KHAN A M. Foreign Investment in the Presence of an Informal Sector [J]. Economica, 1993(60): 79-103.

[5] CHAO C.-C. Jobs, Production Linkages, and the Environment[J]. Journal of

Economics, 2003(79): 113-122.

[6] DAITOH I. Environmental Protection and Urban Unemployment: Environmental Policy Reform in a Polluted Dualistic Economy[J]. Review of Development Economics, 2003(7): 496-509.

[7] GRINOLS E L. Unemployment and Foreign Capital: the Relative Opportunity Costs of Domestic Labour and Welfare[J]. Economica, 1991(62): 59-78.

[8] GUPTA M R. Rural-urban Migration, Informal Sector and Development Policies[J]. Journal of Development Economics, 1993(41): 137-151.

[9] HAAVIO M. Transboundary Pollution and Household Mobility: Are They Equivalent? [J]. Journal of Environmental Economics and Management, 2005(50): 252-275.

[10] HARRIS J R, TODARO M. Migration, Unemployment and Development: A Two Sector Analysis[J]. American Economic Review, 1970(40): 126-42.

[11] HOEL M, SHAPIRO P. Population Mobility and Transboundary Environmental Problems[J]. Journal of Public economics, 2003(87): 113-124.

[12] KHAN M A. The Harris-Todaro Hypothesis and the Heckscher-Ohlin-Samuelson Trade Model: A Synthesis [J]. Journal of International Economics, 1980 (10): 527-47.

[13] SIGMAN H. Transboundary Spillovers and Decentralization of Environmental Policies [J]. Journal of Environmental Economics and Management, 2005(50): 82-101.

[14] TAWADA M, NAKAMURA Z. International Trade and Economic Dynamics[J]. Springer Berlin Heidelberg, 2009: 87-99.

[15] TAWADA M, SHUQIN SUN. Urban Pollution, Unemployment and National Welfare in a Dualistic Economy[J]. Review of Development Economics, 2010(14): 311-322.

[16] VARIAN H. A Solution to the Problem of Externalities When Agents Are Well-informed[J]. American Economic Review, 1994(85): 1278-1293.

第Ⅱ篇

江浙沪经济发展中的问题及差异研究：2014 年至 2017 年

第 10 章 江浙沪经济发展中的问题及差异

本篇收集的论文是 2014 至 2017 年间写成的,共计 5 章,均取自我 2017 年由经济科学出版社出版的《江浙沪经济发展中的问题及差异研究》。

第 1 节 研究的背景和意义

由江苏省、浙江省和上海市(以下简称江浙沪)为主体的长江三角洲地区已经是我国当前经济发展水平最高、综合实力最强的区域。江浙沪既是中国经济的增长极,也是推动世界经济稳健发展的重要动力。在多年的发展中长三角形成了三种既有联系又有区别的发展模式:上海以现代服务业为主导的全球化城市发展模式,江苏以吸收 FDI 为主进行出口导向的开放发展模式,而浙江则形成以民有、民营、民享为特征的内生型经济发展模式。上海的现代服务业降低了制度和交易成本,江浙则是降低制造成本的中心,二者结合极为有效地提高了长三角经济区的产业竞争力,2013 年,实现地区生产总值 11.71 万亿元。

之所以我们要比较江浙沪的现代经济发展中问题和差异,主要有以下的原因:江浙沪同属长三角地区,它们之间唇齿相依,彼此相互影响,存在极其紧密的政治和经济的关联。回顾江浙沪三省市的经济发展历程,三地经济模式有非常相似的一面,都是以开放经济、代工贸易为主导,故而发展中存在三个突出问题。第一,产业重构、资源浪费严重。同一产业在同一辖区或邻近辖区内重复分散,使得区域内资源短缺或市场容量不够,行政区域之间的分工效率不高,地方优势未能充分发挥。同时,由于区域间缺乏沟通,造成各地区基础设施重复建设,如港口码头、机场建设等,不仅造成了资源浪费,且在一定程度上阻碍了地方经济的发展。第二,招商引资恶性竞争、合作意识薄弱。江浙沪是全国招商引资最主要的地区，也是外商投资密度最高的地区之一。然而，随着发展速度的不断加快，招商引资过程中出现的无序竞争现象却越来越多。各区域都根据发展要求建立了经济开发区、孵化器和创意园，然而，各地引资成本一降再降，对进驻开发区和创意园的企业要求也越来越低。从初始的土地承包到后来的外贸产品，过度竞争所带来的利润越来越薄，空间越来越小，阻碍了发展效率的提高。第三，城市间发展不均衡，差距还在逐步扩大。上海、苏州、南京和杭州等地区城市化水平较高，GDP 贡献率也居于全国城市前列，公共设施、福利保障、生态环境等均优于苏北地区和浙江西部地区，城市综合竞争力在区内明显靠前，江浙沪区域内城市间的差距有越来越扩大之势。

江浙沪的经济改革已经势在必行。实际上从 20 世纪 90 年代中期开始，江浙沪就已开始将经济增长模式的转变作为区域经济发展的重要战略，正在向具有现代元素的经济模式迈进。各地具有自己特点的模式已经初现雏形：上海市随着经济国际化的深化，国际金融中心、总部经济中心和自贸区建设的推进，正在成为中国和世界的金融中心和产业创新基地，是中国深化市场经济的先锋；江苏省经济从对外代工为主的初级模式向着高技术、高附加值的知识经济、总部经济方向发展；浙江省则由改革初始时小作坊式的民营经济发展到"温州模式"等以贸易服务业为主的经济模式，特别是近年来以淘宝购物为标志的现代商务模式的普及使浙江逐渐向我国民营商贸中心方向前进。但是，必须要指出的是，时至今日，虽然改革取得一定成果，但问题依然存在，高效率的经济增长模式的根本转变还没有在江浙沪得到全面实现。

世界经济发展情况表明，并不存在一套固定不变的经济模式，各地可以根据生产力发展的要求，结合本地实际情况，在各个不同发展阶段创造出与之相适应的和有利于推动经济发展的经济模式。党的十八届三中全会提出了深化市场改革新目标、新要求，江浙沪当前正在进行具有各自特色的经济模式变革，其目的也就是打破旧的、低效率经济模式，建立高效、有创新活力、代表先进生产力的市场经济模式。问题是在江浙沪各自范围内合理有效的现代经济模式，在江浙沪区域全局来看却并非一定是最优的现代经济发展模式，因为我们很难想象一个区域中有三个非常相似的经济模式是有利于区域整体经济发展的。那么，江浙沪现代经济发展模式是否能够既对各自经济可持续发展有利,又可超越各自的行政区域、顾及整个江浙沪区域资源配置的大局,使江浙沪经济互补、提升发展效率,从而实现江浙沪地区整体经济的长期繁荣和可持续发展?我们认为,这正是科学的江浙沪现代经济发展模式意义所在。所以,本篇的研究意义可以归纳成以下三点。

第一,掌握江浙沪三地经济发展方向。比较江浙沪的现代经济模式,能够掌握江浙沪市场经济的发展方向,是解决上述问题的重要手段。因此,研究与总结江浙沪现代经济发展模式的特点和演变方向,以期待发现江浙沪经济发展模式中存在的问题,对于解决当前江浙沪区域经济的发展瓶颈问题、完善现有的现代经济模式、推动区域经济长期繁荣具有重要意义。

第二,提高区域经济发展效率。通过我们的研究,我们拟提出江浙沪应促进"科学的现代经济模式"的建议。在江浙沪区域经济一体化的框架下,减少江浙沪重复建设与产业重构,提高各地间的经济互补性和资源利用效率的现代经济模式,它对江浙沪经济可持续发展和环境保护具有重要意义。

以上两点就是本篇的实践意义所在。

第三,具有重要的学术价值。由于现代经济模式的研究涉及经济学的各个领域,并且国内外学术界都没有系统地进行过对长三角地区的现代经济模式研究,所以,本篇的研究在具备重要实践意义的同时也具有重要的学术价值。本篇的框架和主要内容。

本篇共有 5 章,都是我的研究团队在 2014—2017 年间的研究成果,各章之间看似独立,但相互之间有许多紧密联系,框架如图 10-1:

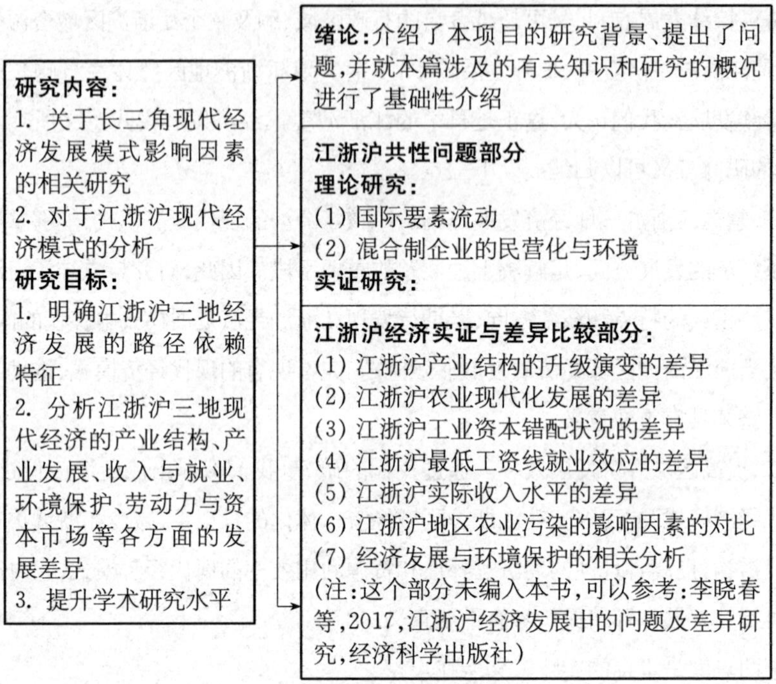

研究内容:	绪论:介绍了本项目的研究背景、提出了问题,并就本篇涉及的有关知识和研究的概况进行了基础性介绍
1. 关于长三角现代经济发展模式影响因素的相关研究 2. 对于江浙沪现代经济模式的分析 **研究目标:** 1. 明确江浙沪三地经济发展的路径依赖特征 2. 分析江浙沪三地现代经济的产业结构、产业发展、收入与就业、环境保护、劳动力与资本市场等各方面的发展差异 3. 提升学术研究水平	**江浙沪共性问题部分** **理论研究:** (1) 国际要素流动 (2) 混合制企业的民营化与环境 **实证研究:** **江浙沪经济实证与差异比较部分:** (1) 江浙沪产业结构的升级演变的差异 (2) 江浙沪农业现代化发展的差异 (3) 江浙沪工业资本错配状况的差异 (4) 江浙沪最低工资线就业效应的差异 (5) 江浙沪实际收入水平的差异 (6) 江浙沪地区农业污染的影响因素的对比 (7) 经济发展与环境保护的相关分析 (注:这个部分未编入本书,可以参考:李晓春等,2017,江浙沪经济发展中的问题及差异研究,经济科学出版社)

图 10-1 本篇的研究框架

第 2 节 本篇的研究方法、研究价值、创新之处和主要结论

一、研究方法

本篇使用的主要研究方法有以下三种方法。

(1) 理论分析方法:从理论上分析现代农业发展、环境污染、最低工资线、资本错配等的经济影响或程度。

(2) 比较分析方法:江浙沪三地发展有极大的差异性,这种差异性表现在产业结构、农业和工业发展、要素市场等多方面,比较分析即有利于找到各地发展的弱势,也有利于找到各地发展的优势和强项,从而在指定发展战略时突出比较优势,走特色化发展之路。

二、研究价值

本篇研究价值主要体现在学术价值和应用价值上。

(1) 学术价值:本篇立足于江浙沪三地,将现代农业纳入理论框架,并从理论上分析污染治理技术改进的经济效果;我们将由资本错配而导致的劳动错配从总的劳动错配中分离出来,从而更为精确地度量由资本错配导致的直接和间接生产率损失;我们用购买力平价换算的收入水平更能反映地区间的收入差距。这些成果在学术上均为首创,具有较好的创新性。

(2) 应用价值:作为我们的研究成果,本篇中的各章的主要结论中大都意含着或附有政策建议,体现出本篇的应用价值,具体表现在以下几个方面。

① 建立区域经济一体化,加强三地人才、技术、资金等各种资源的流动和交易。随着上海自贸区的建立,上海在金融、贸易、航运等领域将有更多的机遇,江浙二地应加强与上海的合作,促进要素流动,对接自贸区,把上海的能量充分释放出来,与苏浙资源聚为一体,在统一的区域市场下优化生产要素配置,形成叠加效应和整体优势。

② 江浙沪三地都存在较为严重的资本错配,尤其是浙江省。三地需要进一步降低资本自由流动的门槛,尤其是在资本信贷领域,让不同类型的资本享受尽可能按其风险享受对应的使用成本,而非强调资本的所有者属性。

③ 在绿色发展方面,江苏省和浙江省的主要环境污染指标仍呈现出上升趋势,且江苏省污染物排放量上升幅度大于浙江。这与两省的产业结构差异有很大的关系,江苏工业经济规模较大而浙江以商业为重。江浙两省需要平衡环境与经济发展之间的关系,地方政府要努力提高环境保护支出的效率,中央对地方环境保护工作也应强化监督和激励机制。

④ 就最低工资而言,上海和浙江还存在较大的上调最低工资的空间,而江苏最低工资的上调空间较小。三地可依据最低工资上调的就业效应采取合适的最低工资上调政策,即综合考虑缩小收入差距的目标和最低工资上调的就业抑制效应。

⑤ 实际价格平减后的城镇和农村人均收入,江苏都小于上海和浙江,且近年有

逐渐拉大差距的趋势，所以江苏要重视经济发展中的惠民政策，让居民收入和经济发展同步增长。

三、本篇的前沿性

本篇有新意指出主要体现在各章的研究视角和分析方法上，从而使得各章得到一些有益的结论，整篇的前沿性主要体现如下。

(1) 由于我们过去在理论经济学方面的研究比较落后，国际学界在现代农业的研究中有关农业二元经济结构的设定没有考虑中国情况，普遍采用其收入与传统农业相同的做法，这是明显带有"印度特色"，与中国，特别是江浙沪地区发展以高效农业为基础的现代农业的实际不一致。本篇则采用现代农业收入高于传统农业的设定，并以此作为划分农村二元的经济构造的依据，是学界之首创，也使我们的分析更加符合我国经济实际。

(2) 在有关环境保护的研究中将环境和现代农业发展纳入同一个框架。我们之所以如此处理，是因为它们之间有其内在逻辑：现代农业发展需要高技术劳动力和资本，发展现代农业的过程就是劳动力和资本重新在农业和城市部门配置的过程，这种重新配置将影响城市部门的污染排放。在2016年之前，国际学界并没有重视二者之间的内在联系，本篇在此问题的研究上进行了拓展。

(3) 在研究分析要素错配时，现有文献往往将资本和劳动力区分开来，单独研究资本错配和劳动力错配，并没有考虑资本错配和劳动错配之间的关系。若考虑到资本在要素市场上的主导地位，资本配置会影响劳动配置，从而可知劳动错配中有一部分是资本错配造成的。如此以新模型刻画资本错配和劳动错配，才能避免对资本错配的低估和对劳动错配的高估。

(4) 在有关收入和就业的研究中，设定收入的指标包括实际收入和名义收入，要研究地区间的实际收入差距，不能仅仅将名义收入用价格指数换算为实际收入，因为价格指数是同一地区不同时间点上价格变化的反应，无法反应地区之间单位货币购买力的差异。我们从衣食住行等角度确定代表性商品和消费数量，用实际数据进行江浙沪地区间购买力的换算，从而用购买力平价的思路将三地的实际收入差距反映出来。

(5) 在反映发展中国家的理论模型大多以城市、农村二元经济结构为蓝本进行构建,而本篇中的劳动力转移的一般均衡理论模型除了城市和农村外,都设立了第三个部门——现代农业部门。这是因为在现代农业部门发展起来以前的二元结构经济中,农业部门的转移劳动力只有去城市,但经济中有了现代农业部门后,现代农业部门成了农村劳动力的另一个转移选项,这必须用三部门模型来表达。以前的研究没有考虑现代农业部门,今天已经不太适用。

本篇受到教育部人文社会科学重点研究基地重大项目《江浙沪现代经济发展模式的比较分析》(项目编号:14JJD790016)的资助。感谢南京大学长江三角洲经济社会研究中心的同事们,感谢中心的执行主任刘志彪教授,他们对我的研究给予了极大的关怀和鼓励,使我和我的研究团队能够充分享受研究过程的同时也收获了丰硕的成果。我指导的硕士生许嫒婷、季钰、李景珉,我指导的博士生董哲昱等参与了本篇的写作,如果本篇的结论能够为江浙沪制定相关政策提供有益的参考,贡献我们的绵薄之力,就是我们共同的心愿。

第11章 农业二元化背景下的国际要素流动：失业与工资差距的分析

本章摘要：本章研究了在存在先进农业的经济中，国际要素流动对失业和收入差距的影响。我们的研究考虑到了农村劳动力不仅向城市转移，也向先进农业部门转移的新特点。本章的主要结论为：非技术劳动力的流出可以缓解本国工资差异和降低失业；而技术劳动力和资本的流入对工资差异和失业率的影响，则依赖于城市部门和先进农业部门之间生产要素密集度大小的比较。

第1节 引 言

借助外国资本和技术的力量发展本国经济，是大多数发展中国家的经济发展之路，江浙沪的经济发展也是如此。所以，研究国际经济如何影响就业和收入差距对发展中国家尤为重要。学术界也已经有了一些成果：Feenstra & Hanson (1996)、Marjit et al. (2004)、Marjit & Kar (2005)、Chaudhuri & Yabuuchi (2007) 以及 Yabuuchi & Chaudhuri (2007) 等在贸易自由化和国际要素流动等条件下，对发展中国家工资差异影响做出了分析；Yabuuchi (2007)、Beladi, Chaudhuri & Yabuuchi (2008)、Beladi et al. (2010)、Chaudhuri & Banerjee (2010) 不仅考虑了发展中国家的工资差异问题，还考虑了贸易自由化和国际要素流动等对发展中国家非技术劳动力失业率的影响。

其中，Beladi, Chaudhuri & Yabuuchi (2008) 在假定农业部门单位技术劳动力对应的资本量高于城市部门的前提之下，分析认为技术劳动力外流对工资差、失业率的影响,依赖于城市部门和农村部门技术劳动力和资本的密集度关系,外资流入对工资差、失业率的影响,同样依赖于城市部门和农村部门技术劳动力和资本的密集度关系,并得出非技术劳动力向经济外流出,在一定条件下反而会增加工资的差异,并提高非技术劳动力失业率的结论。这样的假定如果放在其他发展中国家,不一定合适。例如,中国的农村一般以家庭为单位生产和经营,所用资本很少,传统意义上的农业生产也不需要更高的技术。故而,他们所得的结论就不能直接运用到如同中国这样的发展中国家。

另一方面,当前,在一些新兴的发展中国家,如中国、印度等,先进农业在兴起。所谓"先进农业",学术界并没有一个统一的定义,Li & Shen (2012)认为,先进农业是一种以市场导向为核心,引入现代农业生产设备和技术,实现单位土地面积收益高于传统农业的新兴农业。正是由于先进农业部门的出现,赋予了要素流动新的意义。这不仅仅是因为先进农业部门使用技术劳动力,还因为在先进农业部门发展起来以前,农村非技术的转移劳动力只有去城市,但经济中出现了先进农业部门后,他们就多了一个转移选项——先进农业部门。这样的转移对就业和收入差距的影响究竟如何,值得关注。其实,Chaudhuri (2008)在一篇工作论文中也考虑了农业二元化下的发展中国家工资差异问题,但他没有在先进农业部门中引入技术劳动力和资本,削弱了先进农业的意义。

本章为了明确在先进农业存在的情况下,国际要素流动对就业和收入差距的影响,建立一个三部门模型展开研究。我们的研究考虑到了传统农村的劳动力不仅向城市转移,也向先进农业部门的新特点,且在先进农业部门中引入技术劳动力和资本作为生产要素。本章的主要结论为:非技术劳动力的流出一定可以缓解本国工资差异和降低失业;而技术劳动力和资本的流入对工资差异和失业率的影响,则要依赖于城市部门和先进农业部门之间,生产要素密集度大小的比较。以下,本章的第二部分是一般均衡模型的建立,第三部分是对已建立模型进行的理论分析,第四部分为总结本章的结束语。

第 2 节 模 型

在理论上我们可以将长三角地区或发展中国家考虑成一个小国开放的经济体。经济中有三个部门，城市正式部门、先进农业部门和传统农业部门。经济中存在四种生产要素，技术劳动力 L_S、非技术劳动力 L_U、资本 K 和土地 T。城市部门 X_1 使用技术劳动力、非技术劳动力和资本生产进口竞争产品，先进农业部门 X_2 使用技术劳动力、非技术劳动力、资本和土地生产可出口的产品，传统农业部门 X_3 使用非技术劳动力和土地同样生产可出口的产品。因此，城市部门、先进农业部门和传统农业部门的生产函数如下：

$$X_1 = F^1(L_{S1}, L_{U1}, K_1) \tag{11-1}$$

$$X_2 = F^2(L_{S2}, L_{U2}, K_2, T_2) \tag{11-2}$$

$$X_3 = F^3(L_{U3}, T_3) \tag{11-3}$$

生产函数 $F^j(j=1,2,3)$ 对每个生产要素都是增函数，且满足一阶齐次性和严格拟凹性。

在完全竞争的市场条件下，我们可以得到：

$$a_{S1} w_S + a_{U1} \overline{w_U} + a_{K1} r = p_1 \tag{11-4}$$

$$a_{S2} w_S + a_{U2} \overline{w_U} + a_{K2} r + a_{T2} \tau = p_2 \tag{11-5}$$

$$a_{U3} w + a_{T3} \tau = p_3 \tag{11-6}$$

其中 a_{ij} 表示的是在第 j 部门，生产一单位产品所需投入的第 i 种生产要素的量；w_S 表示城市部门和先进农业部门中使用的技术劳动力的工资；$\overline{w_U}$ 表示城市部门和先进农业部门中使用的非技术劳动力的工资；w 表示传统农业部门中使用的非技术劳动力的工资；r 表示城市部门和先进农业部门使用的资本的利息率；τ 表示两个农业部门使用的土地的地租；$p_j(j=1,2,3)$ 分别表示城市部门、先进农业部门和传统农业部门产品的市场价格，先进农业产品价格之所以与传统农业产品价格不同，是因为其要实现单位土地面积收益高于传统农业，利用资本和高技术投入来生产产品价值高的农作物，即便是种植与传统农业相同产品，也可以利用资本优势，通过规模效应降低成本,因而在一般情况下,前者价格较高后者则较低;这里我们假定所有的产品都可贸易,产品价格就是国际产品价格。

对于发展中国家而言,技术劳动力短缺,因而我们可以假定技术劳动力完全雇佣,不存在失业,且在城市部门和先进农业部门间自由流动。对于非技术劳动力,本章假定城市部门和先进农业部门的工资$\bar{w_U}$为外生给定,即工资下方刚性。需要注意的是,在一些既有的研究中沿用对农村部门的工资设定,将先进农业部门的工资设为完全弹性的,如 Gupta(1997)、Chaudhuri(2007)等,但许多发展中国家(如中国)的先进农业往往先在城市的周边地区和公路、铁路沿线等交通便利的地方发展起来,这些地方受城市影响大,非技术劳动力工资大多与城市相同,如果得不到相同的工资,他们就能很容易地进城找工作了,如杜徐君、金爱武(2012)在文中所述。本章考虑的正是这样的情形,因而先进农业部门的非技术劳动力工资也为外生的$\bar{w}_U$。而在传统农业部门中,非技术劳动力的工资w为完全弹性。我们用L_{UU}表示城市部门和先进农业部门存在的非技术劳动力的失业人数,用λ表示这两个部门非技术劳动力的失业率,则$\lambda=L_{UU}/(L_{U1}+L_{U2})=L_{UU}/(a_{U1}X_1+a_{U2}X_2)$。因而在非技术劳动力市场转移均衡时,传统农业部门非技术劳动力的工资,等于城市部门和先进农业部门非技术劳动力的期望工资,即刚性工资$\bar{w}_U$与在这两部门找到工作的概率$(L_{U1}+L_{U2})/(L_{U1}+L_{U2}+L_{UU})$的乘积。因此非技术劳动力的转移均衡式为:

$$w=\frac{L_{U1}+L_{U2}}{L_{U1}+L_{U2}+L_{UU}}\bar{w}_U$$

也即:

$$(1+\lambda)w=\bar{w}_U \qquad (11-7)$$

非技术劳动力、技术劳动力、资本和土地四个生产要素市场的出清条件可以表示为:

$$a_{U1}X_1+a_{U2}X_2+a_{U3}X_3+\lambda a_{U1}X_1+\lambda a_{U2}X_2=L_U \qquad (11-8)$$

$$a_{S1}X_1+a_{S2}X_2=L_S \qquad (11-9)$$

$$a_{K1}X_1+a_{K2}X_2=K \qquad (11-10)$$

$$a_{T2}X_2+a_{T3}X_3=T \qquad (11-11)$$

其中，L_U、L_S、K、T 分别为非技术劳动力、技术劳动力、资本和土地这四个要素的禀赋量。

至此，本章的模型构建完成，由(11-4)~(11-11)这八个等式组成，包含八个内生变量 w_S、w、r、τ、λ、X_1、X_2 和 X_3。

在本章中非技术劳动力被分在三部门，注意到失业人员的工资为零，非技术劳动力的平均工资可以写为：

$$w_A = \lambda_{U1}\bar{w}_U + \lambda_{U2}\bar{w}_U + \lambda_{U3}w \tag{11-12}$$

其中 $\lambda_{ij}(i=L_S,L_U,K,T;j=1,2,3)$ 表示部门 j 所雇佣的生产要素(技术劳动力、非技术劳动力、资本、土地)的数量占要素总禀赋量的比例。根据(11-7)和(11-8)，(11-12)式可转化为 $w_A=w$，即非技术劳动力的平均工资等于传统农业部门非技术劳动力的工资。因而当 $\hat{w}_S - \hat{w} > (<) 0$ 时，技术劳动力与非技术劳动力之间的工资差异增加(减小)。

部门间人均资本量、人均土地量的大小，对本章分析很重要。为此，我们做出以下假定。

假定 1：$K_1/L_{S1} < K_2/L_{S2} \Leftrightarrow \Lambda_{KS} = \lambda_{K1}\lambda_{S2} - \lambda_{S1}\lambda_{K2} < 0 \Leftrightarrow \Theta_{KS} = \theta_{K1}\theta_{S2} - \theta_{S1}\theta_{K2} < 0$。

其中 $\theta_{ij}(i=L_S,L_U,K,T;j=1,2,3)$ 表示部门 j 的产品价格中分别的生产要素(技术劳动力、非技术劳动力、资本、土地)成本；Λ_{KS} 表示城市部门和先进农业部门之间，每单位技术劳动力对应的资本量的大小比较；Θ_{KS} 表示城市部门和先进农业部门之间，产品价格中技术劳动力成本和资本成本的大小比较。

假定 1 意味着先进农业部门的每一单位技术劳动力对应的资本量高于城市部门，不论是从数量角度还是价值角度都成立。这与 Beladi, Chaudhuri & Yabuuchi (2008)文章中假定农业部门单位技术劳动力对应的资本量高于城市部门相类似，所不同的是本章是城市部门与先进农业部门之间的比较。这一假定，在先进农业部门发展的初期较为常见，城市部门和先进农业部门虽然都使用技术劳动力和资本，但是相较而言，先进农业部门发展之初可以雇佣的技术劳动力量较少，因而每单位技术劳动力对应的资本就较多。

假定 2：$T_2/L_{U2} > T_3/L_{U3} \Leftrightarrow \Lambda_{TU} = \lambda_{T2}\lambda_{U3} - \lambda_{U2}\lambda_{T3} > 0$。

其中 Λ_{TU} 表示先进农业部门和传统农业部门之间,每单位非技术劳动力对应的土地量的大小比较。

假定 2 意味着先进农业部门的每一单位非技术劳动力对应的土地量要高于传统农业部门,这与 Chaudhuri(2008)文章中的假定相同。这是由于传统农业部门的非技术劳动力数量多并且先进农业部门技术先进,每一单位土地所需的劳动力数量少的缘故。

以上两条假定与既有的劳动力工资差距论文中的有关假定虽有相似或相同之处,但都是根据经济中存在先进农业部门制定的,这是本章与其他论文的假定的不同之处。在这样的假定条件下,我们分别考察三种生产要素的国际流动,对于发展中国家技术与非技术劳动力工资差异以及非技术劳动力失业率的影响。

第3节 国际生产要素流动与工资差异

一、国际非技术劳动力流动

我们考虑国际间非技术劳动力的流动对发展中国家工资差异、失业率的影响,不仅考虑非技术劳动力向发达国家转移的情况,同时也考虑非技术劳动力流入发展中国家的情况。尽管前一种情形对于发展中国家较为常见,但后一种情况在现实经济中也是存在的、合理的。

解(A1)式(见附录),我们可以得到:

$$\hat{w_S}/\hat{L_U} = \Lambda_{KS}\lambda_{T3}\theta_{K1}\theta_{T2}\theta_{U3}w\lambda/\Delta > 0 \qquad (11-13)$$

$$\hat{w}/\hat{L_U} = \Lambda_{KS}\lambda_{T3}\Theta_{KS}\theta_{T3}w\lambda/\Delta < 0 \qquad (11-14)$$

$$(\hat{w_S}-\hat{w})/\hat{L_U} = \Lambda_{KS}\lambda_{T3}(\theta_{K1}\theta_{T2}\theta_{U3}-\Theta_{KS}\theta_{T3})w\lambda/\Delta > 0 \qquad (11-15)$$

$$\hat{\lambda}/\hat{L_U} = -\frac{1+\lambda}{\lambda}\hat{w}/\hat{L_U} = -\Lambda_{KS}\lambda_{T3}\Theta_{KS}\theta_{T3}w(1+\lambda)/\Delta > 0 \qquad (11-16)$$

其中 Δ 表示(A1)式的行列式值(见附录)。

以上四式均在假定 1 的条件下成立,我们可以得到以下命题。

命题 1：在假定 1 的条件下，非技术劳动力流入会使得本国的技术劳动力与非技术劳动力工资差异增加，非技术劳动力失业率上升；反之，非技术劳动力的流出会使得工资差异缩小、失业率下降。

我们在各部门产品价格不变的条件下，以长三角地区或发展中国家的非技术劳动力流出为例进行分析。发展中国家的非技术劳动力数量多且存在失业，一部分的非技术劳动力外流会使得其总供给量下降，从而使其工资水平得以提高，并降低非技术劳动力的失业率。在传统农业部门中，因其产品价格不变，劳动力的工资上升，会使得土地的地租下降，土地在两个农业部门之间是完全自由流动的，因而先进农业部门的租地成本也会降低。先进农业部门的产品价格和非技术劳动力工资都是外生给定的，地租的降低就会使得每单位产品中技术劳动力和资本的成本之和上升。我们注意到城市部门和先进农业部门中，技术劳动力的工资和资本的利息率呈反向变动关系，以及城市部门产品价格和非技术劳动力工资是外生给定的，其每单位产品中技术劳动力和资本的成本之和不变。由假定 1 可知，技术劳动力的工资应当下降，资本的利息率上升，这样才会使得在先进农业部门中两者的变动之和是上升的，而在城市部门中两者的变动之和为零。由此，非技术劳动力工资上升，技术劳动力工资下降，从而工资差异缩小。

反之，可以同样地分析非技术劳动力流入的情况。在本章的模型和假定下，非技术劳动力的外流不仅有利于减少国内非技术劳动力的失业，同时还可以缩小国内的工资差异。这与 Yabuuchi（2007）以及 Beladi, Chaudhuri & Yabuuchi（2008）所得结论有所不同，在他们的文章中，非技术劳动力向经济外流出，在一定条件下反而会增加工资的差异，并提高非技术劳动力的失业率。

二、国际技术劳动力流动

考虑国际技术劳动力流动的情况，同样解（A1）式可得：

$$\text{如果 } \Lambda_{KU} \begin{cases} > (\Lambda_{TU}\lambda_{K1} + \lambda_{U1}\lambda_{K2}\lambda_{T3})/\lambda_{T3}\lambda \\ = (\Lambda_{TU}\lambda_{K1} + \lambda_{U1}\lambda_{K2}\lambda_{T3})/\lambda_{T3}\lambda, \text{则} \\ < (\Lambda_{TU}\lambda_{K1} + \lambda_{U1}\lambda_{K2}\lambda_{T3})/\lambda_{T3}\lambda \end{cases}$$

$$\hat{w_S}/\hat{L_S}=(\Lambda_{TU}\lambda_{K1}-\Lambda_{KU}\lambda_{T3}\lambda+\lambda_{U1}\lambda_{K2}\lambda_{T3})\theta_{K1}\theta_{T2}\theta_{U3}w\lambda/\Delta\begin{cases}>0\\=0\\<0\end{cases} \quad (11-17)$$

$$\hat{w}/\hat{L_S}=(\Lambda_{TU}\lambda_{K1}-\Lambda_{KU}\lambda_{T3}\lambda+\lambda_{U1}\lambda_{K2}\lambda_{T3})\Theta_{KS}\theta_{T3}w\lambda/\Delta\begin{cases}<0\\=0\\>0\end{cases} \quad (11-18)$$

$$\hat{w}/\hat{L_S}=(\Lambda_{TU}\lambda_{K1}-\Lambda_{KU}\lambda_{T3}\lambda+\lambda_{U1}\lambda_{K2}\lambda_{T3})\Theta_{KS}\theta_{T3}w\lambda/\Delta\begin{cases}<0\\=0\\>0\end{cases} \quad (11-19)$$

$$\hat{\lambda}/\hat{L_S}=-(\Lambda_{TU}\lambda_{K1}-\Lambda_{KU}\lambda_{T3}\lambda+\lambda_{U1}\lambda_{K2}\lambda_{T3})\Theta_{KS}\theta_{T3}w(1+\lambda)/\Delta\begin{cases}>0\\=0\\<0\end{cases} \quad (11-20)$$

其中 $\Lambda_{KU}=\lambda_{K1}\lambda_{U2}-\lambda_{U1}\lambda_{K2}$，表示城市部门和先进农业部门之间，每单位非技术劳动力对应的资本量的大小比较。

以上四式要在假定 1 和 2 的条件下成立时，我们可以得到以下命题。

命题 2：在假定 1 和 2 的条件下，若 $\Lambda_{KU}<\dfrac{\Lambda_{TU}\lambda_{K1}+\lambda_{U1}\lambda_{K2}\lambda_{T3}}{\lambda_{T3}\lambda}$，技术劳动力流入本国会使得技术劳动力和非技术劳动的工资差异缩小、非技术劳动力失业率下降；技术劳动力的流出，会使得工资差异增加、失业率上升。当 $\Lambda_{KU}>\dfrac{\Lambda_{TU}\lambda_{K1}+\lambda_{U1}\lambda_{K2}\lambda_{T3}}{\lambda_{T3}\lambda}$ 时，技术劳动力流入会使工资差异增加、失业率上升；技术劳动力流出会使工资差异缩小、失业率下降。

对于发展中国家而言，技术劳动力常常会因为工资较低而流出，不过现实经济中，也不乏技术劳动力流入发展中国家的情况，一些发达国家近年来失业率居高不下，使得部分失业或已退休的技术劳动力，流入发展中国家寻找工作机会。因而，在本章中我们不仅考虑技术劳动力流出本国的情况，也考虑技术劳动力的流入。

在各部门产品价格不变的条件下，以技术劳动力流入发展中国家为例进行分析，考虑城市部门和先进农业部门每单位非技术劳动力对应的资本量的大小的不同情况。当 $\Lambda_{KU} < \frac{\Lambda_{TU}\lambda_{K1} + \lambda_{U1}\lambda_{K2}\lambda_{T3}}{\lambda_{T3}\lambda}$，技术劳动力流入会使得国内技术劳动力总量增加、工资下降，此时城市部门产品价格和非技术劳动力的工资都不变，从而资本利息率上升，城市部门产品价格中技术劳动力和资本的成本之和不变。技术劳动力和资本在城市部门和先进农业部门之间完全自由流动，从而根据假定1可知先进农业部门产品价格中资本和技术劳动力的成本之和上升，又该部门非技术劳动力的工资为刚性，从而土地的地租下降。土地在两个农村部门间是自由流动的，所以地租的下降会导致传统农业部门中劳动力的工资上升。经济中，非技术劳动力的总量不变，而其平均工资上升，说明国内对非技术劳动力的总需求上升，因而其失业率下降。所以，此种情况下，非技术劳动力与技术劳动力的工资差异增加，非技术劳动力的失业率下降。

反之，当 $\Lambda_{KU} > \frac{\Lambda_{TU}\lambda_{K1} + \lambda_{U1}\lambda_{K2}\lambda_{T3}}{\lambda_{T3}\lambda}$，即城市部门和先进农业部门之间非技术劳动力对应的资本量大小相差充分大时，结合假定1可以推出城市部门每单位非技术劳动力对应的技术劳动力数量远大于先进农业部门，因而相较于先进农业部门，城市部门的生产对技术劳动力的依赖性更强。当技术劳动力流入本国时，城市部门会采取提高技术劳动力工资的方法，吸引流入本国的技术劳动力进入城市部门，从而国内的技术劳动力工资上升。与之前的分析方法相同，我们可以得出此时非技术劳动力工资下降，即国内工资差异增加，同时非技术劳动力的失业率上升。

以下我们考虑技术劳动力流出本国时的情形，根据本章的模型和假定，技术劳动力的流入与流出，对发展中国家的工资差和失业率的影响依赖于城市部门和先进农业部门间非技术劳动力和资本的密集度大小差异，这与 Yabuuchi(2007)以及 Beladi, Chaudhuri & Yabuuchi(2008)的结论有所不同，在他们的文章中，技术劳动力对工资差、失业率的影响，依赖于城市部门和农村部门技术劳动力和资本的密集度关系。因而，发展中国家在制定对技术人才引进的政策时，要注意本国城市部门与先进农业部门的非技术劳动力和资本的雇佣量大小，否则反而会导致工资差增加、失业率上升。

三、国外资本流入

发展中国家往往资本匮乏，政府会采取吸引外资的政策来促进本国经济发展，因

而本章主要考虑国外资本的流入,对发展中国家工资差异、失业率的影响,同样解(A1)式,我们可以得到:

$$\text{如果 } \Lambda_{SU} \begin{cases} > (\Lambda_{TU}\lambda_{S1} + \lambda_{U1}\lambda_{S2}\lambda_{T3})/\lambda_{T3}\lambda \\ = (\Lambda_{TU}\lambda_{S1} + \lambda_{U1}\lambda_{S2}\lambda_{T3})/\lambda_{T3}\lambda ,\text{则} \\ < (\Lambda_{TU}\lambda_{S1} + \lambda_{U1}\lambda_{S2}\lambda_{T3})/\lambda_{T3}\lambda \end{cases}$$

$$\hat{w}_S/\hat{K} = (-\Lambda_{TU}\lambda_{S1} + \Lambda_{SU}\lambda_{T3}\lambda - \lambda_{U1}\lambda_{S2}\lambda_{T3})\theta_{K1}\theta_{T2}\theta_{U3}w\lambda/\Delta \begin{cases} <0 \\ =0 \\ >0 \end{cases} \quad (11-21)$$

$$\hat{w}/\hat{K} = (-\Lambda_{TU}\lambda_{S1} + \Lambda_{SU}\lambda_{T3}\lambda - \lambda_{U1}\lambda_{S2}\lambda_{T3})\Theta_{KS}\theta_{T3}w\lambda/\Delta \begin{cases} >0 \\ =0 \\ <0 \end{cases} \quad (11-22)$$

$$(\hat{w}_S - \hat{w})/\hat{K} = (-\Lambda_{TU}\lambda_{S1} + \Lambda_{SU}\lambda_{T3}\lambda - \lambda_{U1}\lambda_{S2}\lambda_{T3})(\theta_{K1}\theta_{T2}\theta_{U3} - \Theta_{KS}\theta_{TS})w\lambda/\Delta \begin{cases} <0 \\ =0 \\ >0 \end{cases}$$

$$(11-23)$$

$$\hat{\lambda}/\hat{K} = -(-\Lambda_{TU}\lambda_{S1} + \Lambda_{SU}\lambda_{T3}\lambda - \lambda_{U1}\lambda_{S2}\lambda_{T3})\Theta_{KS}\theta_{T3}w(1+\lambda)/\Delta \begin{cases} <0 \\ =0 \\ >0 \end{cases} \quad (11-24)$$

其中 $\Lambda_{SU} = \lambda_{S1}\lambda_{U2} - \lambda_{U1}\lambda_{S2}$,表示城市部门和先进农业部门之间,每单位非技术劳动力对应的技术劳动力数量的大小比较。

以上四式在假定1和2的条件下成立,我们可以得到以下命题。

命题3:在假定1和2的条件下,若 $\Lambda_{SU} < \dfrac{\Lambda_{TU}\lambda_{S1} + \lambda_{U1}\lambda_{S2}\lambda_{T3}}{\lambda_{T3}\lambda}$,则国外资本的流入会使得本国技术劳动力和非技术劳动力的工资差异增加、非技术劳动力失业率上升。反之当 $\Lambda_{SU} > \dfrac{\Lambda_{TU}\lambda_{S1} + \lambda_{U1}\lambda_{S2}\lambda_{T3}}{\lambda_{T3}\lambda}$ 时,国外资本流入会使工资差异缩小、失业率下降。

在各部门产品价格不变的条件下,分析当资本流入发展中国家时,考虑城市部门和先进农业部门每单位非技术劳动力对应的技术劳动力数量的大小的不同情况。当 $\Lambda_{SU} < \frac{\Lambda_{TU}\lambda_{S1} + \lambda_{U1}\lambda_{S2}\lambda_{T3}}{\lambda_{T3}\lambda}$ 时，外资流入本国会使得资本的利息率下降，在城市部门产品价格、非技术劳动力工资不变的情况下，使得技术劳动力工资上升。反之，当 $\Lambda_{SU} > \frac{\Lambda_{TU}\lambda_{S1} + \lambda_{U1}\lambda_{S2}\lambda_{T3}}{\lambda_{T3}\lambda}$ 时，即城市部门和先进农业部门之间非技术劳动力对应的技术劳动力数量大小相差充分大。结合假定1，虽然城市部门每单位技术劳动力对应的资本量小于先进农业部门，但二者之间差异较小，可以推出此时城市部门每单位非技术劳动力对应的资本量远大于先进农业部门，因而相较于先进农业部门，城市部门的生产对资本的依赖性更强。当外资流入本国时，城市部门会采取提高资本利息率的方法，吸引流入本国的资本进入城市部门，从而国内的资本利息率上升，在城市部门产品价格、非技术劳动力工资不变的情况下，使得技术劳动力工资下降。之后的分析与命题2中相类似，就不再赘述。

对于长三角地区或发展中国家而言，吸引外资往往是政府倾向采用的经济发展政策。但是在本章的模型和假定下，外资的流入在一定条件下会使得本国工资差异增大、失业率上升，其影响依赖于城市部门和先进农业部门之间技术劳动力和非技术劳动力的密集度大小差异。这与 Yabuuchi(2007)以及 Beladi et al. (2008)的结论有所不同，在他们的文章中，外资对工资差、失业率的影响，依赖于城市部门和农村部门技术劳动力和资本的密集度关系。因而，发展中国家在制定吸引外资流入的政策时，要注意本国城市部门与先进农业部门的技术劳动力和非技术劳动力的雇佣量大小，否则反而会导致工资差增加、失业率上升。

第4节 结 论

长三角地区或发展中国家的工资差异及失业率问题，一直是学术界和政府所关心的，各国政府也在积极地制定各种政策以应对国内工资差异和失业率的情况。本章就建立了一个包含城市部门、先进农业部门和传统农业部门的三部门劳动力转移模型，并在本章的假定下，得到了以下结论：非技术劳动力的流出一定可以缓解本国工资差异和失业的问题;而技术劳动力和资本的流入对工资差异和失业率的影响,则要依赖于城市部门和先进农业部门之间,生产要素密集度大小的比较。因此发展中国家政府在制定吸引人才和资金流入的政策时,要结合国内生产部门间的要素密集度关系,制定合理的、有利于工资差和失业率问题缓解的政策。

本章的主要贡献有以下两个方面:一是将先进农业部门纳入研究视野,并将其非技术劳动力的工资设为下方刚性,这是根据经济现实采用的新视角;二是本章解明了国际技术劳动力和资本的流入对本国工资和失业率的影响因素,这些因素与既有研究中的相关结论是不一样的,有助于发展中国家在制定政策时参考。

附 录

将(11-4)~(11-11)这八个式子全微分,我们可以得到如下的矩阵方程:

$$\begin{bmatrix} \theta_{S1} & \theta_{K1} & 0 & 0 & 0 & 0 & 0 & 0 \\ \theta_{S2} & \theta_{K2} & \theta_{T2} & 0 & 0 & 0 & 0 & 0 \\ 0 & 0 & \theta_{T3} & \theta_{U3} & 0 & 0 & 0 & 0 \\ A_1 & B_1 & C_1 & D_1 & (1+\lambda)\lambda_{U1} & (1+\lambda)\lambda_{U2} & \lambda_{U3} & \lambda(\lambda_{U1}+\lambda_{U2}) \\ A_2 & B_2 & C_2 & 0 & \lambda_{S1} & \lambda_{S2} & 0 & 0 \\ A_3 & B_3 & C_3 & 0 & \lambda_{K1} & \lambda_{K2} & 0 & 0 \\ A_4 & B_4 & C_4 & D_4 & 0 & \lambda_{T2} & \lambda_{T3} & 0 \\ 0 & 0 & 0 & w(1+\lambda) & 0 & 0 & 0 & w\lambda \end{bmatrix} \begin{pmatrix} \hat{w}_S \\ \hat{r} \\ \hat{\tau} \\ \hat{w} \\ \hat{X}_1 \\ \hat{X}_2 \\ \hat{X}_3 \\ \hat{\lambda} \end{pmatrix} = \begin{pmatrix} \hat{p}_1 \\ \hat{p}_2 \\ \hat{p}_3 \\ \hat{L}_U \\ \hat{L}_S \\ \hat{K} \\ \hat{T} \\ 0 \end{pmatrix}$$

(A1)

其中 S_{ij}^k 表示的是部门 k 中要素 i 和要素 j 的偏替代弹性,如 $S_{US}^1 = (\partial a_{U1}/\partial w_S)(w_S/a_{U1})$。

$A_1 = (1+\lambda)(\lambda_{U1}S_{US}^1 + \lambda_{U2}S_{US}^2) > 0, A_2 = \lambda_{S1}S_{SS}^1 + \lambda_{S2}S_{SS}^2 < 0,$

$A_3 = \lambda_{K1}S_{KS}^1 + \lambda_{K2}S_{KS}^2 > 0, A_4 = \lambda_{T2}S_{TS}^2 > 0,$

$B_1 = (1+\lambda)(\lambda_{U1}S_{UK}^1 + \lambda_{U2}S_{UK}^2) > 0, B_2 = \lambda_{S1}S_{SK}^1 + \lambda_{S2}S_{SK}^2 > 0,$

$B_3 = \lambda_{K1}S_{KK}^1 + \lambda_{K2}S_{KK}^2 < 0, B_4 = \lambda_{T2}S_{TK}^2 > 0,$

$C_1=(1+\lambda)\lambda_{U2}S_{UT}^2+\lambda_{U3}S_{UT}^3>0, C_2=\lambda_{S2}S_{ST}^2>0,$

$C_3=\lambda_{K2}S_{KT}^2>0, C_4=\lambda_{T2}S_{TT}^2+\lambda_{T3}S_{TT}^3<0,$

$D_1=\lambda_{U3}S_{UU}^3<0, D_4=\lambda_{T3}S_{TU}^3>0_。$

在现有的模型下,模型供给方面的动态调整过程如下式所示:

$$\dot{X_1}=d_1(p_1-a_{S1}w_S-a_{U1}\overline{w_U}-a_{K1}r) \quad (A2)$$

$$\dot{X_2}=d_2(p_2-a_{S2}w_S-a_{U2}\overline{w_U}-a_{K2}r-a_{T2}\tau) \quad (A3)$$

$$\dot{X_3}=d_3(p_3-a_{U3}w-a_{T3}\tau) \quad (A4)$$

$$\dot{w}=d_4(a_{U1}X_1+\lambda a_{U1}X_1+a_{U2}X_2+\lambda a_{U2}X_2+a_{U3}X_3-L_U) \quad (A5)$$

$$\dot{w_S}=d_5(a_{S1}X_1+a_{S2}X_2-L_S) \quad (A6)$$

$$\dot{r}=d_6(a_{K1}X_1+a_{K2}X_2-K) \quad (A7)$$

$$\dot{\tau}=d_7(a_{T2}X_2+a_{T3}X_3-T) \quad (A8)$$

$$\dot{\lambda}=d_8(\overline{w_U}-(1+\lambda)w) \quad (A9)$$

其中"·"表示的是随时间变化的微分过程,$d_j(j=1,2,3,4,5,6,7,8)$表示的是正的调整速度。在产品市场的数量调整上,运用的是马歇尔调整过程,而在要素市场的价格调整上,运用的是瓦尔拉斯调整过程。

公式(A2)—(A9)的雅可比矩阵行列式为:

$$|J|=\begin{vmatrix} 0 & 0 & 0 & 0 & -\theta_{S1} & -\theta_{K1} & 0 & 0 \\ 0 & 0 & 0 & 0 & -\theta_{S2} & -\theta_{K2} & -\theta_{T2} & 0 \\ 0 & 0 & 0 & -\theta_{U3} & 0 & 0 & -\theta_{T3} & 0 \\ (1+\lambda)\lambda_{U1} & (1+\lambda)\lambda_{U2} & \lambda_{U3} & D_1 & A_1 & B_1 & C_1 & \lambda(\lambda_{U1}+\lambda_{U2}) \\ \lambda_{S1} & \lambda_{S2} & 0 & 0 & A_2 & B_2 & C_2 & 0 \\ \lambda_{K1} & \lambda_{K2} & 0 & 0 & A_3 & B_3 & C_3 & 0 \\ 0 & \lambda_{T2} & \lambda_{T3} & D_4 & A_4 & B_4 & C_4 & 0 \\ 0 & 0 & 0 & -w(1+\lambda) & 0 & 0 & 0 & -w\lambda \end{vmatrix}$$

$$*\frac{d_1\cdots d_8 p_1 p_2 p_3 L_U L_S KT}{ww_S r\tau\lambda X_1 X_2 X_3}$$

也可以写成:

$$|J| = -(d_1 \cdots d_8 p_1 p_2 p_3 L_U L_S KT / w w_S r \tau \lambda X_1 X_2 X_3) \Delta$$

系统局部均衡的必要条件是 $sign|J| = (-1)^k$，其中 k 表示系统中的行(列)数。因此，在 $|J|>0$ 的假设下，本章的模型是稳定的，因而我们可以得到 $\Delta<0$。

参考文献

[1] 杜徐君，金爱武. 浙江省现代农业园区农户特征和生产经营状况分析——基于对安吉、遂昌、庆元 3 县毛竹现代园区的调查[J]. 中国农学通报, 2012(28).

[2] BELADI H, CHAKRABARTI A, MARJIT, S. Skilled-Unskilled Wage Inequality and Urban Unemployment[J]. Economic Inquiry, 2010(48): 997-1007.

[3] BELADI H, CHAUDHURI S, YABUUCHI S. Can International Factor Mobility Reduce Wage Inequality in a Dual Economy[J]. Review of International Economics, 2008(16): 893-903.

[4] CHAUDHURI S, BANERJEE, D. Foreign Capital Inflow, Skilled-Unskilled WageInequality and Unemployment of Unskilled Labor in a Fair Wage Model[J]. Economic Modelling, 2010(27): 477-486.

[5] CHAUDHURI S. Fair Wage Hypothesis, Foreign Capital Inflow and Skilled-Unskilled Wage Inequality in the Presence of Agricultural Dualism[J]. Working Paper. SSRN: http://papers.ssrn.com/sol3/papers.cfm?abstract_id=1226048, 2008.

[6] CHAUDHURI S, YABUUCHI, S. Economic Liberalization and Wage Inequality in the Presence of Labor Market Imperfection[J]. International Review of Economics and Finance, 2007(16): 592-603.

[7] FEENSTRA R C, HANSON G H. Foreign Investment, Outsourcing and Relative Wages[M]. in Feenstra R. C., Grossman G. and Douglas I. (eds), Political Economy of Trade Policy: Essays in Honor of Jagdish N. Bhagwati, Cambridge, MA: MIT Press, 1996.

[8] GUPTA M R. Foreign Capital and the Informal Sector: Comments on Chandra and Khan[M]. Economica, 1997(64): 353-363.

[9] GUPTA M R. Informal Sector and Informal Capital Market in A Small Open Less-

developed Economy[J]. Journal of Development Economics, 1997(52): 409 – 428.

[10] LI X C, SHEN, Q. A Study on the Urban Private Capital in the Modern Agriculture Sector and the Transfer of Labor[J]. Journal of Economic Policy Reform, 2012(15): 135 – 152.

[11] MARJIT S, BELADI H, ChAKRABARTI A. Trade and Wage Inequality in Developing Countries[J]. Economic Inquiry, 2004(42): 295 – 303.

[12] MARJIT S, KAR S. Emigration and Wage Inequality[J]. Economic Letters, 2005(88): 141 – 5.

[13] YABUUCHI S, CHAUDHURI S. International Migration of Labor and Skilled-Unskilled Wage Inequality in a Developing Economy[J]. Economic Modelling, 2007(24): 128 – 37.

[14] YABUUCHI S. Unemployment and International Factor Movement in the Presence of Skilled and Unskilled Labor[J]. Review of Development Economics, 2007(11): 437 – 449.

第 12 章 环境与内外合资的混合制企业的民营化

本章摘要:江浙沪有大量的混合制国有企业,他们既面临环境污染的问题,同时又面临深化体制改革的问题。"国内外合资企业"是指由政府或国有企业和外国投资者共同出资建立的混合制企业,本章通过一个两阶段的博弈模型来考虑环境对国内外合资企业的民营化的影响。本章的主要结论有:在环境污染指数相同的情况下,绿地 FDI 对均衡产量的影响与私有化程度的影响方向一致,与外资渗透的影响方向相反;在合资企业建立之初,如果绿地 FDI 的比例上升,那么最优私有化程度就会减小,同时最优外资渗透股份数量也会下降;环境污染指数越高,最优私有化程度越小,但最优外资渗透股份数量越多。

第 1 节 引　言

江浙沪是中国制造业的基地又是外商投资的集聚之地,出于历史与现实的原因,该地区保有大量内外合资的混合制企业。在环境问题日益突出的情况下,它们面临的深化体制改革的问题会受到何种影响,引起人们的关注。然而,对于环境状况给予内外合资混合制企业民营化的影响,过去的研究却不是很多。自 De Frajia & Delbono(1989)对国有企业的完全私有化进行研究以来,越来越多的学者认识到,相比于完全私有化,研究国有企业部分私有化的研究更加具有现实意义。Matsumura(1998)最先提出国有企业部分私有化的可能性,其后就有一些研究从各个方面探讨了国有企业私有化的最优比例,如成本差异(Huang, Lee & Chen, 2006)、产品异质性(Fujiwara, 2007;Ohnishi, 2010)、一致性猜测均衡(Heywood & Ye, 2010)以及最低产出规则(Matsumura & Okumura,2013)等。

随着经济全球化的不断深入,国外市场竞争的加剧和外资渗透的深入给发展中国家带来了机遇和挑战。那么,发展中国家国有企业的私有化是否会受到外国市场或外资的影响呢?回答是肯定的。Sun, Zhang & Li(2005)在政府和社会规划者同时存在并且考虑社会就业压力的情况下,研究了国外市场竞争对最优私有化程度的影响,他们发现,当关税下降国外竞争加剧时,社会规划者往往倾向降低混合所有制企业中政府的占股比例。Mukherjee et al. (2009)研究了企业间的成本差异以及国外企业进入方式(出口或绿地FDI)对最优私有化程度的影响,研究发现,私有化和绿地FDI之间存在相互激励的关系,私有化程度的提高会增加国外企业以绿地FDI进入国内市场的动机,而国外企业以绿地FDI进入国内市场更容易推动私有化程度的提高。Wang & Chen(2011)研究了外资以跨国公司的方式进行渗透对混合所有制企业私有化程度的影响,研究发现:跨国公司国内所占股份增加时,政府应提高私有化程度;跨国公司国内股份的增加有利于提高国内私企的利润和社会福利;私营企业竞争的加剧会推进私有化程度的提高。

另外,随着发展中国家经济的发展,各种环境问题日渐突出。以中国为例,如表12-1所示,以废气废水为代表的环境污染数量巨大,其中CO_2和废水排放量逐年递增,因而每年用于治理环境污染的投资总额也相当之高,环境污染造成的环境损失不容小觑。随着私有化理论研究的不断深入与成熟,一些学者将环境污染纳入私有化问题的探讨,并得到了一些结论,例如:Ohori(2006)在国际双头垄断市场中对最优环境税和最优私有化程度进行了研究,他发现,如果政府能够控制环境税和私有化程度,那么最优环境税低于标准的庇古税水平,部分私有化是社会福利最优的选择,并且最优私有化程度与既存污染的清理成本成反比;Wang et al. (2009)研究了私有化对环境的影响,他们假设企业均采用污染治理技术来应对政府的环境税政策,最终得出部分私有化有利于改善环境和社会福利的结论;Pi et al. (2013)分析了存在环境污染的情况下,私有化的经济影响,并用古诺数量竞争模型和斯塔克伯格模型对结论进行了验证。

表 12-1 2005—2013 年中国主要污染物排放量和环境损失额

	废气中主要污染物排放(万吨)		废水排放总量(万吨)	环境污染治理投资(亿元)
	SO_2 排放量	CO_2 排放量		
2005	2 549	579 002	5 245 089	2 388
2006	2 589	641 446	5 144 802	2 566
2007	2 468	679 181	5 568 494	3 387
2008	2 321	703 544	5 716 801	4 937
2009	2 214	769 221	5 890 877	5 258
2010	2 185	825 697	6 172 590	7 612
2011	2 218	901 952	6 591 922	7 114
2012	2 118	—	6 847 612	8 253
2013	2 044	—	6 954 433	9 517

数据来源："CO_2 排放量"数据来自世界银行；其他指标数据来自中国国家统计局；"—"表示数据缺失。

通过对现存文献的回顾，我们发现两个研究空缺。

第一，现存文献基本都是研究国内混合制企业的私有化问题，忽略了国内外合资企业的私有化问题。所谓"国内外合资企业"是指由政府或国有企业和外国投资者共同出资建立的混合制企业，这类企业在发展中国家并不少见。以中国为例，上海通用汽车有限公司 SGM 即由国有企业上海汽车集团股份有限公司和美国通用汽车公司各出资 50% 组建而成；广汽本田汽车有限公司由国有企业广州汽车集团股份有限公司与日本本田技研工业株式会社共同出资组建，双方各占 50% 股份。

第二，目前缺少私有化、外资和环境三者之间经济机制的研究。一般地，考虑民营化影响环境，如 Kato(2013)在双头寡头垄断模型中，将私营企业分为两种情况：完全国内私营企业和完全国外私营企业，比较了两种情况下环境损失对公共企业私有化程度的影响。该文将私有化、外资和环境结合起来进行研究，但是在引入外资时只考虑了两种极端情况：私营企业为完全国内私营企业或完全国外私营企业。然而，在现实经济中,更为一般的情况是私有化、外资和环境三者往往同时出现、互相影响,而不是仅仅处于完全外资或完全国内私营的情况。特别是环境对私有化和外资的影响方面缺少研究,可是环境对民营化和 FDI 又有明显的关系:当环境恶化时,经济往往利用外资的先进技术来改善环境,所以会加大外资的引进,加速民营化。

为了填补理论研究上的空缺,明确环境对内外合资的混合制企业的民营化的影响,我们在考虑环境损害的基础上,研究了国内外合资混合制企业的私有化的问题。这里的私有化主要是指国内外合资企业中政府或国有企业所占股份释出过程,释出股份的一部分可以转让给国内私人,另一部分可以出售给外国投资者。故而,本章将外资进入的方式分为绿地 FDI 和外资渗透两种方式进行研究,这样做比 Kato(2013)研究的外资更加具有现实意义。我们的主要结论有:在环境污染指数相同的情况下,绿地 FDI 对均衡产量的影响与私有化程度的影响方向一致,但与外资渗透的影响方向相反;在合资企业建立之初,如果绿地 FDI 的比例上升,那么最优私有化程度就会减小,同时最优外资渗透股份数量也会下降;环境污染指数越高,最优私有化程度越小,最优外资渗透股份数量越多。

本章以下内容的安排如下:在第二部分,我们建立了一个分析模型;在第三部分我们用此模型分析存在环境污染的情况下,国内外合资企业民营化的经济影响;第四部分对本章进行总结。

第 2 节 模型的构建

我们考虑两家企业:企业 0 和企业 1。企业 0 是由本国政府(或国有企业)和外国投资者共同出资建立的混合所有制企业,企业 1 是一家国内的民营企业。两个企业生产同质的产品,并且采用相同的生产技术,成本函数为:

$$C_i(q_i)=(1/2)q_i^2, i=0,1。$$

其中,q_i 代表企业 i 的产量($i=0,1$)。该产品在国内市场上的反需求函数为 $P=a-Q=a-(q_0+q_1)$,P 是市场价格,Q 是总需求,$a>0$。另外,我们假定企业 0 和企业 1 的生产活动均产生污染,并且生产一单位产品就会产生一单位污染,因此污染总量等于产品生产总量 Q;我们假设环境损失函数为 $D(Q)=\frac{e}{2}Q^2$,其中 e 为环境污染指数,$e>0$。

企业 1 作为民营企业通过最大化它的利润 $\pi_1=Pq_1-\frac{1}{2}q_1^2$ 来实现自己的目标。我们以 α 代表企业 0 中政府(或国有企业,以下统称为"政府")的持股比例,$1-\alpha$ 代表外资的持股比例,也即绿地外商直接投资(简称"绿地 FDI")。因为经济改革的需要,政府从其持有的企业 0 的股份 α 中释出 θ 部分进行民营化,出售给国内私人和国外投资者,其中,允许国外投资者购买 β 部分(也即外资渗透),α、β 和 θ 满足 $0\leqslant\beta\leqslant\theta\leqslant\alpha\leqslant1$。如此,企业 0 中政府、国内私人和国外投资者的持股比例分别为 $\alpha-\theta$、$\theta-\beta$ 和 $1+\alpha+\beta$。

国内的社会福利由消费者剩余、生产者剩余以及环境损害组成:

$$W=CS+(\alpha-\beta)\pi_0+\pi_1-D(Q) \qquad(12-1)$$

其中,消费者剩余 $CS=\frac{1}{2}Q^2$,企业 0 利润 $\pi_0=Pq_0-\frac{1}{2}q_0^2$。

由于民营化后,企业 0 是一家由政府、国内私人以及外资共同持股的混合制企业,因此它的目标函数是社会福利和利润的线性组合,企业 0 和企业 1 的目标函数如下:

$$V_0=(\alpha-\theta)W+(1-\alpha+\beta)\pi_0 \qquad(12-2)$$

$$V_1=\pi_1 \qquad(12-3)$$

我们考虑一个两阶段博弈。第一阶段,政府决定释出股份 θ 和释出股份中允许国外投资者购买的部分 β,以实现社会福利最大化;第二阶段,两家企业同时决定产量以实现目标函数最大化。本章采取逆向推断法来推导博弈均衡解。

第 3 节　理论分析

在博弈的第二阶段,政府初始占股比例 α、释出的股份 θ 以及允许外资购买的股份 β 已知,企业 0 和企业 1 根据各自的目标函数 $V_i(i=0,1)$ 同时进行博弈,得到均衡产量如下：

$$q_0 = \frac{a[2-(\alpha-\theta)(2-2\alpha+2\beta+e)]}{H}$$

$$q_1 = \frac{a[2-(\alpha-\theta)(3-2\alpha+2\beta+e)]}{H} \quad (12-4)$$

$$Q = \frac{a[4-(\alpha-\theta)(5-4\alpha+4\beta)]}{H}$$

其中，$H=8-(\alpha-\theta)(11-8\alpha+8\beta-2e)$。(12-4)式的均衡产量对$\theta$和$\beta$分别求导，可得：

$$\frac{\partial q_0}{\partial \theta} = \frac{-6a(1-2e)}{H^2}, \frac{\partial q_1}{\partial \theta} = \frac{2a(1-2e)}{H^2}, \frac{\partial Q}{\partial \theta} = \frac{-4a(1-2e)}{H^2}; \quad (12-5)$$

$$\frac{\partial q_0}{\partial \beta} = \frac{6a(\alpha-\theta)^2(1-2e)}{H^2}, \frac{\partial q_1}{\partial \beta} = \frac{-2a(\alpha-\theta)^2(1-2e)}{H^2}, \frac{\partial Q}{\partial \beta} = \frac{4a(\alpha-\theta)^2(1-2e)}{H^2}$$

$$(12-6)$$

欲判断(12-5)、(12-6)两式的符号，关键在于判断$1-2e$的符号，也即比较e与$1/2$的大小，故而可以得到以下命题。

命题1：(1)如果环境污染指数$e>(<)1/2$，企业0的均衡产量q_0随着释出股份θ的增长而上升(下降)，企业1的均衡产量q_1随着θ的增长而下降(上升)，总产量Q随着θ的增长而上升(下降)；

(2)如果$e>(<)1/2$，q_0随着β的增长而下降(上升)，q_1随着β的增长而上升(下降)，Q随着β的增长而下降(上升)。

值得注意的是，命题1(1)的结论与Kato(2013)的结论相反，主要原因是本章与Kato(2013)的背景与模型设定均不相同。Kato(2013)是在国内私人企业和国内混合制企业竞争的基础上得出结论的，他认为如果环境指数大于(小于)$1/2$，混合制企业产量随着民有化程度的增长而下降(上升)，国内民营企业产量随着私有化程度的增长而上升(下降)，总产量随着私有化程度的增长而下降(上升)。与Kato(2013)不同的是，本章是在国内私人企业和中外合资企业竞争的基础上得出结论的，我们对命题1(1)结论的解释是：当环境污染指数较大($e>1/2$)时，污染对环境损失$D(Q)$较大，意味着经济的环境治理水平低。在政府注重社会福利、关注环境的情况下，污染治理水平仍然较低,只能反映出该经济整体的生产技术水平较低。此时,政府通过企业 0 的民营化、释出其股份,有利于提高企业 0 的生产效率,增加产量;当环境污染指数较小($e<1/2$)时,污染对环境损失 $D(Q)$ 较小,意味着经济的环境治理水平较高,反映出该经济整体的生产技术水平较高,此时政府增加企业 0 的释出股份,不会引起企业 0 生产效率的显著提高,反而会因为企业 0 追求利润的比例上升使其产量下降。

我们对命题 1(2)结论的解释是:从外资渗透的角度来看,当环境污染指数较大($e>1/2$)时,污染对环境损失 $D(Q)$ 较大,意味着该经济整体的生产技术水平较低,所对应的生产和管理体系也较落后。此时,外资渗透进来有利于提高企业 0 的生产技术水平,改进生产和管理体系,这些工作与生产并行时的结果就只能降低产量了,而企业 1 则因企业 0 的产量下降而增加自身的产量,总产量则因企业 0 产量下降部分大于企业 1 产量上升的部分而下降;反之,当环境污染指数较小($e<1/2$)时,污染对环境损失 $D(Q)$ 较小,意味着该经济整体的生产技术水平较高,此时,外资渗透对合资企业的生产技术水平没有显著影响,反而会增加企业 0 的生产效率,使产量上升,而企业 1 则因企业 0 的产量上升减少自身的产量,总产量则因企业 0 产量上升部分大于企业 1 产量减少的部分而上升。

以下,我们考察环境污染指数相同、政府在成立企业 0 的初始股份 α 对各企业均衡产量的影响。求(12-4)式均衡产量对 α 的偏导可得:

$$\frac{\partial q_0}{\partial \alpha}=\frac{6a(1-2e)[1-(\alpha-\theta)^2]}{H^2}$$

$$\frac{\partial q_1}{\partial \alpha}=\frac{-2a(1-2e)[1-(\alpha-\theta)^2]}{H^2}$$

$$\frac{\partial Q}{\partial \alpha}=\frac{4a(1-2e)[1-(\alpha-\theta)^2]}{H^2}$$

比较上述诸式与(12-4)、(12-5)中的有关等式,我们可以获得以下的命题 2。

命题 2:在环境污染指数相同的情况下,绿地 FDI 的股份比例 $1-\alpha$ 对均衡产量的影响与释出股份量 θ 对均衡产量影响的方向一致,与外资渗透股份量 β 的影响方向相反。

根据命题 2 可知,绿地 FDI 股份比例 $1-\alpha$ 与释出股份量 θ 对均衡产量影响的方向是相同的。这是因为无论绿地 FDI 还是释出股份量 θ 都是民营性质,相对国营股份而言它们的市场目标相对一致,故而它们对均衡产量的作用也是相同的。问题是同样是外资,为何绿地 FDI 股份量与外资渗透股份量 β 对均衡产量的影响方向相反呢?答案在于同样是外资却为何有绿地 FDI 和外资渗透这两种不同的投资形式,因为如果这两种形式对产量等经济变量有相同的影响的话,对于外资而言就没有必要一定要做这样的区别。一般地,绿地 FDI 一次性投资的规模较大,危险程度较高,相对较急于收回成本,而外资渗透是逐渐进入经济的,带有试探性质,危险性较小,相对地比较追求长期利益,这样的差异导致它们在市场上对均衡产量有不同的影响。

另外,还有一点要注意的是,命题 2 的前提是环境污染指数相同,当这个指数发生变化时情况就不一样了,它从另一个方面告诉我们环境问题对经济的影响是无处不在的。

以下考察博弈的第一阶段的情况,我们将讨论环境对政府股权释出的影响。

在博弈的第二阶段均衡产量的基础上,第一阶段政府通过最大化社会福利来决定释出股份 θ 和允许外资渗透的股份 β。

分别解 $\frac{\partial W}{\partial \theta}=0, \frac{\partial W}{\partial \beta}=0$ 可以得到最优释出股份 θ^* 和最优外资渗透股份 β^* 如下:

$$\theta^* = \alpha - \frac{42}{49-5e}$$
$$\beta^* = \alpha + \frac{5}{7}e - \frac{1}{2}$$
(12-7)

所谓"最优释出股份"和"最优外资渗透股份"分别是指使得社会福利 W 为最大的政府释出股份数量和外资渗透股份数量。在上述(12-7)式中,就最优释出股份和最优外资渗透股份对 e 和 α 分别求导,可得:

$$\frac{\partial \theta^*}{\partial e} < 0, \frac{\partial \theta^*}{\partial \alpha} > 0$$
$$\frac{\partial \beta^*}{\partial e} > 0, \frac{\partial \beta^*}{\partial \alpha} > 0$$
(12-8)

因此也有: $\frac{\partial \theta^*}{\partial (1-\alpha)} < 0, \frac{\partial \beta^*}{\partial (1-\alpha)} < 0$。

综上所述,我们可以获得以下的命题 3。

命题 3:(1) 环境污染指数 e 越高,最优释出股份 θ^* 的值越小,但最优外资渗透股份 β^* 的值越大;

(2) 如果绿地 FDI 股份的比例 $1-\alpha$ 高,那么在民营化过程中最优释出股份 θ^* 就会减少,最优外资渗透股份数量 β^* 也会下降。

命题 3(1)中所指环境污染指数 e 越高最优外资渗透股份 β^* 的值越大,意味着在环境恶化时,往往政府会利用外资提高环境技术水平,故而政府实施积极引进外资的政策;命题 3(2)中的绿地 FDI 股份的比例 $1-\alpha$ 高,意味着政府持有的股份 α 就低,能够释出的股份数量 θ 就会下降,当然最优释出股份 θ^* 就会减少,最优外资渗透股份数量 β^* 也随之下降。另外,以最优释出股份或者最优外资渗透股份为基础,结合命题 1 的推导过程,我们就可以知道:在混合制企业的民营化过程中,环境状况的好坏对两企业的均衡产量有很大影响,主要体现在环境污染指数 e 对均衡产量的影响上。这是因为当 $e>(<)1/2$ 时,根据(12-5)式和(12-8)式有:

$$\frac{\partial q_0}{\partial e}=\frac{\partial q_0}{\partial \theta}\left.\frac{\partial \theta}{\partial e}\right|_{\theta=\theta^*}<(>)0, \text{或者} \frac{\partial q_0}{\partial e}=\frac{\partial q_0}{\partial \beta}\left.\frac{\partial \beta}{\partial e}\right|_{\beta=\beta^*}<(>)0$$

所以,在现实最优释出股份 θ^* 与最优外资渗透股份 β^* 时,企业 0 的均衡产量 q_0 随着环境污染指数 e 的增长而下降(上升);同样地,我们可以知道:当 $e>(<)1/2$ 时,企业 1 的均衡产量 q_1 随着 e 的增长而上升(下降),经济的总产量 Q 随着 e 的增长而下降(上升)。在现实最优释出股份 θ^* 与最优外资渗透股份 β^* 时,环境污染指数 e 对企业 0 产量的影响就是如图 12-1 所示的倒 U 形曲线。

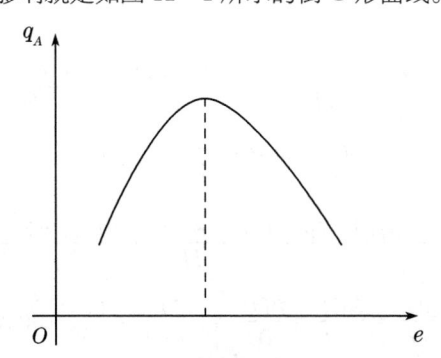

图 12-1 环境污染指数对企业 0 产量的影响

以下考察环境损失的情况。

将表达最优释出股份和最优外资渗透股份的(12-7)式带入(12-4)式,可得下式:

$$q_0^* = \frac{a\left[1-\frac{3}{49-5e}(17e+7)\right]}{4-\frac{3}{49-5e}(26e+49)} = \frac{4}{7}a$$

$$q_1^* = \frac{a\left[1-\frac{3}{49-5e}(3e+14)\right]}{4-\frac{3}{49-5e}(26e+49)} = \frac{1}{7}a$$

$$Q^* = \frac{a\left[2-\frac{3}{49-5e}(20e+21)\right]}{4-\frac{3}{49-5e}(26e+49)} = \frac{5}{7}a \tag{12-9}$$

其中,q_0^*、q_1^* 和 Q^* 分别是最优释出股份和最优外资渗透股份所对应的企业 0、企业 1 和经济的总产量。我们不妨将其分别称为"企业 0 的最优产量""企业 1 的最优产量"和"总最优产量"。分别将(12-4)式和(12-9)式带入环境损失函数 $D(Q) = \frac{e}{2}Q^2$,可得:

$$D = \frac{ea^2[4-(\alpha-\theta)(5-4\alpha+4\beta)]^2}{2H^2}$$

$$D^* = \frac{25ea^2}{98}$$

其中,D^* 是"最优环境损失",对应于总最优产量。在上式中,分别对 α、θ、β 和 e 求偏导可得以下诸式:

$$\frac{\partial D}{\partial \alpha} = \frac{4aeQ(1-2e)[1-(\alpha-\theta)^2]}{H^2}, \frac{\partial D}{\partial \theta} = \frac{-4aeQ(1-2e)}{H^2},$$

$$\frac{\partial D}{\partial \beta} = \frac{4aeQ(\alpha-\theta)^2(1-2e)}{H^2}$$

$$\frac{\partial D}{\partial e} = \frac{[4-(\alpha-\theta)(5-4\alpha+4\beta)]^2[8-(\alpha-\theta)(11-8\alpha+8\beta+2e)]}{2H^3}$$

$$\frac{\partial D^*}{\partial \alpha} = \frac{\partial D^*}{\partial \theta} = \frac{\partial D^*}{\partial \beta} = 0, \frac{\partial D^*}{\partial e} = \frac{25a^2}{98} > 0.$$

根据上述计算可以得到以下的命题 4。

命题 4：(1) 如果 $e>(<)1/2$，则环境损失 D 随着政府释出民营化股份 θ 的增长而上升(下降)；

(2) 如果 $e>(<)1/2$，D 随着外资渗透股份 β 的增长而下降(上升)；

(3) 环境污染指数 e 对均衡环境损失 D 的影响不明确，最优环境损失 D^* 则仅与 e 有关，e 上升(下降)导致 D^* 增加(减少)。

我们知道，总产量 Q 规模越大环境污染就越严重。所以，命题 4(1)中所述的当 $e>1/2$ 时，环境损失 D 之所以随着政府释出民营化股份 θ 的增长而上升，是因为此时总产量 Q 是随着 θ 的增长而上升的；而 D 之所以随着外资渗透股份 β 的增长而下降，是因为此时 Q 随着 β 的增长而下降的。另外，命题 4(3)对比了环境污染指数 e 对均衡环境损失 D 和最优环境损失 D^* 影响的异同。

第 4 节 结 论

本章旨在研究环境因素对企业民营化程度和外资吸收程度的影响，这里的企业是混合制企业，兼具国有资本、民营资本和外资。江浙沪有许多这种形式的混合制企业，它们是推进我国国有企业改革进程中不可忽视的重要组成部分。本章首先建立了一个两阶段博弈模型，引入环境因素，利用博弈模型研究环境因素对国有企业民营资本和外资最优占股比例的影响。通过本章的研究分析，主要得到以下结论，可以供包括江浙沪在内的经济较为发达地区在制定相关政策时参考。

(1) 环境质量对国有企业的民营化程度和外资渗透率的影响方向为负，环境质量较好，污染较为轻微的地区，国有企业的民营化程度和外资渗透率较低。但在市场化程度较高的地区，环境质量对外资渗透率的影响转为正向，不再遏制外资的进入，反而会推动其增长。

(2) 环境规制的效果在加入市场化程度变量后体现得较为明显。在市场化程度较高的地区，环境规制的增强会推动国有企业的民营化进程，同时会遏制外资的进入。

(3) 对于非国有企业,环境质量对民营企业的外资渗透率的影响方向为负,环境质量较好的地区,民营企业的外资渗透率往往较低。市场化程度较高的地区,环境质量对民营企业的民营化程度具有正面影响,环境规制对其外资渗透率具有负面影响。

参考文献

[1] DE FRAJA G, DELBONO F. Alternative Strategies of a Public Enterprise in Oligopoly [J]. Oxford Economic Papers, 1989(41): 302-311.

[2] FUJIWARA K. Partial Privatization in a Differentiated Mixed Oligopoly[J]. Journal of Economics, 2007(92): 51-65.

[3] HEYWOOD J S, YE G. Optimal Privatization in a Mixed Duopoly with Consistent Conjectures[J]. Journal of Economics, 2010(101): 231-246.

[4] HUANG CH, LEE J Y, CHEN S S. The Optimal Government Shareholding Strategy and the Cost Structure[J]. Journal of Economics, 2006, 19(2): 251-273.

[5] KATO K. Optimal Degree of Privatization and the Environmental Problem[J]. Journal of Economics, 2013(110): 165-180.

[6] MATSUMURA T, OKUMURA Y. Privatization Neutrality Theorem Revisited[J]. Economics Letters, 2013(118): 324-326.

[7] MATSUMURA T. Partial Privatization in Mixed Duopoly[J]. Journal of Public Economics, 1998, 70(3): 473-483.

[8] MUKHERJEE A, SUETRONG, PRIVATIZATION K. Strategic Foreign Direct Investment and Host-country Welfare[J]. European Economic Review, 2009(53): 775-785.

[9] OHNISHI K. Partial Privatization in Price-Setting Mixed Duopoly[J]. Economics Bulletin, 2010, 30(1).

[10] OHORI S. Optimal Environmental Tax and Level of Privatization in an International Duopoly[J]. Journal of Regulatory Economics 2006(29): 225-233.

[11] PI J, YANG L, ZHOU Y. Privatization and Environmental Pollution in a Mixed Duopoly[J]. Zb. rad. Ekon. fak. Rij. 2013, 31(2): 163-192.

[12] SUN Q, ZHANG A, LI J. A Study of Optimal State Shares in Mixed Oligopoly

Implications for SOE Reform And Foreign Competition[J]. China Economic Review, 2005(16): 1-27.

[13] WANG L F S, CHEN T L. Mixed Oligopoly, Optimal Privatization, and Foreign Penetration[J]. Economic Modelling, 2011(28): 1465-1470.

[14] WANG L F S, WANG Y C, ZHAO L. Privatization and the Environment in a Mixed Duopoly with Pollution Abatement[J]. Economics Bulletin, 2009, 29(4).

第13章 混合制企业最优民营化与最优环境民营化：从混合制企业与民营企业的技术差距视角

内容提要：江浙沪有一些市场形态具有混合双头垄断的形式。本章在混合双头垄断的框架下研究了混合制企业与民营企业的生产、环境技术水平变化对最优民营化程度的影响。本章通过环境损失定义了最优环境民营化程度，建立起环境、技术水平与民营化三者之间的关系，并研究了技术水平变化对最优环境民营化程度的影响。本章的主要结论有：在混合制企业和民营企业生产和环境技术水平均不同时，提升混合制企业的生产技术水平可以提高最优民营化程度，但提升其环境技术水平却会降低最优民营化程度，民营企业的情况与之相反；提升混合制企业的生产和环境技术水平都会使得最优环境民营化程度降低，民营企业的情况与之相反。

第1节 引 言

所谓"混合双头垄断"，是指双头垄断的企业为混合所有制的企业，江浙沪有一些企业的市场形态具有混合双头垄断形式，使得我们有必要考虑在混合双头垄断的框架下混合制企业与民营企业的生产、环境技术水平变化时对最优民营化程度的影响。然而，学术界对这样的问题研究得不多。De Fraja & Delbono(1989)证明，在一定条件下对追求社会福利最大化的国有企业进行民营化改革能够提高社会福利，对当时的国有企业民营化现象进行了理论阐述。Matsumura(1998)则就混合所有制企业的部分民营化求证了使得社会福利最大化的民营化水平。二十多年以来，经济学家们从不同角度对国有企业的(部分)民营化问题进行了研究,做出了许多成果①。

近年以来,环境问题备受关注,出现了一些部分民营化与环境相结合的理论文章②,例如:Beladi & Chao(2006)在完全垄断的条件下论证了混合制企业的民营化与环境的关系。Kato(2006)比较了可交易的排放许可与不可交易的排放许可。Naito & Ogawa(2009)比较了排放标准和环境税对民营化程度和环境及社会福利的影响。Naito(2012)讨论了混合制企业的民营化程度对环境和失业率的影响等。

回顾现有文献我们可以看出,当前文章大多在研究不同经济、政策环境下部分民营化是否是社会福利最大化的选择,且大多数文章均得出了部分民营化最优的结论,却少有文章研究是什么影响了混合制企业的民营化程度。当然,政府为了提升生产效率,而提高混合制企业的民营化程度是一般化的理由,但是,我们认为经济当中的某些客观条件也会促使政府调整混合制企业的民营化程度。例如,企业的生产技术之所以能够影响民营化,是因为企业的生产技术的变化会影响企业的成本,从而影响企业的产量,而企业的产量变化影响社会福利,并最终影响政府的民营化决策。本章就试图通过分析混合制企业和民营企业的生产技术水平和环境技术水平的变动,来确认技术水平变动对最优民营化程度、最优环境民营化程度的影响。所谓"最优环境民营化程度"表示环境污染对效用的影响最低时的民营化程度。我们之所以要研究最优环境民营化程度是因为这个概念能够把民营化、环境和技术水平联系在一起。

需要指出的是,我们在论文中分别考虑生产技术和环境技术是有充分的现实基础的,在实际的产品生产中,产品的生产系统与配套的污染处理系统往往是既协同而又独立的两套系统,不能使用统一的技术参数来代表两套系统的技术水平。此外,我们还做出了企业采用的生产技术越先进、生产成本越高的假设,这与实际情况相符,例如页岩油和有机食品的成本就高于油田油和普通食品③;在企业的发展过程中,先

---

① 例如:Fujiwara(2007),Cato & Matsumura(2012),Han & Ogawa(2009),Lin(2007),Lin & Matsumura(2012),Wang & Chen(2011),Heywood & Ye(2010),Saha(2009)等。

② 这些文章结合环境与民营化从不同角度进行了研究,排放许可:Kato(2006);环境税:Beladi & Chao(2006),Naito & Ogawa(2009),Wang & Wang(2009);环境税和生产差异:(Pal & Saha, 2010, 2015),外资:Kato(2013);失业与劳动力转移:Naito(2012);企业目标:Kato(2010)。

③ 页岩油的开发成本为每桶60美元左右(Birol, 2010),高于油田油的开发成本。

进技术的研发、购买需要投入许多资金,这些行为无疑会推高企业的生产成本。

本章的其余部分结构如下。第二部分介绍了博弈模型的基本设定。第三部分以企业使用的环境技术水平是否相同为主线进行分析,建立了四个两阶段博弈模型。首先考虑混合制企业和民营企业的环境技术水平相同的情况,接下来考虑两企业的环境技术水平不同的情况;并根据混合制企业和民营企业的生产技术水平是否相同进一步细化分析,研究混合制企业和民营企业的环境和生产技术水平变化对混合所有制企业的最优民营化程度和最优环境民营化程度的影响。第四部分对本章进行了总结。本章的主要结论有:在混合制企业和民营企业生产和环境技术水平均不同时,提升混合制企业的生产技术水平可以提高最优民营化程度,但提升其环境技术水平却会降低最优民营化程度,民营企业的情况与之相反;提升混合制企业的生产和环境技术水平都会使得最优环境民营化程度降低,民营企业的情况与之相反。

第 2 节　模型的构建

考虑一个双寡头垄断模型。经济由两个企业构成:企业 0 和企业 1。两企业生产同质的产品,企业 0 是混合所有制企业,产量为 q_0;企业 1 是民营企业,产量为 q_1;总产量为 $Q=q_0+q_1$;产品的市场需求函数为 $P=a-Q(q_0<a\leqslant 5q_1)$,P 表示产品的市场价格。企业 0 和企业 1 采用不同的技术进行产品生产。

假设企业 i 的生产成本 C_i 和生产时产生的污染 e_i 为:

$$C_i(q_i)=\frac{\alpha_i}{2}q_i^2\ (i=0,1;0<\alpha_i\leqslant 1) \tag{13-1}$$

$$e_i=\beta_i q_i\ (i=0,1;0<\beta_i\leqslant 1) \tag{13-2}$$

其中,α_i 是用百分数形式表示的企业 i 使用的生产技术先进程度的参数,α_i 越大,企业使用的生产技术越先进。β_i 是用百分数形式表示的企业 i 使用的环境技术先进程度的参数,β_i 越小,表示企业使用的环境技术越先进,每生产一单位产品产生的污染越少。我们假设企业 0 的技术水平不低于企业 1,因此有 $0<\alpha_1\leqslant\alpha_0\leqslant 1,0<\beta_0\leqslant\beta_1\leqslant 1$,环境污染所造成的效用损失(以下简称环境损失)(Ulph, 1996)为:

$$D_i = \frac{1}{2}(e_i)^2 \quad (i=0,1) \tag{13-3}$$

$D = D_1 + D_2$ 为两个企业造成的效用损失的和,也即总的环境损失。显然地,环境污染越严重环境损失也就越大。

企业的利润函数 π_i 可以表示为:

$$\pi_i = Pq_i - C_i \quad (i=0,1) \tag{13-4}$$

社会福利 W 由三部分构成:消费者剩余 CS,生产者剩余 $\pi_0 + \pi_1$ 和环境污染所造成的效用损失 D_i。易知 $CS = \frac{1}{2}Q^2$,社会福利可以表示为:

$$W = CS + \pi_0 + \pi_1 - D \tag{13-5}$$

令 θ 表示企业的民营化程度,$\theta \in [0,1]$,企业 0 进行民营化。$\theta=0$ 时,企业 0 是纯国有企业,其目标是社会福利 W 最大化;$\theta=1$ 时,企业 0 是纯民营企业,其目标是企业利润最大化;$\theta \in (0,1)$ 时,企业 0 是混合所有制企业。较大的 θ 对应较高的民营化程度。企业 0 的目标函数可以表示为:

$$V = \theta \pi_0 + (1-\theta)W \tag{13-6}$$

企业 1 是民营企业,目标函数是自身利润最大化。

本章考虑的是两阶段的博弈,第一阶段中,政府选择合适的民营化水平 θ 以最大化社会福利;第二阶段中,两个企业观察到民营化水平 θ 并同时选择他们的产量 q_0 和 q_1,以最大化其各自的目标。以下使用倒推法进行模型分析。

第3节 理论分析

一、混合制企业和民营企业使用的生产、环境技术水平均相同

本节假设企业 0 和企业 1 使用相同技术水平的生产技术和环境技术进行生产,此时 $\alpha_0 = \alpha_1 = \alpha, \beta_0 = \beta_1 = \beta$,企业 i 的生产成本 C_i 和生产时产生的污染 e_i 为:

$$C_i(q_i) = \frac{\alpha}{2} q_i^2 \quad (i=0,1; 0 < \alpha \leqslant 1) \tag{13-7}$$

$$e_i = \beta q_i \quad (i=0,1; 0<\beta \leqslant 1) \tag{13-8}$$

在博弈的第二阶段，给定混合所有制企业的民营化程度 θ，企业 0 和企业 1，同时选择其产量从而使得各自目标最大化，均衡时两企业的产量分别为：

$$q_0^E = \frac{(1+\alpha)a}{[\beta^2+(1-\beta^2)\theta+\alpha+1](\alpha+2)-1} \tag{13-9}$$

$$q_1^E = \frac{[\beta^2+(1-\beta^2)\theta+\alpha]a}{[\beta^2+(1-\beta^2)\theta+\alpha+1](\alpha+2)-1} \tag{13-10}$$

博弈的第一阶段，政府决定混合制的民营化水平 θ，其目标是最大化社会福利 W，把等式(13-9)、(13-10)带入等式(13-5)可得均衡时的社会福利 W（见附录1），令 $\frac{\partial W}{\partial \theta}=0$，计算可得：

$$\theta_1^W = \frac{\beta^2+\alpha}{1+\beta^2+\alpha(3+\alpha)}$$

易知 $0<\theta_1^W<1$，即混合制企业和民营企业使用相同水平的生产技术和环境技术时，部分民营化是社会福利最优的选择。我们接下来计算两企业的技术变动对最优民营化程度 θ_1^W 的影响，易知：

$$\frac{\partial \theta_1^W}{\partial \alpha} = -\frac{-1+\alpha^2+2\beta^2+2\alpha\beta^2}{(1+3\alpha+\alpha^2+\beta^2)^2}(>,<,=)0, \quad \frac{\partial \theta_1^W}{\partial \beta} = \frac{2(1+\alpha)^2\beta}{(1+3\alpha+\alpha^2+\beta^2)^2}>0$$

即两企业提升其生产技术水平（α 变大）时，混合制企业的最优民营化水平的变化情况未知；两企业提升其环境技术水平（β 变小）时，混合制企业的最优民营化水平降低。

企业的生产技术对民营化程度的影响正如我们在引言中所述。企业的环境技术之所以能够对私有化程度造成影响，是因为混合制企业的环境技术变化通过环境损失影响社会福利，从而混合制企业的产量决策，并间接影响民营制企业的产量，而且混合制企业的环境技术变化通过影响企业产量和影响环境损失的途径对社会福利造成影响，进而影响政府的民营化决策。

我们计算民营化程度 θ 的变化对环境损失 D 的影响，可以得到：

$$\frac{\partial D}{\partial \theta} = -\frac{a^2(1+\alpha)\beta^2(1-\beta^2)[2+2\alpha+\alpha^2-\beta^2(1-\theta)-\theta]}{\{1+\alpha^2+2\beta^2(1-\theta)+2\theta+\alpha[3+\beta^2(1-\theta)+\theta]\}^3}$$

当 $\beta=1$,即混合制企业和民营企业的环境技术水平最低时,$\frac{\partial D}{\partial \theta}=0$,混合制企业的民营化程度变化不影响环境损失 D。当 $\beta<1$ 时,$\frac{\partial D}{\partial \theta}<0$,混合制企业的民营化程度上升,环境损失 D 下降。

二、混合制企业和民营企业使用的环境技术水平相同、生产技术水平不同

企业 0 和企业 1 使用相同技术水平的环境技术和不同技术水平的生产技术进行生产,此时 $\beta_0=\beta_1=\beta,\alpha_0\neq\alpha_1$。企业 i 的生产成本 C_i 和生产时产生的污染 e_i 为:

$$C_i(q_i)=\frac{\alpha_i}{2}q_i^2\ (i=0,1;0<\alpha_i\leqslant 1) \tag{13-11}$$

$$e_i=\beta q_i\ (i=0,1;0<\beta\leqslant 1) \tag{13-12}$$

与前文相似,在博弈的第二阶段可以得到均衡时两企业的产量为:

$$q_0^E=\frac{(1+\alpha_1)a}{[\beta^2+(1-\beta^2)\theta+\alpha_0+1](\alpha_1+2)-1} \tag{13-13}$$

$$q_1^E=\frac{[\beta^2+(1-\beta^2)\theta+\alpha_0]a}{[\beta^2+(1-\beta^2)\theta+\alpha_0+1](\alpha_1+2)-1} \tag{13-14}$$

把等式(13-13)、(13-14)带入等式(13-5)可得均衡时的社会福利 W(见附录 2),令 $\frac{\partial W}{\partial \theta}=0$,计算可得 $\theta_2^W=\frac{\beta^2+\alpha_0}{1+\beta^2+\alpha_1(3+\alpha_1)}$,为最优民营化程度。易知 $0<\theta_2^W<1$,故而是可实现的,即混合制企业和民营企业使用相同水平的环境技术和不同水平的生产技术时,部分民营化是社会福利最优的选择。

我们接下来计算两企业的技术变动对最优民营化程度 θ_2^W 的影响,易知:

$$\frac{\partial \theta_2^W}{\partial \alpha_0}=\frac{1}{1+\beta^2+3\alpha_1+\alpha_1^2}>0$$

$$\frac{\partial \theta_2^W}{\partial \alpha_1}=-\frac{(\beta^2+\alpha_0)(3+2\alpha_1)}{(1+\beta^2+3\alpha_1+\alpha_1^2)^2}<0$$

$$\frac{\partial \theta_2^W}{\partial \beta}=\frac{2\beta(1-\alpha_0+3\alpha_1+\alpha_1^2)}{(1+\beta^2+3\alpha_1+\alpha_1^2)^2}>0$$

即混合制企业提升其生产技术水平(α_0 变大)时,混合制企业的最优民营化水平

提高,民营企业提升其生产技术水平(α_1 变大)时,混合制企业的最优民营化水平降低,两企业提升其环境技术水平(β 变小)时,混合制企业的最优民营化水平降低。

我们计算民营化程度 θ 的变化对环境损失 D 的影响,可以得到:

$$\frac{\partial D}{\partial \theta}=-\frac{a^2\beta^2(1-\beta^2)(1+\alpha_1)(2-\beta^2-\theta+\beta^2\theta-\alpha_0+3\alpha_1+\alpha_1^2)}{\{1+2\beta^2+2\theta-2\beta^2\theta+[1+\beta^2(1-\theta)+\theta]\alpha_1+\alpha_0(2+\alpha_1)\}^3}$$

当 $\beta=1$,即混合制企业和民营企业的环境技术水平最低时,$\frac{\partial D}{\partial \theta}=0$,混合制企业的民营化程度变化不影响环境损失 D。当 $\beta<1$ 时,$\frac{\partial D}{\partial \theta}<0$,混合制企业的民营化程度上升,环境损失 D 下降。总结混合制企业和民营企业环境技术水平相同的两种情况,我们可以得到命题 1。

命题 1:混合制企业和民营企业环境技术水平相同,生产技术水平不同时,提升混合制企业的生产技术水平可以提升最优民营化程度,而提升民营企业的生产技术水平却降低最优民营化程度。另外,不论生产技术水平相同与否,提升混合制企业和民营企业的环境技术水平均会降低最优民营化程度。

三、混合制企业和民营企业使用的生产技术水平相同、环境技术水平不同

本节假设企业 0 和企业 1 的生产技术水平相同、环境技术水平不同,此时 $\alpha_0=\alpha_1=\alpha,\beta_0\neq\beta_1$,企业 i 的生产成本 C_i 和生产时产生的污染 e_i 为:

$$C_i(q_i)=\frac{\alpha}{2}q_i^2(i=0,1;0<\alpha\leqslant1) \tag{13-15}$$

$$e_i=\beta_iq_i(i=0,1;0<\beta_i\leqslant1) \tag{13-16}$$

与上文处理过程相似,在博弈的第二阶段可以得到均衡时两企业的产量为:

$$q_0^E=\frac{(1+\alpha)a}{[\beta_0^2+(1-\beta_0^2)\theta+\alpha+1](\alpha+2)-1} \tag{13-17}$$

$$q_1^E=\frac{[\beta_0^2+(1-\beta_0^2)\theta+\alpha]a}{[\beta_0^2+(1-\beta_0^2)\theta+\alpha+1](\alpha+2)-1} \tag{13-18}$$

把等式(13-17)、(13-18)带入等式(13-5)可得均衡时的社会福利 W(见附录3),令 $\frac{\partial W}{\partial \theta}=0$,计算可得:$\theta_3^W=\frac{(\alpha+\beta_0^2)(1-\beta_1^2)}{(1-\beta_0^2)(1+3\alpha+\alpha^2+\beta_1^2)}$,易知 $0<\theta_3^W<1$,即混合制企

业和民营企业使用相同水平的生产技术和不同水平的环境技术时,部分民营化是社会福利最优的选择。

我们接下来计算两企业的技术变动对最优民营化程度 θ_3^W 的影响,易知:

$$\frac{\partial \theta_3^W}{\partial \alpha} = -\frac{[-1+\alpha^2+(3+2\alpha)\beta_0^2-\beta_1^2](1-\beta_1^2)}{(1-\beta_0^2)(1+3\alpha+\alpha^2+\beta_1^2)^2}(>,<,=)0$$

$$\frac{\partial \theta_3^W}{\partial \beta_0} = -\frac{2\beta_0(1+\alpha)(1-\beta_1^2)}{(1-\beta_0^2)^2(1+3\alpha+\alpha^2+\beta_1^2)}<0$$

$$\frac{\partial \theta_3^W}{\partial \beta_1} = -\frac{2\beta_1(\alpha+\beta_0^2)(2+3\alpha+\alpha^2)}{(1-\beta_0^2)(1+3\alpha+\alpha^2+\beta_1^2)^2}<0$$

即两企业提升其生产技术水平(α 变大)时,混合制企业的最优民营化水平的变化情况未知;混合制企业提升其环境技术水平(β_0 变小)时,混合制企业的最优民营化水平提高;民营企业提升其环境技术水平(β_1 变小)时,混合制企业的最优民营化水平提高。

把等式(13-17)、(13-18)带入等式(13-3)可得均衡时的环境损失 D(见附录3),令 $\frac{\partial D}{\partial \theta}=0$,计算可得:

$$\theta_3^D = -\frac{\alpha\beta_1^2-\beta_0^2(2+3\alpha+\alpha^2-\beta_1^2)}{(1-\beta_0^2)\beta_1^2}$$

在满足 $2+\alpha<\left(\frac{\beta_1}{\beta_0}\right)^2<\frac{(2+\alpha)(1+\alpha)}{\beta_0^2+\alpha}$ 的条件时,$\theta_3^D \in (0,1)$,为"最优环境民营化程度"。我们不难看出最优环境民营化程度依赖于两企业的生产、环境技术水平,它连接起了环境、民营化和技术三者间的关系,应当受到企业技术水平变动的影响。我们接下来计算两企业的技术变动对最优环境民营化程度 θ_3^D 的影响,易知:

$$\frac{\partial \theta_3^D}{\partial \alpha} = -\frac{-(3+2\alpha)\beta_0^2+\beta_1^2}{(1-\beta_0^2)\beta_1^2}(>,<,=)0, \quad \frac{\partial \theta_3^D}{\partial \beta_0} = \frac{2\beta_0[2+3\alpha+\alpha^2-(1+\alpha)\beta_1^2]}{(1-\beta_0^2)^2\beta_1^2}>0$$

$$\frac{\partial \theta_3^D}{\partial \beta_1} = -\frac{2(2+3\alpha+\alpha^2)\beta_0^2}{(1-\beta_0^2)\beta_1^3}<0$$

即两企业提升其生产技术水平(α 变大)时,混合制企业的最优环境民营化水平的变化情况未知,混合制企业提升其环境技术水平(β_0 变小)时,混合制企业的最优环境民营化水平降低,民营企业提升其环境技术水平(β_1 变小)时,混合制企业的最优环境民营化水平提高。

四、混合制企业和民营企业使用的生产、环境技术水平均不同

企业 0 和企业 1 的生产技术水平和环境技术水平均不相同,此时 $\alpha_0 \neq \alpha_1, \beta_0 \neq \beta_1$,我们直接使用第二部分的基本模型进行计算。在博弈的第二阶段可以得到均衡时两企业的产量为:

$$q_0^E = \frac{(1+\alpha_1)a}{[\beta_0^2+(1-\beta_0^2)\theta+\alpha_0+1](\alpha_1+2)-1} \tag{13-19}$$

$$q_1^E = \frac{[\beta_0^2+(1-\beta_0^2)\theta+\alpha_0]a}{[\beta_0^2+(1-\beta_0^2)\theta+\alpha_0+1](\alpha_1+2)-1} \tag{13-20}$$

将等式(13-19)、(13-20)带入等式(13-5)可得均衡时的社会福利 W(见附录 4),令 $\frac{\partial W}{\partial \theta}=0$,计算可得:$\theta_4^W = \frac{(\alpha_0+\beta_0^2)(1-\beta_1^2)}{(1-\beta_0^2)(1+3\alpha_1+\alpha_1^2+\beta_1^2)}$,易知 $0<\theta_4^W<1$,即混合制企业和民营企业使用不同水平的生产技术和环境技术时,部分民营化是社会福利最优的选择。

我们接下来计算两企业的技术变动对最优民营化程度 θ_4^W 的影响,易知:

$$\frac{\partial \theta_4^W}{\partial \alpha_0} = \frac{1-\beta_1^2}{(1-\beta_0^2)(1+3\alpha_1+\alpha_1^2+\beta_1^2)}>0, \quad \frac{\partial \theta_4^W}{\partial \alpha_0} = -\frac{(3+2\alpha_1)(\alpha_0+\beta_0^2)(1-\beta_1^2)}{(1-\beta_0^2)(1+3\alpha_1+\alpha_1^2+\beta_1^2)^2}<0$$

$$\frac{\partial \theta_4^W}{\partial \beta_0} = \frac{2(1+\alpha_0)\beta_0(1-\beta_1^2)}{(1-\beta_0^2)^2(1+3\alpha_1+\alpha_1^2+\beta_1^2)}>0, \quad \frac{\partial \theta}{\partial \beta_1} = -\frac{2(2+3\alpha_1+\alpha_1^2)(\alpha_0+\beta_0^2)\beta_1}{(1-\beta_0^2)(1+3\alpha_1+\alpha_1^2+\beta_1^2)^2}<0$$

混合制企业提升其生产技术水平(α_0 变大)时,混合制企业的最优民营化水平提高;民营企业提升其生产技术水平(α_1 变大)时,混合制企业的最优民营化水平降低;混合制企业提升其环境技术水平(β_0 变小)时,混合制企业的最优环境民营化水平降低;民营企业提升其环境技术水平(β_1 变小)时,混合制企业的最优环境民营化水平提高。

把等式(13-19)、(13-20)带入等式(13-3)可得均衡时的环境损失 D(见附录 4),令 $\frac{\partial D}{\partial \theta}$,计算可得:$\theta_4^D = \frac{\beta_0^2(2+\alpha_1)(1+\alpha_1)-(\beta_0^2+\alpha_0)\beta_1^2}{(1-\beta_0^2)\beta_1^2}$。

在满足 $\frac{(2+\alpha_1)(1+\alpha_1)}{1+\alpha_0} < \left(\frac{\beta_1}{\beta_0}\right)^2 < \frac{(2+\alpha_1)(1+\alpha_1)}{\beta_0^2+\alpha_0}$ 的条件时,$\theta_3^D \in (0,1)$。我们接下来计算两企业的技术变动对最优环境民营化程度 θ_4^D 的影响,易知:

$$\frac{\partial \theta_4^D}{\partial \alpha_0} = \frac{1}{1-\beta_0^2} < 0, \frac{\partial \theta_4^D}{\partial \alpha_1} = \frac{(3+2\alpha_1)\beta_0^2}{(1-\beta_0^2)\beta_1^2} > 0$$

$$\frac{\partial \theta_4^D}{\partial \beta_0} = \frac{2\beta_0[2+3\alpha_1+\alpha_1^2-(1+\alpha_0)\beta_1^2]}{(1-\beta_0^2)^2\beta_1^2} > 0$$

$$\frac{\partial \theta_4^D}{\partial \beta_1} = -\frac{2(2+3\alpha_1+\alpha_1^2)\beta_0^2}{(1-\beta_0^2)\beta_1^3} < 0$$

混合制企业提升其生产技术水平(α_0 变大)时,混合制企业的最优环境民营化水平降低;民营企业提升其生产技术水平(α_1 变大)时,混合制企业的最优环境民营化水平提高;混合制企业提升其环境技术水平(β_0 变小)时,混合制企业的最优环境民营化水平降低;民营企业提升其环境技术水平(β_1 变小)时,混合制企业的最优环境民营化水平提高。

总结混合制企业和民营企业环境技术水平不同的两种情况,我们可以得以下的命题 2 和命题 3。

命题 2:混合制企业和民营企业环境技术水平不同、生产技术水平相同时,提升混合制企业和民营企业的环境技术水平都可以使得最优民营化程度上升。在生产技术不同时,提升混合制企业的生产技术水平可以提高最优民营化程度,但提升其环境技术水平却会降低最优民营化程度;民营企业的情况与其完全相反。

命题 3:混合制企业和民营企业环境技术水平不同、生产技术水平相同时,当 $\left(\frac{\beta_1}{\beta_0}\right)^2 < 3+2\alpha$ 时,提升企业的生产技术水平可以提升最优环境民营化程度,提升混合制企业的环境技术水平会使得最优民营化程度下降,民营企业的情况却与之相反。在生产技术不同时,提升混合制企业的生产和环境技术水平都会使得最优环境民营化程度降低,民营企业的情况与之相反。

第 4 节 结 论

混合制企业的部分民营化作为企业本身的重要决策,应该受到企业自身的一些要素特征的影响,基于这一合理论断,我们研究了混合制企业和民营企业的生产、环境技术水平的变化对最优民营化程度的影响。在文中我们分别考虑混合制企业与民营企业的以下四种情况:① 生产、环境技术水平均相同;② 环境技术水平相同,生产技术水平不同;③ 生产技术水平相同,环境技术水平不同;④ 生产、环境技术水平均不同。在四种情况下计算得到了混合制企业的最优民营化程度、最优环境民营化程度,它们是民营化进程中的两个具有重要参考价值的指标,两者都与环境和企业的技术水平相关。特别地,最优环境民营化程度是直接联系混合制企业民营化、环境问题和企业的技术水平的概念。我们还计算了两企业的生产、环境技术水平变化对最优民营化程度和最优环境民营化程度的影响。得到的主要结论是,混合制企业和民营企业的环境技术相同时,民营化程度的上升会使得环境损失下降;两企业的环境技术不同时,则存在一个最优环境民营化程度,超过这一点之后,环境损失随着民营化程度增加而上升。最后要提请读者注意的是,在实体经济中,采用最优民营化程度还是最优环境民营化程度来进行混合制企业民营化并没有一个硬性原则,而应根据现实阶段中的突出问题而定。

附 录

附录 1:

$$W = \frac{a^2}{2}\left\{\frac{1+2\alpha^3-\beta^6(1-\theta)^2+\theta(4+3\theta)+2\alpha^2[4+\beta^2(1-2\theta)+2\theta]}{\{1+\alpha^2+2\beta^2(1-\theta)+2\theta+\alpha[3+\beta^2(1-\theta)+\theta]\}^2}+\right.$$

$$\frac{\beta^2[3+(2-7\theta)\theta]+\beta^4[3-\theta(8-5\theta)]}{\{1+\alpha^2+2\beta^2(1-\theta)+2\theta+\alpha[3+\beta^2(1-\theta)+\theta]\}^2}+$$

$$\left.\frac{\alpha\{5+(12+\theta)\theta+2\beta^2[5-(6+\theta)\theta]-\beta^4(1-\theta^2)\}}{\{1+\alpha^2+2\beta^2(1-\theta)+2\theta+\alpha[3+\beta^2(1-\theta)+\theta]\}^2}\right\}$$

附录 2:

$$W = \frac{a^2}{2}\left\{\frac{1-\beta^6(1-\theta)^2+\theta(4+3\theta)+\beta^2[3+(2-7\theta)\theta]+\beta^4[3-\theta(8-5\theta)]}{\{1+2\theta+2\beta^2(1-\theta)+\alpha_0(2+\alpha^1)+\alpha_1[1+\theta+\beta^2(1-\theta)]\}^2}+\right.$$

$$\frac{\alpha_1\{2+\alpha_0^2+\beta^4(1-\theta)^2+(6+\theta)\theta+2\beta^2[2-(2+\theta)\theta]+\alpha_1[1+\beta^2(1-2\theta)+2\theta]\}}{\{1+2\theta+2\beta^2(1-\theta)+\alpha_0(2+\alpha_1)+\alpha_1[1+\theta+\beta^2(1-\theta)]\}^2}+$$

$$\frac{\alpha_0\{3+\alpha_0(3-\beta^2)+2\beta^2(3-4\theta)+6\theta-2\beta^4(1-\theta)+\alpha_1[4+2\beta^2(1-\theta)+2\theta+\alpha_1]\}}{\{1+2\theta+2\beta^2(1-\theta)+\alpha_0(2+\alpha_1)+\alpha_1[1+\theta+\beta^2(1-\theta)]\}^2}$$

附录 3：

$$W=\frac{a^2}{2}\left\{\frac{1+5\alpha+8\alpha^2+2\alpha^3+4\theta+12\alpha\theta+4\alpha^2\theta}{\{1+\alpha^2+2\beta^2(1-\theta)+2\theta+\alpha[3+\beta^2(1-\theta)+\theta]\}^2}+\right.$$

$$\frac{3\theta^2+\alpha\theta^2-(\alpha+\theta)^2\beta_1^2+(1-\theta)^2\beta_1^4(3+\alpha-\beta_1^2)}{\{1+\alpha^2+2\beta^2(1-\theta)+2\theta+\alpha[3+\beta^2(1-\theta)+\theta]\}^2}+$$

$$\left.\frac{\beta_0^2[3+\alpha^2(3-4\theta)+2\theta-6\theta^2+2\alpha(5-5\theta-\theta^2)-2(1-\theta)(\alpha+\theta)\beta_1^2]}{\{1+\alpha^2+2\beta^2(1-\theta)+2\theta+\alpha[3+\beta^2(1-\theta)+\theta]\}^2}\right\}$$

$$D=\frac{a^2\{(1+\alpha)^2\beta_0^2+[\alpha+\theta+(1-\theta)\beta_0^2]^2\beta_1^2\}}{2[1+\alpha^2+2\theta+\alpha(3+\theta)+(2+\alpha)(1-\theta)\beta_0^2]^2}$$

附录 4：

$$W=\frac{a^2}{2}\left\{\frac{1+4\theta+3\theta^2+3\beta_0^2+2\theta\beta_0^2-6\theta^2\beta_0^2+3\beta_0^4-6\theta\beta_0^4+3\theta^2\beta_0^4}{\{1+2\theta+2\beta^2(1-\theta)+\alpha_0(2+\alpha_1)+\alpha_1[1+\theta+\beta^2(1-\theta)]\}^2}+\right.$$

$$\frac{\alpha_1^2[1+2\theta+(1-2\theta)\beta_0^2]+\alpha_1[2+6\theta+\theta^2+2(2-2\theta-\theta^2)\beta_0^2+(1-\theta)^2\beta_0^4]}{\{1+2\theta+2\beta^2(1-\theta)+\alpha_0(2+\alpha_1)+\alpha_1[1+\theta+\beta^2(1-\theta)]\}^2}-$$

$$\frac{\theta^2\beta_0^2+2\theta\beta_0^2\beta_1^2-2\theta^2\beta_0^2\beta_1^2+\beta_0^4\beta_1^2-2\theta\beta_0^4\beta_1^2+\theta^2\beta_0^4\beta_1^2-\alpha_0^2(3+\alpha_1-\beta_1^2)}{\{1+2\theta+2\beta^2(1-\theta)+\alpha_0(2+\alpha_1)+\alpha_1[1+\theta+\beta^2(1-\theta)]\}^2}$$

$$\left.\frac{\alpha_0\{3+6\theta+\alpha_1^2+2\alpha_1[2+\theta+(1-\theta)\beta_0^2]-2\theta\beta_1^2+2\beta_0^2(1-\theta)(3-\beta_1^2)\}}{\{1+2\theta+2\beta^2(1-\theta)+\alpha_0(2+\alpha_1)+\alpha_1[1+\theta+\beta^2(1-\theta)]\}^2}\right\}$$

$$D=\frac{a^2\{(1+\alpha_1)^2\beta_0^2+[\theta+\alpha_0+(1-\theta)\beta_0^2]^2\beta_1^2\}}{2\{1+2\theta+\alpha_0(2+\alpha_1)+2\beta_0^2-2\theta\beta_0^2+\alpha_1[1+\theta+(1-\theta)\beta_0^2]\}^2}$$

参考文献

[1] BELADI H, CHAO C C. Does Privatization Improve the Environment[J]. Economics Letters, 2006, 93(3): 343-347.

[2] BIROL F. World Energy Outlook 2010[J]. International Energy Agency, 2010.

[3] CATO S, MATSUMURA T. Long-Run Effects of Foreign Penetration on Privatization Policies[J]. Journal of Institutional and Theoretical Economics, 2012, 168(3): 444-454.

[4] DE FRAJA G, DELBONO, F. Alternative Strategies of a Public Enterprise in

Oligopoly[J]. Oxford Economic Papers, 1989: 302-311.

[5] FUJIWARA K. Partial Privatization in a Differentiated Mixed Oligopoly[J]. Journal of Economics, 2007, 92(1), 51-65.

[6] HAN L, OGAWA H. Partial Privatization, Technology Spillovers, and Foreign Ownership Restriction[J]. Review of Urban and Regional Development Studies, 2009, 21(1): 37-49(13).

[7] HEYWOOD J S, YE G. Optimal Privatization in a Mixed Duopoly with Consistent Conjectures[J]. Journal of Economics, 2010, 101(3): 231-246.

[8] HEYWOOD J S, YE G. Partial Privatization in a Mixed Duopoly with an R D rivalry [J]. Bulletin of Economic Research, 2009, 61(2): 165-178.

[9] KATO K. Can Allowing to Trade Permits Enhance Welfare in Mixed Oligopoly? [J]. Journal of Economics, 2006, 88(3): 263-283.

[10] KATO K. Optimal Degree of Privatization and the Environmental Problem[J]. Journal of Economics, 2013, 110(2): 165-180.

[11] KATO K. Partial Privatization and Environmental Policies[J]. MPRA Paper 27630, University Library of Munich, Germany, 2010.

[12] LIN M H, MATSUMURA, T. Presence of Foreign Investors in Privatized Firms and Privatization Policy[J]. Journal of Economics, 2012, 107(1): 71-80.

[13] LIN M H. Partial Privatization in Mixed Oligopoly with Foreign Competitors. Working Paper[J]. Department of Economics, University of Osaka, 2007(10).

[14] MATSUMURA T. Partial Privatization in Mixed Duopoly[J]. Journal of Public Economics, 1998, 70(3): 473-483.

[15] NAITO T, OGAWA, H. Direct Versus Indirect Environmental Regulation in a Partially Privatized Mixed Duopoly[J]. Environmental Economics and Policy Studies, 2009, 10(2-4): 87-100.

[16] NAITO T. Urban-Rural Migration, Unemployment, and Privatization: A Synthesis of Harris-Todaro Model and a Mixed Duopoly[J]. Letters in Spatial and Resource Sciences, 2012, 5(2): 85-94.

[17] OHORI S. Optimal Environmental Tax and Level of Privatization in an International Duopoly[J]. Journal of Regulatory Economics, 2006, 29(2): 225-233.

[18] PAL R, SAHA B. Does Partial Privatization Improve the Environment? [J]. Working Paper (WP-2010-018). Indira Gandhi Institute of Department Research, 2010(9).

[19] PAL R, SAHA, B. Pollution Tax, Partial Privatization and Environment[J]. Resource and Energy Economics, 2015(40): 19-35.

[20] SAHA B. Mixed Ownership in a Mixed Duopoly with Differentiated Products[J]. Journal of Economics, 2009, 98(1): 25-43.

[21] ULPH, A. Environmental Policy and International Trade when Governments and Producers Act Strategically[J]. Journal of Environmental Economics Management, 1996, 30(3): 265-281.

[22] WANG L F, CHEN T L. Mixed Oligopoly, Optimal Privatization, and Foreign Penetration[J]. Economic Modelling, 2011, 28(4): 1465-1470.

[23] WANG L F S, WANG Y C, ZHAO, L. Privatization and the Environment in a Mixed Duopoly with Pollution Abatement[J]. Economics Bulletin, 2009, 29(4): 3112-3119.

第 14 章　江浙沪三地最低工资线就业效果的比较分析

本章摘要：本章是第 3 章的"续集",考察了发展中国家在经济发展背景中,劳动力买方垄断市场及其持续存在时的最低工资线的就业效果,认为在江浙沪的劳动市场中存在持续买方垄断,并用江浙沪的数据验证、比较三地间的最低工资的就业效果,结论是上海最低工资促进就业的作用最大,浙江次之,江苏则最接近非买方垄断市场。

第 1 节　序　言

最低工资于 20 世纪初最先出现在新西兰和澳大利亚,其宗旨是保障工人的最低生活水平,消除贫困。目前,世界上 80% 的国家建立了最低工资制度。我国亦于 1984 年正式承认国际劳工组织制定的《最低工资办法》,1993 年制定并颁布了《企业最低工资规定》,开始建立最低工资保障制度。我国设定最低工资线的重要原因也与其他国家大致相同,在于部分劳动力供给和需要双方协定的工资水平无法满足劳动者,特别是农民工及其家庭的基本生活需求,其持续的生存和发展受到严重影响。也正是因为如此,在理论上最低工资线高于市场均衡工资,提高最低工资虽然可以改善劳动者的收入,但也会增加劳动供给减少劳动需求、加剧失业。故而,提升最低工资被称为是"双刃剑",世界上实行最低工资标准的国家每次对最低工资提升的幅度都很小,正常情况下不超过 4%,即使有大幅度的向上调整也不能持续,请参考表 14-1。其中的主要原因之一是顾忌提升最低工资而造成失业。但我国的情况却并非如此。

表 14-1 五国(地区)最低工资的年增长率：2007—2015 年

年份	中国（上海）	美国	法国	英国	日本
2007	12.00%	8.35%	1.61%	3.18%	—
2008	14.29%	17.38%	1.59%	3.80%	—
2009	0	10.69%	3.13%	1.22%	—
2010	16.67%	0	1.52%	2.24%	—
2011	14.29%	0	0.75%	2.53%	2.38%
2012	13.28%	0	1.48%	1.81%	0.96%
2013	11.72%	0	4.38%	1.94%	1.63%
2014	12.35%	0	0.70%	3.01%	2.00%
2015	10.99%	0	0.69%	3.08%	2.09%

数据来源：由笔者根据 economics.com 的数据计算得来。

自 2004 年出台新的《最低工资规定》后，各省市频繁上调最低工资。我们统计 2001 年至 2015 年各省上调最低工资频率发现(见图 14-1)，除 2009 年无省份上调最低工资外，各省最低工资调整的频率呈逐步上升趋势，2008 年以前各省每年调整最低工资的平均概率为 41.98%，2009 年以后升至 81.18%。全国平均月最低工资由 2001 年的 345 元升至 2015 年的 1 581 元，除却物价变动因素，年均增长率达到 8.8%。若我们聚焦于发达的江浙沪地区，则会发现江浙沪三地最低工资调整更为频繁，2001 年至 2015 年年均调整概率为 83.33%，2009 年以后的调整概率为 88.88%，明显高于全国平均水平。从最低工资的升幅来看，上海 15 年间最低工资年均增长率为 11.4%，江苏为 10%，浙江为 11.1%。

当然，考虑到最低工资主要影响低技术劳动者(Fang & Lin, 2015)，更为具体的是进城务工的农民工和城市户籍的低技术劳动者。依据刘万霞(2013)整理的国务院发展研究中心 2010 年对全国农民工的调查数据显示，初中、高中和中职学历的农民工占总农民工数量的 80%，城镇的低技术劳动力一般具有初中及以上学历，所以我们聚焦于全体劳动者中仅具有初中和高中学历的劳动者。2001 年至 2014 年全国具有初中和高中学历的劳动者比例从 55.8% 上升至 63.9%，实际人数增加了 0.887

亿。从江浙沪三地来看，14年间，上海的初高中学历劳动者增加了235.82万人，江苏增加了902.92万人，浙江增加了811.71万人。

数据分析发现，随着最低工资水平的逐渐上升，不论是全国还是江浙沪三地，受最低工资影响最为显著的低技能劳动者的人数也呈显著上升趋势。我们进一步分析江浙沪三地的失业情况，发现其失业人数并非与最低工资呈反向变化。江苏和上海的失业人数呈下降趋势，上海城镇登记失业人数从2001年的25.79万人下降到2015年的22.05万人，江苏从36.14万人下降到36.01万人，而浙江却有所上升，从23.99万人上升至33.69万人。这不禁让我们思考：为什么江浙沪三地在连年大幅度上调最低工资的同时，却伴随着就业的增加，尤其是受最低工资影响显著的低技术劳动者就业的增加，在上海和江苏地区甚至出现失业减少的现象，最低工资上升和就业增加是否可以共存，最低工资对就业具有怎样的影响呢？

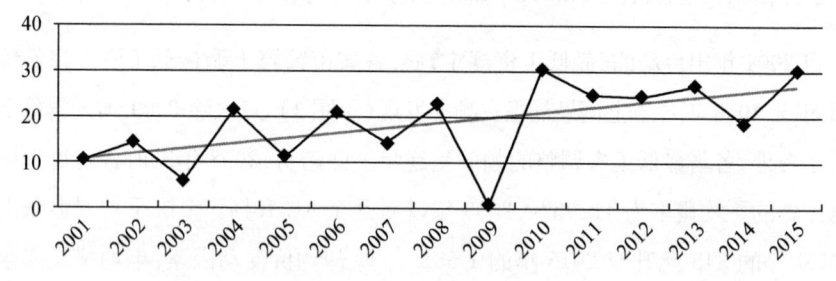

图14-1 调整最低工资线的省份个数（2001—2015年）

数据来源：2001—2016年度中国国家统计局网站、各省人力资源和社会保障事业发展统计公报，以及国民经济和社会发展统计公报。

早在20世纪40年代就有了最低工资对就业影响的研究。多数文献从部门、企业、劳动者或劳动力市场结构层面展开分析，但结论各有不同。

（1）部门层面，Welch(1976)将部门分为受最低工资影响的部门和不受最低工资影响的部门，认为最低工资会降低受影响部门的就业量，但不影响不受影响部门的就业量。Gindling & Terrell(2007)用哥斯达黎加的数据证实了Welch的结论；Lemos(2004)将部门分为正式部门和非正式部门，用巴西1982—2000年的月度数据分析发现提高最低工资后，正式部门和非正式部门的失业率都会提高。

(2) 企业层面,Reynolds(1969)认为企业能够通过提升管理水平、技术创新和提升生产率来抵消因最低工资而上升的成本,所以最低工资不一定造成失业的增加。De Fraja(1999)认为企业不一定用解雇工人的方式应对最低工资带来的成本压力,而是可能通过减少工人福利或提升劳动者人力资本水平的方式来抵消不利影响。

(3) 劳动者层面,Cubitt & Heap(1999)从劳动者对最低工资的反应入手分析,认为最低工资将激励低技能劳动者提升人力资本,从而促进就业增长；Agenor & Aizenman(1999)的结论与Cubitt & Heap相似,但机制是工人面对最低工资时将积极工作,厂商的监督成本下降,从而可以减少总失业水平。

(4) 劳动力市场结构层面,Maurice(1974)用数学方法验证了若劳动力市场是买方垄断的,则提高最低工资具有增加就业的效果。Manning(1995)在买方垄断模型中加入怠工模型,将工人分为怠工者和非怠工者,认为最低点工资的提高可以促进就业；Burdett & Mortensen(1989)搜寻模型中的搜寻摩擦有类似买方垄断的效果,提升最低工资可以增加就业。李晓春和何平(2010)认为若劳动力市场存在买方垄断,则在一个合理的工资区间内提高最低工资线有增加就业的效果,作者还就金融危机下提升最低工资线扩大就业的条件进行了分析,并用实证分析证明了长三角在金融危机的情况下实施最低工资有促进就业的效果。

国内学者也对最低工资的就业效应进行了卓有成效的研究。罗小兰(2007)认为最低工资对农民工就业的影响存在一个阈值,在阈值之前提高最低工资会促进农民工就业,在此之后再提高工资将压缩就业；马双等(2012)通过实证研究发现,在我国最低工资每增加10%,制造业企业雇佣人数将显著减少0.6%左右。

从劳动力市场结构来看,冼国明和徐清(2013)利用2004—2009年中国地级城市面板数据,验证了中国城市普遍存在工资低于劳动力边际产出的事实,劳动力买方市场的特征明显。简泽等(2016)认为中国的劳动力市场具有讨价还价的特征,但劳动者讨价还价的能力很弱,作为雇主的企业处于支配地位。若全国劳动力市场整体呈现买方垄断的特点,是否可以判定经济发达的江浙沪地区亦继续存在买方垄断的特征,提升最低工资是否对就业依旧有促进作用;另外,江浙沪三地相连,交通发达,劳动力流动频繁,三地面临的低端劳动力市场具有相似性,故而是否可以认为江浙沪三地调整最低工资线也有相同的就业效果?

为了解决以上的疑问,本章拟对长三角劳动力市场是否依旧具有买方垄断特征进行分析,并用江浙沪三地的数据进行验证分析。本章的主要结论为:在发展中国家的劳动力市场上,买方垄断能够持续动态存在。从这个意义上看问题,本章是第3章的"续集"。本章还以江浙沪三地的数据验证最低工资的就业效果,并进行比较,展望最低工资线在江浙沪实施的就业效果前景。

第2节 劳动力买方垄断市场及其持续存在

近年来,多地的农民工调查反映出一个有趣现象,许多雇佣农民工的企业将最低工资标准作为实际工资发放标准,即农民工即使贡献的边际产出价值高于最低工资,也只能拿到最低工资。此现象说明农民工在工资博弈时依旧处于劣势,企业具有定价权,劳动力市场依旧是买方垄断的。依据买方垄断的特点,图14-2展示了最低工资线对实际工资和就业的影响。

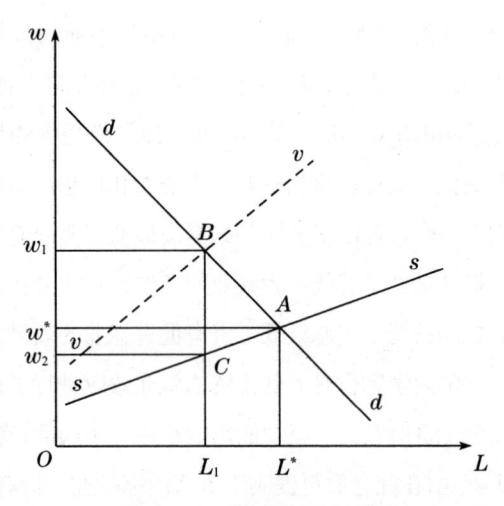

图 14-2 劳动力买方市场

图14-2的横轴表示劳动者数量,纵轴表示工资水平。劳动力市场需求曲线为 dd,劳动力市场供给曲线为 ss,市场的供给曲线即企业所面临的平均成本曲线,则边际成本曲线为 vv,企业按照边际成本等于边际收益的原则确定劳动力需求量 L_1,即 dd 曲线和 vv 曲线交点 B 所对应的 L_1。依据李晓春和何平(2010)的分析,若劳动力议价能力低,其工资就会被企业压在均衡工资 $w*$ 的下方的 w_2,此时如果最低工资线设在 w_2 与均衡工资线之间,就有扩大就业的效果;若最低工资继续上升,高于 $w*$ 低于时 w_1,提升最低工资会增加就业但与此同时产生失业;当最低工资线高于 w_1

时，提升最低工资就会缩小就业、扩大失业。

但如果我们考察一个高速发展的经济，情况就会发生较大的变化，如图14-3所示。经济发展产业扩大，随着生产者剩余的增加企业在相同工资条件下能雇佣更多的工人。由图表示为需求曲线 dd 向右移动到 $d'd'$，此时，新的均衡工资上升至 w_3，扩大了最低工资促进就业的空间，即使最低工资高于 $w*$，只要不高于 w_3 就有促进净就业的效果，形成买方市场中的就业扩大；如果最低工资 w_0 提升并设定在 w_3 的上方 w_1' 的下方，

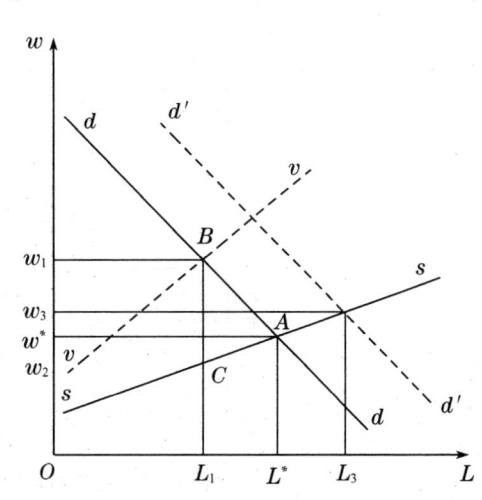

图 14-3　劳动力买方市场的持续存在

将增加 L_1L_0 的就业量，但与此同时产生 L_0L_∞ 的失业量，如果最低工资 w_0 越接近 w_1'，则扩大的就业量 L_1L_0 将减少，同时造成的失业 L_0L_∞ 会增加，此时市场中就业与失业同时增加，直至提升的最低工资达到 w_1' 时，扩大就业的效果将完全消失(参考图14-4)；如果提升的最低工资超过 w_1'，提升最低工资就不仅仅造成 L_0L_∞ 的失业，还会导致就业下降 L_1L_0，形成就业减少失业扩大的局面(参考图14-5)。

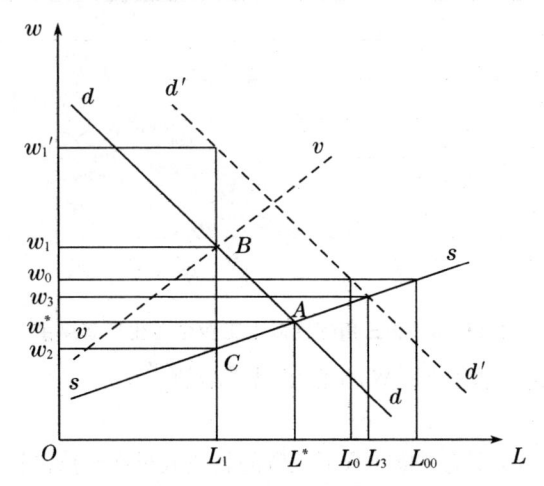

图 14-4　买方市场中就业与失业同时增加

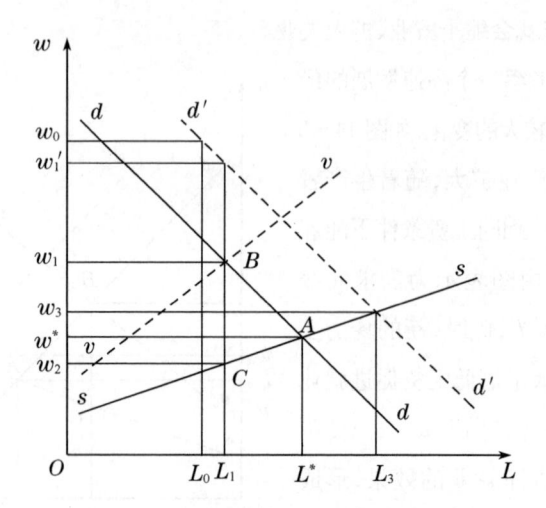

图 14-5　买方市场中就业下降失业增加

近年来长三角地区工业企业的生产者剩余一直在增加(请参考图 14-6),故而我们可以得到结论:长三角的江浙沪三地最低工资线促进就业效果的空间一直在持续扩大。这就是长三角能持续以较高的幅度提高最低工资的原因所在。这个结论较之李晓春和何平(2010)有了一个新的意义,因为以前的结论是静态的,它不能解释最低工资持续大幅度上调还能吸纳就业的问题。

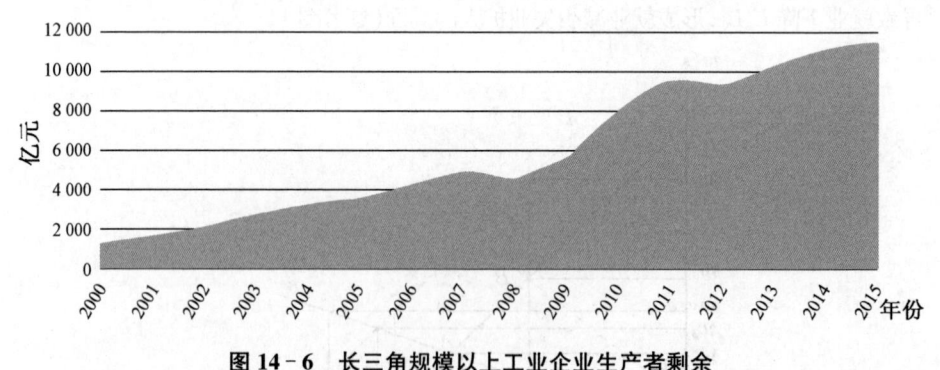

图 14-6　长三角规模以上工业企业生产者剩余

数据来源:由笔者根据资讯 Wind 的相关数据计算。

要注意的是,持续买方垄断下最低工资的就业效果在经济高速发展的经济中表现更为明显,如果劳动力的议价能力有所提高或经济处在平稳发展阶段,这样的效果就会减弱或下降。前者,劳动力与企业处于对等议价能力时的工资是 w_1,没有调整最低工资线的问题;后者,生产者剩余不会有太大的变化,dd 曲线右移的效果不会很明显,一旦上调最低工资线后就很难连续上调。此时,劳动市场进入非买方垄断阶段,上调最低工资的就业效果就会消失,甚至造成失业。这些过程在经济发达国家已经得到验证。

第3节 江浙沪最低工资的就业效果比较

一、整体比较

接下来,我们用自然实验的方法分析三地最低工资线的就业效应。在 2008 年,江苏未提升最低工资线,与此同时,浙江和上海分别在 2008 年 9 月 1 日和 2008 年 4 月 1 日开始实施新的最低工资标准。因 2008 年金融危机的影响,2009 年三地均未提升最低工资,直至 2010 年上半年,江苏、浙江和上海三地分别在 2010 年 2 月 1 日、4 月 1 日和 4 月 1 日提升最低工资标准。所以我们用三地 2007 年底和 2009 年底的数据进行差分分析,比较上海和浙江在 2008 年提升最低工资的就业效果。

为了分析江苏在 2008 年前后提升工资的就业效果,我们需要寻找一个同江苏发展水平近似但最低工资提升有明显时间差异的地区。江苏 2008 年和 2009 年都未调整最低工资,但 2007 年实施最低工资的时间为 10 月 1 日,若用 2006 年底和 2007 年底的数据进行双重差分分析,江苏最低工资调整实际发生作用的时间只有 3 个月,很可能低估最低工资调整对就业的影响,所以我们用 2006 年底和 2008 年底的数据进行分析。到 2008 年底,江苏省 2007 年 10 月 1 日开始实施的新最低工资标准已经生效 15 个月,对就业的影响已经较为充分。但并不存在 2007 年、2008 年连续两年未上调最低工资的省份,我们退而求其次,选择 2007 年一整年未调整最低工资,2008 年底调整最低工资的省份作为江苏省的控制组。在这种情况下,可能有所低估江苏最低工资的就业影响。

2006年调整、2007年未调整且2008年4月份以后调整最低工资的省份只有广西、青海、甘肃和广东，广西2008年8月8日开始实施最低工资，青海2008年7月17日开始实施最低工资，广东2008年4月1日调整最低工资。考虑到经济发展的水平的相近性，我们选择广东作为江苏的对照组。但这样做有一个问题，即我们实际得出的是江苏2007年10月1日提升最低工资后7个月的就业效应。

根据各省《最低工资规定》，省、自治区、直辖市范围内的不同行政区域可以有不同的最低工资标准。各省、自治区、直辖市的劳动保障行政部门同同级公会、企业联合会/企业家协会研究拟定本地区最低工资标准，因各地最低工资标准调整时间有所差异，且调整金额各有不同，所以提供了难得的自然实验：因为对当地企业来说，最低工资何时调整以及调整多少在很大程度上是外生的。我们可以利用最低工资调整的时间差别来分析最低工资调整的就业效应。

上海和浙江的对照组是江苏，虽然江苏从发展水平和地理位置的相近度来说，相对于其他省份更适宜做上海和浙江的对照组，但依旧不能保证实验组和控制组的发展趋势差异性问题。为解决此问题，我们采用Hainmueller(2012)年提出的多元权重调整的熵平衡方法，对控制组的数据进行多元权重调整，通过权重调整从而调整控制组协变量的分布，使其相似于实验组协变量的分布。

通过熵平衡法调整后的上海实验组和江苏控制组及浙江实验组和江苏控制组协变量相关指标如表14-2至表14-4所示。

表14-2 调整后实验组和控制组（上海—江苏）

变量	实验组（上海）			控制组（江苏）		
	mean	variance	skewness	mean	variance	skewness
Var5	187.3	284 525	19.16	187.4	292 812	17.93
Var6	150 939	4.25E+12	57.82	150 999	3.67E+12	34.6
Var7	50 457	1.49E+12	77.44	50 484	6.19E+11	41.85
Var8	6.862	197 713	155.7	6.862	68 355	124.9
Var9	0.055 8	0.022 3	0.681 5	0.055 81	1.222	−22.13
Var10	156 196	3.07E+12	38.16	156 267	3.69E+12	49.2

表 14-3　调整后实验组和控制组(江苏—广东)

变量	实验组(江苏)			控制组(广东)		
	mean	variance	skewness	mean	variance	skewness
Var5	189.5	485 978	33.82	189.5	71 439	5.877
Var6	7 940	5.93E+11	92.15	79 541	2.61E+12	83.16
Var7	31 760	2.89E+11	140.3	31 761	2.77E+11	4.98
Var8	6.662	75 733	210.5	6.662	130 130	151.9
Var9	0.110 3	0.034 23	2.688	0.110 3	0.045 67	3.435
Var10	109 469	8.99E+11	69.91	109 472	1.81E+12	34.28

表 14-4　调整后实验组和控制组(浙江—江苏)

变量	实验组(浙江)			控制组(江苏)		
	mean	variance	skewness	mean	variance	skewness
Var5	147.8	128 798	21.15	147.9	71 548	10.97
Var6	64 895	2.66E+11	93.37	64 974	3.55E+11	42.31
Var7	20 479	1.26E+11	153.2	20 497	4.90E+10	52.16
Var8	7.119	53 694	142.1	7.119	74 877	119.9
Var9	0.059 74	0.011 45	−7.163	0.059 75	1.09	−23.36
Var10	72 158	4.58E+11	100.7	72 203	3.82E+10	19.07

通过调整之后,我们发现实验组和控制组各变量的均值非常接近,且控制组方差和分布的偏度大都小于实验组,所以控制组是实验组较好的参照对象。之后,我们用双重差分法分析最低工资上升的就业效应。双重差分模型如下:

$$labor_{ijt} = \beta_0 + \theta_1 Time_i + \theta_2 Treat_{ij} + \theta_3 Time_i * Treat_{ij} + \beta_1 X_{ijt} + \pi_j + \varepsilon_{ijt}$$

其中,下标 i 表示企业,j 表示地区,t 表示时间,ε_{ijt} 表示随机扰动项。$labor_{ijt}$ 是 t 时期地区 j 企业 i 的雇佣人数,$Time_i$ 为试验期虚拟变量($Time_i=1$,如果 $t=2\,009$;$Time_i=0$,如果 $t=2\,007$),反映的是上海和浙江调整最低工资前后两期本身的差异,是与最低工资调整无关的时间趋势;$Treat_{ij}$ 表示分组虚拟变量($Treat_{ij}=1$,如果企业

i 属于实验组；$Treat_{ij}=0$，如果企业 i 属于控制组），反映的是实验组和控制组本身的差异，即即使上海和浙江没有提升最低工资水平，也存在此差异；$Time_i * Treat_{ij}$ 是 $Time_i$ 和 $Treat_{ij}$ 的交叉项，其系数 θ_3 构成双重差分。因实验组相对于控制组受到最低工资调整的影响，所以 θ_3 度量了扣除用 θ_1 表示的其他事件综合影响后最低工资调整带来的就业效应。

因为考虑到除了最低工资调整，上海和江苏、浙江和江苏之间的其他差异可能会引起 θ_3 的偏误，我们引入两类控制变量来控制实验组和对照组的差异。第一个层次为企业层面的控制变量 X_{ijt}，包括净利润、总资产、股东权益、总固定资产、工业总产值。马双等(2012)在选取企业层面的控制变量时，采用了市国内生产总值、市总人口、市最低工资、市人均工资作为市级层面的控制变量，但我们认为应该寻找表征盈利能力的指标，其中(净利润/总资产)可以看作单位产值盈利，(总资产/股东权益)比资产负债比更能表征企业初始资本的总体融资能力，总资产表征企业规模，工业销售产值表征企业的生产和销售规模，这几个指标能够较为全面地衡量企业的整体规模和盈利水平，也是雇佣劳动者的主要影响因素。第二个层次为企业不随时间变化的固定效应 d_i。

自然实验的数据来源于国家统计局"规模以上工业统计报表统计"整理而成的工业企业数据库。数据库的统计对象为规模以上工业法人企业，包括全部国有和年主营业务收入 500 万元及以上的非国有工业法人企业。数据库既提供企业经营成果的有关信息，又提供对企业身份、生产经营活动内容和状态进行定性描述的信息，所以方便我们按照省份、企业类型和规模等进行分类分析。

因企业提供数据可能存在偏差，我们借鉴余淼杰(2011)等人的做法，剔除总资产、固定资产净值、销售额、工业总产值、固定资本净值/原值、中间投入品指标缺失或小于零的数据，剔除就业人数少于 8 人的数据，剔除销售额 500 万元以下的数据。

对于江浙沪三地规模以上工业企业，我们用方程 1 和方程 2 分别进行双重差分回归，之后依据具体行业、企业规模和企业性质分别用方程 2 进行双重差分回归。方程 1 和方程 2 如下：

方程 1：$labor_{ijt} = \beta_0 + \theta_1 Time_i + \theta_2 Treat_{ij} + \theta_3 Time_i * Treat_{ij}$

方程 $2: labor_{ijt} = \beta_0 + \theta_1 Time_i + \theta_2 Treat_{ij} + \theta_3 Time_i * Treat_{ij} + \beta_2 X_{ijt} + \varepsilon_{ijt}$

江浙沪三地规模以上工业企业双重差分回归结果如表 14-5。

首先,仅用方程 1 回归,我们发现上海和浙江 gd 项前面的系数显著大于零,说明最低工资上调后,上海和浙江的就业人数因工资的上调而增加了。在加入了企业的一系列控制变量后,上海和浙江 gd 项前面的系数依旧显著为正,只是相对于方程 1,系数有所减小。说明上海和浙江的最低工资上调对工业企业有显著的就业促进的效应。从上调幅度和增加的就业量来说,上海上调 12% 带来的就业增加比例为 0.74%,浙江上调 12.9% 带来的就业增加比例为 0.139%,从而计算出上海的最低工资就业弹性为 0.0616,浙江为 0.01。

表 14-5 江浙沪三地规模以上工业企业双重差分回归结果

	上海(1)	江苏(1)	浙江(1)	上海(2)	江苏(2)	浙江(2)
gd	0.096 4*** -5.67	-0.184*** (-14.69)	0.131*** -12.82	0.089 8*** -7.68	-0.078 3*** (-5.84)	0.018 7** -2.55
var1	-0.166*** (-16.29)	-0.084 1*** (-8.42)	-0.217*** (-28.50)	-0.156*** (-29.81)	-0.069 0*** (-5.67)	-0.174*** (-30.20)
var2	-0.062 0*** (-5.99)	0.120*** -12.22	-0.075 8*** (-10.48)	-0.058 7*** (-7.07)	0.052 3*** -4.75	-0.019 4*** (-3.68)
lnvar6				0.125*** -23.14	0.084 3*** -9.4	0.134*** -32.35
lnvar7				0.135*** -39.17	0.087 2*** -26.48	0.105*** -42.59
lnvar8				0.012 2*** -2.98	0.002 05 -0.49	0.021 6*** -7.85
lnvar9				-0.014 1*** (-5.69)	-0.032 4*** (-10.28)	-0.001 92 (-1.09)
lnvar10				0.347*** -71.1	0.394*** -79.02	0.397*** -104.17
_cons	4.589*** -861.47	4.508*** -579.88	4.487*** -817.06	-1.511*** (-48.47)	-1.216*** (-18.69)	-1.741*** (-84.68)

(续表)

	上海(1)	江苏(1)	浙江(1)	上海(2)	江苏(2)	浙江(2)
N	111 939	152 387	162 314	95 477	152 387	162 314
r^2	0.003 6	0.008 39	0.007	0.552	0.463	0.538
F	108	447	323.3	6 809.5	2 553.7	18 850.8

注:t statistics in parentheses $^*p<0.1$, $^{**}p<0.05$, $^{***}p<0.01$.

与上海浙江不同,江苏 gd 前的系数在方程 1 和方程 2 中显著为负,但我们也发现在控制了企业因素之后,gd 前的系数变得更大了。江苏之所以出现同上海和浙江相反的结果,我们猜测极有可能是与江苏的对照组广东相比,江苏只显现出最低工资提升 7 个月的效果,远小于上海的 18 个月和浙江的 23 个月最低工资的作用时间,最低工资的就业效应可能需要更长的时间显现出来。若果真如此,那么我们将浙江作为上海的对照组,可以测算出上海提升最低工资 6 个月的效果,我们应该看到上海第二、第三产业的就业人数在最低工资提升之后也下降了。

我们按照前文的步骤对上海和浙江 2007 年底和 2008 年底的数据进行多元权重调整,调整后的两地数据为。对新数据双重差分的计量结果如表 14-6 所示。

表 14-6 上海双重差分回归结果

变量	上海(1)	上海(2)
gd	−0.077 3*** (−4.62)	0.018 5* −1.65
var1	−0.086 2*** (−9.13)	−0.072 3*** (−11.64)
var2	0.042 6*** −3.52	−0.009 12 (−1.10)
lnvar6		0.073 0*** −11.54
lnvar7		0.131*** −34.82

(续表)

变量	上海(1)	上海(2)
lnv8		0.002 29 −0.49
lnvar9		−0.011 0*** (−4.44)
lnvar10		0.402*** −70.51
_cons	4.470*** −669.59	−1.565*** (−52.19)
N	118 677	118 677
r^2	0.003 54	0.571
F	74.63	7 394.6

我们发现,上海调整最低工资6个月后,若不控制企业的各类变量,gd前的系数显著为负,与我们的期望一致。但若控制了企业的各类变量,gd前的系数变成显著为正,与我们的估计相反。虽如此,我们也发现,6个月后gd前的系数在10%水平上显著为正,18个月后gd前的系数在1%水平上显著为正,且系数变大。如此,可以判断若最低工资对就业的影响是逐渐产生的,在最低工资上升的前几个月对就业的正向或负向影响不显著或微小显著,当一段时间过去最低工资对就业的作用完全显现后,若劳动力市场确实存在买方垄断,则最低工资有显著的就业效应。另外,我们并没有发现在买方垄断的市场上最低工资对就业有先减少后增加的效应。所以初步判断,江苏所呈现的最低工资上升的显著的就业负效应确实反映出江苏的劳动力市场同上海和浙江存在一定的差异,一方面有可能江苏劳动力市场上的买方垄断力量弱小,另一方面也有可能在于江苏的最低工资上升太快,买方垄断的存在亦无法保证就业的上升,从而表现出就业下降的情况。

江苏的最低工资是否过高,抑或是上海和浙江的最低工资是否过低,我们比较三地最低工资和城镇劳动者可支配收入之比,分析三者之间的差异。

由图 14-7 可知,上海最低工资/城镇居民人均可支配收入在 2003 年之后始终低于江苏和浙江,而江苏的比值在 11 年中始终高于上海和浙江。在我们选取数据的 2007、2008 年间,2007 年江苏的比值比浙江高出 25%,比上海高出 45%,2008 年也比浙江高出 7%,比上海高出 26%。可见,江苏的工资结构更为均衡,相对于人均可支配收入,上海和浙江的最低工资线偏低。

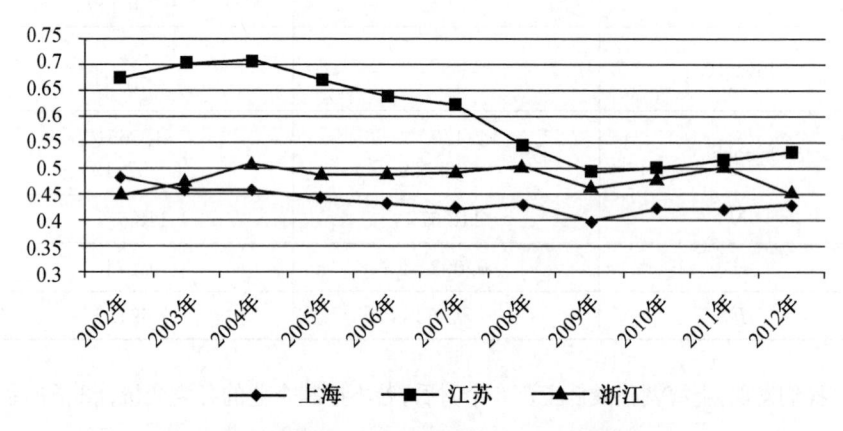

图 14-7 江浙沪三地最低工资/城镇居民人均可支配收入(2002—2012)

江浙沪的这种工资结构尤其是上海和浙江较低的最低工资水平,有可能是提升最低工资依旧可以促进就业的主要原因。接下来,我们分别从细分行业、企业规模和企业类型等三个角度对最低工资的就业效应进行更为细致的分析。若江苏的就业并没有在某些行业、某些规模的企业或某些类型的企业展现出最低工资对就业的促进效果,抑或是上海和浙江的就业没有在某些行业、某些规模的企业或某些类型的企业展现出最低工资对就业的抑制效果,且上海最低工资的就业促进效应大于浙江,便可以做如下判断:上海有相对于人均可支配收入最低的最低工资,浙江的最低工资相对也较低,所以在买方垄断条件下,最低工资上升将促进就业;江苏有相对人均可支配收入最高的最低工资,所以即使劳动力买方依旧有垄断势力,最低工资上升依旧抑制了就业。

二、按细分行业分析

我们想知道,最低工资调整对每一个行业的具体影响是怎样的,工业共有4位数行业31个,除去38开头的行业共计30个行业。我们按照行业进行回归,将gd系数显著的行业回归结果如表14-7。

表14-7 对最低工资调整反应显著的细分行业

上海		江苏		浙江	
纺织服装、鞋、帽制造业	0.144*** —3.1	纺织业	—0.064 3** (—2.10)	烟草制品业	—0.258* (—1.93)
印刷业和记录媒介的复制	0.164*** —2.59	木材加工及木、竹、藤、棕、草制品业	0.114* —1.71	纺织业	0.075 7*** —4.04
文教体育用品制造业	0.171** —2.07	造纸及纸制品业	—0.088 6** (—2.03)	黑色金属冶炼及压延加工业	—0.079 6* (—1.69)
塑料制造业	0.076 9* —1.77	印刷业和记录媒介的复制	—0.221*** (—4.21)	通用设备制造业	0.028 3* —1.71
非金属矿物制造业	0.111** —2.1	化学原料及化学制品制造业	—0.083 5** (—2.39)	交通运输设备制造业	—0.055 8* (—1.95)
金属制造业	0.127*** —3.59	塑料制品业	—0.059 8* (—1.73)	通信设备、计算机及其他电子设备制造业	—0.083 4** (—2.19)
通用设备制造业	0.132*** —4.82	非金属矿物制品业	—0.072 3* (—1.91)	工艺品及其他制造业	—0.120* (—1.83)
专用设备制造业	0.148*** —3.72	金属制品业	—0.090 6*** (—3.26)		
交通运输设备制造业	0.111** —2.46	通用设备制造业	—0.071 6* (—1.82)		

(续表)

	上海		江苏		浙江
电器机械及器材制造业	0.093 4** −2.47	电器机械及器材制造业	−0.081 8*** (−2.65)		
通信设备、计算机及其他电子设备制造业	0.159*** −2.82	废弃资源和废旧材料回收加工业	0.545*** −3.28		
仪器仪表及文化、办公用机械制造业	0.126* −1.68				

我们发现,首先,对最低工资上调反应显著的行业数量上来看,上海最多,共12个行业,浙江最少,共7个行业,江苏为11个行业。其次,上海和江苏重叠的行业较多,上海12个行业当中共有6个行业同江苏一致,为印刷业和记录媒介的复制、塑料制品业、非金属矿物制造业、金属制造业、通用设备制造业和电器机械及器材制造业等,只是变化方向相反,上海是显著为正,江苏是显著为负。可见,上海的12个行业依旧处于买方垄断地位,所以最低工资上升有动力增加他们的雇佣量。江苏最低工资上升时至少在短期内对就业有挤出效应。

浙江的纺织业和通用设备制造业显著为正,烟草制品业、黑色金属冶炼及压延加工业、交通运输设备制造业、通信设备、计算机及其他电子设备制造业和工艺品及其他制造业 gd 前的系数都显著为负。若结合浙江整体回归结果来看,可以判断最低工资上调后,浙江部分行业依旧处于买方垄断地位,但部分行业不在具有劳动力买方垄断的优势,应对最低工资上升的方式便是减少雇佣量。

我们再一次分析了将浙江作为上海的对照组,分析上海2007年最低工资上升6个月的情况,发现18个月后12个就业显著增加的行业在6个月时只有通用设备制造业显著为正,其他的11个行业 gd 前的系数为正,但并不显著。所以,我们再次从行业的角度佐证了最低工资对就业并没有先排斥后吸引的效果,即一般短期效果和长期效果方向一致。另外,不论是排斥还是吸引,短期内的效果不如长期内的效果显著。所以江苏11个行业所展现出来的最低工资的就业排斥效应在长期中极有可能也是如此。也反映出,江苏与上海重叠的6个行业所面对的劳动力市场已然不同。

三、按企业规模分析

根据工业和信息化部、国家统计局、国家发展和改革委员会、财政部《关于印发中小企业划型标准规定的通知》,以就业人数和营业收入为标准,将企业分为微型企业、小型企业、中型企业和大型企业,分别实证分析四类企业就业对最低工资调整的反应。

我们发现,上海、江苏和浙江小型企业 gd 前的系数都是显著的,只是上海和浙江小型企业 gd 的系数显著为正,江苏 gd 系数显著为负。微型企业、中型企业和大型企业中最低工资的就业效应并不显著。对上海小型企业来说,最低工资上升1%,就业量将上升0.614%,浙江小型企业最低工资上升1%,就业量将上升0.113%。而江苏小型企业最低工资上升1%,就业量将下降0.39%。

上海和浙江相比,虽然小型企业对最低工资上升的反应方向一致,但上海相比于浙江对最低工资上升的反应更为敏感。之所以有如此显著的差别,我们猜测可能基于两个方面的原因。其一,2008年4月1日上海将最低工资提高至960元,浙江9月1日正式实施960元的最低工资标准,上海较浙江提早5个月实施新的最低工资标准;其二,上海劳动力需求曲线的斜率可能更小,需求曲线更为平缓,之所以如此猜测,是因为劳动力需求弹性受到对外开放程度的影响。周申(2006)实证发现中国的贸易开放能显著提高劳动需求弹性,盛斌和牛蕊(2009)的研究也支持关于加快贸易自由化会提高劳动力需求弹性的假说。若用进出口贸易额占GDP的比重表征贸易开放程度,则上海2007年的贸易开放程度是浙江的2.4倍,2008年和2009年虽有所下降,但依旧达到2.32倍和2.26倍,从而判断上海工业企业劳动力需求曲线斜率可能小于浙江,从而当最低工资上升时,上海小型企业可以吸纳的劳动力要多于浙江。

四、按企业性质分析

我们将企业分为国有企业、集体企业、私营企业、外商投资企业、港澳台企业和国内合资企业,分析不同类型的企业对最低工资增加的反应是否有不同。我们将有显著影响的结果总结如表14-8。

表14-8 江浙沪三地对最低工资变化敏感显著的企业类型

变量	上海私营	上海外商投资	上海国内合资	江苏国有	江苏私营	江苏国内合资	浙江集体	浙江私营
gd	0.095 7*** −6.01	0.129*** −4.6	0.067 7** −2.11	−0.447* (−1.86)	−0.097 8*** (−7.81)	−0.094 5** (−2.46)	−0.149** (−2.50)	0.033 1*** −3.85
var1	−0.163*** (−27.04)	−0.142*** (−8.77)	−0.149*** (−8.45)	0.285 −1.06	−0.059 3*** (−5.48)	−0.032 6 (−0.95)	−0.010 9 (−0.33)	−0.182*** (−26.98)
var2	−0.102*** (−8.91)	−0.092 9*** (−4.78)	−0.010 9 (−0.47)	0.978*** −3.22	0.029 7*** −2.96	0.264*** −6.81	−0.016 5 (−0.44)	−0.029 4*** (−4.63)
lnvar6	0.157*** −23.35	−0.139*** (−8.63)	0.198*** −12.15	0.097 −0.82	0.114*** −18.46	0.118*** −4.11	0.164*** −6.77	0.153*** −30.79
lnvar7	0.123*** −29.07	0.200*** −20.23	0.094 2*** −9.01	0.046 8 −1.19	0.092 2*** −27.21	0.030 0*** −2.95	0.090 1*** −6.1	0.100*** −34.24
lnvar8	0.038 7*** −8.1	0.011 7 −0.82	−0.011 8 (−0.91)	0.011 8 −0.32	0.023 9*** −5.61	0.000 281 −0.03	0.030 6 −1.64	0.037 2*** −11.77
lnvar9	0.013 0*** −4.15	−0.073 3*** (−11.03)	−0.021 8*** (−3.18)	−0.125*** (−2.93)	−0.005 87** (−2.20)	−0.018 8** (−1.99)	−0.012 6 (−1.09)	0.011 4*** −5.47
lnvar10	0.311*** −50.69	−38.93	0.302*** −21.47	0.231*** −5.04	0.376*** −67.99	0.373*** −26.24	0.315*** −14.13	0.370*** −84.01
_cons	−1.324*** (−32.13)	−1.337*** (−18.23)	−1.398*** (−16.97)	−0.031 1 (−0.03)	−1.328*** (−39.77)	−0.949*** (−4.51)	−1.236*** (−7.58)	−1.619*** (−63.43)
N	59 027	14 660	9 748	1 314	86 048	19 555	2 725	109 075
r^2	0.44	0.538	0.643	0.384	0.432	0.468	0.449	0.475
F	3 674.4	1 324.9	927.5	100	4 580.8	632.1	202.6	10 879.3

首先,我们发现最低工资上升对江浙沪三地的私营企业就业都有显著影响,其中上海和浙江有显著正向影响,江苏有显著负向影响。上海私营企业就业的最低工资弹性为0.57,浙江为0.228,可见上海私营企业就业的最低工资弹性大于浙江。上海

外商投资和国内合资企业 gd 前的系数都显著为正,且就业的最低工资弹性分别为 0.772% 和 0.405%。所以在上海的企业中,最低工资上调后按吸纳劳动力能力排序依次为外商投资企业、私营企业和国内合资企业。

浙江集体企业 gd 前的系数显著为负。极有可能的一个原因是浙江集体企业在最低工资上调过程中不再有吸纳更多劳动力的功效,反而有可能因为工资的上调而解雇部分劳动力。

江苏国有企业、私营企业和国内合资企业 gd 前的系数显著为负数。可以肯定的一点是,这三类企业在最低工资实施的较短时间内体现一种排斥就业的倾向。

第 4 节 结 论

最低工资对就业的影响受到劳动力市场上供给方和需求方市场势力的影响。在存在买方垄断的劳动力市场上,最低工资上升有提升就业的效果。不仅如此,劳动力买方垄断市场还会持续存在。本章考察了发展中国家在经济发展背景中,劳动力买方垄断市场还会持续存在时的最低工资线的就业效果,从这个意义上看问题,本章是第 3 章的"续集"和升级版。我们实证分析江浙沪三地最低工资的就业效应,发现不论从整体分析,抑或分行业分析、分企业规模分析或分企业类型分析,上海和浙江就业显著的方向全为正,而江苏显著的方向全为负,之所以有如此结果,是因为同本地的人均可支配收入相比,上海和浙江的最低工资偏低,而江苏的最低工资偏高,从而上海和浙江最低工资上升时依旧有就业促进作用,而江苏最低工资上升时有抑制就业的作用。另外上海和浙江相比,上海最低工资提升所能带动的就业量大于浙江,一方面是因为上海的最低工资相对更低,另一方面是因为上海的对外开放程度更高,劳动力需求曲线更为平缓。

基于此,我们可做如下判断:上海和浙江,尤其是上海,还有较大的提升最低工资的空间。江苏提升最低工资时需要适度,需要考虑最低工资的就业抑制效应的大小,兼顾收入和就业两个方面。

参考文献

[1] 简泽,黎德福,沈筠彬,吕大国. 不完全竞争的收入分配效应研究——一个融合产品—劳动力市场的视角[J]. 中国工业经济,2016(01):21-36.

[2] 李晓春,何平. 最低工资线的农民工就业效应——以长三角地区为例[J]. 江苏社会科学,2010(04):59-66.

[3] 刘万霞. 职业教育对农民工就业的影响——基于对全国农民工调查的实证分析[J]. 管理世界,2013(05):64-75.

[4] 罗小兰. 我国劳动力市场卖方垄断条件下最低工资就业效应分析[J]. 财贸研究,2007(4):1-5.

[5] 罗小兰. 我国最低工资标准农民工就业效应分析——对全国、地区及行业的实证分析[J]. 财经研究,2007(11):114-123.

[6] 马双,张劼,朱喜. 最低工资对中国就业和工资水平的影响[J]. 经济研究,2012(5):132-146.

[7] 邵宜航,步晓宁,张天华. 资源配置扭曲与中国工业全要素生产率——基于工业企业数据库再测算[J]. 中国工业经济,2013(12):39-51.

[8] 盛斌,牛蕊. 贸易、劳动力需求弹性与就业风险:中国工业的经验研究[J]. 世界经济,2009(6):3-15.

[9] 冼国明,徐清. 劳动力市场扭曲是促进还是抑制了FDI的流入[J]. 世界经济,2013,36(09):25-48.

[10] 余淼杰. 加工贸易、企业生产率和关税减免——来自中国产品面的证据[J]. 经济学季刊,2011(4):1251-1280.

[11] 周申. 贸易自由化对中国工业劳动力需求弹性影响的经验研究[J]. 世界经济,2006(2):31-40.

[12] AGÉNOR P R, AIZENMAN J. Macroeconomic Adjustment with Segmented Labor Markets[J]. Journal of Development Economics,1999,58(2):277-296.

[13] BURDETT K, MORTENSEN D T. Equilibrium Wage Differentials and Employer Size[R]. Discussion paper,1989.

[14] CARD DAVID. Alan Krueger. Minimum Wages and Employment: a Case Study of the Fast Food Industry[J]. American Economic Review, 1992(84): 772-793.

[15] CUBITT R P, HEAP S P H. Minimum Wage Legislation, Investment and Human Capital[J]. Scottish Journal of Political Economy, 1999, 46(2): 135-157.

[16] DAVID NEUMARK, WILLIAM WASCHER. Employment Effects of Minimum and Subminimum Wages: Panel Data on State Minimum Wage Laws[J]. Industrial and Labor Relations Review, 1992(46): 55-81.

[17] DE FRAJA G. Minimum Wage Legislation, Productivity and Employment[J]. Economica, 1999, 66(264): 473-488.

[18] FANG T, LIN C. Minimum Wages and Employment in China[J]. IZA Journal of Labor Policy, 2015, 4(1): 1-30.

[19] GINDING T H, TERRELL K. The Effects of Multiple Minimum Wages throughout the Labor Market[J]. The Case of Cosa Rica Labor Economics, 2007(14): 485-511.

[20] HAINMUELLERJ. Entropy Balancing for Causal Effects: A Multivariate Reweighting Method to Produce Balanced Samples in Observational Studies[J]. Political analysis, 2012, 20(1): 25-46.

[21] JOHNSOM HARRY G. The Minimum Wage Laws: A General Equilibrium Analysis [J]. Canadian Journal of Economics, 1969, 2(4): 599-604.

[22] JOSEPH SCHAAFSMA, WILLIAM D. Walsh, Employment and Labour Supply Effects of the Minimum Wages: Some Pooled Times-Series Estimated from Canadian Provincial Data[J]. The Canadian Journal of Economics, 1983(16): 86-97.

[23] LEMOS SARA. The Effects of the Minimum Wages in the Formal and Informal Sectors in Brazil[R]. University of Leicester Discussion paper, 2004.

[24] LINDA A, BELL. The Impact of Minimum Wages in Mexico and Colombia[J]. Journal of Labor Economics, 1997(15): 102-136.

[25] MANNING A. HOW Do We Know That Real Wages Are Too High?[J]. The Quarterly Journal of Economics, 1995, 110(4): 1111-1125.

[26] MAURICE S C. Monopsony and the Effects of an Externally Imposed Minimum Wage

[J]. Southern Economic Journal, 1974: 283-287.

[27] REYNOLDS L G. Economic development with surplus labour: some complications [J]. Oxford Economic Papers, 1969, 21(1): 89-103.

[28] SARA LEMOS. Minimum Wages Effects in a Developing Country[J]. Labour Economics, 2006(16): 224-237.

[29] WELCH. Minimum Wage Legislation in the United States, in O. Ashenfelter and J. Blum, eds., Evaluating the Labor Market Effects of Social Programs[M], New York: Princeton University Press, 1976: 1-38.

第Ⅲ篇

关于隐蔽性环境污染的研究：
2018 年至 2020 年

第 15 章　关于隐蔽性环境污染和本篇构成

　　1978 年起,在改革开放中我国经济高速成长了 40 余年,在取得了辉煌的经济建设成果的同时,自然环境却遭到很严重的污染。此前经济发展模式今后已经很难延续,探索经济绿色发展之路刻不容缓。我研究环境经济多年,深感中国的绿色发展之路并非约定俗成,国内外亦并无现成的经验可以参考。因为当前的中国经济崛起,是人类历史上规模最大的壮举,具有鲜明的中国特色。我们必须走出自己的绿色发展之路。正是因为如此,我们的研究才尤为必要。特别是长三角地区是我国经济发展先行地区,研究长三角地区的绿色发展,其特点是,在经济发达地区实践绿色发展有坚实的经济基础,能为保护环境提供更为丰裕的资金和更为先进的技术,同时经济发达地区的人们对绿色生活的向往也更加强烈。但另一方面,长三角绿色发展还面临一系列新问题,主要包括政府绿色发展的最优体制机制设计、企业绿色发展的动力和途径选择、绿色产业链和生态圈构建、科学的绿色生活倡导以及区域绿色发展协调等问题。今天,长三角已经开始走向绿色发展,但总体发展水平还较低,如何走出具有长三角特色的绿色发展之路还存有争议。这些问题在我国现有语境下的研究很不充分,尤其是缺乏针对经济发展先进地区绿色发展全面而深入的分析。所以本篇在理论上归纳符合我国经济发展先行地区市场规律的绿色发展机制,其本身就是学术创新。我们紧扣我国经济和长三角地区的特点,通过对乡村振兴和促进现代农业发展、农民工经济、产业升级、提升人力资本、职工培训、混合制企业的民营化和缩小城乡收入差距等多角度的观察研究,摸索我国经济活动中的环境保护规律。本篇的每一章都是独立的研究,但有一条主线贯穿始终:探索适合我国经济发展的环境新政或为了探索合适的环境政策而打下基础。

第 1 节 什么是"隐蔽性环境污染"

说到环境污染,读者们容易联想起工农业生产中产生的废水、废渣和废气等"三废"之类显性存在的污染。但是,我们在进行经济建设时,往往会实施不同的经济政策,表面上这些政策与环境问题没有直接关联,但实际上与环境有内在的关联。如果处理不好,它会使我们的环保措施形同虚设、事倍功半。例如,我们在促进城镇化、推进城乡融合时,往往会积极鼓励农村劳动力进城务工,并且开始时也不会意识到这样对环境会有什么不利,但结果是环境污染加重了!其原因是在劳动力的城乡转移中就隐藏了环境污染:当企业接收了新转移来的劳动力,势必会扩大生产规模,从而导致生产中的"三废"增加。我们不妨将这样环境问题称为"隐蔽性环境污染"。我们要警惕这样具有隐蔽性的环境污染,因为隐蔽性环境污染通常不易被察觉,而经济高速增长中经济政策引致的环境污染往往更具有隐蔽性。本篇的许多章就讨论了这样的隐蔽性污染。如在第 17 章中,我们在乡村振兴背景下考虑的要素国际流动的环境效果就属于这一类问题。

第 2 节 乡村振兴战略与环境保护

乡村振兴是党的十九大报告中提出的国家战略,它是党中央着眼于发展全局和"两个一百年"奋斗目标、补齐农村发展短板的重大决策,从国家政策层面指出要坚持扶持农村发展,以乡村的产业状况、生态环境、文化旅游等具体资源为出发点,发展和利用乡村的自然优势,全面提高乡村的地位和作用,建立更加有利于农民、农业和农村发展的机制。通过增强农村发展的吸引力和活力,促进现代化和城镇化建设,为经济增长提供更强有劲的动力。乡村振兴的主要政策由构建包括土地流转、承包期的延长在内的现代农业产业经营体系,城乡融合,促进农村产业发展等部分组成。

需要指出的是:我国乡村人口众多、幅员辽阔,乡村振兴的宏伟目标不会一蹴而就。2019 年是我国实施乡村振兴战略的第二年,尚属开局阶段。国家战略的影响面大,如果不能深刻认识乡村振兴战略的效果,政策执行不当,就有可能影响到乡村振兴大计的顺利实现。其中,隐蔽性环境污染就是我们尤其要警惕的,我们的担心并非空穴来风。根据《中国统计年鉴 2018 年》记载,2017 年我国化肥施用强度接近 40 t/km², 远远超过经济发达国家所设定的 22.5 t/km² 安全上限,因为不科学不合理的施肥结构导致我国流失化肥量占使用量 40% 以上;同时,我国每年地膜用量超过百万吨,损失高达用量的 20% 左右,环境承载能力超过或接近上限①。同时,农业污染对环境的压力持续加大,现已成为影响农业现代化和建设美丽中国的一个突出问题。所谓"农业污染"是指人类在农业生产中,不合理地使用农业生产资料和采取不适当的生产措施,造成有害残留及生态破坏等所引致的环境污染,主要来自两个方面:一是农业生产污染,包含农药、化肥及农膜等污染要素的投入以及秸秆焚烧等;二是农村生活污染,包含禽养殖产生的粪便、生活垃圾和污水等。由于农业污染具有发生随机、影响滞后、原因复杂、途径广泛等特征,成为土壤和大气污染、农产品质量下降以及水体污染的主要影响因素。根据国务院 2010 年公布的全国污染源普查结果,农业污染已经超过工业和生活污染,成为我国第一大污染源。更为令人担心的是,这样的情况一直在恶化,根据《中国环境年鉴》统计数据显示,2016 年主要污染物化学需氧量(COD)农业污染源排放 1 068.58 万吨,相当于同年工业源排放的 3.6 倍;废水中氨氮农业污染源排放 72.61 万吨,是工业源排放的 3.3 倍,加之农业污染具有面源污染特征,覆盖面积广、累积效应大,因此农业生产对环境造成的负面影响已经成为我们环境保护工作中的重中之重。这里,我们特别提出包含农药、化肥及农膜等"污染要素",它们虽然是当前农业生产中不可缺少的投入,但也是农业污染的重要来源。由于目前我国绝大多数农村没有建立环保基础设施,农业污染治理近乎空白,缺乏环保的激励与约束机制,环保观念薄弱。在此背景下,我们针对以下问题展开研究具有重要的现实意义:实施乡村振兴战略对环境、特别是对农业污染的影响如何? 如何在实施乡村振兴战略中体现绿色发展?

 人们对美好生活的憧憬,要求乡村振兴道路必须坚持绿色发展之路,要求我们必

---

① 《"十三五"生态环境保护规划》。

须明确乡村振兴战略中的具体政策对环境的影响,例如,我们厘清了土地流转政策、建立健全了深化农村集体产权制度改革以及构建了现代农业体系对环境的影响机制吗?如果对这些问题没有清晰的认识,乡村振兴战略的效果就会被打折,或者是解决了一些问题时恶化了环境,走过去工业化过程中先污染后治理的老路,那已是我们不能承受之重。为此,本篇用了许多篇幅来研究乡村振兴战略、发展农业现代化中的各项政策的隐蔽性环境污染问题,我们以农业污染为抓手,以明晰乡村振兴战略中各项政策的环境效果为目标展开研究,针对各项政策中存在的污染隐患提出有效对策,贡献我们的思考。特别是长三角地区经济发展迅速、产业结构日趋优化,但在环境保护方面,存在资源相对短缺、三废排放严重、水环境污染严重等问题。尽管近几年对各地的环境整治力度不断加强,部分地区生态环境有所好转,但先天条件不足,加上长期以来对环境的轻视所造成的污染积累和人为干扰,长三角的环境保护形势不容乐观。研究长三角高效的绿色发展之路径以及制度保障,明确其绿色发展动力和激励机制,从而推进长三角绿色发展的制度建设,使其成为中国绿色发展的领跑者,并为我国其他地区的绿色发展提供示范和启示作用,实践意义重大。

第3节 关于本篇的构成

本篇汇总了我和我的团队从2017年至今的部分研究成果,其内容和研究方法都来源于3年来我对学术和现实经济的思考,它的一个中心是如何在我国这样的发展中大国实现绿色发展,又如何在长三角这样的工农业发达地区实现绿色发展。本篇的各章相对独立,以长三角和我国的实际经济问题为导向,采用经济学理论分析或实证分析的方法展开分析研究。我们的理论研究主要采用一般均衡或博弈模型进行,这些模型是我们根据长三角经济的特征而建立的,可以说本篇的模型除了具有学术上的先进性外,其经济适用性也很突出,当然理论研究的结论也适用于我国的绝大部分地区。本篇每一章都是一篇原创型论文,从经济发展史的角度上看,一个国家或地区的经济发展往往与环境污染相随,这似乎成了一个不变的定律,我们改革开放后的前30多年也是如此这般地走过来了,那么是不是能够在今后的发展道路上实现环境保护与经济增长的双丰收？中国有近 14 亿人口，是经济体量上的大国，我们正在经历人类历史上最大规模的经济崛起，长三角又是我国经济发展的排头兵，这既是我们的幸运又是我们的责任。幸运的是我们这一代人可以尽阅这波澜壮阔的宏大场面，感受经济高速发展给予我们目不暇接的实物体验；责任则在于历史上可以供我们参考借鉴的经验不多，需要我们用自己的大脑和双手去探索总结。

这样的思维也体现在了本篇的构成上。第 16 章至第 24 章与环境相关，分别从乡村振兴和现代农业的发展、混合制企业民营化等方面探索与环境保护的关系；第 25 章以后虽然没有直接与环境挂钩，但接触的话题都是与环境关系非常密切的问题：农民工汇款、现代农业的发展和产业升级，它们都是我研究环境问题的"附带产品"，却又是环境问题有机的组成部分。如果没有这一部分的研究，我们对环境的认识，特别是对隐蔽性环境污染的认识就不会那么深刻和全面。

本篇也是在履行教育部人文科学重点研究基地 2017 年度重大项目《长江三角洲全面建成小康社会中的绿色发展研究》（编号：17JJD630002）中所取得成果。感谢南京大学商学院资深教授洪银兴老师，感谢南京大学产业经济研究院院长、南京大学商学院教授刘志彪老师，他们在我申请、执行该项目的过程中，给予了多方关怀和指导；感谢南京大学长江三角洲社会经济文化研究中心的各位同事，他们无私地为本篇的推出做了大量的工作。本篇的作者除了我以外，参加写作的人员都是我在南京大学指导的学生，他们是：伍云云、杨云婷、袁振、钟静瑶、梁振宇、段文、李承泰、李田、杨彩娇和周婧。他们是未来中国经济建设和经济学研究的栋梁，其中的一些同学已经崭露头角，显示出强大的研究能力，可以期待他们会成为中国经济学界未来的生力军。在我们共同的研究中，他们给了我许多有益的启示，可以说本篇是我们共同的心血和智慧的结晶。特别感谢伍云云博士，她不但参与了本篇多章的研究，还参与了本篇的编辑工作，对本篇的构成提出了许多有益的建议。

第16章 环境保护中防污和治污谁更有效？

本章摘要：劳动力转移促进了国民经济的发展，但它自身却隐藏着环境污染的问题。工业污染通过大气、水源等媒介"强迫"人们接受污染的危害，人们为了治疗因污染所造成的疾病和伤害而支付费用，形成被动的治污商品消费。本书在二元经济结构下，建立一个兼顾中国经济实情、反映防污与治污水平以及治污商品消费因素的劳动力转移模型，就提高防污与治污水平对经济的影响进行经济学分析。

第1节 引 言

长三角的劳动力转移对国民经济发展做出了巨大贡献，但它自身却有隐蔽性环境污染的问题。这里我们关心这样一种现象，即：工业污染通过大气、水源等媒介"强迫"人们接受污染的危害，使人们不得不为预防或治疗因污染所造成的疾病和伤害而支付费用，形成被动消费（以下，本章将这类消费称为"治污商品消费"）。这样的问题在实际生活中越来越普遍，如室内和车内装修材料中的有毒物质、农副产品中化肥与农药残留以及食品添加剂、大气污染等造成的疾病给人们带来身体痛苦的同时，又迫使人们不得不为治疗疾病而增加购医买药的支出。显然，在短期前提条件下，如果人们增加治污商品支出，就势必挤压他们（当然，也包括农民工）的消费空间，降低其效用。

另外，我们还关心环保工作中的防污和治污两个层面。所谓"防污"，就是指在生产过程中就考虑到污染排放的因素，采取预防措施减少污染；所谓"治污"，就是指发生了污染后采取治理措施，消除污染。毋庸置疑，防污和治污水平的变化直接影响到环境保护效果，也会对经济发展产生种种影响。特别是在农村劳动力转移的大背景下,考虑到城市居民的治污商品消费时,我们需要知道防污和治污技术对经济的影响如何,哪一种技术的经济效果更好,作用更大。就防污和治污进行研究,对于中国这样的发展中国家是十分必要的。在发展中国家中,大多存在较为严重的环境问题,这是因为许多发展中国家处理不好经济发展和环境保护的相互关系,往往优先发展经济忽视环保之缘故。如果我们能够明确防污、治污水平的提高对经济诸方面的影响及其效果大小,便可使我们协调好我国经济发展和环保工作的关系,做到彼此兼顾、有的放矢,节约环保成本收事半功倍之效。

近年来,发展中国家的劳动力转移中的污染问题受到了国际上诸多经济学者的重视。例如:Dean & Gangopadhyay(1997),Beladi & Frasca(1999),Chao,Kerkvliet & Yu(2000),Daitoh(2003、2008),他们分别在二元经济结构下,以Harris-Todaro的劳动力转移模式对这个问题进行了研究。其中Dean & Gangopadhyay(1997)考察了生产中间产品排放污染的情形,他得出的结论是:限制中间产品的出口在短期内会增加城市失业,但在长期有减少失业的经济效果;Beladi & Frasca(1999)则在存在失业前提下建立了三部门模型,提出对排污收取等价费用,并在限制排污量的前提下分析了劳动力转移、失业等问题,他们结论是:如果污染部门是资本密集型的,那么严格控制污染会减少失业、增加国民收入和从农村部门转移出更多的人口;Chao,Kerkvliet & Yu(2000)对劳动力转移中的最佳环保状态进行了分析,他们认为:在封闭经济中原料禀赋量的增加会导致失业增加、经济福利水平下降,但在小国开放经济中加强环境保护的投入却不会增加失业;Daitoh(2003、2008)提出消费者效用是劳动力转移的动机,将污染引入效用函数考察实施环保政策的经济效果,并证明了存在一个能够提升经济福利水平的环保税收率;李晓春(2005)则以我国的经济特色为背景,以工业污染降低农业产出、户籍制度等具体国情为前提,从理论的角度分析了劳动力转移、失业、福利水平和关税影响等问题。

虽然现有的研究各有特色,但没有分别针对防污、治污进行分析。本书针对中国经济的特点,考虑短期条件下工业污染和治污产品消费,构建一般均衡模型,并用此模型对预防、治理污染水平变化的经济效果进行静学的定性分析。以下,本书的第二部分为模型的构建,第三部分是用已经构建的模型进行理论分析,第四部分为对政府决策的建言及结束语。

第2节 建立模型

本书考虑的经济由城市工业部门和农业部门两个部门组成,工业部门生产可进口产品,农业部门生产可出口产品;两个部门都以劳动力作为生产要素进行生产;工业部门不仅雇佣城市劳动力,也雇佣转移进城的农民工,而农业部门仅使用农村劳动力。各部门的生产函数为:

$$M = F^1(L_1) \tag{16-1}$$

$$A = F^2(L_1) \tag{16-2}$$

其中,M 和 A 分别是工业部门和农业部门产品的产量,L_1 和 L_2 分别是工业部门和农业部门生产所用的劳动力。F^1 和 F^2 为一阶齐次的凹函数。

下面对环境污染方面进行设定。现阶段中国农村的自然环境优于城市,为了方便讨论,我们设定工业污染只影响生活在城市的居民,不影响生活在农村的居民。我们假设生产一个单位的工业产品,发生 λ_1 单位的污染,则经济产生的污染量 D 可以表示为:

$$D = \lambda_1 M$$

其中,$0 < \lambda_1 < 1$,λ_1 的大小也能表示防污水平的高低,即:若 λ_1 上升,表明 1 单位工业品生产过程中释放出的污染上升,意味着防污水平的下降;反之,λ_1 的下降意味着防污水平的上升。我们设想,公众通过购买数量为 N 的工业产品来治理环境污染时,可以减少 $\alpha(0 < \alpha < 1)$ 比例的污染。如果我们令 Z 为污染量,则:

$$Z = D - \alpha D = (1-\alpha)D = (1-\alpha)\lambda_1 M$$

以 N 作为社会用于治污目的购买的工业产品数量,则

$$\lambda_2 N = \alpha \lambda_1 F^1 \tag{16-3}$$

$1 < \lambda_2 < 0$,表示治污水平,$\lambda_2 N$ 的污染得到治理,显然地,λ_2 越大治理污染的水平就越高,意味着治污技术水平上升;反之,λ_2 下降就意味着治污水平的下降。于是:

$$\bar{E} - \lambda_1 F^1 + \lambda_2 N = E \tag{16-4}$$

其中$\bar{E}$表示的是城市没有发生污染时环境对污染物的容纳量，E为城市自然环境可容纳污染物的量。

消费者之所以消费治污商品，是为克服环境污染带来的问题。所以消费者消费的治污商品总数量，受到环境质量E的影响：当环境质量变好时，消费者受环境污染的影响减小，故减少购买治污商品；当环境质量变差时，消费者为尽量避免污染给自己带来不良影响而增加购买治污商品，环境质量越差，消费者对治污商品的需求就会越多。故而，整个经济治污商品的消费数量和环境质量之间存在反方向变动关系，我们将这种关系描述为：

$$N = E^{-\beta}, \beta > 0 \tag{16-5}$$

我们设想城市居民的治污商品消费支出来自自己收入的一部分。设I是城市地区的人均治污商品消费，则经济中消费的治污商品量N与城市地区的人均治污商品消费I之间满足以下关系：

$$I = \frac{p_1 N}{L_u + L_{RR}} \tag{16-6}$$

其中，p_1是以农业产品的价格为基准的工业产品的国内相对价格。

在劳动市场上，我们设经济中的劳动力禀赋量为L，其中城市劳动力的禀赋量L_u，农村劳动力禀赋量为L_R，则三者之间有以下关系：

$$L = L_u + L_R$$

我们以L_{RR}表示从农村转移进城市里的农民工，我们以L_{uu}表示城市失业的人数。中国经济中农村劳动力转移进城并不丧失他们在农村所拥有的承包田和宅基地的使用权，如果农民工在城市失业，他们就可以返回农村务农。2009年春季世界金融危机波及中国时，就有2 000万农民工返乡谋生，我们还可以从中国的统计部门只统计"城镇失业率"（不含农民工）里得到佐证。所以，我们所设的经济也不考虑农民工的失业，故而，工业部门和农业部门所用劳动力就分别为：

$$L_1 = L_u + L_{RR} - L_{uu} \tag{16-7}$$

$$L_2 = L_R - L_{RR} \tag{16-8}$$

由各部门的利润最大化，可得：

$$p_1 F_L^1(L_1) = \bar{w} \quad (16-9)$$

$$F_L^2 = w \quad (16-10)$$

这里,$\bar{w}$ 和 w 分别表示工业部门和农业部门的工资,工业部门的工资下方存在刚性,$\bar{w}$ 为一定值,而农业部门工资 w 是弹性的。$F_L^1 = \partial F^1/\partial L_1$,$F_L^2 = \partial F^2/\partial L_2$。最后,根据 Harris-Todaro 劳动分配模式,在劳动力转移均衡处农业部门的工资与工业部门预期工资相等,有:

$$\frac{\bar{w} L_1}{L_1 + L_m} - I = w \quad (16-11)$$

以上的式(16-11)共 11 个方程可以决定 M、A、L_1、L_2、w、E、I、α、L_{RR}、L_{uu}、N 共 11 个内生变量,在建立模型过程中出现的变量 p_1、$\bar{w}$、β、λ_1、λ_2、$\bar{E}$、L_u、L_R 是外生变量。至此,完成分析模型的构建。

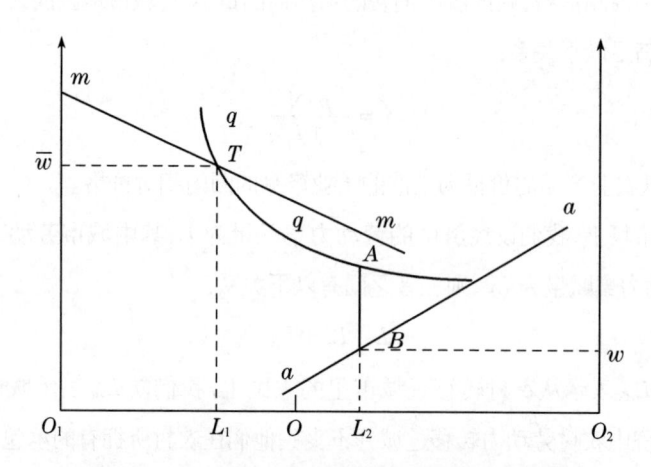

图 16-1 在人均污染消费条件下的劳动力配置

上述模型的劳动力配置可以用图 16-1 表示。在图 16-1 中,左、右两边的纵轴分别表示工业和农业部门的工资,横轴为经济的劳动总禀赋量,$O_1 O$ 是城市劳动力禀赋量 L_u,$O_2 O$ 是农村劳动力的禀赋量 L_R;mm 及 aa 分别是城市部门及农村部门的边际生产曲线,城市部门的工资是固定的 $\bar{w}$,过 $\bar{w}$ 做与横轴平行的直线与 mm 相交于 T,过该点做 $O_1 O_2$ 的垂线并与 $O_1 O_2$ 相交于 L_1,$O_1 L_1$ 就是工业部门的雇佣量 L_1;过 T 点引直角双曲线 qq。另外,以 O 为起点在 $O_2 O$ 上取一点 L_2,使得 $OL_2 = L_{RR}$(L_{RR}

大小的决定过程见附录 A),从 L_2 点引 O_1O_2 的垂线分别交正双曲线 qq 和边际生产曲线 aa 线于 A 点和 B 点,线段 O_2L_2 为农村部门的雇佣量 L_2,BL_2 为农村部门的工资 w_2,L_1L_2 则为城市部门失业 L_{uu},AB 为人均治污商品消费 I 的大小,而正双曲线 qq 即为(16-10)所表示的劳动力的配置,如图 16-1 所示。

将式(16-6)代入(16-11)中,可以得到:

$$\bar{w}L_1 - p_1N = w(L_1 + L_{uu}) \tag{16-12}$$

过 B 点引正双曲线函数曲线 q_1q_1,设 q_1q_1 交 L_1T 于 T_1,过 T_1 点作 O_1O_2 轴的平行线,交 O_1W_U 轴于 C_1 点。此时 $w(L_1 + L_{uu})$ 的大小即等于矩形 $O_1C_1T_1L_1$ 的面积,从而阴影矩形 $\bar{w}TT_1C_1$ 的面积与治污支出 p_1N 的值相等。显然地,T_1 越接近 T 人们的治污支出就越少,反之则较多,如图 16-2 所示。

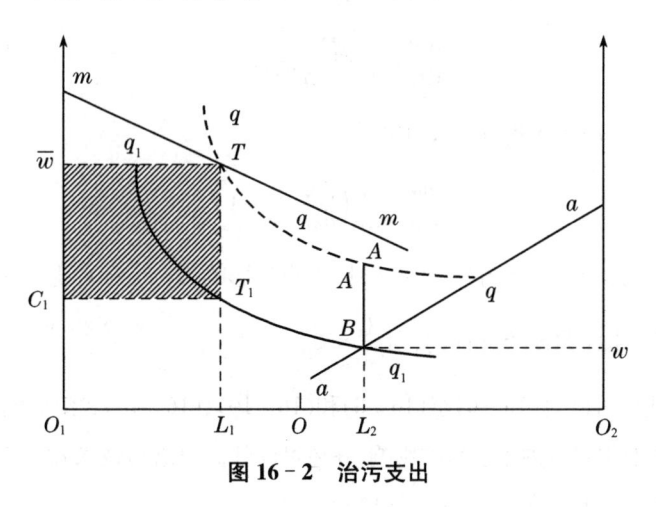

图 16-2 治污支出

第 3 节 理论分析

根据式(16-9),城市部门 1 的工资是外生变量,所以城市部门 1 的劳动力数量 L_1 是由 $\bar{w}$ 决定的量。

本书的模型可以分为两个系统,即由式(16-3)、(16-4)和(16-5)组成一个系统,其他余下的式(16-6)至(16-8)和(16-10)、(16-11)组成另一个系统。我们先

对方程式(16-3)、(16-4)和(16-5)全微分,并且各式两边同除以 $d\lambda_1$,可得:

$$\lambda_2 \frac{dN}{d\lambda_1} = \alpha F^1 + \lambda_1 F^1 \frac{d\alpha}{d\lambda_1} \tag{16-13}$$

$$\frac{dE}{d\lambda_1} = -F^1 + \lambda_2 \frac{dN}{d\lambda_1} \tag{16-14}$$

$$\frac{dN}{d\lambda_1} = -\beta E^{-\beta-1} \frac{dE}{d\lambda_1} \tag{16-15}$$

将式(16-15)代入式(16-14),可得:

$$\frac{dE}{d\lambda_1} = \frac{-F^1}{1+\lambda_2 \beta E^{-\beta-1}} < 0 \tag{16-16}$$

将式(16-16)代入式(16-15)中,得:

$$\frac{dN}{d\lambda_1} = \frac{\beta E^{-\beta-1}}{1+\lambda_2 \beta E^{-\beta-1}} > 0 \tag{16-17}$$

将式(16-17)代入式(16-13)中,得:

$$\frac{d\alpha}{d\lambda_1} = \frac{\alpha}{\lambda_1} \left(\frac{dN}{d\lambda_1} \frac{\lambda_1}{N} - 1 \right) \tag{16-18}$$

(16-18)式的计算受到 N 对 λ_1 弹性大小的影响,若 N 对 λ_1 是富有弹性的,则 $\frac{d\alpha}{d\lambda_1} > 0$;若 N 对 λ_1 是缺乏弹性的,则 $\frac{d\alpha}{d\lambda_1} < 0$。

同理,我们可以对(16-6)至(16-8)和(16-10)、(16-11)式组成的系统考察防污技术 λ_1 的变化对各内生变量的影响,并还可以计算出治污技术 $d\lambda_2$ 对系统方程各内生变量的影响,可以得到如下的表 16-1:

表 16-1 比较静态分析结果

	dL_1	dL_2	dN	dE	dI	dL_{uu}	dw	$d\alpha$
$d\lambda_1$	/	+	+	−	+	−	+	不确定
$d\lambda_2$	/	−	−	+	−	+	−	+

注:"−"和"+"表示内生变量和外生变量同向变化;"/"表示外生变量的变化对于内生变量没有影响。

综上所述,我们可以得到命题1。

命题1:提高防污、治污水平都不影响工业部门的劳动力使用量,并有以下经济效果:

(1)改善城市环境,减少经济的治污商品消费和人均治污商品支出,增加城市内部失业水平的经济效果;

(2)增加农村劳动力进城务工的转移量,减少农村部门的劳动力使用量。

从表16-1中我们还可以得知,提高防污、治污水平的不同影响仅体现在对被治理污染比例 α 的影响上,若 N 对 λ_1 缺乏弹性,防污、治污的效果相同。在其他方面,防污、治污水平的变化对经济影响的方向几乎都是一致的。命题1为我们证明了不论是提高防污水平还是提高治污水平都能够实现环境的改善和治污商品支出的减少。但这个命题与先行研究的结论有所不同,如根据李晓春(2005)的结论有:"环境保护技术的进步使得农村劳动力转移规模缩小",但命题1告诉我们考虑了消费者治污商品的支出后,防污、治污的水平的提升都有促进农村劳动力转移的经济效果,这是因为提高了环保水平后城市环境质量得到改善,减少了治污商品支出,增加了工业部门的预期工资,从而使得城市更加具有吸引力,劳动力转移的数量也随之上升。但应该注意的是,提高防污、治污的水平导致工业部门失业的增加,其结果必然是加大城市地区的就业压力并滋生出一些社会问题,应该引起有关部门的注意。

虽然防污、治污技术的变化对经济影响的方面几乎都是相同,但是就影响效果来说却不一样。由于

$$\frac{dE}{d\lambda_1}=\frac{-F^1}{1+\lambda_2\beta E^{-\beta-1}} \quad (16-19)$$

$$\frac{dE}{d\lambda_2}=\frac{N}{1+\lambda_2\beta E^{-\beta-1}} \quad (16-20)$$

而一般的有 $F^1>N$,比较式(16-19)和(16-20)的绝对值,可以得到 $\left|\frac{dE}{d\lambda_1}\right|>\left|\frac{dE}{d\lambda_2}\right|$,也就是说相对于治污水平而言,提升防污水平在改善环境质量方面效果更大。另一方面,通过相似的比较,我们还可以得到 $\left|\frac{dE}{d\lambda_1}\right|>\left|\frac{dE}{d\lambda_2}\right|$、$\left|\frac{dI}{d\lambda_1}\right|>\left|\frac{dI}{d\lambda_2}\right|$、

$\left|\dfrac{\mathrm{d}L_2}{\mathrm{d}\lambda_1}\right| > \left|\dfrac{\mathrm{d}L_2}{\mathrm{d}\lambda_2}\right|$ 和 $\left|\dfrac{\mathrm{d}L_{uu}}{\mathrm{d}\lambda_1}\right| > \left|\dfrac{\mathrm{d}L_{uu}}{\mathrm{d}\lambda_2}\right|$（请参照附录 B）。它们的经济意义可以用命题 2 作归纳。

命题 2：在 $F^1 > N$ 的条件下，提升防污水平相对于提升治污水平有以下经济效果：

(1) 减少更多的治污商品消费；

(2) 减少更多的个人用于治污商品的消费；

(3) 可以减少更多的农村部门的劳动力人数，转移出更多的农村劳动力。

但在 $F^1 > N$ 的条件下，提升防污水平相对于提升治污水平使得城市失业人数有更多的增加。

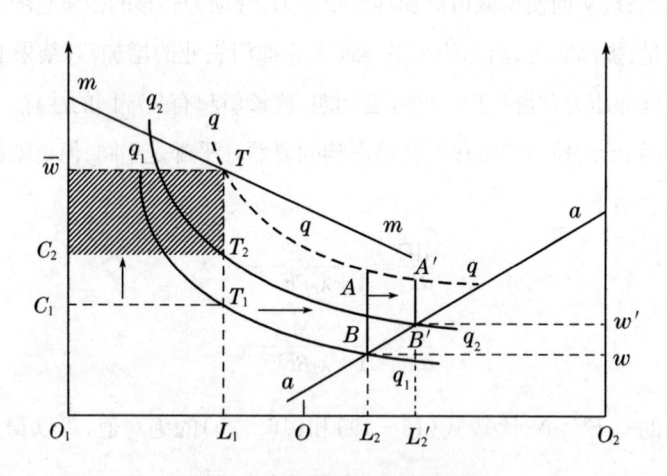

另外，提升防污水平可以减少治污商品的消费、减少人均治污商品的消费，在图 16-3 中体现出来的就是 L_2 在提高防污水平的情况下减小、右移至 L_2'，而线段 AL_2 向右移至 $A'L_2'$，污染消费 AB 右移至 $A'B'$；从而，正双曲线 q_1q_1 亦向右平移至与 B' 相交的 q_2q_2，并交 L_1T 于 T_2，从而整个经济的治污支出从矩形 $\bar{w}TT_1C_1$ 减少到了矩形 $\bar{w}TT_2C_2$。

图 16-3 治污商品支出的减少

以下，我们分析防污、治污水平的提升对经济的福利水平的影响。

设社会的最小支出函数为 $e(p_1,Z,U)$,其中,U 为社会效用水平,满足 $\dfrac{dU}{dZ}<0$;设社会的收入函数为:

$$R=R(C_u,C_a,N,t)$$
$$=A+p_1C_u+p_1N_1+tp^*N_2$$
$$=A+p_1M+tp^*N_2$$

其中,C_u,C_a,分别为经济对工业产品、农业产品的消费,N_1 和 $N_2(\geqslant 0)$ 分别是治污商品 N 中的国内生产和进口部分,由于治污商品和一般消费的工业部门产品一样,我们假定进口的工业产品都用于治污;t 为进口关税;p^* 为工业品国际价格,且有 $p_1=p^*(1+t)$。在市场出清状态下有下式:

$$e(p_1,Z,U)=R(C_u,C_a,N,t)=A+p_1M+tp^*N_2 \qquad (16-21)$$

对式(16-21)全微分并整理,可得:

$$e_u dU=p_1 dM+dA+(tp^*+p_1)dN_2-e_Z dZ \qquad (16-22)$$

因为 $Z=D-\lambda_2 N$,故有 $dZ=dD-\lambda_2 dN=\lambda_1 F_L^1 dL_1-\lambda_2 dN$。将 $dZ=\lambda_1 F_L^1 dL_1-\lambda_2 dN$ 代入式(16-22)并做整理,可得到:

$$e_u du=(p_1 F_L^1-e_Z\lambda_1 F_L^1)dL_1+F_L^2 dL_2+tp^* dN_2+e_Z\lambda_2 dN \qquad (16-23)$$

经过以上的准备,我们就可以考察防污技术水平、治污技术水平变化对社会福利水平的影响了。

一、防污技术水平变化对社会福利水平的影响

根据式(16-23)我们有:

$$e_u \frac{dU}{d\lambda_1}=F_L^2 \frac{dL_2}{d\lambda_1}+tp^* \frac{dN_2}{d\lambda_1}+e_Z\lambda_2 \frac{dN}{d\lambda_1} \qquad (16-24)$$

将式(16-11)变形为:

$$(L-L_2)w=L_1\bar{w}-p_1 N \qquad (16-25)$$

将式(16-25)全微分并整理,得到下式:

$$(L-L_2)F_{LL}^2 dL_2-w dL_2=L_1 d\bar{w}+\bar{w}dL_1-p_1 dN$$

$$\frac{dL_2}{d\lambda_1} = \frac{-p_1}{[(L-L_2)F_{LL}^2 - w]d\lambda_1} \tag{16-26}$$

将式(16-26)代入式(16-24),并注意到 $e_u = 1$①,便可得到下式:

$$\frac{dU}{d\lambda_1} = \left(\frac{me_z\lambda_2 - p_1 F_L^2}{m}\right)\frac{dN}{d\lambda_1} + tp^* \frac{dN_2}{d\lambda_1} \tag{16-27}$$

其中: $m = (L-L_2)F_{LL}^2 - w < 0$; $e_z < 0$② 我们设治污商品的国内生产比例为 $\gamma(0 \leqslant \gamma \leqslant 1)$,则进口比例为 $1-\gamma$,也就是 $N_1 = \gamma N, N_2 = (1-\gamma)N$,故而有:

$$\frac{dN_2}{d\lambda_1} = (1-\gamma)\frac{dN}{d\lambda_1} \tag{16-28}$$

将式(16-28)代入式(16-27)并整理,可得:

$$\frac{dU}{d\lambda_1} = \left[\frac{me_z\lambda_2 - p_1 F_L^2 + mtp^*(1-\gamma)}{m}\right]\frac{dN}{d\lambda_1} \tag{16-29}$$

由于 $\frac{dN}{d\lambda_1} > 0, m < 0$,故 $\frac{dU}{d\lambda_1}$ 的符号决定于式(16-29)的分子

$$G = me_z\lambda_2 - p_1 F_L^2 + (1-\gamma)tp^* m$$

的符号,为此,我们进行以下的讨论:

若关税 $t = t^* = \frac{p_1 F_L^2 - me_z\lambda_2}{mp^*(1-\gamma)}$,则 $G = 0$,此时有 $\frac{dU}{d\lambda_1} = 0$,这时,$\lambda_1$ 对效用 U 没有影响;

若关税 $t > t^* = \frac{p_1 F_L^2 - me_z\lambda_2}{mp^*(1-\gamma)}$,则 $G < 0$,此时 $\frac{dU}{d\lambda_1} > 0$;

若关税 $t < t^* = \frac{p_1 F_L^2 - me_z\lambda_2}{mp^*(1-\gamma)}$,则 $G > 0$,此时 $\frac{dU}{d\lambda_1} < 0$。

根据上面的讨论可以得知,防污技术水平变化对经济福利的影响与进口关税的水平有关。特别是当关税 $t > t^*$ 时,提高防污技术水平反而降低经济的福利水平,这显然与环境保护的宗旨相违背,另外,不失一般性,考虑关税为正值时需要满足条件:

---

① 请参照 Daitoh & Masaya Omote,2008。
② $e(p_1, Z, U)$,根据拉格朗日函数 $L = e(p_1, Z, U) - \lambda U$,其中 λ 为拉格朗日乘数,为效用的影子价格。两边对 Z 求偏导,我们有 $e_z = \lambda \frac{\partial U}{\partial Z} < 0$。

$$p_1 F_L^2 - me_z\lambda_2 > 0 \quad (16-30)$$

故此时的关税可以取值的区域为$[0, t^*]$。在此区间上，关税越低社会福利水平就越高。

综上所述，我们便可以得到以下的命题 3。

命题 3: 提高防污技术水平对经济福利的影响与进口关税水平有关，在式(16-30)的条件下，关税的取值区间为$[0, t^*]$，并且，

(1) 当关税 $t < t^*$ 时，提高防污技术水平能够提升经济的福利水平；

(2) 当关税 $t = t^*$ 时，提高防污技术水平不影响经济的福利水平。

二、治污技术水平变化对社会福利水平的影响

与上述过程相似地，根据式(16-19)我们有：

$$e_u \frac{dU}{d\lambda_2} = F_L^2 \frac{dL_2}{d\lambda_2} + tp^* \frac{dN_2}{d\lambda_2} + e_z\lambda_2 \frac{dN}{d\lambda_2} \quad (16-31)$$

将式(16-26)式代入式(16-31)，并注意到 $e_u = 1$，便可得到下式：

$$\frac{dU}{d\lambda_2} = \left(\frac{me_z\lambda_2 - p_1 F_L^2}{m}\right)\frac{dN}{d\lambda_2} + tp^* \frac{dN_2}{d\lambda_2} \quad (16-32)$$

将 $\frac{dN_2}{d\lambda_2} = (1-\gamma)\frac{dN}{d\lambda_2}$ 代入(16-32)式，我们有：

$$\frac{dU}{d\lambda_2} = \left[\frac{me_z\lambda_2 - p_1 F_L^2 + (1-\gamma)tp^* m}{m}\right]\frac{dN}{d\lambda_2} \quad (16-33)$$

由于 $\frac{dN}{d\lambda_2} < 0$，所以，$\frac{dU}{d\lambda_2}$ 的符号取决于式(16-33)的分子 G 的符号。我们进行如下的讨论：

若关税 $t = t^* = \frac{p_1 F_L^2 - me_z\lambda_2}{mp^*(1-\gamma)}$，则 $G=0$，此时有 $\frac{dU}{d\lambda_2} = 0$，这时，$\lambda_2$ 对效用 U 没有影响；

若关税 $t > t^* = \frac{p_1 F_L^2 - me_z\lambda_2}{mp^*(1-\gamma)}$，则 $G < 0$，此时有 $\frac{dU}{d\lambda_2} < 0$；

若关税 $t > t^* = \frac{p_1 F_L^2 - me_z\lambda_2}{mp^*(1-\gamma)}$，则 $G > 0$，此时有 $\frac{dU}{d\lambda_2} = 0$。

从上述讨论可以得知,考虑治污技术水平变化对经济福利的影响与进口关税水平有关。当关税 $t > t^*$ 时,提高治污技术水平反而降低经济的福利水平,这与环境保护的宗旨相违背,另外,不失一般性,考虑关税为正值时需要满足条件(16-30)式,故此时的关税取值区间为 $[0, t^*]$。在此区间上,关税越高社会福利水平就越高。综上所述,我们可以得到以下的命题 4。

命题 4:治污技术水平变化对经济福利的影响与进口关税水平有关,在式(16-30)的条件下,关税取值区间为 $[0, t^*]$,并且

(1) 当关税 $t < t^*$ 时,提高治污技术水平能够提升经济的福利水平;

(2) 当关税 $t = t^*$ 时,提高治污技术水平不影响经济的福利。

命题 3 和命题 4 的关税取值区间均为 $[0, t^*]$,但在这个区间上,无论是防污还是治污技术水平变化对经济福利的影响,都与进口关税的水平有关,是因为在本书所设的经济中关税收入返还于民。

第 4 节 结束语

本章在考虑治污商品支出的前提下,从劳动力转移的视角考察了我国环保工作中提高防污、治污水平对经济发展的影响。本章的模型考虑了长三角的经济特征,对全国经济也有一定的参考价值。我们共得到 4 个命题,这些命题都蕴含了丰富的政策意义,例如,我们通过命题 2 的论证过程便可得知,提高防污水平比提高治污水平可以在经济的许多方面取得更为有效的成果,但是,提高防污水平比提高治污水平会给经济带来更多的失业,故而实施提高防污水平的政策时,要辅以扩大城市就业的举措,在失业问题比较严重的情况下,则要慎用提高防污水平的政策。再如,我们明确了提高防污、治污水平都有利于我国的环境改善和农村劳动力转移,这个结论对我国现阶段的劳动力转移有着重要意义,因为就发展中国家而言,促进劳动力转移与保护环境不易兼得,但根据本章的结论,当经济中出现了治污商品消费的问题时,改善环境就能和促进劳动力转移统一起来,等等。

最后需要指出的是,1978 年改革开放后的中国经济发展过程中,引进外资、出口

导向作为基本国策一直贯穿至今。经历了 2008 至 2009 年的世界金融危机后,今后的中国经济运行要向扩大内需方向转变,但中国经济已经融入国际经济社会,对外贸易和引进外资已经是中国经济中不可缺少的一部分。然而,本章没有就对外贸易和引进外资对劳动力转移中环境保护工作的影响进行研究,这成为我们今后继续研究的课题。

附 录

附录 A: 关于 L_{RR} 的决定

将式(16-4)和式(16-5)联立,可以解出 N 和 E。

根据式(16-7)将式(16-11)变形为 $\dfrac{\bar{w}L_1}{L_u+L_{RR}}-I=w$,将式(16-6)代入式(16-11),便可得到:$\dfrac{\bar{w}\cdot L_1}{L_u+L_{RR}}-\dfrac{p_1 N}{L_u+L_{RR}}=w$,将式(16-10) $F_L^2=w$ 代入上式,可以获得:

$$\frac{\bar{w}\cdot L_1}{L_u+L_{RR}}-\frac{p_1 N}{L_u+L_{RR}}=F_L^2(L_2)$$

将上式与式(16-6) $L_2=L_R-L_{RR}$ 联立,有 L_2 和 L_{RR} 两个内生变量,故 L_{RR} 可以由联立方程解出。

附录 B: 关于 $\dfrac{dN}{d\lambda_1}$、$\dfrac{dN}{d\lambda_2}$、$\dfrac{dI}{d\lambda_1}$、$\dfrac{dI}{d\lambda_{21}}$、$\dfrac{dL_2}{d\lambda_1}$、$\dfrac{dL_2}{d\lambda_1}$、$\dfrac{dL_{uu}}{d\lambda_1}$ 和 $\dfrac{dL_{uu}}{d\lambda_2}$ 的决定

对方程式(16-3)、(16-4)和(16-5)全微分,得:

$$\lambda_2 dN = \alpha F^1 d\lambda_1 + \lambda_1 F^1 d\alpha \tag{B1}$$

$$dE = -F^1 d\lambda_1 + \lambda_2 dN \tag{B2}$$

$$dN = -\beta E^{-\beta-1} dE \tag{B3}$$

将式(B1)、(B2)和(B3)左右两边都除以 $d\lambda_1$,可得:

$$\lambda_2 \frac{dN}{d\lambda_1} = \alpha F^1 + \lambda_1 F^1 \frac{d\alpha}{d\lambda_1} \tag{B4}$$

$$\frac{dE}{d\lambda_1} = -F^1 + \lambda_2 \frac{dN}{d\lambda_1} \tag{B5}$$

$$\frac{\mathrm{d}N}{\mathrm{d}\lambda_1} = -\beta E^{-\beta-1} \frac{\mathrm{d}E}{\mathrm{d}\lambda_1} \tag{B6}$$

将式(B6)代入式(B5),得到:

$$\frac{\mathrm{d}E}{\mathrm{d}\lambda_1} = -F^1 - \lambda_2 \beta E^{-\beta-1} \frac{\mathrm{d}E}{\mathrm{d}\lambda_1}$$

故而

$$\frac{\mathrm{d}E}{\mathrm{d}\lambda_1} = \frac{-F^1}{1 + \lambda_2 \beta E^{-\beta-1}} < 0 \tag{B7}$$

将式(B7)代入式(B6)中,可得:

$$\frac{\mathrm{d}N}{\mathrm{d}\lambda_1} = \frac{\beta E^{-\beta-1}}{1 + \lambda_2 \beta E^{-\beta-1}} > 0 \tag{B8}$$

将式(B8)代入式(B4)中,可得:

$$\frac{\mathrm{d}\alpha}{\mathrm{d}\lambda_1} = \frac{\alpha}{\lambda_1}\left(\frac{\mathrm{d}N}{\mathrm{d}\lambda_1}\frac{\lambda_1}{N} - 1\right) \tag{B9}$$

式(B9)的大小受到 N 对 λ_1 弹性大小的影响。若 N 对 λ_1 是富有弹性的,则 $\frac{\mathrm{d}N}{\mathrm{d}\lambda_1}\frac{\lambda_1}{N} > 1$,从而 $\frac{\mathrm{d}\alpha}{\mathrm{d}\lambda_1} > 0$;若 N 对 λ_1 是缺乏弹性的,则 $0 < \frac{\mathrm{d}N}{\mathrm{d}\lambda_1}\frac{\lambda_1}{N} < 1$,从而 $\frac{\mathrm{d}\alpha}{\mathrm{d}\lambda_1} < 0$。

我们将式(16-6)、(16-7)、(16-8)、(16-10)和(16-11)全微分并左右两边除以 $\mathrm{d}\lambda_1$,可以得到:

$$(L_1 + L_{uu})\frac{\mathrm{d}I}{\mathrm{d}\lambda_1} + I\frac{\mathrm{d}L_{uu}}{\mathrm{d}\lambda_1} = p_1 \frac{\mathrm{d}N}{\mathrm{d}\lambda_1} \tag{B10}$$

$$\frac{\mathrm{d}L_{RR}}{\mathrm{d}\lambda_1} = \frac{\mathrm{d}L_{uu}}{\mathrm{d}\lambda_1} \tag{B11}$$

$$\frac{\mathrm{d}L_2}{\mathrm{d}\lambda_1} = \frac{\mathrm{d}L_{RR}}{\mathrm{d}\lambda_1} \tag{B12}$$

$$F_{LL}^2 \frac{\mathrm{d}L_2}{\mathrm{d}\lambda_1} = \frac{\mathrm{d}w}{\mathrm{d}\lambda_1} \tag{B13}$$

$$-p_1 \frac{\mathrm{d}N}{\mathrm{d}\lambda_1} = (L_1 + L_{uu})\frac{\mathrm{d}w}{\mathrm{d}\lambda_1} + w\frac{\mathrm{d}L_{uu}}{\mathrm{d}\lambda_1} \tag{B14}$$

将式(B12)代入式(B11),可得:

$$\frac{\mathrm{d}L_{uu}}{\mathrm{d}\lambda_1} = -\frac{\mathrm{d}L_2}{\mathrm{d}\lambda_1} \tag{B15}$$

将式(B13)和(B15)代入式(B14)，可得：

$$-p_1\frac{dN}{d\lambda_1}=(L_1+L_{tat})F_{LL}^2\frac{dL_2}{d\lambda_1}-w\frac{dL_2}{d\lambda_1} \tag{B16}$$

将(B8)式代入(B16)式，可得：

$$\frac{dL_2}{d\lambda_1}=\left[\frac{-p_1}{(L_1+L_{tat})F_{LL}^2-w}\right]\left[\frac{F^2\beta E^{-\beta-1}}{1+\lambda_2\beta E^{-\beta-1}}\right]>0 \tag{B17}$$

将式(B17)代入式(B15)，可得：

$$\frac{dL_{tat}}{d\lambda_1}=\left[\frac{p_1}{(L_1+L_{tat})F_{LL}^2-w}\right]\left[\frac{F^1\beta E^{-\beta-1}}{1+\lambda_2\beta E^{-\beta-1}}\right]<0 \tag{B18}$$

根据式(B11)，有：

$$\frac{dL_{RR}}{d\lambda_1}=\left[\frac{p_1}{(L_1+L_{tat})F_{LL}^2-w}\right]\left[\frac{F^1\beta E^{-\beta-1}}{1+\lambda_2\beta E^{-\beta-1}}\right]<0$$

将式(B8)和(B18)代入(B10)式得：

$$\frac{dI}{d\lambda_1}=\frac{I-w-(L_1+L_{tat})F_{LL}^2}{L_1+L_{tat}}\left[\frac{-p_1}{(L_1+L_{tat})F_{LL}^2-w}\right]\left[\frac{F^1\beta E^{-\beta-1}}{1+\lambda_2\beta E^{-\beta-1}}\right]>0$$

将式(B17)代入式(B13)得：

$$\frac{dw}{d\lambda_1}=\left[\frac{-p_1 F_{LL}^2}{(L_1+L_{tat})F_{LL}^2-w}\right]\left[\frac{F^1\beta E^{-\beta-1}}{1+\lambda_2\beta E^{-\beta-1}}\right]>0$$

同理，我们还可以计算出治污技术对系统方程各内生变量的影响，计算结果如下：

$$\frac{dN}{d\lambda_2}=\frac{-N\beta E^{-\beta-1}}{1+\lambda_2\beta E^{-\beta-1}}<0$$

$$\frac{dE}{d\lambda_2}=\frac{N}{1+\lambda_2\beta E^{-\beta-1}}>0$$

$$\frac{d\alpha}{d\lambda_2}=\frac{N}{\lambda_1 F^1(1+\lambda_2\beta E^{-\beta-1})}>0$$

$$\frac{dL_2}{d\lambda_2}=\left[\frac{-p_1}{(L_1+L_{tat})F_{LL}^2-w}\right]\left[\frac{-N\beta E^{-\beta-1}}{1+\lambda_2\beta E^{-\beta-1}}\right]<0$$

$$\frac{dw}{d\lambda_2}=\left[\frac{-p_1 F_{LL}^2}{(L_1+L_{tat})F_{LL}^2-w}\right]\left[\frac{-N\beta E^{-\beta-1}}{1+\lambda_2\beta E^{-\beta-1}}\right]<0$$

$$\frac{\mathrm{d}L_{\textit{ui}}}{\mathrm{d}\lambda_2} = \left[\frac{-p_1}{(L_1+L_{\textit{ui}})F_{LL}^2-w}\right]\left[\frac{-N\beta E^{-\beta-1}}{1+\lambda_2\beta E^{-\beta-1}}\right] > 0$$

$$\frac{\mathrm{d}L_{RR}}{\mathrm{d}\lambda_2} = \left[\frac{p_1}{(L_1+L_{\textit{ui}})F_{LL}^2-w}\right]\left[\frac{-N\beta E^{-\beta-1}}{1+\lambda_2\beta E^{-\beta-1}}\right] > 0$$

$$\frac{\mathrm{d}I}{\mathrm{d}\lambda_2} = \frac{I-w-(L_1+L_{\textit{ui}})F_{LL}^2}{L_1+L_{\textit{ui}}}\left[\frac{-p_1}{(L_1+L_{\textit{ui}})F_{LL}^2-w}\right]\left[\frac{-N\beta E^{-\beta-1}}{1+\lambda_2\beta E^{-\beta-1}}\right] < 0$$

参考文献

[1] 李晓春. 劳动力转移和工业污染——在现行户籍制度下的经济分析[J]. 管理世界，2005(6)：27-33.

[2] BELADI H, FRASCS R. Pollution Control Under an Urban Binding Minimum Wage[J]. The Annals of Regional Science, 1999(33)：523-533.

[3] CHAO, KERKVLIET, YU. Environmental Preservation, Sectoral Unemployment and Trade in Resources[J]. Review of Development Economics, 2000, 4(1)：39-50.

[4] CHAO CHICHUR, EDEN S H YU. Foreign aid, the Environment, and Welfare[J]. Journal of Development Economics, 1999, 59(2)：553-564.

[5] DAITOH ICHIROH. Environmental Protection and Trade Liberalization in a Small Open Dual Economy[J]. Review of Development Economics, 2008(12)：728-736.

[6] DAITOH ICHIROH. Environmental Protection and Urban Unemployment: Environmental Policy Reform in a Polluted Dualistic Economy [J]. Review of Development Economics, 2003, 7(3)：496-509.

[7] DEAN J M, GANGOPADHYAY S. Export Bans, Environmental Protection and Unemployment[J]. Review of Development Economics, 1997, 1(3)：324-336.

[8] HARRIS J R, TODARO P M. Migration, Unemployment and Development: A Two-Sector[J]. The American Economic Review, 1970, 60(1)：126-142.

[9] ZHANG LUQIANG. Environment Investment: Transition from End-Investment to Multi-Investment[J]. Ecological Economy, 2006(2)：77-80.

第 17 章　乡村振兴战略下要素国际流动的环境效果

本章摘要：乡村振兴战略和环境保护是当前经济工作中的重点，而伴随经济全球化和"一带一路"倡议的不断深入，生产要素的国际流动也日趋频繁，三者之间相互联系并相互作用。然而，既有的经济学研究却很少将它们联系在一起。本书对实施乡村振兴战略下要素国际流动的环境效果进行了研究。主要结论为：在战略实施初始阶段，劳动流入加剧污染，反之改善环境；在战略全面实施阶段，资本流入改善环境，反之恶化环境。

第 1 节　引　言

党的十九大报告明确提出了乡村振兴战略，并同时提出实现产业振兴，推动农业全面升级的宏伟目标，其核心就是发展壮大现代农业，实现农业现代化。Li & Shen (2012) 认为，现代农业是一种以市场导向为核心，引入现代生产设备和科学技术进行生产和管理，实现单位土地面积收益高于传统农业的新兴农业。长三角地区的现代农业发展势头强劲，笔者 2019 年初去江苏省连云港市东海县调研发现，这里的各乡镇因地制宜，发展鲜切花、水产养殖、草莓和采摘农家乐等农副业项目，几乎带动了每一个农民。要实现农业现代化仅凭劳动力的投入是不够的，还需要一定规模的资本投入，这是以家庭为经营单位的传统农业很难做到的，也是区别现代农业与传统农业的重要标志。由于资本的积累有一个由少到多的过程，故而乡村振兴、发展现代农业不会一蹴而就，它也有一个从初始到普及的发展过程。要实现乡村振兴，就一定有现代农业的普及和强大。

另外，在经济全球化的进程中，发展中国家特别是新兴经济体国家面临的要素国际流动问题十分突出。这是因为新兴经济体国家的经济活跃,是国际资本和劳动力等生产要素频繁进出之地。在这些国家经济快速增长的同时,越来越多的新兴经济体国家的企业开始寻求海外市场,更多地开始对国外进行设厂、资本投资。根据我国商务部、国家统计局、国家外汇管理局联合发布的《2016 年度中国对外直接投资统计公报》[①],2016 年我国对外直接投资流量创下 1 961.5 亿美元的历史新高,随着"一带一路"倡议的深入推进,我国要素的国际流动会进一步加快。在国际资本快速流动的同时,我们不能忽略另外一个生产要素——劳动力的国际间流动,它的流动也是双向的:一些发达国家的技术劳动力为寻求工作并期望取得更高的收入向发展中国家转移。在我国,根据《2016 年度人力资源和社会保障事业发展统计公报》[②]显示,到 2016 年底,有 23.5 万外国人在中国获得就业许可证。另外,不少发展中国家的部分劳动力为了追求高收入、高生活水平,向海外流出的总量也很巨大,根据《中国国际移民报告(2018)》[③]统计,2015 年世界各地来自中国大陆的移民有 964.61 万人,美国、加拿大、日本以及"一带一路"沿线国家等是我国移民主要目的国。

  本章还关注环境。众所周知,发展中国家大多面临严重的环境问题,而发达国家已经越过库茨涅兹曲线的拐点,走上了环境保护与经济发展并举的道路,其中有一些国家把本国落后的高能耗、高污染的"夕阳产业"转移到发展中国家,而许多发展中国家为了自身经济快速发展、降低社会失业率,会减少或者放弃对部分产业的环境管制,以牺牲环境为代价发展经济。进入 21 世纪以后,在经济一体化和国际产业大转移的背景下,我国曾着力扮演了"世界工厂"的角色,雾霾、酸雨等环境污染问题十分严重。虽然我国政府已经开始制定一系列政策措施以保护和治理环境,但是仍然无法完全避免经济快速增长带来的环境污染的影响。

  当我们将乡村振兴战略、要素的国际流动和环境保护放在一起的时候,就会发现

---

① 商务部、国家统计局和国家外汇管理局,2017:《2016 年度中国对外直接投资统计公报》,中国统计出版社。

② 人力资源和社会保障部,2017:《2016 年度人力资源和社会保障事业发展统计公报》,http://www.mohrss.gov.cn/。

③ 全球化智库(CCG)和西南财经大学,2018:《中国国际移民报告(2018)》,社会科学文献出版社。

这三者都是当前我国经济工作中的重点。伴随经济全球化和"一带一路"倡议的不断深入,生产要素的国际流动日趋频繁,要素国际流动的变化对工农业的生产规模产生作用,从而影响到环境。而乡村振兴战略使得农村和城市重新配置生产要素,在此情形下,一个问题自然地在我们面前形成:在乡村振兴战略的背景下,要素的国际流动又会对环境产生什么样的影响?为了经济建设顺利发展,我们有必要厘清其中的作用机制,然而,既有的经济学研究成果中却很少将三者联系在一起。

理论经济学界对于乡村振兴战略的关联研究主要体现在对于现代农业发展的研究上。虽然当前许多发展中国家已将发展现代农业作为促进经济发展的重要方策,但国际理论经济学术界对现代农业的理论研究却并不多见。主要成果有:Chaudhuri(2007)在存在现代农业部门的情况下,主要讨论国际资本流入对于国家福利以及失业率的影响;Li & Shen(2012)考虑了政府对现代农业部门利息率和工资的补贴政策经济效果;Nag & Banerjee(2014)则在农村二元经济下考虑农业贸易自由化以及资本市场自由化对于非技术劳动力和技术劳动力工资差异的影响;Li & Wu(2018)讨论了现代农业发展的环境效果。所有这些国际研究,都没有涉及要素的国际流动。我国学者对于现代农业的研究多始于20世纪90年代,关注点大多集中于对现代农业的效益评价,并以实证研究为主流,例如:张九汉(1997)中提出"要优化农业结构、建设高效农业";王英姿(2014)建议提升农业发展质量和人力资源素质以实现从传统农业向现代农业的转型;王雅鹏等(2015)认为现代农业科技创新体系是实现我国农业现代化的重要战略支撑,等等。国内对现代农业的研究有从引进外资于现代农业角度分析(惠恩才,2010),但没有考虑劳动要素国际流动与资本流出问题。

作为国际经济学的一个传统课题,要素的国际转移向来为学者们所重视。近几年,在一般均衡的理论模型下,有许多对要素国际间流动的讨论,关注的相关问题也十分广泛。例如:Kar & Guha-Khasnobis(2006)讨论了资本流入、技术劳动力流动对发展中国家部门生产、非技术劳动力和技术劳动力工资差异的影响;Yabuuchi(2007)在城乡两部门经济结构下讨论资本、非技术劳动力、技术劳动力的国际间流动对发展中国家非技术劳动力失业率和福利的影响;Beladi et al.(2008)同样也是在城乡两部门经济结构下,讨论资本、非技术劳动力、技术劳动力的国际间流动对发展中国家非技术劳动力和技术劳动力工资差异的影响；Chaudhuri & Banerjee(2010)在二元经济结构下，区分城市非技术产品生产部门和城市技术产品生产部门，讨论国际资本流入对非技术劳动力的失业率、非技术劳动力和技术劳动力工资差异的影响；Chaudhuri & Gupta(2014)的文章考虑经济中存在非正式部门，讨论要素国际间流动对非正式资本利息率的影响，等等。但是，在诸多研究国际要素流动的研究成果中却几乎都没有涉及现代农业。

  国外理论经济学界对于经济发展与环境保护的问题的研究已经较为深入，在一般均衡的理论分析模型之下讨论此类问题的文章也较多。如 Daitoh(2008)讨论环境保护政策以及贸易自由化对发展中国家失业率和福利的影响，Tawada & Sun(2010)讨论污染治理技术对于失业率和劳动力福利的影响。以上两篇着重于讨论环境保护政策、措施等对经济带来的影响，也有学者就不同经济因素对环境的影响进行了讨论，如 Tsakiris et al. (2008)讨论国际资本流动以及税收政策对国家环境的影响，等等。特别是近年来在全球经济舞台上，我国发挥着越来越重要的作用，因而我国学者对国际贸易、经济一体化等课题给予了很大的关注，由此带来的环境研究成果也比较多。例如：包群等(2010)认为 FDI 的增长会使得国内环境污染恶化，不利于经济的可持续发展；计志英等(2015)认为 FDI 与我国环境污染呈"倒 U"形关系，即符合环境库兹涅茨曲线；而盛斌和吕越(2012)等却认为 FDI 的增加有利于我国环境的改善。但是，与诸多研究资本国际间流动对环境影响的文章不同，劳动要素的国际转移对于环境的影响分析却较为少见，我国学术界有如下文献分析探讨了劳动力转移对于环境的影响：理论研究有李晓春(2005)，他研究了农村劳动力转移与工业污染的关联机制以及农村劳动力转移的环境经济效果；实证研究有周密和徐爱燕(2013)，他们在化肥等农业科技产品替代转出劳动力的前提下，研究了化肥平均吸收率的降低对水体造成的环境污染问题。

  综上所述，我们不难看到，国际与国内理论经济学界目前都缺少将乡村振兴、国际要素流动和环境保护三者结合在一起研究的成果。这不完全是经济学者们的忽略，造成这样状况的一个原因是，经济学的理论研究往往来自经济运行中的实际问题，在既往的各国经济发展中还很少出现乡村振兴战略、要素的国际流动和环境同时发挥重要作用的场景,而我国出现这样的场景与我国的经济规模、发展模式有关(对此话题可以另外行文讨论)。正是因为我国处在了经济发展新时代,乡村振兴战略、国际要素流动和环境保护成为同一个时期经济工作的主旋律,缺少了这方面的经济学理论规范研究与经济发展的政策需求不符。特别是正当我国积极推动乡村振兴战略、发展现代农业和积极建设生态文明、美丽中国之时,需要处理好要素国际流动所引致的环境问题,需要在理论研究方面找出新的市场机制为乡村振兴战略的顺利实施保驾护航,从而使得本章研究的积极意义得以彰显。

本章正是为了解决上述问题,将研究的重点聚焦于实施乡村振兴战略中要素国际流动对于环境的影响,这不仅是对于学术研究的新贡献,也是来自实际经济工作的需要。本章建立一个包含城乡二元经济与农村二元经济的三部门一般均衡模型,将生产要素作为外生变量,将乡村振兴战略中现代农业发展分为初始阶段和普及阶段,考察这两阶段的要素国际间流动对环境的影响。

本章以下的内容安排是:第二部分分析了现代农业发展之初的要素国际间流动对环境的影响,第三部分研究了现代农业普及后要素国际间流动对环境的影响,第四部分为数值模拟,第五部分总结全文。

第2节 乡村振兴战略实施的初始阶段

在乡村振兴战略的初始阶段,城乡融合刚刚起步,现代农业多是先在交通便利或城市周边地区发展起来。这些地区受城市部门的影响大,本节建立分析模型时将考虑这个特点。

一、建模

本章考虑一个小国开放经济。经济中有三个生产部门,城市部门、现代农业部门和传统农业部门。经济中存在三种生产要素,即劳动力 L、资本 K 和土地 T。城市部门 X_1 使用劳动力和资本生产进口竞争产品,现代农业部门 X_2 使用劳动力、资本和土地生产进口的产品①,传统农业部门 X_3 使用劳动力和土地同样生产可供出口的产品。

城市部门的生产函数如下:

$$X_1 = F^1(L_1, K_1) \tag{17-1}$$

对于环境污染问题,本书假定污染物只产生于城市部门的生产中,且其在生产中排放的废气、废渣、废水等有害物质,通过大气、河流等媒介使农业用水和土地受到污染,造成农业部门的生产效率下降。因此,本书假定 $\bar{E}$ 为环境的最优水平,μ 为城市部门生产单位产品排放污染物的比率,也代表了城市部门生产的技术水平,技术水平越高,单位产品污染物排放比率越小,即 μ 值越小,用 e 来衡量经济中的环境状况,则可以表示为:

$$e = \frac{\bar{E} - \mu X_1}{\bar{E}} \tag{17-2}$$

其中 $0 \leqslant e \leqslant 1$,当 $e = 1$ 时,环境状况最佳,而 e 越小,表示环境状况越差。在考虑到环境污染的情况下,现代农业部门与传统农业部门的生产函数可表示如下:

$$X_2 = e^{\varepsilon_1} F^2(L_2, K_2, T_2) \tag{17-3}$$

$$X_3 = e^{\varepsilon_2} F^3(L_3, T_3) \tag{17-4}$$

其中 $0 < \varepsilon_1, \varepsilon_2 < 1$,$\varepsilon_1$ 和 ε_2 为常数,生产函数 $F^j (j=1,2,3)$ 对每个生产要素都是增函数,且满足一阶齐次性和严格拟凹性。

在完全竞争的市场条件下,有下式成立:

$$a_{L1}\bar{w} + a_{K1}r = p_1 \tag{17-5}$$

$$\frac{a_{L2}\bar{w}}{e^{\varepsilon_1}} + \frac{a_{K2}r}{e^{\varepsilon_1}} + \frac{a_{T2}\tau}{e^{\varepsilon_1}} = p_2 \tag{17-6}$$

$$\frac{a_{L3}w}{e^{\varepsilon_2}} + \frac{a_{T3}\tau}{e^{\varepsilon_2}} = p_3 \tag{17-7}$$

其中 $a_{ij}(i=L,K,T; j=1,2,3)$ 表示的是在第 j 部门,不考虑环境污染时,生产一

---

① 在乡村振兴战略实施的初始阶段、现代农业发展初期,多选择生产经济价值较高的农产品,如油料作物和水果等。对发展中国家而言这类商品供给不足,故设为可进口。

单位产品所需投入的第 i 种生产要素的量(如 $a_{L_i}=L_1/F^1$); $\bar{w}$ 表示城市部门和现代农业部门劳动力的工资; w 表示传统农业部门劳动力的工资; r 表示城市部门和现代农业部门资本的利息率; τ 表示两个农业部门土地的地租; $p_j(j=1,2,3)$ 表示三个部门产品的市场价格,这里本书假定所有部门的产品均可贸易,产品价格就是国际产品价格。

在本章考虑的模型中,资本在城市部门与现代农业部门之间自由流动,其利息率为完全弹性;土地在两个农业部门之间自由流动,因而地租也为完全弹性。另外,注意到在乡村振兴战略的初始阶段,现代农业往往先从交通便利或城市周边地区发展,受城市部门的影响大,所以城市部门和现代农业部门面对相同的劳动力市场①,它们的工资 $\bar{w}$ 均为外生给定,即此两部门劳动力工资存在向下刚性;而在传统农业部门中,劳动力的工资 w 为完全弹性。本章用 L_{U1} 表示城市部门以及现代农业部门存在的劳动力的失业人数,用 λ_1 表示这两个部门劳动力的失业率,因而有 $\lambda_1=L_{U1}/(L_1+L_2)$。在劳动力市场转移均衡时,传统农业部门劳动力的工资等于城市部门和现代农业部门劳动力的期望工资[即刚性工资 $\bar{w}$ 与在这两个部门找到工作的概率 $(L_1+L_2)/(L_1+L_2+L_{U1})$ 的乘积],因此劳动力的转移均衡式如下:

$$w=\frac{L_1+L_2}{L_1+L_2+L_{U1}}\bar{w}=(1+\lambda_1)\bar{w} \qquad (17-8)$$

劳动力、资本和土地三个生产要素的市场出清条件可以表示如下:

$$a_{L1}X_1+\frac{a_{L2}X_2}{e^{\varepsilon_1}}+\frac{a_{L3}X_3}{e^{\varepsilon_2}}+\lambda_1\left(a_{L1}X_1+\frac{a_{L2}X_2}{e^{\varepsilon_1}}\right)=L \qquad (17-9)$$

$$a_{K1}X_1+\frac{a_{K2}X_2}{e^{\varepsilon_1}}=K \qquad (17-10)$$

$$\frac{a_{T2}X_2}{e^{\varepsilon_1}}+\frac{a_{T3}X_3}{e^{\varepsilon_2}}=T \qquad (17-11)$$

其中,L、K 和 T 分别为劳动力、资本和土地这三个生产要素的禀赋量,为外生给定。

至此,本章的基础理论模型构建完成,由(17-2)、(17-5)、(17-6)、(17-7)、

---

① 城市周边的农村劳动力进入城市的转移成本低,若是现代农业的工资低于城市工资,就不能吸引劳动力。

(17-8)、(17-9)、(17-10)、(17-11)这八个公式组成,包含八个内生变量 w、r、τ、λ_1、e、X_1、X_2 和 X_3。

二、要素的国际流动对环境影响的分析

对(17-2)和(17-5)~(17-11)式进行全微分,得到:

$$\begin{pmatrix} 0 & \theta_{K_1} & 0 & 0 & 0 & 0 \\ 0 & \theta_{K_2} & \theta_{T2} & \dfrac{\mu X_1}{\bar{E}} & 0 & 0 \\ \theta_{L_2} & 0 & \theta_{T3} & \dfrac{\mu X_1}{\bar{E}} & 0 & 0 \\ A_1 & B_1 & C_1 & D_1 & (1+\lambda_1)\lambda_{L2} & \lambda_{L3} \\ 0 & B_2 & C_2 & e\lambda_{K1} & \lambda_{K2} & 0 \\ A_3 & B_3 & C_3 & 0 & \lambda_{T2} & \lambda_{T3} \end{pmatrix} \begin{pmatrix} \hat{w} \\ \hat{r} \\ \hat{\tau} \\ \hat{X}_1 \\ \hat{X}_2 \\ \hat{X}_3 \end{pmatrix} = \begin{pmatrix} \hat{p}_1 \\ \hat{p}_2 \\ \hat{p}_3 \\ \hat{L} \\ \hat{K} \\ \hat{T} \end{pmatrix} \quad (17-12)$$

其中,"^"表示变化率(如 $\hat{w}=dw/w$);$\theta_{ij}(i=L,K,T;j=1,2,3)$ 是在 j 部门中,投入 i 要素的成本占产品价格的比重(如 $\theta_{K_1}=ra_{K1}/p_1a_{K1}/p_1$);$\lambda_{ij}(i=L,K,T;j=1,2,3)$ 是在 j 部门中,投入 i 要素的量占 i 要素禀赋量的比重(如 $\lambda_{L1}=X_1a_{L1}/La_{L_1}/L$);$S_{ij}^h(i,j=L,K,T;h=1,2,3)$ 是在 h 部门中,i 要素和 j 要素的偏替代弹性(如 $S_{LK}^1 = \dfrac{\partial a_{L1}}{\partial r}\dfrac{r}{a_{L1}}$),且存在 $S_{ij}^h>0(i\neq j)$,$S_{ij}^h<0(i=j)$;$A_1=\lambda_{L3}S_{LL}^3-(1+\lambda_1)(\lambda_{L1}+\lambda_{L2})<0$,$B_1=(1+\lambda_1)(\lambda_{L1}S_{LK}^1+\lambda_{L2}S_{LK}^2)>0$,$C_1=(1+\lambda_1)\lambda_{L2}S_{LT}^2+\lambda_{L3}S_{LT}^3>0$,$B_2=\lambda_{K1}S_{KK}^1+\lambda_{K2}S_{KK}^2<0$,$C_2=\lambda_{K2}S_{KT}^2>0$,$A_3=\lambda_{T3}S_{TL}^3>0$,$B_3=\lambda_{T2}S_{TK}^2>0$,$C_3=\lambda_{T2}S_{TT}^2+\lambda_{T3}S_{TT}^3<0$,$D_1=e(1+\lambda_1)\lambda_{L1}-[(1+\lambda_1)\lambda_{L2}+\lambda_{L3}-1]\mu X_1/\bar{E}$。

在已建立的模型下,模型的动态调整过程如下:

$$\dot{X}_1=d_1(p_1-a_{L1}\bar{w}-a_{K1}r) \tag{D1}$$

$$\dot{X}_2=d_2\left(p_2-\frac{a_{L2}\bar{w}}{e^{\varepsilon_1}}-\frac{a_{K2}r}{e^{\varepsilon_1}}-\frac{a_{T2}\tau}{e^{\varepsilon_1}}\right) \tag{D2}$$

$$\dot{X}_3=d_3\left(p_3-\frac{a_{L3}\bar{w}}{e^{\varepsilon_2}}-\frac{a_{T3}\tau}{e^{\varepsilon_2}}\right) \tag{D3}$$

$$\dot{w}=d_4\left(a_{L1}X_1+\frac{a_{L2}X_2}{e^{\varepsilon_1}}+\frac{a_{L3}X_3}{e^{\varepsilon_2}}+\lambda_1\left(a_{L1}X_1+\frac{a_{L2}X_2}{e^{\varepsilon_1}}\right)-L\right) \quad (D4)$$

$$\dot{r}=d_5\left(a_{K1}X_1+\frac{a_{K2}X_2}{e^{\varepsilon_1}}-K\right) \quad (D5)$$

$$\dot{\tau}=d_6\left(\frac{a_{T2}X_2}{e^{\varepsilon_1}}+\frac{a_{T3}X_3}{e^{\varepsilon_2}}-T\right) \quad (D6)$$

其中,"·"代表随时间的变化率;$d_j(j=1,\cdots,3)$表示调整速度,且$d_j>0$。在产品市场上,根据马歇尔调整过程,当需求方付出的价格不等于供给方所能接受的价格时,对产品数量进行调整;在要素市场上,由于要素禀赋量外生给定,则调整要素价格使要素需求等于要素供给。

(D1)~(D6)式调整方程的雅可比矩阵的行列式值为:

$$|J|=\frac{d_1\cdots d_6 p_1 p_2 p_3\cdots KT}{wr\tau X_1 X_2 X_3}\begin{vmatrix} 0 & 0 & 0 & 0 & -\theta_{K1} & 0 \\ -\frac{\mu X_1}{\bar{E}} & 0 & 0 & 0 & -\theta_{K2} & -\theta_{T2} \\ -\frac{\mu X_1}{\bar{E}} & 0 & 0 & -\theta_{L3} & 0 & -\theta_{T3} \\ D_1 & (1+\lambda_1)\lambda_{L2} & \lambda_{L3} & A_1 & B_1 & C_1 \\ e\lambda_{K1} & \lambda_{K2} & 0 & 0 & B_2 & C_2 \\ 0 & \lambda_{T2} & \lambda_{T3} & A_3 & B_3 & C_3 \end{vmatrix}$$

由此可得:

$$|J|=\frac{d_1\cdots d_6 p_1 p_2 p_3\cdots KT}{wr\tau X_1 X_2 X_3}\Delta_1 \quad (D7)$$

根据劳斯-赫尔维茨(Routh-Hurwitz)定理,模型局部稳定的必要条件是$sign|J|=(-1)^k$,其中k表示模型中的行数(也即列数)。所以,本书中假定均衡是稳定的,则有$|J|>0$,根据(D7)式可知$\Delta_1>0$,其中Δ_1为(17-12)式中矩阵的行列式值。

1. 劳动力的国际间流动对环境影响的分析

解(17-12)式,我们可以得到:

$$\frac{\hat{X}_1}{\hat{L}}=\frac{\theta_{K1}\theta_{T2}\theta_{L3}\lambda_{K2}\lambda_{T3}}{\Delta_1}>0 \quad (17-13)$$

对(17-2)式进行全微分可得 $\hat{e} = -\mu X_1/e\bar{E}\hat{X}_1$ $\hat{e} = -\mu X_1/e\bar{E}\hat{X}_1$,并结合(17-13)式可知,$\hat{e}/\hat{L}<0$。根据以上公式,可得如下命题。

命题1:乡村振兴战略实施的初始阶段,劳动要素流入会使得环境状况变差;反之,会使得环境状况变好。

劳动力流入时,其中有部分劳动力会进入城市部门,城市部门的生产规模必会因此而扩张,该部门生产的扩大会导致污染排放的增加,使得环境状况变差,劳动要素国际间流出的情况可同理分析。

2. 资本的国际间流动对环境影响的分析

解(17-12)式,我们可以得到:

$$\frac{\hat{X}_1}{\hat{K}} = \frac{\theta_{K1}\theta_{T2}\theta_{L3}\lambda_{T2}\lambda_{L3} - (1+\lambda_1)\lambda_{L2}\lambda_{T3}}{\Delta_1} \begin{cases} >0, \dfrac{a_{T2}}{a_{L2}} > (1+\lambda_1)\dfrac{a_{T3}}{a_{L3}} \\ <0, \dfrac{a_{T2}}{a_{L2}} > (1+\lambda_1)\dfrac{a_{T3}}{a_{L3}} \end{cases}$$

结合(17-2)式的全微分结果可得:

$$\frac{\hat{e}}{\hat{K}} \begin{cases} <0, \dfrac{a_{T2}}{a_{L2}} > (1+\lambda_1)\dfrac{a_{T3}}{a_{L3}} \\ >0, \dfrac{a_{T2}}{a_{L2}} < (1+\lambda_1)\dfrac{a_{T3}}{a_{L3}} \end{cases}$$

根据以上计算结果,可得如下命题。

命题2:乡村振兴战略实施的初始阶段,当现代农业部门的人均土地密集度高于传统农业部门时,资本流入使得环境状况变差,资本流出使得环境状况变好;当现代农业部门的人均土地密集度低于传统农业部门或较为接近时,资本流入使得环境状况变好,资本流出使得环境状况变差。

当资本流入时,如果现代农业部门的人均土地密集度高于传统农业部门,意味着现代农业部门的生产较为依赖土地要素,考虑到只有城市部门和现代农业部门使用资本要素,加上乡村振兴战略处于初始阶段,现代农业尚为弱小,城市部门的人均资本密集度应该高于现代农业部门,根据雷布津斯基(Rybczynski)定理,大部分资本会进入城市部门,增加城市部门的生产规模,从而污染排放上升,环境状况变差。如果现代农业部门的人均土地密集度低于传统农业部门或者较为接近,就意味着现代农业部门的生产较为依赖于劳动要素,此时流入资本的大部分进入了城市部门,也会有一些资本进入现代农业部门,从而加大了现代农业部门对劳动力的需求,吸引城市部门和传统农业部门的劳动力进入现代农业部门。城市部门为求保持生产规模的稳定和增长,会使用更多的资本替代流出的劳动力,其结果必然是走向资本密集型生产,生产技术水平上升,μ 值下降,从而污染排放下降,环境得到改善。资本流出的情况可同理分析。

第 3 节 乡村振兴战略全面实施阶段

随着乡村振兴战略全面实施,现代农业得到全面普及,现代农业部门将发生两个特质性变化:其一,随着现代农业的进一步发展,它会深入远离城市的农村地区,这些地区受城市部门的影响逐渐减弱,因而在乡村振兴战略全面实施之后,现代农业部门的劳动力工资变为完全弹性;其二,现代农业生产已不再局限于经济附加值较高的产品,而是涵盖所有农产品类别,此时,可以设定两个农业部门分别以现代与传统技术生产相同产品,产品价格均为 $p(p=p_2=p_3)$。

一、建模

虽然乡村振兴战略已经发展到全面实施,但三个部门的生产函数以及城市部门的生产对于环境的影响与前模型相同,即为(17-1)、(17-2)、(17-3)和(17-4)式。

城市部门劳动力工资仍旧为外生给定,但两个农业部门的劳动力工资为完全弹性,这一点与前模型是不一样的。在完全竞争的市场条件下,有(17-5)式以及如下等式成立:

$$\frac{a_{L2}w_2}{e^{\epsilon_1}}+\frac{a_{K2}r}{e^{\epsilon_1}}+\frac{a_{T2}\tau}{e^{\epsilon_1}}=p \qquad (17-14)$$

$$\frac{a_{L3}w_3}{e^{\epsilon_2}}+\frac{a_{T3}\tau}{e^{\epsilon_2}}=p \qquad (17-15)$$

其中,w_2 和 w_3 分别为现代农业部门和传统农业部门的劳动力工资,均为完全弹性,且一般而言有 $w_2 > w_3$ 成立[1],否则现代农业就没有足够能力吸引劳动要素使得现代农业不断发展、振兴乡村战略得以全面实施。本章用 L_{U2} 表示此时城市部门存在的劳动力的失业人数,用 λ_2 表示城市部门劳动力的失业率,因而有 $\lambda_2 = L_{U2}/L_1$。在劳动力市场转移均衡时,传统农业部门劳动力的工资,一方面等于城市部门劳动力的期望工资,即为城市部门的刚性工资 $\bar{w}$ 与在城市部门找到工作的机会 $L_1/(L_1 + L_{U2})$ 的乘积,根据 Harris-Todaro 模型进行劳动力转移;另一方面又等于现代农业部门劳动力的工资,根据刘易斯(Lewis)模型进行劳动力转移[2],因此有劳动力的转移均衡式如下:

$$w_3 = \frac{L_1}{L_1 + L_{U2}} \bar{w} \qquad (17-16)$$

即:

$$w_3(1+\lambda_2) = \bar{w} \qquad (17-17)$$

$$w_3 = w_2 \qquad (17-18)$$

其中,(17-16)式表示的是传统农业部门向城市部门劳动力转移的均衡式,(17-18)式表示的是传统农业部门向现代农业部门劳动力转移的均衡式。

劳动市场出清条件如下:

$$a_{L1}X_1 = \frac{a_{L2}X_2}{e^{\epsilon_1}} + \frac{a_{L3}X_3}{e^{\epsilon_2}} + \lambda_2 a_{L1}X_1 = L \qquad (17-19)$$

资本和土地的市场出清条件仍同(17-10)和(17-11)式。至此,本章的拓展理论模型构建完成,由(17-2)、(17-5)、(17-14)、(17-15)、(17-17)、(17-18)、(17-19)、(17-10)和(17-11)这九个公式组成,包含九个内生变量 w_2、w_3、r、τ、λ_2、e、X_1、X_2 和 X_3。

二、要素的国际间流动对环境影响的分析

对(17-2)、(17-5)、(17-14)、(17-15)、(17-17)、(17-19)、(17-10)和(17-

---

[1] 参考 Li & Wu(2018)。
[2] 此时,农民将权衡采用传统方式生产的工资与作为农业工人在现代农业部门的工资,只要现代农业部门的工资高于传统农业,农民就向现代农业转移,只有两部门工资相等时才停止转移。

11)式进行全微分,得到:

$$\begin{pmatrix} 0 & \theta_{K1} & 0 & 0 & 0 & 0 \\ \theta_{L_2} & \theta_{K2} & \theta_{T2} & \dfrac{\mu X_1}{\bar{E}} & 0 & 0 \\ \theta_{L_3} & 0 & \theta_{T3} & \dfrac{\mu X_1}{\bar{E}} & 0 & 0 \\ E_1 & F_1 & G_1 & H_1 & \lambda_{L2} & \lambda_{L3} \\ E_2 & F_2 & G_2 & e\lambda_{K1} & \lambda_{K2} & 0 \\ E_3 & F_3 & G_3 & 0 & \lambda_{T2} & \lambda_{T3} \end{pmatrix} \begin{pmatrix} \hat{w}_3 \\ \hat{r} \\ \hat{\tau} \\ \hat{X}_1 \\ \hat{X}_2 \\ \hat{X}_3 \end{pmatrix} = \begin{pmatrix} \hat{p}_1 \\ \hat{p} \\ \hat{p} \\ \hat{L} \\ \hat{K} \\ \hat{T} \end{pmatrix} \quad (17-20)$$

其中 $E_1 = \lambda_{L2} S_{LL}^2 + \lambda_{L3} S_{LL}^3 - (1+\lambda_2)\lambda_{L1} < 0$, $F_1 = (1+\lambda_2)\lambda_{L1} S_{LK}^1 + \lambda_{L2} S_{LK}^2 > 0$, $G_1 = \lambda_{L2} S_{LT}^2 + \lambda_{L3} S_{LT}^3 > 0$, $E_2 = \lambda_{K2} S_{KL}^2 > 0$, $F_2 = \lambda_{K1} S_{KK}^1 + \lambda_{K2} S_{KK}^2 < 0$, $G_2 = \lambda_{K2} S_{Kt}^2 > 0$, $E_3 = \lambda_{T2} S_{TL}^2 + \lambda_{T3} S_{TL}^3 > 0$, $F_3 = \lambda_{T2} S_{TK}^2 > 0$, $G_3 = \lambda_{T2} S_{TT}^2 + \lambda_{T3} S_{TT}^3 < 0$, $H_1 = e(1+\lambda_2)\lambda_{L1} - (\lambda_{L2} + \lambda_{L3} - 1)\mu X_1/\bar{E}$。

在已建立的模型下,模型的动态调整过程如下:

$$\dot{X}_1 = d_8(p_1 - a_{L1}\bar{w} - a_{K1}r) \quad (D8)$$

$$\dot{X}_2 = d_9\left(p - \frac{a_{L2}w_2}{e^{\varepsilon_1}} - \frac{a_{K2}r}{e^{\varepsilon_1}} - \frac{a_{T2}\tau}{e^{\varepsilon_1}}\right) \quad (D9)$$

$$\dot{X}_3 = d_{10}\left(p - \frac{a_{L3}w_3}{e^{\varepsilon_2}} - \frac{a_{T3}\tau}{e^{\varepsilon_2}}\right) \quad (D10)$$

$$\dot{w} = d_{11}\left(a_{L1}X_1 + \frac{a_{L2}X_2}{e^{\varepsilon_1}} + \frac{a_{L3}X_3}{e^{\varepsilon_2}} + \lambda_2 a_{L1}X_1 - L\right) \quad (D11)$$

$$\dot{r} = d_{12}\left(a_{K1}X_1 + \frac{a_{K2}X_2}{e^{\varepsilon_1}} - K\right) \quad (D12)$$

$$\dot{\tau} = d_{13}\left(\frac{a_{T2}X_2}{e^{\varepsilon_1}} + \frac{a_{T3}X_3}{e^{\varepsilon_2}} - T\right) \quad (D13)$$

其中,$d_j(j=8,\cdots,13)$ 表示调整速度,且 $d_j > 0$。同样地,在产品市场上,根据马歇尔调整过程,当需求方付出的价格不等于供给方所能接受的价格时,对产品数量进行调整;在要素市场上,由于要素禀赋量外生给定,则调整要素价格使要素需求等于要素供给。

(D8)~(D13)式调整方程的雅可比矩阵的行列式值为:

$$|J| = \frac{d_7 \cdots d_{12} p_1 p^2 \cdots KT}{w_3 r\tau X_1 X_2 X_3} \begin{vmatrix} 0 & 0 & 0 & 0 & -\theta_{K1} & 0 \\ -\frac{\mu X_1}{\bar{E}} & 0 & 0 & -\theta_{L2} & -\theta_{K2} & -\theta_{T2} \\ -\frac{\mu X_1}{\bar{E}} & 0 & 0 & -\theta_{L3} & 0 & -\theta_{T3} \\ H_1 & \lambda_{L2} & \lambda_{L3} & E_1 & F_1 & G_1 \\ e\lambda_{K1} & \lambda_{K2} & 0 & E_2 & F_2 & G_2 \\ 0 & \lambda_{T2} & \lambda_{T3} & E_3 & F_3 & G_3 \end{vmatrix}$$

由此可得:

$$|J| = \frac{d_7 \cdots d_{12} p_1 p^2 \cdots KT}{w_3 r\tau X_1 X_2 X_3} \Delta_2 \tag{D14}$$

根据劳斯-赫尔维茨定理,模型局部稳定的必要条件是$sign|J| = (-1)^k$,其中k表示模型中的行数(也即列数)。所以,本书中假定均衡是稳定的,则有$|J| > 0$,根据(D14)式可知$\Delta_2 > 0$,其中Δ_2为(17-20)式中矩阵的行列式值。

1. 劳动力的国际间流动对环境影响的分析

解(17-20)式,我们可以得到:

$$\frac{\hat{X}_1}{\hat{L}} = \frac{\theta_{K1}(\theta_{T2}\theta_{L3} - \theta_{L2}\theta_{T3})\lambda_{K2}\lambda_{T3}}{\Delta_2} \begin{cases} > 0, \frac{a_{T2}}{a_{L2}} > \frac{a_{T3}}{a_{L3}} \\ < 0, \frac{a_{T2}}{a_{L2}} < \frac{a_{T3}}{a_{L3}} \end{cases} \tag{17-21}$$

结合(17-2)式的全微分结果可得$\hat{e}/\hat{L}\begin{cases} <0, \frac{a_{T2}}{a_{L2}} > \frac{a_{T3}}{a_{L3}} \\ >0, \frac{a_{T2}}{a_{L2}} < \frac{a_{T3}}{a_{L3}} \end{cases}$。根据以上公式,可得以下命题。

命题3:在乡村振兴战略全面实施阶段,当现代农业部门的人均土地密集度高于传统农业部门时,劳动要素流入使得环境状况变差,劳动要素流出使得环境状况变好;当现代农业部门的人均土地密集度低于传统农业部门时,劳动要素流入使得环境状况变好,劳动要素流出使得环境状况变差。

劳动要素流入时,如果现代农业部门相较于传统农业部门人均土地密集度较高,意味着现代农业部门的生产较为依赖于土地要素,此时,劳动力会更多流向城市部门与传统农业部门,两部门的生产规模增加,城市部门生产规模的扩张会导致更多的污染排放,使得发展中国家环境状况变差。反之,如果现代农业部门的人均土地密集度较低,就意味着现代农业部门的生产较为依赖劳动力要素,两个农村部门的劳动力要素本身就较为密集,因而根据雷布津斯基定理可知劳动力会流向现代农业与传统农业部门,经济总资本禀赋量不变,则资本此时流向城市部门,城市部门用资本投入替代劳动力的流出以确保生产规模的稳定,此时城市部门生产技术水平上升,污染排放减少,从而环境得到改善。对于此阶段劳动要素国际流出的环境效果也可同理分析。

2. 资本的国际间流动对环境影响的分析

解(17-12)式,我们可以得到:

$$\frac{\hat{X}_1}{\hat{K}} = \frac{\theta_{K1}(\theta_{T2}\theta_{L3} - \theta_{L2}\theta_{T3})(\lambda_{T2}\lambda_{L3} - \lambda_{L2}\lambda_{T3})}{\Delta_2} < 0 \quad (17-22)$$

对(17-2)式进行全微分,并结合(17-22)式可知,$\hat{e}/\hat{K} > 0$。根据以上公式,可得如下命题。

命题4:在乡村振兴战略全面实施阶段,资本流入使得环境变好;资本流出使得环境状况变差。

资本流入发展中国家时,由于此时乡村振兴战略已处于全面实施阶段,现代农业部门的人均资本密集度相对于城市部门有所上升,甚至与城市部门人均资本密集度十分接近或者相同,从而资本在此两部门间可能会出现不同的流向。如果城市部门人均资本密集度仍然较高,国际资本涌入城市部门,以资本替代劳动力来确保生产规模的稳步增长,会使得城市生产技术水平上升,环境状况改善;如果现代农业部门的人均资本密集度接近或者与城市部门相同,资本在流向城市部门的同时也会流向现代农业部门,故而城市部门以资本替代劳动力,使得生产技术水平上升的同时,现代农业部门的生产扩大却不影响环境,从而环境状况也会得到改善。资本流出情况可同理分析。

第4节 数值模拟

为考察本书模型对发展中国家国际要素流动的环境效果的解释力,这部分将用我国的宏观经济数据对模型的参数进行校准,并根据校准的参数对模型进行数值模拟,以检验模型对我国国际要素流动的环境效果的有效性,并检验理论模型在我国经济中的数值特征,以判断不同要素流动对我国环境的影响程度,同时进行敏感性分析以检验模型的稳健性。

一、参数校准

为进行数值模拟,基于本书理论模型中对生产函数的性质假设,我们以 C-D 函数形式设定三个部门的生产函数分别为:

$$X_1 = L_1^\alpha K_1^{1-\alpha}, X_2 = e^{\varepsilon_1} L_2^\beta K_2^\beta T_2^{1-\beta_1-\beta_2}, X_3 = e^{\varepsilon_2} L_3^\gamma T_3^{1-\gamma},$$

其中的 $\alpha, \beta_1, \beta_2, \gamma$ 分别为对应要素的产出弹性,ε_1 和 ε_2 表示环境(污染)对农业生产的外部性。令环境质量函数为 $e = 1 - \delta X_1$,其中 $\delta = \delta = \mu/\bar{E}$。模型的主要参数包括产出弹性 $\alpha, \beta_1, \beta_2, \gamma$;工业污染参数 δ;环境外部性参数 ε_1 和 ε_2;工资和产品价格参数 $\bar{w}\bar{W}, p_1, p_2$ 和 p_3;初始禀赋参数 L, K, T。

我们以《中国统计年鉴 2016 年》的数据作为模拟的基准数据,以城镇就业人员平均工资[①]表示城市工资 $\bar{w} = 51\,448.792\,7$ 元,第二、三产业的就业人数 56 107 万人与增加值 679 912.7 亿元,可以计算出 $\alpha = 0.425$。第一产业包含了两个农业部门的总值,以蒋和平等(2005)给定的 2016 年各省市农业现代化的综合发展指数为权重,可以得到现代农业部门的就业人数 4 959.14 万人,增加值 26 346.573 亿元,工资[②] 22 220.614 8 元以及农用地数量 21 389.364 3 万公顷。同时,可以计算出传统农业

[①] 城镇就业人员包括城镇国有就业人员、集体单位就业人员、其他单位就业人员、私营单位就业人员和个体就业人员,城镇就业人员平均工资为各类就业人员人均工资以就业人数为权重的平均值。

[②] 现代农业工资为各省农村居民可支配收入按相应的农业现代化的综合发展指数为权重再根据就业人数加权平均得到。

部门的就业人数 16 536.86 万人,农用地数量 43 123.2957 万公顷以及增加值 37 318.967 亿元,以农村居民人均可支配收入 12 363 元为传统农业工资。因此,可以计算 $\beta_1=0.418, \beta_2=0.264, \gamma=0.548$。至此,我们便得到了具体的生产函数,并根据各部门增加值可以计算出 p_1 和 p_2。计算污染参数根据污染指数①与第二、三产业增加值的相关系数,得到 $\delta=0.000\ 008\ 735\ 772\ 6$;环境外部性参数根据世界银行(2007)关于中国农业污染成本的调查,各省污染损失与第一产业增加值的比例得到 $(1-e^{\varepsilon})/e^{\varepsilon}$,再按上述现代农业赋权法,可以得到 $e^{\varepsilon_1}=0.993\ 768\ 834, e^{\varepsilon_2}=0.994\ 624\ 522$。模型参数校准值汇总于表 17-1。

表 17-1 参数校准值

变量名	α	β_1	β_2	γ	δ	ε_1	ε_2
校准值	0.425	0.418	0.264	0.548	8.735 77E-6	0.009	0.008
变量名	$\bar{w}$	p_1	p_2	p_3	L	K	T
校准值	51 448.792 7	12.045	6.145	1.471	80 694	572 206.896	64 512.66

由于现代农业发展不同阶段主要区别在于与城市的距离,从而导致的雇佣劳动力的工资不同。而中国经济实践中,现代农业劳动力工资比城市部门低而又高于传统农业,因而可认定中国现代农业发展处于初期向普及期过渡的阶段。我们先对现代农业发展初期模型的参数进行校准,现代农业工资需要考虑影响系数 0.432($=\bar{w}/w_2$)。另外,理论模型中劳动力的转移仅考虑工资与失业因素,我们将工资与失业以外、影响劳动力转移的因素用影响系数 3.778(基于转移方程的初始均衡推算得到)来表示。同理,发展中国家的资本并不能在城乡自由流动,我们考虑影响系数 2 来表述现代农业利率大幅度高于城市。

二、数值模拟

在参数校准的基础上,我们进行数值模拟分析,以检验在现实经济数据下模型的

---

① 污染指数按照工业废气排放量、二氧化硫排放量、烟尘排放量、工业粉尘排放量、废水排放总量、化学需氧量、工业固体废物排放量和工业固体废物产生量分别赋予 0.163 1、0.149 4、0.090 5、0.097 7、0.163 2、0.091 3、0.096 7 和 0.148 0 的权重计算。

结论是否与理论分析一致。由于我国的乡村振兴战略还没有发展到全面实施阶段，故而我们用于校准参数的宏观数据只能适合于乡村振兴战略实施前或实施初始阶段，所以，本章仅对对乡村振兴战略初始阶段的要素国际流动的环境效果进行数值模拟，结果如图 17-1 所示。

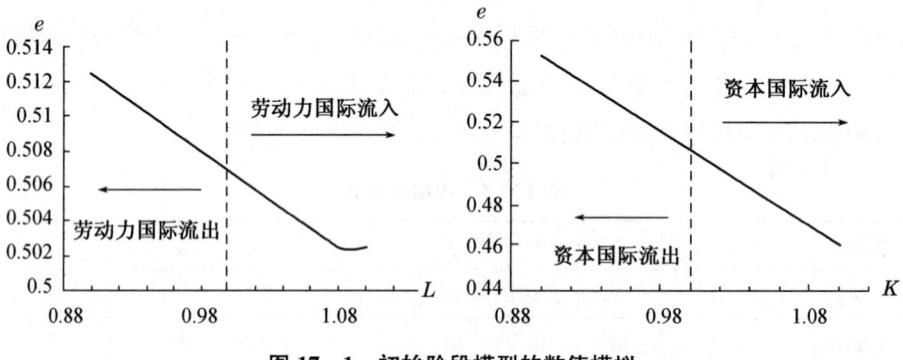

图 17-1　初始阶段模型的数值模拟

图 17-1 描绘了乡村振兴战略实施初始阶段的劳动和资本国际流动的环境效果，横轴表示本国要素存量与初始值的比例，小于 1 部分表示要素国际流出，数值越小表示要素流出的越多；大于 1 部分表示要素国际流入，数值越大表示要素流入的越多；纵轴表示环境质量，数值越大环境质量越好。当劳动要素流出时环境改善而劳动力流入时环境恶化；资本国际流出时环境同样改善而资本国际流入时环境恶化。考虑资本的国际流动对环境的影响时，结果依赖于 $a_{T2}/a_{L2}-(1+\lambda_1)a_{T3}/a_{L3}$ 符号，根据表 17-3，该式大于零，即：

$$a_{T2}/a_{L2}>(1+\lambda_1)a_{T3}/a_{L3}$$

此时理论分析要求资本与环境反方向变化，与数值模拟结果一致。可以看到，对乡村振兴战略实施初始阶段模型的模拟结果与命题 1 和命题 2 的结论一致。

表17-2 乡村振兴战略实施初期模型的劳动力国际流动数值模拟

L	0.9	0.92	0.94	0.96	0.98	1
e	0.512 419	0.511 31	0.510 201	0.509 092	0.507 983	0.506 874
L	1	1.02	1.04	1.06	1.08	1.1
e	0.506 874	0.505 765	0.504 656	0.503 546	0.502 526	0.502 513

表17-3 乡村振兴战略实施初期模型的资本国际流动数值模拟

K	e	$a_{T2}/a_{L2}-(1+\lambda_1)a_{T3}/a_{L3}$
0.9	0.552 436 126	1.444 354 39
0.92	0.543 324 279	1.473 857 406
0.94	0.534 212 143	1.501 308 799
0.96	0.525 099 719	1.526 932 538
0.98	0.515 986 998	1.550 914 199
1	0.506 873 953	1.573 416 998
1.02	0.497 760 586	1.594 581 854
1.04	0.488 646 886	1.614 535 044
1.06	0.479 532 828	1.633 385 576
1.08	0.470 418 421	1.651 231 61
1.1	0.461 303 621	1.668 160 074

另外,比较表17-2和表17-3的数值,我们还可以看出国际资本流进(流出)对环境的影响大于劳动力流进(流出)对环境的影响,从而获得以下命题。

命题5:乡村振兴战略实施初始阶段,国际资本流进(出)对环境的影响大于劳动力流进(出)对环境的影响。

三、敏感性检验

在参数校准时,污染参数 δ 的计算是根据污染指数的权数与第二、三产业增加值的相关系数进行的,而污染指数的权数以及第二、三产业增加值相关系数的选取有一定的主观因素,未必准确。本节将检验采用不同的污染参数是否会影响到文章结论。

在前面的参数校准中,我们计算得到的污染参数 $\delta=0.000\,008\,735\,772\,6$。在此,我们选择两个污染参数 $\delta=0.000\,005$ 和 $\delta=0.000\,01$,并用与前面相同的方法分别重新校准环境外部性参数:当 $\delta=0.000\,005$ 时,$\varepsilon_1=0.019$,$\varepsilon_2=0.016$;当 $\delta=0.000\,01$ 时,$\varepsilon_1=0.008$,$\varepsilon_2=0.006$。表 17-4 描绘了不同污染参数下模拟的我国国际要素流动的环境效果。

表 17-4　不同污染参数下国际要素流动的环境效果

	$\delta=0.000\,005$				$\delta=0.000\,010$			
	初期		普及期		初期		普及期	
	L	K	L	K	L	K	L	K
0.95	0.719 341	0.730 79	0.721 087	0.729 176	0.438 684	0.461 593	0.442 12	0.458 172
0.96	0.719 024	0.728 183	0.720 42	0.726 891	0.438 049	0.456 376	0.440 797	0.453 636
0.97	0.718 707	0.725 576	0.719 753	0.724 607	0.437 414	0.451 16	0.439 474	0.449 102
0.98	0.718 389	0.722 969	0.719 087	0.722 323	0.436 779	0.445 943	0.438 151	0.444 57
0.99	0.718 072	0.720 362	0.718 421	0.720 039	0.436 144	0.440 726	0.436 83	0.440 039
1	0.717 755	0.717 755	0.717 755	0.717 755	0.435 51	0.435 51	0.435 51	0.435 51
1.01	0.717 437	0.715 148	0.717 089	0.715 471	0.434 875	0.430 293	0.434 19	0.430 982
1.02	0.717 12	0.712 541	0.716 424	0.713 188	0.434 24	0.425 075	0.432 871	0.426 456
1.03	0.716 803	0.709 933	0.715 759	0.710 904	0.433 605	0.419 858	0.431 553	0.421 931
1.04	0.716 486	0.707 326	0.715 094	0.708 621	0.432 97	0.414 641	0.430 236	0.417 408
1.05	0.716 168	0.704 719	0.714 43	0.706 338	0.432 335	0.409 423	0.428 904	0.412 887

从表 17-4 可以看出,不同的污染参数对我们的模型结果没有影响,说明本书模型结果是稳健的。综上所述,敏感性检验表明本书结果对参数选择是稳健的,本书的理论模型可以解释在我国实施乡村振兴战略的情况下国际要素流动对环境的影响。

第5节　结　论

本章通过构建一个反映长三角农村二元经济的理论模型,探讨在乡村振兴战略的实施中,国际资本与劳动力国际双向流动对发展中国家环境产生的影响。本章的主要观点为:在乡村振兴战略实施初始阶段,劳动力流入使得环境状况变差,劳动力流出使得环境状况变好;在乡村振兴战略全面实施阶段,资本流入使得环境状况变好,资本流出使得环境状况变差。据此,我们可以看出,在乡村振兴战略实施的背景下,要素的国际流动对我国的环境有较大影响,而且在乡村振兴战略的不同发展阶段其影响程度与方向均有所不同。

将乡村振兴、要素国际间流动以及环境联系在一起研究,既是我国现实经济发展的需要,又是本章与既有文献不同之处。其实,乡村振兴、要素国际间流动以及环境三者的同时出现,不仅仅是我国独有的经济现象,也是一些发展中国家正在面对或将要面对的经济、环境现象。本章将其规律进行梳理、并理论模型化,进而做分析研究,就是为了探明其内在的市场机制,为制定出更为合理的经济、环境政策提供理论依据,使经济发展更有效率。本章的理论模型建立在一般均衡的理论上,其结论对于与我国经济发展相类似的发展中国家均适用。本章的第四部分,我们根据中国的宏观数据对论文理论模型的参数进行了校准,并对本章的理论模型进行了数值模拟和敏感性检验,结果表明本章的模型可以解释我国乡村振兴战略下国际要素流动的环境影响,本章的结论可以作为有关部门进行政策研判时的参考依据。最后,限于篇幅原因,本章没有讨论资本和土地为各部门专有的情况,这有利于考察短期要素流动的环境效果,将作为笔者今后研究的一个方向。

参考文献

[1] 包群,吕越,陈媛媛. 外商投资与我国环境污染——基于工业行业面板数据的经验研究[J]. 南开学报:哲学社会科学版,2010(3):93-103.

[2] 惠恩才. 利用FDI发展中国现代农业的思考[J]. 农业经济问题,2010(7):82-86.

[3] 计志英,毛杰,赖小锋. FDI规模对我国环境污染的影响效应研究——基于30个省级面板数据模型的实证检验[J]. 世界经济研究,2015(3):56-64.

[4] 蒋和平,黄德林,郝利. 中国农业现代化发展水平的定量综合评价[J]. 农业经济问题,2005(S1):52-60+69.

[5] 李晓春. 劳动力转移和工业污染——在现行户籍制度下的经济分析[J]. 管理世界,2005(6):27-33.

[6] 全球化智库(CCG),西南财经大学,中国国际移民报告(2018)[M]. 北京:社会科学文献出版社,2018.

[7] 人力资源和社会保障部. 2016年度人力资源和社会保障事业发展统计公报[R]. http://www.mohrss.gov.cn/.

[8] 商务部,国家统计局,国家外汇管理局,2016年度中国对外直接投资统计公报[R]. 北京:中国统计出版社,2017.

[9] 盛斌,吕越. 外国直接投资对中国环境的影响——来自工业行业面板数据的实证研究[J]. 中国社会科学,2012(5):54-75+205-206.

[10] 王雅鹏,吕明,范俊楠,文清. 我国现代农业科技创新体系构建:特征、现实困境与优化路径[J]. 农业现代化研究,2015(12):161-167.

[11] 王英姿. 中国现代农业发展要重视舒尔茨模式[J]. 农业经济问题,2014(2):41-44.

[12] 张九汉. 优化农业结构建设高效农业[J]. 中国农村经济,1997(3):71-75.

[13] 周密,徐爱燕. 农村劳动力转移的水体环境效应研究——基于生产要素替代与化肥施用量的证据[J]. 南大商学评论,2013(1):57-67.

[14] BELADI H, CHAUDHURI S, YABUUCHI, S. Can International Factor Mobility Reduce Wage Inequality in a Dual Economy? [J]. Review of International Economics, 2008, 16(5): 893-903.

[15] CHAUDHURI S, BANERJEE D. Foreign Capital Inflow, Skilled-Unskilled Wage Inequality and Unemployment of Unskilled Labour in a Fair Wage Model [J]. Economic Modelling, 2010, 27(1): 477-486.

[16] CHAUDHURI S. Foreign Capital, Welfare and Urban Unemployment in the Presence of Agriculture Dualism[J]. Japan and the World Economy, 2007(19): 149-165.

[17] CHAUDHURI S, GUPTA R M. International Factor Mobility, Informal Interest Rate and Capital Market Imperfection: A General Equilibrium Analysis[J]. Economic Modelling, 2014, 37(574): 184-192.

[18] DAITOH I. Environmental Protection and Trade Liberalization in a Small Open Dual

Economy[J]. Review of Development Economics, 2008, 12(4): 728 – 736.

[17] KAR S, GUHA-KHASNOBIS B. Foreign Capital, Skill Formation, and Migration of Skilled Workers[J]. Journal of Policy Reform, 2006, 9(2): 107 – 123.

[18] LI X, SHEN Q. A Study on Urban Private Capital and the Transfer of Labor in the Modern Agriculture Sector[J]. Journal of Economic Policy Reform, 2012, 15(2): 135 – 152.

[19] LI X, WU Y. Environment and Economy in the Modern Agricultural Development [J]. Asia-Pacific Journal of Accounting and Economics, 2018, 25(1 – 2): 163 – 176.

[20] NAG R N, BANERJEE R. Agricultural Dualism, Wage Inequality and Development Policies[J]. International Journal of Sustainable Agricultural Research, 2014, 1(1): 1 – 18.

[21] TAWADA M, SUN S. Urban Pollution, Unemployment and National Welfare in a Dualistic Economy[J]. Review of Development Economics, 2010, 14(2): 311 – 322.

[22] TSAKIRIS N, HATZIPANAYOTOU P, MICHAEL S M. Pollution, Capital Mobility and Tax Policies with Unemployment [J]. Review of Development Economics, 2008, 12(2): 223 – 236.

[23] YABUUCHI S. Unemployment and International Factor Movement in the Presence of Skilled and Unskilled Labor[J]. Review of Development Economics, 2007, 11(3): 437 – 449.

第18章 现代农业补贴政策的环境与经济效果

本章摘要:本章通过建立三部门的一般均衡模型,研究了劳动力转移背景下对现代农业的补贴政策对环境和经济的影响。本章的主要结论是:对现代农业部门进行工资补贴对环境没有影响,并使得城市失业增加,传统农业产出下降;而对利息进行补贴对环境有改善作用,并促进现代农业的产量上升,故而利息补贴的政策效果优于工资补贴政策。同时,本章通过数值模拟分析对理论部分所得的命题进行了验证。

第1节 引 言

习近平在党的十九大报告中提出:"加快推进农业农村现代化"。可以预见,今后中国的农业现代化进程将会加快。这里,我们关注现代农业。所谓"现代农业"是指以市场机制为导向,以先进农业技术装备和基础设施为支撑、实现单位土地面积高经济收益和高生产效率的农业,所以,发展现代农业就是农业现代化的重要内容。近年来我国将发展现代农业作为经济发展的着力点,大力推进现代农业的普及工作。有学者对改革开放以来(1980—2008年)中国农业现代化发展水平进行定量测算得出结论,认为全国农业现代化的发展水平整体上处于上升趋势,其中2008年全国农业现代化综合发展指数比1980年上升了101.4%(辛岭、蒋和平,2010)。另一方面,在现代农业蓬勃发展的同时,我们的环境污染问题日益突出。以我国的二氧化碳排放量为例,这是化石燃料燃烧和水泥生产过程中产生的排放,是衡量环境污染排放的主要指标之一。我国二氧化碳人均排放量近40年来呈现逐年增长趋势:1978—1994年平均人均排放量1.933吨,而1995—2010年就上升到年平均人均排放量3.840

吨,以平均每年 4.6% 的速度增长。图 18-1 表示 1980—2008 年中国人均二氧化碳排放量与现代农业发展水平综合指数,可以明显看出环境污染和现代农业在相同时期有着相似的增长趋势。

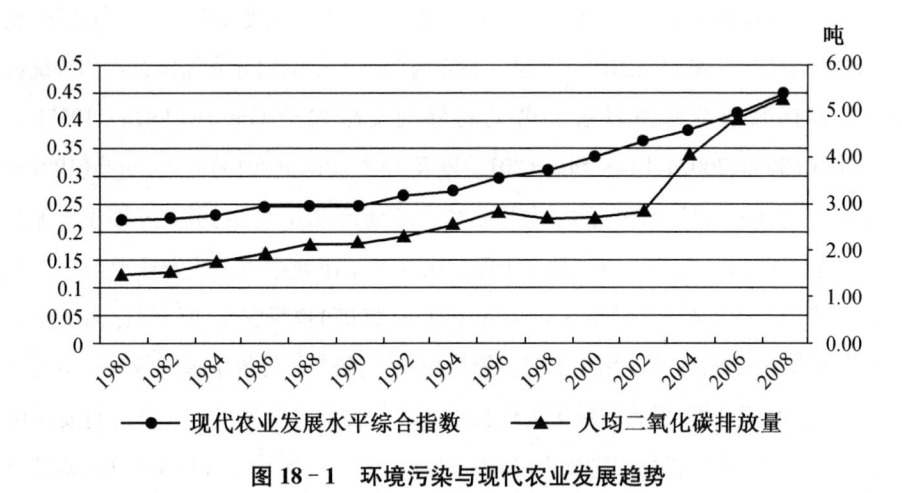

图 18-1 环境污染与现代农业发展趋势

数据来源:现代农业发展水平综合指数来源于辛岭和蒋和平(2010),人均二氧化碳排放量来源于世界银行(2014)。

这里,我们并不是要说现代农业是造成环境污染的隐蔽性因素,但要指出两者之间是相互影响的。众所周知,我国在过去较长的一段时间内比较片面地追求经济增长,不太重视资源保护和生态环境建设,受污染的环境制约了现代农业的发展。随着环境问题的凸显,其逐渐成为理论研究和国家战略的重要议题。研究现代农业发展的国内外文献众多,其中考虑现代农业发展与环境关系的论文主要集中于农业生态理论方面,比如邓蓉(2010)全面系统地阐述了现代农业和循环经济方面的关系,论述了在我国如何发展农业循环经济,邓启明(2007)、尹昌斌和周颖(2008)也做了类似的研究。但是,现代农业来源于传统农业,发展现代农业需要农作物生长的自然环境,也需要劳动要素,现代农业发展水平越高、规模越大,对环境质量和要素数量的要求就越高;而工业生产中劳动力也主要来自传统农业,现代农业在发展中吸引传统农业的劳动力,其实质是与工业争夺劳动资源,它从传统农业分流的劳动力数量直接影响工业生产,进而影响环境。所以,在经济运行中现代农业的发展与劳动、环境之间存在紧密相关的关系。然而,目前学术界还缺少从劳动力转移角度研究发展现代农业与工业污染关联的成果。

通过对既往研究的回顾,我们在相关领域中可以找到现代农业与劳动力转移,或者劳动力转移与环境污染的研究文献。将农村劳动力市场划分为现代农业和传统农业两个部门来研究经济发展和劳动转移的文献包括 Gupta(1997a,1997b)、Chaudhuri(2006,2007)、Li & Shen(2012)以及 Li & Zhou(2013)等。Gupta(1997a)和(1997b)考虑包含四个部门的小型开放经济,分别就商品价格、引入迁移成本等经济问题进行了分析,他的主要贡献在于第一次在理论研究中将现代农业部门从传统农业部门中分离出来建立模型;Chaudhuri(2006,2007)也将农业部门划分为现代农业和传统农业部门,前者使用三部门一般均衡模型,研究了发展中国家劳动力市场改革的合理性和重要性,后者解释了为什么即便既有文献已预测引进外资将对发展中国家产生不利影响其仍然引进外资;Li & Shen(2012)以及 Li & Zhou(2013)将城市私有资本引进现代农业部门,分别在三部门和四部门的前提下研究政府发展政策的经济效果,他们与上述论文不同的是设定现代农业的工资大于传统农业工资,使得研究前提较之前者更加接近现实经济。

在劳动力转移与环境污染方面,工业部门因吸纳劳动力使得生产规模发生变化。而经济活动规模越大,对环境的不利影响越大(Grossman & Krueger,1995)。在劳动力转移基础上讨论环境问题的文献有很多,例如 Beladi & Rapp(1993),Belad & Frasca(1999)等。Beladi & Rapp(1993)在封闭经济下分析了农业部门不产生污染,工业部门产生污染,政府控制工业部门的污染要素使用量对经济的影响。Belad & Frasca(1999)将 Beladi & Rapp(1993)的研究向前推进一步,他们构建了一个三部门模型,即经济由产生污染的工业部门、不产生污染的工业部门和农业部门组成,研究更为严格管制工业生产的污染要素的使用数量对于经济的影响。

可见迄今为止的学术研究中,有关现代农业的研究成果忽略了劳动力转移引致环境问题;而劳动力转移引致污染的成果中忽略了对现代农业问题的研究。要厘清现代农业、劳动力转移以及环境保护三者之间的关系,就必须将它放在一个框架里进行周密而合理的研究。正是因为如此,本章对现代农业采用当前世界理论经济研究中的相同处理方法,即抽象为使用劳动和资本要素进行生产的农业,以发展中国家为背景建立一个一般均衡模型,利用比较静态分析方法研究促进现代农业发展政策的环境和经济效果。通过本章的研究可以发现,对现代农业部门的工资补贴政策不影响环境,而现代农业部门的利息补贴政策对环境却有改善作用。本章以下的内容安排为:第二部分构建模型,第三部分用已经构建的模型进行理论分析,第四部分为对理论分析的数值模拟分析,第五部分为结束语。

第2节 建立模型

我们考虑一个由三部门构成的小国开放经济体,这三个部门分别是城市部门、现代农业部门和传统农业部门。我们设想其中的现代农业部门是一个正在发展中的部门,需要政府的补贴支持。城市部门和现代农业部门使用两种生产要素进行生产:劳动力和资本。传统农业部门只使用劳动力这一种生产要素;传统农业部门的劳动力向现代农业和城市部门转移,资本则在城市和现代农业部门间自由流动。根据Copeland & Taylor(1999)的设定,我们可以假设农业生产过程依赖于环境,而城市部门在生产中释放废气、废水和废渣等"三废",并通过空气、水等媒介污染环境,使得环境质量恶化,进而影响农业生产。经济中要素禀赋外生给定,所有市场是完全竞争的,各部门的生产函数分别为:

$$X_1 = F^1(L_1, K_1) \tag{18-1}$$

$$X_2 = E^{\varepsilon_2} F^2(L_2, K_2) \tag{18-2}$$

$$X_3 = E^{\varepsilon_3} F^3(L_3) \tag{18-3}$$

其中,$X_i(i=1,2,3)$分别代表城市、现代农业和传统农业部门的产出;$F^i(i=1,2,3)$是拟凹函数,且$F^i(i=1,2)$一阶齐次;$L_i(i=1,2,3)$分别代表其雇佣的劳动力数量;K_1和K_2分别代表城市和现代农业部门的资本投资,并且K_2是来自城市的资本流入①；E 表示环境质量，E^{ε_i} ($i=2$, 3)分别表示环境对现代农业和传统农业部门生产的影响，其中 $0<\varepsilon_i<1(i=2, 3)$。

$$E=\bar{E}-\mu X_1 \qquad (18-4)$$

其中，$\bar{E}$ 表示环境最佳质量，是外生给定的。μ 表示城市部门生产一单位产品产生的污染数量系数。

各部门利润最大化，可以得到下列等式：

$$p_1 F_L^1(L_1, K_1)=\bar{w}_1 \qquad (18-5)$$

$$p_2 E^{\varepsilon_2} F_L^2(L_2, K_2)=w_2 \qquad (18-6)$$

$$E^{\varepsilon_3} F_L^3(L_3)=w_3 \qquad (18-7)$$

$$p_1 F_K^1(L_1, K_1)=r \qquad (18-8)$$

$$p_2 E^{\varepsilon_2} F_K^2(L_2, K_2)=r \qquad (18-9)$$

从此处开始，F^i 中的下标表示偏导数，例如 $F_L^i=\partial F^i/\partial L_i$，$F_{LK}^i=\partial F_L^i/\partial K_i$。上面式子中，$p_1$ 和 p_2 分别表示城市部门、现代农业部门对传统农业部门产品的相对价格。使用 $\bar{w}_1$，w_2，w_3 分别表示城市、现代农业和传统农业部门工资，城市部门因有制度性因素，其工资 $\bar{w}_1$ 外生给定；设传统农业部门工资 w_3 完全弹性。r 为资本收益率。

另外，我们设定劳动力从传统农业部门向现代农业部门的转移并不是无限制的，现代农业部门吸收的劳动力的规模受制于资本流入规模。这样的假设与现实经济中的情况相符。因为现代农业的发展过程是从无到有、从小到大逐渐发展起来，其发展的关键在于资本投入，本节设想资本的投入来自城市部门，而这个投入也是逐渐增加起来的，故而，现代农业部门发展规模受到资本投入的约束，其雇佣劳动力的数量也受资本投入约束。使用的劳动力和资本之间的数量关系可以设定如下：

$$L_2=A_1 K_2^{\alpha} \qquad (18-10)$$

其中 A_1 是现代农业生产的品种系数，为外生给定。α 基于现代农业发展设定，本章考虑刚刚建立的现代农业部门，因而只研究 $0<\alpha<1$ 情况。因此，现代农业工资 w_2

---

① 在发展中国家单一的传统农业的情况下，由于存在的制度性障碍，城乡之间资本很难流通(Li & Shen, 2012)，而"现代农业"的发展使得城市资本流向农村。

高于传统农业 w_3，我们设定现代农业工资为：

$$w_2 = w_2(w_3, K_2)$$

当 $K_2=0$ 时 $w_2=w_3$，即没有资本投入时，现代农业部门退化成传统农业部门；当 $K_2>0$ 时 $w_2>w_3$，这是因为现代农业部门使用资本要素生产，其劳动效率得到提高，劳动边际生产力高于传统农业部门，类似的设定请参考 Gupta(1994)。这种设定与现有文献不同，它既能够反映 Gupta(1997a,1997b)的特点，也能够反映 Li & Shen (2012)以及 Li & Zhou(2013)的内涵。

令 $\bar{L}$ 表示该经济体中劳动禀赋，L_u 代表城市失业数。那么充分就业条件可以如下表示：

$$L_1 + L_2 + L_3 + L_u = \bar{L} \qquad (18-11)$$

令 $\lambda = L_u/L_1$，表示城市失业率，那么(18-11)式可以表示为：

$$(1+\lambda)L_1 + L_2 + L_3 = \bar{L} \qquad (18-12)$$

令 $\bar{K}$ 表示该经济体中资本禀赋，资本在城市部门和现代农业部门中被完全雇佣：

$$K_1 + K_2 = \bar{K} \qquad (18-13)$$

工资水平各不相同的包含三部门的经济体应该采用三部门的 Harri-Todaro (Harris-Todaro, 1970)类型的转移均衡条件。由于城市部门存在失业，传统农业部门劳动力转移出该部门有失业的风险。虽然现代农业部门的工资比传统农业部门高，但不能完全转移。因而，传统农业部门劳动力会比较在本部门的实际工资与转移出该部门的期望工资。如果期望工资更高就会转移到另外两个部门。所以，在均衡处有：

$$w_3 = \frac{L_1}{(1+\lambda)L_1 + L_2} \bar{w}_1 + \frac{L_2}{(1+\lambda)L_1 + L_2} w_2 \qquad (18-14)$$

将(18-13)式变形可得到：

$$\bar{w}_1 L_1 + w_2 L_2 = w_3(\bar{L} - L_3) \qquad (18-15)$$

至此我们建立好了模型。在式(18-1)到(18-10)以及(18-12)、(18-13)和(18-15)式共 13 个等式中，共有 13 个内生变量，分别是 X_1、X_2、X_3、E、L_1、L_2、L_3、K_1、K_2、λ、w_2、w_3 和 r，并有六个外生变量，$\bar{E}$、$\bar{L}$、$\bar{K}$、$\bar{w}_1$、p_1 和 p_2。

第3节 理论分析

我们从环境开始分析。首先,对(18-4)式进行全微分可得到:
$$dE = -\mu F_L^1 dL_1 - \mu F_K^1 dK_1 \qquad (18-16)$$

环境质量受城市部门的劳动力雇佣和资本雇佣量影响。另外,对一个部门的发展政策通常关注的是对该部门的生产要素价格的补贴政策。因此,以下我们分别从对现代农业进行工资补贴和利息补贴两个方面考察现代农业发展政策的环境和经济影响。

一、对现代农业部门进行工资补贴的影响效果

如果政府以 s_1 的比率对现代农业部门进行工资补贴,(18-6)式应改写为:
$$P_2 E^{\epsilon_2} F_L^2(L_2, K_2) = w_2(1-s_1) \qquad (18-17)$$

将(18-4)、(18-5)、(18-10)和(18-13)式代入(18-17)式,并设定在补贴的初始情况下 $s_1 = 0$。那么全微分(18-17)式有:
$$\Phi \frac{dK_1}{ds_1} + \frac{1}{w_2} \frac{dw_2}{ds_1} = 1 \qquad (18-18)$$

其中,$\Phi = \varepsilon_2 \lambda X_1 / EK_1 + (1-\alpha) K_2 F_{LK}^2 / F_L^2 K_2 > 0$。也即,对现代农业部门进行工资补贴不仅影响其工资水平,同时还可能通过资本流通影响城市部门资本雇佣量。因而我们转向资本市场。

利用(18-5)、(18-8)、(18-10)和(18-13)式,全微分(18-9)式,有:
$$\Psi dK_1 = 0 \qquad (18-19)$$

其中,$\Psi = \varepsilon_2 \mu X_1 / EK_1 + (1-\alpha) F_{KK}^2 / F_K^2$。由于 $0 < \alpha < 1$,Ψ 的第一部分 $\varepsilon_2 \mu X_1 / EK_1$ 为正值,Ψ 的第二部分 $(1-\alpha) F_{KK}^2 / F_K^2$ 为负值,所以 Ψ 的符号不能确定。记 $\theta_{KK} = F_{KK}^2 K_2 / F_K^2$,用以测度现代农业部门生产函数的偏曲率。在现代农业部门发展过程中急需资本投入,因而资本的边际产出(或者利息)对于资本变化非常敏感,故而本节可以假设 θ_{KK} 的绝对值足够大,也即 $|\theta_{KK}| > aK_2 X_1 / K_1 E$,其中 $a = \varepsilon_2 \lambda / (1-\alpha) >$

0。或者说，a 足够小。因而有 $\Psi<0$。故而，从(18-19)式可知 $dK_1=0$，因而(18-18)式有 $dw_2/ds_1=w_2>0$。

将上述结果带入模型并计算对现代农业部门进行工资补贴对其他内生变量的影响（具体计算过程见附录 A），可以得到表 18-1。

表 18-1 对现代农业部门进行工资补贴的效果

变量	dL_1	dL_2	dL_3	dK_1	dK_2	$d\mu$	dE
ds_1	0	0	−	0	0	＋	0
变量	dw_2	dw_3	dr	dX_1	dX_2	dX_3	
ds_1	＋	＋	0	0	0	−	

注："＋"和"−"分别表示 s_1 的变化使得对应的内生变量同方向和反方向变动，"0"代表 s_1 的变化对对应的内生变量无影响。

综上所述，我们获得以下命题。

命题 1：对现代农业部门进行工资补贴对环境没有影响，但使得传统农业部门劳动力雇佣量减少、城市失业率上升，并使得农业部门的工资增加，而传统农业部门产出下降。

需要注意的是，对现代农业部门进行工资补贴实质上降低了其劳动雇佣成本，现代农业部门可以提高工资率以吸引更多劳动力，因而雇佣劳动人数本应该增加，但是由表 18-1 可以知道现代农业部门劳动力雇佣无变化。这是因为现代农业部门的劳动力雇佣由资本决定，资本市场不受影响，现代农业部门的工资补贴政策对其劳动力雇佣也不影响。另外，只要资本不变，现代农业部门的工资补贴政策对城市部门生产就没有影响。进而，因为环境质量由城市生产决定，所以该政策不影响环境。并且，现代农业部门的工资率上升使得传统农业部门劳动力对其他部门预期工资上升，劳动力流出，然而现代农业部门吸纳劳动力数量不变，城市生产也不受影响，因而传统农业部门流出劳动力全部加入了城市失业队伍。同时，由于传统农业部门工资完全弹性，因而劳动力流出使得该部门工资上升而产量下降。

二、对现代农业部门进行利息补贴的经济影响

如果政府以 s_2 的比率对现代农业部门进行利息补贴,(18-9)式改写为:

$$p_2 E^{\varepsilon_2} F_K^2(L_2, K_2) = r(1-s_2) \qquad (18-20)$$

将(18-4)、(18-5)、(18-8)、(18-10)和(18-13)式代入(18-20)式,并设定初始情况下 $s_2=0$,全微分(18-20)式有:

$$\frac{dK_1}{ds_2} = -\frac{1}{\psi} \qquad (18-21)$$

其中 $\Psi<0$。显然,对现代农业部门进行利息补贴将提高该部门资本需求量,通过资本的自由流动,使得城市部门资本的雇佣量减少。将其代入模型并计算对现代农业部门进行利息补贴对其他内生变量的影响(具体计算过程见附录B),可以得到表18-2。

表18-2　对现代农业部门进行利息补贴的效果

变量	dL_1	dL_2	dL_3	dK_1	dK_2	$d\mu$	dE
ds_2	−	+	[−]	−	+	[+]	+
变量	dw_2	dw_3	dr	dX_1	dX_2	dX_3	
ds_2	+	[+]	0	−	+	[−]	

注:"+"和"−"分别表示 s_2 的变化使得对应内生变量同方向和反方向变动,"0"代表 s_2 的变化对应内生变量无影响;"[ ]"代表在一定条件下成立,请参考附录B。

命题2:对现代农业部门进行利息补贴能够改善环境并产生以下效果:

(1) 使得城市部门资本使用量、劳动力雇佣量和产量均减少;

(2) 使得现代农业部门资本使用量、劳动力雇佣量和产量均增加,且工资水平上升。

表18-2中,还有一些结论可以在一定条件下得出,如下:

当 $\frac{\varepsilon_2}{\varepsilon_3}>1+\frac{\bar{w}_1 L_1}{w_2 L_2}$ 且 $\alpha>\frac{w_1 k_2}{w_2 k_1}$ 时,使得传统农业部门劳动雇佣减少、工资水平上

升；当 $\frac{\varepsilon_2}{\varepsilon_3} > 1 + \frac{\bar{w}L_1}{w_2 L_2} - \frac{\Theta X_3}{w_2 L_2 w_3}$ 且 $\alpha > \frac{\bar{w}_1 k_2}{w_2 k_1}$ 时，使得传统农业部门产量下降；当 $\frac{\varepsilon_2}{\varepsilon_3} >$ $1 + \frac{\bar{w}_1 L_1}{w_2 L_2}$ 且 $\frac{k_2(1+\mu)}{k_1 \alpha} > \alpha > \frac{\bar{w}_1 k_2}{w_2 k_1}$ 时，使得城市失业率上升。

对现代农业部门进行利息补贴环境效果优于工资补贴的效果，其实质上使得现代农业部门利息率低于城市部门，降低了现代农业部门资本使用成本。因而，该政策使得更多的资本由城市部门流向现代农业部门，从而能够吸收更多的劳动力，而现代农业部门劳动力需求增加，需要提高工资才能吸引劳动力流入。此举同时使城市部门雇佣劳动减少，因而对现代农业部门进行利息补贴使得城市部门劳动力和资本使用都下降、产量也随之下降，从而环境得到改善。该机制可以由图 18-2 表示。横轴左半轴表示城市部门产量，右半轴表示现代农业资本，纵轴上半轴表示城市部门资本，纵轴下半轴右边表示现代农业部门利息补贴，左边表示环境。我们以线 aa 表示 (18-20) 式中对现代农业部门的利息补贴与资本雇佣 K_2 之间的关系，线 KK 表示 (18-13) 式 K_2 与 K_1 的关系，线 bb 表示 (18-1) 式中 K_1 与 X_1 的关系，线 C_1 表示 (18-4) 式中 X_1 与环境质量 E 的关系。对现代农业部门利息补贴由 s_2^* 增加到 s_2^{**}，相应的现代农业部门资本雇佣由 K_2^* 增加到 K_2^{**}，而城市部门资本雇佣则由 K_1^* 减少到 K_1^{**}，对应的城市部门产量则由 X_1^* 减少到 X_1^{**}，因而环境改善，环境质量由 E^*

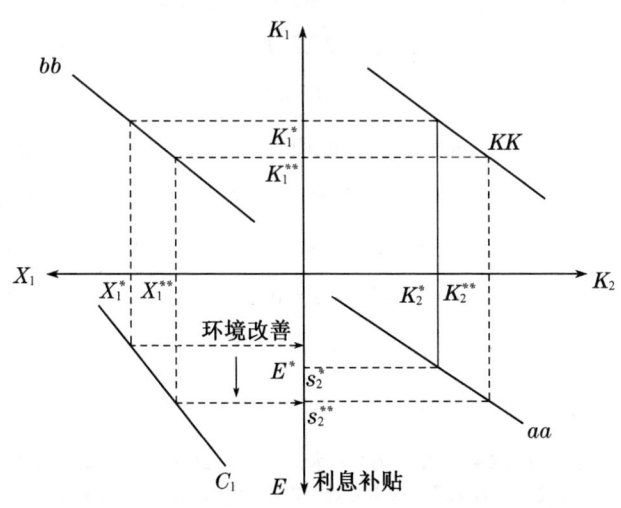

图 18-2 对现代农业的利息补贴对环境的影响

增加到 E^{**}。另外,由于环境的改善和要素使用增加的双重影响,现代农业部门产量得到提高。

Li & Shen(2012)使用三部门模型分析了城市民营资本进入现代农业部门后现代农业发展政策的经济影响,他们的结论是对现代农业部门进行利息补贴有减少传统农业部门劳动力雇佣的效果,但考虑环境时传统农业部门劳动力的雇佣就变得不清楚了。其中的不同可以如下解释:由于对现代农业的利息补贴政策使得环境得到改善,有利于农业生产,现代和传统农业部门都有增加劳动力雇佣的需求,由于现代农业工资较高,劳动力会首选现代农业部门,故而传统农业部门劳动力雇佣的增加与否决定于现代农业部门吸收劳动力能力的强弱。

第4节 数值模拟分析

本节采用数值模拟方法,就外生变量中的补贴政策的变化对内生变量的影响进行分析,以检验命题的数值特征。为了对上一节中命题1和命题2进行数值模拟,本节将一般均衡模型中的生产函数改写成 Cobb-Douglas 形式,因而(18-1)、(18-5)和(18-8)式写作:

$$X_1 = \rho L_1^{\delta} K_1^{1-\delta} \qquad (18-22)$$

$$X_2 = E^{\varepsilon_2} \varphi L_2^{\sigma} K_2^{1-\sigma} \qquad (18-23)$$

$$X_3 = E^{\varepsilon_3} \Psi L_3^{\eta} \qquad (18-24)$$

其中,$\rho, \varphi, \psi > 0$ 且 $\delta, \sigma, \eta (0,1)$。基础模型中,考虑资本可以在城市部门和现代农业部门之间自由流动,现代农业部门吸纳劳动力量受流入资本量约束。因此本节设定一组参数作为基准值,分别为 $\rho=5, \varphi=2, \psi=1, \delta=0.6, \sigma=0.5, \eta=1$[①], $\varepsilon_2 = 0.75, \varepsilon_3 = 0.5, \bar{E} = 25, \lambda = 1, \bar{w} = 6, A_1 = 4, \alpha = 0.5, \bar{K} = 10, \bar{L} = 40, p_1 = 2, p_2 = 1$。

---

① 函数非凹性并不影响主要结果,只对传统农业工资变化造成影响。但是,如果知道传统农业部门劳动力雇佣变化,其工资变化情况是显而易见的。因此,为了简便计算,这里设定 $\eta=1$。

一、现代农业部门的工资补贴政策的环境和经济影响

上一节设定了一个假定：现代农业部门资本的边际产出对于资本变化非常敏感，θ_{KK} 的绝对值足够大。除了利息率不变可以确定，其他命题皆在该假定下成立。因而，接下来我们在上述参数条件下来验证命题 1。以每次提升 0.1 的幅度将现代农业部门的工资补贴率 s_1 从 0 提升至 1，可以得到表 18-3。从表 18-3 可以看出，模拟结果与命题 1 的符号相同。模拟的直观解释如下：对现代农业部门进行工资补贴实质上降低了其劳动雇佣成本，但是这对城市部门的生产没有影响（从表 18-3 的第 3、4 和 5 列可以知道），从而环境质量不发生变化。另外，由于对现代农业部门进行工资补贴不影响城市部门，也即城市部门资本不会流向农村部门，从而现代农业部门的资本使用量不变。而现代农业部门的劳动力雇佣量受资本使用量约束，因而劳动力雇佣量也不变。环境质量不变，要素使用量不变，因而生产也不发生变化。同时，由于资本市场不受影响，因而利息率不变（见表 18-3 第 13 列）。所以，工资补贴将全部转移给现代农业部门劳动力，使得他们工资上升（见表 18-3 第 11 列）。现代农业部门的工资上升使得劳动力转移发生变化，更多劳动力流出传统农业部门，即第 9 列，而流出的劳动力只能流入城市变成城市失业人口，这对传统农业的影响是巨大的。当现代农业部门的工资由于补贴而上升到一定水平后，传统农业将消失，而此时现代农业部门的生产不足以补偿传统农业生产量。这和现实中情况相一致：许多农村地区田地荒废无人种植，劳动力都流入城市，在城市打工或者等待就业机会，传统农业部门只剩下老弱妇孺。

表 18-3　提升现代农业部门的工资补贴率的效果

1	2	3	4	5	6	7	8	9	10	11	12	13	14
s_1	E	L_1	K_1	X_1	L_2	K_2	X_2	L_3	X_3	w_2	w_3	r	L_U
0.00	4.56	4.09	4.09	20.44	9.73	5.91	47.29	17.43	37.20	2.43	2.13	4.00	8.76
0.10	4.56	4.09	4.09	20.44	9.73	5.91	47.29	16.20	34.58	2.70	2.13	4.00	9.99
0.20	4.56	4.09	4.09	20.44	9.73	5.91	47.29	14.66	31.29	3.04	2.13	4.00	11.53

(续表)

1	2	3	4	5	6	7	8	9	10	11	12	13	14
0.30	4.56	4.09	4.09	20.44	9.73	5.91	47.29	12.68	27.07	3.47	2.13	4.00	13.50
0.40	4.56	4.09	4.09	20.44	9.73	5.91	47.29	10.04	21.44	4.05	2.13	4.00	16.14
0.50	4.56	4.09	4.09	20.44	9.73	5.91	47.29	6.35	13.56	4.86	2.13	4.00	19.83
0.60	4.56	4.09	4.09	20.44	9.73	5.91	47.29	0.81	1.74	6.08	2.13	4.00	25.37
0.70	4.56	4.09	4.09	20.44	9.73	5.91	47.29	−8.42	−17.97	8.10	2.13	4.00	34.60
0.80	4.56	4.09	4.09	20.44	9.73	5.91	47.29	−26.88	−57.37	12.16	2.13	4.00	53.07
0.90	4.56	4.09	4.09	20.44	9.73	5.91	47.29	−82.27	−175.60	24.31	2.13	4.00	108.45
1.00	4.56	4.09	4.09	20.44	9.73	5.91	47.29	/	/	/	2.13	4.00	/

注：$\rho=5, \varphi=2, \psi=1, \delta=0.6, \sigma=0.5, \eta=1, \varepsilon_2=0.75, \varepsilon_3=0.5, \bar{E}=25, \lambda=1, \bar{w}_1=6, A_1=4, \alpha=0.5, \bar{K}=10, \bar{L}=40, p_1=2, p_2=1$。

命题 1 中，城市部门生产不受影响依赖于 $\Psi=\varepsilon_2\mu X_1/EK_1+(1-\alpha)F_{KK}^2/F_K^2<0$，这里有必要对 ε_2 和 α 赋予不同的值进行模拟。$\varepsilon_2=0.75$，以每次提升 0.1 的幅度将 α 从 0 提升至 1，可以得到表 18-4。从表 18-4 可知，对于不同的 α 值，K_1 在不同补贴率 s_1 下都为定值，即对现代农业部门进行工资补贴不影响城市部门的资本使用量，这与式(18-19)符合，从而命题 1 的其他结果也相符。接着，设定环境污染对现代农业和传统农业外部性相同，也即令 $\varepsilon_2=0.5$。以每次提升 0.1 的形式将 α 从 0 提升至 1，可以得到表 18-5。从表 18-5 可知，$\varepsilon_2=0.5$ 时，对于不同的 α 值，对现代农业部门进行工资补贴也不影响城市部门的资本使用量，这也与式(18-19)符合。而且，α 值足够小时，也即现代农业部门资本对劳动力的约束能力$(1-\alpha)$足够大时，城市部门资本使用量为负，也即在资本要素投入方面，现代农业有足够的竞争力。也就是说，依赖于资本发展现代农业，每单位资本吸纳劳动力较少的地区，可以吸引足够的资本来进行投资。

表 18-4 不同 α 对应的城市部门资本使用量($\varepsilon_2=0.75$)

α	0.00	0.10	0.20	0.30	0.40	0.50	0.60	0.70	0.80	0.90	1.00
K_1	3.19	3.44	3.65	3.82	3.97	4.09	4.19	4.29	4.37	4.43	4.50

注：$\rho=5, \varphi=2, \psi=1, \delta=0.6, \sigma=0.5, \eta=1, \varepsilon_2=0.75, \varepsilon_3=0.5, \bar{E}=25, \lambda=1, \bar{w}_1=6, A_1=4, \bar{K}=10, \bar{L}=40, p_1=2, p_2=1$。表中第二行数字表示对应 α 值下不同 s_1 得到的城市部门资本使用量都是该值。

表 18-5 不同 α 对应的城市部门资本使用量($\varepsilon_2=0.5$)

α	0.00	0.10	0.20	0.30	0.40	0.50	0.60	0.70	0.80	0.90	1.00
K_1	−15.0	−3.11	−0.08	1.39	2.27	2.86	3.29	3.60	3.85	4.04	4.20

注：$\rho=5, \varphi=2, \psi=1, \delta=0.6, \sigma=0.5, \eta=1, \varepsilon_2=0.5, \varepsilon_3=0.5, \bar{E}=25, \lambda=1, \bar{w}_1=6, A_1=4, \bar{K}=10, \bar{L}=40, p_1=2, p_2=1$。表中第二行数字表示对应 α 值下不同 s_1 得到的城市部门资本使用量都是该值。

因此，在此情况下对现代农业部门进行工资补贴对环境没有影响，但使得传统农业部门劳动力雇佣量减少、城市失业率上升，并使得农业部门的工资增加，而传统农业部门产出下降。命题 1 的数值特征得以验证。

二、现代农业部门的利息补贴政策的环境和经济影响

命题 2 也是在条件 "$\Psi=\varepsilon_2\mu X_1/EK_1+(1-\alpha)F_{KK}^2/F_K^2<0$" 的假定下成立的，需要 ε_2 和 α 足够小。通过模拟分析可以发现，在 $\varepsilon_2=0.75$ 的条件下，不同的 α 的值对应的模拟结果与关键的式(18-21)的结果相反。那么，我们再改变 ε_2 的值，在 $\varepsilon_2=0.5$ 的条件下改变 α 的值进行模拟，以每次提升 0.1 的幅度将 α 的值从 0 提升至 1，可以得到表 18-6。由表 18-6 可以发现，随着现代农业部门的利息补贴率 s_2 从 0 提升至 1，城市部门资本使用量是逐渐降低的。也就是说，在 $\varepsilon_2=0.5$ 的条件下的模拟结果与式(18-21)相符。

(18-21)式可以写作：$(-F_{KK}^2/F_K^2+\alpha F_{KK}^2/F_K^2-\varepsilon_2\mu X_1/EK_1)dK_2=ds_2$，其中，

$-\varepsilon_2\mu X_1/EK_1$ 表示利息补贴通过影响环境对现代农业部门的生产条件及资本使用量造成的影响,而 $-F_{KK}^2/F_K^2+\alpha F_{KK}^2/F_K^2$ 表示的是利息补贴通过要素市场传导而对资本使用量造成的影响。通过上述改变参数的影响效果比较分析,可以知道,利息补贴对现代农业部门的资本使用量的影响主要通过环境质量变化产生,要素市场的影响是较小的。解释如下:首先,对现代农业部门进行利息补贴实质上降低了其资本使用成本,可以使用更多的资本进行生产,即 $-F_{KK}^2/F_K^2 dK_2$ 部分;第二,由于现代农业部门劳动力吸收量由资本量决定,资本使用量增加会引起劳动力雇佣量增加,这会挤占一部分用于补贴利息的资金,因而现代农业部门的资本使用量又可能下降,即 $\alpha F_{KK}^2/F_K^2 dK_2$ 部分;第三,由于现代农业部门资本使用量上升,引起城市部门资本雇佣量下降,因而城市生产规模下降,从而环境质量得到改善。在不降低产量的情况下,现代农业部门可以使用更少要素投入进行生产,因而资本有可能流回城市,即 $-\varepsilon_2\mu X_1/EK_1 dK_2$ 部分。由上面的模拟比较分析可以知道:劳动力使用对资本使用的挤占作用是可以忽视的,然而通过环境质量改善引起资本回流城市的作用不能忽视。因而,只有当现代农业部门的环境外部性较小时,也即 ε_2 值较小时,利息补贴可以促进现代农业部门的发展,同时环境质量改善。

表18-6 不同 α,s_2 对应的城市部门资本使用量

$\varepsilon_2=0.5$		α									
		0.00	0.10	0.20	0.30	0.40	0.50	0.60	0.70	0.80	0.90	1.00
s_2	0.00	7.22	7.09	6.95	6.80	6.65	6.50	6.34	6.19	6.05	5.92	5.80
	0.10	6.97	6.83	6.69	6.54	6.40	6.25	6.12	5.98	5.86	5.75	5.65
	0.20	6.69	6.56	6.42	6.28	6.15	6.02	5.90	5.79	5.69	5.59	5.51
	0.30	6.41	6.28	6.15	6.03	5.91	5.80	5.70	5.61	5.53	5.46	5.39
	0.40	6.12	6.00	5.89	5.79	4.17	5.60	5.52	5.45	5.39	5.34	5.29
	0.50	5.83	5.74	5.65	5.57	5.49	5.43	5.37	5.32	5.27	5.23	5.20
	0.60	5.57	5.50	5.43	5.37	5.32	5.28	5.24	5.20	5.18	5.15	5.13
	0.70	5.34	5.29	5.25	5.22	5.18	5.16	5.14	5.12	5.10	5.08	5.07

(续表)

$\varepsilon_2=0.5$		\multicolumn{11}{c}{α}
		0.00	0.10	0.20	0.30	0.40	0.50	0.60	0.70	0.80	0.90	1.00
s_2	0.80	5.16	5.13	5.11	5.10	5.08	5.07	5.06	5.05	5.04	5.04	5.03
	0.90	5.04	5.03	5.03	5.02	5.02	5.02	5.02	5.01	5.01	5.01	5.01
	1.00	5.00	5.00	5.00	5.00	5.00	5.00	5.00	5.00	5.00	5.00	5.00

注:$\rho=5, \varphi=2, \psi=1, \delta=0.6, \sigma=0.5, \eta=1, \varepsilon_2=0.5, \varepsilon_3=0.5, \bar{E}=25, \lambda=1, \bar{w}_1=6, \bar{A}_1=4, \bar{K}=10, \bar{L}=40, p_1=2, p_2=1$。

以下验证命题 2。令 $\varepsilon_2=0.5$，其他参数采用上面设定的基准值①，以每次提升 0.1 的幅度将现代农业部门的利息补贴率 s_2 从 0 提升至 1，可以得到表 18-7。由表 18-7 可知模拟结果与式(18-21)相符。模拟的直观解释如下：对现代农业部门进行利息补贴实质上降低了其资本使用成本，当现代农业部门的环境外部性较小时候，会使得该部门资本使用量增加(表 18-7 第 7 列)，从而城市部门资本使用量下降，导致对城市生产产生负向影响，因而城市劳动力雇佣和产量均下降，环境质量改善，这由表 18-7 的第 1~4 列可以知道。另外，由于现代农业部门的资本使用量增加，因而可以吸纳更多的劳动力。但是可以发现，此时现代农业部门的工资比传统农业部门的工资低，这是由于设定 $\varepsilon_2=\varepsilon_3$ 且 $\eta=1$ 造成的，但是可以推断，只有提高现代农业部门的工资才能吸引劳动力进入该部门，因而现代农业部门的工资提高。并且，由于要素使用量和环境质量均有正向变化，从而现代农业部门的生产得到改善。至于其他变量，由于参数设置与命题 2 中预设结果所需条件相反，因而结果相反，这与命题 2 亦相符②。直观的解释为：由于传统农业部门面对更有利的环境条件，因而生产条件改善，从而工资水平上升，这使得劳动力更愿意留在该部门。另外，由于城市劳动力雇佣量减少，劳动力留在城市的就业机会下降，因而城市失业劳动力也会返回农村。这与现阶段我国出现的现代农业生产吸引劳动力返乡的情况是相一致的。

---

① 由于 $\bar{E}=25$ 时候 E 会得到负值，从而无法进行之后的计算，这里将 $\bar{E}$ 设定为 35。
② 可以验证，当 $\varepsilon_2=0.75, \alpha=0.5$ 时，符合命题 2(3)和(4)的条件，其模拟结果也相符。

表 18-7 提升现代农业部门的利息补贴率的效果

1	2	3	4	5	6	7	8	9	10	11	12	13	14
s_2	E	L_1	K_1	X_1	L_2	K_2	X_2	L_3	X_3	w_2	w_3	r	L_U
0.00	2.50	6.50	6.50	32.50	7.48	3.50	16.18	10.22	16.15	1.08	1.58	4.00	15.80
0.10	3.75	6.25	6.25	31.25	7.75	3.75	20.87	15.25	29.52	1.35	1.94	4.00	10.76
0.20	4.90	6.02	6.02	30.10	7.98	3.98	24.95	18.05	39.95	1.56	2.21	4.00	7.95
0.30	6.00	5.80	5.80	29.00	8.20	4.20	28.75	19.93	48.81	1.75	2.45	4.00	6.08
0.40	7.00	5.60	5.60	28.00	8.39	4.40	32.15	21.22	56.15	1.92	2.65	4.00	4.79
0.50	7.85	5.43	5.43	27.15	8.55	4.57	35.03	22.12	61.98	2.05	2.80	4.00	3.90
0.60	8.60	5.28	5.28	26.40	8.69	4.72	37.56	22.79	66.84	2.16	2.93	4.00	3.24
0.70	9.20	5.16	5.16	25.80	8.80	4.84	39.59	23.27	70.57	2.25	3.03	4.00	2.77
0.80	9.65	5.07	5.07	25.35	8.88	4.93	41.11	23.59	73.28	2.31	3.11	4.00	2.46
0.90	9.90	5.02	5.02	25.10	8.93	4.98	41.96	23.76	74.76	2.35	3.15	4.00	2.29
1.00	10.00	5.00	5.00	25.00	8.94	5.00	42.29	23.83	75.34	2.36	3.16	4.00	2.23

注：$\rho=5, \varphi=2, \psi=1, \delta=0.6, \sigma=0.5, \eta=1, \varepsilon_2=0.5, \varepsilon_3=0.5, \bar{E}=35, \lambda=1, \bar{w}_1=6, A_1=4, \alpha=0.5, \bar{K}=10, \bar{L}=40, p_1=2, p_2=1$。

因此，在此情况下，对现代农业部门进行利息补贴使得环境改善，并使得城市部门资本使用量、劳动力雇佣量和产量均减少；使得现代农业部门资本使用量、劳动力雇佣量和产量均增加，且工资水平上升；并在一定条件下使得传统农业部门劳动雇佣量增加、产量上升、工资水平上升，城市失业率下降。至此，命题2的数值特征得以验证。

第5节 结束语

本章的研究为现代农业的可持续性发展提供了一个有益的参考。我们通过一个一般均衡的模型，将现代农业、劳动力转移以及环境保护三者联系在一起，进行理论与数值模拟研究。通过本章的研究可以发现,发展现代农业的过程中首先是要解决资本问题,有了资本要素投入现代农业就能从传统农业中分化出来。故而,我们着眼于资本在现代农业生产中发挥作用,利用比较静态分析方法分析了对现代农业的补贴政策的环境效果和经济影响,我们共得到 2 个命题,通过这些命题我们可以知道:利息补贴的环境效果要优于对其他要素价格补贴的效果。所以,对于环境问题比较突出的发展中国家,本章给我们的政策启示是利息补贴政策应该优先于其他要素的价格补贴政策。至于相关的经济效果则请读者对照有关的命题。

另外,除了本章的立意具有新意之外,在研究方法上,本章对现代农业部门的工资设定 $w_2 = w_2(w_3, K_2)$ 亦具有创新性,这是基于现代农业的劳动要素的投入效率优于传统农业部门的基础上,对传统农业部门工资具有完全弹性的一般性假设的一种发展,希望对于今后相应的研究能够有所帮助。

附 录

附录 A

将 $\dfrac{dK_1}{ds_1}=0, \dfrac{dw_2}{ds_1}=w_2$ 分别带入式分别代入式(18-1)到(18-10)以及(18-12)、(18-13)和(18-15)式,可以得到:

$\dfrac{dL_1}{ds_1}=0, \dfrac{dE}{ds_1}=-\mu F_L^1 \dfrac{dL_1}{ds_1}-\mu F_K^1 \dfrac{dK_1}{ds_1}=0, \dfrac{dK_2}{ds_1}=-\dfrac{dK_1}{ds_1}=0, \dfrac{dL}{ds_1}=\alpha \dfrac{L_2}{K_2}\dfrac{dK_2}{ds_1}=0,$

$\dfrac{dX_1}{ds_1}=F_L^1 \dfrac{dL_1}{ds_1}+F_K^1 \dfrac{dK_1}{ds_1}=0, \dfrac{dX_2}{ds_1}=\varepsilon_2 E^{\varepsilon_2-1} F^2 \dfrac{dE}{ds_1}+E^{\varepsilon_2} F_L^2 \dfrac{dL_2}{ds_1}+E^{\varepsilon_2} F_K^2 \dfrac{dK_2}{ds_1}=0, \dfrac{dL_3}{ds_1}=$

$\dfrac{w_2 L_2}{\Theta}<0,$ 其中 $\Theta=(\bar{L}-L_3)E^{\varepsilon_3} F_{LL}^3 - w_3 < 0, \dfrac{d\mu}{ds_1}=-\dfrac{w_2 L_2}{L_1 \Theta}>0, \dfrac{dX_3}{ds_1}=\dfrac{E^{\varepsilon_3} F_L^3 w_2 L_2}{\Theta}<0,$

$\dfrac{dw_3}{ds_1}=\varepsilon_2 E^{\varepsilon_2-1} F_L^3 \dfrac{dE}{ds_1}+E^{\varepsilon_3} F_{LL}^3 \dfrac{dL_3}{ds_1}>0。$

附录 B

将 $\dfrac{dK_1}{ds_2}=\dfrac{1}{\Psi}<0$ 分别代入式(18-1)到(18-10)以及(18-12)、(18-13)和(18-15)式,可以得到:

$$\frac{dL_1}{ds_2}=\frac{L_1}{K_1\Psi}<0,\frac{dE}{ds_2}=-\frac{\mu X_1}{K_1\Psi}>0,\frac{dK_2}{ds_2}=-\frac{dK_1}{ds_2}>0,\frac{dL_2}{ds_2}=\alpha\frac{L_2}{K_2}\frac{dK_2}{ds_2}>0,\frac{dr}{ds_2}=0,$$

$$\frac{dX_1}{ds_2}=F_L^1\frac{dL_1}{ds_2}+F_K^1\frac{dK_1}{ds_2}<0,\frac{dX_2}{ds_2}=\varepsilon_1 E^{\varepsilon_1-1}F^2\frac{dE}{ds_2}+E^{\varepsilon_1}F_L^2\frac{dL_2}{ds_2}+E^{\varepsilon_1}F_K^2\frac{dK_2}{ds_2}>0,$$

$$\frac{dw_2}{ds_2}=-\frac{w_2}{\Psi}\left[\frac{\varepsilon_1\mu X_1}{EK_1}+\frac{(1-\alpha)F_{LK}^2}{F_L^2}\right]>0,$$

$$\frac{dL_3}{ds_1}=-\frac{\left(\frac{\alpha w_2}{k_2}-\frac{\bar{w}}{k_1}\right)+\frac{(1-\alpha)F_{LK}^2 w_2 L_2}{F_L^2}+\frac{\mu X_1}{EK_1}[\varepsilon_2 w_2 L_2-\varepsilon_3 w_3(\bar{L}-L_3)]}{\Theta\Psi},\frac{dw_3}{ds_1}=$$

$$\varepsilon_2 E^{\varepsilon_2-1}F_L^3\frac{dE}{ds_1}+E^{\varepsilon_2}F_{LL}^3\frac{dL_3}{ds_1},\frac{d\mu}{ds_1}=\frac{1}{L_1\Psi}\left[\frac{\alpha}{k_2}-\frac{(1+\mu)}{k_1}\right]-\frac{1}{L_1}\frac{dL_3}{ds_1},\frac{dX_3}{ds_1}=w_3\frac{dL_3}{ds_1}+$$

$$\frac{\varepsilon_3 X_3}{E}\frac{dE}{ds_1}。$$

即当 $\frac{\varepsilon_2}{\varepsilon_3}>1+\frac{\bar{w}_1 L_1}{w_2 L_2}$ 且 $\alpha>\frac{\bar{w}_1 k_2}{w_2 k_1}$ 时 $\frac{dL_3}{ds_1}<0,\frac{dw_3}{ds_1}>0$;

当 $\frac{\varepsilon_2}{\varepsilon_3}>1+\frac{\bar{w}_1 L_1}{w_2 L_2}-\frac{\Theta X_3}{w_2 L_2 w_3}$ 且 $\alpha>\frac{\bar{w}_1 k_2}{w_2 k_1}$ 时 $\frac{dX_3}{ds_1}<0$;

当 $\frac{\varepsilon_2}{\varepsilon_3}>1+\frac{\bar{w}_1 L_1}{w_2 L_2}$ 且 $\frac{k_2(1+\mu)}{k_1\alpha}>\alpha>\frac{\bar{w}_1 k_2}{w_2 k_1}$ 时 $\frac{d\mu}{ds_1}>0$。

参考文献

[1] 邓启明. 基于循环经济的现代农业研究[M]. 杭州:浙江大学出版社,2007.

[2] 邓蓉. 现代农业与循环经济:管理篇[M]. 北京:中国轻工业出版社,2010.

[3] 辛岭,蒋和平. 我国农业现代化发展水平评价指标体系的构建和测算[J]. 农业现代化研究,2010(6):646-650.

[4] 尹昌斌,周颖. 循环农业发展理论与模式[M]. 北京:中国农业出版社,2008.

[5] BELADI H, FRASCA R. Pollution Control under an Urban Binding Minimum Wage [J]. The Annals of Regional Science, 1999(33):523-533.

[6] BELADI H, RAPP J. Urban Unemployment and the Backward Incidence of Pollution Control[J]. The Annals Of Regional Science, 1993(27):153-163.

[7] CHAUDHURI S. Foreign Capital, Welfare and Urban Unemployment In The Presence

Of Agricultural Dualism[J]. Japan and the World Economy, 2007(19): 149 – 165.

[8] CHAUDHURI S. Labour Market Reform, Welfare and Unemployment in a Small Open Economy[J]. Ssrn Electronic Journal, 2006(43): 1 – 17.

[9] COPELAND B, TAYLOR M. Trade, Spatial Separation, and the Environment[J]. Journal of International Economics, 1999(47): 137 – 168.

[10] GROSSMAN G M, KRUEGER B A. Economic Growth and the Environment[J]. Quarterly Journal Of Economics, 1995(110): 353 – 377.

[11] GUPTA, M. Foreign Capital and the Informal Sector: Comments on Chandra and Khan [J]. Economica 1997b, 64: 353 – 363.

[12] GUPTA, M. Informal Sector and Informal Capital Market in a Small Open Less-developed Economy [J]. Journal of Development Economics, 1997a, 52: 409 – 428.

[13] GUPTA M R. Foreign Capital, Income Inequality and Welfare in Harris-Todaro Model[J]. Journal of Development Economics, 1994(45): 407 – 414.

[14] GUPTA M R. Informal Sector and Informal Capital Market In A Small Open Less-Developed Economy[J]. Journal of Development Economics, 1997(52): 409 – 428.

[15] HARRIS J, TODARO M. Migration, Unemployment and Development: A Two-Sector Analysis[J]. American Economic Review, 1970(60): 126 – 142.

[16] LI X, SHEN Q. A Study on Urban Private Capital and the Transfer of Labor in the Modern Agriculture Sector [J]. Journal of Economic Policy Reform, 2012 (15): 135 – 152.

[17] LI X, SHEN Q, GU C, NI M. Analyzing the effect of advanced agriculture development policy[J]. Journal of Economic Policy Reform, 2013(16): 349 – 367.

[18] LI X, ZHOU Y. Development Policies, Transfer of Pollution Abatement Technology and Trans-boundary Pollution[J]. Economic Modelling, 2013(31): 183 – 188.

[19] The World Bank Information. World Development Indicators: Energy dependency, efficiency and carbon dioxide emissions[R]. 2014.

第19章　对农业生产性服务业和对农业的补贴政策：环境效果的比较

本章摘要：本章建立一个由农业生产性服务业和农业构成的两部门一般均衡模型，研究比较在乡村振兴战略中建立健全农业生产性服务业时，对农业生产性服务业补贴政策和农业补贴政策的环境效果。本章的主要结论是：虽然对农业和对农业生产性服务业进行的补贴均使得污染要素使用量增加，但工资补贴中对农业生产性服务业补贴的环境效果较好；而利息补贴中，则对农业的利息补贴环境效果较好。随后，我们用中国经济的宏观数据对模型的参数进行了校准并进行了数值模拟，验证了本章理论模型对于解释补贴农业和农业生产性服务业的政策对环境影响的有效性。

第1节　引　言

党的十九大报告中明确提出实施乡村振兴战略，需要"构建现代农业产业体系、生产体系、经营体系，完善农业支持保护制度，发展多种形式适度规模经营，培育新型农业经营主体，健全农业社会化服务体系，实现小农户和现代农业发展有机衔接"。以往我们提到生产性服务业，更多的是工业生产性服务业，而"健全农业社会化服务体系"的实质，就是要在全社会建立起农业生产性服务业。农业生产性服务业是乡村振兴战略的重要组成部分，它通过向农业提供生产性服务、为农业生产提供中间品投入，将科学信息技术、资金设备和人才等现代化生产元素融入农业生产，以提高农业生产效率、促进农产品市场供求衔接、提升农业价值。在学术研究上农业生产性服务业（以下或简称为"生产性服务业"）不是新概念，近年来，国内学界有一些与生产性服务业相关的研究成果,从内容上主要分为以下几类:(1)基于省情探讨其发展现状的,如吴宏伟等(2011),张振刚等(2011),肖卫东和杜志雄(2012);(2)研究农业生产性服务业发展水平和绩效的,如汪建丰和刘俊威(2011),韩苗苗等(2013);(3)研究农业生产性服务业与农业之间关系的,如李启平(2009),潘锦云等(2011),郝爱民(2013a,2013b),魏修建和李思霖(2015)。

本章关注的另一个方面是环境,也就是在实施乡村振兴战略、发展农业生产性服务业的过程中环境会受到什么影响。十九大报告明确地指出乡村振兴战略包括"产业兴旺、生态宜居、乡风文明、治理有效、生活富裕"五个方面。其中,生态宜居就是要加强农村资源环境保护,有效治理土壤重金属污染和农村面源污染等环境问题(郭晓明等,2018)。我国农业污染情况严重,已经超过工业污染占全部污染的47%,成为最主要的污染形式。究其原因,与农业生产过程中不可避免地使用农药、化肥和地膜等污染性要素(以下简称为"污染要素")有直接关联。农业生产中污染要素使用越多,对环境的破坏就越大。由于有效利用率低,大量污染要素未被利用的部分弥散进入土壤、水体、空气甚至食物中,形成面源污染,既对人们的健康形成威胁,也造成土地退化板结。我国每年由于农药污染食品而造成的中毒者人数年均近20万,约占食物中毒人数的三分之一。面对不断恶化的环境,人们通常会采用"污染消费"进行应对(李晓春和董哲昱,2017),即在预防和治疗污染疾病上增加支出来防治或减轻污染对健康带来的负面影响,是一种被动的消费行为。我们知道生产性服务业越发达对于农业生产的促进作用就越大,农业生产的规模就越大,使用的污染要素就越多,农业污染就会愈加严重。问题是我们能不能找到一种对环境和污染消费的负面影响尽可能小的促进乡村振兴、农业发展的路径呢?

与农业污染有关的既有研究大致分为以下几类:(1)从国家战略和制度层面指出农业环境问题的严峻性的,如徐更生(1993),陈锡文(2002);(2)考虑环境污染因素情况下的农业生产率和农业技术效率的,如张永成(2009),李谷成等(2011);杨俊和陈怡(2011),Falavigna et al.(2013),杜江(2014),张可和丰景春(2016);(3)检验农业环境库茨涅茨曲线的,如李太平等(2011);(4)研究农业污染对社会福利的影响的,如Taheripour et al.(2010)。可见以往学者多着眼于农业污染与农业经济之间相互影响的实证研究,从理论上进行机制探讨的研究不多,已有的理论研究也不是立足于中国当下乡村振兴、着力发展生产性服务业的实情。

在此,我们不妨回顾关于发展中国家工业污染对环境影响机制的研究状况。国际理论学术界在这个方面已经有了比较长期的研究积累。Copeland & Taylor(1999)进行了有代表性的研究,他们认为发展中国家工业污染的路径是:工业部门生产过程中释放的废水、废气和废渣等"三废"通过空气和河流等自然媒介对一些环境敏感部门(如农业部门)的生产力水平造成负面影响,且随着工业部门的扩大,工业污染也会更加严重。在这样的分析框架下,农业部门常被看作工业污染的"受害者"。这是理论研究工业污染影响的主要方式,影响了以后许多论文,近年来与此相关的成果就有 Fukuyama & Naito(2010)、Kondoh & Yabuuchi(2012)、Li & Wu(2018)等。但是,我们注意到一个事实,工业污染和农业污染对经济的影响路径不一样,工业污染对经济的影响路径主要体现在产业之间的环境影响,而农业污染的特征在于它直接对生产要素产生影响,但现有文献大多忽略了从理论上研究农业污染的机制和路径。然而,这却是一件非常重要的工作,只有明确了农业污染的影响路径,我们才有可能对症下药,缓解农业污染造成的负面影响。总之,我们目前的状况是农业生产性服务业在我国还没有完全形成完整的产业,又缺乏这方面的研究,我们并不清楚当这个产业发展起来后,对环境会有什么样的影响,更不清楚用什么方式可以实现以较小的环境代价来获得振兴乡村战略的顺利实施。如果我们对建立健全农业生产性服务业造成的环境影响不认知,又不加以研究,就有可能走上过去"先发展后治理"的老路,损失的将是社会福祉和人民的幸福生活。

基于上述考虑,本章建立一个包含农业部门和生产性服务业部门的一般均衡模型,在考虑农业部门存在污染的情况下,对生产性服务业和农业的补贴政策的环境效果进行比较分析,力求能够找到一种对环境有利,或对环境不利但负面影响较小的发展路径。采用这样的研究思路是因为在建立健全农业生产性服务业的过程中,补贴政策成本低、见效快,是最常见的经济政策之一。至于为何对农业的补贴政策进行比较研究,是因为在反哺农业的大环境下,补贴农业已经是我国较长时期以来实施的政策,并且在今后的一段时间里,这个政策不会改变,它形成了进行涉农补贴政策研究的基础。通过本章分析得到的主要结论是:虽然不论对农业部门还是对生产性服务业部门进行的补贴均使得污染要素使用量增加,农村的污染消费上升;但是,工资补贴中对生产性服务业补贴的环境效果较好;而在利息补贴中,则对农业的利息补贴环境效果较好。

本章以下的框架如下:第二部分就补贴农业和补贴生产性服务业两种情形构建一般均衡模型并进行比较静态分析;第三部分比较不同种补贴的环境效应;第四部分通过参数校准和数值模拟,对补贴的效果进行分析;第五部分为结论。

第2节 模型及比较静态分析

本章考虑一个小国开放的两部门经济,即经济由农业部门和农业生产性服务业部门两个部门组成。农业部门使用劳动力、资本、污染要素以及生产性服务业部门的产品四种要素生产农产品,其中污染要素的使用具有不可替代性;农业生产性服务业部门使用劳动力和资本两种要素生产。两个部门雇佣的劳动力均为农村劳动力,且农村劳动力可完全被两个部门雇佣,不存在失业。资本可以在两个部门间自由流动。

本章设想在环境污染中存在被动的"污染消费",这是由于消费者食用了用污染要素生产的农产品导致患病,不得已用于防治该疾病的支出。因而,从支出角度看,经济中两个部门的工资可分为"污染消费部分"和"其他消费部分"。

一、农业部门的补贴政策

1. 模型

两部门的生产函数分别为:

$$Y_1 = F^1(hL_1, Y_2, K_1, Z) \qquad (19-1)$$

$$Y_2 = F^2(hL_2, K_2) \qquad (19-2)$$

其中,Y_1 和 Y_2 分别表示农业部门和生产性服务业的产出。F^1 和 F^2 为一次齐次的准凹函数。L_1、K_1、L_2、K_2 分别是农业和生产性服务业使用的劳动力和资本。h

表示摄入有污染要素投入的农产品后劳动力的效率。h 取决于污染要素的投入量 Z：$h=h(Z)$。对于不摄入污染要素的劳动力而言，其健康状况不受影响，故工作效率为 1，即 $h(0)=1$；随着农业生产过程中污染要素使用量的上升，由于人们摄入越来越多的污染要素，健康状况下降，导致工作效率降低，但降低的速率又随该要素摄入量的增加而逐渐减小，故有 $h'<0, h''>0$。

我们用 $N_i(i=1,2$，分别对应农业部门和生产性服务业部门)来表示对应部门 i 的"污染消费"，则有：$N_i=\lambda(1-h)L_i(i=1,2)$。其中，$(1-h)L_i$ 表示对应部门由于摄入污染要素而损失的劳动要素投入，λ 表示修复每单位损失的劳动要素投入所需要花费的金额。

在对农业部门进行工资补贴时，本章考虑这样一种政策，即政府出于对环境污染中的人文关怀，将对该部门的补贴全部用于污染消费。于是得到下述关系：

$$w_1 L_1 s_{11}(+r_1 K_1 s_{21})=\lambda(1-h)L_1 \qquad (19-3)$$

其中，s_{11} 和 s_{21} 分别表示政府对农业部门的工资补贴和利息补贴。由于我们需要分别考察两种补贴的环境与经济效果，上式中的括号是为了说明或考察工资补贴的效果(此时 $s_{21}=0$)，或考察利息补贴的效果(此时 $s_{11}=0$)。根据部门生产的利润最大化，可得下述关系：

$$hF_L^1=w_1 \qquad (19-4)$$

$$F_{Y_2}^1=p_2 \qquad (19-5)$$

$$F_K^1=r_1 \qquad (19-6)$$

$$F_Z^1=\tau \qquad (19-7)$$

$$p_2 F_L^2 h=w_2+\lambda(1-h) \qquad (19-8)$$

$$p_2 F_K^2=r_2 \qquad (19-9)$$

其中，p_2 是以农业产品价格为基准的生产性服务业产品的相对价格，r 为利率水平，$F_L^1=\partial F^1/\partial L_1, F_{Y_2}^1=\partial F^1/\partial Y_2, F_K^1=\partial F^1/\partial K_1, F_Z^1=\partial F^1/\partial Z, F_L^2=\partial F^2/\partial L_2, F_K^2=\partial F^2/\partial K_2$。

劳动力市场出清表示为：

$$L_1 + L_2 = L \tag{19-10}$$

由于经济中不考虑失业,两部门工资相等,即:

$$w_1 = w_2 \tag{19-11}$$

资本市场出清可以表示为:

$$K_1 + K_2 = K \tag{19-12}$$

由于资本在部门间自由流动,两部门利率相等,即:

$$r_1 = r_2 \tag{19-13}$$

至此,模型构建完毕。

2. 比较静态分析

对方程(19-3)～(19-13)全微分,在初始状态下 $s_{11} = s_{21} = 0$,可以得到方程(19-14):

$$\begin{pmatrix} F^1_{LL}h^2 & F^1_{LY_2}F^2_L h^2 & F^1_{LK}h & F^1_{LY_2}F^2_K h & F^1_L h' & 0 & 0 & -1 & 0 \\ F^1_{Y_2L}h & F^1_{Y_2Y_2}F^2_L h & F^1_{Y_2K} & F^1_{Y_2Y_2}F^2_K & 0 & -1 & 0 & 0 & 0 \\ F^1_{KL}h & F^1_{KY_2}F^2_L h & F^1_{KK} & F^1_{KY_2}F^2_K & 0 & 0 & 0 & 0 & -1 \\ 0 & 0 & 0 & 0 & F^1_{ZZ} & 0 & -1 & 0 & 0 \\ \lambda(1-h) & 0 & 0 & 0 & -\lambda L_1 h' & 0 & 0 & 0 & 0 \\ 0 & p_2 F^2_{LL}h^2 & 0 & p_2 F^2_{LK}h & (p_2 F^2_L + \lambda)h' & F^2_L h & 0 & -1 & 0 \\ 0 & p_2 F^2_{KL}h & 0 & p_2 F^2_{KK} & 0 & F^2_K & 0 & 0 & -1 \\ 1 & 1 & 0 & 0 & 0 & 0 & 0 & 0 & 0 \\ 0 & 0 & 1 & 1 & 0 & 0 & 0 & 0 & 0 \end{pmatrix} \begin{pmatrix} dL_1 \\ dL_2 \\ dK_1 \\ dK_2 \\ dZ \\ dp_2 \\ d\tau \\ dw_1 \\ dr_1 \end{pmatrix} =$$

$$\begin{Bmatrix} 0 \\ 0 \\ 0 \\ 0 \\ w_1 L_1 \\ 0 \\ 0 \\ 0 \\ 0 \end{Bmatrix} ds_{11} + \begin{Bmatrix} 0 \\ 0 \\ 0 \\ 0 \\ K_1 r_1 \\ 0 \\ 0 \\ 0 \\ 0 \end{Bmatrix} ds_{21} \qquad (19-14)$$

假设:$2F_{KL}^1 F_{KL}^2 < F_{LL}^1 F_{KK}^2 + F_{KK}^1 F_{LL}^2$。

本章用 Δ_1 表示(19-14)式系数矩阵的行列式,则有:$\Delta_1 = \lambda[(1-h)A + L_1 h' B]$。其中,$A = \frac{\lambda}{h} h' (F_{KK}^1 + F_{Y_2 Y_2}^1 (F_K^2)^2 + p_2 F_{KK}^2 - 2F_{KY_2}^1 F_K^2) > 0, B < 0$(证明部分见附录),由此可知,$\Delta_1 > 0$。根据(19-14)式,由 Cramer 法则可得:

$$\frac{dL_1}{ds_{11}} = \frac{1}{\Delta_1} w_1 L_1 A > 0 \qquad \frac{dL_1}{ds_{21}} = \frac{1}{\Delta_1} w_1 L_1 A > 0$$

$$\frac{dL_2}{ds_{11}} = -\frac{1}{\Delta_1} w_1 L_1 A < 0 \qquad \frac{dL_2}{ds_{21}} = -\frac{1}{\Delta_1} r_1 K_1 A < 0$$

$$\frac{dZ}{ds_{11}} = -\frac{1}{\Delta_1} w_1 L_1 B > 0 \qquad \frac{dZ}{ds_{21}} = -\frac{1}{\Delta_1} r_1 K_1 B > 0$$

$$\frac{dN}{ds_{11}} = -\lambda L h' \frac{dZ}{ds_{11}} > 0 \qquad \frac{dN}{ds_{21}} = -\lambda L h' \frac{dZ}{ds_{21}} > 0$$

其中,$N = N_1 + N_2 = \lambda(1-h)(L_1 + L_2) = \lambda(1-h)L$。

将上述结果归纳、整理得到如表 19-1:

表 19-1 农业部门的补贴政策效果

	dL_1	dL_2	dK_1	dK_2	dZ	dN
ds_{11}、ds_{21}	+	−	/	/	+	+

注:"+"和"−"分别表示 S_{11} 和 S_{21} 变化使得对应的内生变量向相同和相反方向变化;"/"表示 S_{11} 和 S_{21} 变化时,对应变量的变化不明。

综上所述,我们可以得到如下命题1。

命题 1:不论对农业部门实施工资补贴还是利息补贴,均使农村污染消费增加,农业污染要素使用量增加,农业部门劳动力增加,生产性服务业部门劳动力减少。

实施补贴政策,根据(19-3)式可知由于补贴金额可以足额支付污染消费,农业部门对其劳动力健康消除了后顾之忧,从而促进了污染消费,增加了污染要素的使用。同时,农村劳动力将补贴看成一种信号(福利),一旦对农业进行补贴,出于对自己健康的考虑,会从生产性服务业向农业转移,以便享受这种福利。我们可以用如下机制图对这一传导机制进行分析(见图19-1)。首先,由(19-3)式可以得到,若 s_{11} 升高,污染消费总量 $N=\lambda(1-h)L$ 也会升高,二者呈正相关,可由 SN 线表示。由污染消费总量 N 的定义式可知,N 和 Z 呈正相关,可由 NZ 线表示。由(19-8)式可知,Z 和 L_2 呈反向关系,可由 ZL 线表示。由(19-10)式可知,L_1 和 L_2 呈反向关系,可由 LL 表示。故当政府将补贴率从 s_{11}^* 提高到 s_{11}^{**},污染消费总额从 N^* 提高到 N^{**},污染要素使用量从 Z^* 提高到 Z^{**},生产性服务业部门劳动力从 L_2^* 减少到 L_2^{**},农业部门劳动力从 L_1^* 增加到 L_1^{**}。

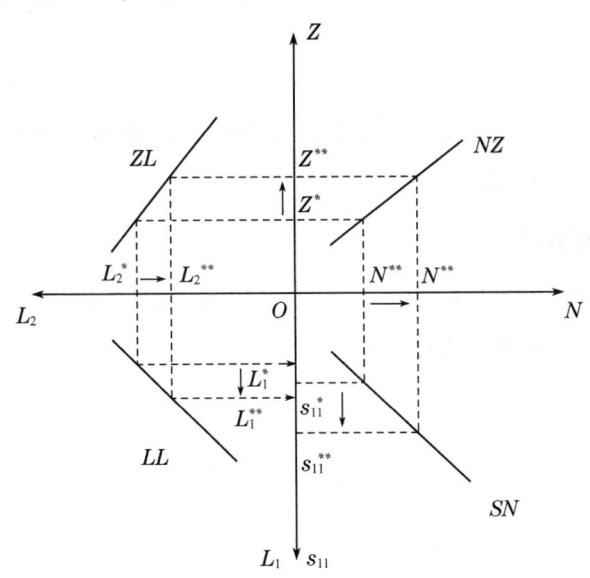

图 19-1　农业部门工资补贴的环境效果的传导机制

二、农业生产性服务业部门的补贴政策

1. 模型

对生产性服务业部门进行补贴时,两部门生产函数均保持不变,故保留(19-1)、(19-2)两式。采用同样的政策,使对生产性服务业部门的补贴等于该部门的污染消费,则有:

$$w_2 L_2 s_{12}(+r_2 K_2 s_{22}) = \lambda(1-h)L_2 \tag{19-15}$$

其中,w_2 表示工资除去"污染消费"后的剩余部分,s_{12}、s_{22} 分别为对农业部门工资和利息的补贴率,括号的意义如对(19-3)式的解释。

由两个部门利润最大化,得:

$$hF_L^1 = w_1 + \lambda(1-h) \tag{19-16}$$

$$F_{Y_2}^1 = p_2 \tag{19-17}$$

$$F_K^1 = r_1 \tag{19-18}$$

$$F_Z^1 = \tau - \lambda h' L_1 \tag{19-19}$$

$$p_2 h F_L^2 = w_2 \tag{19-20}$$

$$p_2 F_K^2 = r_2 \tag{19-21}$$

劳动力市场和资本市场出清、工资水平和利息水平均衡条件均不发生改变,故保留(19-10)~(19-13)式。

2. 比较静态分析

对(19-15)~(19-21)式、(19-10)~(19-13)式全微分,初始状态下令 $s_{12} = s_{22} = 0$,可以得到方程(19-22):

$$\begin{pmatrix} F_{LL}^1 h^2 & F_{LY_2}^1 F_L^2 h^2 & F_{LK}^1 h & F_{LY_2}^1 F_K^2 h & (F_L^1+\lambda)h' & 0 & 0 & -1 & 0 \\ F_{Y_2L}^1 h & F_{Y_2Y_2}^1 F_L^2 & F_{Y_2K}^1 h & F_{Y_2Y_2}^1 F_K^2 & 0 & -1 & 0 & 0 & 0 \\ F_{KL}^1 h & F_{KY_2}^1 F_L^2 & F_{KK}^1 & F_{KY_2}^1 F_K^2 & 0 & 0 & 0 & 0 & -1 \\ \lambda h' & 0 & 0 & 0 & F_{ZZ}^1+\lambda L_1 h'' & 0 & -1 & 0 & 0 \\ 0 & \lambda(1-h) & 0 & 0 & -\lambda L_2 h' & 0 & 0 & 0 & 0 \\ 0 & p_2 F_{LL}^2 h^2 & 0 & p_2 F_{LK}^2 h & p_2 F_L^2 h' & F_L^2 h & 0 & -1 & 0 \\ 0 & p_2 F_{KL}^2 h & 0 & p_2 F_{KK}^2 & 0 & F_K^2 & 0 & 0 & -1 \\ 1 & 1 & 0 & 0 & 0 & 0 & 0 & 0 & 0 \\ 0 & 0 & 1 & 1 & 0 & 0 & 0 & 0 & 0 \end{pmatrix} \begin{pmatrix} dL_1 \\ dL_2 \\ dK_1 \\ dK_2 \\ dZ \\ dp_2 \\ d\tau \\ dw_2 \\ dr_2 \end{pmatrix} =$$

$$\begin{pmatrix} 0 \\ 0 \\ 0 \\ 0 \\ w_2 L_2 \\ 0 \\ 0 \\ 0 \\ 0 \end{pmatrix} ds_{12} + \begin{pmatrix} 0 \\ 0 \\ 0 \\ 0 \\ 0 \\ K_2 r_2 \\ 0 \\ 0 \\ 0 \end{pmatrix} ds_{22} \qquad (19-22)$$

用 Δ_2 表示(19-22)式系数矩阵的行列式,则有: $\Delta_2 = \lambda[(1-h)A + L_2 h' B] > 0$

根据(19-22)式,由 Cramer 法则,得:

$$\frac{dL_1}{ds_{12}} = -\frac{1}{\Delta_2} w_2 L_2 A < 0 \qquad\qquad \frac{dL_1}{ds_{22}} = -\frac{1}{\Delta_2} r_2 K_2 A < 0$$

$$\frac{dL_2}{ds_{12}} = -\frac{1}{\Delta_2} w_2 L_2 A > 0 \qquad\qquad \frac{dL_2}{ds_{22}} = -\frac{1}{\Delta_2} r_2 K_2 A > 0$$

$$\frac{dZ}{ds_{12}} = -\frac{1}{\Delta_1} w_2 L_2 B > 0 \qquad\qquad \frac{dZ}{ds_{22}} = -\frac{1}{\Delta_1} r_2 K_2 B > 0$$

$$\frac{dN}{ds_{12}} = -\lambda L h' \frac{dZ}{ds_{12}} > 0 \qquad\qquad \frac{dN}{ds_{22}} = -\lambda L h' \frac{dZ}{ds_{22}} > 0$$

归纳、整理如表 19-2：

表 19-2 生产性服务业补贴政策的效果

	dL_1	dL_2	dK_1	dK_2	dZ	dN
ds_{12}、ds_{22}	−	+	/	/	+	+

注："+"和"−"分别表示 S_{11} 和 S_{21} 变化使得对应的内生变量向相同和相反方向变化；"/"表示 S_{11} 和 S_{21} 变化时，对应变量的变化不明。

综上所述，我们可以得到如下命题 2。

命题 2：不论对生产性服务业部门实施工资补贴还是利息补贴，均使农村污染消费增加，污染要素使用量增加，农业部门劳动力减少，生产性服务业部门劳动力增加。

对于生产性服务业部门实施补贴政策，由于补贴的金额可以足额支付污染消费，生产性服务业部门对其劳动力健康消除了后顾之忧，从而有增加污染消费的倾向，也可以容忍农业部门更多污染要素的使用。同时，农村劳动力将补贴看成一种信号(福利)，一旦对生产性服务业部门进行补贴，出于对自己健康的考虑，会从农业向生产性服务业转移，以便享受这种福利。与农业部门补贴不同，生产性服务业部门不同种补贴的传导机制有所差异。对工资补贴而言，首先，由(19-15)式可以得到，若 s_{12} 升高，污染消费总量 $N=\lambda(1-h)L$ 也会升高，二者呈正相关，可由 SN 线表示。由污染消费总量 N 的定义式可知，N 和 Z 呈正相关，可由 NZ 线表示。由(19-20)式可知，尽管式中 Z 和 L_2 呈反向关系，以 ZL 线表示，但如前所述，由于该部门的补贴可以足额抵消污染消费，同样多的污染要素 Z 可以吸引到更多的劳动力 L_2，故 ZL 线向左上方移动，新均衡处的 Z 和 L_2 均上升。由(19-10)式可知，L_1 和 L_2 呈反向关系，可由 LL 表示。故当政府将补贴率从 s_{12}^*、s_{22}^* 提高到 s_{12}^{**}、s_{22}^{**}，污染消费总额从 N^* 提高到 N^{**}，污染要素使用量从 Z^* 提高到 Z^{**}，生产性服务业部门劳动力从 L_2^* 增加到 L_2^{**}，农业部门劳动力从 L_1^* 减少到 L_1^{**}（见图 19-2、图 19-3）。

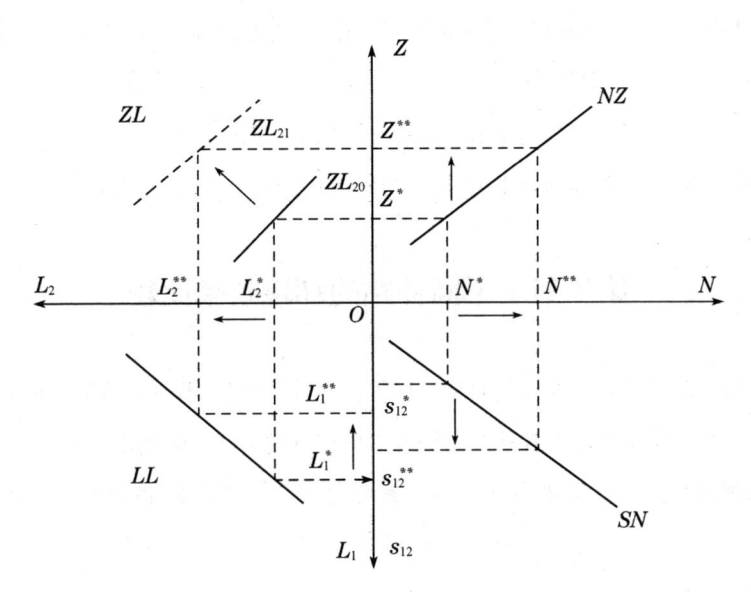

图 19-2　农业生产性服务业部门工资补贴环境效果的传导机制

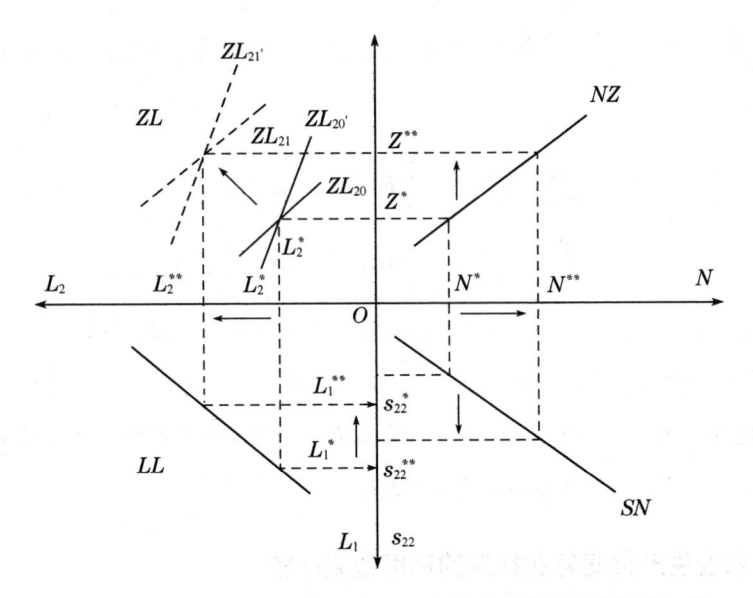

图 19-3　农业生产性服务业部门利息补贴环境效果的传导机制

利息补贴的市场机制与工资补贴的市场机制类似,不同之处仅在于 Z 和 L_2 的关系同时由(19-15)式和(19-20)式决定,两式中 Z 和 L_2 均呈负向关系,同样由于补贴的效应,使得同样多的污染要素情况下可以吸引更多的劳动力 L_2,故两线均向左上方移动,其交叉点亦向左上方移动,故均衡的 Z 和 L_2 呈正向关系。

第3节 不同补贴的环境效果比较

如前所述,不论对农业还是对生产性服务业进行补贴,不论补贴是针对工资还是利息,农村的总污染消费和农业的污染要素使用量均上升。由此我们考察,前述四种补贴中,哪种带来的污染消费和污染要素使用量上升得更少,也即哪种的环境效果更好。

一、对农业部门的两种补贴的环境效应比较

以 $\dfrac{dZ}{ds_{21}} - \dfrac{dZ}{ds_{11}}$ 和 $\dfrac{dN}{ds_{12}} - \dfrac{dN}{ds_{11}}$ 考察对农业部门利息补贴和工资补贴的环境效应差异,得到:

$$\frac{dZ}{ds_{21}} - \frac{dZ}{ds_{11}} = -\frac{1}{\Delta_1} B(r_1 K_1 - w_1 L_1)$$

$$\frac{dZ}{ds_{12}} - \frac{dN}{ds_{11}} = -\frac{1}{\Delta_1} B\lambda L h'(r_1 K_1 - w_1 L_1)$$

注意到差值的符号取决于代数式 $(r_1 K_1 - w_1 L_1)$ 的符号,即其结果取决于用于"其他消费"资本成本、人工成本的大小比较,故而我们可以得到以下命题。

命题3:对农业部门进行补贴时,如果 $w_1 L_1 < r_1 K_1$,补工资贴的环境效果更好;如果 $w_1 L_1 > r_1 K_1$,利息补贴的环境效果更好。

二、对农业生产性服务业补贴的环境效果比较

以 $\dfrac{dZ}{ds_{22}} - \dfrac{dZ}{ds_{12}}$ 和 $\dfrac{dN}{ds_{22}} - \dfrac{dN}{ds_{11}}$ 考察对生产性服务业部门利息补贴和工资补贴的环境

效应差异,得到:

$$\frac{dZ}{ds_{22}} - \frac{dZ}{ds_{12}} = -\frac{1}{\Delta} B(r_2 K_2 - w_2 L_2)$$

$$\frac{dN}{ds_{22}} - \frac{dN}{ds_{11}} = \frac{1}{\Delta_1} B\lambda L h'(r_2 K_2 - w_2 L_2)$$

注意到差值的符号取决于代数式$(r_2 K_2 - w_2 L_2)$的符号。考虑到在资本自由流动情况下,各部门人均资本持有量为定值,故而可以得到以下命题。

命题4:对生产性服务业部门进行补贴时,如果$w_2 L_2 < r_2 K_2$,工资补贴的环境效果更好;如果$w_2 L_2 > r_2 K_2$,则利息补贴的环境效果更好。

三、对不同部门工资补贴的环境效应比较

以$\frac{dZ}{ds_{12}} - \frac{dZ}{ds_{11}}$、$\frac{dN}{ds_{12}} - \frac{dN}{ds_{11}}$考察对两个部门的工资进行补贴的环境效应差异,有:

$$\frac{dZ}{ds_{12}} - \frac{dZ}{ds_{11}} = \frac{-\lambda(1-h)w_2 AB}{\Delta_1 \Delta_2}(L_2 - L_1) < 0$$

$$\frac{dN}{ds_{12}} - \frac{dN}{ds_{11}} = -\lambda L h' \left(\frac{dZ}{ds_{12}} - \frac{dZ}{ds_{11}}\right) < 0$$

可得到如下命题。

命题5:生产性服务业部门的工资补贴所导致的污染要素使用量增幅和污染消费增幅均小于对农业部门的工资补贴带来的污染要素使用量增幅和污染消费增幅,故工资补贴中,生产性服务业各种补贴的环境效果优于农业工资补贴的环境效果。

四、对不同部门利息补贴的环境效应比较

以$\frac{dZ}{ds_{22}} - \frac{dZ}{ds_{21}}$、$\frac{dN}{ds_{22}} - \frac{dN}{ds_{21}}$考察对两个部门的利息进行补贴的环境效应差异,有:

$$\frac{dZ}{ds_{22}} - \frac{dZ}{ds_{21}} = \frac{-\lambda r_2 B}{\Delta_1 \Delta_2}((1-h)A(K_2 - K_1) + Bh'(K_2 L_1 - K_1 L_2)] > 0$$

$$\frac{dN}{ds_{22}} - \frac{dN}{ds_{21}} = -\lambda L h' \left(\frac{dZ}{ds_{22}} - \frac{dZ}{ds_{21}}\right) > 0$$

综上,我们可得到如下命题。

命题 6：农业部门的利息补贴所导致的污染要素使用量增幅和污染消费增幅均小于对生产性服务业部门的利息补贴。故而在利息补贴中，农业部门的利息补贴的环境效果更好。

第 4 节 数值模拟

为了验证本章理论模型的有效性，考察污染要素使用量及污染消费随补贴的变化情况，本节将根据我国经济的宏观数据对模型中的参数进行校准，并基于校准的参数对模型进行数值模拟。考虑到前述模型中的生产函数 $F^1(hL_1, Y_2, K_1, Z)$ 和 $F^2(hL_2, K_2)$ 以及劳动力效率函数 $h(Z)$ 皆为抽象函数形式，这里按可计算一般均衡模型给定函数的具体形式。生产性服务业的生产函数采用规模报酬不变的柯布-道格拉斯生产函数形式。考虑到污染要素使用的不可替代性，农业的生产函数由两部分相加得到，前一部分为考虑有效劳动力、资本和生产性服务业产出三种要素的规模报酬不变的柯布-道格拉斯生产函数，后一部分为污染要素的指数函数形式。劳动力效率函数为污染要素的指数形式。函数的具体形式如表 19-3 所示：

表 19-3 两部门生产函数和劳动力效率的具体函数形式

描述	函数形式
农业部门生产函数	$F^1(hL_1, Y_2, K_1, Z) = (hL_1)^{\alpha_1} K_1^{\alpha_2} Y_2^{1-\alpha_1-\alpha_2} + m\dfrac{Z}{\alpha_3}$, $0 < \alpha_1, \alpha_2 < 1, m > 0, \alpha_3 > 0$
生产性服务业部门生产函数	$F^2(hL_2, K_2) = (hL_2)^{\beta} K_2^{1-\beta}, 0 < \beta < 1$
劳动力效率	$h(Z) = (1+Z)^{-\gamma}, \gamma > 0$

一、参数校准

模型的主要参数包括：农业部门生产函数中劳动力成本和资本成本的份额 α_1、α_2 以及污染要素的指数参数 α_3 和系数参数 m；生产性服务业生产函数中劳动力成本份

额 β;劳动力效率函数中的指数参数 γ。校准采用的原始数据来源于 2017 年《中国统计年鉴》《中国农村统计年鉴》及相关行业报告和研究报告。

首先对 γ 进行校准。根据《2016 年全民中医健康指数研究报告》可知,农村居民已病状态比例为 13.6%,从而得到农村居民健康状态比例为 86.4%,并以此作为 h 的取值。对污染要素 Z,我们只考虑农药和化肥两种要素,并取化肥(折纯量)和农药的使用量之和作为其取值,为 0.616 亿吨。根据上述函数形式,计算得到 $\gamma=0.305$。

再对 α_1 和 α_2 参数进行校准。采用农林牧渔业附加值 63 672.8 亿元作为农业部门产出 Y_1,年末乡村第一产业就业人员数 21 496 万人作为农业部门劳动力人数 L_1,农村居民人均可支配收入 12 363.4 元作为人均总劳动报酬;农业的资本存量由田友春(2016)测算结果,运用永续盘存法计算得到,为 86 517.1 亿元(当年价格计算),同时考虑到污染要素(农药和化肥)使用量总价值 10 308.05 亿元,这其实是资本的一部分,故农业资本水平 K_1 应当采用农业资本存量扣除其使用量的总价值,以示区别;生产性服务业的产值为 7 247 亿元。考虑本章农业部门生产函数具体形式设定的特殊性,劳动力成本份额 α_1 和资本成本份额 α_2 应当分别为劳动力成本和资本成本占农业产出与污染要素使用量价值之差的比例,分别为 49.8% 和 36.6%;并由此计算得到农业部门的利率水平 $r_1=25.6\%$。

生产性服务业部门中,对于 β,由陈宗胜和吴婷(2013)的测算结果,"现代服务业"的劳动报酬占比为 11.7%,这里取 $\beta=0.12$。由于目前生产性服务业的劳动力人数以及资本数量均没有统计数据,故需要进行计算。选取统计年鉴中城镇单位"交通运输、仓储和邮政业""信息传输、计算机服务和软件业""批发和零售业""金融业""租赁和商务服务业""科学研究、技术服务和地质勘查业"六个行业的加权平均工资近似作为生产性服务业的劳动总报酬水平,约 87 455.45 元/人,推算得到生产性服务业就业人数 L_2 为 99.438 万人。考虑到生产性服务业可以在正规金融市场获得贷款支持,2016 年个人贷款基准利率为 4.35%,农村信用社贷款利率下限为基准利率的 0.9 倍,最大上浮系数为贷款基准利率的 2.3 倍,这里取上浮系数的中间值 1.6,可得生产性服务业部门的利率水平 r_2 约为 7%,由此可得该部门的资本 K_2 为 91 628.736 亿元。至此,由生产函数可得生产性服务业的产出水平 $Y_2=39\ 689.521$,进而其相对于农业的

价格水平 $p_2=0.183$。由农村人均医疗保健消费支出水平 929.2 元，可以得到两个部门用于生活支出的工资水平 w_1 和 w_2 以及外生变量 $\lambda= 6\,832.353$。

最后对农业部门生产函数中污染要素的系数参数 m 和 α_3 进行校准。由污染要素使用量的价值、服务业部门产出 Y_2 以及第一部门其他内生变量可得 α_3 为 0.354，进而可以求得 m 的值 $8\,683.71$。

鉴于还有诸多没有考虑到的因素导致了 w_1 和 w_2、r_1 和 r_2 之间的不相等，故为了使经济达到平衡，分别增加调整系数 $\frac{w_1}{w_2}=0.132$ 和 $\frac{r_1}{r_2}=3.684$。各参数值如表 19-4 所示：

表 19-4 所有参数的校准值

变量名	α_1	α_2	α_3	m	β	γ
校准值或取值	0.4980	0.3660	0.3540	8 683.7100	0.1200[注]	0.3050

注：根据陈宗胜、吴婷(2013)。

二、数值模拟

为考察补贴对污染要素使用量及污染消费的影响，我们以横轴为补贴率，纵轴为污染要素使用量(单位：亿吨)，以 $s12$、$s22$、$s11$、$s21$ 分别表示对生产性服务业工资补贴、对生产性服务业利息补贴、对农业工资补贴、对农业利息补贴，Z-$s12$、Z-$s22$、Z-$s11$、Z-$s21$ 分别表示对应情况下污染要素的使用量，分别绘制其变化趋势的折线图。

1. 对生产性服务业部门进行补贴

由命题 2，随补贴率升高，污染要素使用量及污染消费量增加；显然，在 $\beta=0.12$ 的情况下，$r_2K_2>w_2L_2$，故由命题 4，补贴该部门的工资带来的环境效果更好。假设前述经济已经达到均衡，则均衡的工资补贴率和利息补贴率分别约为 1% 和 0.1%，在考虑模拟误差的情况下，皆可近似看作没有补贴。数值模拟结果如图 19-4。由图可知，随着补贴率的升高，污染要素使用量也增加，且补贴工资的污染要素使用量曲线始终位于补贴利息的污染要素使用量曲线下方,从而与理论模型分析相吻合。

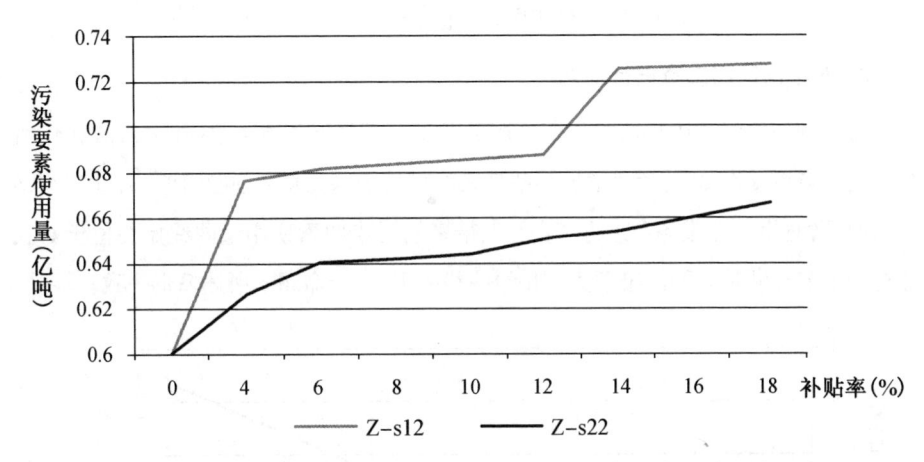

图 19-4　生产性服务业部门两种补贴分别对污染要素使用量的影响

2. 对农业生产性服务业部门进行补贴

由命题 1,随补贴率升高,污染要素使用量及污染消费量增加;在 $\alpha_1 = 0.498$、$\alpha_2 = 0.366$ 的情况下,$r_1 K_1 < w_1 L_1$,故由命题 3,补贴该部门的利息带来的环境效果更好。假设前述经济已经达到均衡,则均衡的工资补贴率和利息补贴率分别约为 7.5% 和 10%。数值模拟结果如图 19-5。由图 19-5 可知,随着补贴率的升高,污

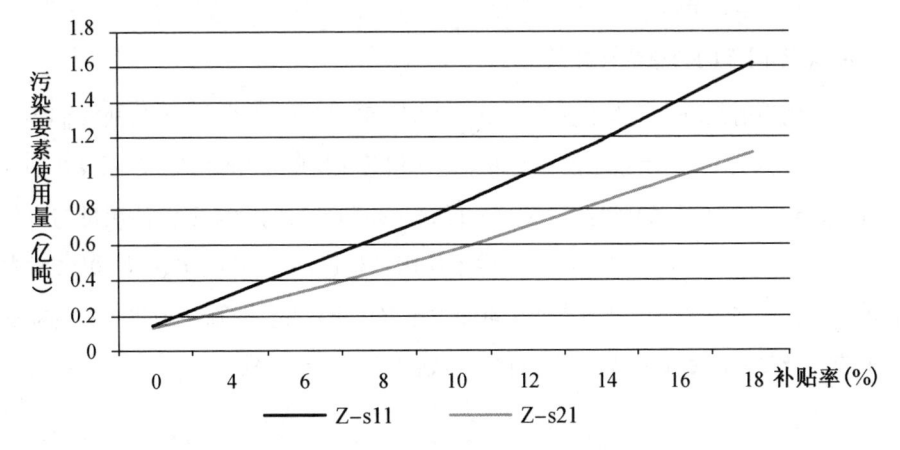

图 19-5　农业部门两种补贴分别对污染要素使用量的影响

染要素也增加,且补贴利息的污染要素使用量曲线始终位于补贴工资的污染要素使用量曲线下方,从而与理论模型分析同样相吻合。

3. 对不同部门工资进行补贴

考虑到当前经济中均衡的生产性服务业部门工资补贴率约为 7.5%,故我们将分析的起点调整至 8%,考察增加补贴带来的环境效果影响。如图 19-6,同等补贴率情况下,对生产性服务业进行工资补贴带来的污染要素使用量曲线始终位于对农业进行工资补贴带来的污染要素使用量曲线的下方,与命题 5 所述情形一致。

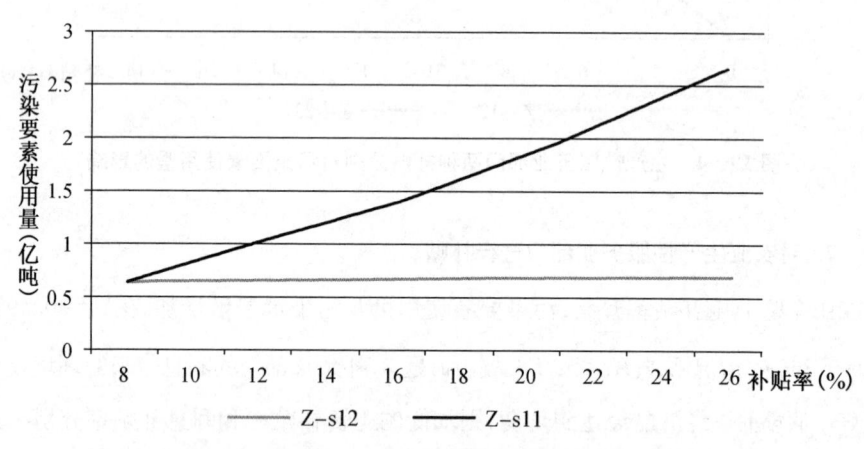

图 19-6　不同部门工资补贴对污染要素使用量的比较

4. 对不同部门利息进行补贴

考虑到当前经济中均衡的生产性服务业部门利息补贴率约为 10%,故我们将分析的起点调整至 10%,考察增加补贴带来的环境效果影响。如图 19-7,同等补贴率情况下,当补贴率小于 20% 时,对农业进行利息补贴带来的污染要素使用量与对生产性服务业进行利息补贴带来的污染要素使用量相近;一旦补贴率超过 20%,对农业进行利息补贴带来的污染要素使用量曲线始终位于对生产性服务业进行利息补贴带来的污染要素使用量曲线的下方,这与命题 6 所述情形一致。

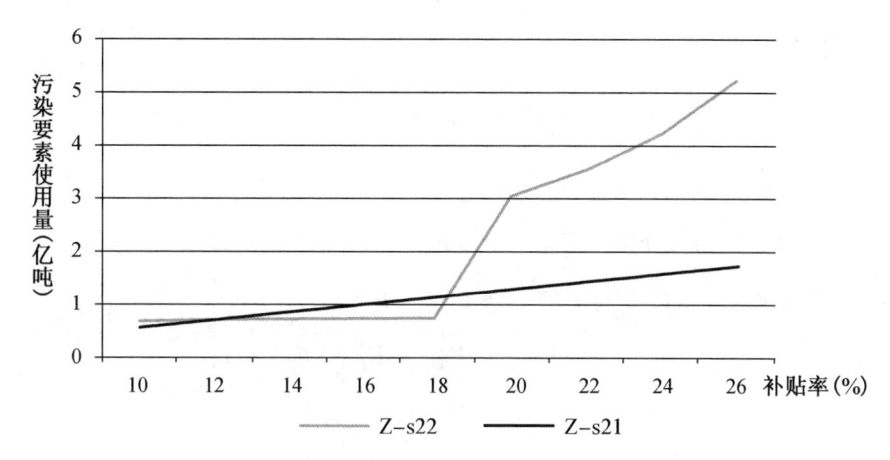

图 19-7　不同部门利息补贴对污染要素使用量的比较

第 5 节　结束语

本章建立一般均衡模型,从污染消费的角度在存在农业污染的背景下,研究比较了对生产性服务的补贴和对农业补贴的环境、经济效果。我们在研究中,首次在理论模型中将农业污染的传导路径区别于工业污染,这样做的意义在于能够使理论研究更加贴近实际,也是学术研究上的创新。本章的主要结论有:考虑发展生产性服务业时,也必须注意到环境效果,当劳动要素成本低于资本成本时,补贴工资的环境效果要优于补贴利息的环境效果,反之亦然;考虑到环境保护问题时,对农业生产性服务业工资补贴的环境效果要优于对农业部门的工资补贴的环境效果,对农业的利息补贴环境效果优于对农业生产性服务业利息补贴的环境效果。这些结论在相关领域的研究中是第一次得出,可供有关部门在推进乡村振兴战略或进行经济决策时做参考。在本章的第四部分,我们用中国经济的宏观数据对模型的参数进行了校准并进行了数值模拟,验证了本章理论模型对于解释补贴农业和农业生产性服务业的政策对环境影响的有效性。

附 录

$$B = \begin{vmatrix} F^1_{LL}h^2 & F^1_{LY_2}F^2_L h^2 & F^1_{LK}h & F^1_{LY_2}F^2_K & 0 & -1 & 0 \\ F^1_{Y_2L}h & F^1_{Y_2Y_2}F^2_L h & F^1_{Y_2K} & F^1_{Y_2Y_2}F^2_K & -1 & 0 & 0 \\ F^1_{KL}h & F^1_{KY_2}F^2_L h & F^1_{KK} & F^1_{KY_2}F^2_K & 0 & 0 & -1 \\ 0 & p_2 F^2_{LL}h^2 & 0 & p_2 F^2_{KL}h & F^2_L h & -1 & 0 \\ 0 & p_2 F^2_{KL}h & 0 & p_2 F^2_{KK} & F^2_K & 0 & -1 \\ 1 & 1 & 0 & 0 & 0 & 0 & 0 \\ 0 & 0 & 1 & 1 & 0 & 0 & 0 \end{vmatrix}$$

$$= h^2 \{ p_2^2 [(F^2_{KL})^2 - F^2_{LL}F^2_{KK}] + p_2(F^2_K F^2_{KL} - F^2_{KK}F^2_L)(F^1_{Y_2Y_2}F^2_L - 2F^1_{LY_2}) +$$

$$p_2(F^2_L F^2_{KL} - F^2_{LL}F^2_K)(F^1_{Y_2Y_2}F^2_K - 2F^1_{KY_2}) - 2F^2_L F^2_K(F^1_{LY_2}F^2_{KY_2} - F^1_{Y_2Y_2}F^1_{KL}) +$$

$$2F^2_L(F^1_{LY_2}F^1_{KK} - F^1_{KY_2}F^1_{KL}) + 2F^2_K(F^1_{LL}F^1_{KY_2} - F^1_{LY_2}F^1_{KL}) - (F^2_L)^2 [F^1_{Y_2Y_2}F^1_{KK} -$$

$$(F^1_{KY_2})^2] - (F^2_K)^2 [F^1_{Y_2Y_2}F^1_{LL} - (F^1_{LY_2})^2] - [F^1_{LL}F^1_{KK} - (F^1_{KL})^2] +$$

$$p_2(2F^1_{KL}F^2_K - F^1_{LL}F^2_{KK} - F^1_{KK}F^2_{LL}) \} < 0$$

参考文献

[1] 陈锡文. 环境问题与中国农村发展[J]. 管理世界,2002(1):5-8.

[2] 陈宗胜,吴婷. 沙漏型初次分配结构与产业结构调整——基于我国42部门投入产出表的分析[J]. 经济社会体制比较,2013(5):14-31.

[3] 杜江. 中国农业增长的环境绩效研究[J]. 数量经济技术经济研究,2014(11):53-69.

[4] 郭晓鸣,张克俊,虞洪,等. 实施乡村振兴战略的系统认识与道路选择[J]. 农村经济,2018(1):11-20.

[5] 韩苗苗,乐永海,孙剑. 我国农业社会化服务水平测评与制约因素解构[J]. 统计与决策,2013(3):142-146.

[6] 郝爱民. 农业生产性服务业对农业的外溢效应与条件研究[J]. 南方经济,2013(5):38-48.

[7] 郝爱民.农业生产性服务业外溢效应和溢出渠道研究[J].中南财经政法大学学报,2013(6):51-59.

[8] 孔祥智,周振."三个导向"与新型农业现代化道路[J].江汉论坛,2014(7):42-49.

[9] 李谷成,范丽霞,闵锐.资源、环境与农业发展的协调性——基于环境规制的省级农业环境效率排名[J].数量经济技术经济研究,2011(10):21-36.

[10] 李启平.生产性服务业与农业的互动发展:基于投入产出表的分析[J].科技进步与对策,2009(13):73-75.

[11] 李太平,张锋,胡浩.中国化肥面源污染EKC验证及其驱动因素[J].中国人口·资源与环境,2011(11):118-123.

[12] 李晓春,董哲昱.污染消费与污染治理技术水平的进步:环境、失业和福利[J].中国经济问题,2017(6):34-43.

[13] 潘锦云,汪时珍,李晏墅.现代服务业改造传统农业的理论与实证研究——基于产业耦合的视角[J].经济学家,2011(12):40-47.

[14] 田友春.中国分行业资本存量估算:1990～2014年[J].数量经济技术经济研究,2016,33(06):3-21+76.

[15] 汪建丰,刘俊威.中国农业生产性服务业发展差距研究——基于投入产出表的实证分析[J].经济学家,2011(11):52-57.

[16] 魏修建,李思霖.我国生产性服务业与农业生产效率提升的关系研究——基于DEA和面板数据的实证分析[J].经济经纬,2015(3):23-27.

[17] 吴宏伟,侯为波,卓翔芝.传统农业区农业生产性服务业现状、问题和发展思路——以安徽省为例的实证分析[J].农村经济,2011(91):44-47.

[18] 肖卫东,杜志雄.农业生产性服务业发展的主要模式及其经济效应——对河南省发展现代农业的调查[J].学习与探索,2012(9):112-115.

[19] 徐更生.持续农业及其对我国的挑战[J].世界经济,1993(6):39-45.

[20] 杨俊,陈怡.基于环境因素的中国农业生产率增长研究[J].中国人口·资源与环境,2011(6):153-157.

[21] 张可,丰景春.强可处置性视角下中国农业环境效率测度及其动态演进[J].中国人口·资源与环境,2016(1):140-149.

[22] 张永成. 基于环境效应调整的农业生产力绩效评价研究[J]. 管理世界, 2009(2): 170-171.

[23] 张振刚, 陈志明, 林春培. 农业生产性服务业模式研究——以广东农业专业镇为例[J]. 农业经济问题, 2011(9): 35-42.

[24] COPELAND B R, TAYLOR S M. Trade, spatial separation, and the environment [J]. Journal of International Economics, 1999, 47(1): 137-168.

[25] FALAVIGNA G, MANELLO A, PAVONE S. Environmental efficiency, productivity and public funds: The case of the Italian agricultural industry[J]. Agricultural Systems, 2013, 121(4): 73-80.

[26] FUKUYAMA H, NAITO T. Unemployment, trans-boundary pollution, and environmental policy in a dualistic economy[J]. Review of Urban and Regional Development Studies, 2010, 19(2): 154-172.

[27] KONDOH K, YABUUCHI S. Unemployment, environmental policy, and international migration[J]. Journal of International Trade and Economic Development, 2012, 21(5): 677-690.

[28] LI X, WU Y. Environment and economy in the modern agricultural development[J]. Asia-Pacific Journal of Accounting and Economics, 2018, 25(1-2): 163-176.

[29] TAHERIPOUR F, KHANNA M, NELSON H C. Welfare Impacts of Alternative Public Policies for Agricultural Pollution Control in an Open Economy: A General Equilibrium Framework[J]. American Journal of Agricultural Economics, 2008, 90(3): 701-718.

第20章　农业污染背景下，征收工业污染税补贴农业的环境效果

本章摘要：工业污染给农业生产带来负外部性，故而产生污染的企业需要弥补农业的损失。另一方面，农业面源污染在中国环境污染中所占的比重越来越大，已经超过工业污染，成为最主要的污染形式，而且农业污染与工业污染对经济和环境的影响路径不同，农业污染在环境问题中所起的作用不应该被经济理论研究忽视。本章将农业污染纳入理论研究框架，并将对工业污染的课税作为补偿农业的资金来源，用一个两部门的一般均衡模型分析工业污染税补贴农业的环境效果。本章的主要结论是：在短期工业污染税补贴农业能够改善环境、减少农业使用污染要素，农产品价格补贴更具有显著的环境污染控制效果；而长期工业污染税补贴农业的环境效果与短期情况正好相反。随后，本章用中国的宏观数据对模型的参数进行了校准，并用参数校准后的模型进行了数值模拟，其结果验证了本章理论模型对于中国经济实际的有效性。

第1节　前　言

1999年Copeland & Taylor就环境与工农业生产的关系进行了研究，认为农业生产对自然环境有较强的外部依赖性，工业污染通过空气、水流等影响农业的生产能力，造成农业产出的损失，此后国内外出现了许多根据他们提出的工业污染路径进行的理论研究。正是因为工业污染对农业生产造成的负外部性，所以，考虑污染企业对农业的补偿是理所当然，但是在既有的经济学的理论研究中，几乎找不到以工业污染

税为农业补偿源的研究,使得我们不了解相关的市场机制,不能科学地制定一个顺应经济发展、合理的环境保护政策。另一方面,我国农业面源污染在环境污染中所占的比重越来越大,已经超过工业污染,成为主要的污染形式。2016年中国废水排放量达735.32亿吨,同比增长2.67%,其中的主要污染物化学需氧量(COD)工业污染源排放293.45万吨,农业污染源排放1 068.58万吨,农业源排放相当于工业源排放的3.64倍;废水中氨氮工业污染源排放21.74万吨,农业污染源排放72.61万吨,农业源排放相当于工业源排放的3.34倍。然而,经济学的理论研究却很少将农业污染纳入环境问题的研究框架,而且农业污染与工业污染对经济和环境的影响路径不同,农业污染主要源自流失的农药化肥、秸秆焚烧、土壤中的农用膜等,对环境造成有害残留和生态破坏的同时,农药残留超标通过食物链的累积还会影响到人体健康,故而,我们不能以针对工业污染的措施来治理农业污染。我们认为,农业污染在环境问题中所起的作用不应该被经济理论研究忽视,将农业面源污染纳入理论研究框架的基础上,探究对工业污染课税补偿农业的环境效果是一个重要的理论和现实的问题。

随着工业化、城镇化发展的加快,经济发展和资源环境的矛盾日益突出。在环境保护上,对环境污染征税是常见的措施。在对工业污染课税的理论研究方面,Wang(1990)认为提高工业污染要素使用税使得农业部门的工资上升,经济资本收益率下降,环境质量改善。Beladi & Chao(2006)考虑农业生产和工业生产过程中同时产生污染的情形,认为对农业污染和工业污染征税提高了城市商品的相对价格,使得城市就业率恶化。Rapanos(2007)考虑了长短期情况下的H-T模型,认为对工业部门产品价格征收污染税使得短期情况下农业部门就业人数增加,长期情况下工业部门劳动力和资本向农业部门转移,工业部门就业和失业减少。虽然Rapanos与上述文章不同,考虑到了环境污染对农业生产的负外部性,却没有涉及农业污染。Daitoh(2008)与Daitoh & Omote(2001)在考虑对污染要素征税的前提下得出和Rapanos不同的结论。至此我们可以看到,虽然以前学界在要素转移的前提下有一些考虑工业污染税的研究,但是它们的共同问题是没有将农业污染和环境污染对农业生产的负外部性放在同一个框架下进行研究,然而这样的研究对于现实经济是必要的。

另外,应该引起重视的是农业污染和工业污染对经济影响的路径是不同的。工业污染是点源污染，工业生产过程中的废烟、废气、废水、废渣、噪声等污染物通过大气、水源、土壤渗透等形式直接或间接对环境造成破坏。Copeland & Taylor 认为，在发展中国家，工业产生的工业污染多；而农业部门的生产对自然环境有较强的外部依赖性，是工业污染的主要受害者，故而工业污染会削弱农业部门的生产能力。农业污染主要来自残留及流失的农药化肥、秸秆焚烧、土壤中的农用膜、畜禽养殖产生的粪便、生活垃圾和污水等，一方面对环境造成有害残留和生态破坏，给农业的生产环境带来负外部性，影响到农业部门的产出；另一方面，农药残留超标通过食物链的累积，危害人体健康，对城乡居民的健康人力资本水平造成危害。在既有的研究中，可以找到的与本章关心问题相近的研究是就工业污染对农业生产影响的研究，如李晓春（2005）、Rapanos(2007)、Kondoh & Yabuuchi(2012)、Tawada & Sun(2010)以及 Li & Wu(2018)等，但这些研究并未提及农业污染，也没有考虑到由于工业污染对农业生产的负外部性而给予农业的补偿。

  关于农业补贴的环境效果，Chen et al. (2017)认为农业减排创新补贴优于数量补贴，因为它减少了农业污染，农业利润在创新补贴下高于数量补贴。Li & Wu 设置三部门的一般均衡模型探究对现代农业部门工资补贴和利率补贴的环境效果，认为农业部门利率补贴优于其他生产要素补贴。但是上述文章并没有考虑农业补贴的资金来源，不能体现支持农业发展的作用主体。

  本章将工业污染税作为农业补贴的资金来源。虽然农业生产中也存在污染问题，但本章没有考虑对农业污染征税，这是因为在发展中国家农业是相对弱小的部门，是财政补贴的主要对象，不对农业污染征税的设定符合现实的做法。然而，农业补贴涉及城乡间劳动力、资本等生产要素的转移，会影响环境。这是因为生产要素的变化必然影响生产规模，从而影响到环境(Grossman, Krueger, 1995)；另一方面，农业部门在生产中不可避免地使用化肥、农药、地膜等产生环境污染的要素(以下简称"污染要素")产生面源污染，而生产要素在城乡间的流动会引起污染要素产生替代效应，从而影响到环境。因此，本章在有农业污染的背景下，考虑对工业污染课税补偿农业生产损失，设定补贴农业的工资、利息和农产品价格的形式，分析补贴农业的环境效果。

第 2 节 短期模型

一、模型

本章考虑两部门构成的小国开放型经济,该经济由生产可进口产品的工业部门和生产可出口产品的农业部门组成。两部门都以劳动力和资本作为生产要素,农业部门除了使用劳动力和资本,还使用农药、化肥、地膜等能够产生污染的污染要素。

各部门的生产函数如下:

$$X_1 = F^m[h(Z)L_m, K_m] \tag{20-1}$$

$$X_2 = g(E)F^a[h(Z)L_a, K_a, Z] \tag{20-2}$$

其中,X_1 和 X_2 分别是工业部门和农业部门产量,L_m 和 L_a,K_m 和 K_a 分别是工业部门和农业部门生产所用的劳动力和资本,Z 是污染要素的使用量。污染要素虽然能够促进农业产出,但影响农作物品质,其有害成分也通过农作物对劳动力的健康水平造成损害。这里定义:

$$h = h(Z) \tag{20-3}$$

衡量污染要素对人力资本健康水平的损害程度,$h(Z)L_m$,$h(Z)L_a$ 分别表示工业部门和农业部门的有效劳动水平,$h(Z)' < 0$,$h(Z)'' > 0$,E 为自然环境质量,E 越大环境质量越好。由于环境污染具有外部性,用 $g(E)$ 表示环境质量对农业部门产出的影响,并假定 $g(E) \in (0,1)$,$g(E)' > 0$。F^m、F^a 是严格拟凹的一阶齐次函数。

下面对环境污染进行设定。本章设想发展中国家不仅存在工业污染,还存在农业部门产生的污染。本章假定,每生产一单位工业产品,产生 ρ 单位的污染,工业部门产生的环境污染可以用 $D_1 = \rho X_1$ 表示,其中 $0 < \rho < 1$,表示环境技术水平;假定农业部门每使用 1 单位污染要素产生 μ 单位污染,农业部门产生的环境污染可以用 $D_2 = \mu Z$ 表示。经济体中环境污染和环境质量分别用下式表示:

$$D = D_1 + D_2$$

$$E = \overline{E} - \rho F^m - \mu Z \tag{20-4}$$

其中，D 表示经济体中产生的环境污染量，为工业部门和农业部门产生污染量之和。经济中污染和环境的总量用各部门产生的污染的线性组合表达，可以参考 Chua(2003)以及 Beladi & Chao(2006)。E 表示经济体中没有污染时环境对污染物的容纳量。本章设定农业部门使用的污染要素对农村劳动力有较强替代关系，如使用除草剂的替代人工除草等；但由于农业部门在生产中使用的资本要素主要涉及农作物播种、培育、收割过程大中小型机械器械，与污染要素替代关系较弱，本章设定污染要素和资本之间没有替代关系。

Z 是农业部门生产的中间产品，其产出为：

$$Z = \alpha L_a^\beta, \alpha > 0, \beta < 0, Z \neq 0, L_a \neq 0 \qquad (20-5)$$

在劳动市场上，设经济中劳动力禀赋量为 L，Lu 为城市部门失业人数，令 $\lambda = Lu/Lm$，则有：

$$L = L_a + (1+\lambda) L_m \qquad (20-6)$$

由两部门根据利润最大化原则可以得到，

$$(p - t\rho) h F_L^m = w_m \qquad (20-7)$$

$$g(E) h F_L^a = w_a \qquad (20-8)$$

$$g(E) F_K^a = r \qquad (20-9)$$

$$g(E) F_Z^a = \tau \qquad (20-10)$$

这里，p 为以农产品为基准的工业产品的相对国内价格，t 为政府为弥补农业的损失而对工业部门产生每单位污染征收的环境污染税。w_m 和 w_a 分别表示工业部门和农业部门的工资，工业部门的工资由于具有下方刚性，所以 w_m 为一定值，而农业部门工资 w_a 是弹性的。r 和 τ 分别表示农业部门的资本利率和污染要素 Z 的价格，短期模型中 K_a 和 K_m 是固定不变的。$F_L^i = \partial F^i / \partial L_i (i = a, m)$，$F_K^i = \partial F^i / \partial L_i (i = a, m)$，$F_Z^a = \partial F^a / \partial Z$。最后，根据 H-T 模型的劳动力分配机制，在劳动力转移平衡处农业部门的工资和工业部门的预期工资相等，有：

$$w_a = w_m / (1 + \lambda) \qquad (20-11)$$

最后是工业污染税补贴农业部分的模型构建。本章考虑，以对工业征收的环境污染税作为农业补贴的资金来源，以工业污染税补贴农业的有三种形式：对农业部门

进行工资补贴、利率补贴和农产品价格补贴。所以,对农业进行工资补贴有以下等式成立:

$$g(E)hF_L^a = w_a(1-s_a) \qquad (20-12)$$

$$w_a L_a s_a = t\rho F^m \qquad (20-13)$$

对农业进行资本利率补贴有以下等式成立:

$$g(E)F_K^a = r(1-s_r) \qquad (20-14)$$

$$rK_a s_r = t\rho F^m \qquad (20-15)$$

对农业进行农产品价格补贴有以下等式成立的形式:

$$(1+s_p)g(E)hF_L^a = w_a \qquad (20-16)$$

$$(1+s_p)g(E)F_K^a = r \qquad (20-17)$$

$$(1+s_p)g(E)F_Z^a = \tau \qquad (20-18)$$

$$1 \cdot X_2 s_p = t\rho F^m \qquad (20-19)$$

其中,s_a,s_r 和 s_p 分别表示对农业部门的工资补贴、资本利率补贴和农产品价格补贴率。反映工资补贴的模型由式(20-1)至(20-7)、(20-9)至(20-13)共 12 个方程组成;反映利率补贴的模型由(20-1)至(20-8)、(20-10)、(20-11)、(20-14)以及(20-15)共 12 个方程组成;反映农产品价格补贴的模型由(20-1)至(20-7)、(20-11)、(20-16)、(20-17)、(20-18)以及(20-19)共 12 个方程组成。各个模型可以决定 $\lambda,r,\tau,t,h,w_a,L_a,L_m,Z,E,X_1$ 和 X_2 共 12 个内生变量,在建模过程中出现的 $w_m,K_a,K_m,L,K,\bar{E},\alpha,\beta,\rho,\mu,s_a,s_r$ 以及 s_p 是外生变量。至此,该模型构建完成。

二、分析

首先考虑工资补贴对环境质量影响,对(20-4)式进行全微分,可以得到:

$$dE = -\rho h F_L^m dL_m - \mu dZ \qquad (20-20)$$

可以看出,工业部门投入的劳动力要素和污染要素影响环境质量。然后对式(20-4)至(20-7)、(20-9)至(20-13)进行全微分并整理,注意到在财政补贴政策的初始状态 $s_i=0(i=a,r,p)$,可以得到式(20-21):

$$\begin{bmatrix} 0 & \beta Z/L_a & 0 & -1 \\ 0 & 0 & A & (p-t\rho)h'F^m/h \\ 0 & M & N & B \\ -1 & ghF_{KL}^a & -\rho g'hF_K^aF_L^m & -\mu g'F_K^a \end{bmatrix} \begin{bmatrix} dr \\ dL_a \\ dL_m \\ dZ \end{bmatrix} = \begin{bmatrix} 0 \\ w_aL_a \\ -w_a \\ 0 \end{bmatrix} ds_a \quad (20-21)$$

其中，$M = gh^2F_{LL}^a - \dfrac{w_a}{(1+\lambda)L_m} < 0$，$N = -\left(\rho g'h^2F_L^aF_L^m + \dfrac{w_a}{L_m}\right) < 0$，$A = \dfrac{(p-t\rho)hF^mF_{LL}^m}{F_L^m} + t\rho hF_L^m$，$B = ghF_{LZ}^a + gh'F_L^a - \mu g'F_L^a$。

令 Δ_1 为(20-21)式矩阵的行列式，可以得到：$\Delta_1 = \beta Z/L_a[AB-N(p-t\rho)h'F^m/h] + AM$。为了简化运算，本书做出如下假设。

假设1：$\mu A - \rho h'(p-t\rho)F^mF_L^m < 0$，即 $\sigma_L^m < \left[\dfrac{\rho h'}{\mu h} - \dfrac{t\rho}{(p-t\rho)F^m}\right]L_mF_L^m$。

其中 $\sigma_L^m = \dfrac{\partial F_L^m/F_L^m}{\partial L_m/L_m}$，是城市部门劳动边际生产力的劳动弹性。

假设2：$B > 0$，即 $\sigma_Z^L > \dfrac{u\hat{g} - \hat{h}}{\hat{Z}}$。

其中 $\sigma_Z^L = \dfrac{\hat{F}_L^a}{\hat{Z}}$，是农村部门劳动边际生产力的污染弹性。本假设意味着农业部门每增加一单位污染要素使用量，造成的劳动边际生产提升的产出效应，可以抵消使用一单位污染要素导致的环境影响函数 g 下降和健康水平 h 下降而造成的产出水平下降。符合现实情况农业部门使用污染要素的"利大于害"原则。根据假设1和假设2，可以得到 $\Delta_1 > 0$。再根据Cramer法则，解式(20-21)可以得到：$\dfrac{dL_m}{ds_a} < 0$，$\dfrac{dZ}{ds_a} < 0$，代入式(20-20)可以得出 $\dfrac{dE}{ds_a} > 0$，$\dfrac{dD_1}{ds_a} < 0$，$\dfrac{dD_2}{ds_a} < 0$。

接下来，考虑农业部门资本利率补贴的环境效果。将式(20-4)至(20-8)、(20-10)、(20-11)、(20-14)以及(20-15)全微分并整理可以得到式(20-22)：

$$\begin{bmatrix} 0 & \beta Z/L_a & 0 & -1 \\ 0 & 0 & A & (p-t\rho)h'F^m/h \\ 0 & M & N & B \\ -1 & ghF_{KL}^a & -\rho g'hF_K^aF_L^m & -\mu g'F_K^a \end{bmatrix} \begin{bmatrix} dr \\ dL_a \\ dL_m \\ dZ \end{bmatrix} = \begin{bmatrix} 0 \\ rK_a \\ 0 \\ -r \end{bmatrix} ds_r \quad (20-22)$$

考虑农产品价格补贴的环境效果。将式(20-4)至(20-7)、(20-11)、(20-16)、(20-17)、(20-18)以及(20-19)全微分并整理可以得到式(20-23):

$$\begin{pmatrix} 0 & \beta Z/L_a & 0 & -1 \\ 0 & 0 & A & (p-t\rho)h'F^m/h \\ 0 & M & N & B \\ -1 & ghF^a_{KL} & -\rho g'hF^a_K F^m_L & -\mu g'F^a_K \end{pmatrix} \begin{pmatrix} dr \\ dL_a \\ dL_m \\ dZ \end{pmatrix} = \begin{pmatrix} 0 \\ gF^a \\ -ghF^a_L \\ -gF^a_K \end{pmatrix} ds_p$$

(20-23)

使用 Cramer 法则分别对式(20-22)和(20-23)求解,与式(20-21)计算的结果归纳在如下表20-1中:

表 20-1 短期计算结果

	dλ	dr	dτ	dt	dL_a	dL_m	dZ	dD_1	dD_2	dD	dE
ds_a	/	+	+	+	+	−	−	−	−	−	+
ds_r	[+]or[−]	+	+	+	+	−	−	−	−	−	+
ds_p	/	+	+	+	+	−	−	−	−	−	+

注:"+"和"−"分别表示纵列外生变量的变化会导致横列内生变量向同方向和反方向改变,"[+]"和"[−]"分别表示在特殊条件约束下纵列外生变量的变化会导致横列内生变量向同方向和反方向改变,"/"表示纵列外生变量变化对横列内生比变量的影响不能直接确定(见附录 A)。

根据表 20-1 的结果,可以得到以下命题 1。

命题 1:在短期的情况下无论采用工资补贴、资本利率补贴或是价格补贴补贴农业,都会减少工业污染和农业污染、减少污染要素使用量,自然环境变好;而且三种补贴都会导致工业部门减少劳动力雇佣,农业部门增加劳动力雇佣。

短期中,资本未参与流动,环境效果的变化主要取决于工业部门劳动力和农业部门污染要素使用量的变化。从表20-1可以看出,由于工业部门的环境污染税收作为农业部门补贴资金来源,当对农业部门增加补贴,就意味增加了工业部门的生产成本。工业部门为满足利润最大化的原则,会相应地裁减雇佣劳动力,缩小生产规模,从而工业污染减少。又由于以工业部门的这部分税收对农业部门进行补贴,相当于降低农业部门生产成本,有利于扩大再生产,农业部门有雇佣更多劳动力的需求,从而替代污染要素的使用,农业污染减少。整体环境效果因此变好。

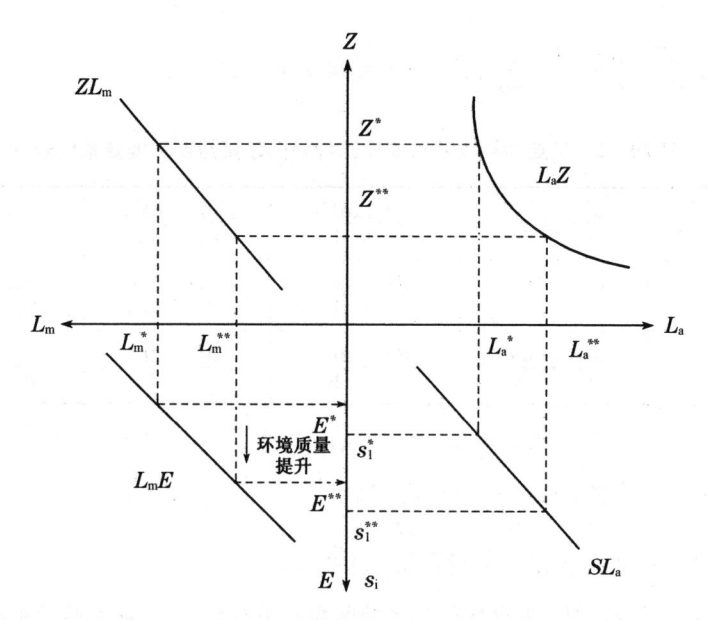

图 20-1 短期工业污染税补贴农业对环境的影响机制

用图 20-1 表述命题 1 中工业污染税补贴农业的环境效果,可以用 4 条线描述其作用机制。首先将式(20-4)至(20-7)和(20-11)代入式(20-12)可以得到 s_i ($i=a,r,p$) 与 L_a 的正向关系,在 $s_i - L_a$ 平面中用 SL_a 线表示;根据式(20-5),在 $L_a - Z$ 平面中得到曲线 L_aZ;将式(20-6)、(20-7)、(20-8)、(20-13)代入式(20-5)可以得到 Z 与 L_m 的正向关系,在 $L_m - Z$ 平面中用 ZL_m 表示;根据式(20-4),在 $L_m - E$ 平面得到线 L_mE,L_m 越低,环境质量越好。因此,当政府提高农业补贴 s_i^* 至 s_i^{**} 时,农业部门的劳动力从 L_a^* 提升至 L_a^{**},相应地污染要素使用量从 Z^* 降低至 Z^{**},工业部门雇佣劳动力从 L_m^* 减少至 L_m^{**},所以环境质量从 E^* 提升到 E^{**}。

最后,比较短期情况下三种工业污染税补贴农业补贴政策的环境效果。对表

20-1 的计算结果进行作差(详见附录 B),可以得到:

$\frac{dE}{ds_a} > \frac{dE}{ds_r}$,当满足 $w_a L_a - r K_a > 0$ 时,即农业部门劳动力工资成本比资本利息成本要低。

而且有 $\frac{dE}{ds_p} > \frac{dE}{ds_a}, \frac{dE}{ds_p} > \frac{dE}{ds_r}$,具体比较结果见下表 20-2:

表 20-2 工业污染税补贴农业三种补贴政策短期环境效果比较

s_a, s_p	$\frac{dD_1}{ds_a} \odot \frac{dD_1}{ds_r}$	$\frac{dD_2}{ds_a} < \frac{dD_2}{ds_r}$	$\frac{dD}{ds_a} < \frac{dD}{ds_r}$	$\frac{dE}{ds_a} > \frac{dE}{ds_r}$
s_p, s_a	$\frac{dD_1}{ds_p} < \frac{dD_1}{ds_a}$	$\frac{dD_2}{ds_p} < \frac{dD_2}{ds_a}$	$\frac{dD}{ds_p} < \frac{dD}{ds_a}$	$\frac{dE}{ds_p} > \frac{dE}{ds_a}$
s_p, s_r	$\frac{dD_1}{ds_p} \odot \frac{dD_1}{ds_r}$	$\frac{dD_2}{ds_p} \odot \frac{dD_2}{ds_a}$	$\frac{dD}{ds_p} < \frac{dD}{ds_r}$	$\frac{dE}{ds_p} > \frac{dE}{ds_r}$

注:第一行农业工资补贴和资本利率补贴的比较是建立在 $w_a L_a - r K_a > 0$ 的设定基础上,而且"$\odot$"表示两者之间大小无法明确判断。

根据表 20-2 的结果,可以得到以下的命题 2。

命题 2:在短期,相比农业部门工资补贴和利率补贴,农产品价格补贴具有更优的环境改善效果;当农业部门的劳动成本大于资本成本时($w_a L_a - r K_a > 0$),对农业部门的工资补贴补贴优于对资本利息补贴。

第 3 节 长期模型

一、模型

在长期模型中,因为资本可以在两部门之间自由流动,因此工业、农业部门具有相同的资本利率。根据利润最大化原则有:

$$(p - t\rho) F_K^m = r \tag{20-24}$$

其中,r 为两部门共同的资本利息率。再考虑资本市场的出清有:

$$K_a + K_m = K \quad (20-25)$$

其中 K 为经济资本禀赋量。式(20-1)~(20-11)和(20-13)在长期中仍然有效,反映工资补贴的模型由式(20-1)至(20-7)、(20-9)至(20-13)、(20-24)、(20-25)共14个方程组成;反映资本利率补贴的模型由(20-1)至(20-8)、(20-14)、(20-10)、(20-11)以及(20-15)、(20-24)、(20-25)共14个方程组成;反映农产品价格补贴的模型由(20-1)至(20-7)、(20-16)、(20-17)、(20-18)、(20-11)以及(20-19)、(20-24)、(20-25)共14个方程组成。各个模型可以决定 $\lambda, r, \tau, t, h, w_a, L_a, L_m, K_a, K_m, Z, E, X_1$ 和 X_2 共14个内生变量,在建模过程中出现的 $w_m, K_a, K_m, L, K, \bar{E}, \alpha, \beta, \rho, \mu, s_a, s_r$ 以及 s_p 是外生变量,长期模型构建完毕。

二、分析

首先对式(20-4)进行全微分可以得到:

$$dE = -\rho h F_L^m dL_m - \rho F_K^m dK_m - \mu dZ \quad (20-26)$$

从上式可以看出,长期中工业部门投入的劳动力要素、资本要素和农业部门的污染要素影响环境质量。本书首先考虑工资补贴形式的工业污染税补贴农业的环境效果。将式(20-4)~(20-7)和(20-9)~(20-13)进行全微分,得到等式(20-27):

$$\begin{pmatrix}
0 & 0 & 0 & 0 & \alpha\beta L_a^{\beta-1} & 0 & 0 & 0 & -1 & 0 \\
0 & 0 & 0 & 0 & \rho h F_L^m & 0 & \rho F_K^m & \mu & 1 \\
0 & 0 & -\rho h F_L^m & 0 & (p-t\rho)h^2 F_{LL}^m & 0 & (p-t\rho)h F_{LK}^m & (p-t\rho)h' F_L^m & 0 \\
w_a/(1+\lambda) & 0 & 0 & 0 & gh^2 F_{LL}^a & 0 & gh F_{LK}^a & 0 & gh' F_L^a + gh F_{LZ}^a & g'h F_L^a \\
0 & -1 & 0 & -\rho F_K^m & 0 & (p-t\rho)h F_{KL}^m & 0 & (p-t\rho) F_{KK}^m & 0 & 0 \\
0 & -1 & 0 & 0 & gh F_{KL}^a & 0 & g F_{KK}^a & 0 & 0 & g' F_K^a \\
0 & 0 & -1 & 0 & gh F_{ZL}^a & 0 & 0 & 0 & g F_{ZZ}^a & g' F_Z^a \\
L_m & 0 & 0 & 0 & 1 & 1+\lambda & 0 & 0 & 0 & 0 \\
0 & 0 & 0 & 0 & 0 & 0 & 1 & 1 & 0 & 0 \\
0 & 0 & 0 & \rho M & 0 & t\rho h F_L^m & 0 & t\rho F_K^m & 0 & 0
\end{pmatrix}$$

$$\begin{pmatrix} d\lambda \\ dr \\ d\tau \\ dt \\ dL_a \\ dL_m \\ dK_a \\ dK_m \\ dZ \\ dE \end{pmatrix} = \begin{pmatrix} 0 \\ 0 \\ 0 \\ -w_a \\ 0 \\ 0 \\ 0 \\ 0 \\ 0 \\ w_a L_a \end{pmatrix} ds_a \qquad (20-27)$$

考虑资本利率补贴,对式(20-4)~(20-8)、(20-14)、(20-10)、(20-11)和(20-15)进行全微分,得到等式(20-28)(附录C1);考虑价格补贴,对式(20-4)~(20-7)、(20-16)、(20-17)、(20-18)、(20-11)和(20-19)进行全微分,得到等式(20-29)(附录C2)。令 Δ_2 为式(20-27)、(20-28)和(20-29)的系数矩阵的行列式,通过动态的瓦尔拉斯调整可以得到 $\Delta_2 > 0$(计算细节见附录D)。

通过 Cramer 法则求解等式(20-27)、(20-28)、(20-29)可以得到表20-3的计算结果:

表20-3 长期模型计算结果

	$d\lambda$	dr	$d\tau$	dt	dL_a	dL_m	dK_a	dK_m	dZ	dD_1	dD_2	dD	dE
ds_a	/	/	−	+	−	/	−	+	+	/	+	+	−
ds_r	/	/	−	+	−	/	−	+	+	/	+	+	−
ds_p	/	/	−	+	−	/	−	+	+	/	+	+	−

注:"+"和"−"分别表示纵列外生变量的变化会导致横列内生变量向同方向和反方向改变,"/"表示纵列外生变量变化对横列内生比变量的影响不能直接确定。

综合表20-3中的结果,可以得到命题3。

命题3: 在长期的情况下无论采用工资补贴、资本利率补贴还是价格补贴农业,都会增加农业污染,恶化环境,促使农业劳动力和资本向城市部门流动。

在长期情况下,工业污染税补贴农业使得工业部门生产成本增加,劳动力和资本的边际生产偏离利润最大化使用量,需要更多生产要素的投入,从而农业部门资本和劳动力转移到城市部门。农业部门由于劳动力和资本要素的减少,为稳定产量就会使用更多污染要素来替代劳动和资本,从而农业污染增加,环境质量恶化。这个命题说明,长期与短期情况截然不同,提醒政策制定部门,在环境污染较为严重的情况下,应该尽量避免长期状态下使用工业污染税补贴农业的补贴政策。

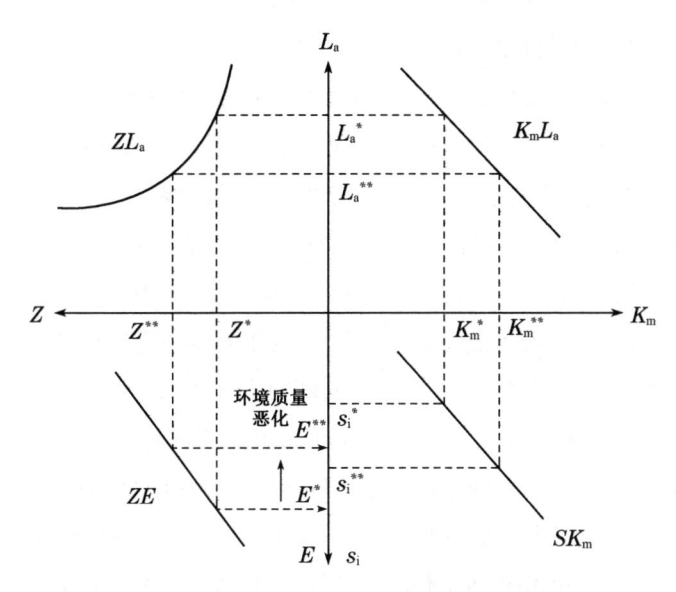

图 20-2 长期工业污染税补贴农业对环境的影响机制

用图20-2表述长期情况下,工业污染税补贴农业的环境效果,我们用4条线描述其作用机制。由长期模型可以得到 $s_i(i=a,r,p)$ 与 K_m 的正向关系,在 s_i-K_m 平面中用 SK_m 线表示;式(20-6)~(20-9)、(20-15)、(20-16)可以确定 K_m 与 L_a 的负向关系,在 K_m-L_a 平面中用 K_mL_a 线表示;式(20-5)用 Z-L_a 平面的 ZL_a 曲线表示 Z 和 L_a 的负向关系;式(20-4)用 Z-E 平面的线 ZE 表示,Z 越大,环境质量越差。因此,当政府提高农业补贴 s_i^* 至 s_i^{**} 时,K_m^* 提升至 K_m^{**},相应的 L_a^* 降低至 L_a^{**},Z 从 Z^* 增加到 Z^{**},环境质量 E 从 E^* 降低到 E^{**},环境质量恶化。

最后，我们比较长期情况下三种工业污染税补贴农业补贴政策的环境效果。对表 20-3 的结果进行作差，将作差结果整理得到表 20-4：

表 20-4　工业污染税补贴农业三种补贴政策长期环境效果比较

	$\dfrac{dD_1}{ds_p} \odot \dfrac{dD_1}{ds_a}$	$\dfrac{dD_2}{ds_p} > \dfrac{dD_2}{ds_a}$	$\dfrac{dD}{ds_p} > \dfrac{dD}{ds_a}$	$\dfrac{dE}{ds_p} < \dfrac{dE}{ds_a}$
sp vs sa				
sp vs sr	$\dfrac{dD_1}{ds_p} \odot \dfrac{dD_1}{ds_r}$	$\dfrac{dD_2}{ds_p} > \dfrac{dD_2}{ds_a}$	$\dfrac{dD}{ds_p} > \dfrac{dD}{ds_r}$	$\dfrac{dE}{ds_p} < \dfrac{dE}{ds_r}$

注："⊙"表示两者之间大小无法明确判断。

根据表 4 的结果可以得到命题 4。

命题 4：在长期，对农产品的价格补贴所造成环境污染程度最大。

在长期情况下，对农产品价格进行补贴，相当于对农业的所有生产要素进行补贴，所以相对于单一生产要素进行补贴具有更强的环境效果。

本章与既有的相关文献的最大不同之处在于，将农业污染纳入研究范畴，将工业污染和农业污染的不同传导方式放在同一个一般均衡模型中。这样的做法，能够最大限度地将现实经济中的污染状况放到经济理论的框架中进行研究，得到的结果有较强的实用性，在理论研究中尚为首次。本章与 Chen et al. (2017) 不同，我们更加合理地考虑了工业污染以及工业污染和农业污染的不同作用机制；本章与 Wang (1990), Rapanos(2007), Daitoh(2008) 以及 Daitoh & Omote(2011) 不同，考虑了经济中不能忽视的农业污染和工业由于产生的污染的负外部性而对农业损失的补偿；本章与 Li & Wu(2018) 的结论也不相同，他们认为利息补贴的环境效果最优，而本章的结论是短期中价格补贴的环境效果最优，长期中价格补贴的环境效果最差，其差异的根源在于本章考虑了农业污染。

第 4 节　数值模拟

一、参数校准

为考察理论模型的解释力，在此本章以中国经济的宏观数据和现有文献的结论对模型参数进行校准,并基于校准的参数,就工业污染税补贴农业的不同形式对内生变量的影响进行数值模拟,检验命题 1 至 4 的数值特征。

将工业和农业的生产函数设定为柯布-道格拉斯生产函数的形式:

$$X_1 = (hLm)^{\gamma_1} Km^{\gamma_2}$$

$$X_2 = g(E)(hLa)^{\theta_1} Ka^{\theta_2} Z^{\theta_3}$$

其中,$\gamma_1 + \gamma_2 = 1, \theta_1 + \theta_2 + \theta_3 = 1$。将环境质量对农业产出的影响因子和污染要素使用对人力资本健康影响程度设为可计算的函数形式:

$$g(E) = E^{\varepsilon}$$

$$h = (1+Z)^{\iota}$$

其中,$g(E) \in (0,1), \varepsilon \in (0,1), \iota \in (-1,0)$。

关于工业、农业部门生产要素的投入弹性可以通过各要素投入成本占总要素投入成本的份额进行确定。本章采用《中国统计年鉴》2017 年相关数据进行估算。2016 年中国城镇单位就业人数和平均工资分别为 41 428 万人和 6.756 9 万元,将其作为工业部门劳动力使用量和工资水平。2016 年农村就业人数 36 175 万人,农村居民人均可支配收入 1.236 34 万元,分别将其作为农业部门劳动力使用量和农业部门工资水平。关于农业部门资本,王劲屹测算出 2014 年农村实际资本存量为 42 902.6 亿元,将其作为农业部门资本使用量。并根据金融机构长期贷款基准利率(3 年至 5 年)4.75%,上调两个百分点 6.75%作为工业部门资本的利率水平 r_m,考虑到农业部门相对于工业部门融资成本较高的事实,将 $1.5 * r_m$ 作为农业部门资本的利率水平,另外将 2016 年农用化肥使用量(折纯量)、农用塑料薄膜使用量和农药使用量之和 6 418 万吨,作为农业污染要素的使用量。从而估算出 $\gamma_1, \gamma_2, \theta_1, \theta_2,$ 和 θ_3。关于污染要素 Z 和农业部门生产所用劳动力 L_a 的关系,通过《中国农村统计年鉴》2000—2017 年相关数据通过最小二乘法估计 α, β 的数值。

式(20-4)中,假定经济体中不产生污染时环境对污染物的容纳量 E 为 1,从而工业污染 D_1、农业污染 D_2 也被标准化。由于环境污染涉及水污染、大气污染、噪声污染、生活垃圾污染等各方面,并没有相关的综合数据直接反映环境质量。为此,本章借鉴董直庆等计算环境质量指数的方法,将反映环境质量不同方面的单项指标进行加权处理测算出 2016 年环境质量的综合评价值为 0.689 4,作为本部分数值模拟采用的环境质量水平。另外,根据工业污染源相对于农业污染源排放化学需氧量、氨氮等的比例,假定农业污染相对于工业污染的比例为 3.5。从而测算出 ρ 和 μ。根据 2007 年世界银行的估算①,中国 2003 年由于酸雨和污染水源灌溉导致的农作物损失分别为 300.111 7 亿元和 66.778 7 亿元,其和相对于农业产出 14 870.1 亿元的比例,等同于 $(1-E^*)/E^*$,从而估算出 ε。

由于农业污染要素使用对劳动者健康的影响指标 h 并没有直观的数据来反映,本章基于《中国卫生与计划生育统计年鉴》2017 年的相关数据测算 2008 年至 2013 年年平均患病增长率为 5.5%,我们以此作为劳动力的健康损失,考虑到前面假设农业污染相对于工业污染的比例为 3.5,所以:

$$h=(1-5.5\%)*3.5/(1+3.5)=0.735$$

由此估算出 ι。

模型参数校准总结于表 20-5。

表 20-5 参数校准值

变量名	γ_1	γ_2	θ_1	θ_2	θ_3	ι
校准值	0.303	0.697	0.516	0.205	0.279	−0.035
变量名	ρ	μ	α	β	ε	
校准值	$5.098\ 35\times10^{-8}$	$3.764\ 066\times10^{-5}$	5 400 315 000	−1.299 8	0.066	

资料来源:作者整理。

短期情况下,资本不能在工业、农业部门间自由流动,所以工业、农业资本使用量相当于一个定值。长期情况下,资本能够在工业、农业部门间自由流动,假定均衡资本利率为 r,通过 $K_m*r_m+K_a*r_a=K*r$ 求出均衡资本利率。由于长期情况资本利率水平的改变,通过上述估算方法估算的生产函数的生产要素弹性也会随之变化,

---

① Cost of Pollution in China, The World Bank State Environmental Protection Administration, P. R. China, 2011 年 6 月。

因此,长期情况下,γ_1、γ_2、θ_1、θ_2、θ_3 的参数校准值分别为 0.303、0.697、0.516、0.137、0.346。接下来通过图示描绘工业污染税补贴农业不同形式对内生变量的影响,检验本章理论研究部分的解释力。

二、数值模拟

(1) 短期情况。资本不能在工业、农业部门间自由流动,所以工业、农业资本使用量相当于一个定值,而且资本利率不相同。图 20-3 分别描绘了三种农业补贴政策在不同农业补贴比例下,工业部门劳动力 L_m、农业部门劳动力 L_a、工业污染 D_1、农

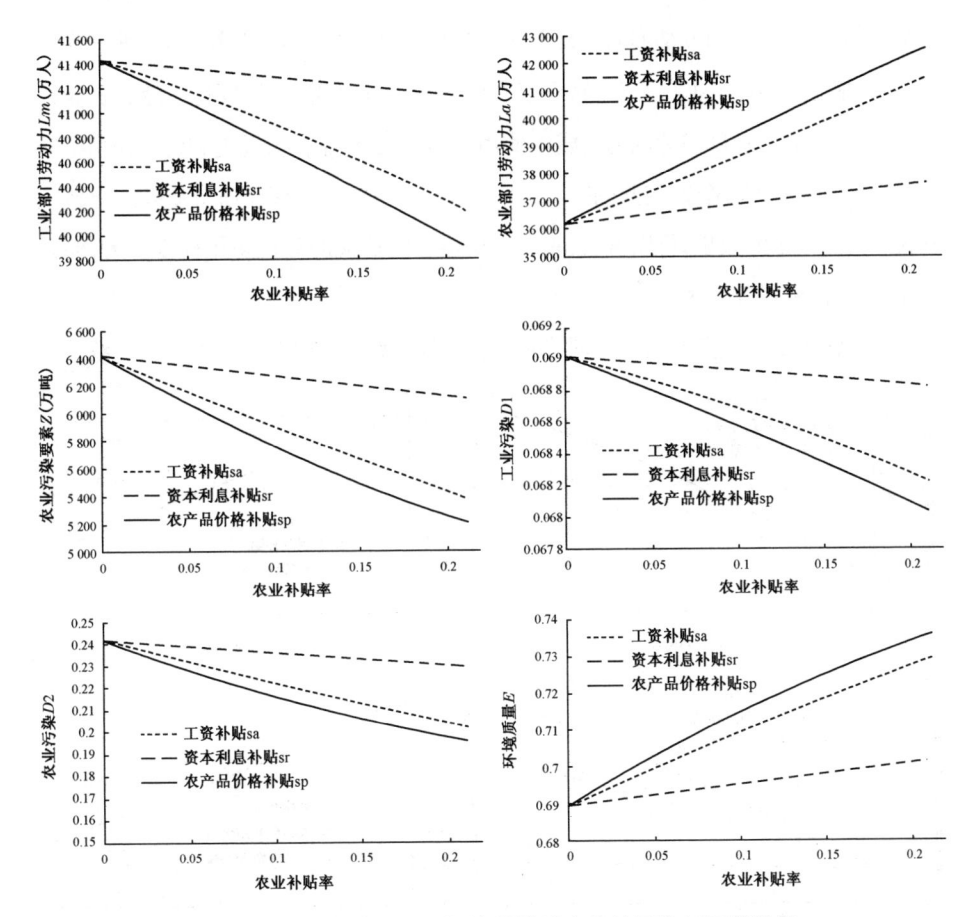

图 20-3 短期情况工业污染税补贴农业的经济与环境效果

业污染要素 Z、农业污染 D_2 和环境质量 E 的变化情况。可以看出,随着农业补贴比例的增加,工业部门劳动力减少,农业部门劳动力增加,农业部门污染要素使用量减少,与此同时,工业污染、农业污染减少,环境质量变好。比较三种农业补贴政策的效果,可以得出,农产品价格补贴环境污染控制效果更优。而且当 $w_aL_a-rK_a>0$ 时,相对于资本利率补贴,对农业部门的工资补贴可以减少更多的农业污染,环境效果更好。

短期情况数值模拟的结果与理论研究部分的命题 1 和命题 2 相关结论一致。

(2) 长期情况。资本能够在工业、农业部门间自由流动,工业、农业部门采用均衡资本利率水平。图 20-4 分别描绘了长期情况中,三种农业补贴政策在不同农业补贴比例下,工业部门劳动力 L_m、资本 K_m,农业部门劳动力 L_a、资本 K_a,农业污染要素 Z,工业污染 D_1,农业污染 D_2 和环境质量 E 的变化情况。可以看出,随着农业补贴比例的增加,工业部门劳动力与资本使用量增加,农业部门劳动力和资本使用量减少,污染要素使用量增加,与此同时,工业、农业污染都增加,环境质量变差。比较三种农业补贴政策的效果,可以得出,农产品价格补贴造成的环境恶化程度更大,使得工业、农业污染增加更多。

长期情况数值模拟的结果与理论研究部分的命题 3 和命题 4 相关结论一致。

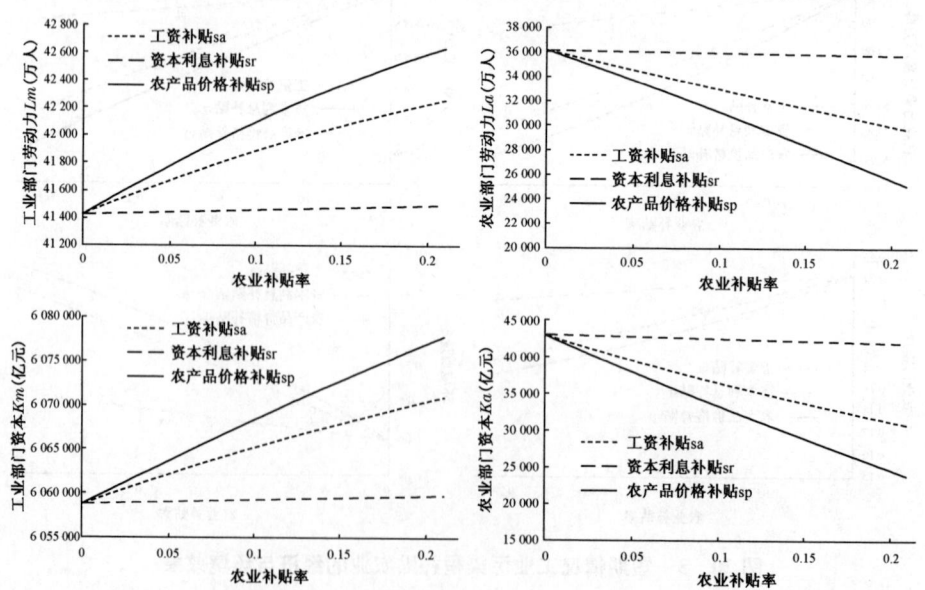

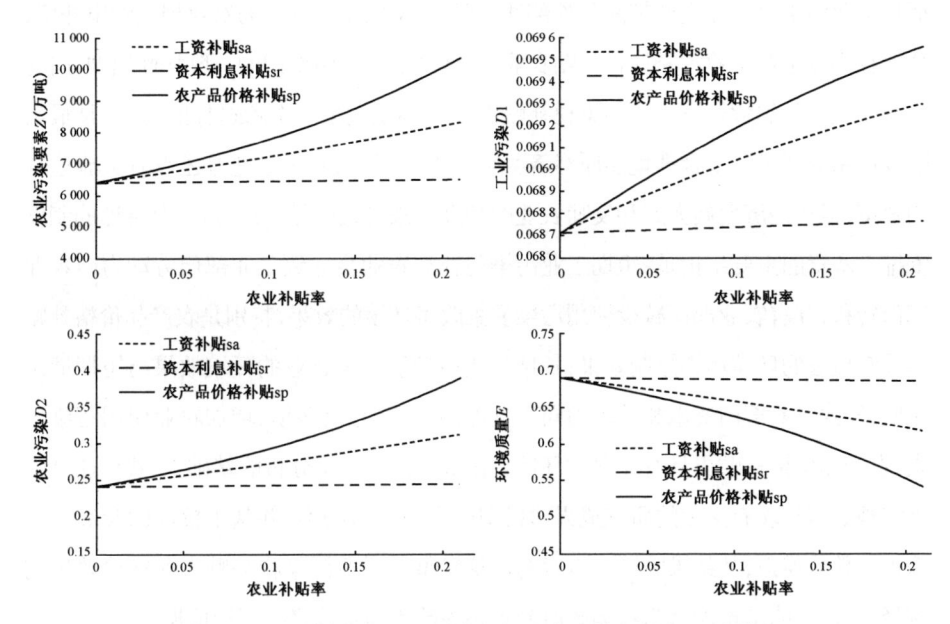

图 20-4　长期情况工业污染税补贴农业的经济与环境效果

三、敏感性检验

在 ι 的校准中，由于患病增长率 5.5% 是一个 5 年的平均数值，所以具体年份的 h 值不能确定，我们需要检验不同的 h 水平是否会影响到文章的结论。在参数校准中，h 值计算为 0.735，在此，我们设 h 水平分别为 0.635 和 0.835。对 ι 值进行校准，h 为 0.635 和 0.835 对应的重新校准的 ι 分别为 -0.052 和 -0.021。由此模拟出不同 h 水平下的农业补贴政策的经济与环境效果（见附录 E），结果发现 h 水平的不同并不影响我们的模拟结果，所以本章的模型结果是稳健的。

第 5 节　结　论

在中国经济发展的过程当中，发展与环境污染的矛盾日益凸显，尤其是农业面源污染愈加严重。应该认识到，工业污染和农业污染对经济和环境有不同的影响路径，而且工业污染给农业生产带来负外部性,产生污染的企业理应为农业损失做出补偿,故而我们设定对工业污染课税补贴农业,并建立了一个两部门的一般均衡模型,研究了在农业污染的背景下工业污染税补贴农业的环境效果。本章这样的设定,是最大限度地用数理语言来合理地还原经济实际。虽然,我国的一些地方还没有实施这样的政策,但从经济发展大局和反哺农业的角度上来说,这样的设定是一个合理的制度安排。本章的主要结论是:短期工业污染税补贴农业会导致工业部门劳动力向农业部门转移,并有农业部门减少使用污染要素改善环境的效果,特别是农产品价格补贴更具有显著的环境污染控制效果;长期工业污染税补贴农业的环境效果与短期情况相反,导致农业部门资本和劳动力向工业部门转移,恶化环境、增加农业使用污染要素,农产品价格补贴更具有显著的环境恶化效果。在理论分析的基础上,我们通过中国宏观数据和现有文献的研究成果对模型的参数进行校准,并基于校准的参数对模型进行数值模拟,其结果验证了本章的理论模型对工业污染税补贴农业环境效果的解释力,本章的结论能够为我国政府制定相关政策提供较好的理论依据。

附 录

附录 A

满足 $\sigma_L^a < -\dfrac{\rho g' L_a F_L^m}{(1+\lambda)g}$, $\sigma_L^a = \dfrac{\partial F_L^a/F_L^a}{\partial L_a/L_a}$, 有 $\dfrac{d\lambda}{ds_r} > 0$; $\beta \sigma_Z^L + h\sigma_L^a > -\dfrac{\rho g' h}{(1+\lambda)g} L_a F_L^m$, 有 $\dfrac{d\lambda}{ds_r} < 0$。

附录 B

$$\frac{dE}{ds_a} - \frac{dE}{ds_r} = \frac{1}{\Delta}\left\{(w_a L_a - rK_a)\left[-\rho h F_L^m\left(\frac{\beta ZB}{L_a}+M\right)+\frac{\mu\beta ZN}{L_a}\right]-\frac{w_a\beta Z}{L_a}[(p-t\rho)\rho h' F_L^m F^m - \mu A]\right\}$$

当有 $w_a L_a - rK_a > 0$ 时,能够得到 $\dfrac{dE}{ds_a} - \dfrac{dE}{ds_r} > 0$, $\dfrac{dE}{ds_p} - \dfrac{dE}{ds_a} = \dfrac{1}{\Delta}\left\{(gF^a - w_a L_a)\left[-\rho h F_L^m\left(\dfrac{\beta ZB}{L_a}+M\right)+\dfrac{\mu\beta ZN}{L_a}\right]\right\} > 0$, $\dfrac{dE}{ds_p} - \dfrac{dE}{ds_r} = \dfrac{1}{\Delta}\left\{(gF^a - rK_a)\left[-\rho h F_L^m\left(\dfrac{\beta ZB}{L_a}+M\right)\right.\right.$

$$+\frac{\mu\beta ZN}{L_a}\Big]-\frac{w_a\beta Z}{L_a}\big[(p-t\rho)\rho h'F_L^m F^m-\mu A\big]\Big\}>0\text{。}$$

附录 C

C1 工业污染税补贴农业资本利息补贴:

$$\begin{pmatrix} 0 & 0 & 0 & 0 & \alpha\beta L_a^{\beta-1} & 0 & 0 & 0 & -1 & 0 \\ 0 & 0 & 0 & 0 & 0 & \rho h F_L^m & 0 & \rho F_K^m & \mu & 1 \\ 0 & 0 & 0 & -\rho h F_L^m & 0 & (p-t\rho)h^2 F_{LL}^m & 0 & (p-t\rho)h F_{LK}^m & (p-t\rho)h'F_L^m & 0 \\ w_a/(1+\lambda) & 0 & 0 & 0 & gh^2 F_{LL}^a & 0 & gh F_{LK}^a & 0 & gh'F_L^a+gh F_{LZ}^a & g'h F_L^a \\ 0 & -1 & 0 & -\rho F_K^m & 0 & (p-t\rho)h F_{KL}^m & 0 & (p-t\rho)F_{KK}^m & 0 & 0 \\ 0 & -1 & 0 & 0 & gh F_{KL}^a & 0 & g F_{KK}^a & 0 & 0 & g'F_K^a \\ 0 & 0 & -1 & 0 & gh F_{ZL}^a & 0 & 0 & 0 & g F_{ZZ}^a & g'F_Z^a \\ L_m & 0 & 0 & 0 & 1 & 1+\lambda & 0 & 0 & 0 & 0 \\ 0 & 0 & 0 & 0 & 0 & 0 & 1 & 1 & 0 & 0 \\ 0 & 0 & 0 & \rho M & 0 & t\rho h F_L^m & 0 & t\rho F_K^m & 0 & 0 \end{pmatrix}$$

$$\begin{pmatrix} d\lambda \\ dr \\ d\tau \\ dt \\ dL_a \\ dL_m \\ dK_a \\ dK_m \\ dZ \\ dE \end{pmatrix} = \begin{pmatrix} 0 \\ 0 \\ 0 \\ 0 \\ 0 \\ -r \\ 0 \\ 0 \\ 0 \\ rK_a \end{pmatrix} ds_r \quad (20-28)$$

C2 工业污染税补贴农业农产品价格补贴:

$$\begin{pmatrix} 0 & 0 & 0 & 0 & \alpha\beta L_a^{\beta-1} & 0 & 0 & 0 & -1 & 0 \\ 0 & 0 & 0 & 0 & 0 & \rho h F_L^m & 0 & \rho F_K^m & \mu & 1 \\ 0 & 0 & 0 & -\rho h F_L^m & 0 & (p-t\rho)h^2 F_{LL}^m & 0 & (p-t\rho)h F_{LK}^m & (p-t\rho)h' F_L^m & 0 \\ w_a/(1+\lambda) & 0 & 0 & 0 & gh^2 F_{LL}^a & 0 & gh F_{LK}^a & 0 & gh' F_L^a + gh F_{LZ}^a & g'h F_L^a \\ 0 & -1 & 0 & -\rho F_K^m & 0 & (p-t\rho)h F_{KL}^m & 0 & (p-t\rho)F_{KK}^m & 0 & 0 \\ 0 & -1 & 0 & 0 & gh F_{KL}^a & 0 & g F_{KK}^a & 0 & 0 & g' F_K^a \\ 0 & 0 & -1 & 0 & gh F_{ZL}^a & 0 & 0 & 0 & g F_{ZZ}^a & g' F_Z^a \\ L_m & 0 & 0 & 0 & 1 & 1+\lambda & 0 & 0 & 0 & 0 \\ 0 & 0 & 0 & 0 & 0 & 0 & 1 & 1 & 0 & 0 \\ 0 & 0 & 0 & \rho M & 0 & t\rho h F_L^m & 0 & t\rho F_K^m & 0 & 0 \end{pmatrix} \begin{pmatrix} d\lambda \\ dr \\ d\tau \\ dt \\ dL_a \\ dL_m \\ dK_a \\ dK_m \\ dZ \\ dE \end{pmatrix} = \begin{pmatrix} 0 \\ 0 \\ 0 \\ -gh F_L^a \\ 0 \\ -g F_K^a \\ 0 \\ 0 \\ 0 \\ g F^a \end{pmatrix} ds_p \quad (20-29)$$

附录 D

因为 Δ_2 的符号并不能直接确定,所以我们使用部门动态调整的方法确定其符号。

令

$$\dot{Z} = d_1(Z - \alpha L_a^\beta) \quad (D1)$$

$$\dot{L}_a = d_2 \left[g(\bar{E} - \rho F^m - \mu Z) h(Z) F_L^a(hL_a, K_a, Z) - \frac{w_m L_m}{L - L_a} \right] \quad (D2)$$

$$\dot{L}_m = d_3\left[\left(p - \frac{w_a L_a s_a}{F^m}\right)h(Z)F_L^m(hL_m, K_m) - w_m\right] \tag{D3}$$

$$\dot{K}_a = d_4[g(\bar{E} - \rho F^m - \mu Z)F_K^a(hL_a, K_a, Z) - r] \tag{D4}$$

$$\dot{K}_m = d_5\left[\left(p - \frac{w_a L_a s_a}{F^m}\right)F_K^m(hL_m, K_m) - r\right] \tag{D5}$$

$$\dot{r} = d_6(K - K_a - K_m) \tag{D6}$$

其中"·"表示相对于时间的变化,$d_j(j=1,2,\cdots,6)$ 表示衡量调整速度的正系数,并且 $d_j > 0$。

式(D1)～(D6)确定的雅克比矩阵为:

$$[J] = \begin{vmatrix} 0 & -d_1\alpha\beta L_a^{\beta-1} & 0 & 0 & 0 & d_1 \\ 0 & d_2\left(gh^2F_{LL}^a - \frac{w_a L_m}{1+\lambda}\right) & -d_2(\rho gh^2F_L^aF_L^m + \frac{w_a}{L_m}) & d_2gh F_{LK}^a & -d_2\rho g'hF_K^aF_L^m & d_2(ghF_{LZ}^a + gh'F_L^a - \mu g'hF_L^a) \\ 0 & 0 & d_3(p-t\rho)h^2F_{LL}^m & 0 & d_3(p-t\rho)hF_{LK}^m & d_3(p-t\rho)h'F_L^m \\ -d_4 & d_4ghF_{KL}^a & -d_4\rho g'hF_K^aF_L^m & d_4gF_{KK}^a & -d_4\rho g'F_K^aF_K^m & -d_4\mu g'F_K^a \\ -d_5 & 0 & d_5(p-t\rho)hF_{KL}^m & 0 & d_5(p-t\rho)F_{KK}^m & 0 \\ 0 & 0 & 0 & -d_6 & -d_6 & 0 \end{vmatrix}$$

式(D1)～(D6)构成的动态系统的局部均衡的必要条件是,$|J| > 0$,在稳定系统的条件下必然满足 $\Delta_2 > 0$。而 $\Delta_2 = |J| + \Delta_3$,$\Delta_3 > 0$,所以可以得到 $\Delta_2 > 0$。

附录 E

表 S1　短期情况工业污染税补贴农业的经济与环境效果($h = 0.635$)

		0	0.03	0.06	0.09	0.12	0.15	0.18	0.21
La	sa	36 175	36 668.9	37 174.91	37 693.49	38 225.1	38 770.21	39 329.35	39 903.05
	sr	36 175	36 317.72	36 461.52	36 606.42	36 752.42	36 899.54	37 047.79	37 197.18
	sp	36 175	36 861.7	37 532.79	38 188.81	38 830.27	39 457.68	40 071.49	40 672.16
Lm	sa	414 28	41 277.21	41 121.27	40 959.88	40 792.67	40 619.29	40 439.34	40 252.35
	sr	41 428	41 384.57	41 340.69	41 296.36	41 251.58	41 206.32	41 160.59	41 114.38
	sp	41 428	41 217.97	41 010.07	40 804.14	40 600.07	40 397.72	40 196.99	39 997.77

（续表）

		0	0.03	0.06	0.09	0.12	0.15	0.18	0.21
Z	sa	6 418	6 305.867	6 194.529	6 083.985	5 974.237	5 865.286	5 757.133	5 649.779
	sr	6 418	6 385.237	6 352.523	6 319.86	6 287.247	6 254.684	6 222.171	6 189.708
	sp	6 418	6 263.03	6 117.866	5 981.617	5 853.497	5 732.807	5 618.929	5 511.306
D1	sa	0.069 0	0.069 0	0.068 9	0.068 9	0.068 8	0.068 8	0.068 7	0.068 6
	sr	0.069 0	0.069 0	0.069 0	0.069 0	0.069 0	0.068 9	0.068 9	0.068 9
	sp	0.069 0	0.069 0	0.068 9	0.068 8	0.068 7	0.068 7	0.068 6	0.068 5
D2	sa	0.241 6	0.237 4	0.233 2	0.229 0	0.224 9	0.220 8	0.216 7	0.212 7
	sr	0.241 6	0.240 3	0.239 1	0.237 9	0.236 7	0.235 4	0.234 2	0.233 0
	sp	0.241 6	0.235 7	0.230 3	0.225 2	0.220 3	0.215 8	0.211 5	0.207 4
E	sa	0.689 4	0.693 7	0.697 9	0.702 1	0.706 3	0.710 5	0.714 6	0.718 7
	sr	0.689 4	0.690 6	0.691 9	0.693 1	0.694 4	0.695 6	0.696 9	0.698 1
	sp	0.689 4	0.695 3	0.700 8	0.706 0	0.710 9	0.715 5	0.719 9	0.724 0

表 S2　短期情况工业污染税补贴农业的经济与环境效果（$h=0.835$）

		0	0.03	0.06	0.09	0.12	0.15	0.18	0.21
La	sa	36 175	36 782.43	37 404.74	38 042.43	38 696.02	39 366.06	40 053.11	40 757.78
	sr	36 175	36 350.51	36 527.29	36 705.37	36 884.76	37 065.46	37 247.5	37 430.89
	sp	36 175	37 018.99	37 842.62	38 646.53	39 431.32	40 197.59	40 945.92	41 676.88
Lm	sa	41 428	41 281.58	41 127.91	40 966.48	40 796.72	40 618.03	40 429.73	40 231.06
	sr	41 428	41 386.05	41 343.51	41 300.35	41 256.57	41 212.16	41 167.09	41 121.37
	sp	41 428	41 223.61	41 017.5	40 809.73	40 600.37	40 389.46	40 177.05	39 963.18
Z	sa	6 418	6 280.579	6 145.102	6 011.551	5 879.908	5 750.157	5 622.281	5 496.263
	sr	6 418	6 377.752	6 337.66	6 297.723	6 257.941	6 218.314	6 178.841	6 139.523
	sp	6 418	6 228.462	6 052.839	5 889.697	5 737.79	5 596.03	5 463.46	5 339.239
D1	sa	0.069 0	0.068 9	0.068 9	0.068 8	0.068 7	0.068 6	0.068 5	0.068 4
	sr	0.069 0	0.069 0	0.069 0	0.069 0	0.068 9	0.068 9	0.068 9	0.068 9
	sp	0.069 0	0.068 9	0.068 8	0.068 7	0.068 6	0.068 5	0.068 4	0.068 3

(续表)

		0	0.03	0.06	0.09	0.12	0.15	0.18	0.21
D2	sa	0.241 6	0.236 4	0.231 3	0.226 3	0.221 3	0.216 4	0.211 6	0.206 9
	sr	0.241 6	0.240 1	0.238 6	0.237 1	0.235 6	0.234 1	0.232 6	0.231 1
	sp	0.241 6	0.234 4	0.227 8	0.221 7	0.216 0	0.210 6	0.205 6	0.201 0
E	sa	0.689 4	0.694 6	0.699 8	0.704 9	0.710 0	0.715 0	0.719 9	0.724 7
	sr	0.689 4	0.690 9	0.692 5	0.694 0	0.695 5	0.697 0	0.698 5	0.700 0
	sp	0.689 4	0.696 6	0.703 4	0.709 6	0.715 4	0.720 9	0.726 0	0.730 8

表 S3 长期情况工业污染税补贴农业的经济与环境效果($h=0.635$)

		0	0.03	0.06	0.09	0.12	0.15	0.18	0.21
La	sa	36 175	35 641.32	35 120.83	34 613.07	34 117.58	33 633.96	33 161.79	32 700.69
	sr	36 175	36 139.78	36 104.62	36 069.53	36 034.49	35 999.52	35 964.61	35 929.76
	sp	36 175	35 397.42	34 603.07	33 791.42	32 961.91	32 113.94	31 246.89	30 360.11
Lm	sa	41 428	41 584.05	41 734.73	41 880.37	42 021.26	42 157.64	42 289.79	42 417.91
	sr	41 428	41 438.35	41 448.67	41 458.97	41 469.24	41 479.49	41 489.71	41 499.91
	sp	41 428	41 654.84	41 883.23	42 113.36	42 345.43	42 579.69	42 816.38	43 055.79
Ka	sa	42 902.6	41 775.33	40 701.04	39 676.1	38 697.23	37 761.43	36 865.94	36 008.24
	sr	42 902.6	42 827.38	42 752.42	42 677.7	42 603.23	42 529.01	42 455.03	42 381.3
	sp	42 902.6	41 268.89	39 656.15	38 064.03	36 492.13	34 940.09	33 407.54	31 894.09
Km	sa	7 384 712	7 385 839	7 386 914	7 387 939	7 388 917	7 389 853	7 390 749	7 391 606
	sr	7 384 712	7 384 787	7 384 862	7 384 937	7 385 011	7 385 086	7 385 160	7 385 233
	sp	6 561 404	7 386 346	7 387 958	7 389 551	7 391 123	7 392 675	7 394 207	7 395 721
Z	sa	6 418	6 543.191	6 669.512	6 796.963	6 925.546	7 055.261	7 186.111	7 318.096
	sr	6 418	6 426.131	6 434.266	6 442.405	6 450.547	6 458.693	6 466.843	6 474.997
	sp	6 418	6 601.853	6 799.514	7 012.558	7 242.803	7 492.363	7 763.708	8 059.745
D1	sa	0.069 0	0.069 1	0.069 1	0.069 2	0.069 2	0.069 3	0.069 3	0.069 4
	sr	0.069 0	0.069 0	0.069 0	0.069 0	0.069 0	0.069 0	0.069 0	0.069 0
	sp	0.069 0	0.069 1	0.069 2	0.069 3	0.069 3	0.069 4	0.069 5	0.069 6

(续表)

		0	0.03	0.06	0.09	0.12	0.15	0.18	0.21
D2	sa	0.2416	0.2463	0.2510	0.2558	0.2607	0.2656	0.2705	0.2755
	sr	0.2416	0.2419	0.2422	0.2425	0.2428	0.2431	0.2434	0.2437
	sp	0.2416	0.2485	0.2559	0.2640	0.2726	0.2820	0.2922	0.3034
E	sa	0.6894	0.6846	0.6798	0.6750	0.6701	0.6652	0.6602	0.6552
	sr	0.6894	0.6891	0.6888	0.6885	0.6882	0.6878	0.6875	0.6872
	sp	0.6894	0.6824	0.6749	0.6668	0.6580	0.6483	0.6383	0.6270

表 S4　长期情况工业污染税补贴农业的经济与环境效果($h=0.835$)

		0	0.03	0.06	0.09	0.12	0.15	0.18	0.21
La	sa	36 175	35 502.76	34 847.29	34 208.04	33 584.5	32 976.15	32 382.49	31 803.07
	sr	36 175	36 130.63	36 086.33	36 042.12	35 997.97	35 953.91	35 909.92	35 866
	sp	36 175	35 194.88	34 192.64	33 167.76	32 119.75	31 048.1	29 952.28	28 831.75
Lm	sa	41 428	41 578.6	41 721.57	41 857.42	41 986.64	42 109.66	42 226.88	42 338.67
	sr	41 428	41 438.07	41 448.1	41 458.1	41 468.06	41 477.98	41 487.88	41 497.73
	sp	41 428	41 646.22	41 860.65	42 071.23	42 277.89	42 480.54	42 679.09	42 873.43
Ka	sa	42 902.6	41 487.94	40 147.96	38 877.05	37 670.13	36 522.59	35 430.27	34 389.37
	sr	42 902.6	42 807.93	42 713.61	42 619.63	42 526	42 432.71	42 339.76	42 247.15
	sp	42 902.6	40 853.81	38 846.84	36 880.91	34 955.24	33 069.11	31 221.78	29 412.51
Km	sa	6 561 404	6 562 818	6 564 158	6 565 429	6 566 636	6 567 784	6 568 876	6 569 917
	sr	6 561 404	6 561 498	6 561 593	6 561 687	6 561 780	6 561 874	6 561 966	6 562 059
	sp	6 561 404	6 563 452	6 565 459	6 567 425	6 569 351	6 571 237	6 573 084	6 574 894
Z	sa	6 418	6 576.404	6 737.642	6 901.75	7 068.769	7 238.739	7 411.7	7 587.697
	sr	6 418	6 428.247	6 438.505	6 448.774	6 459.054	6 469.346	6 479.649	6 489.963
	sp	6 418	6 651.278	6 905.793	7 184.429	7 490.6	7 828.382	8 202.676	8 619.434
D1	sa	0.0690	0.0691	0.0692	0.0693	0.0693	0.0694	0.0695	0.0695
	sr	0.0690	0.0690	0.0690	0.0690	0.0691	0.0691	0.0691	0.0691
	sp	0.0690	0.0691	0.0693	0.0694	0.0695	0.0696	0.0697	0.0698

(续表)

		0	0.03	0.06	0.09	0.12	0.15	0.18	0.21
D2	sa	0.241 6	0.247 5	0.253 6	0.259 8	0.266 1	0.272 5	0.279 0	0.285 6
	sr	0.241 6	0.242 0	0.242 3	0.242 7	0.243 1	0.243 5	0.243 9	0.244 3
	sp	0.241 6	0.250 4	0.259 9	0.270 4	0.282 0	0.294 7	0.308 8	0.324 4
E	sa	0.689 4	0.683 4	0.677 2	0.671 0	0.664 6	0.658 1	0.651 6	0.644 9
	sr	0.689 4	0.689 0	0.688 6	0.688 2	0.687 8	0.687 4	0.687 0	0.686 7
	sp	0.689 4	0.680 5	0.670 8	0.660 2	0.648 6	0.635 7	0.621 6	0.605 8

参考文献

[1] 董直庆,蔡啸,王林辉.技术进步方向、城市用地规模和环境质量[J].经济研究,2014(10):111-124.

[2] 李晓春.劳动力转移和工业污染——在现行户籍制度下的经济分析[J].管理世界,2005(6):42-52+155.

[3] 王劲屹.农村金融发展、资本存量提升与农村经济增长[J].数量经济技术经济研究,2018(35):64-81.

[4] BELADI H, CHAO C C. Environmental Policy, Comparative Advantage and Welfare for a Developing Economy [J]. Environment and Development Economics, 2006, 11 (5): 559-568.

[5] CHEN Y, WEN X, WANG B, NIE P. Agricultural Pollution and Regulation: How to Subsidize Agriculture? [J] Journal of Cleaner Production, 2017, 164(258):264.

[6] CHUA S. Does Tighter Environmental Policy Lead to a Comparative Advantage in Less Polluting Goods? [J]. Oxford Economic Papers, 2003, 55(1): 25-35.

[7] COPELAND B R, TAYLOR M S. Trade, Spatial Separation and the Environment[J]. Journal of International Economics, 1999, 47(1): 137-168.

[8] DAITOH I. Environmental Protection and Trade Liberalization in a Small Open Dual Economy[J]. Review of Development Economics, 2008, 12(4): 728-736.

[9] DAITOH I, OMOTE M. The Optimal Environmental Tax and Urban Unemployment in an Open Economy[J]. Review of Development Economics, 2011, 15(1): 168-179.

[10] GROSSMAN G M, KRUEGER A B. Economic Growth and the Environment[J]. The Quarterly Journal of Economics, 1995, 110(2): 353-377.

[11] KONDOH K, YABUUCHI S. Unemployment, Environmental Policy, and International Migration[J]. Journal of International Trade and Economic Development, 2012, 21(5): 677-690.

[12] LI X, WU Y. Environment and Economic in the Modern Agricultural Development[J]. Asia-Pacific Journal of Accounting and Economics, 2018(25): 163-176.

[13] RAPANOS V T. Environmental Taxation in a Dualistic Economy[J]. Environment and Development Economics, 2007(12): 73-89.

[14] TAWADA M, SUN S. Urban Pollution, Unempolyment and National Welfare in a Dualistic Economy[J]. Review of Development Economics, 2010, 14(2): 311-322.

[15] WANG L F S. Unemployment and the Backward Incidence of Pollution Control[J]. Journal of Environmental Economics and Management, 1990, 18(3): 292-298.

第 21 章 乡村振兴，混合制企业的民营化的经济与环境效果

本章摘要：当前，我国经济面临既要发展农业又要进行混合制企业改革，同时环境污染又十分突出的问题。本章将乡村振兴、混合制企业民营化和环境共同纳入一个一般均衡的分析框架中进行研究，分析混合制企业部分民营化对于环境、就业和社会福利的影响。本章的主要结论是提高混合制企业的民营化程度会改善环境污染和城市失业，提高农村工资；在不包含现代农业的基础模型中提高混合制企业的民营化程度会降低利息率；在考虑现代农业的模型中则会提高利息率、促进现代农业的发展。

第 1 节 前 言

混合制企业是我国经济建设中一支重要的力量，它是指国有和民营共同占有股份的企业。近年，实体经济中民营化成为我国国有和混合制企业改革的重点。其实，自 20 世纪 80 年代开始，许多发展中国家甚至发达国家对国有企业进行部分民营化。与之相呼应，理论经济学的研究中也出现许多对混合所有制企业（以下简称为"混合制企业"）部分民营化的文献，Matsumura(1998)证明在混合寡占框架下最优民营化水平是部分民营化；Tomaru(2006)在税收和补贴政策问题下进行研究；Chao & Yu(2006)研究了部分民营化和国外竞争对于最优关税的影响，发现国外竞争降低最优关税而部分民营化提高关税；Fujiwara(2007)探究了产品的异质性在长期和短期中对于混合制企业最优民营化水平的影响；Wang & Chen(2011)研究了国外资本的工业企业渗透对混合制企业部分民营化的影响等。

与此同时,我国又面临严重的环境问题:2004—2014年中国二氧化碳(CO_2)和二氧化硫(SO_2)排放量分别以8%、6%的比例逐年增长。值得注意的是,也就是在这时期,中国的民营化率也在不断上升,规模以上国有工业企业数量以15%比例递减,规模以上私营工业企业数量以33%比例递增。图21-1可以明显看出,2004—2014年我国人均二氧化碳排放量和规模以上国有与私营工业企业数量和比例之间的相关趋势,这说明民营化和环境恶化之间可能存在某种关系[1],这是由于混合制企业不仅仅考虑自身利润,还对社会福利负有责任。民营化的变化会使得混合制企业的目标发生变化,因而均衡产量、生产规模发生变化。我们知道工业经济规模越大,对环境的不利影响越大(Grossman & Krueger, 1995),因而混合制企业的民营化可以对环境产生影响。在学术界,近年来出现一些在混合寡占框架下研究环境问题的文献,如Beladi & Chao(2006)在混合寡占下研究了混合制企业民营化与环境的关系;Kato(2006)在混合寡占下比较了污染许可证可以买卖(TEP)和不可以买卖(NTEP)两种情况对经济的影响;Naito & Ogawa(2009)比较了排放标准和环境税对民营化水平、环境和社会福利的影响;Kato(2013)则在环境问题存在的情况下,考察了混合双头寡占市场中的最优私有化程度,等等。

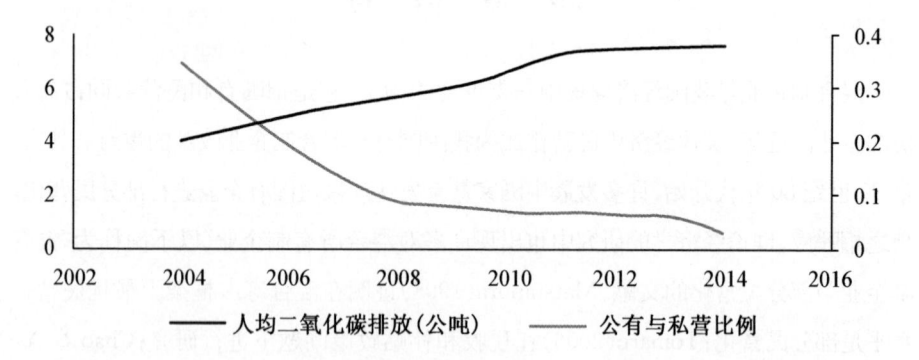

图21-1 中国人均二氧化碳排放和规模以上国有与私营工业企业数量和比例

---

[1] 当然,要得出中国民营化对环境确实产生影响的结论还是为时过早。我们可以考虑企业总量的增长,经济增长导致的产量扩张等因素。但是,其他这些因素不能否定中国民营化对环境影响。

另一方面,党的十九大报告中明确提出实施乡村振兴战略,为中国的农业现代化指明了道路。现代农业是指以市场经济为导向,以资本和技术为新要素,实现单位土地面积高经济收益的农业。近年来,我国的现代农业发展成为经济发展的着力点,有学者对1980至2008年的中国农业现代化发展水平进行定量测算得出结论,全国现代农业在政府的大力支持下,其发展水平整体上处于上升趋势,2008年全国现代农业发展水平综合指数比1980年上升了135%(辛岭、蒋和平,2010)。在现代农业的经济理论研究中,很少有将现代农业与混合制企业民营化的问题结合起来研究的成果,近年,有学者研究了农业现代化对环境的影响,例如 Li & Wu(2018)等,但他们没有将混合制企业的民营化考虑进去。由于我国存在较为明显的城乡收入差异,随着乡村振兴战略的深入实施,势必引起城乡劳动力转移等市场反应,而且混合制企业提高民营化程度也必然提高生产效率,波及劳动雇佣和生产规模,从而影响环境。所以乡村振兴、混合制企业民营化以及环境治理都是当下我国的经济必须同时面对的,因而我们有必要了解乡村振兴战略下的混合制企业民营化的经济和环境效果。然而,这正是既有的研究所缺少的,这种缺少使得我们对实施乡村振兴战略下的混合制企业民营化的环境效果不甚了解。

本章研究乡村振兴下混合制企业部分民营化对于环境、失业和社会福利的影响。我们首先构建了一个由混合制企业和农业组成的两部门一般均衡模型,在混合制企业生产产生污染影响农业生产和消费者效用的前提下,分析了混合制企业部分民营化对于环境、失业和社会福利的影响,并计算出最优民营化水平,即社会福利最大时候的民营化水平。以此为基础,我们将农业部门划分为现代农业和传统农业,构架了由混合制企业、现代农业和传统农业组成的三部门一般均衡模型,分析了混合制企业部分民营化对于环境、失业和社会福利的影响以及最优民营化水平。本章的主要结论如下:提高混合制企业的民营化程度会降低企业产量,改善环境污染和城市失业,提高农村工资;在基础模型中提高混合制企业的民营化程度会降低利息率;在考虑现代农业的模型中则会提高利息率、并促进现代农业发展。这样的结论对于民营化政策和现代农业发展政策的实际制定提供理论依据。这样的考察除了配合经济形势的发展,有来自现实经济改革深化的需要之外,在学术研究方面也有重要的意义:将环境因素和现代农业发展政策同时纳入混合制企业民营化的考察中,拓宽了发展中国家民营化分析的范围。

本章第二部分通过构建两部门基础模型,就混合制企业部分民营化的环境、失业和社会福利影响展开分析;第三部分在乡村振兴、发展现代农业的背景下构建三部门一般均衡模型,就混合制企业部分民营化的环境、失业和社会福利影响展开分析;第四部分为本章结语。

第 2 节　基础模型

一、模型

本章考虑一个发展中国家的二元经济,该经济分为城市经济和农村经济。其中农业部门在完全竞争的环境下用劳动力生产农产品 Z,城市工业部门则有一家混合所有制企业以劳动力和资本生产工业产品 X。我们假设劳动力在混合制企业和农业部门自由流动;资本为混合制企业特有,发展中国家的农业生产大多以家庭为单位,所用的资本量小很难与城市部门流通,所谓"资本专有"是指因经济发展状况和制度所造成的资本城乡隔离状态。我们还假设混合制企业在生产中释放废气、废水和废渣等"三废",并通过空气、水等媒介污染环境,对农业的生产产生负面影响。混合制企业和农业的生产函数为:

$$X = F^X(L_X, K_X)$$
$$Z = E^{-\varepsilon} F^Z(L_Z)$$

其中,X、Z 分别代表混合制企业和农业部门的产出;$L_i(i=X,Z)$ 分别代表混合制企业和农业部门雇佣的劳动力数量;K_X 代表混合制企业的资本量;E 是环境污染量,$E=\lambda X$,λ 表示混合制企业生产一单位产品产生的污染数量;$E^{-\varepsilon}$ 表示环境污染对农业部门生产的影响,$0<\varepsilon,0<E^{-\varepsilon}<1$,污染越严重农业产量下降的就越多。

本章用 w_X、r_X 分别表示混合制企业工资率和资本利息。由于最低工资等限制,w_X 是向下刚性的外生变量。我们令混合制企业生产 X 的单位成本为 $m(w_X, r_X)$,根据谢泼德引理,混合制企业雇佣的资本和劳动为 $K_X=m_r(w_X,r_X)X, L_X=m_w(w_X,r_X)X$,单位成本的下标表示对该要素的偏微分。

设 w_Z 表示农业部门工资,Z 的单位成本是 $E^{\epsilon}h(w_Z)$,在完全竞争条件下①,单位成本等于价格:

$$E^{\epsilon}h(w_Z)=1 \qquad (21-1)$$

其中产品 Z 的价格单位化为 1。农业对劳动的需求为:$L_Z=E^{\epsilon}h_w(w_Z)Z$。

消费者消费工、农业两种产品,其效用函数为:$U=V(X)+Z-D(E)$,D 代表环境污染对消费者效用损害。环境损害 D 依赖于污染水平 E,E 越大环境损害越大;D 还间接依赖于混合制企业产量 X,X 越大环境损害也越大:$D=E^2/2$。预算约束为 $I=PX+Z$,I 是收入,P 是对于产品 Z 而言产品 X 的相对价格。X 的反需求函数 $P=P(X)$,且有 $P'<0$,假定反需求函数是严格拟凹的。间接效用为:$U=V(X)+I-PX-E^2(X)/2$。

混合制企业既关注利润又关心社会福利。X 企业的利润为:

$$\pi=P(X)X-m(w_X,r_X)X$$

社会福利为:

$$W=\pi+CS$$

其中 CS 表示 X 产品的消费者剩余,也就是,$CS=V(X)-P(X)X$。从而,企业的目标是使得利润与福利的加权平均 $k\pi+(1-k)W$ 最大,其中 $k\in[0,1]$,表示民营化程度,民营化程度越高 k 值越大。企业决定产量 X 以实现目标最大化。一阶条件为:

$$P(X)+\lambda E(X)-k[\lambda E(X)-P'(X)X]=m(w_X,r_X) \qquad (21-2)$$

等式左边表示生产 X 的边际收益。当 $k>0$ 时,产品 X 的边际收益比完全国有($k=0$)情况下更小,也即混合制企业民营化会减少生产。混合制企业部分民营化将提高利润,但产量减少使得社会福利的无谓损失增加,降低社会福利水平,也即产生垄断扭曲;同时应该注意到由于产量降低可以改善环境、减少环境损害提升社会福利水

---

① 在完全竞争条件下,由利润为零可知 $E^{\epsilon}h(w_Z)=L_Z w_Z=E^{\epsilon}h_w(w_Z)Zw_Z$,即 $h=h_w \cdot w_Z$,从而 $h(\cdot)$ 一阶导数大于零,二阶导数等于零,传统农业部门工资对劳动需求弹性 $\theta_L^Z=1$。

平,因而考虑环境的混合制企业民营化的环境和福利效果变得相对复杂。

接下来考虑劳动市场。根据发展中国家特点,城市的混合制企业工资是由制度设定的并且高于农村,由哈里斯和托达罗(Harris & Todaro,1970)可知,较高的混合制企业工资吸引传统农业部门劳动力向混合制企业流动的同时,由于混合制企业工资的下方刚性也带来城市失业,在均衡处有:

$$w_Z = \frac{w_X}{1+\mu} \tag{21-3}$$

其中 $\mu = L_U/L_X$ 是混合制企业失业比率,L_U 表示混合制企业失业水平。经济中劳动市场出清的条件是:

$$(1+\mu)L_X + L_Z = L \tag{21-4}$$

其中,L 表示经济中的劳动禀赋。

转向资本市场,由于混合制企业资本专有性,资本市场出清条件是:

$$K_X = m_r(w_X, r_X)X \tag{21-5}$$

最后,用间接效用表示社会福利有:

$$U = V(X) + I - PX - E^2(X)/2 \tag{21-6}$$

其中 $I = K_X * r_X + L_X * w_X + L_Z * w_Z + \pi$,即,收入由要素收入和混合制企业的利润构成。我们将用以上模型来分析混合制企业部分民营化对城市失业、环境以及社会福利的影响。

二、分析

使用(21-1)~(21-5)式全微分(21-6)式,有:

$$dU = (P-m)dX - \frac{w_Z^2 L}{w_X}d\mu \tag{21-7}$$

全微分(21-2)式有:

$$-A\hat{X} - \delta b \theta_k^X \hat{r}_X = B\hat{k} \tag{21-8}$$

其中"^"代表变量的变化率。$A = [1 + ke + \delta(1-b)] > 0, B = (\lambda a \delta + 1)k > 0$。记 $\delta = -P/XP'$ 表示产品 X 的需求价格弹性,$\theta_K^X = m_r r_X/m$ 表示单位成本中资本份额,$a = E/P$ 表示环境污染与 X 价格比值,$b = m/P$ 表示部门 X 中单位成本与价格比值,由

于混合制企业垄断性,$0<b<1$。另外,记 $e=XP''/P'$ 来测度产品 X 需求函数曲率,由稳定性假设有 $1+ke>0$。在一般均衡中,民营化不仅直接降低产品 X 产量,还通过资本收益率变化间接影响 X 产量。

由(21-5)式全微分可以得到混合制企业产出和资本收益率间的关系:

$$\hat{X}+\sigma_{KK}^{X}\hat{r}_{X}=0 \qquad (21-9)$$

其中 $\sigma_{KK}^{X}=\lambda_{KK}^{X}\theta_{K}^{X}<0, \lambda_{KK}^{X}=m_{rr}m/m_{r}m_{r}<0, \theta_{K}^{X}==m_{r}r_{X}/m$。(21-9)式表明提升 X 产量将导致资本需求增加,从而提高资本利息率。由(21-8)和(21-9)式,提高民营化程度对产量 X 和利息率 r_{X} 的影响有:

$$\frac{\hat{X}}{\hat{k}}=\frac{\sigma_{KK}^{X}B}{D}<0 \qquad (21-10)$$

$$\frac{\hat{r}_{X}}{\hat{k}}=-\frac{B}{D} \qquad (21-11)$$

其中,$D=-A\sigma_{KK}^{X}+\delta b\theta_{K}^{X}>0$。民营化程度的提升降低了产品 X 的产量,因而减少劳动力使用量。失去工作的劳动力部分将转移到农村,部分留在城市以等待工作机会。前者使得农村工资下降,后者使得城市失业率提高,这也是 Beladi & Chao(2010)得到的结论。但是考虑环境问题之后,得到的结果却完全相反,通过解(21-1)、(21-3)可以得到:

$$\frac{\hat{E}}{\hat{k}}=\frac{\hat{X}}{\hat{k}}<0 \qquad (21-12)$$

$$\frac{\hat{w}_{Z}}{\hat{k}}=-\varepsilon\frac{\hat{X}}{\hat{k}}>0 \qquad (21-13)$$

$$\frac{\hat{\mu}}{\hat{k}}=\varepsilon\left(1+\frac{1}{\mu}\right)\frac{\hat{X}}{\hat{k}}<0 \qquad (21-14)$$

这是由于考虑环境因素后,民营化程度的提升降低了 X 的产量减少了环境污染,使得农村的生产环境得到改善,生产效率提高,因而提升了农村工资,吸引更多劳动力转向农业部门生产,甚至部分留在城市的失业人口也回到农村,从而城市失业下降。综上所述,可以得到以下命题1。

命题1:在考虑环境污染的二元经济中,提高混合制企业的民营化程度会降低企业产量,改善环境污染和城市失业,提高农村工资,降低利息率。

另外,(21-7)式可以转化为:$dU=(P-m+\lambda E)dX-EdE-(w_Z^2 L/w_X)d\mu$,故而我们不妨将经济的社会福利看成由混合制企业垄断、环境污染和城市失业三者构成,考察混合制企业的部分民营化,就有:

$$\frac{dU}{dk}=(P-m+\lambda E)\frac{dX}{dk}-E\frac{dE}{dk}-\frac{w_Z^2 L}{w_X}\frac{d\mu}{dk} \qquad (21-15)$$

由(21-2)式有 $P-m+\lambda E=(\lambda E-P'X)k$,代入(21-15)式并通过解 $dU/dk=0$ 可以得到:

$$k^0=\frac{E\frac{dE}{dk}+\frac{w_Z^2 L}{w_X}\frac{d\mu}{dk}}{(\lambda E-P'X)\frac{dX}{dk}} \qquad (21-16)$$

其中,k^0 为社会福利达到最大时的民营化水平,称为"最优民营化水平"。显然,k^0 是一个变量,它受环境污染水平、混合制企业产量、农村工资率和失业率的影响。将(21-16)式代入(21-15)式,可以得到:

$$\frac{dU}{dk}=(\lambda E-P'X)\frac{dX}{dk}(k-k^0) \qquad (21-17)$$

其中,$(\lambda E-P'X)dX/dk<0$。因此,当 $k<k^0$ 时,$dU/dk>0$;当 $k>k^0$ 时,$dU/dk<0$;当 $k=k^0$ 时,社会福利获得最大值。民营化对社会福利的影响机制可以用图21-2表示。

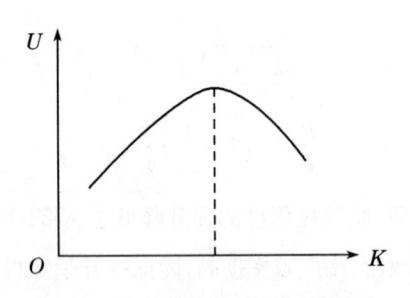

图21-2 民营化对社会福利影响

第3节 乡村振兴战略与混合制企业民营化

一、模型

随着乡村振兴战略的深入实施,城市资本逐渐向农业渗透形成现代农业,从而农村经济分化成现代农业和传统农业,逐渐在农村形成二元经济结构。其中的现代农业使用劳动力和资本在完全竞争的环境下生产农产品 Y,传统农业则使用劳动力生产农产品 Z;我们假设混合制企业仍然以劳动力和资本两种要素进行工业品 X 生产;我们还假设环境污染对现代农业和传统农业的生产都产生负面影响。混合制企业、现代农业和传统农业的生产函数分别表示为:

$$X = F^X(L_X, K_X)$$
$$Y = E^{-\varepsilon_1} F^Y(L_Y, K_Y)$$
$$Z = E^{-\varepsilon_2} F^Z(L_Z)$$

其中,$L_i(i=X,Y,Z)$ 分别代表混合制企业、现代农业和传统农业部门雇佣的劳动力数量;K_X 和 K_Y 分别代表混合制企业和现代农业的资本投资;E 是环境污染量;$E = \lambda X$,λ 表示混合制企业生产一单位产品产生的污染数量;$E^{-\varepsilon_i}(i=1,2)$ 分别表示环境污染对现代农业和传统农业部门生产的影响,$0 < E^{-\varepsilon_i} < 1$,污染越严重产量下降的就越多;又因为先进农业大多种植经济作物,与传统农业相比更加依赖于环境,故设 $0 < \varepsilon_2 < \varepsilon_1$。混合制企业雇佣的资本和劳动仍表示为 $K_X = m_r(w_X, r_X)X$,$L_X = m_w(w_X, r_X)X$。

设 w_Y, w_Z 分别表示现代农业和传统农业部门工资,r_Y 表示现代农业部门资本收益率,Y、Z 的单位成本分别是 $E^{\varepsilon_1} g(w_Y, r_Y)$ 和 $E^{\varepsilon_2} h(w_Z)$。在完全竞争条件下,单位成本等于价格:

$$E^{\varepsilon_1} g(w_Y, r_Y) = P_Y \quad (21-18)$$
$$E^{\varepsilon_2} h(w_Z) = 1 \quad (21-19)$$

其中产品 Z 的价格单位化为 1。现代农业和传统农业对资本和劳动的需求分别为:

$$K_Y = E^{\varepsilon_1} g(w_Y, r_Y) Y L_Y = E^{\varepsilon_1} g_w(w_Y, r_Y) Y, L_Z = E^{\varepsilon_2} h_w(w_Z) Z$$

消费者消费这三种产品,其效用函数为 $U = V(X) + G(Y) + Z - D(E)$,预算约束为 $I = P_X X + P_Y Y + Z$。其中 I 是收入,P_X 和 P_Y 分别是对于产品 Z 而言产品 X 和产品 Y 的相对价格。X 的反需求函数,$P_X = P_X(X)$ 且有 $P_X' < 0$,假定反需求函数是严格拟凹的。间接效用为 $U = V(X) + G(Y) + I - P_X X - P_Y Y - E^2(X)/2$。

混合制企业决定产量 X 以实现目标:使得利润与福利的加权平均,$k\pi + (1-k)W$,最大化。一阶条件为:

$$P(X) + \lambda E(X) - k[\lambda E(X) - P'(X)X] = m(w_X, r_X) \quad (21-20)$$

等式左边表示生产 X 的边际收益。当 $k > 0$ 时,边际收益比完全国有($k = 0$)情况时更小。

接下来考虑劳动市场。本章采用三部门 Harris-Todaro 模型,假定混合制企业工资比农业部门高,而现代农业工资比传统农业高。由于城市存在失业,因而劳动力转移出传统农业有失业风险。只有对现代农业和混合制企业的预期工资比本部门高,劳动力才会转移传统农业部门。在均衡处,有:

$$\frac{L_X}{(1+\mu)L_X + L_Y} w_X + \frac{L_Y}{(1+\mu)L_X + L_Y} w_Y = w_Z \quad (21-21)$$

其中,$\mu = L_U / L_X$ 是混合制企业失业比率,L_U 表示混合制企业失业水平。由于现代农业的生产特点,我们假定传统农业劳动力不能无限地流向传统农业部门,其吸收的劳动力数量受到本部门雇佣资本限制。现代农业雇佣资本与劳动力的关系为:

$$L_Y = c K_Y^{\beta} \quad (21-22)$$

其中,c 为常数,$\beta(0 < \beta < 1)$ 是现代农业资本对劳动力弹性。经济中劳动市场出清的条件是:

$$(1+\mu)L_X + L_Y + L_Z = L \quad (21-23)$$

其中 L 表示经济中的劳动禀赋。因而,(21-21)式可以变形为:

$$w_X L_X + w_Y L_Y = w_Z[(1+\mu)L_X + L_Y] = w_Z(L - L_Z) \quad (21-24)$$

转向资本市场。资本在部门间自由流动,资本市场出清条件为:

$$K_X + K_Y = K \quad (21-25)$$

其中，K 是经济的资本禀赋。由于资本在混合制企业和现代农业间自由流动，我们有 $r_X = r_Y = r$。

最后，用间接效用表示社会福利：

$$U = V(X) + G(Y) + I - P_X X - P_Y Y - E^2(X)/2 \qquad (21-26)$$

其中，$I = K_X * r_X + K_Y * r_Y + L_X * w_X + L_Y * w_Y + L_Z * w_Z + \pi$，即收入由要素收入和混合制企业的利润构成。我们将用以上模型来检验混合制企业部分民营化对现代农业产出、城市失业、环境以及社会福利的影响。

二、分析

使用(21-18)~(21-25)式，全微分(21-26)式，可得(21-27)式：

$$\frac{dU}{dk} = (P_X - m + \lambda E)\frac{dX}{dk} - \frac{w_Z^2}{w_X}(L - L_Y)\frac{d\mu}{dk} - \left(\frac{\varepsilon_1 Y P_Y}{E} + E\right)\frac{dE}{dk} \qquad (21-27)$$

即社会福利可以转化为混合制企业垄断、城市失业和环境污染的三者影响构成。全微分(21-20)式有：

$$-A\hat{X} - \delta b\theta_Y^X \hat{r} = B\hat{k} \qquad (21-28)$$

可见，一般均衡中民营化不仅直接作用于产品 X 产量，还通过资本收益率变化间接影响 X 产量。转向资本市场，全微分(21-25)式，又由现代农业雇佣资本与劳动力关系(21-22)式，有：

$$M\hat{X} + N\hat{r} + Q\hat{w}_Y = 0 \qquad (21-29)$$

其中，$M = \frac{K_X}{K_Y} + \varepsilon_1 - 1$，$N = \frac{K_X}{K_Y}\sigma_{KK}^X + \frac{\beta}{1-\beta}(\sigma_{LK}^Y - \sigma_{KK}^Y)$，$Q = \frac{\beta}{1-\beta}(\sigma_{LL}^Y - \sigma_{KL}^Y) < 0$。因而，我们还需考虑现代农业工资与利率的关系，全微分(21-18)式有：

$$\varepsilon_1 \hat{X} + \theta_K^Y \hat{r} + \theta_L^Y \hat{w}_Y = 0 \qquad (21-30)$$

由(21-28)、(21-29)和(21-30)式，提高民营化程度对产量 X、现代农业工资 w_Y 和利息率 r 的影响有：

$$\frac{\hat{X}}{\hat{k}} = -\frac{\theta_K^Y B}{\Delta} < 0 \qquad (21-31)$$

$$\frac{\hat{r}}{\hat{k}} = \frac{B(\varepsilon_1 - \theta_L^Y \varepsilon_2)}{\Delta} > 0 \qquad (21-32)$$

$$\frac{\hat{w}_Y}{\hat{k}} = \frac{\varepsilon_2 \theta_K^Y B}{\Delta} > 0 \qquad (21-33)$$

其中 $\Delta = A\theta_K^Y - \sigma b \theta_K^X(\varepsilon_1 - \theta_L^Y \varepsilon_2) > 0$(详情见附录)。(21-29)式表明混合制企业产出 X 与现代农业工资 w_Y 和利息率 r 都相关;(21-30)式表明混合制企业产量与现代农业工资之间为反向关系,这是因为如果提升 X 产量就会使得环境污染增加,从而导致农村生产环境恶化生产效率降低,工资率下降。

随着混合制企业民营化程度增加,X 产量下降,使得投入的生产要素减少、环境改善。其结果是现代农业和传统农业的生产环境改善,农村的生产效率提高,其生产规模的扩大,使得现代农业和传统农业部门增加生产要素投入,从而提高利率。混合制企业减少的资本由城市流入现代农业,同时使得农村工资提高,吸引城市失业人口流入农村,从而城市失业率降低:

$$\frac{\hat{K}_X}{\hat{k}} = \sigma_{KK}^X \frac{\hat{r}}{\hat{k}} + \frac{\hat{X}}{\hat{k}} < 0 \qquad (21-34)$$

$$\frac{\hat{\mu}}{\hat{k}} = -\left(1 + \frac{1}{\mu}\right)\frac{\hat{w}}{\hat{k}} < 0 \qquad (21-35)$$

注意现代农业部门生产。混合制企业提高民营化程度,使得资本、劳动力流入现代农业降低环境污染,三者共同作用使得现代农业产量提高。因而,混合制企业民营化对现代农业发展有促进作用。

$$\frac{\hat{K}_Y}{\hat{k}} = -\frac{\hat{K}_X}{\hat{k}} > 0 \qquad (21-36)$$

$$\frac{\hat{L}_Y}{\hat{k}} = -(\sigma_{LK}^Y + \theta_{KL}^Y)\left(\frac{\varepsilon_1 - \varepsilon_2}{\theta_K^Y}\right)\frac{\hat{X}}{\hat{k}} > 0 \qquad (21-37)$$

$$\frac{\hat{Y}}{\hat{k}} = -\left[(\varepsilon_1 - \varepsilon_2)\lambda_{KL}^Y - (\varepsilon_1 - \theta_L^Y \varepsilon_2)\frac{\sigma_{KK}^X K_X}{\theta_K^Y K_Y} + \varepsilon_1(1 + \lambda_{KL}^Y)\right]\frac{\hat{X}}{\hat{k}} > 0 \qquad (21-38)$$

综上所述,获得命题 2。

命题 2:在实施乡村振兴战略的三部门条件下,提高混合制企业的民营化程度会降低混合制企业产量,改善环境污染和城市失业,提高利率和农村工资,促进现代农业的产出提升。

与命题 1 相比较,命题 2 有以下两点不同之处:一是提升民营化程度使得利率上升;二是提升民营化程度有促进现代农业发展的作用。这些都是理论经济学中第一次得到的结论,对于那些既要发展现代农业和又要进行混合制企业改革相的发展中国家而言,该命题具有特殊的意义。

以下考虑实施乡村振兴战略下的最优民营化水平。

由式(21-20)可知,$P_X - m + \lambda E = k(\lambda E - P'_X X)$,产量 X 和失业率 μ 的下降以及环境改善对(21-27)式社会福利共同影响下,通过解 $dU/dk = 0$ 可以得到最优民营化水平 k^0:

$$k^0 = \frac{1}{\lambda E - P'_X X}\left[\lambda E + \frac{\varepsilon_2(w_X L_X + w L_Z)}{X} + \frac{\varepsilon_1 Y P_Y}{X}\right] \quad (21-39)$$

显然的,k^0 是一个变量,它受外生变量 λ 和 ε_1、ε_2 的影响。两部门模型中,它则受外生变量 λ 和 ε 的影响。比较(21-16)式和(21-39)式,我们不妨将 $\varepsilon_1 Y P_Y > 0$ 称作最优民营化水平的"现代农业因素"。故而,比较(21-16)式可知,此处的最优民营化水平 k^0 除了受到环境 E、混合制企业产量 X 和农村工资 w 的影响之外,还受到现代农业因素的影响,这是考虑实施乡村振兴战略所带来的关键因素,体现了与基础模型的不同。还是比较(21-16)和(21-39)式可以发现,两模型中最优民营化水平 k^0 都与失业率 μ 无关,这是基础模型与实施乡村振兴战略模型的共同之处。

将(21-39)式带入(21-27)式,可得:

$$\frac{dU}{dk} = (\lambda E - P'X)\frac{dX}{dk}(k - k^0) \quad (21-40)$$

其中,仍有 $(\lambda E - P'X)dX/dk < 0$。因此,当 $k < k^0$ 时,$dU/dk > 0$;当 $k > k^0$ 时,$dU/dk < 0$;当 $k = k^0$ 时,社会福利获得最大值。

第4节 结 论

一般地,理论研究混合制企业民营化,大都使用博弈论的方法进行分析研究,而本章则采用一般均衡的方法,将乡村振兴、混合制企业民营化以及环境治理放在一个研究框架中展开理论研究。这样做的目的在于考察用博弈论分析时不易考察到的失业等经济效果,既顺应了当前我国经济发展的特点,加深了对市场机制的认识,也为学术研究中的创新做出贡献。本章与就业有关的结论,都是第一次在混合制企业民营化的研究中出现的新成果。我们认为,提高混合制企业的民营化程度有改善环境、促进现代农业发展的效果。故而提高混合制企业的民营化程度不仅是为了企业的未来的发展,对当下的乡村振兴和环境治理也有积极的意义。最后,作为本章研究的一个发展方向,今后可以考虑用实体经济的数据对乡村振兴、混合制企业民营化以及环境治理的问题进行实证分析,验证本章命题。

附 录

稳定性

产品市场动态调整过程为:

$$\dot{X} = \rho\{P_X(X) + \lambda E(X) + k[P'_X(X)X - \lambda E(X)] - m(w_X, r_X)\}$$

其中,变量上的点代表变量对时间求导,$\rho > 0$,表示调整的速度。在均衡值附近线性化,我们得到:

$$\dot{X} = \rho P'X\{[1 + ke + \sigma(1-b)] + \sigma b \theta_k^X (\hat{r}_X / \hat{X})\}\hat{X}$$

基础模型中,由(21-9)式可知 $\hat{r}_X / \hat{X} = -\sigma_{KK}^X > 0$。稳定性的一个充分条件是: $1 + ke > 0, 1 - b > 0$。三部门模型中,由(21-31)和(21-32)式可知,$\hat{r}/\hat{X} = -(\varepsilon_1 - \theta_L^Y \varepsilon_2)/\theta_K^Y < 0$。因而,稳定性的一个充分条件是需要 $\Delta = A\theta_K^Y - \sigma b \theta_K^X (\varepsilon_1 - \theta_L^Y \varepsilon_2) > 0, A = 1 + ke + \sigma(1-b)$。

参考文献

[1] 辛岭,蒋和平. 我国农业现代化发展水平评价指标体系的构建和测算[J]. 农业现代化研究,2010(6).

[2] CHAO C C, YU E S H. Partial Privatization, Foreign Competition, and Optimum Tariff[J]. Review of International Economics, 2006, 14(1): 6.

[3] FUJIWARA K. Partial Privatization in a Differentiated Mixed Oligopoly[J]. Journal of

Economics, 2007, 92(1): 51 - 65.

[4] GROSSMAN G M, KRUEGER A B. Economic Growth and the Environment[J]. The Quarterly Journal of Economics, 1995, 110(2): 353 - 377.

[5] HAMID BELADI, Chi-Chur Chao. Mixed Ownership, Unemployment, and Welfare for a Developing Economy [J]. Review of Development Economics, 2006, 10(4): 604 - 611.

[6] HARRIS J R, TODARO M P. Migration, Unemployment and Development: A Two-sector Analysis[J]. The American Economic Review, 1970(1): 126 - 142.

[7] KATO K. Can Allowing to Trade Permits Enhance Welfare in Mixed Oligopoly? [J]. Journal of Economics, 2006, 88(3): 263 - 283.

[8] KATO K. Optimal Degree of Privatization and the Environmental Problem[J]. Journal of Economics, 2013, 110(2): 165 - 180.

[9] LI X, WU Y. Environment and Economic in the Modern Agricultural Development[J]. Asia-Pacific Journal of Accounting and Economics, 2018(25): 163 - 176.

[10] MATSUMURA T. Partial Privatization in Mixed Duopoly[J]. Journal of Public Economics, 1998, 70(3): 473 - 483.

[11] MEGGINSON W L, NETTER J M. From State to Market: A Survey of Empirical Studies on Privatization[J]. Journal of Economic Literature, 2001, 39(2): 321 - 389.

[12] NAITO T, OGAWA H. Direct versus indirect environmental regulation in a partially privatized mixed duopoly[J]. Environmental Economics and Policy Studies, 2009, 10(2 - 4): 87 - 100.

[13] TOMARU, Y. Mixed Oligopoly, Partial Privatization and Subsidization [J]. Economics Bulletin, 2006, 12(5): 1 - 6.

[14] WANG L F S, CHEN T L. Mixed Oligopoly, Optimal Privatization, and Foreign Penetration[J]. Economic Modelling, 2011, 28(4): 1465 - 1470.

第 22 章　农民工汇款的环境效果

本章摘要：本章探讨了农民工汇款的环境效果。农民工属于移民范畴，他们虽然人在城市生活工作，但具有利他性的汇款影响到城市部门的生产规模，进而对环境的产生影响。本章建立两部门一般均衡模型，并且运用比较静态的方法分别研究短期和长期条件下农民工汇款增加对环境的影响。本书的主要结论是：在短期农民工增加汇款能够改善环境；而在长期汇款的增加反而会恶化环境。

第 1 节　前　言

本章所谓"汇款"，就是指移民寄钱回乡。在 1999 年，印度、菲律宾和墨西哥的汇款量在它们各自的 GDP 中分别占 2.6%、8.9% 和 1.7%（参见 Stalker，2002）。2000 年，墨西哥大约有 130 万个家庭收到汇款，有超过 10% 的农村家庭收到汇款，并且汇款占其总货币收入的近 48.9%；城市地区中也有超过 4% 的家庭收到汇款，代表性研究参见 Zarate-Hoyos(2004)。迄今为止，绝大多数的文献只研究国际性汇款对劳动力输出国的影响，有代表性的研究文献参见 Bhagwati & Srinivasan(1977)，Djajic(1985) & Samanta(2003)。但是，在发展中国家，特别是存在二元经济的国家中，进城打工的农民工汇款会对整个国家产生较大的影响。例如，中国有近 2.6 亿的农民工，中国的农民工常常会把他们在城市打工所得收入中的一部分寄回家。据笔者估计，2012 年，中国农民工汇款在 10 000 亿人民币（约合 1600 亿美元）以上，希望读者注意的是，与既有研究背景不同的是，这类汇款不是从国外汇来，而是农民工从城市汇往农村的。留守在农村老家的其他家庭成员能从这些汇款中受益，而他们对汇款的使用——消费、投入生产或储蓄——会对整个农村地区甚至整个国家产生重大影响。

移民汇款对劳动力输出国或者地区有很大的影响,许多理论和实证经济学家对这一问题做了很多研究。理论研究主要考察移民汇款对农村收入分配,如农业生产、农村经济发展,以及对货币、汇率等宏观经济要素的影响等。典型理论研究可参见Stark et al(1986)、Taylor & Wyatt(1996)、Quibria(1997)、Rozelle et al(1999)、McCormick & Wahba(2000)以及Ball et al(2013)等。现有的实证研究主要关注汇款对农村收入波动、家庭贫困和收入不平等、家庭决策、产品相对价格、经济增长的影响以及汇款的生产性使用对农村经济的影响等。主要的研究参见Amuedo-Dorantes & Pozo(2011)、Chiwuzulum Odozi et al(2010)、Grigorian & Melkonyan(2011)、Nath & Vargas-Silva(2011)、Pradhan et al(2008)、Zarate-Hoyos(2004)。

另一方面,有许多理论与实证研究从劳动力转移的角度分析经济发展对环境的影响。例如,Dean & Gangopadhyay(1997)用三部门模型分析限制中间产品出口会对环境-农民工进城以及城市失业产生怎样的影响;Chaudhuri & Mukhopadhyay(2006)在三部门一般均衡模型下分析对正式部门和非正式部门征收污染排放税对环境的影响。早期的实证研究主要有:Papola(1981) & Romatet(1983),研究发现城市非正式部门为正式部门生产中间产品,而事实上,非正式部门是环境污染的主要制造者。

汇款中有隐蔽性污染。但是,既有的研究都忽视了在发展中国家地区间汇款对环境的影响。以中国为例,农民工汇款从20世纪80年代中期就有,延续至今汇款的数额越来越大,其间,环境污染的问题也越发严重。上海市是中国农村转移劳动力的主要接收地,也是中国制造业基地之一,图22-1反映的是2000至2011年上海市农民工汇款总量与工业废气排放量的变化,我们可以确认上海市农民工汇款总量与工业废气排放量的变化方向几乎相同。

这里有一个简单的推演,即农民工的汇款来自他们的工资,受利他心理驱使,农民工会力争多汇款回乡改善家人生活,这会促使他们通过努力工作来增加收入;另一方面,汇款量的增加说明他们的工作量增加,而工作量增加必然导致城市地区生产规模扩大,结果是生产中释放的污染增加,故而汇款数量与环境污染会同步增加。诚然,造成环境污染的原因很多,如增加工业产品出口和城市化等,但是,如果汇款是其原因之一而没有认真研究加以解决,就很难彻底解决环境问题。为解明汇款与环境污染的关系并加以解决,本章建立两部门一般均衡模型,并且运用比较静态的方法分别研究短期和长期条件下农民工汇款增加对环境的影响。分析发现在短期,农民工增加汇款能够改善环境;而在长期,汇款的增加反而会恶化环境。本章以下结构安排如下:第二部分,建立理论模型;第三部分,对已有模型进行理论分析;第四部分得出结论。

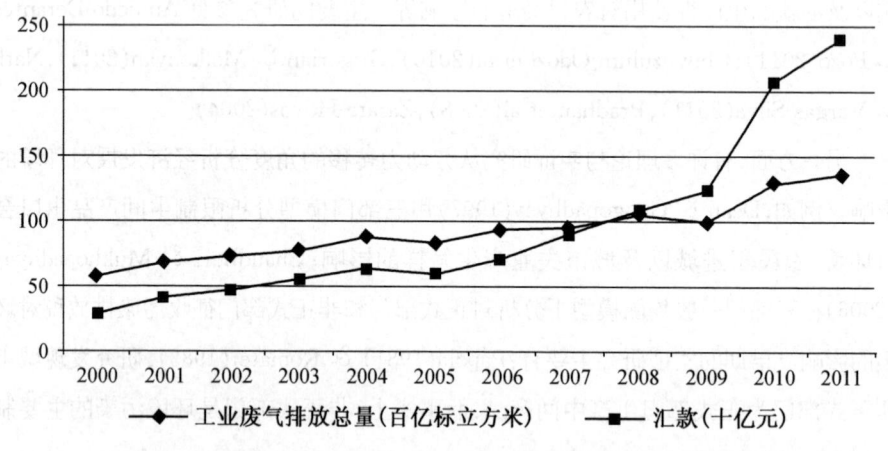

图 22-1 2000—2011 年上海市年度汇款总量与工业废气排放量

数据来源:笔者根据上海市统计局数据(http://www.stats-sh.gov.cn/),与上海市人力资源与社会保障局数据(http://www.12333sh.gov.cn)计算。

第 2 节 理论模型

考虑发展中国家的一个二元封闭经济,由城市和农村构成。其中城市吸收农村往城市的移民。经济中有三类劳动者:城市居民、农村劳动者以及农民工。因为在发展中国家存在农村往城市移民的控制政策[参见:Lall & Selod(2006);Zhang

(2005)],我们假设农民工的人数是给定的。

城市部门使用资本,城市居民和转移农民为生产要素进行生产,并且城市工资存在下方刚性;农村部门使用农村未转移的劳动力、资本以及农民工的汇款作为生产要素进行生产,并且它的工资率是弹性的,假定其生产受到环境的影响,也就是说,环境的改善将会带来产出的相应提高。城市部门生产的产品会产生污染,会通过诸如空气和水等媒介影响环境。

城市部门和农村部门的生产函数分别为:

$$Y_1 = F^1(L_1 + \bar{L}_{TR}, K_1) \tag{22-1}$$

$$Y_2 = g(E)F^2(L_2, a\bar{w}\bar{L}_{TR} + K_2) \tag{22-2}$$

其中,Y_1 和 Y_2 分别为城市部门和农村部门的产出。L_1 和 L_2 分别为城市部门雇佣的城市居民和与农村部门雇佣的当地劳动力,$\bar{L}_{TR}$ 为农民工,K_1 和 K_2 分别为城市部门和农村部门使用的资本,$\bar{w}$ 为城市工资率,且满足 $\bar{w} > w_a$,我们假定 $a(0 < a < 1)$ 代表农民工所得中用于汇款的比例。F^1 和 F^2 分别是城市部门和农村部门的生产函数,它们都具有严格拟凹和线性齐次的性质。E 为污染环境存量,则:

$$E = \bar{E} - \mu Y_1 \tag{22-3}$$

其中,$\bar{E}$ 是环境的最优质量,是外生给定的。μ 表示城市部门生产一单位产品对环境产生的污染量。等式(22-3)考察环境对农业生产的影响可参见 Copeland & Taylor (1999)以及 Li & Zhou(2013a)。$g(E)$ 表示环境对农业部门产量的影响,具有 $g > 0$,$g' > 0$ 和 $g'' > 0$ 的性质。

首先考虑短期情况,短期资本不流动,利率外生给定,利润最大化条件得:

$$PL^1_L = \bar{w} \tag{22-4}$$

$$gF^2_L = w_a \tag{22-5}$$

其中,$F^i_L = \partial F^i / \partial L_i (i=1,2)$,农村部门产品价格单位化为1,$P$ 为城市部门产品相对于农村部门产品的相对价格。w_a 为农村部门雇佣农村劳动力的工资率;$\bar{w}$ 为城市工资率,且满足 $\bar{w} > w_a$。

要素市场出清的条件为:

$$L_1 + L_2 + \bar{L}_{TR} = \bar{L} \tag{22-6}$$

其中，$\bar{L}$ 为该经济中的劳动力禀赋量。我们假定经济中所有个体都有二次可微、严格拟凹和线性齐次的效用函数。从而城市劳动者效用最大化问题可表述为：

$$\text{Max } u^1(c_1^1, c_2^1)$$
$$\text{s.t. } I^1 = Pc_1^1 + c_2^1$$

其中，c_1^1 为城市劳动者对城市产品实现效用最大化的消费量，c_2^1 为城市劳动者对农村产品实现效用最大化的消费量，$u^1(c_1^1, c_2^1)$ 为城市劳动者消费两种产品的效用函数。I^1 为城市劳动者的预算收入。

农村当地劳动者效用最大化问题：

$$\text{Max } u^2(c_1^2, c_2^2)$$
$$\text{s.t. } I^2 = Pc_1^2 + c_2^2$$

其中，c_1^2 为农村当地劳动者对城市产品实现效用最大化的消费量，c_2^2 为他们对农村产品实现效用最大化的消费量，$u^2(c_1^2, c_2^2)$ 为他们消费两种产品的效用函数，I^2 为他们的预算收入。

由于效用函数线性齐次等性质以及相应的关系，城市劳动者和农村当地劳动者的预算收入可写为：

$$I^1 = \bar{w}L_1 + (1-a)\bar{w}\bar{L}_{TR} + rK_1$$
$$I^2 = w_a L_2 + rK_2$$

从而，城市部门产品实现效用最大化的消费量是：

$$c_1^1 = \frac{\beta_1}{P}[\bar{w}L_1 + (1-a)\bar{w}\bar{L}_{TR} + rK_1] \qquad (22-7)$$

$$c_1^2 = \frac{\beta_2}{P}(w_a L_2 + rK_2) \qquad (22-8)$$

其中，$\beta_1 = \frac{\partial u^1}{\partial c_1^1}\frac{c_1^1}{u^1}$ 为城市居民效用的消费城市产品弹性，$\beta_2 = \frac{\partial u^2}{\partial c_1^2}\frac{c_1^2}{u^2}$ 为农村居民效用的消费城市产品弹性，均视为外生给定的，考虑到经济实际中的情况，有 $\beta_1 < \beta_2$，并假定 $\beta_1 \bar{w} < \beta_2 w_a$。

经济只生产两种产品，由瓦尔拉斯法则可知，一种产品市场出清意味着另一个产品市场必然出清，从而产品市场出清条件可以用城市产品的市场出清条件表示，如下：

$$c_1^1 + c_1^2 = Y_1 \quad (22-9)$$

上述一般均衡为短期的情况，式(22-1)至式(22-9)决定了 $Y_1, Y_2, L_1, L_2, E, w_a, P, c_1^1$ 和 c_1^2 九个内生变量。

在长期中，由于资本可以自由流动，K_1, K_2 和 r 为内生变量，并且利润最大化和资本市场出清要求增加三个等式：

$$PF_K^1 = r \quad (22-10)$$

$$gF_K^2 = r \quad (22-11)$$

$$K_1 + K_2 = \bar{K} \quad (22-12)$$

其中，r 为利率，$F_K^i = \partial F^i / K_i (i=1,2)$，$\bar{K}$ 为经济中的资本禀赋。长期模型由等式(22-1)至式(22-12)构成，决定以下十二个内生变量：$Y_1, Y_2, L_1, L_2, E, w_a, P, c_1^1, c_1^2, K_1, K_2$ 和 r。

第3节 比较静态分析

分析已建立的经济系统，可知若给定 P，可解出 $Y_1, Y_2, L_1, L_2, E, w_a, c_1^1, c_1^2, K_1, K_2$ 和 r 的均衡值，从而 $Y_1, Y_2, L_1, L_2, E, w_a, c_1^1, c_1^2, K_1, K_2$ 和 r 可看成 P 的函数。在十二个等式中代换可得的 P 值。

首先，提出引理来研究移民者汇款的增加对城市部门产出价格的影响。

引理：在假定的经济中，移民者汇款的上升会降低城市部门产出的价格。

证明：全微分式(22-9)可得

$$\frac{\partial c_1^1}{\partial P} dP - \bar{w} \bar{L}_{TR} da + \frac{\partial c_1^2}{\partial P} dP = \frac{dY_1}{dP} dP$$

$$\frac{dP}{da} = \frac{\bar{w} \bar{L}_{TR}}{\frac{\partial c_1^1}{\partial P} + \frac{\partial c_1^2}{\partial P} - \frac{dY_1}{dP}}$$

其中 $\partial c_1^1 / \partial P < 0$ 和 $\partial c_1^2 / \partial P < 0$。瓦尔拉斯价格调整过程由下述超过需求函数表示：

$$\dot{P}=c_1^1+c_1^2-Y_1,$$

其中 $\dot{P}=\dfrac{\mathrm{d}P}{\mathrm{d}t}$。

当用比较静态分析时必须从已有经济系统中得到一个稳定解，上述价格调整过程必须满足以下条件才能保证均衡解的存在：

$$\frac{\partial c_1^1}{\partial P}+\frac{\partial c_1^2}{\partial P}-\frac{\mathrm{d}Y_1}{\mathrm{d}P}<0,$$

从而得到 $\dfrac{\mathrm{d}P}{\mathrm{d}a}<0$，证毕。

由引理可知，农民工汇款对经济和环境影响可以转为分析价格对其他内生变量的影响即可。

一、短期分析

在短期，全微式分式(22-3)和式(22-9)重新整理可得：

$$\begin{pmatrix} PF_{LL}^1 & 0 \\ (\beta_1\bar{w}-\beta_2 w_a-PF_L^1) & \beta_2 L_2 \end{pmatrix}\begin{pmatrix} \mathrm{d}L_1 \\ \mathrm{d}w_a \end{pmatrix}=\begin{pmatrix} -F_L^1\mathrm{d}P \\ Y_1\mathrm{d}P \end{pmatrix} \qquad (22-13)$$

将式(22-13)系数矩阵的行列式定义为 Δ 并计算 Δ 得：

$$\Delta=PF_{LL}^1\beta_2 L_2<0$$

从而用 Cramer 法则解，可得：

$$\mathrm{d}L_1/\mathrm{d}P=-\beta_2 L_2 F_L^1/\Delta>0$$

$$\mathrm{d}w_a/\mathrm{d}P=[PY_1 F_L^1+(\beta_1\bar{w}-\beta_2 w_a-PF_L^1)F_L^1]/\Delta>0$$

根据式(22-1)中 $\mathrm{d}L_1/\mathrm{d}P>0$，我们可以获得 $\mathrm{d}Y_1/\mathrm{d}L_1>0$，从而有 $\mathrm{d}Y_1/\mathrm{d}P>0$；根据式(22-3)可知 Y_1 和 E 呈反向变动关系，因此有 $\mathrm{d}E/\mathrm{d}P<0$；由劳动市场出清条件式(22-6)可知，在劳动禀赋不变的情况下，L_2 的变动方向与 L_1 相反，也就是，$\mathrm{d}L_2/\mathrm{d}P>0$。

综上，我们可以得到表22-1和命题1。

表 22-1 式(22-13)的计算结果

	L_1	w_a	Y_1	E	L_2
P	+	+	+	—	—
a	—	—	—	+	+

注意:"—"表示横向栏中的项与相对纵向栏中的项之比为负值;"+"表示横向栏中项与相对纵向栏中的项之比为正值;"/"表示表示横向栏中项与相对纵向栏中的项之比无法判断符号。

命题1:在短期经济条件中,农民工增加汇款占收入的比例将改善环境。

根据上表,农民工汇款的增加还有以下经济影响:一是减少城市部门劳动力的雇佣,城市部门的产量下降;二是农村部门的工资下降,增加农村部门劳动力的雇佣。

农民工的汇款来自他们在城市部门工作所得的工资。当农民工提高他们的汇款比率时,他们将降低对城市部门产品的消费。一般而言,农民工会同时降低他们对城市部门和农村部门产品的消费。为了避免利润的减少,理性的城市部门的厂商会选择减少产量,并在短期资本不流动的情况下减少劳动力的雇佣等。由表 22-1 也可知,农民工提高他们的汇款比率对于城市部门和农村部门将会有以下经济影响:在城市部门中,减少雇佣劳动力和生产的产量,从而环境改善;在农村部门中,工资率下降,增加雇佣的劳动力,再加上环境改善,从而生产的产量增加。

下图解释了短期农民工汇款增加的部分环境影响。O 是原点。横轴的左半部分是 E,并且它的右半部分代表 L_1。纵轴的上半部分是 Y_1,并且纵轴的下半部分是 a。

在图 22-2 的第一象限,从供给的角度,我们用曲线 LF_1 来代表式(22-1)所表示的 L_1 与 Y_1 之间的关系,其中 LF_1 的斜率为 $\dfrac{dY_1}{dL_1}=\dfrac{\bar{w}}{P}$,易得在供给方面 L_1 与 Y_1 同向变动。从需求角度来看,我们用曲线 LF_2 来表示 L_1 和 Y_1 之间的关系,将式(22-7)和式(22-8)带入式(22-9),重新整理得:

$$PY_1=\beta_1[\bar{w}_1L_1+(1-a)\bar{w}_1\bar{L}_{TR}+rK_1]+\beta_2(w_aL_2+rK_2) \quad (22-14)$$

其中 LF_2 的斜率为 $\dfrac{dY_1}{dL_1}=\dfrac{\beta_1\bar{w}-\beta_2w_a}{P}$,易证实在需求方面 L_1 和 Y_1 反向变动。在

图 22-1 中的第二象限中,曲线 EY 表示式(22-3)中 E 和 Y_1 之间的关系。在第四象限中,曲线 AL 描述了由引理和式(22-13)确定 a 和 L_1 的关系。我们假定 L_1, Y_1 和 E 的初始均衡值是 L_1^*, Y_1^* 和 E^*。在分析式(22-1)和式(22-14)后,我们可确定图 22-2 中第一象限中线 LF_1 和线 LF_2 的位置。LF_1 与 LF_2 交于点 e_1。当农民工汇款 a_1 增加到 a_2 时,由引理可知 P 会下降,根据式(22-1)和式(22-14)可得线 LF_1 和 LF_2 将分别向左移至 LF_1' 和 LF_2',并且 LF_1' 和 LF_2' 线会变得更陡峭,因为在短期,线 LF_1 与 LF_2 的斜率的绝对值会随着 P 的下降而变大。LF_1' 与 LF_2' 交于点 e_2。在这种情况下由图 22-2 可直接得到 Y_1^* 将下降为 Y_1^{**} 并且 L_1^* 将下降至 L_1^{**}。由线 AL 和线 EY 可知 E^* 将上升至 E^{**}。

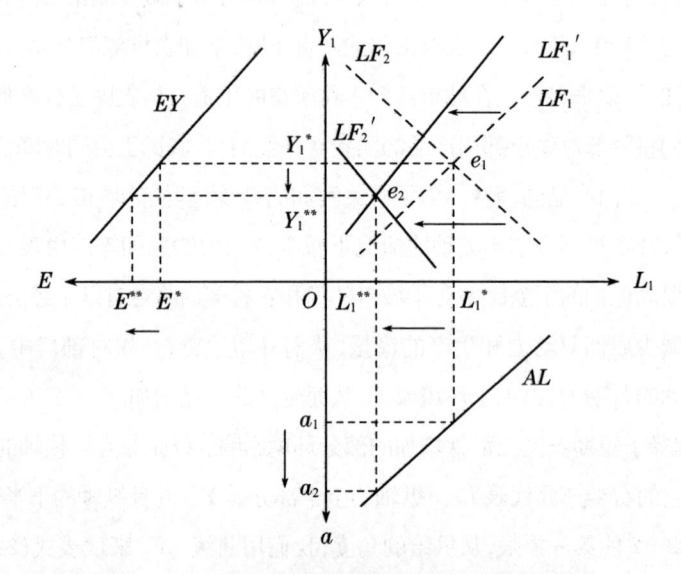

图 22-2 短期中移民者增加汇款的部分环境影响

二、长期分析

在长期中,全微分等式(22-3)~式(22-12)并重新整理可得

$$\begin{pmatrix} PF_{LL}^1 & PF_{LK}^1 & 0 & 0 & 0 \\ gF_{LL}^2 & gF_{LK}^2 & 1 & -F_L^2 g' & 0 \\ (\beta_1 \bar{w} - \beta_2 w_a) & r(\beta_1 - \beta_2) & \beta_2 L_2 & \dfrac{P}{\mu} & (\beta_1 K_1 + \beta_2 K_2) \\ PF_{KL}^1 & PF_{KK}^1 & 0 & 0 & -1 \\ gF_{KL}^2 & gF_{KK}^2 & 0 & -F_k^2 g' & 1 \end{pmatrix} \begin{pmatrix} dL_1 \\ dK_1 \\ dw_a \\ dE \\ dr \end{pmatrix} = \begin{pmatrix} -F_L^1 dP \\ 0 \\ Y_1 dP \\ -F_K^1 dP \\ 0 \end{pmatrix}$$

(22 - 15)

定义 $k_1 = \dfrac{K_1}{L_1 + \bar{L}_{TR}}$ 和 $k_2 = \dfrac{K_2}{L_2}$ 分别代表城市部门和农村部门的人均资本。一般地,城市部门的人均资本大于农村部门的人均资本,故而 $k_1 > k_2$。上述等式系统的系数矩阵的行列式可用 Ω 表示,运用函数 F^1 和 F^2 线性齐次的性质并计算 Ω 得:

$$\Omega = Pg\beta_2 L_2 F_k^2 g'(F_{LK}^1 F_{LL}^2 - F_{LL}^1 F_{LK}^2) + \dfrac{P^2}{\mu} g(F_{LL}^1 F_{KK}^2 - F_{LK}^1 F_{KL}^2) +$$

$$PF_{LL}^1 (\beta_1 - \beta_2) F_K^2 g' + Pgg'\beta_2 L_2 F_L^2 (F_{LL}^1 F_{KK}^2 - F_{LK}^1 F_{KL}^2) -$$

$$Pg'F_K^2 F_{LK}^1 (\beta_1 \bar{w} - \beta_2 w_a) > 0$$

用 Cramer 法则解式(22 - 15),可以得到:$dr/dP > 0$,而 dK_1/dP、dE/dP 均不能直接判定它们的符号(请参照附录 A)。

在计算 dE/dP 时,运用前提条件可知,其他各项均可判定符号为正,只有 $Pg\left(F_{LL}^1 F_{KK}^2 \left[Y_1 - (\beta_1 K_1 + \beta_2 K_2)\left(F_K^1 + \dfrac{L_1}{K_1} F_L^1\right)\right]\right)$ 项的符号未知,并且在该项中,由函数性质以及现实情况可以得到 $F_{LL}^1 F_{KK}^2 - F_{LK}^1 F_{KL}^2 > 0$,故而如果 $\dfrac{K_1}{K_2} > \dfrac{\beta_2}{1 - \beta_1}$,就可获得 $dE/dP > 0$。就此不等式而言,如果 $\beta_1 > 1$,则该假定必然成立,即便 $0 < \beta_1 < 1$,该假定仍有成立的可能性,因为很多发展中国家,城市部门使用的资本量 K_1 远大于农村部门的资本量 K_2。

在计算 dK_1/dP 时,我们注意到 g 的增长率 $\hat{g} = \dfrac{g'}{g} > 0$,并且,令 $A = r + \bar{w} \dfrac{L_1}{K_1}$,$B = \mu^{-1} + \hat{g} Y_1$,$C = \beta_1 \bar{w} L_1 + \beta_2 (1-a) \bar{w} \bar{L}_{TR}$,$D = \hat{g} \dfrac{\bar{w}}{P}$,则:

$dK_1/dP = PrY_1\hat{g}F_{LL}^1 + AF_{LL}^1(\hat{g}C-PB) + gF_{KL}^2[\bar{w}B - D(C+\beta_1 rK_1)] + r(\beta_1\bar{w} - \beta_2 w_a)D$，因为 $r(\beta_1\bar{w} - \beta_2 w_a)D < 0$，如果不等式：

$$F_{LL}^1[PrY_1\hat{g} + A(\hat{g}C-PB)] < gF_{KL}^2[D(C+\beta_1 rK_1) - \bar{w}B]$$

成立，也即：

$$\frac{gF_{KL}^2}{F_{LL}^1} > \frac{\hat{g}(rPY_1+AC) - PAB}{D(C+r\beta_1 K_1) - \bar{w}B} \qquad (22-16)$$

成立，便有 $dK_1/dP < 0$。

综上分析，若 $\dfrac{K_1}{K_2} > \dfrac{\beta_2}{1-\beta_1}$，可以得到 $dE/dP > 0$；另外，若式(22-16)成立，可以得到 $dK_1/dP < 0$。由式(22-3)可知，Y_1 和 E 存在反向变动关系，因而可以得到 $dY_1/dP < 0$(参照附录 A)。

综上所述，我们可以得到表 22-2，根据该表得到如下命题：

表 22-2　式(22-16)的计算结果

	L_1	E	r	Y_1	K_1	w_a
P	/	+	+	−	−	/
a	/	−	−	+	+	/

注意：符号的含义与表 22-1 相同。

命题 2：在长期中，在 $\dfrac{K_1}{K_2} > \dfrac{\beta_2}{1-\beta_1}$ 的条件下，农民工增加汇款占收入的比例将恶化环境。

农民工汇款的增加还有以下影响：一是利率下降；二是增加城市部门的产量，在式(22-16)成立的条件下增加资本的雇佣量。

式(22-16)可以找到实际经济中的解释：农民工汇款作为资本投入农村部门的生产，农村部门对资本 K_2 的需求减少，在资本总禀赋不变的情况下，利率下降；在资本流动的情况下，追求利润最大化的城市厂商必然会多使用资本 K_1，故而会有 $dK_1/dP < 0$。

命题 2 也可用图 22-3 表示。O 是原点，横轴的左半部分是 E，并且它的右半部

分代表 K_1。纵轴的上半部分是 Y_1,并且纵轴的下半部分是 a。

在图 22-3 的第一象限,从供给的角度,我们用曲线 KF_1 来代表式(22-1)所表示的 K_1 与 Y_1 之间的关系,其中 KF_1 的斜率为 $\frac{dY_1}{dK_1}=\frac{r}{P}$,易得在供给方面 K_1 与 Y_1 同向变动。从需求角度来看,我们用曲线 KF_2 来表示式(22-14)所表示出的 K_1 和 Y_1 之间的关系,其中 KF_2 的斜率为 $\frac{dY_1}{dK_1}=\frac{r(\beta_1-\beta_2)}{P}$,易证实在需求方面 K_1 和 Y_1 反向变动。

在图 22-3 中的第二象限中,曲线 EY 表示了式(22-3)中 E 和 Y_1 之间的关系。在第四象限中,曲线 AK 描述了由引理和式(22-13)确定 a 和 K_1 的关系。分析式(22-1)和式(22-14)后,我们可确定图 22-2 中第一象限中曲线 KF_1 和曲线 KF_2 的位置。KF_1 与 KF_2 交于点 e_1。且 r 下降的速度会大于 P(详见附录 B),所以曲线 KF_1 与 KF_2 的斜率的绝对值会随着 a 的增加而增大。故而,当农民工汇款从 a_1 增加到 a_2 时,P 的下降使得 KF_1 与 KF_2 分别向右下方和右上方移动至 KF_1' 和 KF_2',

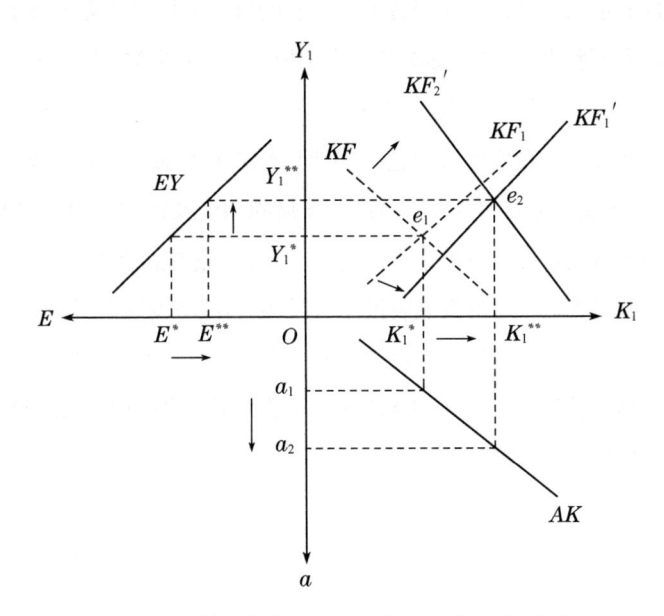

图 22-3 长期中移民者增加汇款的部分环境影响

曲线 KF_1' 和 KF_2' 的倾斜程度比曲线 KF_1 更和 KF_2 陡峭，KF_1' 与 KF_2' 交于点 e_2，Y_1^* 将增加为 Y_1^{**}，并且 K_1^* 将上升为 K_1^{**}。由曲线 AK 和曲线 EY 可知，E^* 将下降为 E^{**}。

值得注意的是，虽然在短期农民工汇款的增加将改善环境，但是，在长期中农民工汇款的增加则会导致环境变差，产生其中的差异的主要原因是：在长期中，随着农民工汇款的增加，利息 r 下降的速度大于 P 的下降，使得城市部门增加资本使用造成的，因为增加资本会导致生产增加，故而环境恶化；而短期中利息是固定的，不受汇款的影响，故而城市部门不会因利息的变化而增加资本的使用。这样的特性有比较明确的政策意义，有关政府可以根据这样的特点，制定对策，实现经济的良性发展。

第4节 结 论

本章探讨了农民工汇款的环境效果。我们发现，农民工虽然人在城市生活工作，但具有利他性的汇款使得他们在消费上与一般的城市居民产生差异，而这样的差异使得厂商不得不调整供给，从而影响到生产规模，进而对环境的产生影响。在经济发展中国家，农民工汇款是惠及农业的重要资金来源，需要的是既能保证汇款又能保护环境的对策。通过分析我们可以知道：在短期，农民工增加汇款能够改善环境；而在长期，汇款的增加反而会恶化环境。从经济发展的角度来看，长期中考虑的资本在城市和农村部门间流动是经济发展水平提高的标志，而短期的资本在城市和农村部门间不流动的情况是相对初级的发展阶段。所以，随着经济发展水平的提升，农民工汇款有一个从开始改善环境到逐渐恶化环境的过程。本章建议政策当局重视农民工汇款对环境的影响，采取适当的措施来缓解这一问题，平衡农村与城市的经济发展并且协调好环境保护与经济发展的关系。

附 录

附录 A

用 Cramer 法则解出(22 - 15)式，得到：

$$dL_1/dP = \left\{ P(F_K^1 F_{LK}^1 - F_L^1 F_{KK}^1) \left[\frac{P}{\mu} + F_L^2 g'(\beta_1 K_1 + \beta_2 K_2)\right] - \right.$$

$$F_L^1 \left[-g\beta_2 L_2 g' F_K^2 F_{LK}^2 + \frac{P}{\mu} g F_{KK}^2 + g\beta_2 L_2 F_L^2 g' F_{KK}^2 + r(\beta_1 - \beta_2) F_k^2 g' \right] -$$

$$\left. PY_1 F_K^2 g' F_{LK}^1 \right\} / \Omega$$

$$dK_1/dP = \left\{ -P\left(\frac{L_1}{K_1}\bar{w} + r\right)\left(\frac{1}{\mu} + \dot{g} Y_1\right) F_{LL}^1 + \left(\frac{L_1}{K_1}\bar{w} + r\right) [\beta_1 \bar{w} L_1 + \right.$$

$$\beta_1 \bar{w} \bar{L}_{TR}(1-a)] \dot{g} F_{LL}^1 + Pr Y_1 \dot{g} \cdot F_{LL}^1 + \bar{w} g\left(\frac{1}{\mu} + \dot{g} Y_1\right) F_{KL}^2 -$$

$$\left. \frac{\bar{w}}{P} g' F_{KL}^2 [\beta_1 \bar{w} L_1 + \beta_1 \bar{w} \bar{L}_{TR}(1-a) + \beta_1 r K_1] + \frac{\bar{w}}{P} \dot{g} r(\beta_1 \bar{w} - \beta_2 w_a) \right\} / \Omega$$

$$dw_a/dP = \left\{ Pg\left[F_K^1 F_k^2 g'(\beta_1 K_1 + \beta_2 K_2) + \frac{P}{\mu} F_K^1 - Y_1 F_K^2 g'\right](F_{LL}^1 F_{LK}^1 - F_{LK}^1 F_{LL}^1) + \right.$$

$$rPF_L^1 F_k^1 g'(\beta_1 - \beta_2) F_{LL}^1 + Pg F_L^1 g'[Y + F_k^1(\beta_1 K_1 + \beta_2 K_2)](F_{LL}^1 F_{KK}^2 -$$

$$F_{LK}^1 F_{KL}^2) - g F_L^1 g'(\beta_1 \bar{w} - \beta_2 w_a)[F_K^2 F_{LK}^2 + F_L^1(F_{KK}^1 + F_{KK}^2)] + r F_L^1 g'(\beta_1$$

$$-\beta_2)(g F_K^2 F_{LL}^2 + g F_L^1 F_{KL}^2 + PF_L^1 F_{KL}^1) + Pg F_L^1(\beta_1 K_1 + \beta_2 K_2)$$

$$\left(\frac{P}{\mu} + F_K^2 g'\right)(F_{KK}^1 F_{LL}^2 - F_{KL}^1 F_{LK}^2) + Pg(F_L^1)^2 g'(\beta_1 K_1 + \beta_2 K_2)(F_{KL}^1 F_{KK}^2$$

$$\left. - F_{KK}^1 F_{KL}^2) \right\} / \Omega$$

$$dE/dP = \left\{ r(\beta_1 - \beta_2)[PF_K^1 F_{LL}^1 + F_L^1(g F_{KL}^2 + PF_{KL}^1)] + Pg\beta_2 L_2 F_K^1(F_{LK}^1 F_{LL}^2 - \right.$$

$$F_{LL}^1 F_{LK}^2) + Pg\left[Y_1 - (\beta_1 K_1 + \beta_2 K_2)\left(F_K^1 + \frac{L_1}{K_1} F_L^1\right)\right](F_{LL}^1 F_{KK}^2 - F_{LK}^1 F_{KL}^2)$$

$$+ (\beta_1 \bar{w} - \beta_2 w_a)[F_L^1(PF_{KK}^1 + g F_{KK}^2) - PF_K^1 \cdot F_{LK}^1] + Pg\beta_2 L_2 F_L^1(F_{KL}^1 F_{LK}^2$$

$$\left. - F_{KK}^1 F_{LL}^2) \right\} / \Omega$$

$$dr/dP = \left\{ \frac{g}{\mu} P^2 F_L^1(F_{KK}^1 F_{KL}^2 - F_{KL}^1 F_{KK}^2) + Pg\beta_2 L_2 g' F_L^1 F_L^2(F_{KK}^1 F_{KL}^2 - F_{KL}^1 F_{KK}^2) + \right.$$

$$Pg^2 \beta_2 L_2 g' \cdot (F_K^2)^2(F_{LK}^1 F_{LL}^2 - F_{LL}^1 F_{LK}^2) + F_K^2 g'[Pr(\beta_1 - \beta_2)(F_K^1 F_{LL}^1 -$$

$$F_L^1 F_{LK}^1) + P(\beta_1 \bar{w} - \beta_2 w_a)(F_L^1 F_{KK}^1 - F_K^1 F_{LK}^1)] + Pg(F_{LL}^1 F_{KK}^2 - F_{LK}^1 F_{KL}^2)$$

$$\left[\frac{P}{\mu}F_K^1+\beta_2 L_2 F_K^1 F_L^2 g'+\beta_2 L_2 F_K^2 F_L^2 (g')^2\right]\right\}/\Omega>0$$

附录 B

全微分式(22-4)和式(22-10)，等式两边同除以 dP 可得：

$$F_K^1+PF_{KK}^1\frac{dK_1}{dP}+PF_{KL}^1\frac{dL_1}{dP}=\frac{dr}{dP} \qquad (A1)$$

$$F_L^1+PF_{LL}^1\frac{dL_1}{dP}+PF_{LK}^1\frac{dK_1}{dP}=0 \qquad (A2)$$

由生产函数的一次齐次性并将(A2)式代入(A1)式化简可得：

$$\frac{\hat{r}}{\hat{P}}=\left(F_K^1+F_L^1\frac{L_1}{K_1}\right)+(K_1 F_{KK}^1+L_1 F_{LK}^1)\frac{P}{K_1}\frac{dK_1}{dP}=\frac{PY_1}{rK_1}>1$$

其中 $\hat{r}$ 和 $\hat{P}$ 分别为利率和价格的变化率，也就是 $\hat{r}>\hat{P}$。

参考文献

[1] AMUEDO-DORANTES C, POZO S. Remittances and Income Smoothing[J]. American Economic Review, 2011(101): 582.

[2] BALL C P, LOPEZ C, REYES J. Remittances, Inflation and Exchange Rate Regimes in Small Open Economies[J]. The World Economy, 2013, 36(4), 487-507.

[3] BHAGWATI J N, SRINIVASAN T N. Education in a 'Job Ladder' Model and the Fairness-Inhiring Rule[J]. Journal of Public Economics, 1977, 7(1): 1-22.

[4] CHAUDHURI S, MUKHOPADHYAY U. Pollution and Informal Sector: A Theoretical Analysis[J]. Journal of Economic Integration, 2006, 21(2): 363-378.

[5] CHIWUZULUM ODOZI J, AWOYEMI T T. Omonona, B. T. Household Poverty and Inequality: The Implication of Migrants' remittances in Nigeria[J]. Journal of Economic Policy Reform, 2010, 13(2): 191-199.

[6] COPELAND B R, TAYLOR M S. Trade, Spatial Separation, and the Environment[J]. Journal of International Economics, 1999, 47(1): 137-168.

[7] DEAN J M, GANGOPADHYAY S. Export Bans, Environmental Protection, and Unemployment[J]. Review of Development Economics, 1997, 1(3): 324-336.

[8] DJAJIC′ S. Human Capital, Minimum Wage and Unemployment: A Harris-Todaro Model of a Developed Open Economy[J]. Economica, 1985(52): 491–508.

[9] GRIGORIAN D A, MELKONYAN T A. Destined to Receive: The Impact of Remittances on Household Decisions in Armenia[J]. Review of Development Economics, 2011, 15(1): 139–153.

[10] HOYOS G A Z. International Labor Migration as a Strategy of Economic Stabilization at the Household Level in Mexico and Central America[J]. Papeles de Poblacion, 2008, 14(56): 19–36.

[11] LALL S V, SELOD H. Rural-Urban Migration in Developing Countries: A Survey of Theoretical Predictions and Empirical Findings (Vol. 3915)[M]. Washington, DC: World Bank Publications, 2006.

[12] LI X, ZHOU Y. An Economic Analysis of Remittance of Unskilled Migration on Skilled-Unskilled Wage Inequality in Labor Host Region[J]. Economic Modelling, 2013(33): 428–432.

[13] LI X, ZHOU Y. Development Policies, Transfer of Pollution Abatement Technology and Trans-Boundary Pollution[J]. Economic Modelling, 2013(31): 183–188.

[14] MCCORMICK B, WAHBA J. Overseas Employment and Remittances to a Dual Economy[J]. The Economic Journal, 2000, 110(463), 2000: 509–534.

[15] NATH H K, VARGAS-SILVA C. Remittances and Relative Prices[J]. Review of Development Economics, 2012, 16(1): 45–61.

[16] PAPOLA T S. Dissecting the informal sector[J]. Economic and Political Weekly, 1981(16): 1272–1274.

[17] PRADHAN G, UPADHYAY M, UPADHYAYA K. Remittances and Economic Growth Indeveloping Countries[J]. The European Journal of Development Research, 2008, 20(3): 497–506.

[18] QUIBRIA M G. International Migration, Remittances and Income Distribution in the Source Country: A Synthesis[J]. Bulletin of Economic Research, 1997, 49(1): 29–46.

[19] ROMATET E. Calcutta's Informal Sector: Theory and Reality[J]. Economic and Political Weekly, 1983(16): 2115-2128.

[20] ROZELLE S, EDWARD TAYLOR J, DEBRAUW A. Migration, Remittances, and Agricultural Productivity In China[J]. American Economic Review, 1999, 89(2): 287-291.

[21] SAMANTA, S. Training, Unemployment and Fiscal Subsidy: A Harris-Todaro Approach [J]. SSRN Working Paper Series. 2003. http://ssrn.com/abstract =471981.

[22] STALKER P. Migration Trends and Migration Policy in Europe[J]. International Migration, 2002, 40(5): 151-179.

[23] STARK O, EDWARD TAYLOR J, YITZHAKI S. Remittances and Inequality[J]. The Economic Journal, 1986(96): 722-740.

[24] TAYLOR J E, WYATT T J. The Shadow Value of Migrant Remittances, Income and Inequality in a Household-Farm Economy[J]. The Journal of Development Studies, 1996, 32(6): 899-912.

[25] ZARATE, HOYOS G A. Consumption and Remittances in Migrant Households: Toward a Productive use of Remittances[J]. Contemporary Economic Policy, 2004, 22(4): 555-565.

[26] ZHANG J, et al. Economic Returns to Schooling in Urban China, 1988 to 2001[J]. Journal of Comparative Economics, 2005, 33(4): 730-752.

第 23 章　关于收入差距与环境污染的经济学分析

本章摘要：本章以发展中国家的二元经济结构为构架基础，以 Harris-Todaro 模型中的劳动力转移条件作为发展中国家典型的城乡劳动力转移方式，探寻、分析在此框架下不同类型的工资差距对于环境的影响。研究发现：无论是在短期还是长期，当城乡工资差距扩大时，环境都会恶化；在长期，以熟练程度衡量的异质劳动力之间的工资差距扩大使环境恶化，但在短期，这一影响的方向由环境本身的质量决定。此外，本章分别使用固定效应面板模型和随机效应面板模型对理论分析结果进行了验证。结果表明，无论是城乡收入差距还是以熟练程度衡量的异质劳动力之间的工资差距都能对环境产生直接影响，且后者影响较大。另外，城乡收入差距可以通过劳动力转移进行传导，但熟练劳动力与非熟练劳动力的工资差距则不会通过劳动力转移效应对环境质量产生间接影响。

第 1 节　序　言

经济水平的整体提升与环境保护能否同步发展，已经成为当前国际国内最受关注的问题之一。作为当今世界上最大的发展中国家，中国虽然自改革开放以来取得的经济成就令人振奋，但环境问题也令人担忧，据统计，世界上污染最严重的 10 个城市有 7 个在中国。2017 年 11 月 13 日波恩气候大会上"全球碳项目"发布的《2017 全球碳预算报告》指出，到 2017 年底，中国的碳排放占全球总量的 28%。根据世界卫生组织指定的空气质量标准自检，2017 年中国 500 个城市中，只有不到 50 个城市达标，长三角地区的情况也不容乐观，这让中国面临着越来越大的在国际气候变化谈判中的压力。以上事实都在告诉我们,经济发展的过程中,在跑出中国创新"加速度"的同时,也要把握住社会高质量发展的脉络,通过推动环境的质量提升,真正完成可持续发展的历史跨越。当今中国,在享受经济增长带给我们巨大的物质便利的同时,收入差距问题也越来越严重。2017年中国的基尼系数值达到0.467,远高于0.4的国际警戒红线。根据亚布力论坛发布的《中国的收入分配白皮书》,虽然随着近年来农村及城市中三项制度改革的铺开,城乡之间的收入差距在比值上有所缩小,但在绝对值上接近甚至创下历史新高;而且不同产业、不同行业之间的收入差距也并未显示出明显的缩小态势。

可以看到,中国的工资差距在逐渐扩大的同时,环境问题也日益严重,由此引出的问题是:第一,不断扩大的收入差距是否会对环境质量产生影响?第二,如果会的话,不同类型的工资差距对环境质量产生的影响相同吗?第三,收入差距究竟是通过什么样的途径影响环境质量的?

从20世纪80年代中后期至今,中国农业劳动力向城市迁移成了中国经济发展重要特色,根据最新统计数据,2017年全年农民工总量为28 652万人,比上年增加481万人,增长率达到1.7%。其中,外出农民工占比接近60%,约17 185万人,比上年增长1.5%。因此,将这一点纳入分析框架就可以将收入不平等与环境质量通过劳动力转移联系起来。但在既有文献中,很难找到在劳动力转移框架下对于工资差距与环境污染彼此相关的理论或实证方面的解释。因此,本章以发展中国家的二元经济结构为背景,以哈里斯—托达罗模型中的劳动力转移条件作为发展中国家典型的城乡劳动力转移方式,探寻、分析在此框架下不同类型的工资差距对于环境的影响。

关于收入不平等与环境质量的关系问题的开创性研究由Boyce(1994)做出,他从政治权利不平等的角度出发,认为社会高阶层人享受经济活动的收益,而社会低阶层人承担环境破坏的后果。由于经济政策大多由富人制定,不成比例的成本将转接到穷人身上,社会权力分配的不平衡导致收入不平等程度的加重,从而致使环境质量进一步恶化。Bergstrom(1990)认为,相较于富人来说,穷人对清洁环境的消费意愿和消费能力都比较低,环境污染程度随着财富的集中程度而加深。Ravallion(2000)发现穷人多消费初级产品,而富人消费高级消费品,因此相较于富人,穷人消费的产品包含更多污染,因此当穷人变富而使收入不平等程度减小时,污染将减轻。Vona & Patriarca(2011)认为,过度不平等会对社会整体技术发展带来负面影响,从而损害环保技术的发展,不利于环境质量的改善。

除理论研究之外,学术界对这二者之间的关系也进行了一定的实证研究。杨树旺等(2006)是我国较早研究收入分配不公对环境影响的学者,他们认为收入分配不均对环境的负面影响表现为两个方面——全国整体范围内环境质量的退化以及不同地区的环境质量失衡;潘丹、应瑞瑶(2010)通过调取我国1986—2008年共23年的时序数据做出的研究发现:收入不平等将显著影响环境质量,且其影响方向为正并存在滞后效应,同时,不断扩大的收入差距将大大延迟经济达到倒U形环境库兹涅茨曲线顶点的到来;类似的研究还包括马旭东(2012)引入政府治理环境的投资行为,通过对我国1995—2009年共15年的时序数据进行分析,开展了对收入分配差距及环境污染的计量研究,结果显著为正,表明收入差距的扩大使环境污染加剧。钟茂初、赵志勇(2013)使用静态和动态两种估计方法,以城乡收入差距为变量对中国环境污染的影响做出实证研究,两种计量分析结果都表明城乡收入差距对污染物排放量的影响显著为正。

关于劳动力转移与工资差距问题,Chaudhuri & Yabuuchi(2006)构造了三部门的一般均衡模型,主要结论是进口税率对工资差距影响并不显著,而外国资本的流入则会使工资差距出现较大变化。Li et al.(2013)构造了一个四部门的模型,将农业部门分为现代农业部门和传统农业部门,将城市部门分为正式和非正式部门,分析先进农业发展政策对经济的影响。Marjit & Kar(2005)分析了要素国际流动对异质劳动力收入差距的影响,发现劳动力转移对收入差距的影响不一,主要取决于社会总收入在不同部分之间如何分配。李实(1999)将农民工汇款现象纳入考虑框架,一旦城市中的农民工将工资收入寄往农村,即表现为统计口径上整体家庭收入的提升,达到缩小城乡收入差距的结果;Whalley & Zhang(2007)联系中国户籍制度阻碍劳动力转移的现实,发现严格户籍制度能够明显降低地区和城乡收入差异。陆铭、陈钊(2004)选取1987—2001年的省际面板数据,且对其具有的内生性问题做出一定处理后发现,劳动力转移能够有效缩小城乡收入差距;但是,郝爱民(2006)依据我国1981—2004

年的时间序列数据,通过格兰杰因果检验和协整分析,发现由于农村的技术劳动力向外转移,不断下降的农业生产率降低了该部门工资,使得城乡收入差距扩大。

关于劳动力转移与环境问题。Beladi & Frasca(1999)以是否产生污染将城市分为两个部门,劳动力在其间自由流动,结论是与价格规制相比,数量规制能更有效地减轻污染程度;Daitoh(2002)假定各部门之间资本量恒定,在此基础上污染要素征税有利于环境质量改善并在某种程度上提升社会福利,进一步地,他在之后的研究(Daitoh,2008)中假定污染要素与资本要素互补,认为提高污染要素使用税将优化环境质量,而提高关税的效果则相反。李晓春(2005)在中国城乡户籍分离前提下,认为劳动力转移将对环境质量产生负面效应;Saito & Sugiyama(2007)认为城市环境对劳动力转移的意愿有所影响,基于这个假设,他的结论是治理污染技术的提高在有效减少污染的同时也可以降低城市的失业程度;Tawada & Sun(2010)在同样的假定下探讨治污技术进步的影响,结论是治污技术水平提升不会对工业部门的工资产生影响,但会导致城市就业人口减少。

第2节 劳动力转移框架下工资差距影响环境质量的理论模型

本章考虑一个三部门的经济体:城市被分为两个部门,称部门1为"初级部门",以一般制造业为代表,将非熟练劳动力、熟练劳动力以及资本作为要素,生产可以进口的工业品;称部门2为"高级部门",以现代服务业和IT等知识密集和资本密集的产业为代表,将熟练劳动力以及资本作为要素,提供高技术含量的、可以进口的产品与服务;称部门3为"传统农业部门",仅仅使用非熟练劳动力一种生产要素,生产可以出口的农产品。本章假设非熟练劳动力在农村和城市之间转移,但由于劳动力素质的限制,仅能进入城市的初级部门中。对于城市中的非熟练劳动力来说,由于工会与最低工资等制度的存在,其工资存在下方刚性,且高于农村同性质劳动力的工资;同时城市部门存在仅仅针对非熟练劳动力的失业;值得注意的是,熟练劳动力被城市部门完全吸收,不存在失业,且能够自由地在城市的两个部门之间流动,其工资具有完全弹性；另外，资本也在城市的两个部门之间自由流动。三种要素禀赋总量外生给定。

各部门的生产函数表示如下：

$$X_1 = F^1(L_1, S_1, K_1),$$
$$X_2 = F^2(S_2, K_2)$$
$$X_3 = E^\varepsilon F^3(L_3),$$

其中生产函数 $F^i(i=1,2,3)$ 为第 i 个部门的生产函数，具有严格拟凹、规模报酬不变的性质；$X^i(i=1,2,3)$ 表示第 i 个部门的总产出；$L^i(i=1,2,3)$ 表示第 i 个部门的使用的非熟练劳动力；$S^i(i=1,2)$ 表示第 i 个部门的使用的熟练劳动力；$K^i(i=1,2)$ 表示第 i 个部门的使用的资本。另外，根据 Copeland & Taylor(1999)，农村部门中农产品的产量除了受生产函数中的劳动要素影响之外，还受到环境的影响，以 E 表示环境现状，ε 衡量污染对农村部门的影响程度，$0<\varepsilon<1$。同时，按照社会的普遍情况，假定以一般制造业为代表的初级部门为产生污染的部门，以现代服务业和 IT 产业为代表的高级部门为污染中性部门，另外由于农业污染多为浅层的面源污染，具有广泛性和不易检验性，难以量化，因此在理论经济学的研究中通常不予考虑。综上所述，环境函数表示如下：

$$E = \bar{E} - \lambda X_1 \quad (23-1)$$

其中，$\bar{E}$ 表示经济中污染为零时的环境总禀赋，λ 表示部门 1 每单位产出所导致的污染。

考虑一个产品价格由国际市场外生给定的经济体，由于产品市场是完全竞争的，在一般均衡达到时，单位产品的成本与单位产品价格相等，故有：

$$a_{L1}\bar{w}_1 + a_{S1}w_{S1} + a_{K1}r_1 = P_1 \quad (23-2)$$

$$a_{S2}w_{S2} + a_{K2}r_2 = P_2 \quad (23-3)$$

$$a_{L3}w_3 = E^\varepsilon \quad (23-4)$$

其中，$a_{ij}(i=L,K,S; j=1,2)$ 表示第 j 个部门中单位产出所需要的 i 要素的数量，$a_{L3}=L_3/F^3(L_3)$；$P_i(i=1,2)$ 表示外生给定的第 i 个部门的产品国内价格；$\bar{w}_1$ 表示部门 1 中下方刚性的非熟练劳动力工资，$w_{si}(i=1,2)$ 表示第 i 个部门中的熟练劳动力工资,w_3表示农村部门的非熟练劳动力工资,$r_i(i=1,2)$表示第i个部门的利率。

短期内,假定城市的两个部门所使用的资本量是固定的,而不进行转移,则初级部门与高级部门的资本使用量可视为定值。三种生产要素禀赋在各部门之间的分配情况表示如下:

$$(1+\mu)a_{L1}X_1+a_{L3}\frac{X_3}{E^\epsilon}=\bar{L} \qquad (23-5)$$

$$a_{K1}X_1=\bar{K}_1,a_{K2}X_2=\bar{K}_2 \qquad (23-6)$$

$$a_{S1}X_1+a_{S2}X_2=\bar{S} \qquad (23-7)$$

其中,μ表示城市的部门1中非熟练劳动力的失业率,$\bar{L}$表示全社会的非熟练劳动力禀赋,$\bar{K}_i(i=1,2)$表示短期内第i个部门中的资本禀赋,$\bar{S}$表示全社会的熟练劳动力禀赋。按照哈里斯—托达罗的劳动力转移模型,由于非熟练劳动力在城市的部门1中存在失业,故非熟练劳动力在农村工资与城市部门1的期望工资相等时停止转移;同时,由于熟练劳动力不存在失业,因此熟练劳动力市场在城市两个部门中的熟练劳动力工资相等时达到均衡,故劳动力转移的均衡方程如下:

$$w_3(1+\mu)=\bar{w}_1 \qquad (23-8)$$

$$w_{S1}=w_{S2} \qquad (23-9)$$

至此,适用于短期分析的基本一般均衡模型构建完毕。在这个模型中,共有十个内生变量,分别为$w_3,w_{S1},w_{S2},r_1,r_2,E,\mu,X_1,X_2,X_3$,同时,有十个外生变量,分别为$\bar{E},\bar{L},\bar{K}_1,\bar{K}_2,\bar{S},\bar{P}_1,\bar{P}_2,\bar{w}_1,\lambda,\epsilon$。我们可以依据(23-2)、(23-3)、(23-6)、(23-7)和(23-9)式计算出w_3,从而能够由(23-1)式计算出E,再由w_3,最后,由(23-8)式和(23-5)式计算出μ和X_3。

第3节 劳动力转移框架下工资差距影响环境的理论分析

一、短期分析

在既往研究中,有多种对异质劳动力的划分方法,本章采用熟练程度来划分,一一般来说,非熟练劳动力包括农村地区的全部劳动力,以及城市部门的蓝领工人,而熟练劳动力则仅仅针对城市部门,通常是指白领工人或者管理层。

另外,本章考虑的工资差距有两个,其一是"城乡工资差距",用城市中部门 1 与农村中部门 3 的非熟练劳动力工资之差表示,即 $\bar{w}_1 - w_3$,其二是"熟练程度不同的劳动力之间的工资差距"(下文中简称为异质劳动力工资差距),在具体的计算上,首先以加权平均法计算所有部门中非熟练劳动力的工资,再计算二者差值,即 $w_S - (\lambda_{L1} \bar{w}_1 + \lambda_{L3} w_3)$,$\lambda_{L1}$、$\lambda_{L3}$ 分别为部门 1 和部门 3 的就业权重。由于 $\bar{w}_1$ 下方刚性,其变动率为零,实际上我们只需考虑 $\hat{w}_3$ 和 $\hat{w}_S$ 分别与 $\hat{E}$ 的关系。这里,"^"表示变化率,如 $\hat{w}_3 = \mathrm{d} w_3 / w_3$,等。

首先,对(23-8)式和(23-9)式进行全微分,可以得到:

$$\hat{\mu} = -\frac{\hat{w}_1}{\hat{w}_1 - w_3} \hat{w}_3 \tag{23-10}$$

$$\hat{w}_{S1} = \hat{w}_{S2} \tag{23-11}$$

为表示方便,以下,令 $\hat{w}_{S1} = \hat{w}_{S2} = \hat{w}_S$。

选择(23-1)、(23-2)、(23-3)、(23-4)、(23-6)和(23-7)式进行全微分,并将结果用矩阵形式表示如下:

$$\begin{bmatrix} \theta_{S1} & 0 & \theta_{K1} & 0 & 0 & 0 & 0 \\ \theta_{S2} & 0 & 0 & \theta_{K2} & 0 & 0 & 0 \\ 0 & 1 & 0 & 0 & -\varepsilon & 0 & 0 \\ 0 & 0 & 0 & 0 & 1 & \lambda X_1/E & 0 \\ S^1_{KS} & 0 & S^1_{KK} & 0 & 0 & 1 & 0 \\ S^2_{KS} & 0 & 0 & S^2_{KK} & 0 & 0 & 1 \\ C & 0 & \lambda_{S1} S^1_{SK} & \lambda_{S2} S^2_{SK} & 0 & \lambda_{S1} & \lambda_{S2} \end{bmatrix} \begin{bmatrix} \hat{w}_S \\ \hat{w}_3 \\ \hat{r}_1 \\ \hat{r}_2 \\ \hat{E} \\ \hat{X}_1 \\ \hat{X}_2 \end{bmatrix} = \begin{bmatrix} 0 \\ \hat{P}_2 \\ 0 \\ 0 \\ 0 \\ 0 \\ 0 \end{bmatrix} \tag{23-12}$$

其中:$C = \lambda_{S1} S^1_{SS} + \lambda_{S2} S^2_{SS} < 0$;$\theta_{ij}(i=K,S;j=1,2)$ 表示投入要素 i 的收入占第 j 个部门总收入的份额;$\lambda_{ij}(i=K,S;j=1,2)$ 表示第 j 个部门中的投入要素 i 在全社会中要素 i 所占的份额;$\lambda_{Lu} = L_u/\bar{L}$,表示城市的部门 1 中非熟练劳动力的失业人数占包括农村和城市在内的所有非熟练劳动力总数的份额;$S^k_{ij}(i=K,S;j=K,S,k=1,$

2)表示第 k 个部门中,要素 i 与要素 j 之间的替代弹性,如 $S_{SK}^{k}=(r/a_{S1})(\partial a_{S1}/\partial r)$。

令 Δ_1 为式(23-12)的系数矩阵行列式,经计算可得:

$$\Delta_1 = \theta_{S1}\theta_{K2}\lambda_{S1}(S_{KK}^1 - S_{SK}^1) + \theta_{S2}\theta_{K1}\lambda_{S2}(S_{KK}^2 - S_{SK}^2) +$$
$$\theta_{K1}\theta_{K2}[\lambda_{S1}(S_{SS}^1 - S_{KS}^1) + \lambda_{S2}(S_{SS}^2 - S_{KS}^2)] < 0$$

由 Cramer 法则解式(23-12),可进一步算出:

$$\hat{w}_3/\hat{P}_2 = -\varepsilon\frac{\lambda X_1}{E}\lambda_{S2}(\theta_{S1}S_{KK}^1 - \theta_{K1}S_{KS}^1)(S_{KK}^2 - S_{SK}^2)/\Delta > 0$$

$$\hat{E}/\hat{P}_2 = -\frac{\lambda X_1}{E}\lambda_{S2}(\theta_{S1}S_{KK}^1 - \theta_{K1}S_{KS}^1)(S_{KK}^2 - S_{SK}^2)/\Delta > 0$$

$$\hat{w}_S/\hat{P}_2 = \theta_{K1}\lambda_{S2}(S_{KK}^2 - S_{SK}^2)/\Delta > 0$$

$$\hat{\mu}/\hat{P}_2 = -\frac{\bar{w}_1}{\bar{w}_1 - w_3}\frac{\hat{w}_3}{\hat{P}_2} < 0$$

经过整理,容易发现 $\hat{w}_3$ 和 $\hat{w}_S$ 分别与 $\hat{E}$ 的关系如下:

$$\frac{\hat{E}/\hat{P}_2}{\hat{w}_3/\hat{P}_2} = \frac{\hat{E}}{\hat{w}_3} > 0$$

$$\frac{\hat{E}/\hat{P}_2}{\hat{w}_S/\hat{P}_2} = \frac{\hat{E}}{\hat{w}_S} > 0$$

代入式(23-10)可以求得:$\frac{\hat{E}}{\hat{\mu}} < 0$,因此,可以求得城乡工资差距与环境之间的变动关系为 $\frac{\hat{E}}{\bar{w}_1 - \hat{w}_3} < 0$。

令 $\alpha = \dfrac{\varepsilon\lambda_{L3}\left(\dfrac{\theta_{S1}}{\theta_{K1}}S_{KK}^1 - S_{KS}^1\right)}{\varepsilon\lambda_{L3}\left(\dfrac{\theta_{S1}}{\theta_{K1}}S_{KK}^1 - S_{KS}^1\right) - 1}$,显然有 $0 < \alpha < 1$,故熟练劳动力与非熟练劳动力之间的工资差距与环境之间的变动关系为:

$$\frac{\hat{E}}{\hat{w}_S - (\lambda_{L1}\bar{w}_1 + \lambda_{L3}\hat{w}_3)} \begin{cases} > 0 & \text{当 } E > \alpha\bar{E} \\ < 0 & \text{当 } E < \alpha\bar{E} \end{cases}$$

综上所述,我们可以得到以下命题1。

命题1:在短期,当城乡工资差距扩大时,环境恶化;当 $E > \alpha\bar{E}$ 时,以熟练程度衡量的异质劳动力之间的工资差距扩大将使得环境变好,当 $E<\alpha\bar{E}$ 时,以熟练程度衡量的异质劳动力之间的工资差距扩大将使得环境恶化。

城乡工资差距扩大,激励农村劳动力更多地向城市转移,扩大城市的部门1中劳动力的雇佣,故环境恶化,这很容易理解。但值得注意的是,以熟练程度衡量的异质劳动力之间的工资差距扩大时,环境的变化是不确定的,当环境存量 E 较小时,异质劳动力之间的工资差距扩大将使得环境恶化,而当环境存量 E 较大时,该异质劳动力之间的工资差距扩大将使得环境质量提升。其可能的解释是,通常在不考虑环境因素的情况下,非熟练劳动力的工作、生活条件均劣于熟练劳动力,当环境存量较小并进一步恶化时,非熟练劳动力无法从其他要素上获得效用的弥补,因此他们受到的影响相较熟练劳动力更大。所以此时,环境对劳动力的影响主要体现在对非熟练劳动力的激励上,以熟练程度衡量的异质劳动力之间的工资差距扩大将更大地激励非熟练劳动力努力工作以缩小工资差距,从而扩大生产,使环境恶化;环境存量较大时,相对来说环境施加于熟练劳动力的影响更大,当熟练劳动力可能获得较高的工资时,部门2对熟练劳动力的吸引相对增大,能够吸引更多的人从事技术工作,有利于遏制污染发生,从而改善环境。

二、长期分析

在长期,资本可以在城市中的两个部门之间自由流动,在资本市场达到均衡时,两个部门的利率相等。因此,我们将式(23-2)、(23-3)和(23-6)改写如下:

$$a_{L1}\bar{w}_1+a_{S1}w_{S1}+a_{K1}r=P_1 \quad (23-13)$$

$$a_{S2}w_{S2}+a_{K2}r=P_2 \quad (23-14)$$

$$a_{K1}X_1+a_{K2}X_2=\bar{K} \quad (23-15)$$

以上三个方程与(23-1)、(23-4)、(23-5)、(23-7)、(23-8)和(23-9)式构成一个完整的长期分析模型,在这个模型中,共有九个内生变量,分别为 $w_3,w_{s1},w_{s2},r,E,\mu,X_1,X_2,X_3$,同时,有九个外生变量,分别为 $\bar{E},\bar{L},\bar{K},\bar{S},\bar{P}_1,\bar{P}_2,\bar{w}_1,\lambda,\varepsilon$。我们可以依据(23-13)、(23-14)和(23-9)式计算出 w_{s1},w_{s2},r,再由(23-15)、(23-7)式计算出 X_1,X_2,从而能够由式(23-1)计算出 E,进一步由式(23-1)计算出 w_3,最

后,由式(23-8)和式(23-5)计算出 μ 和 X_3。

在这里,我们假定 $K_1/S_2 < K_2/S_2$,即在城市中,部门 1 中熟练劳动力所占有的人均资本量要低于部门 2 中熟练劳动力所占有的人均资本量。鉴于我们模型的设定,在城市中,两部门已经分化,各自走上发展正轨,故这一设定是符合某些发展中国家的实际情况的。由假定条件可以得到下面两个等价的不等式:

$$\theta_{S2}\theta_{K1} - \theta_{S1}\theta_{K2} < 0 \Leftrightarrow \lambda_{S2}\lambda_{K1} - \lambda_{S1}\lambda_{K2} < 0$$

在此基础之上,我们全微分,同样设定 $\hat{w}_{S1} = \hat{w}_{S2} = \hat{w}_S$,微分结果用矩阵形式表示如下:

$$\begin{bmatrix} \theta_{S1} & 0 & \theta_{K1} & 0 & 0 & 0 \\ \theta_{S2} & 0 & \theta_{K2} & 0 & 0 & 0 \\ 0 & 1 & 0 & -\xi & 0 & 0 \\ 0 & 0 & 0 & 1 & \lambda X_1/E & 0 \\ A & 0 & B & 0 & \lambda_{K1} & \lambda_{K2} \\ C & 0 & D & 0 & \lambda_{S1} & \lambda_{S2} \end{bmatrix} \begin{bmatrix} \hat{w}_S \\ \hat{w}_3 \\ \hat{r} \\ \hat{E} \\ \hat{X}_1 \\ \hat{X}_2 \end{bmatrix} = \begin{bmatrix} 0 \\ \hat{P}_2 \\ 0 \\ 0 \\ 0 \\ 0 \end{bmatrix} \quad (23-16)$$

其中: $A = \lambda_{K1} S_{KS}^1 + \lambda_{K2} S_{KS}^2 > 0$, $B = \lambda_{K1} S_{KK}^1 + \lambda_{K2} S_{KK}^2 < 0$, $C = \lambda_{S1} S_{SS}^1 + \lambda_{S2} S_{SS}^2 < 0$, $D = \lambda_{S1} S_{SK}^1 + \lambda_{S2} S_{SK}^2 > 0$。

经计算可得:

$$\Delta = -[\theta_{S1}\theta_{K2} - \theta_{S2}\theta_{K1}(\lambda_{S2}\lambda_{K1} - \lambda_{S1}\lambda_{K2})]$$

由 Cramer 法则,可进一步算出:

$$\hat{w}_3/\hat{P}_2 = -\varepsilon \frac{\lambda X_1}{E}[\theta_{S1}(B\lambda_{S2} - D\lambda_{K2}) - \theta_{K1}(A\lambda_{S2} - C\lambda_{K2})]/\Delta > 0$$

$$\hat{E}/\hat{P}_2 = -\frac{\lambda X_1}{E}[\theta_{S1}(B\lambda_{S2} - D\lambda_{K2}) - \theta_{K1}(A\lambda_{S2} - C\lambda_{K2})]/\Delta > 0$$

$$\hat{w}_S/\hat{P}_2 = (\lambda_{S2}\lambda_{K1} - \lambda_{S1}\lambda_{K2})\theta_{K1}/\Delta < 0$$

$$\hat{\mu}/\hat{P}_2 = -\frac{\bar{w}_1}{\bar{w}_1 - \bar{w}_3}\frac{\hat{w}_3}{\hat{P}_2} < 0$$

同样经过简单的变形,可以发现 $\hat{w}_3$ 和 $\hat{w}_S$ 分别与 $\hat{E}$ 的关系如下:

$$\frac{\hat{E}/\hat{P}_2}{\hat{w}_3/\hat{P}_2}=\frac{\hat{E}}{\hat{w}_3}>0;\frac{\hat{E}/\hat{P}_2}{\hat{w}_S/\hat{P}_2}=\frac{\hat{E}}{\hat{w}_S}<0$$

因此，在长期，工资差距与环境之间的变动关系如下：

$$\frac{\hat{E}}{\bar{w}_1-\hat{w}_3}<0;\frac{\hat{E}}{\hat{w}_S-(\lambda_{L1}\bar{w}_1+\lambda_{L3}\hat{w}_3)}<0$$

命题2：在长期，当城乡工资差距扩大时，环境恶化；当以熟练程度衡量的异质劳动力之间的工资差距扩大时，环境同样恶化。

命题的前一个结论的解释可以沿用短期的理论，即当城乡工资差距扩大时，农村地区向城市转移的劳动力规模也随之扩大，城市的部门1中劳动力的雇佣规模的提升扩大工业生产，导致环境恶化。

相对于命题1，以熟练程度衡量的异质劳动力之间的工资差距扩大对环境的影响出现了变化。这主要是由于通常的长期分析假定社会经济已发展到成熟阶段，同时在长期，与资本相关的一个关键假定发生了变化，长期分析时，资本可以在部门1和部门2之间自由流动。故当以熟练程度衡量的异质劳动力之间的工资差距扩大时，部门1中的非熟练劳动力会更加努力地工作以提高收入，此时部门1中总体劳动要素量增加，导致资本更多地外溢到部门2，从而部门2的资本价格出现相对下降；此时，资本又会向部门1回流，当溢出的资本要素对生产的贡献小于非熟练劳动力努力工作的劳动要素的贡献时，部门1中总体产量出现一定程度的上升，从而引发了环境质量的恶化。

综合命题1与命题2可以发现，无论是在短期还是长期，城乡工资差距扩大都将造成环境的恶化。同时，在长期，熟练劳动力与非熟练劳动的工资差距的扩大将导致环境污染程度的降低，而在短期，这一工资差距对环境的影响则需要依据环境本身质量来决定。

第4节 收入差距影响环境质量的实证研究

一、变量选取

1. 被解释变量

前文的分析中已经指出,环境污染从工业、农业和生活的方方面面对社会经济整体施加影响,如果选择一个或几个单一的指标来对环境质量进行衡量,受类别的特质影响可能会显得片面,无法反映出各系统的交叉影响。因此,本章在进行被解释变量的选择时,根据研究对象,通过对衡量工业污染的多个相关指标进行统计学上的处理,构造出一个综合衡量能力较强的指标,用符号 ENV 表示。

2. 解释变量

本章研究的对象为收入差距,故解释变量以工资比值确定,其中城乡收入差距记为 $GAP1$,熟练劳动力与非熟练劳动力的工资差距记为 $GAP2$。

3. 控制变量的选取

参照已有的有关环境污染决定因素的实证研究,同时结合格罗斯曼与克鲁格的经济增长影响环境的机制,本章选择使用如下相关控制变量。

第一,劳动力转移为本章研究的重点。第二,规模效应,即通常认为的经济活动规模,也可以用社会总体的收入水平来衡量。第三,产业效应,指各产业在社会经济中所占的比重。明显地,以工业为主的第二产业是对环境污染损害最严重的产业,因此在社会处于以农业为主的最初级发展阶段,或发展到以第三产业为主的更高水平时,污染相较于工业发展阶段较少,这就是产业效应。第四,技术效应,主要分为两个层面,其一是降低生产污染的技术进步,其二是治理已污染环境的技术进步。当技术进步发生,一方面通过提高环境资源的利用效率,另一方面减少社会主体治污的阻力,致使污染排放量和治污成本同时降低,同时,技术效应亦对结构效应有所贡献,因为社会技术的不断进步将引导产业升级,第二产业中导致严重污染的技术将被淘汰。

因此,本章最终选择包括劳动力转移(TRANS)、产业效应(STR)、技术效应(TECH)和规模效应(INCOME)在内的四项指标作为控制变量。

二、数据来源

本章大部分数据来源于包括《中国统计年鉴》《中国劳动统计年鉴》在内的各项统计年鉴,与科技人员相关的数据来源于《中国科技统计年鉴》,涉及产业结构的数据来源于《中国第三产业统计年鉴》,涉及农民工的数据部分来源于《农民工监测调查报告》,与环境相关的数据主要来源于各年《环境统计年报》,另外年鉴中缺失的部分年度数据参考《新中国六十年统计资料汇编》及各省统计年鉴、统计局网站等补齐。

三、各变量的具体情况及相关数据处理

在本章的变量处理的过程中,涉及"环境污染指数"这项指标时,使用到了熵值法,因为熵值赋权法在一定程度上避免了主观因素带来的偏差。本章各变量的具体情况如下:

(1) 环境污染指数:本章主要关注工业部门产生的污染。根据历年以来的统计口径,本章最终选取工业污染物中的"三废"排放量作为对环境状态进行综合衡量的指标,通过熵值法构建相关指数,从而使得该指数能最大限度代表环境污染的整体情况。

(2) 收入差距:收入差距中的城乡收入差距用各省城镇居民人均可支配收入与农民人均纯收入(农村人均可支配收入①)之比来表示。收入差距中的熟练劳动力与非熟练劳动力工资差距以制造业和科学研究、技术服务就业人员工资综合衡量。本章将部门1中的熟练劳动力与大中型企业的科技活动人员等同,并以其工资份额来衡量制造业中熟练劳动力的工资份额(同时可以确定非熟练劳动力工资),在此基础上,确定制造业中熟练劳动力与技术服务行业劳动力的一个权重,使用加权平均法计算出城镇总体熟练劳动力的工资,继而以二者的比值表示熟练劳动力与非熟练劳动

---

① 2013年起,农民人均纯收入在统计年鉴中改为"农村人均可支配收入"指标。

力的工资差距,相关计算公式为:

熟练劳动力工资＝(大中型企业中科技活动人员的工资份额＋科学研究、技术服务就业人员工资份额)/(大中型企业中科技活动人员总数＋科学研究、技术服务就业人员总数)

非熟练劳动力工资＝(制造业就业人员工资份额－大中型企业中科技活动人员的工资份额)/(制造业就业人员总数－大中型企业中科技活动人员总数)

(3) 规模效应:用各地区人均GDP表示。

(4) 结构效应:用各地区第三产业增加值占地区生产总值的比重表示。

(5) 技术效应:用历年各地区科技活动人员数占各地区人数的比例表示。

(6) 劳动力转移:由于国家统计局并未对分省的劳动力转移数据进行统一口径的统计,故本书使用人口增长量与总人口量之比来间接衡量劳动力流动。已有的研究表明,这两项指标之间存在较强的关联性,相关系数接近0.9,相关计算公式为:

人口增长量＝本年末总人口－上年末总人口(1＋本年人口自然增长率)

本章选取了我国大陆地区31个省(市、自治区)共19年的面板数据,相关年份为1997—2015年,对于在计量过程中可能遇到的数据平稳性问题,通过相应年度数据进行对数变换来解决。

四、计量模型的设定

在上述指标选取的基础上,本章采用如下计量模型来对收入差距与环境质量之间的关系进行探究:

$$ENV_{i,t} = \alpha_1 + \beta_1 GAP1_{i,t} + \omega X_{i,t} + \varepsilon_{i,t} \quad (23-17)$$

$$ENV_{i,t} = \alpha_2 + \beta_2 GAP2_{i,t} + \omega X_{i,t} + \varepsilon_{i,t} \quad (23-18)$$

其中,$ENV_{i,t}$表示环境污染,i为省份下标,t为年度下标;$X_{i,t}$表示对环境有影响的其他变量;$GAP1$为城乡工资差距指标,$GAP2$为熟练劳动力与非熟练劳动力工资差距指标。

本章实证研究框架的核心是探究收入不平等是否能够通过劳动力转移这一机制对环境造成影响,因此本章将收入不平等对环境的影响分为直接影响和间接影响。

首先在方程右边仅仅放置解释变量,利用(23-17)对二者之间的关系进行估计;然后逐项加入以上各项控制变量重新回归,着重关注加入劳动力转移变量后回归方程系数及显著性的变化。对(23-18)做同样处理。如果收入差距能够直接作用于环境质量,在计量结果上应该表现为在控制变量全部加入之后,解释变量回归系数仍然显著;如果收入差距对环境质量通过其他渠道起间接作用,在计量结果中应该表现为加入或删去某些控制变量后,被解释变量不再显著,或系数出现大幅下降。而对于间接的污染效应,可以理解为收入不平等作用于环境的污染渠道。如果某一控制变量同时满足以下两点:一是在作为收入不平等的被解释变量时,表现出显著受收入不平等影响,二是在作为原回归方程的控制变量加入方程右边后,对解释变量的显著性或回归系数中的一项或两项指标产生较为明显的影响,那么就可以认为收入不平等经由该控制变量对环境质量产生了间接效应。其中,传导方程为:

$$GAP1_{i,t} = \theta_1 + \sigma_1 M_{i,t} + \mu_{i,t} \qquad (23-19)$$

$$GAP2_{i,t} = \theta_2 + \sigma_2 M_{i,t} + \mu_{i,t} \qquad (23-20)$$

其中,$GAP1$为城乡工资差距指标,$GAP2$为熟练劳动力与非熟练劳动力工资差距指标,i为省份下标,t为年度下标;$M_{i,t}$表示原回归方程中的某些控制变量。

由于本章使用的是面板数据,故在正式回归开始之前,需要确定是否能采用混合回归。首先,我们对(23-17)、(23-18)进行 F 检验,假设混合回归是可以接受的,统计结果显示,(23-17)、(23-18)对应的 p 值均为 0.000 0,故强烈拒绝接受原假设,即认为 FE 明显优于混合回归。其次,通过 Hausman 检验对在接下来的回归中应该采取固定效应或是随机效应进行确定,结果表明,(23-17)的检验 p 值为 0.000 0,对应使用固定效应模型;(23-18)的检验 p 值为 0.638 3,对应使用随机效应模型。

故本章分别采取对应的模型对方程(23-17)、(23-18)进行检验。

五、回归结果

1. 初步回归结果

表23-1显示了方程(23-17)初步回归的结果。

表 23-1　模型(23-17)的回归结果

变量	Coef.	Std. Err	t	$P>t$
GAP1	0.769 005	0.431 879	1.78	0.085
TRANS	−0.073 26	0.058 637	−1.25	0.221
LNGDP	4.814 705	0.946 01	5.09	0.000
STR	−35.250 8	14.388 5	−2.45	0.020
TECH	11.698 02	11.441 57	1.02	0.315

表 23-1 显示:方程(23-17)中 GAP1 对 ENV 回归系数为 0.769 005,其 T 统计量为 1.78,P 值为 0.085,在 10% 的范围内显著。这说明,就我国整体情况而言,城乡收入差距程度的扩大会导致环境污染的程度加深,且城乡收入比每增加 1 单位,衡量环境污染的综合指数将会增加 0.77 个单位。

同样,我们对方程(23-18)进行回归,得到如表 23-2 中所列示的结果:

表 23-2　模型(23-18)的回归结果

变量	Coef.	Std. Err	z	$P>z$
GAP2	1.881 124	0.623 782 9	3.02	0.003
TRANS	−0.092 37	0.134 738 7	−0.69	0.493
LNGDP	5.263 22	0.390 981 3	13.46	0.000
STR	−41.276 0	6.842.389	−6.03	0.000
TECH	11.481 81	2.989 382	3.84	0.000

表 23-2 显示:方程(23-18)中 GAP2 对 ENV 回归系数为 1.881 124,其 T 统计量为 3.02,P 值为 0.003,在 1% 的水平下显著。这说明,就我国整体情况而言,熟练劳动力与非熟练劳动力收入差距程度的扩大会导致环境污染的程度加深,且熟练劳动力与非熟练劳动力比每增加 1 单位,衡量环境污染的综合指数将会增加 1.88 个单位。

上述初步的回归结果仅仅是证实了理论分析中"收入差距会对环境质量产生影响"这样一个大前提,在实证中更重要的是对二者之间深层次的影响机制,以及劳动力转移是否能够作为收入差距影响环境的一个渠道进行进一步的分析。

2. 传导机制分析

间接效应研究的第一步是根据已有的研究成果，对收入差距——环境污染的传导渠道进行初步选择。在实际生活中，技术效应、产业效应、规模效应以及国家政策等均会对环境污染施加影响，综合考虑指标的可衡量性和数据的可获得性，本章选择劳动力转移、规模效应、产业效应以及技术效应在内的四个相关变量作为本书所要探究的传导机制。间接效应研究的第二步是探究已选择的四个相关变量与收入差距之间的关系，对方程(23-19)和方程(23-20)进行回归分析，结果如表23-3所示：

表23-3 模型(23-19)和(23-20)的回归结果

变量	城乡收入差距(GAP1)				熟练劳动力与非熟练劳动力收入差距(GAP2)			
	Coef.	Std. Err	t	$P>t$	Coef.	Std. Err	z	$P>z$
TRANS	0.115 75	0.066 413 5	1.74	0.092	0.015 879 6	0.009 302 1	1.71	0.088
LNGDP	0.428 057 3	0.128 365	3.33	0.002	0.104 798 5	0.020 287 9	5.17	0.000
STR	0.006 363 3	0.003 316 6	1.92	0.065	2.033 024	0.416 459 8	4.88	0.000
TECH	0.034 099 8	0.012 245 5	2.78	0.009	0.330 780 9	0.152 948 4	2.16	0.031

可以看到，城乡收入差距对劳动力转移、规模效应、结构效应、技术效应的 P 值分别为 0.092、0.002、0.065 和 0.009，分别在 10%、1%、10% 和 1% 范围内显著，熟练劳动力与非熟练劳动力收入差距对劳动力转移、规模效应、结构效应、技术效应的 P 值分别为 0.088、0.000、0.000、0.031，分别在 10%、1%、1% 和 5% 范围内显著。这说明，这两种收入差距在作为这四个被解释变量的解释变量在不同程度上都是显著的。可见，对于中国 1997—2015 年的实际情况，收入差距对社会规模化、社会结构变化、社会技术进步及劳动力转移均有直接影响，因此这四项都可以作为收入差距影响环境的潜在传导渠道。

在此基础上，本章采取逐步回归方式来测度收入差距通过传导渠道对环境的影响。此前，方程(23-17)和(23-18)仅仅将 $GAP1$ 和 $GAP2$ 作为方程右边的唯一变量展开回归，该项计量结果反映了在不考虑传导机制的情况下，两种收入差距对环境质量的独立影响,以此作为比较分析的基础。在这样的基础上,方程(23.17-1)和(23.18-1)在模型右边加入技术效应,以此测度技术效应是否为收入不平等——环境污染的间接效应因素;方程(23.17-2)和(23.18-2)在前述方程的基础上,在模型右边又加入结构效应变量,以此检验结构效应是否为收入不平等——环境污染的间接效应因素;方程(23.17-3)和(23.18-3)则引入劳动力转移因素,研究劳动力转移作为收入不平等——环境污染的传导渠道是否成立;最后,将衡量规模效应的人均收入变量加入。

表23-4和表23-5分别列出了在研究两种收入差距的过程中,渐次加入控制变量之后的回归结果。

表23-4 变量对城乡收入差距效应的回归结果

变量	城乡收入差距(GAP1)				
	(23-17)	(23.17-1)	(23.17-2)	(23.17-3)	(23.17-4)
GAP	2.996 084*** (2.84)	1.955 252** (2.44)	2.084 017*** (2.74)	2.096 492*** (2.74)	0.769 005* (1.78)
TECH		30.523 14*** (2.84)	33.684 15*** (3.24)	33.679 33*** (3.24)	11.698 02 (1.01)
STR			−37.174 87** (−2.28)	−37.563 46** (−2.31)	−35.250 8** (−2.45)
TRANS				−0.084 99* (−2.02)	−0.073 26 (−1.25)
LNGDP					4.814 705*** (5.09)
截距项	−6.480 753 (−1.15)	−5.622 035 (−1.29)	8.440 542 (1.36)	8.553 462 (1.39)	4.571 426 (1.06)
F 值	8.08	8.05	6.55	4.93	15.68
LR 值					
观察值	589	589	589	589	589

注:***、**、*分别表示 $p<1\%$、$p<5\%$ 和 $p<10\%$ 的概率,括号内为每个变量相对应的 t 值(固定效应)和 z 值(随机效应)。

表 23-5　变量对熟练劳动力与非熟练劳动力收入差距效应的回归结果

变量	熟练劳动力与非熟练劳动力收入差距(GAP2)				
	(23-18)	(23.18-1)	(23.18-2)	(23.18-3)	(23.18-4)
GAP	3.503 878*** (4.47)	2.610 798*** (3.74)	3.217 05*** (4.61)	3.226 984*** (4.61)	1.881 124*** (3.02)
TECH		34.230 91*** (12.17)	37.201 1*** (12.94)	37.208 94*** (12.94)	11.481 81*** (3.84)
STR			−36.708 82*** (−4.66)	−36.800 77** (−4.67)	−41.276 06*** (−6.03)
TRANS				−0.030 398 (−0.20)	−0.092 379 (−0.69)
LNGDP					5.263 22*** (13.46)
截距项	3.841 77** (2.12)	0.018 805 5 (0.01)	13.625 5*** (3.93)	13.652 87*** (3.93)	6.880.18** (2.31)
F 值					
LR 值	19.62	155.11	176.44	176.48	332.71
观察值	589	589	589	589	589

注：***、**、* 分别表示 $p<1\%$、$p<5\%$ 和 $p<10\%$ 的概率,括号内为每个变量相对应的 t 值(固定效应)和 z 值(随机效应)。

方程(23.17-1)至(23.17-4)以及(23.18-1)至(23.18-4)结果的含义是：在对应的传导渠道独立或复合存在时,收入差距如何作用于环境质量。方程(23.17-1)与基准模型(23-17)相比,收入差距的显著性降低,且回归系数也出现下降,同时,熟练工与非熟练工的工资差距的回归系数较城乡收入差距的回归系数显著(前者为10%,后者为5%),这意味着收入差距可能会通过技术效应对环境污染产生间接影响,且熟练工资与非熟练工资通过技术效应所传导的影响较大。这是符合常理的,因为熟练劳动力是能够直接推动社会的技术进步的那群人。类似地可以对方程(23.17-2)与(23.18-2)进行分析,可以发现结构收入差距同样可以用过影响社会结构变化来影响环境。这也是符合经济现实的,当一个国家第三产业的比重增加,这时候的经济发展不再像发展初期时那依赖诸如水、土地和能源在内的环境要素,转而以技术提高及生产方式的创新为主要驱动力,对环境造成的污染也就更小。

方程(23.17-3)和(23.18-3)在前文基础上又控制住了劳动力转移变量,是我们探讨的重点,此时结果也出现了分化。可以看到,对于城乡收入差距,在加入劳动力转移变量不会降低收入差距、技术变量及结构变量回归系数的显著程度,同时,劳动力转移变量在1%的范围内显著;而在对熟练劳动力与非熟练劳动力工资差距影响环境质量的研究中,劳动力转移变量没有通过检验,但收入差距回归系数的显著性水平没有发生变化。这说明,城乡收入差距可以通过劳动力转移进行传导,但熟练劳动力与非熟练劳动力的工资差距则不会通过劳动力转移效应对环境质量产生间接影响。

方程(23.17-4)和(23.18-4)则研究了规模效应是否能间接影响环境质量,对于两种收入差距,其规模效应均通过了检验。

六、实证结果与理论结果的对比

通过将理论分析结果与本章的实证回归结果进行对比发现两者并不是完全一致的,主要表现在劳动力转移并不能作为熟练劳动力和非熟练劳动力的工资差距影响环境的渠道。可能的解释有如下两种。第一,在选择衡量以熟练程度为代表的异质劳动力工资差距时,由于没有相关的正式统计资料,本章在测度制造业部门中熟练劳动的工资时,退而求其次地选择用大中型(或规模以上)企业中科技人员的数量及其相应的工资总额来指代。事实上,这部分人员与科学技术行业人员会出现部分重合,导致本章中构建的工资差距并不能百分之百地反映出真实的工资差距。第二,针对已在城市部门工作的熟练劳动力,其跨部门转移的意愿并不像农村劳动力跨地域的转移那样强烈,在考虑转移的时候,不单单以工资差距为主要的考量标准,而是会加入对其他因素的综合衡量,包括环境。例如,当城市特定部门的污染较为严重时,即使工资较高,相应人员也可能会进行规避。

第5节 结 论

  本章在哈里斯—托达罗的劳动力转移框架下研究了收入不平等与环境污染的关系，在此基础上进一步研究劳动力转移是否能够作为收入不平等影响环境的传导机制。本章的主要结论包含两个方面，其一通过理论模型得出了两个命题，其二通过实证模型对理论部分进行检验，也得到了针对中国实际情况的初步结论。总体来说，收入不平等能够通过劳动力转移对环境造成影响。首先从短期来看，城乡工资差距扩大时，环境会恶化；以熟练程度衡量的异质劳动力之间的工资差距扩大对环境的影响取决于环境本身的质量。其次从长期来看，当城乡工资差距扩大时，环境恶化；以熟练程度衡量的异质劳动力之间的工资差距扩大时，环境恶化。

  实证检验的结果表明收入差距对环境的影响是多层面上的，可以用直接影响和间接影响衡量。在直接影响方面，城乡收入差距程度和熟练劳动力与非熟练劳动力收入差距程度的扩大均会导致环境污染的程度加深，且熟练劳动力与非熟练劳动力之间的工资差距影响较大。具体表现为，城乡收入比每增加1个单位，衡量环境污染的综合指数将会增加0.77个单位；熟练劳动力与非熟练劳动力比每增加1个单位，对环境的综合影响增加1.88个单位。至于间接影响，在城乡收入对环境质量的逐步回归中，劳动力转移变量表现为显著，但在熟练劳动力与非熟练劳动力工资差距对环境质量的逐步回归中，劳动力转移变量未通过检验，这说明城乡收入差距可以通过劳动力转移进行传导，但熟练劳动力与非熟练劳动力的工资差距则不会通过劳动力转移效应对环境质量产生间接影响。除了劳动力转移渠道之外，本章在实证研究中也证明了规模效应、结构效应及技术效应作为收入不平等——环境污染的传导机制同样成立。

  在前文结论的基础上，结合中国收入不平等和环境问题的现状，本章从以下几个方面提出政策建议。

  (1) 推动"包容性增长"。根据我们的研究，无论是在长期还是短期，城乡收入差距的缩小都有助于改善环境质量，这就要求我们规范收入分配秩序，使得包括弱势群体在内的广大群众都能享受到经济增长的成果,尤其是实现低收入群体的增收。

(2) 建立劳动力流动引导机制。一是保证个人拥有平等地获取社会资源的机会,减少因起点、机会和过程的不公平所造成的收入差距;二是加强地区间、行业间的职位流动性,鼓励各行各业研究出台吸纳各种类型的劳动者就业的政策;三是通过给予熟练劳动力除工资以外的其他激励以吸引高素质的劳动力达成区域式集中,带动行业整体形成良好的发展态势。

(3) 保持合适的城市化水平。一方面,要密切关注城镇居民人口绝对数量以及相对占比的变化,保持人口在区域之间的合理流动。另一方面,城市化与社会中的每个人都息息相关,政府作为社会中的风向把控角色,在带动个人和企业的生产生活方式变革上应该起到更大的作用,通过相关政策的推进实现我国经济社会协调可持续发展的目标。

(4) 形成污染治理的常态化长效化机制。首先要坚持"防、控、治"三位一体,分门别类对不同的问题加以风险管控和针对性的疏导;其次,协调联合有关职能部门形成指导和监管合力,整合提升生态环境质量的改善效果;再次,加快对先进环保技术研发和应用,形成完善的污染防治技术体系,推动污染治理常态化发展;最后,地区间应形成良好的互动机制,如发达地区通过引进先进技术对中西部地区的污染进行治理,使不同地区之间得以良好有序发展。

参考文献

[1] 郝爱民.我国城乡收入差距、经济结构变化与农村劳动力转移的实证分析[J].生产力研究,2006(12):39-40+56.

[2] 李实.中国农村劳动力流动与收入增长和分配[J].中国社会科学,1999(2):16-33.

[3] 李晓春.我国劳动力转移的双重机制[J].南京社会科学,2005(7):15-22.

[4] 李晓春.劳动力转移和工业污染——在现行户籍制度下的经济分析[J].管理世界,2005(6):47-52+153.

[5] 陆铭,陈钊.城市化、城市倾向的经济政策与城乡收入差距[J].经济研究,2004(6):50-58.

[6] 马旭东. 中国收入分配差距引致环境问题的实证研究[J]. 税务与经济, 2012(3): 31-34.

[7] 潘丹, 应瑞瑶. 收入分配视角下的环境库兹涅茨曲线研究——基于1986—2008年的时序数据分析[J]. 中国科技论坛, 2010(6): 94-98.

[8] 杨树旺, 肖坤, 冯兵. 收入分配与环境质量演化关系研究[J]. 湖北社会科学, 2006(12): 93-96.

[9] 钟茂初, 赵志勇. 城乡收入差距扩大会加剧环境破坏吗?——基于中国省级面板数据的实证分析[J]. 经济经纬, 2013(3): 125-128.

[10] BELADI H, FRASCA R. Pollution Control under An Urban Binding Minimum Wage[J]. Annals of Regional Science, 1999(33): 523-33.

[11] BERGSTROM J C, STOLL J R, RANDALL A. The Impact of Information on Environmental Commodity Valuation Decisions[J]. American Journal of Agricultural Economics, 1990, 72(3): 614-621.

[12] BOYCE J K. Inequality as a Cause of Environmental Degradation[J]. Published Studies, 1994, 11(3): 169-178.

[13] CHAUDHURI S, YABUUCHI S, MUKHOPADHYAY U. Inflow of Foreign Capital and Trade Liberalization in a Model with an Informal Sector and Urban Unemployment[J]. Pacific Economic Review, 2006, 11(1): 87-103.

[14] COPELAND R, TAYLOR S. Trade, Spatial Separation, and the Environment[J]. Journal of International Economics, 1999, 47(1): 137-168.

[15] DAITOH I. Consumption Externality of Pollution and Environmental Policy Reform in the Dual Economy[J]. Japanese Economic Association, 2002.

[16] DAITOH I. Environmental Protection and Trade Liberalization in a Small Open Dual Economy[J]. Review of Development Economics, 2008, 12(4): 728-736.

[17] HARRIS J R, TODARO M P. Migration, Unemployment and Development: a Two-sector Analysis[J]. American Economic Review, 1970, 60(1): 126-142.

[18] LI X, SHEN Q, GU C, NI M. Analyzing the Effect of Advanced Agriculture Development Policy[J]. Journal of Economic Policy Reform, 2013, 16(4): 349-367.

[19] MARJIT S, KAR S. Emigration and Wage Inequality[J]. Economics Letters, 2005, 88(1): 141-145.

[20] RAVALLION M, HEIL M, JALAN J. Carbon Emissions and Income Inequality[J]. Oxford Economic Papers, 2000, 52(4), 651-669.

[21] SAITO M, SUGIYAMA Y. Transfer of Pollution Abatement Technology and Unemployment[J]. Economics Bulletin, 2007, 6(5): 1-8.

[22] TAWADA M, SHUQIN SUN. Urban Pollution, Unemployment and National Welfare in a Dualistic Economy[J]. Review of Development Economics, 2010, 14(2): 311-322.

[23] VONA F, PATRIARCA F. Income Inequality and the Development of Environmental Technologies[J]. Ecological Economics, 2011, 70(11): 2201-2213.

[24] WHALLEY J, ZHANG S. A Numerical Simulation Analysis of Hukou Labour Mobility Restrictions in China[J]. Journal of Development Economics, 2007, 83(2): 392-410.

第 24 章　长三角地区最低工资对环境污染的影响探究

本章摘要：自20世纪末最低工资标准在我国实施以来，最低工资政策的实施效果就备受社会各界关注，但这种关注往往只包括就业人数和劳动力生活水平，很少顾及环境。近年来，环境污染的矛盾愈发突出，在此背景下，最低工资对环境的影响也应受到关注。但时至今日仍几乎没有相关文献讨论这个问题。本章首先通过构造理论模型，论证最低工资标准对环境污染的影响机制，并通过对长三角地区2003—2016年的实证分析，验证了长三角地区最低工资标准对环境污染均存在倒U形关系，并确认长三角地区在某些污染指标上已经到达环境库兹涅茨曲线后半段；最后，依据理论与实证的结果，对长三角地区提出了针对最低工资标准调整的相关政策建议。

第 1 节　序　言

自1993年中国劳动与社会保障部发布《企业最低工资规定》及1994年中国政府通过《中华人民共和国劳动法》以来，最低工资制度在我国的实施效果就备受社会各界关注。随着2004年、2008年《最低工资规定》和《劳动合同法》的制定，地方开始屡次提升最低工资标准，政府调整最低工资标准的出发点一般是就业与劳动者基本生活水平，但往往忽视最低工资标准对其他因素的影响。

改革开放后，我国经历了一个经济快速发展阶段。但在粗放式工业化进程中，也带来资源、环境、生态方面的一系列问题，这些问题严重制约了我国经济发展的质量，严重的环境污染使得环境问题成为政府宏观决策时重要性越来越高的因素。一个值得注意的事实是:伴随最低工资标准的实施,我国的环境污染也一直在恶化。这让人不禁思考二者之间是否存在直接或间接的影响关系——若该影响确实存在,政府提高最低工资标准就必须考虑环境污染问题。因此,现阶段下,探寻二者间的影响机制、制定正确的最低工资标准政策,就成为经济工作中不能忽视的问题。

为回答这个问题,本章将尝试提出最低工资标准对环境污染的影响机制,并根据对长三角地区所进行实证分析的结果,提出相关政策建议以供参考、选择。

第 2 节　文献回顾

最低工资是产生于 19 世纪末的一种制度,是指在法定劳动时间内,劳动者在正常劳动强度下,国家以法律方式保证其应得的、可满足其生活及供养家庭所需最低费用的制度。它最早起源于新西兰,学界自其出现便予以高度关注,对最低工资标准实施效果的关注点往往落在就业效果上,很少有人关注最低工资对环境污染影响的研究,我们可以找到一些相关的文献,大致可以将其分为以下三部分。

一、最低工资标准的就业效应

提高最低工资标准会引致劳动力向劳动密集型产业的转移。一般认为,在完全竞争的情况下,市场能够通过自发地调节达到均衡工资水平,此时最低工资标准在超出均衡工资的部分必然引起不必要的失业,如马双等(2012)认为,最低工资每降低1%,制造业企业雇佣人数会增加约 0.06%。但也有人持不同观点,如 Card et al. (1994)对宾州、新泽西州的快餐行业进行研究,认为最低工资标准的提高并不会减少雇佣工人的数量,只会增加企业压力;罗小兰(2007)经过实证提出在中国存在一个值,未达到该值时,提高最低工资对农民工就业产生促进效果,只有大于该值时才会产生反效果。对这种现象的解释有两种,分别基于完全竞争市场假定与买方垄断市场假定。第一种以王梅(2012)为代表,即维持完全竞争市场的条件不变,认为最低工资标准的提高可以增加劳动力需求从而创造新的就业量,并认为产生这种效应的原因包括最低生活保障、就业者负担、产业结构变动和技术进步。第二种则基于更符合低端劳动力市场现状的买方垄断市场,如李晓春、何平(2010)对这种最低工资标准的阈值现象构建出理论模型进行解释;作为李晓春、何平(2010)的研究延伸,李晓春、董哲昱(2017)剖析了持续性的买方垄断劳动力市场下,最低工资标准如何促进就业的特点。以上文献都同意,劳动力市场只要存在买方垄断的因素,提高最低工资标准就可能存在一个"既提高农民工基本生活水平、又促进就业的效果"的双赢区间。此外,还有学者认为,最低工资标准的提高可能倒逼企业创新,间接影响产出(李后建,2017)。

二、就业与经济增长

一般认为,就业与增长具备着稳定的正向相关关系。例如,Solow(1956)基于改进的 C-D 函数将经济增长的直接原因进行分解,认为经济增长是就业增长的正向函数;Okun(1962)提出 GDP 增长率变化与失业率变化存在的稳定负向关系,即"奥肯定律"(Okun's Law);王经绫(2014)通过实证发现,我国农村剩余劳动力的减少与经济增长之间存在明显的同步性与协调性,提出这种正向相关关系的主要来源——农村剩余劳动力的进入。

三、经济增长与环境污染

经济增长对环境污染影响的研究一般认为始于 1992 年 Grossman & Krueger 和世界银行的两份独立实证研究报告,二者都提出了环境污染在低收入水平上与人均 GDP 水平正相关、在高收入水平上负相关的"倒 U 形"关系。Panayotou(1993)将库兹涅茨(Kuznets)曲线应用到环境中用以描述这种关系,称为"环境库兹涅茨曲线"(简称为 EKC),并提出二氧化硫、氮氧化物排放量转折点在人均收入 3 000、5 500 美元左右。在学术界,通常认为 EKC 是一个经验图形,一般从经济规模、产业结构和技术进步对环境的影响进行研究,如 Lopez(1994)等。王玉君、韩冬临(2016)则认为经济发展通过对个人行为与公众行为的影响,会促进全社会的环保行为,从而缓解环境污染状况;陈向阳(2015)认为,EKC 的形成机制受经济因素、政策因素和公民意识因素等多重影响,并且具有非单一的形式,即倒 U 形与 N 形可能出现在不同的污染指标上。以上文献都没有直接研究最低工资标准对环境污染的影响，但是我们从上述文献中可以看出一条清楚的脉络：

最低工资变化→产出的变化→经济增长变化→环境变化

这就是最低工资影响环境的路径。由于缺乏研究，最低工资标准变动究竟对环境如何影响，我们还不得而知，不能不说是一种缺憾。基于此原因，下文将提出最低工资标准对环境污染的影响机制理论模型。

劳动者市场走向取决于人力资本状况及其所在行业(孙妍，2011)，最低工资只影响低收入劳动者，选择买方垄断市场研究对象较符合实际情况；同时，冼国明和徐清(2013)通过实证验证了中国城市几乎都存在工资低于劳动力边际产出的事实，中国的劳动力买方市场特征突出。

第3节　理论模型

考虑一个总人口不变、农村生产力过剩、没有人口净流出、城市第二产业具有完全劳动买方垄断特征的经济。图24-1中各图的解释如下。

图24-1-1：劳动力市场买方垄断是指企业在劳动力市场上享有完全的议价优势的市场。即 AB 为企业所面对的正斜率的劳动供给曲线，OC 为雇佣的边际成本曲线，斜率两倍于劳动供给的曲线；CA 为负斜率的劳动需求曲线。市场是完全竞争的，以 B 点作为均衡点。考察最低工资标准的大小，容易看出，最低工资标准处于零到 A 点对应的工资之间时，对企业决策没有影响；从 A 点开始，最低工资标准开始影响企业决策，其中，AB 段的最低工资标准将会创造就业，同时没有失业产生；BC 段，在创造就业的同时，也会引起失业；C 点以上，既会减少就业又引起失业。故而不妨称 AC 为"可行区"，且 A、C 点对应的就业量是相同的。

图24-1-2：最低工资处于 AC 段时，任意一点的对应就业量相对于初始状态 A 都有就业的提高和相应的就业增长率 $g_L=(L-L_A)/L_A$。值得一提的是，因最低工资标准提高而新增的劳动力绝大多数是来自农村，假定农村劳动力并不能带来社会总产出的增加。这样就不需要在考虑城市新增产出的同时农业产出是否因劳动力转

移而减少。（当然,考虑到第二产业和第一产业的产值差异,即使农业产值有减少的部分,整个社会总产值也是提高的。）

图 24-1-3:将经济增长率分解为全要素增长率、资本存量增长率、就业增长率。即:

$$g_Y = g_A + \alpha g_L + (1-\alpha)g_K$$

也就是 $g_L = \dfrac{g_Y}{\alpha} - \dfrac{[(g)_A + (1-\alpha)g_K]}{\alpha}$（其中 $0<\alpha<1$）,这样就建立了就业增长与经济增长的联系。

图 24-1-4:假定经济体总人口不变,那么人均 GDP 增长幅度等于总量 GDP 增长的幅度。然而在不同地方,初始的经济发展程度是存在差异的,初始人均 GDP 不同,A、B 点造成的影响也因之不同。为方便比较,我们分别以 High & Low 分别表示人均 GDP 初始水平高、低两种典型情况,此时 A、B 在不同初始水平下对应有 A_2、B_2 以及 A_1、B_1。

图 24-1-5:为了增强模型可视化,将人均 GDP 进行坐标轴转换。

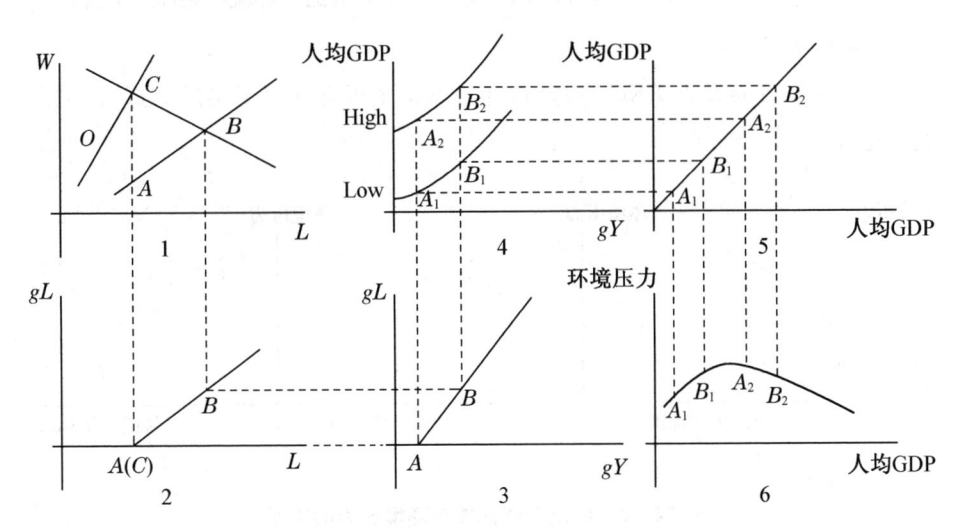

图 24-1 最低工资标准对环境压力的影响机制

图 24-1-6:环境库兹涅茨曲线（EKC）描述的是污染随着经济水平的上升"先

恶化、到拐点之后再改善"的过程,图 24-1-6 的横轴为人均 GDP 水平、纵轴为环境压力。由于初始人均 GDP 不同,A、B 点在 EKC 上的位置是不确定的,最低工资标准对环境压力的效果取决于 A、B 点的相对位置不同,最低工资给环境带来的影响可以是积极或消极的,若 A 点低于 B 点,在 AC 内提高最低工资标准可能引起环境的恶化;若 A 点高于 B 点,AC 内最低工资的提高可以改善环境压力。

当认为政府完全以提高市场有效性、保证就业和减少失业作为政策目标时,自然有均衡工资比最低工资高的假定,最低工资将在初始点 A 与完全竞争市场均衡点 B 之间移动。实际上,在买方垄断市场下,二者的这种大小关系确实是事实。

提高最低工资标准时,A、B 在图 24-1-6 上可能处于三种位置:均在拐点左边、分别在拐点两边、均在拐点右边,如图 24-2 所示。一般地,最低工资标准不会超过完全竞争均衡点 B,最低工资与环境污染之间分别有三种关系与之对应:

(1)当 A、B 点均在 EKC 左边时,随最低工资提升环境污染压力递增,如图 24-2-1;

(2)当 A、B 点在 EKC 两边时,倒 U 形,随最低工资提升环境污染压力先递增后递减,如图 24-2-2;

(3)当 A、B 点均在 EKC 右边时,随最低工资提升环境污染压力递减,如图 24-2-3。

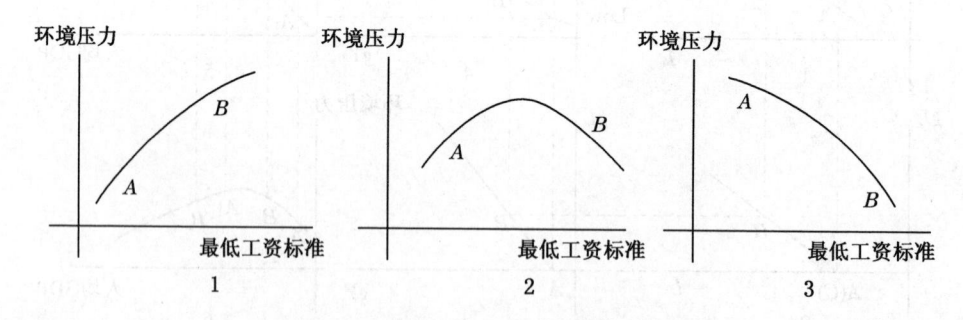

图 24-2 最低工资标准与环境压力的关系

第4节 实证分析

一、研究对象

本章选取经济发展水平较高的长三角地区作为研究对象,主要探寻最低工资标准的提高对各省环境污染造成的影响情况。鉴于选用污染指标物的不同可能会有不同的 EKC 位置结果,本章选取碳排放量和废水排放总量两个指标作为被解释变量以符合严谨性要求。

二、研究变量

(1) Carb:碳排放量(单位:万吨);本章使用碳排放量作为环境污染的指标物,之所以使用排放量而非其大气浓度,是因为根据王敏、黄滢(2015)的结论,对同一种类污染物而言,以大气浓度、排放量计算的污染物与经济增长之间的回归结果分别为 U 形与倒 U 形,所以使用碳排放量而非大气浓度更适用于本章需求。

政府间气候变化专门委员会(IPCC)认为,可以假定燃料在使用过程中,同一种能源具有稳定的碳排放系数。本书碳排放量数据基于各省 8 种主要碳排放来源燃料(原煤、焦炭、原油、汽油、煤油、柴油、燃料油、液化石油气)的使用量、根据 IPCC 提供的碳排放系数进行转化得到。数据来源于三省(市)2003—2016 年统计年鉴,如图 24-3 所示。

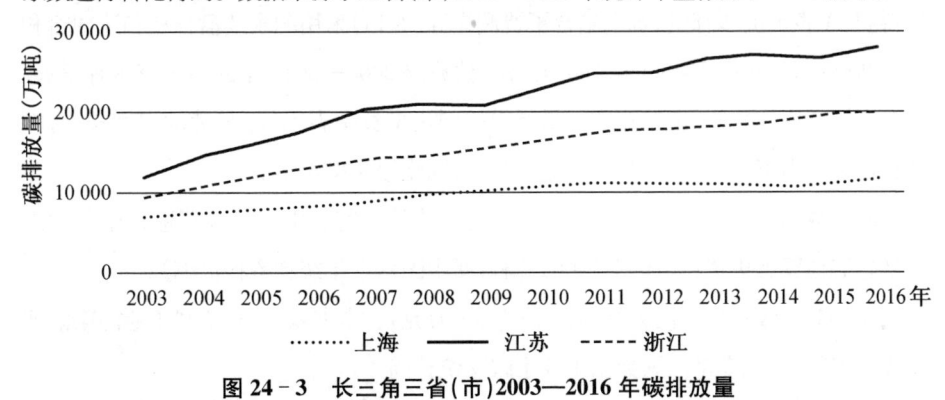

图 24-3 长三角三省(市)2003—2016 年碳排放量

数据来源:三省(市)2003—2016 年统计年鉴。

(2) Wat:废水排放总量(单位:万吨)。废水排放总量即生活废水与工业废水之和。本章使用废水排放总量作为污染物指标之一。数据来源于国家统计局,如图 24-4 所示。

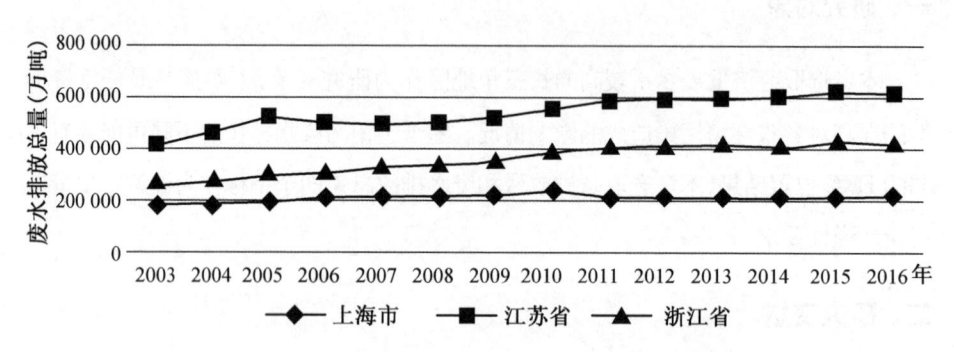

图 24-4 长三角三省(市)2003—2016 年废水排放总量

数据来源:国家统计局。

(3) Wage:最低工资标准(单位:元)。最低工资标准是本章主要研究的解释变量。其中,截至 2016 年底,上海、江苏、浙江最低工资分别为 2 190、1 770、1 860 元。该数据来源于各省(市)政府历年相关文件。

(4) TFP:全要素生产率。本书根据杨再贵(2008)对全要素生产率的估计方法,以索洛余值代表全要素生产率,即 $A = g_r - \infty g_k - (1-\infty) g_l$,其中 ∞ 表示资本的产出弹性,直接取 0.35,g_r 表示实际经济增长率,以名义 GDP 的增长率去除 CPI 的影响得到;A 表示资本存量,本章结合了贾润崧等(2014)采用的永续盘存法和达德哈和扎赫迪(Dadkhah & Fatemeh,1986)方法,估算出 2003—2016 年的各省资本存量;g_k 是资本增长率,由估计出的资本存量所得的同比增长率表示;g_l 是劳动力增长率,以各省份劳动力资源(就业人数+失业人数)的同比增长率表示。

以上数据来源于 2003—2016 年各省(市)统计年鉴、《中国统计年鉴》《中国国内生产总值核算历史资料(1952—2004)》和《新中国六十年统计资料汇编》。

(5) Gov:政府环境污染治理支出(单位:万元)。本书以三省(市)"工业污染治理完成投资"表示该变量。该数据来源于国家统计局。

(6) Stru:产业结构。一般认为,第三产业产生及排放的污染可以忽略不计,第

一、第二产业才是造成环境污染的罪魁祸首。例如,李鹏(2015)认为,经济体从第一产业主导到第二产业主导,会造成环境恶化,从第二产业主导到第三产业主导,环境问题会有所缓解。本章采用李的方法,采用各省当年第三产业 GDP 占名义 GDP 的比重表示产业结构的影响。这部分的数据来源于三省(市)2003—2016 年统计年鉴。

三、回归结果

基于理论模型部分的设定,做出以下回归模型:

$$Carb_{it}/Wat_{it} = \alpha_{0it} + \alpha_{1it}Wage + \alpha_{2it}Wage2 + \alpha_{3it}Z + u_{it}$$

其中,下标 $i=1,2,3$,分别代表上海、江苏、浙江;t 代表不同年份;α_{0it} 是模型的常数项,α_{1it}、α_{2it}、α_{3it} 是待估计参数,u_{it} 是数学期望为 0 的残差项。

$Carb_{it}/Wat_{it}$ 为象征环境污染的被解释变量,用分号隔开说明根据被解释变量的不同对两个方程分别做回归。

Z 为控制变量,包括 Gov,$Stru$,TFP;选取三者作为控制变量,是因为这三个变量与被解释变量均明显具有相关性,且与最低工资标准明显不存在共线性。$Wage2 = Wage * Wage$,即最低工资标准的平方项。加入 $Wage2$ 是为了识别最低工资标准与环境污染是否存在二次曲线关系。当 $Wage2$ 系数显著时,最低工资标准与环境污染之间是二次曲线的关系:具体而言,$Wage2$ 系数显著为正时为 U 形曲线,显著为负时为倒 U 形;$Wage$ 系数显著不为 0 时,曲线有或正或负的最值点。

在回归前,观察 $Wage$ 与 $Carb/Wat$ 的散点图,表现为近似的倒 U 形曲线或近似的正斜率直线,猜测最低工资标准与碳排放量、废水排放总量之间存在倒 U 形关系,且 2016 年最低工资标准处于拐点附近。考虑到最低工资标准是各省市独立制定的,故而对三省(市)分别回归,三省(市)两个回归模型所得结果如表 24-1、表 24-2。

其中,为方便分析,本章也同时将控制变量的系数回归结果列出。各变量(包括控制变量)第一行数字是系数,第二行数字是对应 P 值;倒数第四行是 R 的平方值,数值越大表明拟合的效果越好;最后三行是根据回归结果,最低工资标准及其平方项性质所拟合出曲线的特征,包括是否为倒 U 形曲线、曲线取最值时对应的最低工资标准数额、2016 年底最低工资标准与最值情况的相对位置关系。

表 24-1 碳排放量的回归结果

	上海	江苏	浙江
WAGE2	−0.003 77 0.000 0	−0.015 97 0.000 2	−0.005 77 0.000 0
WAGE	11.420 02 0.000 1	41.401 86 0.000 1	18.968 89 0.000 1
TFP	1 086.562 0.641 3	2 947.34 0.606 3	41.656 54 0.977 4
STRU	5 652.617 0.039 8	4 4758.5 0.086 7	26 709.41 0.000 2
GOV	0.003 696 0.000 5	0.004 883 0.113 7	−0.000 98 0.125
R-square	0.985 1	0.981 1	0.989 5
是否倒 U	是	是	是
最高点对应工资	1 515.798	1 296.645	1 645.177
2016 年相对最值位置	右	右	右

表 24-2 废水排放总量的回归结果

	上海	江苏	浙江
WAGE2	−0.045 71 0.024 4	−0.130 49 0.006 6	−0.109 71 0.000 0
WAGE	103.232 4 0.0795	547.912 1 0.000 3	370.593 7 0.000 1
TFP	76 645.52 0.4145	−125 048 0.088 4	8 542.333 0.813 4
STRU	159 523.2 0.1271	−762 431 0.181 1	39 3154.9 0.066 7
GOV	0.065 676 0.031 3	−0.058 41 0.167 1	−0.051 98 0.001 9
R-square	0.669 0	0.950 1	0.989 6
是否倒 U	是	是	是
最高点对应工资	1 129.284	2 099.425	1 689
2016 年相对最值位置	右	左	右

四、结果分析

三省(市)Wage 系数均显著为正,而 Wage2 均显著为负,表明 Wage 与 Carb/Wat 存在倒 U 形的库兹涅茨曲线关系,验证了前文的猜想。即在 2003—2016 年,在控制了技术、政策和产业结构的前提下,三省(市)的最低工资与环境压力之间均是倒 U 形曲线关系。

最低工资与环境污染之间有倒 U 形曲线关系,意味着三省(市)在以人均 GDP 作为解释变量的环境库兹涅茨曲线上均在拐点附近。进一步地,两个不同方程的结果显示,2016 年三省(市)都已经跨越了 EKC 拐点。分别观察最低工资标准与两种污染指标的倒 U 形曲线:碳排放量上,三省(市)都已经处于曲线后半段,而废水排放总量上,上海、浙江处于曲线后半段,江苏处于左半段。对应于 EKC,上海、浙江在两个污染指标上都跨越了 EKC 拐点,江苏则在碳排放量上超越了 EKC 拐点,同一地区在不同污染指标上处于 EKC 曲线不同位置。

李永刚、王硕(2017)通过对 1995—2014 年的污染物与人均 GDP 的省际 EKC 实证研究,得出我国仅北京、上海处于 EKC 后半段的结论,而本章的实证研究结果却证实,长三角三省(市)都达到了 EKC 拐点附近,且长三角三地在碳排放量上都达到 EKC 后半段。2016 年,浙江、江苏省在部分指标已经越过 EKC 的拐点,可能的原因有以下几点。

(1) 基层劳动力的议价能力提升。完全买方垄断劳动力市场是在企业具有完全议价能力的前提下成立的,在现实中,经济水平的不断发展,劳动者的学习,都将提高基层劳动力的议价能力,形成不完全买方垄断市场,这在理论模型中体现为 MC 曲线顺时针旋转,其中 ED 为增加就业区并且随着议价能力的提高,MC 逐渐接近供给曲线,如图 24-5 所示。

如此,初始点位置由 A 移动到 E,以同样幅度提高最低工资标准,将更早到达 EKC 拐点(如图 24-6)。同样地,对应于最低工资标准与环境压力的倒 U 形曲线关系,也会比预计更早跨越拐点。

(2) 科技创新加速。近年来,层出不穷的国际环境问题,使得发展低碳型、减排型

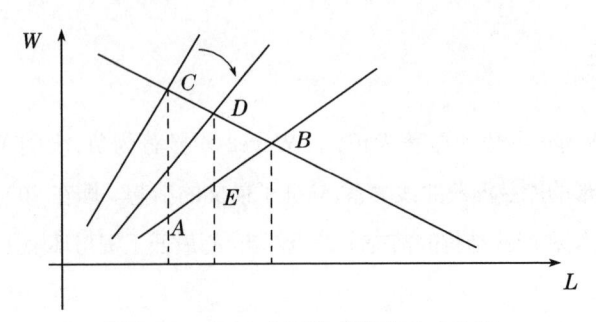

图 24-5　不完全买方垄断劳动力市场

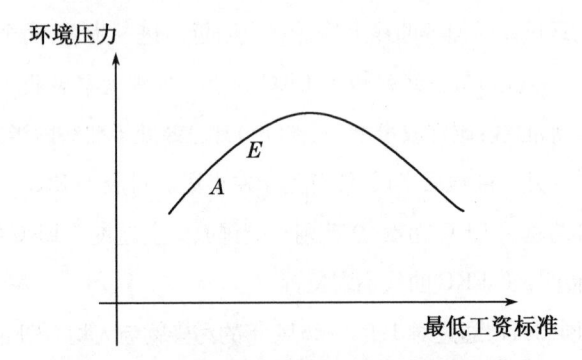

图 24-6　不完全买方垄断的初始位置(E 点)

科技已成为各国的必然选择。随着此类科技创新的不断出现、生产的环保水平的不断提高,单位产出的污染随之减少,因而总产出的增加并不一定意味着环境压力的增加。

(3) 经济水平高。本章理论模型中,经济水平越高往往意味着初始位置在 EKC 位置越靠后。长三角作为中国现代化程度最高的地区,在国家对环保事业重视程度不断提高的大环境下,部分污染物指标达到 EKC 拐点也是情理之中。同时,经济的发展存在引致的个人环保行为促进效应(王玉君等,2016),该效应会给环境污染带来一个滞后的降低作用,也将加速到达拐点。

(4) 地理位置的特点使得三地有较强的正外部性。长三角三地由于地理位置较近,经济发展水平虽有差异,但同处长三角地带的地理特征使得三省(市)的经济发展步调有一定的同步性,三地互有较强的正外部性。长三角三省(市)作为我国东部地区经济最发达、劳动力输入水平最高的三个相邻省级行政区,可能存在一定的跨行政区污染,但也可能在治理环境污染上取得一致性。

第5节　政策建议和结束语

有鉴于长三角三地的同一地区在不同污染指标上处于 EKC 曲线不同位置,以及提升最低工资标准对于环境的影响不一,我们建议长三角的有关部门调整最低工资标准需要考虑对环境的影响,但还要注意以下三点。

(1) 就环境条件而言,上海市、浙江省有继续提高最低工资的空间,但对于江苏省则不然。短期内,江苏需要在碳排放量和废水排放总量两个指标中做出取舍;长期来看,提升最低工资标准可以使得环境跨越 EKC 曲线拐点,但在此之前可能会出现环境恶化的阶段,也会因此产生失业。

(2) 鉴于最低工资政策是省级行政区政府制定的,幅度相同的最低工资变动对各市、各县区的影响可能是有差异的。例如,江苏省在废水排放总量上处于环境库兹涅茨曲线左半段,此时提升最低工资标准会使得废水的环境恶化,应适当控制提高最低工资的幅度。但根据李晓春等(2017)的测算,江苏常州市已经处于 EKC 曲线的右半段,如果不提高最低工资标准或提高得慢,对常州市的环境保护反而不利。这就要求全省统一最低工资标准下,还应该顾及各地级市、县区的特殊情况。

(3) 仅根据本章结论,各地在原有基础上提高最低工资标准会有碳排放量缓解的环境效益,但最低工资标准提高到市场均衡以后会造成失业,形成新的社会问题,且可能改变最低工资标准对环境污染的影响机制,导致得不偿失,因此最低工资的提高要注意幅度,不宜盲目拔高。

本章认为,最低工资不仅仅只包括就业水平和生活水平的问题,也包含的环境问题。我们基于买方垄断下的劳动力市场,通过构建最低工资与环境污染的理论影响模型,对最低工资对环境污染的影响机制做出理论解释,并提出最低工资与环境污染之间因初始经济条件不同而可能存在的不同关系,即正相关、负相关和倒 U 形曲线关系。同时,本章通过对长三角三省(市)2003—2016 年最低工资标准对碳排放量、废水排放总量的影响进行实证分析,验证了最低工资标准与环境污染之间存在的倒 U 曲线关系及曲线转折点上对应的最低工资标准,并得出长三角在两种污染指标上都已经跨越 EKC 拐点的结果。最后,我们提出制订最低工资标准时,必须考虑环境污染因素的政策建议。

参考文献

[1] 陈向阳. 环境库兹涅茨曲线的理论与实证研究[J]. 中国经济问题,2015(3):51-62.

[2] 范红敏. 环境规制会抑制农民工就业吗[J]. 人口与经济,2017(5):45-56.

[3] 郝晓霞. 浅析跨境环境污染损害[J]. 北方经贸,2011(8):67-68.

[4] 贾润崧,张四灿. 中国省际资本存量与资本回报率[J]. 统计研究,2014(11):35-42.

[5] 李后建. 最低工资标准会倒逼企业创新吗?[J]. 经济科学,2017(5):95-112.

[6] 李鹏. 产业结构调整恶化了我国的环境污染吗?[J]. 经济问题探索,2015(6):150-156.

[7] 李晓春,董哲昱. 最低工资与买方垄断劳动市场的持续存在——长三角最低工资线的就业效果比较[J]. 审计与经济研究,2017(6):90-101.

[8] 李晓春,何平. 最低工资线的农民工就业效应——以长三角地区为例[J]. 江苏社会科学 2010(4):59-66.

[9] 李晓春等. 江浙沪经济发展中的问题及差异研究[M]. 北京:经济科学出版社,2017.

[10] 李永刚,王硕. 中国环境库兹涅茨曲线 EKC 的研究——基于面板门限回归[J]. 现代经济,2017(20):22-24.

[11] 罗小兰. 我国最低工资标准农民工就业效应分析——对全国、地区及行业的实证研究[J]. 财经研究,2007(11):114-123.

[12] 马双,张劼,朱喜. 最低工资对中国就业和工资水平的影响[J]. 经济研究,2012(5):132-146.

[13] 盛斌,牛蕊. 贸易、劳动力需求弹性与就业风险:中国的工业经验研究[J]. 世界经济,2009(6).

[14] 孙妍. 中国劳动力市场结构解析[M]. 北京:中国劳动社会保障出版社,2011.

[15] 王经绫. 论中国经济增长的就业效应[D]. 财政部财政科学研究所. 2014.

[16] 王梅. 最低工资与中国劳动力市场[M]. 北京:中国经济出版社,2012.

[17] 王敏,黄滢. 中国的环境污染与经济增长[J]. 经济学(季刊),2015(1):557-578.

[18] 王玉君,韩冬临. 经济发展、环境污染与公众环保行为[J]. 中国人民大学学报,2016

(2):79-92.

[19] 冼国明,徐清. 劳动力市场扭曲是促进还是抑制了 FDI 的流入[J]. 世界经济,2013(9):25-48.

[20] 杨再贵. 企业职工基本养老保险、养老金替代率和人口增长率[J]. 统计研究,2008(5):38-42.

[21] 张坤明,潘家华,崔大鹏. 低碳经济论[M]. 北京:中国环境科学出版社,2008.

[22] 郑石明. 政治周期、五年规划与环境污染——以二氧化硫为例[J]. 政治学研究,2016(2):80-94.

[23] 钟水映,简新华. 人口、资源与环境经济学[M]. 北京:北京大学出版社,2017.

[24] 周申. 贸易自由化对中国工业劳动力需求弹性影响的经验研究[J]. 世界经济,2006(2):31-40.

[25] CARD DAVID, KRUEGER, ALAN B. Minimum Wages and Employment: A Case Study of the Fast-Food Industry in New Jersey and Pennsylvania[J]. American Economic Review, 1994(9):772-793.

[26] DADKHAH KARMAN M, FATEMEH. Simultaneous Estimation of Production Functions and Capital Stocks for Developing Countries[J]. Review of Economic and Statistics, 1986(3) No. 5:1126-1150.

[27] GROSSMAN G M, KRUEGER ALAN B. Environmental Impact of the North American Free Trade Agreement[J]. NBER Working Paper, 1991, No. 3914.

[28] LOPEZ R. The Enviroment as a Factor of Production: The Effect of Economic Growth and Trade Liberalization[J]. Journal of Environmental Economics and Management, 1994(27):163-184.

[29] OKUN ARTHUR M. Potential GNP, its measurement and significance[R]. Coles Foundation, Yale University,1962.

[30] PANAYOTOU T. Empirical Tests and Policy Analysis of Environmental Degradation at Different States of Economic Development [Z]. International Labor Office Technology and Employment Program Working Paper, 1993, WP238.

[31] ROBERT M. SOLOW. A Contribution to the Theory of Economic Growth[J]. The Quarterly Journal of Economics. 1956,70 (1):65-94.

第 25 章 产业升级：农民工的培训成本与异质劳动力转移

本章摘要：本章使用 Harris-Todaro 劳动力转移模型从短期和长期两个视角讨论劳动力培训成本与异质劳动力转移的经济影响。本章构建了一个三部门的一般均衡模型，以比较静学的分析方法讨论了在发展中国家产业升级的背景下，降低转移劳动力职业培训成本的经济效果。本章的主要结论为：在短期中，降低培训成本使得农业部门的雇佣减少；在长期中则存在一个阈值，当初始培训成本大于阈值时，降低培训成本使得农业部门就业增加，并且减少工业部门就业和失业。

第 1 节 序 言

产业结构调整升级，是指由低资本密集度、低技术密集度的行业向高资本密集度、高技术密集度行业的转型升级。这是当前许多发展中国家致力进行的经济工作，特别是新兴经济体发展中国家尤为迫切。如在中国，淘汰落后产能、调整产业结构，企业由劳动密集型向技术、资本密集型转变，在 2013 年被列入政府工作的主要目标之一。随着大批企业调整升级，中国的劳动市场上也发生着变化，企业对劳动力的人力资本水平的要求不断提高。有技术、有技能的劳动力供不应求，而传统的无技术劳动者却有可能因找不到工作而失业。另一方面，作为企业劳动要素的主要供给者，农村劳动力的人力资本状况与城市相比还有不少差距。以中国为例，2010 年，农村人均受教育年限与城市相比少了 2 年，75％的进城务工人员的受教育程度为初中以下，与 15 年前的情况相比并没有明显好转(Li & Qian,2011)。根据 2012—2014 年全国农民工监测调查报告可知,各年龄层接受过技能培训的农民工逐年增长,如图 25-1 所示。

在产业升级的企业雇佣标准上升的情况下,为了谋求收入较高的工作,许多农民积极参加各种技术学习和培训,而所需的费用大都由政府和自己解决。Li & Zhou(2013a)指出,近来,在中国有许多地方政府为农村劳动培训提供了资金,但由于政府提供的培训项目与个人的意愿不一致,或者政府提供的培训资金不足等因素,使得不少农民不得不自己出资参加培训,提高自己的人力资本水平以适应企业的招工需求。当然,也有一部分农民则因缺少费用等因素而不参加培训学习,继续以无技术劳动力的状态进行转移。因此,在产业升级的背景下,农村劳动力转移出现了变化,即由原来同质的无技术劳动力转移变化成有技术劳动力和无技术劳动力转移共存的局面,这里,培训成本对于新出现的两种劳动力转移共存的现象起了重要的作用。

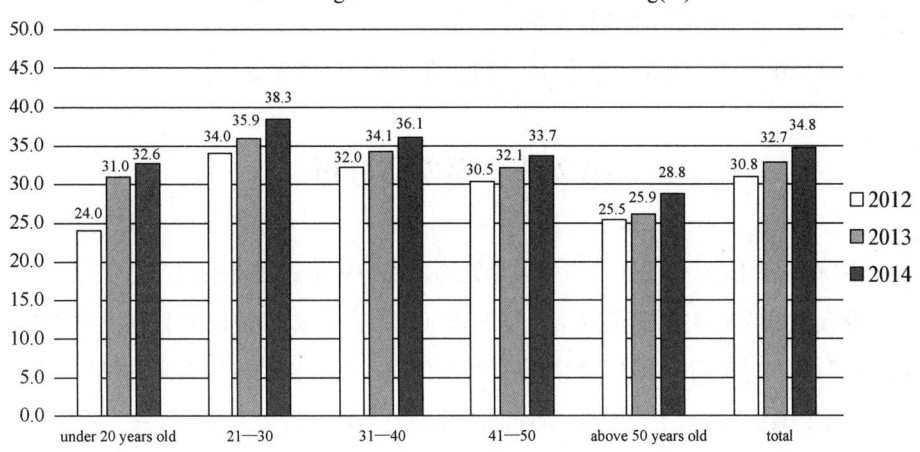

图 25-1 2012—2014 年各年龄层接受过技能培训的农民工比重

资料来源:《全国农民工监测调查报告》(2012—2014 年),国家统计局(http://www.stats.gov.cn/)

学术界对二元经济的劳动力转移的研究,大多使用 Harris-Todaro(1970)模型进行,但这种理论只适用于同质劳动力的转移。Marjit & Kar(2005)最先讨论了有技术劳动力和无技术劳动力的因素,考察了劳动力转移对两类劳动力的工资差距影响。随后,又有一些学者就异质劳动力转移带来的经济效果进行了研究,但是,这些研究存在两个具有共性的现象:一是研究焦点几乎都集中在收入差距问题上,只有 Li & Zhou(2013b)考察了无技术农民工汇款回乡的经济效果;二是假设经济中已经存在技术劳动力和无技术劳动力,即缺少对有技术劳动力培训成本的考察。

为了明确农民工为适应产业升级而主动接受培训的经济效果,本书将研究的重点放在有技术劳动力培训成本上,使用 Harris-Todaro(1970)的劳动力转移模型从短期和长期两个视角讨论培训成本与异质劳动力转移对经济产生的各种影响。本书的新意在于以下三个方面:(1) Harris-Todaro 模型讨论异质劳动力的转移;(2) 在异质劳动力的研究中讨论职业培训成本问题;(3) 培训成本体现出技术劳动力的培养过程。本章的主要结论为:在短期中,降低培训成本使得农村部门的雇佣减少;在长期中则存在一个阈值,当初始培训成本大于该阈值时,降低培训成本使得农业部门就业增加,并且减少工业部门就业和失业。

本章的第二部分为建立理论分析模型,第三部分总结全文。

第 2 节　模型与分析

本章考虑的是一个三部门的小国开放的发展中经济。经济中存在三个部门:城市产业升级后的高科技部门(以下简称"高科技部门")、城市工业部门(以下简称"工业部门")和农村部门。本章考虑的高科技部门是由工业部门升级而来、并且不断发展中的部门,由于技术密集度高,所雇佣的劳动力有较高的人力资本水平,这也是本章设定的高科技部门特征;三部门均使用劳动力和资本进行生产。为建立模型,本章做如下假定。

(1)农村劳动力向城市转移,农村迁移劳动力只有通过培训才能进入高科技部门,但并非所有经过培训的劳动力都能进入高科技部门,不能进入高科技部门的劳动力就进入工业部门,不存在失业,这是有技术的劳动力相对稀缺的缘故;未经过培训的迁移劳动力雇佣于工业部门,且存在失业的风险;在短期中,资本在部门间不流动,属于特定要素。而在长期中,资本可以在部门间自由流动。

(2) 工业部门工资率是外生给定,而农村部门的工资为弹性,为简化分析,本章设想经过培训的劳动力在高科技部门的工资水平与其技术水平呈线性比例。

(3) 产品市场是完全竞争,且要素禀赋外生给定。

一、短期下模型及比较静态分析

1. 模型

在短期中,高科技部门、工业部门和农村部门的生产函数为:

$$X_1 = F^1(hL_1, \bar{K}_1) \tag{25-1}$$

$$X_2 = F^2(L_2, \bar{K}_2) \tag{25-2}$$

$$X_3 = F^3(L_3, \bar{K}_3) \tag{25-3}$$

其中,生产函数 F^1、F^2、F^3 对每个生产要素都是增函数和严格拟凹性,且 F^2、F^3 满足一阶齐次性。L_1、L_2 和 L_3 分别为各部门雇佣的劳动力;$\bar{K}_i(i=1,2,3)$ 为各部门的特定资本要素。h 为经过培训后每个工人的效率水平,也即高科技部门所需要的人力资本水平。h 依赖于培训工人的单位时间成本:

$$h = h(c)$$

c 为单位时间培训成本。所谓"单位时间培训成本",是指总受训成本平摊到受训人在高科技部门或工业部门持续工作的时间后得到的单位时间成本,$h(\cdot)$ 满足 $h(0)=1, h'>0$,以及 $h''<0$。由于高科技部门刚由工业部门升级而来,效率水平 h 不会太高,本章假设 $h > 1 + L^L/L_1$。

各部门利润最大化有:

$$p_1 h F_L^1(hL_1, \bar{K}_1) = h\bar{w} \tag{25-4}$$

$$p_2 F_L^2(L_2, \bar{K}_2) = \bar{w} \tag{25-5}$$

$$F_L^3(L_3, \bar{K}_3) = w \tag{25-6}$$

其中,$F_L^i = \partial F^i/\partial L_i (i=1,2,3)$。$\bar{w}$ 为工业部门工资率且大于单位时间培训成本 c;根据前面假设,高科技部门的工资率是 $h\bar{w}$;农村部门工资率为 w。农产品价格单位化，$p_j(i=1,2)$ 分别表示高科技部门和工业部门产品的相对价格，这里我们假定所有的产品都可贸易，产品价格就是国际产品价格。

在劳动市场上，设参加培训的转移农民为 L^H，转移到部门 1 培训人数及为 L_1，转移到部门 2 培训人数为 L_2^H，转移到部门 2 的未受培训人数为 L_2^L，经济的失业人数为 Lu，则有：

$$L^H = L_1 + L_2^H \qquad (25-7)$$

$$L^L = L_2^L + L_U \qquad (25-8)$$

$$L_2 = L_2^H + L_2^L \qquad (25-9)$$

劳动力市场出清有：

$$L_1 + L_2 + L_3 + L_U = \bar{L} \qquad (25-10)$$

接受培训的劳动力和未接受培训的劳动力的转移机制分别为：

$$w + c = \frac{L_1}{L^H} h\bar{w} + \frac{L^H - L_1}{L^H}\bar{w} \qquad (25-11)$$

$$w = \frac{L_2 - (L^H - L_1)}{L^L}\bar{w} \qquad (25-12)$$

在图 25-2 中，横轴表示经济中劳动力的禀赋；左边起始于 O_1 的纵轴表示的是高科技部门的工资率水平；左边起始于 O_3 的纵轴表示的是部门 3 的工资率水平；在高科技部门所需要的人力资本水平给定和工业部门的工资率外生给定的情况下，令 $O_1A = h\bar{w}$，做一条过 A 点平行于横轴的直线，穿过高科技部门的劳动边际生产线 aa 与 C 点；另做一条穿过 C 点垂直于 O_1O_3 的线，交 O_1O_3 于 O_2，得到 $O_1O_2 = L_1$；起始于 O_2 的纵轴表示的是工业部门的工资率；令 $O_2D = \bar{w}$，作一条过 D 点平行于横轴的线，交工业部门的劳动边际生产线 bb 于 E 点，过 E 点做垂直于 O_1O_3 的线交 O_1O_3 于 F 点，则 $O_2F = L_2$，并在 O_2F 上取 G 点，使得 $O_2G = L^H - L_1$。

过 G 做 O_1O_3 的垂线交 DE 于 T；过 E 点做一条双曲线 qq 交部门 3 的劳动边际生产线 cc 于 S 点；过 S 点做一条平行于 O_1O_3 的直线交右边纵轴于 I 点，交 FE 于 M 点，交 TG 于 N 点，则 $O_3I = w_3$；过 S 点做一条垂直于 O_1O_3 的直线交 O_1O_3 于 J 点。则双曲线 qq 表示等式 (25-11) 和 (25-12) 的劳动力转移机制，并有 $O_3J = L_3$，$FJ = $

L_U,面积 S_{TEMN} =面积 S_{MSJF}。

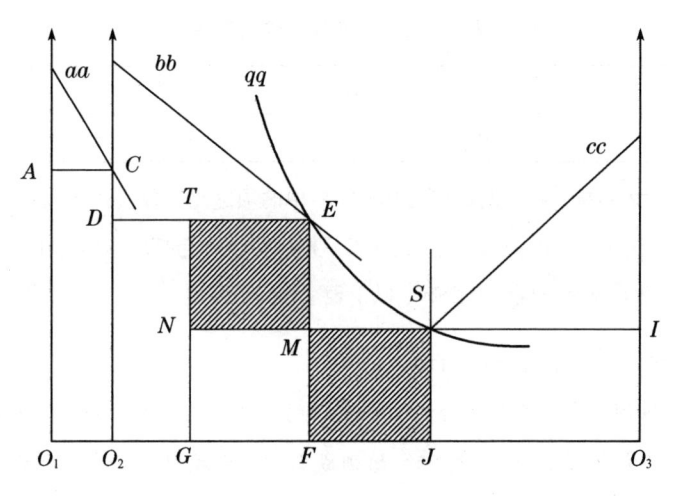

图 25-2 劳动力转移机制

2. 比较静态分析

全微分(25-4)至(25-12)式,可以得到 $\dfrac{dL_1}{dc}=-\dfrac{L_1}{c}S_{hc}<0$ 以及 $\dfrac{dL_2}{dc}=0$,其中 $S_{hc}=\dfrac{dh}{dc}\dfrac{c}{h}$,为效率水平的成本弹性,并可以得到下式:

$$\begin{bmatrix} 0 & F_{LL}^3 & -1 \\ w+c-\bar{w} & 0 & L^H \\ \bar{w}-w & -w & L^L \end{bmatrix}\begin{bmatrix} dL^H \\ dL_3 \\ dw \end{bmatrix}=\begin{bmatrix} 0 \\ A \\ B \end{bmatrix}dc \qquad (25-13)$$

其中,$A=\dfrac{L_1\bar{w}S_{hc}-cL^H}{c}$,$B=-\dfrac{\bar{w}L_1 S_{hc}}{c}<0$。令 Δ 为(25-13)式的系数矩阵行列式,则有:$\Delta=F_{LL}^3 L^H(\bar{w}-w)-F_{LL}^3 L^L(w+c-\bar{w})+w(w+c-\bar{w})>0$。

为了以下运算的便利,本章做出以下假设。

假设1:效率水平的成本弹性 $S_{hc}>\dfrac{L^H(\bar{w}-w)}{\bar{w}L_1}$。

根据假定1和Cramer法则解(25-13)式可以得到:$\dfrac{dw}{dc}<0$,$\dfrac{dL_3}{dc}>0$ 以及 $\dfrac{dL^H}{dc}>$

0。归纳以上结果可得以下表 25-1：

表 25-1 短期计算结果汇总

	dL_1	dL_2	dL_3	dL_U	dL^H	dw
dc	—	0	+	/	+	—

其中："—"表示横向栏中的项与相对纵向栏中的项之比为负值；"+"表示横向栏中项与相对纵向栏中的项之比为正值；"/"表示表示横向栏中项与相对纵向栏中的项之比无法判断符号；"0"表示两者之间没有影响。以下表示相同。

由上述结果，我们可以得到命题 1。

命题 1：培训成本的变化不会对工业部门的就业产生影响，但培训成本增加会减少高科技部门就业；在满足假设 1 时，培训成本增加会激励更多的农村劳动者参加培训；农村部门的雇佣增加，农村部门工资率下降。

在短期中，城市传统部门的雇佣量只与部门工资率有关，与高科技部门所需要的培训成本无关，培训成本变化不会导致该部门雇佣量的变化。但是随着培训成本上升，人力资本水平也会提高，从而提高了高科技部门的劳动效率，雇佣人数就会下降；而对于农村劳动力而言，高科技部门上升的工资 $h\bar{w}$ 是一个明确的信号，从而激励更多的农村劳动者参加培训；高科技部门雇佣量减少以及工业部门的雇佣量不变，从而使得未参加培训的迁移劳动力更难进入工业部门，劳动力回流农村，农业部门雇佣增加，使得农村部门工资今年各降低。

培训成本降低对劳动市场的影响由图 25-3 所示：降低培训成本，qq 曲线向上方移动至 qq' 位置，与 cc 曲线相交于 S' 点，从而农村工资由 O_3I 上升为 O_3I'，农村雇佣劳动力由 O_3J 减少为 O_3J'，bb 曲线与 $D'E'$ 线交于 E' 点，工业部门使用的劳动力数量不变，$O_2F=O_2'F'$，高科技部门在新的工资水平 O_1A' 下雇佣 O_1O_2' 的劳动力；失业由 FJ 变动到 $F'J'$。

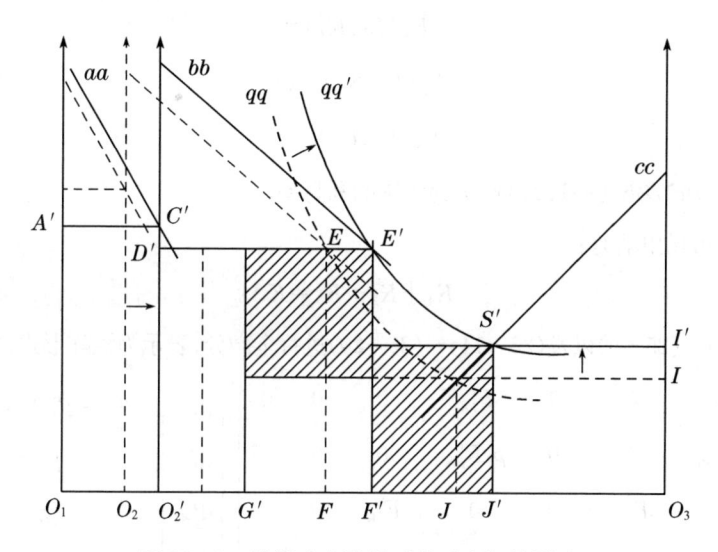

第 25 章 产业升级：农民工的培训成本与异质劳动力转移

图 25-3 培训成本降低对劳动市场的影响

二、长期下模型及比较静态分析

1. 模型

生产函数分别为：

$$X_1 = F^1(hL_1, K_1)$$

$$X_2 = F^2(L_2, K_2)$$

$$X_3 = F^3(L_3, K_3)$$

其中，生产函数 F^1、F^2、F^3 对每个生产要素都是增函数和严格拟凹性，且 F^2、F^3 满足一阶齐次性。L_1、L_2 和 L_3 分别为各部门雇佣的劳动力；$K_i(i=1、2、3)$ 为各部门的资本要素，在长期中，资本可以在三部门间流动。

各部门利润最大化有：

$$p_1 h F_L^1(hL_1, K_1) = h\bar{w} \quad (25-14)$$

$$p_1 F_K^1(hL_1, K_1) = r \quad (25-15)$$

$$p_2 F_L^2(L_2, K_2) = \bar{w} \quad (25-16)$$

$$p_2 F_K^2(L_2, K_2) = r \quad (25-17)$$

$$F_L^3(L_3, K_3) = w \quad (25-18)$$

$$F_K^3(L_3, K_3) = r \quad (25-19)$$

其中,$F_k^i = \partial F^i / \partial K_i (=1,2,3)$。$r$ 为资本的利息率。

资本市场出清有:

$$K_1 + K_2 + K_3 = K \quad (25-20)$$

对$(25-7) \sim (25-9)$以及$(25-14) \sim (25-20)$进行全微分,表示为矩阵形式,可以得:

$$\begin{pmatrix} hF_{LL}^1 & 0 & 0 & F_{LK}^1 & 0 & 0 & 0 \\ p_1 h F_{KL}^1 & 0 & 0 & p_1 F_{KK}^1 & 0 & 0 & -1 \\ 0 & F_{LL}^2 & 0 & 0 & F_{LK}^2 & 0 & 0 \\ 0 & p_2 F_{KL}^2 & 0 & 0 & p_2 F_{KK}^2 & 0 & -1 \\ F_{LL}^3 & F_{LL}^3 & F_{LL}^3 & F_{LK}^3 & F_{LK}^3 & 1 & 0 \\ F_{KL}^3 & F_{KL}^3 & F_{KL}^3 & F_{KK}^3 & F_{KK}^3 & 0 & 1 \\ A & B & E & 0 & 0 & 0 & 0 \end{pmatrix} \begin{pmatrix} dL_1 \\ dL_2 \\ dL_U \\ dK_1 \\ dK_2 \\ dw \\ dr \end{pmatrix} = \begin{pmatrix} -F_{LL}^1 L_1 h' \\ -p_1 F_{KL}^1 L_1 h' \\ 0 \\ 0 \\ 0 \\ 0 \\ F \end{pmatrix} dc$$

$$(25-21)$$

其中,$A = (hL_2 + hL_U - L_2)\bar{w} - c(L_2 + L_u)$,$B = (hL_1 + L_U - L_1)\bar{w} - c(L_1 + 2L_2 + L_U)$,$E = (hL_1 + L_2)\bar{w} - c(L_2 + L_1) > 0$,$F = (L_2 + L_U)(L_1 + L_2 - \bar{w} L_1 h')$。

式$(25-21)$的系数行列式值为 $\Delta_2 = p_1 h (F_{LK}^1 F_{KL}^1 - F_{LL}^1 F_{KK}^1) F_{LK}^2 F_{KL}^3 (\theta E + B)$,其中$\theta = k_2/k_3 - 1 > 0$,$k_2 = \dfrac{K_2}{L_2}$,$k_3 = \dfrac{K_3}{L_3}$。由于$\theta E + B$ 的符号不能决定,所以 Δ_2 值的正负无法判断。为方便判断 Δ_2 的符号,令 $\lambda = \dfrac{(\theta+1)L_1 + (\theta+2)L_2 + L_U}{(\theta h + h - 1)L_1 + \theta L_2 + L_U}$。于是,判断 Δ_2 符号就变成讨论单位时间培训成本 c 与 $\bar{w}/\lambda$ 大小关系:如果 $c > \bar{w}/\lambda$,有 $\theta E + B < 0$,进而有 $\Delta_2 > 0$;如果 $c < \bar{w}/\lambda$,则有 $\theta E + B > 0$,故而有 $\Delta_2 > 0$。

2. 比较静态分析

求解式$(25-21)$可得:

$$\frac{\mathrm{d}L_1}{\mathrm{d}c} = -\frac{h'L_1}{h} < 0,$$

$$\frac{\mathrm{d}K_1}{\mathrm{d}c} = \frac{\mathrm{d}r}{\mathrm{d}c} = 0,$$

$$\frac{\mathrm{d}X_1}{\mathrm{d}c} = hF_L^1 \frac{\mathrm{d}L_1}{\mathrm{d}c} + F_K^1 \frac{\mathrm{d}K_1}{\mathrm{d}c} + h'L_1 F_L^1 = 0$$

综上所述,我们可以知道,在长期中,降低培训成本不会影响高科技部门的资本和利率,但会增加高科技部门的就业,该部门产量不变。值得注意的是,上述情况与短期相同,也就是说,不论长期还是短期,培训成本的变动对高科技部门的产量并无影响,这主要是因为培训成本的变动不影响资本,而降低(增加)培训成本同时也降低(提升)了高技术劳动力的边际生产力,它对产量的负向影响抵消了雇佣劳动增加对产量的正向影响,从而高科技部门产量不变。

为了以下计算上的便益,本章做以下两个假定

假设 2:人力资本的培训成本弹性$\frac{h'c}{h} > \frac{c/(w+c)}{L_1/(L_1+L_2)}$。

假设 3:$\frac{\bar{w}}{c} < \frac{L_1+2L_2+L_U}{(h-1)L_1+L_U}$,即传统部门的工资率与培训成本的比值小于某个值。该假设的经济意义是,城市部门工资率$\bar{w}$可以大于单位时间培训费c但不是无限大于单位时间培训费c,符合经济实际。由此假设可以得到$B<0$。

在初始培训成本$c > (<) \bar{w}/\lambda$情况下,利用假设 2 求解式(25-21),可以得到:

$$\frac{\mathrm{d}L_2}{\mathrm{d}c} = -\frac{Eh'L_1 - h'L_1 A - Fh}{h(\theta E + B)} > (<) 0$$

$$\frac{\mathrm{d}K_2}{\mathrm{d}c} = F_{LL}^2 \frac{Eh'L_1 - (h'L_1 A + Fh)}{h(\theta E + B)} > (<) 0$$

$$\frac{\mathrm{d}X_2}{\mathrm{d}c} = F_L^2 \frac{\mathrm{d}L_2}{\mathrm{d}c} + F_K^2 \frac{\mathrm{d}K_2}{\mathrm{d}c} > (<) 0$$

$$\frac{\mathrm{d}K_3}{\mathrm{d}c} = -\frac{\mathrm{d}K_2}{\mathrm{d}c} < (>) 0$$

利用假设 2 以及假设 3 求解式(25-21),可以得到:

$$\frac{\mathrm{d}L_U}{\mathrm{d}c} = \frac{\theta(h'L_1 A + Fh) + Bh'L_1}{h(\theta E + B)} > (<) 0$$

因此可以得到：

$$\frac{dw}{dc} = -\left(F_{LL}^3 \frac{dL_1}{dc} + F_{LL}^3 \frac{dL_2}{dc} + F_{LL}^3 \frac{dL_U}{dc} + F_{LK}^3 \frac{dK_2}{dc}\right) > (<) 0$$

$$\frac{dL_3}{dc} = -\left(\frac{dL_1}{dc} + \frac{dL_2}{dc} + \frac{dL_U}{dc}\right) < (>) 0$$

$$\frac{dX_3}{dc} = F_L^3 \frac{dL_3}{dc} + F_K^3 \frac{dK_3}{dc} < (>) 0$$

综上可以得到表 25 - 2：

表 25 - 2　式(25 - 21)计算结果

	dL_2	dL_3	dL_U	dK_2	dK_3	$d\omega$
$dc(c > \bar{w}/\lambda)$	+	−	+	+	−	+
$dc(c < \bar{w}/\lambda)$	−	+	−	−	+	−

根据上述计算可知以下命题成立。

命题 2：在长期中存在一个阈值$\bar{w}/\lambda$，当初始培训成本大于这一阈值时，降低培训成本对经济的影响与初始培训成本小于这一阈值时降低培训成本的经济效果正好相反。

这是因为人力资本培训成本小于$\bar{w}/\lambda$，意味着高科技部门所需的人力资本水平还比较低，社会整体的人力资本水平不高，产业升级才刚开始。与命题1相比，我们发现，当初始成本低于阈值时，长期提升培训成本对经济的影响与短期情况相同，这正是因为产业升级还在起步阶段与短期情况很接近。当然，经济发展的水平和人力资本水平比较低时，会出现初始培训成本低于阈值的情况，但伴随着经济增长，初始培训成本就会超过阈值$\bar{w}/\lambda$。

比较表 25 - 1 和表 25 - 2 可知，在短期和长期中，培训成本降低对经济中各元素的影响有所不同：降低培训成本，短期中对工业部门的产量没有影响，而在长期中对城市传统工业部门产量的影响则要根据不同前提条件；在短期中对农业部门的影响是明确的，如农村工资上升，劳动雇佣减少，产量下降，而在长期中对农业部门要素使用量和产量的影响则要根据不同前提条件。

综上所述，我们可以得到以下命题。

命题3：在初始培训成本大于阈值$\bar{w}/\lambda$时，在满足假设2以及假设3条件下，降低培训成本使得工业部门就业、资本雇佣和产量降低，失业减少；农业部门增加雇佣劳动和资本，工资率下降，农业部门产量增加。

就产业升级的高科技部门而言，不论是在长期还是在短期，降低培训成本都会使高科技部门的就业减少，这是因为培训成本下降必然导致单位劳动力生产率下降，从而向高科技部门的劳动需求上升，这方面长期与短期相同。但是，从命题3可知，对于城市失业和农村经济的影响而言，长期和短期的经济效果是不相同的。初始培训成本大于阈值$\bar{w}/\lambda$时，长期的经济效果与短期正相反。

第3节 政策建议与结论

本章在产业升级的背景下，以Harris-Todaro的劳动力转移模式考察了培训成本的变动对经济的影响，本章所设的模型中包含了接受过职业培训和没有接受过职业培训两种劳动力的转移，这在Harris-Todaro模式的研究中还是第一次。本章得到的一些结论可以为产业升级的发展中国家经济提供参考。特别要注意的是，在长期中，我们找出了一个阈值，当初始培训成本处于这个阈值的下方和上方时，培训成本的变动对工业部门和农业部门的影响在长短期有很大的不同。特别是对农业经济的影响反差尤为明显，可为从事实体经济工作的相关部门提供政策参考。

基于上述分析，我们以农民工培训费用可变为前提，提出以下政策建议，供有关部门参考。

(1) 实施多元、灵活的劳动政策。劳动市场是经济市场的一个组成部分，农村工资与阈值的大小关系也非一成不变。我们应该顺应经济发展，实时把握市场动态，掌握阈值，并针对不同的时期和阈值采取多元、灵活的劳动政策。例如，当处于长期且农村工资$w>\lambda\bar{w}$时，发展工业部门，就要采取降低培训费用的措施；而当处于长期且农村工资$w<\lambda\bar{w}$时，采取提升培训费用的措施更加有利。

(2) 评估阈值测算制度化的可行性。由于劳动市场多变，而阈值既是评估农村经济发展的标志，也是把握劳动市场动向的重要指标。所以，建议各地在研判经济形势的同时测算阈值,为实施相应的经济政策提供依据。我们建议就阈值测算的制度化进行研究,评估其操作的可行性和应用于经济活动中的必要性,尽快建立该制度,为经济发展服务。

(3) 以企业为主,多方开辟财源,加强对农民工的劳动培训。为积极推动对农民工的培训,让更多的人接受劳动技能教育,建议政府多方开辟财源。其中,雇人企业应该为员工的培训多出力。这项工作可谓利国利民利企业:对于国家而言,可以推动产业升级尽快和全面实现,使国家早日迈入现代化强国之列;对于农民工个人而言,提高了人力资本水平,可以增加收入;对于企业而言,可以将对农民工的劳动培训看成岗前培训的一部分,劳动力技能越高,企业生产效越高,财富创造也越多。

参考文献

[1] BELADI H, CHAUDHURI S, YABUUCHI S. Can International Factor Mobility Reduce Wage Inequality in a Dual Economy[J]. Review of International Economics, 2008(16): 893-903.

[2] GALOR O, MOAV O. From Physical to Human Capital Accumulation: Inequality in the Process of Development [J]. Review of Economic Studies, 2004, 71(4): 1001-1026.

[3] HARRIS J, TODARO M. Migration, unemployment and development: a two-sector analysis[J]. American Economic Review, 1970(60): 126-142.

[4] MARJIT S, KAR S. Emigration and wage inequality[J]. Economic Letter, 2005(88): 141-145.

[5] XIAOCHUN LI, ZHOU YU. Development Policies, Transfer of Pollution Abatement Technology and Trans-boundary Pollution [J]. Economic Modelling. 2013 (31): 183-188.

[6] XIAOCHUN LI, YU ZHOU. An Economic Analysis of Remittance of Unskilled Migration on Skilled-Unskilled Wage Inequality in Labor Host Region [J]. Economic Modelling, 2013b, 33: 428-432.

[7] XIAOCHUN LI, ZHOU YU. An Economic Analysis of Remittance of Unskilled Migration on Skilled-Unskilled Wage Inequality in Labor Host Region[J]. Economic Modelling, 2013a, 31:183-188.

[8] XIAOCHUN LI, XIAOYING QIAN. Economic Analysison the Urban-rural Disparity in Human Capital in China[J]. South African Journal of Economics, 2011, 79(2): 146-160.

第 26 章 劳动培训对农民工汇款的影响研究

本章摘要：农民工向其家乡的汇款是农村经济建设不可小觑的力量，但既有文献对其影响因素的分析却非常少。本章认为劳动培训投入对农民工向家乡的汇款数量产生影响，我们构建一个两部门理论模型，重点考察对农民工的培训如何影响他们的汇款数量。研究发现，在城市部门提高总产出中培训费用的占比的情况下，短期会降低汇款总量，长期则出现与短期相反的效果，我们随后进行的参数校准和数值模拟验证了该结论的数值特征。本章结论可以为政府和企业制定相关教育培训政策提供一些理论依据。

第 1 节 引 言

目前我国制造业的知识化、智能化已是产业转型升级的大势所趋，为此需要大批具备高人力资本水平的劳动力，如何使得产业迈向中高端，避免落入中等收入陷阱已经成为社会各界共同关心的话题。而另一方面，农村劳动力被大量吸收进城市工业制造业部门，根据《中国产业发展报告：面向"十三五"的产业经济研究（2016）》，2015年农民工总量就将近2.8亿。农民工群体为中国经济发展做出了巨大的贡献，但农民工的文化水平偏低的情况一直没有得到根本性的改善，根据中国国家统计局的《2016年农民工监测调查报告》，2016年75%的中国农民工是初中以下文化水平。在中国经济进入新常态、产业转型升级的大背景下，加强培训，提高农民工的人力资本水平，促进生产效率与质量的不断提升已成为经济发展的必然要求，企业不断加强对员工的技能培训及对农民工上岗前的劳动培训已经成为十分普遍的现象。

关于劳动培训的研究多集中于对人力资本投资的讨论中，其中，讨论较多的是人力资本的测度方法以及人力资本对经济增长、社会福利、产业结构、企业发展等经济各方面的影响。例如:张小蓓和李子豪(2014)通过对我国省级面板数据进行实证分析,认为人力资本是造成区域经济发展失衡状况的重要因素,落后地区只有通过提升本地人力资本水平才有可能赶超发达地区;刘伟等(2014)认为快速的人力资本积累并不一定会带来经济的增长和社会福利的提高;Bassi & Buren(1999)认为人力资本水平会显著影响企业绩效;Weisberg et al.(1996)利用1990年以色列最大的一家市政公司的企业数据进行实证分析,以受教育年限衡量一般人力资本,以工作年限衡量专用型人力资本,实证结果发现,两种人力资本对工作绩效均有显著的正向作用;Hatch & Dyer(2004)研究表明人力资本是企业得以可持续发展的重要源泉;Carmeli & Schaubroeck(2005)利用以色列私营组织和公共机构两套数据进行实证分析,研究表明人力资本能够提高商业组织与公共机构的绩效,并认为在高层管理人员认同人力资本具有独特价值的时候,人力资本存量才会对公司绩效产生影响。由此可见国家经济发展、产业转型以及企业自身发展需要都要求数量庞大的农民工群体要加强培训,不断提高自身人力资本水平。因此对于转移劳动力的人力资本水平相关问题研究具备十分现实的意义。Li & Zhou(2013)通过建立一个三部门一般均衡模型讨论了对农村转移劳动力进行培训对环境产生的影响,结论表明提升每位农村转移劳动力的培训费用能够改善农村地区的环境质量。

另一方面,我国自2005年以来大量惠农政策出台,中央年年提升"三农"的转移支付水平。根据《农村绿皮书:中国农村经济形势分析与预测(2015—2016)》,2015年,中国财政收入增长明显放缓的情况下,国家继续把解决"三农"问题放在突出位置,用于农林水的财政支出达到了17 242亿元。但是,种种数据表明,政府对农村进行的大量转移支付中存在不少资金流失克扣的现象。《最高人民检察院工作报告(2016)》指出,全国检察机关2015年查办"三农"领域相关职务犯罪11 839人。在事关群众切身利益的征地拆迁、社会保障、教育、医疗等民生领域查办职务犯罪8 699人,可见问题的严重。在此背景下,农民工汇款的作用显得尤为重要。根据中国国家统计局数据,2015年我国2.8亿的农民工中有将近1.7亿为外出农民工,他们中只有约20%是举家外出务工。汇款是市场经济中农民工利他主义的表现,大量的农民工将家庭留在农村,他们势必会将一部分收入通过各种渠道送回家中。故而,本章中所指"汇款"并非仅指狭义的通过网络、邮局或银行的汇款,而是广义的农民工汇款,是农民工对农村家庭的各种形式的收入转移的总称(以下简称为"汇款")。汇款不同于政府对农村进行的各种形式的财政补助,它是私人之间的,不存在任何中间环节,是直接对农村家庭进行的收入转移。程恩江和徐忠(2005)认为2004年中国农民工汇款数量约为2 230亿元,2005年达到2 490亿元。其后,全国各地都连年上调最低工资线,农民工收入也连年上升,加上农民工人数的增加,汇款总量是在不断上升的。本章在参数校准部分根据既往的调查估计出2014年全国汇款总数达到2万亿元以上,大约相当于同年新西兰GDP的两倍。当前的汇款已经是中国历史上规模最大的城市反哺农村、工业反哺农业的行为,对于农业现代化建设发挥着积极的作用。因为许多农民不仅用款来改善自己的生活,更有不少人将汇款用来进行农业生产(李强,2008;胡枫、史宇鹏,2013)。正是因为如此,我们不仅要在宏观层面上关注政府以及社会机构等对农村发展的资金支持,也要关心汇款变化及其影响汇款的原因。但是,现有理论文献大多是关于汇款经济效果的研究,例如,Lundahl(1985)在研究中假设劳动流出地主要将收到的汇款用于消费,结果表明汇款将会影响劳动流出地非转移劳动力的收入;Rivera-Batiz(1986)研究了短期和长期移民对物价、收入分配和社会福利的影响,结果表明移民将提高商品房价格,提高劳动收入分配,降低资本收入分配,汇款则会加强移民活动的影响;Quibria(1997)分析了汇款对劳动流出国不同社会阶层的福利水平的影响;Li & Wang(2015)考虑了一个三部门一般均衡模型,发现在短期汇款增加会降低非正式部门的产出并降低城市居民的福利水平,但在长期汇款增加则表现出相反的效果。除此之外,还有许多文献运用实证的研究方法考察汇款对经济增长、城市居民收入、移民流出地收入差距等的影响,如Taylor & Wyatt(1996)、World Bank(2001)、Glytsos(2002)、Cox & Ureta(2003)、Lucas(2005)等,而这些成果没有就影响汇款因素展开研究。

上述的文献回顾还表明,虽然劳动力培训和汇款是现实中重要的经济活动,也都是目前学界比较关心的话题,可目前将两个话题结合起来进行研究的文献较少,故而,劳动力培训对汇款的影响如何我们无从得知。虽然如此,我们有理由相信劳动培训对于转移劳动力汇款应该有所影响,这是因为受训后劳动力的人力资本水平上升,从而劳动效率上升,收入也会因此而上升,故而汇款总数应该有所变化。本章正是为了解明劳动力培训对汇款的影响而展开研究的,为此,我们构建一个两部门理论模型,重点考察加强农村转移劳动力的培训是否会影响汇款数量。研究发现,当城市部门提高总产出中培训费用的占比时,在短期会降低汇款总量,在长期则出现相反的效果。可以为政府和企业制定相关教育培训政策提供理论依据。

以下内容的安排是:第二部分建立分析用的一般均衡模型,第三部分为比较静态分析,导出命题,第四部分为数值模拟,第五部分总结全文。

第2节 模 型

本章考虑了一个小型开放的城市—农村两部门经济,城市和农村部门都以劳动力和资本为投入要素进行生产,城市部门雇佣农村转移劳动力生产工业产品(严格地说,城市部门雇佣的是城市劳动力和农村转移劳动力,但在本书中城市劳动力为外生变量,故可以简略地认为城市部门雇佣农村转移劳动力),且所有被雇佣的农村转移劳动力均需进行岗前培训后才能正式参与生产;农业部门使用劳动力生产农业产品。两部门的生产函数如下:

$$Y = F^1(H(h)L_1, K_1) \quad (26-1)$$

$$X = g(k)F^2(L_2, K_2) \quad (26-2)$$

其中Y、X分别为城市工业部门和农村部门的产出,两部门的生产函数F^1、F^2均为凹函数,且两部门的生产函数是规模报酬不变的。L_1为城市部门雇佣的农村转移劳动力,h为每位工人的培训费用,而H是关于h的一个凹函数,记为$H=H(h)$,它表示为每位工人花费的培训费用对工人生产效率的影响,培训费用花费越多,越有利于提高转移劳动力的技能,使得每位工人的生产能力由原本的1提高为$H(H \geqslant 1$;当$h=0$时,$H=1$),但H随着单位工人的培训费用的不断增加而减弱,即$H'(h)>0$,$H''(h)<0$;K_1为城市部门生产投入的资本量;L_2为农村部门生产所用的劳动力,K_2为农村部门生产投入的资本量,k为农村转移劳动力的汇款量,$g(k)$为一个关于k的

凹函数,它表示汇款规模对农村部门产出的外部效应,汇款越多,越有利于农村生产条件的改善,从而越有利于促进农村部门生产水平的提高[$g(k) \geqslant 1$;当$k=0$时,$g(k)=1$],但$g(k)$会随着汇款的不断增加而减弱,即$g'(k)>0, g''(k)<0$。

根据 Harris-Todaro(1970)的劳动力转移均衡式表达如下:

$$W_a = \bar{W}/(1+\lambda) \tag{26-3}$$

其中,$\bar{W}$为城市部门工资,W_a为农村部门工资,λ为城市部门失业人数与在职人数之比,本书用λ衡量失业状况。在现实生产生活中,公司经常会对员工开展一些培训活动以提高员工的生产效率,因此我们假定工业部门会拿出一定比例的收入进行在岗培训。用式子表达如下:

$$\beta PY/h = L_1 \tag{26-4}$$

其中,β为工业部门使用的培训费用占总收入的比重,β越大用于劳动培训的投入就越多,每位工人获得的培训费用就越多,他们人力资本水平就会获得较大的提升;本模型将农产品的价格单位化,P为工业品的相对价格,由于本章考虑一个小型开放经济,因此工业品和农业品的价格均为外生给定;h为每位工人的培训费用,可以用来表达劳动培训的水平,也即农民工通过劳动培训获得的人力资本水平。类似的设定可以参考 Li & Qian(2011)。

现实中,农民工出于利他主义在取得收入后拿出一部分资助农村家中的现象普遍存在,因此我们假设农村转移劳动力会拿出占收入a比例的金额汇往农村家中,表达如下:

$$k = a\bar{W}L_1 \tag{26-5}$$

其中,k为汇款总量。由各部门利润最大化可得:

$$(1-\beta)PHF_L^1 = \bar{W} \tag{26-6}$$

$$(1-\beta)PF_K^1 = r_1 \tag{26-7}$$

$$g(k)F_L^2 = W_a \tag{26-8}$$

$$g(k)F_K^2 = r_2 \tag{26-9}$$

其中,$F_L^1 = \partial F^1/\partial HL, F_K^1 = \partial F^1/\partial K, F_L^2 = \partial F^2/\partial L, F_K^2 = \partial F^2/\partial K$,由于城市部门会拿出$\beta$比例的收入用于农村转移劳动力的培训,因此城市部门利润最大化条件由

(26-6)、(26-7)式所示。r_1 为城市部门利率，r_2 为农村部门利率。本模型中我们假定该经济的劳动力禀赋和资本禀赋外生给定。如下式：

$$(1+\lambda)L_1+L_2=\bar{L} \qquad (26-10)$$

$$K_1+K_2=\bar{K} \qquad (26-11)$$

其中，$\bar{L}$ 为经济中的劳动力禀赋，$\bar{K}$ 为经济中的资本禀赋。

第3节 分 析

一、短期分析

短期中，资本在城市和农村两部门不能自由流动，两部门使用各自固定的资本量，因此各自形成不同的资本回报率 r_1、r_2。由于短期中两部门资本是固定的，因此我们使用 $\bar{K}_1$、$\bar{K}_2$ 分别来表示短期中城市和农村部门使用的资本量。(26-1)~(26-10)式构成短期的一般均衡模型。其中，Y、X、L_1、L_2、r_1、r_2、W_a、k、λ、h 为内生变量，$\bar{K}_1$、$\bar{K}_2$、$\bar{L}$、$\bar{W}$、β、P、a 为外生变量。

将(26-1)、(26-4)、(26-6)式全微分后整理如下：

$$\begin{pmatrix} 1 & A & B \\ 0 & -h & -L_1 \\ 0 & C & D \end{pmatrix} \begin{pmatrix} dY \\ dL_1 \\ dh \end{pmatrix} = \begin{pmatrix} 0 \\ 0 \\ mF_L^1 \end{pmatrix} d\beta \qquad (26-12)$$

这里，$A=-HF_L^1<0$，$B=-L_1H'F_L^1<0$，$C=HF_{LL}^1<0$，$D=H'(F_L^1+HF_{LL}^1)$，其中 $F_{LL}^1=\partial F_L^1/\partial HL_1$。

我们设 $\varepsilon_{LL}^1=\dfrac{\partial F_L^1}{\partial L_1}\cdot\dfrac{L_1}{F_L^1}$，为城市部门劳动力的边际产出弹性，它表示当城市部门雇佣的农村转移劳动力 L_1 增加1％时，城市部门劳动的边际产出下降$|\varepsilon_{LL}^1|$。在现实经济活动中，发展中国家城市部门对农村转移劳动力需求旺盛，雇佣的农村转移劳动力数量增加对其边际生产力的影响幅度比较小，因此，$|\varepsilon_{LL}^1|<1$ 在实际经济活动中是普遍成立的。故而，我们可以算得 $D=H'(F_L^1+HF_{LL}^1)>0$。以 Δ 表示(26-12)式的

系数行列式，则：$\Delta = -hD + L_1C < 0$。

运用 Cramer 法则计算(26 - 12)式可得：

$$\frac{dY}{d\beta} = \frac{-HF_L^1 L_1 A + hHF_L^{1*}B}{\Delta}$$

我们设 $\varepsilon_{Hh} = \frac{\partial H}{\partial h} \cdot \frac{h}{H}$，为劳动力生产效率的培训费用弹性，它表示城市部门每个转移劳动力的培训费用 h 增加1%时，劳动力生产效率 H 的增加幅度，在现实经济中，不论以前有无转移经历，在接受岗前培训时绝大多数人是没有该项工作经验的，而初期的培训费用投入对生产效率的影响较大，因此想定 $\varepsilon_{Hh} > 1$ 是合理的。据此，我们有：

$$\frac{dY}{d\beta} = \frac{-HF_L^1 L_1 A + hHF_L^1 B}{\Delta} > 0, \frac{dL_1}{d\beta} = \frac{HF_L^1 L_1}{\Delta} < 0, \frac{dh}{d\beta} = \frac{-hHF_L^1}{\Delta} > 0,$$

将(26 - 5)式全微分整理后可得：$\frac{dk}{d\beta} = a\bar{W}\left(\frac{dL_1}{d\beta}\right)$。因为 $\frac{dL_1}{d\beta} < 0$，所以 $\frac{dk}{d\beta} = a\bar{W}\left(\frac{dL_1}{d\beta}\right) < 0$。

全微分(26 - 3)、(26 - 8)和(26 - 10)式，然后将(26 - 5)式全微分代入后整理成矩阵形式：

$$\begin{pmatrix} 1 & R & 0 \\ -1 & 0 & S \\ 0 & L_1 & 1 \end{pmatrix} \begin{pmatrix} dW_a \\ d\lambda \\ dL_2 \end{pmatrix} = \begin{pmatrix} 0 \\ T \\ -(1+\lambda) \end{pmatrix} dL_1 \qquad (26 - 13)$$

这里，$R = \frac{\bar{W}}{(1+\lambda)^2} > 0, S = g(k)F_{LL}^2 < 0, T = -g'(k)a\bar{W}F_L^2 < 0$。我们以 Δ 表示 (26 - 13)式的系数行列式，则：$\Delta = -L_1 S + R > 0$。运用 Cramer 法则计算(26 - 13)式可得：

$$\frac{dW_a}{dL_1} = \frac{-(1+\lambda)RS - RT}{\Delta} > 0, \frac{d\lambda}{dL_1} = \frac{T + (1+\lambda)S}{\Delta} < 0, \frac{dL_2}{dL_1} = \frac{-L_1 T - (1+\lambda)R}{\Delta}。$$

我们设 $\varepsilon_L^2 = \frac{\partial X}{\partial L_2} \cdot \frac{L_2}{X}$，为农村部门的劳动要素的产出弹性。根据刘易斯的劳动力转移理论，发展中国家在农村存在大量剩余劳动力，且农村的劳动边际生产率几乎等于零，所以，我们可以设 $\varepsilon_L^2 = \frac{\partial X}{\partial L_2} \cdot \frac{L_2}{X} < \frac{1}{\varepsilon_k} \cdot \frac{W_a L_2}{X}$，其中 $\varepsilon_k = \frac{\partial g(k)}{\partial k} \cdot \frac{k}{g(k)}$，为 $g(k)$ 对汇款 k 的弹性。也就是说，如果农村部门的劳动力数量增加 1%，农村部门的产出增加幅度 ε_L^2 小于一定比例的 $\frac{1}{\varepsilon_k}$，这个比例为农村部门劳动力收入占农村部门总产出的比例。据此，有 $\frac{dL_2}{dL_1} = \frac{-L_1 T - (1+\lambda)R}{\Delta} < 0$。

以上短期一般均衡比较静态分析结果用表 26-1 归纳表示如下，从表 26-1 可以看出，短期中城市部门提高城市总产出中培训费用的占比，农村转移劳动力的雇佣数量会下降，转移劳动力的汇款总量会下降，分配到每位工人的培训费用将上升，失业率上升，但城市部门产出将上升；在农村部门，农村劳动力的数量将上升，农村工资将下降。

表 26-1　短期一般均衡分析结果

	Y	L_1	k	h	X	L_2	λ	W_a	r_1	r_2
β	+	−	−	+	/	+	+	−	/	/

注："+"和"−"分别表示 β 的变化使得对应的内生变量向相同或相反方向变化。

命题 1：在短期中，提高城市总产出中培训费用的占比将减少转移劳动力汇款总量，将使得城市部门雇佣的劳动力数量减少、加剧失业，但城市产出增加、劳动培训水平上升；农村部门的劳动力雇佣增加，工资下降。

在短期中提高培训费用在城市总产出的占比有以下效果：一方面，企业拿出更高比例的收入去进行培训会使得用于雇佣转移劳动力的资金减少；另一方面，培训后农民工的生产效率得到提升，从而使得他们产生涨薪的要求，这都会促使企业倾向用技术、资本等去替代劳动，导致企业减少雇佣转移劳动力。农民工雇佣量减少直接使得其汇款总量下降；培训费用在城市总产出的占比提高、城市部门转移劳动力的雇佣下降使得单位工人的培训费用上升。在短期中，失业的转移劳动力一部分滞留在城市部门，另一部分则回流到农村，在城市使得失业加剧，在农村则会增加劳动力雇佣，进而使得农村工资下降。

根据命题1,城市部门劳动力雇佣下降,但产出上升,这似乎是一个矛盾。但考虑到提高城市部门总产出中培训费用的占比有提升人力资本水平、提高劳动生产效率的作用,当劳动生产效率提高对产出的正面作用大于减少雇佣劳动对产出的负面效应的时候,命题1就顺理成章了。城市部门提高总产出中培训费用的占比带来的短期汇款影响由图26-1所示。

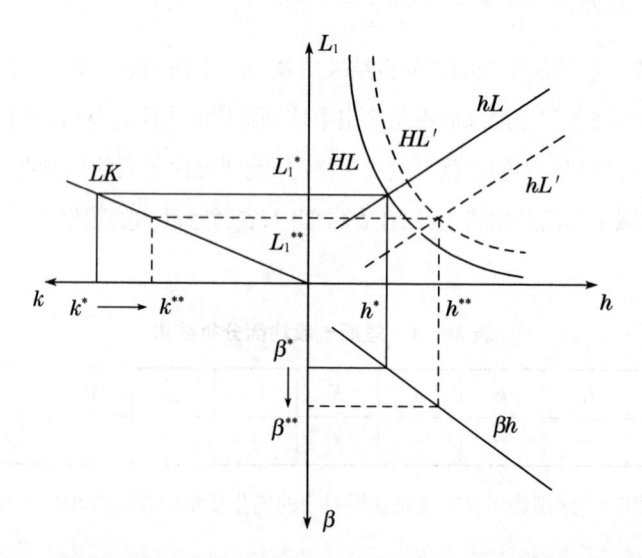

图26-1 短期城市部门提高总产出中培训费用占比对汇款与经济的影响

短期中,(26-4)式可知:$\dfrac{\mathrm{d}h}{\mathrm{d}\beta}=\dfrac{PY}{L_1}>0$,即 h 与 β 呈正相关关系,即如图26-1中直线 βh 所示,城市部门拿出的培训费用在其总产出的占比越高,在其他条件不变的情况下,分配给每位工人的培训费用就越多。我们用线 hL 表示(26-6)式中 L_1 与 h 的关系,将(26-6)式全微分后可得:$\dfrac{\mathrm{d}L_1}{\mathrm{d}h}=-\dfrac{H'(F_L^1+HL_1F_{LL}^1)}{H^2F_{LL}^1}$,由于 $|\varepsilon_{LL}^1|<1$,我们有 $\dfrac{\mathrm{d}L_1}{\mathrm{d}h}>0$,但 $\dfrac{\mathrm{d}L_1}{\mathrm{d}h}$ 是关于 L_1 和 h 的函数,所以 hL 的斜率是变化的,为了简化图形,我们在图26-1中将曲线 hL 简化为向右上倾斜的直线;另一方面,如(26-4)式所示,L_1 与 h 亦存在负相关关系,我们用线 HL 表示。全微分(26-4)式得:$\dfrac{\mathrm{d}L_1}{\mathrm{d}h}=-\dfrac{L_1}{h}<$

0,且 $\dfrac{dL_1}{dh}$ 是关于 L_1 和 h 的函数,即 HL 的斜率是变化的,HL 是一条曲线,并且会随着 h 的增大而越来越平缓。hL 与 HL 相交的点即为初始均衡点。直线 LK 表示了 L_1 对 k 的影响,由(26-5)式可得:$\dfrac{dk}{dL_1}=a\bar{W}>0$,即 k 与 L_1 同向变动。当 β 上升,城市部门拿出更大部分的收入进行员工培训,在其他条件不变的情况下,每个工人的培训费用会增加,由初始均衡值 h^* 增加到 h^{**}。由(26-4)、(26-6)式可知,β 的上升将使得曲线 HL 上移至 HL',曲线 hL 下移至 hL',如图 26-1 所示,均衡点变为 HL' 与 hL' 的交点,转移劳动力的雇佣量由 L_1^* 下降到 L_1^{**},L_1 的下降使得汇款总量由 k^* 下降到 k^{**}。β 上升的结果与命题 1 一致。

二、长期分析

长期中,资本在城市和农村两部门自由流动,有 $r_1=r_2=r$ 成立,(26-7)、(26-9)式变为:

$$(1-\beta)PF_K^1=r$$

$$g(k)F_K^2=r$$

因此,根据前文所述,(26-1)~(26-11)式构成长期中的一般均衡模型,其中(26-7)、(26-9)式用上面两个式子替代,Y、X、L_1、L_2、K_1、K_2、W_a、r、k、λ、h 为内生变量,$\bar{L}$、$\bar{K}$、$\bar{W}$、β、P、a 为外生变量。

在长期模型中,全微分整理后写成矩阵形式如下:

$$\begin{pmatrix} -h & 0 & 0 & -L_1 & 0 & 0 \\ C & E & 0 & D & 0 & 0 \\ F & G & 0 & U & 0 & -1 \\ I & J & K & 0 & L & 0 \\ M & N & Q & 0 & 0 & -1 \\ 1+\lambda & 0 & 1 & 0 & L_1 & 0 \end{pmatrix} \begin{pmatrix} dL_1 \\ dK_1 \\ dL_2 \\ dh \\ d\lambda \\ dr \end{pmatrix} = \begin{pmatrix} V \\ W \\ Z \\ 0 \\ 0 \\ 0 \end{pmatrix} d\beta \qquad (26-14)$$

这里,C、D 与短期含义相同,$E=HF_{LK}^1>0$,$F=PHF_{KL}^1>0$,$G=PF_{KK}^1<0$,$I=$

$a\bar{W}g(k)F_L^2>0, J=-g(k)F_{LK}^2<0, K=g(k)F_{LL}^2<0, L=\dfrac{\bar{W}}{(1+\lambda)^2}>0, M=a\bar{W}g'(k)F_K^2>0, N=-g(k)F_{KK}^2>0, Q=g(k)F_{KL}^2>0, U=PH'L_1F_{KL}^1>0, V=-PY<0, W=HF_L^1>0, Z=PF_K^1>0$；其中，$F_{LL}^1=\partial F_L^1/\partial HL_1, F_{KL}^1=\partial F_K^1/\partial HL_1, F_{LK}^1=\partial F_L^1/\partial K_1, F_{KK}^1=\partial F_K^1/\partial K_1, F_{ij}^2=\partial F_i^2/\partial j(i=L,K;j=L,K)$。

我们以 Δ 表示(26-14)式的系数行列式，则：

$$\Delta=L_1^2(CJQ+EKM-CKN-EIQ)+hL_1D(NK-JQ)+(1+\lambda)L_1LQE+$$
$$L(L_1CN-L_1EM-hDN)+(L-L_1K)(-hEU-L_1CG+L_1EF+hDG)$$

为了以下的行文便利，我们如下设定两个假设。

假设 1：$\varepsilon_{KL}^2=\dfrac{\partial F_K^2}{\partial L_2}\cdot\dfrac{L_2}{F_K^2}<\varepsilon_k\cdot\dfrac{L_2}{(\bar{L}-L_2)}$。

其中，$\varepsilon_k=\dfrac{\partial g(k)}{\partial k}\cdot\dfrac{k}{g(k)}$，$\varepsilon_{KL}^2$ 为农村部门资本边际产出对农村部门劳动力数量的弹性。我们假设农村部门的劳动力数量增加 1%，农村部门资本边际产出增加幅度 ε_{KL}^2 小于一定比例的 ε_k，这个比例为农村部门劳动力收入与非农村劳动力之比，ε_k 为 $g(k)$ 对汇款 k 的弹性。由于假设左边是大于零的，因此假设 1 在现实经济活动中是有可能成立的。

假设 2：$\varepsilon_{KL}^1=\dfrac{\partial F_K^1}{\partial L_1}\cdot\dfrac{L_1}{F_K^1}>\dfrac{1-\beta}{r}$。

其中，ε_{KL}^1 为城市部门资本边际产出对雇佣的转移劳动力数量的弹性。我们假设城市部门雇佣的转移劳动力数量增加 1%，则其资本边际产出增加幅度 ε_{KL}^1 将小于一个数值，这个值为 $\dfrac{1-\beta}{r}$。由于假设条件左边大于零，因此在现实经济活动中假设 2 是有成立的可能的。

Δ 的符号需要在上一节中的 $|\varepsilon_{LL}^1|<1$ 和假设 1 同时成立的情况下才能确定，根据 $|\varepsilon_{LL}^1|<1$ 和假设 1，有 $\Delta<0$。

运用 Cramer 法则计算(26-14)式可得：$\dfrac{dh}{d\beta}>0$。

根据假设 2，有 $\frac{dL_1}{d\beta}>0,\frac{dr}{d\beta}>0,\frac{dK_1}{d\beta}<0$，将(26-5)式全微分整理后可得：$\frac{dk}{d\beta}=a\bar{W}\left(\frac{dL_1}{d\beta}\right)$，因为$\frac{dL_1}{d\beta}>0$，所以有$\frac{dk}{d\beta}=a\bar{W}\left(\frac{dL_1}{d\beta}\right)>0$。根据上一节的 $\varepsilon_L^2=\frac{\partial X}{\partial L_2}\cdot\frac{L_2}{X}<\frac{1}{\varepsilon_k}\cdot\frac{W_aL_2}{X}$ 和假设 2 同时成立，有$\frac{dL_2}{d\beta}<0$。

长期一般均衡比较静态分析结果用表 26-2 表示，从表所示的结果可以看出，长期中提高城市总产出中培训费用的占比，将使得城市部门雇佣的农村转移劳动力数量上升，转移劳动力的汇款总量上升，分配到每位工人的培训费用将上升，利率上升，劳动力将从农村部门流向城市部门，农村部门劳动力数量减少。

表 26-2 长期一般均衡分析结果

	Y	L_1	k	h	X	L_2	λ	W_a	r	K_2
β	/	+[1][2]	+[1][2]	+[1]	/	−[1][2]	/	/	+[1][2]	/

注："+"和"−"分别表示 β 的变化使得对应的内生变量向相同或相反方向变化；"[1]"表示对应的符号只在假设 1 成立时才能确定；"[1][2]"表示对应的符号只在假设 1 和假设 2 同时成立时才能确定。

命题 2：在长期中，提高城市总产出中培训费用的占比将增加转移劳动力汇款总量，并使得劳动力从农村部门流向城市部门，城市部门增加劳动力的雇佣，劳动培训水平上升；农村部门雇佣劳动力数量下降。

长期中，提高城市总产出中培训费用的占比将使得利率上升，由于城市部门存在工资刚性，利率上升使得劳动力相对价格下降，使得城市部门增加转移劳动力的雇佣，劳动力从农村部门流向城市；由于城市部门转移劳动力的雇佣量上升，汇款量就会增加。

比较命题 1 和命题 2 我们发现，短期提高城市总产出中培训费用的占比将减少汇款总量，长期将增加汇款总量，这是因为短期减少了对转移劳动力的雇佣，而长期增加了对转移劳动力的雇佣。

第4节　参数校准与数值模拟

为了考察本章构建的模型是否正确解释了城乡转移劳动力培训对汇款的影响，我们将使用现有的经济数据及相关文献对模型的参数进行校准，再利用校准后的参数对模型进行数值模拟，并将模拟结果与命题1、命题2做比较，以检验模型结论的数值特征，并且对数值模拟进行敏感性检验。

一、参数校准

我们按可计算一般均衡的模式，将城市部门的生产函数形式设为柯布-道格拉斯生产函数形式，$H(h)$ 为每位工人花费的培训费用对工人生产效率的影响函数，根据前文模型部分对 $H(h)$ 的性质设定，我们将它的具体函数形式设为：$H(h)=h^{a_1}+1$，其中参数 a_1 表示的是培训费用提升对工人效率提升的影响因子，根据模型设定，生产函数是规模报酬不变的，因此，城市部门生产函数的具体形式可表示为：$Y=[(h^{a_1}+1)L_1]^{a_1}K_1^{1-a_1}$；同时，我们将农村部门的生产函数形式也设为柯布-道格拉斯生产函数形式，$g(k)$ 为汇款规模对农村部门产出的外部效应函数，根据前面模型不分对其相关性质的设定，我们将它的具体函数形式设为：$g(k)=k^m+1$。

我们使用2014年的相关经济数据进行参数校准。根据国统局发布的《中国统计年鉴(2014)》的相关数据，2014年，我国第一产业国内生产总值为58 336.1亿元，就业人数为22 790万人；第二产业国内生产总值为271 764.5亿元，就业人数为23 099万人。2014年农村居民年人均可支配收入为10 488.9元(折算成月收入约为874.1元)，城镇调查失业率约为5.1%。根据《2014年全国农民工检测调查报告》公布的数据显示，2014年我国农民工总量约为27 395万人，农民工月收入约为2 864元；于丽敏(2013)以外来人口流入东莞市为调查地研究农民工消费情况时发现东莞市农民工汇款量约占收入的32.67%，调查数据显示2008年东莞市农民工平均工资约为1 625.43元；而根据《2009年全国农民工检测调查报告》公布的数据显示，2008年全国农民工平均工资约为1 340元。由于东莞市农民工收入对于全国水平而言相对较高,因此我们将全国汇款占收入的比例 a 按这个比例做调整,可得 $a/1\,340=32.67/1\,625.43$,$a=0.269$,由此估算的 2014 年农民工汇款总量 k 约为 21 105.55 亿元,约占同年 GDP 的 3.26%。田友春(2016)对中国各产业进行资本存量估算,其估算出 2014 年我国第一产业的资本存量约为 19 188.58 亿元,第二产业资本存量约为 304 302.16 亿元。根据中国人民银行货币分析小组公布的《中国货币政策执行报告(2014 年第 4 季度)》的数据表明,2014 年第四季度末人民币一般贷款加权平均利率(名义利率)约为 6.92%,由于本章模型设定中短期内资本无法在城市和农村部门自由流动,而我国货币政策对于农村地区是有相关优惠政策的,因此我们认为短期中农村部门的利率高于城市部门,于是我们设 $r_1=6.35$,$r_2=7$。根据国统局公布的价格指数,我们计算出 2010—2014 年平均通货膨胀率约为 3.4%,因此我们设长期利率 $r=3.5$。

根据以上的现实经济数据,我们先对短期模型中的参数 α_1、α_2、m_1、m_2 进行校准,结果如下:

表 26 - 3　短期模型参数校准

α_1	α_2	m_1	m_2
0.13	0.254	0.462	0.597

同样,我们对长期模型进行参数校准,结果如下:

表 26 - 4　长期模型参数校准

α_1	α_2	m_1	m_2
0.13	0.383	0.503	0.745

二、数值模拟

在参数校准的基础上,我们进行数值模拟分析,以检验在现实经济数据下模型的结论是否与比较静态分析结果一致。

根据《国务院关于大力推进职业教育改革与发展的决定》(国发〔2002〕16 号)中

关于"一般企业按照职工工资总额的 1.5% 足额提取教育培训经费,从业人员技术要求高、培训任务重、经济效益较好的企业,可按 2.5% 提取,列入成本开支"的规定,我们将 β 的初始值设为 0.02,在外生变量和被校准的参数保持不变的情况下,逐步提升 β 的值来进行数值模拟,观察主要关心的内生变量的变化。

短期模型数值模拟结果如下:

表 26-5 短期模型数值模拟

β	Y(亿单位)	L_1(百万)	k(千万)	h(百元)	L_2(百万)	λ	W_a(十元)
0.020	11 078.033	230.954	21 102.237	23.434	227.992	0.051	87.430
0.021	11 088.948	230.946	21 101.475	24.631	227.995	0.051	87.428
0.022	11 099.231	230.924	21 099.468	25.830	228.004	0.051	87.422
0.023	11 108.935	230.889	21 096.322	27.032	228.017	0.051	87.414
0.024	11 118.108	230.844	21 092.130	28.236	228.035	0.051	87.403
0.025	11 126.790	230.787	21 086.973	29.443	228.058	0.051	87.390
0.026	11 135.018	230.721	21 080.924	30.652	228.084	0.051	87.374
0.027	11 142.825	230.646	21 074.045	31.863	228.113	0.052	87.356
0.028	11 150.240	230.562	21 066.396	33.078	228.146	0.052	87.337
0.029	11 157.290	230.470	21 058.028	34.294	228.182	0.052	87.315
0.030	11 163.997	230.371	21 048.987	35.513	228.226	0.052	87.291

从表 26-5 中我们可以看到在短期中,随着培训费用在城市部门总收入中的占比从 0.02 逐步提升至 0.03,城市部门劳动力雇佣量从 23 095.4 万人逐步下降到了 23 037.1 万人,汇款总量则从 2 110.223 7 亿元渐次下降到了 2 104.898 7 亿元,产量从 11 078.033 亿单位逐步上升到了 11 163.997 亿单位,失业率从 5.1% 上升到了 5.2%,每年花费在每位工人的培训费用从 2 343.4 元逐次上升到了 3 551.3 元;农村部门劳动力雇佣量从 22 799.2 万人逐步增加到了 22 822.6 万人,农村劳动力月收入从 874.3 元下降到了 872.91 元。可以看到,短期数值模拟的结果与命题 1 的数值特征完全一致。

我们再进行长期模型的数值模拟,结果如下:

表 26-6　长期模型数值模拟

β	L_1(百万)	k(千万)	h(百元)	L_2(百万)	r
0.020	231.138	21 119.406	23.533	226.859	3.501
0.021	231.330	21 136.976	24.735	226.729	3.504
0.022	231.496	21 152.123	25.940	226.616	3.506
0.023	231.638	21 165.050	27.146	226.520	3.508
0.024	231.757	21 175.935	28.356	226.439	3.510
0.025	231.855	21 184.932	29.567	226.372	3.511
0.026	231.935	21 192.184	30.782	226.319	3.512
0.027	231.996	21 197.815	31.998	226.277	3.513
0.028	232.041	21 201.934	33.218	226.246	3.514
0.029	232.071	21 204.642	34.440	226.226	3.514
0.030	232.086	21 206.030	35.664	226.216	3.514

表 26-6 显示在长期中,培训费用在城市部门总收入的占比 β 从 0.02 上升到 0.03 使得城市部门雇佣劳动力的数量从 23 113.8 万人逐渐上升至 23 208.6 万人,农民工汇款总量从 2 111.940 6 亿元逐次上升至 2 120.603 亿元,每位工人的培训费用从 2 353.3 元增加至 3 566.4 元,利率从 3.501 逐渐上升至 3.514;劳动力从农村部门流入城市部门,农村部门的劳动力雇佣量从 22 685.9 万人逐渐减少到 22 621.6 万人。数值模拟的结果与命题 2 的数值特征完全一致。

三、敏感性分析

由于《2014 年全国农民工检测调查报告》中对于农民工平均月收入的统计是抽样调查的结果,可能存在小的偏差,为了检验数值模拟结果的敏感性,我们将农民工平均月收入上下浮动 100 元再次进行参数校准和数值模拟,模拟结果与前文结论依然是一致的(具体模拟结果请参考附录 B),可见模型模拟结果对城市部门刚性工资的浮动是稳健的,即使由于统计方法导致农民工工资与真实水平存在小的偏差,数值模拟结果依旧有效。

四、数值模拟的结论

基于现实经济数据进行参数校准后的长短期模型数值模拟结果与前文模型分析的结果特征一致,证实了本章模型关于转移劳动力培训对汇款的影响问题的解释力,也说明在当前经济环境下,加大农民工培训投入力度在长期中对于促进农村剩余劳动力转移,减轻失业状况都有积极的作用。

第5节 研究结论

自2004年中央发布《中共中央国务院关于促进农民增加收入若干政策的意见》的一号文件,提出要"拓宽农民增收渠道""改善农民进城就业环境"等意见以来,中共中央已经连续13年发布关注三农的一号文件,对农民的补贴力度不断提高,补贴范围不断扩大。习近平总书记在十九大报告《决胜全面建成小康社会 夺取新时代中国特色社会主义伟大胜利》中明确指出"农业农村农民问题是关系国计民生的根本性问题",提出要实施"乡村振兴战略",为了促进农民收入增长,应"支持和鼓励农民就业创业"。党的种种重大文件和报告中不断强调对解决三农问题、促进农民增收的极大重视。根据本章的文献回顾,转移劳动力的汇款对农村经济有着重大意义,而劳动培训亦是促进农民就业的重要环节,基于这样的经济现实,本章讨论了提升劳动培训费用对转移汇款的影响问题,本章的主要结论是在短期提升培训费用在城市部门总产出的占比会减少转移劳动力的汇款数量,在长期,我们提高这个比例则会增加转移劳动力的汇款数量。这样的结论在劳动力转移的理论研究中还是第一次得出,它对于发展中国家制定促进工农业经济发展的政策有重要的参考价值。

附 录

附录 A

使用 Cramer 法则计算(26-14)式的具体运算结果如下:

$$\frac{dL_1}{d\beta}=(LN-LG+L_1GK)(L_1W+DV)+E(L-L_1K)(UV+L_1Z)>0^{[1][2]}$$

$$\frac{dK_1}{d\beta}=[(1+\lambda)LQ+L_1KM-L_1QI+(L-L_1K)F](L_1W+DV)-$$
$$C(L-L_1K)(UV+L_1Z)+LQ(CV+hW)+h(L-L_1K)(DZ-UW)^{[1][2]}$$

$$\frac{dL_2}{d\beta}=(DNV-L_1NW)[(1+\lambda)L-L_1I]+L(MG-NF)(L_1W+DV)+$$
$$L(CN-EM)(UV+L_1Z)-hLN(DZ-UW)<0^{[1][2]}$$

$$\frac{dh}{d\beta}=-LEV[(1+\lambda)Q-M]-LCNX-hL(NW+EZ)+L_1E(IQV+$$
$$hKZ-KMV)>0^{[1]}$$

$$\frac{d\lambda}{d\beta}=[JM-IN-FJ-(1+\lambda)KG](L_1W+DV)+[CJ+(1+\lambda)EG](UV+$$
$$L_1Z)-hJ(DZ-UW)$$

$$\frac{dr}{d\beta}=[(1+\lambda)LQ+(L_1K-L)M+L_1QI][G(L1W+DV)-E(UV+L_1Z)]+$$
$$LN[F(L_1W+DV)-C(UV+L_1Z)+h(DZ-UW)]>0^{[1][2]}$$

注：“[1]”表示对应的符号只在假设1成立时才能确定；“[1][2]”表示对应的符号只在假设1和假设2同时成立时才能确定。

附录B

敏感性检验：

（a）农民工月收入向下浮动至2 764元，参数校准结果如下：

表26-7　短期模型参数校准

α_1	α_2	m_1	m_2
0.13	0.248 4	0.471 5	0.597 3

同样，我们对长期模型进行参数校准，结果如下：

表 26-8 长期模型参数校准

α_1	α_2	m_1	m_2
0.13	0.3748	0.5040	0.7479

数值模拟结果如下:

表 26-9 短期模型数值模拟($\bar{W}=276.4$)

β	Y(亿单位)	L_1(百万)	k(千万)	h(百元)	L_2(百万)	λ	W_a(十元)
0.020	11 377.139	230.990	20 368.612	23.535	227.892	0.051	87.407
0.021	11 387.961	230.974	20 367.181	24.747	227.899	0.051	87.404
0.022	11 398.155	230.945	20 364.591	25.941	227.910	0.051	87.397
0.023	11 407.775	230.903	20 360.939	27.148	227.927	0.051	87.387
0.024	11 416.868	230.851	20 356.311	28.358	227.947	0.051	87.374
0.025	11 425.475	230.788	20 350.784	29.570	227.972	0.052	87.359
0.026	11 433.632	230.716	20 344.426	30.784	228.000	0.052	87.342
0.027	11 441.371	230.635	20 337.295	32.001	228.032	0.052	87.323
0.028	11 448.721	230.546	20 329.445	33.220	228.067	0.052	87.302
0.029	11 455.709	230.450	20 320.925	34.442	228.105	0.053	87.279
0.030	11 462.357	230.346	20 311.779	35.666	228.145	0.053	87.254

表 26-10 长期模型数值模拟($\bar{W}=276.4$)

β	L_1(百万)	k(千万)	h(百元)	L_2(百万)	r
0.020	230.499	20 325.605	23.531	229.714	3.500
0.021	230.675	20 341.170	24.733	229.595	3.503
0.022	230.826	20 354.477	25.937	229.494	3.505
0.023	230.954	20 365.717	27.144	229.409	3.507
0.024	231.059	20 375.053	28.353	229.338	3.508
0.025	231.145	20 382.633	29.565	229.281	3.509

(续表)

β	L_1(百万)	k(千万)	h(百元)	L_2(百万)	r
0.026	231.213	20 388.587	30.779	229.236	3.510
0.027	231.263	20 393.030	31.996	229.202	3.511
0.028	231.298	20 396.067	33.215	229.179	3.511
0.029	231.317	20 397.789	34.436	229.166	3.512
0.030	231.323	20 398.282	35.661	229.162	3.512

(b) 农民工月收入向下浮动至 2 964 元，参数校准结果如下：

表 26-11　短期模型参数校准

α_1	α_2	m_1	m_2
0.13	0.261 6	0.468 2	0.597 3

同样，我们对长期模型进行参数校准，结果如下：

表 26-12　长期模型参数校准

α_1	α_2	m_1	m_2
0.13	0.374 8	0.500 5	0.747 9

数值模拟结果如下：

表 26-13　短期模型数值模拟($\overline{W}=296.4$)

β	Y(亿单位)	L_1(百万)	k(千万)	h(百元)	L_2(百万)	λ	W_a(十元)
0.020	10 794.473	230.989	21 842.311	23.529	227.893	0.051	87.407
0.021	10 805.483	230.988	21 842.279	24.730	227.893	0.051	87.407
0.022	10 815.856	230.974	21 840.915	25.934	227.899	0.051	87.404
0.023	10 825.646	230.947	21 838.331	27.141	227.910	0.051	87.397
0.024	10 834.899	230.907	21 834.626	28.350	227.925	0.051	87.388
0.025	10 843.658	230.857	21 829.888	29.562	227.945	0.051	87.376

(续表)

β	Y(亿单位)	L_1(百万)	k(千万)	h(百元)	L_2(百万)	λ	W_a(十元)
0.026	10 851.960	230.797	21 824.193	30.776	227.969	0.052	87.362
0.027	10 859.837	230.727	21 817.611	31.992	227.996	0.052	87.345
0.028	10 867.318	230.649	21 810.204	33.211	228.027	0.052	87.327
0.029	10 874.431	230.563	21 802.026	34.433	228.061	0.052	87.306
0.030	10 881.199	230.469	21 793.127	35.657	228.098	0.053	87.284

表 26-14 长期模型数值模拟($\overline{W}=296.4$)

β	L_1(百万)	k(千万)	h(百元)	L_2(百万)	r
0.020	230.494	21 795.869	23.531	229.722	3.500
0.021	230.702	21 815.533	24.732	229.581	3.503
0.022	230.882	21 832.605	25.937	229.460	3.506
0.023	231.038	21 847.300	27.143	229.355	3.508
0.024	231.170	21 859.809	28.353	229.266	3.510
0.025	231.281	21 870.301	29.564	229.191	3.511
0.026	231.372	21 878.923	30.778	229.130	3.512
0.027	231.445	21 885.809	31.995	229.081	3.513
0.028	231.501	21 891.077	33.214	229.043	3.514
0.029	231.540	21 894.835	34.436	229.016	3.515
0.030	231.565	21 897.178	35.660	229.000	3.515

从数值模拟结果表格可看出，农民工平均月收入上下浮动100元后进行参数校准的长短期模型数值模拟结果与前文模型分析的结果特征依然一致，说明模型模拟结果对城市部门刚性工资的浮动并不敏感，即使由于统计方法或其他原因导致农民工工资与真实水平存在小的偏差，数值模拟结果依旧有效。

参考文献

[1] 程恩江,徐忠. 中国农民工国内汇款服务问题报告[R]. 世界银行扶贫协商小组报告,2005.

[2] 国家发展和改革委员会产业经济与技术经济研究所. 中国产业发展报告:面向"十三五"的产业经济研究(2016)[M]. 北京:经济科学出版社,2016.

[3] 国家统计局. 2009年农民工监测调查报告[R]. 北京:中国国家统计局,2010.

[4] 国家统计局. 2014年农民工监测调查报告[R]. 北京:中国国家统计局,2015.

[5] 国家统计局. 2016年农民工监测调查报告[R]. 北京:中国国家统计局,2017.

[6] 国家统计局. 中国统计年鉴(2014)[M]. 北京:中国统计出版社,2015.

[7] 国务院. 国务院关于大力推进职业教育改革与发展的决定[R]. 北京:国务院,2002.

[8] 胡枫,史宇鹏. 农民工回流的选择性与非农就业:来自湖北的证据[J]. 人口学刊,2013(3):71-80.

[9] 货币分析小组. 中国货币政策执行报告(2014年第4季度)[R]. 中国人民银行,2014.

[10] 李强. 民工汇款的决策、数量与用途分析[J],中国农村观察,2008(03):2-12.

[11] 刘伟,张鹏飞,郭锐欣. 人力资本跨部门流动对经济增长和社会福利的影响[J]. 经济学(季刊),2014(2),13:425-442.

[12] 魏后凯,杜志雄,黄秉信. 农村绿皮书:中国农村经济形势分析与预测(2015—2016)[M]. 北京:社会科学文献出版社,2016.

[13] 于丽敏. 农民工消费行为影响因素研究 以东莞为例[M]. 北京:经济管理出版社,2013.

[14] 张晓蓓,李子豪. 人力资本差异加剧了区域经济失衡吗?[J]. 经济学家,2014(4):14-21.

[15] 中国最高人民检察院. 最高人民检察院工作报告(2016)[R]. 北京:中国最高人民检察院,2017.

[16] BASSI L J, BUREN E V. Valuing Investments in Intellectual Capital[J] International Journal of Technology Management, 1999, 18(5-8):414-432.

[17] CARMELI A, SCHAUBROECK J. How Leveraging Human Resource Capital with

Its Competitive Distinctiveness Enhances the Performance of Commercial and Public Organizations[J]. Human Resource Management 2005, 44(4): 391-412.

[18] COX E A, URETA M. International Migration, Remittances and Schooling: evidence from El Salvador[J]. Journal of Development Economics, 2003(72): 429-461.

[19] GLYTSOS N P. The Role of Migrant Remittances in Development: Evidence from Mediterranean Countries[J]. International Migration, 2002, 40(1): 5-25.

[20] HARRIS J R, TODARO M. Migration, Unemployment and Development: A Two Sector Analysis[J]. American Economic Review, 1970(40): 126-142.

[21] HATCH N W, DYER J H. Human Capital and Learning as a Source of Sustainable Competitive Advantage[J]. Journal of Economic, 2004, 25(12): 1155-1178.

[22] LI X, WANG D. The impacts of rural-urban migrants' remittances on the urban economy[J]. The Annals of Regional Science, 2015, 54(2): 591-603.

[23] LUCAS R E B. International Migration and Economic Development[R]. Expert Group on Development Issues, Swedish Ministry for Foreign Affairs, Stockholm, 2005.

[24] LUNDAHL M. International Migration, Remittance and Real Incomes: Effects on the Source Country[J]. The Scandinavian Journal of Economics, 1985, 87(4): 647-657.

[25] QUIBRIA M G. International Migration, Remittance and Income Distribution in the Source Country: a Synthesis[J]. Bulletin of Economic Research, 1997, 49 (1): 29-46.

[26] RIVERA-BATIZ F. International Migration, Remittance and Economic Welfare in the Source Country[J]. Journal of Economic Studies, 1986, 13(3): 3-19.

[27] TAYLOR J E, WYATT T J. The Shadow Value of Migrant Remittances, Income and Inequality in a Household-farm Economy[J]. Journal of Development Studies, 1996, 32 (6): 899-912.

[28] WEISBERG G J. Differential Teamwork Performance the Impact of General and Specific Human Capital Levels[J]. International Journal of Manpower, 1996, 17(8): 18-29.

[29] WORLD BANK. World Tables[R]. The World Bank, Washington, 2001.

[30] XIAOCHUN LI, DIANSHUANG WANG. The Impact of Rural-urban Migrants' Remittances on the Urban Economy[J]. The Annals of Regional Science, 2015, 54(2): 591 – 603.

[31] XIAOCHUN LI, XIAOYING QIAN. Economic Analysis on the Urban-rural Disparity in Human Capital in China[J]. South African Journal of Economics, 2011, 79(2): 146 – 160.

[32] XIAOCHUN LI, ZHOU YU. Economic and Environmental Effects of Rural-urban Migrant Training[J]. Prague Economic Paper, 2013, 22(3): 385 – 402.

第 27 章 现代农业的职业培训：
企业出资还是个人出资？

本章摘要：长三角和全国的现代农业正在蓬勃发展。然而，农村劳动力人力资本水平较低，所以现代农业的职业培训对于自身的发展至关重要。但是，职业培训的费用由何而来？效果如何？本章研究由企业出资或者个人出资产生的经济效果，得到以下主要结论：无论企业出资和个人出资职业培训，都会使得城市部门的失业增加；但是，由企业出资时，城市部门雇佣的劳动力和资本增加，现代农业部门雇佣的劳动力和资本下降；而由个人出资时，情况则刚好相反。

第 1 节 引 言

现代农业是以高资本投入为基础，以市场为导向使用现代科学技术进行生产管理的农业。发展中国家的现代农业大多是从传统农业的基础上发展起来的，劳动力来源于传统农业，人力资本水平较低。以中国为例，1990 至 2012 年中国的农村劳动力仍有 85% 为初中文化水平及以下，并且这样的情况持续了 20 余年（参考图 27-1）。但是，现代农业引进高新技术进行生产和管理，就要求劳动力必须具有较高的职业技能水平，现实却是劳动力的人力资本水平与这一需求远远不相适应。近年来，在中国等发展中国家，现代农业发展很快（Li & Wu, 2018），政府对农民的培训投入也在不断增加。以中国为例，2015 年中央财政拨付农民培训补助经费 10.96 亿元,2016 年拨付经费 13.86 亿元①,全国培育各类型职业农民超过 100 万人,但是这样的培训规模对现代农业的发展仍然是杯水车薪。所以,现代农业职业培训的费用将主要由民间解决,也就是由企业或者是个人来承担(所谓"企业"指现代农业的代表性企业;个人则指农民个人,以下同)。但是在发展中国家,现代农业企业科技研发经费基数小,实际投入的研发数额不大,投入到农民教育培训的经费更少②;并且农村相对落后,负担职业培训的成本对农民个人也不是一个轻松的事情。以中国为例,企业与个人都希望对方承担或多承担培训费用,自己则尽量少出或不出,因为企业认为培训的受益者是个人,所以应该由个人出资,而个人则认为受训后提高了劳动效率,有益于企业生产,培训费用应该由企业出资。有调查显示培训费用的高低是影响农

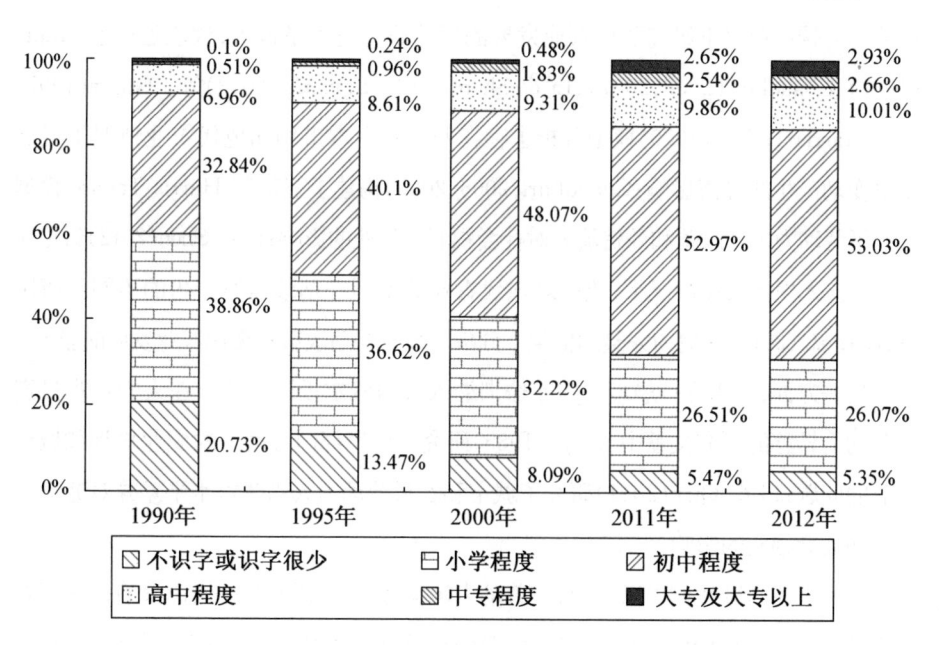

图 27-1 1990—2012 年农村居民家庭劳动力各文化程度占比状况

数据来源:《中国农村统计年鉴 2015》

---

① 数据来源于中央人民政府门户网站 http://www.gov.cn/
② 以中国为例,王震,唐欣. 推进农民教育培训的机制与路径——基于农业龙头企业的视角[J]. 高等农业教育,2014(1):111-114.

民是否参加培训的一个直接因素,个人能接受培训费用在 100 元的仅占受调查人数的 7%,然而根据中国各地方的职业农民培训经费预算来看,一科的培训费用却在 1 000 元/人/次以上[①]。

那么,现代农业的培训的经费究竟是应该由企业出资还是个人出资?本书认为这除了与企业和个人的经济能力有关之外,更为重要的是与出资的经济效果有密切关联。如果这个问题明确了,对社会经济发展有益的出资方式就会成为经济主体的共识,可以减少主体间相互推诿,增加出资的积极性。然而,对于企业和个人出资进行职业培训的经济效果,当前的理论研究方面还缺乏相关结论。

在发展中国家,现代农业的劳动力主要由传统农业转移而来。在既有的文献中,在劳动力转移背景下研究现代农业发展的理论研究还不是很多,代表性的有 Gupta(1997)、Chaudhuri(2006,2007)、Li & Shen(2012)、Li et al.(2013)等。Gupta(1997)基于 Harris-Todaro(1970)模型分析了存在非正式资本市场和现代农业情况下经济变量变动产生的经济影响;Chaudhuri(2006,2007)构建了三部门 Harris-Todaro 模型分析了劳动力市场改革和外资流入对社会福利和失业的影响;Li & Shen(2012)讨论城市资本流入现代农业情况下,政府对现代农业的不同补贴政策所产生的不同经济影响;Li et al.(2013)在更为完整的框架下分析了政府补贴政策对现代农业发展的影响。

另一方面,学术界一般地将职业培训纳入人力资本投资范畴。在人力资本投资和劳动力转移的研究文献中,Diajic(1985)研究了生产部门劳动力的职业培训和城市失业的问题;Li & Qian(2011)研究了城市和农村劳动力人力资本水平差异对劳动力转移和社会福利的影响。

通过上述回顾我们可以知道,在劳动力转移背景下,既有研究文献没有研究职业培训投资问题;而研究人力资本投资问题的却没有联系现代农业,即缺少将人力资本投资和现代农业发展结合起来的研究,现有研究当然也都没有提及职业培训资金来源与经济效果的关联问题,然而这个问题无法回避。究其原因,除了实施环节上的具

---

① 张亮,张媛,赵帮宏,等.中国农民教育培训需求分析——基于河北省农民教育培训调查问卷[J].高等农业教育,2013(8):117-120.

体问题外,缺乏理论依据是根本性问题,正是因为缺乏理论依据,造成了社会对于职业培训由谁出资的认识不足,影响了投资动力。考虑到职业培训对现代农业发展的重要性,我们认为有必要从理论上明确现代农业的职业培训对经济发展影响的市场机制,厘清不同投资主体出资情况下对经济和现代农业的影响,这不仅仅是理论上对现有文献的有益补充,也可以为制定相关的政策提供理论依据,本章拟就这一问题展开研究。

本章基于扩展的 Harris-Torado 模型框架,构建了三部门模型,包含城市部门、现代农业部门和传统农业部门,分析不同投资主体出资时对现代农业发展的影响。我们的主要结论是:由企业出资进行培训时,现代农业使用的资本和劳动都会减少;由个人出资时,现代农业部门雇佣的劳动和资本会增加。本章分为四部分,第一部分为引言,第二部分分析现代农业部门企业出资进行培训的情况,构建了三部门模型并进行理论分析,第三部分对农民个人出资情况进行分析,第四部分是社会福利分析,第五部分是结论。

第2节 企业投资的分析

一、理论模型

考虑一个由城市、现代农业和传统农业组成的三部门小国开放经济:城市和现代农业部门使用劳动和资本作为生产要素,生产可进口商品;传统农业部门使用劳动力作为唯一生产要素,生产可出口商品。劳动力由传统农业部门向城市部门和现代农业部门转移,由于现代农业相对于传统农业而言是技术型产业,所以我们假定劳动力进入现代农业部门需要经过职业培训。资本在城市部门和现代农业部门间自由流动;要素禀赋外生给定。

各部门的生产函数如下:

$$X_1 = F^1(L_1, K_1)$$

$$X_2 = F^2(hL_2, K_2)$$

$$X_3 = F^3(L_3)$$

这里，$X_i(i=1,2,3)$ 表示城市部门、现代农业部门和传统农业部门的产出；L_i $(i=1,2,3)$ 表示各部门使用的劳动力；$K_i(i=1,2)$ 表示城市部门和现代农业部门使用的资本。生产函数 $F^i(i=1,2,3)$ 具有拟凹性，F^1、F^2 为一次齐次函数。h 表示经过职业培训后单位劳动力的效率，即人力资本系数，所以 hL_2 为现代农业部门的有效劳动力，h 取决于单位劳动力的培训成本，存在如下关系：

$$h = h(c)$$

这里，c 表示培训劳动力的单位成本，没有进行职业培训时，$h(0)=1$；$h(\cdot)$ 满足 $h'>0$ 和 $h''<0$。因为 F^1、F^2 为一阶齐次函数，有：$F^1(L_1,K_1) = L_1 f(k_1)$ 和 $F^2(hL_2, K_2) = hL_2 g(k_2)$，其中，$k_1 = K_1/L_1$ 表示城市部门的人均资本；$k_2 = K_2/hL_2$ 表示现代农业部门基于有效劳动力的人均资本。城市部门企业利润最大化的一阶条件，有以下等式成立：

$$p_1(f(k_1) - k_1 f'(k_1)) = \bar{w}_1 \qquad (27-1)$$

$$p_1 f'(k_1) = r \qquad (27-2)$$

其中，p_1 表示城市部门产品相对于传统农业部门产品的价格；$\bar{w}_1$ 表示城市部门劳动力的工资，由于政策保护等原因，$\bar{w}_1$ 是下方刚性的；r 表示城市部门资本的回报率。

而现代农业部门企业出资进行培训时，成本由企业从其收入中的一部分来提供，关系可用下式来表示（类似的设定见 Li & Shen, 2011）：

$$c = \frac{\mu P_2 F}{L_2} = \mu P_2 h g(k_2) \qquad (27-3)$$

其中，μ 表示企业用于职业培训的成本占收入的比例，为外生变量；p_2 表示现代农业部门产品相对于传统农业部门产品的价格。所以根据利润最大化的一阶条件有：

$$(1-\mu) h p_2 [g(k_2) - k_2 g'(k_2)] = w_2 \qquad (27-4)$$

$$(1-\mu) p_2 g'(k_2) = r \qquad (27-5)$$

其中，w_2 表示现代农业部门劳动力的工资；r 表示现代农业部门资本的回报率，由于资本在城市部门和现代农业部门自由流动，所以两部门的资本回报率相同。

另外，传统农业的利润最大化条件满足下式：

$$F_L^3 = w_3 \quad (27-6)$$

其中，w_3 表示农业部门的劳动力工资。

K 为经济的资本禀赋，资本被城市部门和现代农业部门完全使用，有：

$$K_1 + K_2 = K \quad (27-7)$$

即：

$$k_1 L_1 + k_2 h L_2 = K \quad (27-8)$$

下方刚性的工资 $\bar{w}_1$ 使得城市部门存在失业，以 L_u 表示城市失业人数，L 代表整个经济的劳动禀赋。有以下等式：

$$L_1 + L_2 + L_3 + L_u = L \quad (27-9)$$

以 $\lambda = L_u / L_1$ 表示城市部门的失业率，上式变形为：

$$L_1(1+\lambda) + L_2 + L_3 = L \quad (27-10)$$

另外，现代农业部门的劳动力来自传统农业部门，人数虽然为 L_2，但有效劳动为 hL_2，故而，传统农业劳动力向现代农业转移在均衡处满足以下条件（关于类似的设定可以参见 Li & Zhou，2013）：

$$w_2 = h w_3 \quad (27-11)$$

传统部门劳动力向城市转移，在均衡时满足以下条件：

$$\frac{1}{(1+\lambda)} \bar{w}_1 = w_3 \quad (27-12)$$

至此，我们建立了模型。式(27-1)至(27-12)包括共 10 个内生变量，包括 L_1，$L_2, L_3, \lambda, K_1, K_2, w_2, w_3, r, c$ 和 6 个外生变量：$\bar{w}_1, L, K, p_1, p_2, \mu$。

二、理论分析

首先，我们研究城市部门。由式(27-1)和(27-2)，劳动力工资 $\bar{w}_1$ 外生给定，意味着城市部门劳动力边际生产力不变；由于城市部门规模报酬不变，从而资本的利息 r 不变；同时人均资本量不变，所以有 $dk_1 = 0, dr = 0$。

然后，我们研究企业出资进行培训的投入比例增加时，对传统农业部门的影响。

将式(27-11)代入式(27-4),以及式(27-5),式(27-6),式(27-12),并代入 $dr=0$,决定 k_2, w_3, L_3, λ 四个变量。全微分形式如下:

$$\begin{pmatrix} (1-\mu)p_2k_2g''(k_2) & 1 & 0 & 0 \\ (1-\mu)p_2k_2g''(k_2) & 0 & 0 & 0 \\ 0 & -1 & F_{LL}^3 & 0 \\ 0 & (1+\lambda) & 0 & w_3 \end{pmatrix} \begin{pmatrix} dk_2 \\ dw_3 \\ dL_3 \\ d\lambda \end{pmatrix} = \begin{pmatrix} -p_2(g(k_2)-k_2g'(k_2)) \\ p_2g'(k_2) \\ 0 \\ 0 \end{pmatrix} d\mu$$

有:

$$dk_2 = \frac{g'(k_2)}{(1-t)g''(k_2)}d\mu \tag{27-13}$$

$$dw_3 = -p_2g(k_2)d\mu \tag{27-14}$$

$$dL_3 = -\frac{p_2g(k_2)}{F_{LL}^3}d\mu \tag{27-15}$$

$$d\lambda = \frac{1+\lambda}{w_3}p_2g(k_2)d\mu \tag{27-16}$$

最后,我们研究企业出资进行培训的投入比例的增加对城市部门和现代农业部门劳动力和资本配置的影响。对(27-8)、(27-10)全微分,并代入(27-13)、(27-14)、(27-15)、(27-16)得:

$$\begin{pmatrix} k_1 & hk_2 \\ 1+\lambda & 1 \end{pmatrix} \begin{pmatrix} dL_1 \\ dL_2 \end{pmatrix} = \begin{pmatrix} -L_2(1+\varepsilon_{hh}^{-1})hg'(k_2)/[(1-\mu)g''(k_2)] \\ p_2g(k_2)[w_3-(1+\lambda)L_1F_{LL}^3]/(w_3F_{LL}^3) \end{pmatrix} d\mu \tag{27-17}$$

其中 $\varepsilon_{hh} = \frac{hdk_2}{k_2dh}$,表示现代农业部门有效人均资本的人力资本系数弹性。

劳动力人力资本的提升可以提高劳动力的效率,故现代农业企业会更愿意使用劳动力,且程度较大,我们有假定 $\varepsilon_{hh} < -1$。记: $A = -L_2(1+\varepsilon_{hh}^{-1})hg'(k_2)/[(1-\mu)g''(k_2)]$, $B = p_2g(k_2)[w_3-(1+\lambda)L_1F_{LL}^3]/(w_3F_{LL}^3)$,由于 $\varepsilon_{hh} < -1$,可以得到 $A>0$, $B<0$。另外,在发展中国家城市部门资本密集度一般高于现代农业部门,表示为: $k_1 > (1+\lambda)hk_2$,满足 Khan-Neary 的均衡稳定条件(参见 Khan & Naqvi,1983)。

对式(27-17)求解,系数行列式以 Δ 表示,可得: $\Delta = k_1 - (1+\lambda)hk_2 > 0$。根据 Cramer 法则,有:

$$dL_1/d\mu = \frac{A-hk_2B}{\Delta} > 0, \quad dL_2/d\mu = \frac{k_1B-(1+\lambda)A}{\Delta} < 0$$

根据 $k_1 = K_1/L_1$ 以及式(27-7)，可以得到：

$$dK_1/d\mu = k_1 dL_1/d\mu = k_1 \frac{A-hk_2B}{\Delta} > 0$$

$$dK_2/d\mu = -dK_1/d\mu = -k_1 \frac{A-hk_2B}{\Delta} < 0$$

各项计算结果归纳成以下的表27-1：

表27-1 企业投资的各项计算结果表

	dL_1	dL_2	dL_3	dK_1	dK_2	dw_3	dr	$d\lambda$	dc
$d\mu$	+	−	+	+	−	−	0	+	+

注：表中"+"表示对应变量对于 $d\mu$ 的变动是正相关的，表中"−"表示对应变量对于 $d\mu$ 的变动是负相关的，表中"0"表示对应变量与 $d\mu$ 的变动无关。

命题1：现代农业部门企业增加收益中培训投入比例时，城市部门雇佣劳动力和资本会增加，失业率增加；现代农业部门减少雇佣劳动力和资本，提升单位劳动力得到的人力资本；传统农业部门工资下降，劳动力雇佣增加。

现代农业部门提升收益中培训投入比例 μ 时企业利润下降，根据式(27-5)资本的回报率 r 高于其边际生产力，企业会减少资本的雇佣，用更多的有效劳动力替代资本，资本流向城市部门。另外，现代农业部门的有效人均资本的人力资本系数弹性 ε_{kh} 为负，那么现代农业部门增大人力资本培训投入比例时，单位劳动力得到了更多的人力资本提升，单位劳动力能够发挥更大的作用，现代农业部门会减少劳动力的雇佣，劳动力流向传统农业部门，传统农业部门劳动力人数增加，工资下降，会有更多的劳动力向城市部门流动；另一方面，城市部门的生产函数是一阶齐次，故在增加资本雇佣的同时会相应地增加劳动力的雇佣，然而，城市部门劳动力雇佣的数量有限，传统农业部门转移来的劳动力不能被完全雇佣时，城市部门的失业率也会增加。

企业出资提升人力资本水平对现代农业和城市部门的影响机制如图27-2所示。L_2/hL_2 轴的左侧为 hL_2，右侧为 L_2；由式(27-17)得出 L_1 与 μ 同向变动，而 L_2

与 μ 反向变动,关系在图 27-2 中分别由线 aa 和线 bb 表示。另外,由式(27-5)得出 K_2 和 hL_2 的正相关关系,为线 cc。由式(27-1)、(27-7)得出 L_1 与 K_2 的负相关关系,为线 dd。当现代农业部门将人力资本投入的比例 μ^* 增加至 μ^{**} 时,城市部门劳动力数量会由 L_1^* 增加至 L_1^{**},而现代农业部门的雇佣劳动力数量由 L_2^* 减少至 L_2^{**};相应地,城市部门劳动力数量增加的同时,通过 dd 线,现代农业部门的资本由 K_2^* 减少至 K_2^{**}。另外,由于 μ 增加时 k_2 减小,cc 线逆时针旋转至 cc' 线。在 cc' 上,K_2^{**} 对应于 $h^{**}L_2^{**}$。此时,h^{**}($h^{**}L_2^{**}/L_2^{**}$)大于 h^*($h^*L_2^*/L_2^*$),这表示单位劳动力的人力资本水平得到了提升。

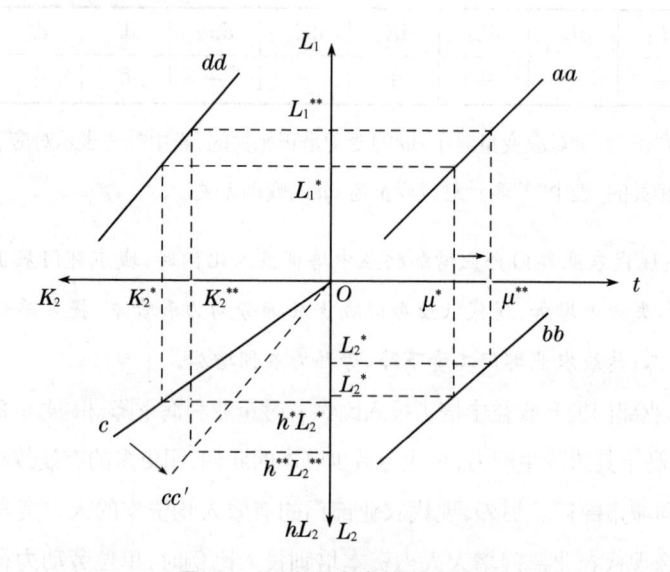

图 27-2 企业出资的经济效果

第 3 节 个人投资的分析

一、理论模型

若由个人进行自身的人力资本提升,这里我们假设其人力资本提升的成本由农村家庭负担,即传统农业部门的家庭拿出其工资收入的一部分 c 以供农民自身进行职业培训(人力资本提升)。对于现代农业企业来说,其利润最大化一阶条件为:

$$hp_2(g(k_2)-k_2g'(k_2))=w_2 \qquad (27-18)$$

$$p_2g'(k_2)=r \qquad (27-19)$$

另外,在劳动力转移的过程中,劳动力会以其实际收入和在城市部门的期望工资相比较,所以 Harris-Todaro 条件变为:

$$w_3-c=\frac{1}{1+\lambda}\bar{w}_1 \qquad (27-20)$$

这样,我们构建了模型。式(27-1)、(27-2)、(27-18)、(27-19)、(27-6)、(27-7)、(27-10)、(27-11)、和(27-20)共有 9 个内生变量 $L_1,L_2,L_3,\lambda,K_1,K_2,w_2,w_3,r$ 和 6 个外生变量 $\bar{w}_1,L,K,p_1,p_2,c$。

二、理论分析

由上节我们已经得到,城市部门的要素价格和使用比例保持不变,即 k_1,r 不变。由式(27-18)、(27-19)、(27-6)、(27-11)、和(27-20)我们可以决定 w_2,k_2,w_3,L_3 和 λ 五个变量。通过计算,我们可以发现 k_2,w_3 和 L_3 均保持不变,w_2 和 λ 随着 c 的增加而增加,即:

$$\frac{d\lambda}{dc}=\frac{1+\lambda}{w_3-c}>0; \frac{dw_2}{dc}=w_3h'$$

对式(27-8)和(27-10)全微分,并代入上面的结果得:

$$\begin{bmatrix} k_1 & hk_2 \\ 1+\lambda & 1 \end{bmatrix} \begin{bmatrix} dL_1 \\ dL_2 \end{bmatrix} = \begin{bmatrix} -k_2L_2h' \\ -(1+\lambda)L_1/(w_3-c) \end{bmatrix} dc \qquad (27-21)$$

计算式(27-21)的系数行列式得:$\Delta=k_1-(1+\lambda)hk_2>0$,由 Cramer 法则,计算式(27-21)可得:

$$dL_1/dc=\frac{-k_2L_2h'+hk_2(1+\lambda)L_1/(w_3-c)}{\Delta}$$

$$dL_2/dc=\frac{-k_1(1+\lambda)L_1/(w_3-c)+(1+\lambda)k_2L_2h'}{\Delta}$$

整理得：

$$dL_1/dc = \frac{1}{\Delta}\left(\frac{K_2}{w_3-c}\left(\frac{(1+\lambda)L_1}{L_2} - \frac{w_3-c}{c}\varepsilon_{hc}\right)\right)$$

$$dL_2/dc = \frac{1}{\Delta}\left(-\frac{(1+\lambda)K_2}{w_3-c}\left(\frac{K_1}{K_2} - \frac{w_3-c}{c}\varepsilon_{hc}\right)\right)$$

其中 $\varepsilon_{hc} = (dh/dc)\cdot(c/h)$ 表示人力资本系数的成本弹性。因为在进行职业培训的初始阶段，投入成本 c 比较小，职业培训的效果显著，即此时 ε_{hc} 较大；而且初始阶段 c 占农民工资收入 w_3 的部分小，所以 $(w_3-c)/c$ 也较大。由此，我们认为在初始阶段， $(w_3-c)\varepsilon_{hc}/c$，会取得足够大的值，即：

$$(w_3-c)\varepsilon_{hc}/c > K_1/K_2$$

所以，我们得到：

$$dL_1/dc = \frac{1}{\Delta}\left(\frac{K_2}{w_3-c}\left(\frac{(1+\lambda)L_1}{L_2} - \frac{w_3-c}{c}\varepsilon_{hc}\right)\right) < 0 \text{①}$$

$$dL_2/dc = \frac{1}{\Delta}\left(-\frac{(1+\lambda)K_2}{w_3-c}\left(\frac{K_1}{K_2} - \frac{w_3-c}{c}\varepsilon_{hc}\right)\right) > 0$$

进而有：

$$dK_1/dc = k_1 dL_1/dc = \frac{k_1}{\Delta}\left(\frac{K_2}{w_3-c}\left(\frac{(1+\lambda)L_1}{L_2} - \frac{w_3-c}{c}\varepsilon_{hc}\right)\right) < 0$$

$$dK_2/dc = -k_1 dL_1/dc = -\frac{k_1}{\Delta}\left(\frac{K_2}{w_3-c}\left(\frac{(1+\lambda)L_1}{L_2} - \frac{w_3-c}{c}\varepsilon_{hc}\right)\right) > 0$$

各项计算结果归纳成表 27-2 所示：

表 27-2　个人投资的各项计算结果表

	dL_1	dL_2	dL_3	dK_1	dK_2	dw_2	dw_3	dr	$d\lambda$
dc	−	+	0	−	+	+	0	0	+

注：表中"+"表示对应变量对于 dc 的变动是正相关的，表中"−"表示对应变量对于 dc 的变动是负相关的，表中"0"表示对应变量与 dc 的变动无关。

命题 2：当农民个人出资进行培训时，城市部门雇佣劳动力和资本会减少，失业

---

① 由 $k_1 > (1+\lambda)hk_2$，有 $K_1/K_2 > (1+\lambda)L_1/L_2$。

率增加;现代农业部门雇佣劳动力和资本增加,劳动力工资上升;传统农业部门劳动力数量和工资不受影响。

当农民增加培训投入时不影响传统农业部门。然而,随着 c 的增加,h 上升,有效劳动力总量增加,根据雷布津斯基定理,城市部门生产函数的一阶齐次性以及城市部门的资本密集度相对较高,现代农业部门对劳动力和资本的雇佣会增加,城市部门对劳动力和资本的雇佣会减少。所以,城市部门的失业增加。虽然现代农业部门劳动力增加,但是劳动力的人力资本得到的提升,现代部门劳动力的工资上升。

由个人出资的影响机制如图 27-3 所示,L_2/hL_2 轴的左侧为 hL_2,右侧为 L_2。由式(27-21)得出 L_1 与 c 反向变动,L_2 与 c 正向变动,关系在图 27-3 中分别由线 aa 和线 bb 表示。另外,由式(27-5)可以得出 K_2 和 hL_2 的正向关系,为 cc 线。由 $dk_1=0$ 和式(27-7)得出 L_1 与 K_2 的负相关关系,以 dd 线表示。当农民增加人力资本投入 c^* 增加至 c^{**} 时,城市部门劳动力数量会由 L_1^* 减少至 L_1^{**},现代农业部门的雇佣劳动力数量由 L_2^* 增加至 L_2^{**};城市部门劳动力数量减少的同时,通过 dd 线现代农业部门的资本由 K_2^* 增加至 K_2^{**},有效劳动力由 $h^*L_2^*$ 增加至 $h^{**}L_2^{**}$。

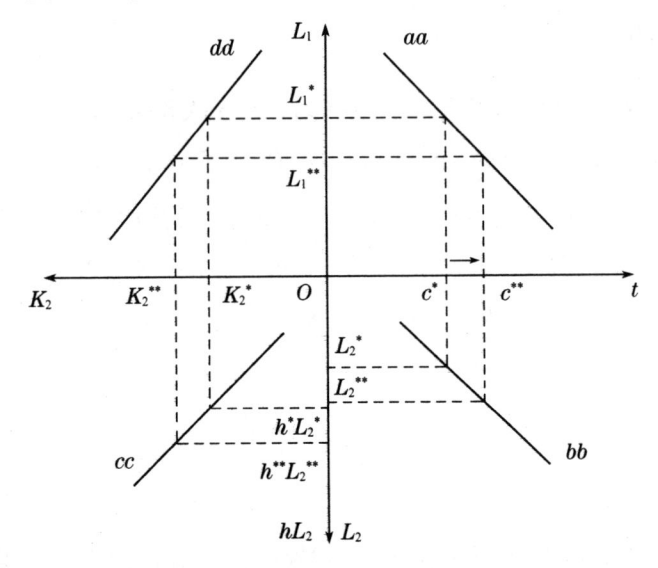

图 27-3　个人出资的经济效果

比较命题 1 和命题 2 我们可以发现，企业出资和农民个人出资提升人力资本水平对城市部门、现代农业部门和传统农业部门的影响大不一样。在个人出资的情况下，不影响农业部门产生；而企业投资时，传统农业部门的劳动力增加，工资下降；另外，对于城市部门而言，在个人出资的情况下，城市的产出下降，在企业出资时，城市的产出则上升；对现代农业部门而言，个人出资情况下，现代农业部门会更多地雇佣劳动力和资本，而企业出资时对劳动力和资本的雇佣减少。由此，根据企业出资和个人出资对经济产生的不同影响，可以针对经济运行的具体问题和特点来制定鼓励企业出资或是鼓励个人出资的经济政策。

第 4 节　社会福利水平分析

本章以 U 表示社会效用，表示社会的福利水平，$e=e(p_1,p_2,1,U)$ 为效用 U 下的最小支出函数。G 表示国民收入，经济的收支均衡表示为：

$$e(p_1,p_2,1,U)=G \qquad (27-22)$$

一、企业出资

由现代农业企业出资提升人力资本水平时，考虑到关税的因素，国民收入表示为：

$$G=p_1X_1+(1-\mu)p_2X_2+X_3+t_1p_1^*(e_{p_1}-X_1)+t_2p_2^*(e_{p_2}-X_2) \qquad (27-23)$$

其中，t_1,t_2 分别表示对城市部门和现代农业部门进口产品征收的税率，p_1^* 和 p_2^* 表示城市部门和现代农业部门产品的国际价格。由式(27-23)代入式(27-22)全微分可得：$e_U \mathrm{d}U = a\mathrm{d}x_1+b\mathrm{d}X_2+\mathrm{d}X_3-p_2X_2\mathrm{d}\mu$，其中 $a=p_1-t_1p_1^*$，$b=(1-\mu)p_2-t_2p_2^*$，进一步有：

$$e_U=\frac{\mathrm{d}U}{\mathrm{d}\mu}=af(k_1)=\frac{\mathrm{d}L_1}{\mathrm{d}\mu}+b\left(L_2h'F_L^2\frac{\mathrm{d}c}{\mathrm{d}\mu}+hF_L^2\frac{\mathrm{d}L_2}{\mathrm{d}\mu}+F_K^2\frac{\mathrm{d}K_2}{\mathrm{d}\mu}\right)+F_L^3\frac{\mathrm{d}L_3}{\mathrm{d}\mu}-p_2X_2$$

$$(27-24)$$

企业出资进行培训，使得城市部门和传统农业部门的产出增加。根据式(27-24)可以得知：

当 $af(k_1)\dfrac{\mathrm{d}L_1}{\mathrm{d}\mu}+F_L^3\dfrac{\mathrm{d}L_3}{\mathrm{d}\mu}>p_2X_2-b\Big(L_2h'F_L^2\dfrac{\mathrm{d}c}{\mathrm{d}\mu}+hF_L^2\dfrac{\mathrm{d}L_2}{\mathrm{d}\mu}+F_K^2\dfrac{\mathrm{d}K_2}{\mathrm{d}\mu}\Big)$ 时,企业出资对城市部门和传统农业的影响大于对现代农业的影响,能够使得社会福利水平提高;

当 $af(k_1)\dfrac{\mathrm{d}L_1}{\mathrm{d}\mu}+F_L^3\dfrac{\mathrm{d}L_3}{\mathrm{d}\mu}<p_2X_2-b\Big(L_2h'F_L^2\dfrac{\mathrm{d}c}{\mathrm{d}\mu}+hF_L^2\dfrac{\mathrm{d}L_2}{\mathrm{d}\mu}+F_K^2\dfrac{\mathrm{d}K_2}{\mathrm{d}\mu}\Big)$ 时,社会福利水平则会降低。

二、个人出资

由个人出资提升人力资本水平时,国民收入表示为:

$$G=p_1X_1+p_2X_2+X_3+t_1p_1^*(e_{p_1}-X_1)+t_2p_2^*(e_{p_2}-X_2)-cL_3 \quad (27-25)$$

由式(27-25)代入式(27-22)全微分可得:

$$e_U\mathrm{d}U=a\mathrm{d}X_1+m\mathrm{d}X_2+\mathrm{d}X_3-L_3\mathrm{d}c$$

其中 $m=p_2-t_2p_2^*$,进一步有:

$$e_U=\dfrac{\mathrm{d}U}{\mathrm{d}c}=af(k_1)\dfrac{\mathrm{d}L_1}{\mathrm{d}c}+mhf(k_2)\dfrac{\mathrm{d}L_2}{\mathrm{d}c}+mh'L_2f(k_2)-L_3 \quad (27-26)$$

个人出资进行培训时,现代农业部门产出增加,城市部门的产出则下降。由式(27-26)可以得知:

当 $mfh(k_2)\dfrac{\mathrm{d}L_2}{\mathrm{d}c}>-af(k_1)\dfrac{\mathrm{d}L_1}{\mathrm{d}c}-mh'L_2f(k_2)+L_3$ 时,个人出资对现代农业部门的影响大于对城市部门的影响,能够使得社会福利水平提高;

当 $mhf(k_2)\dfrac{\mathrm{d}L_2}{\mathrm{d}c}<-af(k_1)\dfrac{\mathrm{d}L_1}{\mathrm{d}c}-mh'L_2f(k_2)+L_3$ 时,社会福利水平则会降低。

第5节 结 论

通过本章的分析可以得知:企业出资与个人出资进行职业培训有着不同的经济效果。我们虽然不能明确地判别出哪种经济效果更好,但是我们可以知道这两种投资的不同经济效果。本章的结论除了有它们的学术研究意义以外,对于促进现代农业发展的实际工作也具有参考价值,也即有关部门可以将本书分析的不同经济效果和时下经济发展的特点结合起来,制定出有针对性的经济政策,以提高工作效率。当然,企业和个人的经济能力对解决出资问题有很大影响,这应该在提升经济发展水平上另行研究。

参考文献

[1] CHAUDHURI S. Foreign Capital, Welfare and Urban Unemployment in the Presence of Agricultural Dualism[J]. Japan & the World Economy, 2007, 19(19): 149-165.

[2] CHAUDHURI S. Labour Market Reform, Welfare and Urban Unemployment in a Small Open Economy[J]. Ssrn Electronic Journal, 2006(43): 1-17.

[3] DJAJIC S. Human Capital, Minimum Wage and Unemployment: A Harris-Todaro Model of a Developed Open Economy[J]. Economica, 1985, 52(208): 491-508.

[4] GUPTA M R. Foreign Capital and the Informal Sector: Comments on Chandra and Khan[J]. Economica, 1997, 64(254): 353-363.

[5] HARRIS J R, TODARO M P. Migration, Unemployment and Development: A Two-Sector [J]. The American Economic Review, 1970, 60(1): 126-142.

[6] KHAN M A, NAQVI S N H. Capital Markets and Urban Unemployment[J]. Journal of International Economics, 1983, 15(3-4): 367-385.

[7] LI X, SHEN Q, GU C, et al. Analyzing the Effect of Advanced Agriculture Development Policy[J]. Journal of Economic Policy Reform, 2013, 16(4): 349-367.

[8] XIAOCHUN LI, SHEN QIN. A Study On Urban Private Capital in the Modern Agriculture Sector and the Transfer of Labour[J]. Journal of Economic Policy Reform, 2012, 15(02): 135-152.

[9] XIAOCHUN LI, XIAOYING QIAN. Economic Analysis on the Urban-Rural Disparity in Human Capital in China[J]. South African Journal of Economics, 2011, 79(79): 146-160.

[10] XIAOCHUN LI, YUNYUN WU. Environment and Economy in the Modern Agricultural Development [J]. Asia-Pacific Journal of Accounting & Economics,

2016:1-14.

[11] XIAOCHUN LI, ZHOU YU. Economic and Environmental Effects of Rural-Urban Migrants Training[J]. Prague Economic Papers, 2013(9):385-402.

第 28 章　合资混合制企业股权转让的经济效果研究

本章摘要:长三角有大量的国营与民营构成的混合制企业。本章研究了国内国营企业与外资合资企业股权转让的经济效果。我们的主要结论是:外资持股比例上升,合资混合制企业的产出降低;从社会福利水平的角度来看,国营企业持股比例很高时降低国营企业持股比例可以提高社会福利;合资混合企业股权的公开转让使其产量减少;存在水平 α_1 和 α_2 ($\alpha_1 < \alpha_2$),当国营企业持股水平处于 α_1 右邻域或 α_2 左邻域时,进行少量的股权公开转让则降低社会福利水平。

第 1 节　引　言

对于国有企业的部分私有化问题,学术界已经有了一些研究成果。Matsumura(1998)最先提出部分私有化的可能性,Chao & Yu(2006)研究了部分私有化和国外竞争对于最优关税率的影响,Fujiwara(2007)探究了产品的异质性在长期和短期中对于国有企业最优私有化比例的影响。在这些研究中,还有一些考虑外资渗透的研究,例如:Wang & Chen(2011)研究了国外资本的民营企业的渗透对混合制企业部分私有化的影响;随后 Lin & Matsumural(2012)分析了国外资本对混合制企业的资本渗透,即国外私人企业的竞争和国外资本购买混合制企业的股权对于部分私有化政策的影响。但是,部分私有化研究出发点都是完全国有企业,而对外资渗透的研究是在此基础上研究了国外资本进入混合企业的私有化影响,即现有文献着眼于研究外资进入混合企业对国内产品市场或经济的福利水平所产生的影响。

然而,发展中国家政府或国营企业与国外投资者共同出资成立合资形式的混合制企业已成为非常典型的一类企业。这些企业的特点是外资的进入方式不是"渗透",而是从企业成立之日起就有外资,这个企业同时也有国营股份。例如,在中国,上海通用汽车有限公司 SGM 由上海汽车集团股份有限公司和美国通用汽车公司各出资 50％组建而成;广汽本田汽车有限公司由广州汽车集团股份有限公司与日本本田技研工业株式会社共同出资组建,双方各占 50％股份,等等。本章将这样的由国内政府或国营企业(以下将"政府或国营企业"统称"国营企业")和国外投资者共同出资成立的企业称为"合资混合制企业"。在现实经济中,合资混合制企业与国有企业相同,也存在股权转让、上市等国内部分私有化问题,而一般地,在像中国这样的发展中国家,由于合资混合制企业的规模大,数量多,它们的部分私有化也对经济也有不能忽视的影响。但现有文献却对合资混合制企业的部分私有化罕有研究,从而,合资混合制企业的部分私有化对经济产出、社会福利水平的影响是不清楚的。

本章对合资混合制企业股权结构变化的影响进行研究,主要探讨不同股权转让方式导致的两种股权结构变化(国内国营企业和国外投资者之间的股权转让;合资混合制企业向国内私人的公开转让)对产出和福利水平的影响。我们的主要结论有:外资持股比例上升,合资混合制企业的产出降低;从社会福利水平的角度来看,国营企业持股比例很低时提高国营企业持股比例可以提高社会福利;国营企业持股比例很高时降低国营企业持股比例可以提高社会福利;合资混合企业股权的公开转让使其产量减少,当国营企业持股水平较低或者较高时,进行少量的股权公开转让则会提高社会福利。

本章以下的内容安排是,在第二部分,我们建立了一个模型;在第三部分我们分析合资混合制企业的股权转让的影响;在第四部分是对本章的一个总结。

第 2 节 模　型

在一个混合寡占市场存在两个企业:企业 0 和企业 1。企业 0 代表合资混合制企业,企业 1 代表国内私人企业;两个企业生产同质的产品,并且采用相同的生产技术,成本函数为:

$$C_i(q_i)=(1/2)q_i^2, i=0,1$$

其中,q_i 代表企业 i 的产量。该产品在国内市场上的反需求函数为 $P=a-Q=a-(q_0+q_1)$,P 是市场价格,Q 是总需求。α 代表企业 0 中国营企业所持股的比例,θ 代表企业 0 股权公开转让给国内私人的比例。企业 1 作为私人企业通过最大化利润

$$\pi_1=Pq_1-(1/2)q_1^2$$

来实现自己的目标。国营企业则主要关心社会的总福利水平:

$$W=CS+PS$$

也即社会总剩余。其中,$CS=(1/2)Q^2=(1/2)(q_0+q_1)^2$ 是消费者剩余;PS 为生产者剩余,会因股权转让形式的不同而不同。企业 0 的目标函数为最大化利润和社会福利(国营企业目标)的一个加权平均值:

$$V=(1-\alpha)\pi_0+\alpha W$$

其中,π_0 为企业 0 利润。最后,两企业进行完全信息的同时行动博弈。

第3节　合资混合制企业的股权转让分析

一、国内外股东之间的股权转让

企业 0 中,国营企业的持股比例 α 会因为国营企业或外资的增资、撤资行为而发生变化。在国内外股权转让的情况下,企业 1 的目标是利润 π_1 的最大化;企业 0 的目标是 $V=(1-\alpha)\pi_0+\alpha W$ 的最大化,其中 $W=CS+PS=CS+\pi_1+\alpha\pi_0$。企业 0 和企业 1 的一阶条件分别为:

$$[1+\alpha(\alpha-1)]a-[3+\alpha(3\alpha-4)]q_0-[1+\alpha(\alpha-1)]q_1=0 \quad (28-1)$$

$$a-q_0-3q_1=0 \quad (28-2)$$

由式(28-1)和(28-2)联立并解方程式得到古诺均衡解:

$$q_0^E=\frac{2+2\alpha(\alpha-1)}{8+\alpha(8\alpha-11)},q_1^E=\frac{2+\alpha(2\alpha-3)}{8+\alpha(8\alpha-11)},Q^E=\frac{4+\alpha(4\alpha-5)}{8+\alpha(8\alpha-11)} \quad (28-3)$$

对式(29-3)中各式进行求导得到以下的结果:

$$\frac{\partial q_0^E}{\partial \alpha} = \frac{6-6\alpha^2}{H^2} > 0, \frac{\partial q_1^E}{\partial \alpha} = \frac{-2+2\alpha^2}{H^2} < 0, \frac{\partial Q^E}{\partial \alpha} = \frac{4-4\alpha^2}{H^2} > 0 \quad (28-4)$$

其中，$H = 8 + \alpha(8\alpha - 11)$。从而有 $\frac{\partial q_0^E}{\partial (1-\alpha)} < 0$；$\frac{\partial q_1^E}{\partial (1-\alpha)} > 0$；$\frac{\partial Q^E}{\partial (1-\alpha)} < 0$。

综上所述，可以得到以下命题。

命题1：外资持股比例上升，合资混合制企业的产出降低，国内私人企业的产出增加，总产出减少。

对这一结果与考虑外资渗透的 Lin & Matsumural(2012) 结论不同。在该文中，外资持股比例上升，混合制企业的产出上升，国内私人企业的产出减少。其原因在于：在考虑外资渗透时，外资是通过购买混合制中私有化部分的股份进入市场的，在这一过程中国营企业持股的比例始终不变；而本章考虑的合资混合制企业的情况下，外资持股比例上升，国营企业持股比例必然下降。当国营企业在合资混合制企业中的持股比例减小时，国营企业通过合资混合制企业追求社会福利最大化的欲望降低，使企业0的产出下降，而相应的企业1的行动就是增加自身的产出。

另外，此时的社会福利水平为：

$$W^E = CS^E + \pi_1^E + \alpha \pi_0^E$$

考虑股权转让对福利的影响：

$$\frac{\partial W^E}{\partial \alpha} = \frac{2a^2}{H^3}(24\alpha^6 - 99\alpha^5 + 126\alpha^4 - 138\alpha^3 + 112\alpha^2 - 96\alpha + 24) \quad (28-5)$$

我们能够获得：

$$\left.\frac{\partial W^E}{\partial \alpha}\right|_{\alpha=0^+} > 0; \left.\frac{\partial W}{\partial \alpha}\right|_{\alpha=1^-} < 0$$

综上所述，我们有以下的命题2。

命题2：国营企业持股比例很低时提高国营企业持股比例可以提高社会福利；国营企业持股比例很高时降低国营企业持股比例可以提高社会福利。

国营企业持股比例很低时，内外合资混合制企业近乎外资独资公司，故合资混合制企业几乎不考虑国内居民的消费者剩余，此时，如果提升国营企业的持股比例，社会福利水平必然会上升。相反，当国营企业无限增资以相对的"挤出"国外资本时，内外合资混合制企业又近乎一个完全的国有企业。不少学者对国有企业的部分私有化问题进行过研究，Matsumura(1998)最早提出国有企业部分私有化的问题，在混合寡占市场模型中他提出部分私有化可以提高社会福利。而命题2告诉我们，在考虑合资混合制企业的情况下，当国营企业持股比例很低时提高国营企业持股比例也可以提高社会福利，这种情形与既有研究的结果不同。

二、国营企业对外资激励

许多发展中国家的政府为了吸引外资，对外资投资企业进行激励。例如，中国在经济开放后，长期实行了对外资合资(独资)企业实行盈利后两年免征企业所得税、其后的三年减半征收所得税的"两免三减半"的优惠制度。以下，我们在上述内容的基础上，加入政府对外资激励因素来考察其经济影响。

我们假定政府对外资的激励 s 与合资混合制企业的利润以及外资投资比例相关：$s = t(1-\alpha)\pi_0$，t 为外资的激励比例。考虑激励时的社会福利为：

$$W^s = CS + \pi_1 + \alpha\pi_0 - t(1-\alpha)\pi_0 \tag{28-6}$$

相应地，企业0最大化利润和社会福利的加权平均：

$$V = (1-\alpha)\pi_0 + \alpha W^s$$

企业1作为国内私人企业最大化其利润 $\pi_1 = Pq_1 - (1/2)q_1^2$。

企业0和企业1的一阶条件分别为：

$$[1+(1+t)(\alpha^2-\alpha)]a - [3+3(1+t)(\alpha^2-\alpha)-\alpha]q_0 - [1+(1+t)(\alpha^2-\alpha)]q_1 = 0 \tag{28-7}$$

$$a - q_0 - 3q_1 = 0 \tag{28-8}$$

由式(28-7)和(28-8)得到古诺均衡解：

$$q_0^{sE} = \frac{2+2(1+t)(\alpha^2-\alpha)}{8+8(1+t)(\alpha^2-\alpha)-3\alpha}$$

$$q_1^{sE} = \frac{2+2(1+t)(\alpha^2-\alpha)-\alpha}{8+8(1+t)(\alpha^2-\alpha)-3\alpha}$$

$$Q^{sE} = \frac{4+4(1+t)(\alpha^2-\alpha)-\alpha}{8+8(1+t)(\alpha^2-\alpha)-3\alpha} \tag{28-9}$$

对式(29-9)中 α 和 t 分别求导得：

$$\frac{\partial q_0^{sE}}{\partial \alpha}=\frac{6-6(1+t)\alpha^2}{(H^s)^2},\frac{\partial q_1^{sE}}{\partial \alpha}=\frac{-2+2(1+t)\alpha^2}{(H^s)^2},\frac{\partial Q^{sE}}{\partial \alpha}=\frac{4-4(1+t)\alpha^2}{(H^s)^2}$$

(28-10)

$$\frac{\partial q_0^{sE}}{\partial t}=\frac{6\alpha(\alpha-\alpha^2)}{(H^s)^2}>0,\frac{\partial q_1^{sE}}{\partial t}=\frac{-10\alpha(\alpha-\alpha^2)}{(H^s)^2}<0,\frac{\partial Q^{sE}}{\partial t}=\frac{-4\alpha(\alpha-\alpha^2)}{(H^s)^2}<0$$

(28-11)

其中 $H^s=8+8(1+t)(\alpha^2-\alpha)-3\alpha$。通过(28-10)式可以看到，国营企业增资或减资对于企业的产出的影响是不确定的。在考虑激励的情况下，当$(1+t)\alpha^2<1$时，国营企业的增资行为对合资混合制企业的产量会随着国营企业的增资而增加。另外，通过(28-6)可以看到，激励比率的变化则有明确的经济意义。

命题3：*存在对外资激励时，提高激励比率使合资混合制企业产量增加，私人企业产出减少，总产出减少。*

从式(28-6)可以看到，对外资实施激励会减少社会福利 W^s。对外资实行激励后，利润的目标在合资混合制企业中的权重下降，而消费者剩余对社会福利 W^s 的贡献就显得相对重要，所以合资混合制企业会提高产量，相反国内私人企业会降低产量，且产量下降的更多，最终社会的总产出会因激励提高而减少。

三、股权的公开转让

企业0中，国内国营企业和外资的持股比例会因为内外合资混合制企业的公开转让股权而降低。在这种公开的股权转让情况下，按照前面模型的假定，θ 代表企业0股权公开转让给国内私人的比例，公开转让之后，国内国营企业和外资的持股比例分别为$(1-\theta)\alpha$ 和 $(1-\theta)(1-\alpha)$。此时企业0的目标是最大化。

$$V=(1-\alpha+\theta\alpha)\pi_0+(1-\theta)\alpha W$$

其中，$W=CS+\pi_1+(\theta+\alpha-\alpha\theta)\pi_0$；企业1对利润 $\pi_1=Pq_1-(1/2)q_1^2$ 最大化，企业0和企业1的一阶条件分别为：

$$[1+\alpha(1-\theta)(\theta+\alpha-\alpha\theta-1)]a-[3+\alpha(1-\theta)(3\theta+3\alpha-3\alpha\theta-4)]q_0-$$

$$[1+\alpha(1-\theta)(\theta+\alpha-\alpha\theta-1)]q_1=0 \qquad (28-12)$$

$$a-q_0-3q_1=0 \qquad (28-13)$$

由式(28-12)和(28-13)得到古诺均衡解：

$$q_0^{\theta E}=\frac{2+2\alpha(1-\theta)(\theta+\alpha-\alpha\theta-1)}{8+\alpha(1-\theta)(8\theta+8\alpha-8\alpha\theta-11)}$$

$$q_1^{\theta E}=\frac{2+\alpha(1-\theta)(2\theta+2\alpha-2\alpha\theta-3)}{8+\alpha(1-\theta)(8\theta+8\alpha-8\alpha\theta-11)}$$

$$Q^{\theta E}=\frac{4+\alpha(1-\theta)(4\theta+4\alpha-4\alpha\theta-5)}{8+\alpha(1-\theta)(8\theta+8\alpha-8\alpha\theta-11)} \qquad (28-14)$$

对式(28-14)中 θ 求导得：

$$\frac{\partial q_0^{\theta E}}{\partial \theta}=\frac{-a\alpha[6+6\alpha(1-\alpha)(1-\theta)^2]}{(H^\theta)^2}<0$$

$$\frac{\partial q_1^{\theta E}}{\partial \theta}=\frac{a\alpha[2+2\alpha(1-\alpha)(1-\theta)^2]}{(H^\theta)^2}>0$$

$$\frac{\partial Q^{\theta E}}{\partial \theta}=\frac{-a\alpha[4+4\alpha(1-\alpha)(1-\theta)^2]}{(H^\theta)^2}<0$$

其中 $H^\theta=8+\alpha(1-\theta)(8\theta+8\alpha-8\alpha\theta-11)$。综上所述可得如下命题：

命题4：合资混合企业股权的公开转让比例提高时，合资混合企业产量减少，民间企业的产量增加，社会总产出减少。

这一命题和完全的国有企业的私有化结果是一致的（见 Matsumura,1998; Han & Ogawa,2008）。这是因为合资混合企业股权公开转让，对于国内经济而言，国营企业在合资混合企业中的持股比例被稀释，这一点与既有的相关文献考虑的是基本相同的。股权公开转让的比例 θ 越大，也就是合资混合企业中私人的持股比例越大，私有化程度也就越高；而私有化程度越高，合资混合企业因更加重视企业的利润而减少产量，这一行动由于策略博弈而增加了其竞争对手（企业1）的产出。在新均衡点上社会总产出减少。

现在考虑股权的公开转让对于社会福利的影响，在均衡时的社会福利：

$$W^{\theta E}=aq_1^{\theta E}+a(\alpha+\theta-\alpha\theta)q_0^{\theta E}-(\alpha+\theta-\alpha\theta)q_0^{\theta E}q_1^{\theta E}-(q_1^{\theta E})^2+$$
$$[1/2-(3/2)(\alpha+\theta-\alpha\theta)](q_0^{\theta E})^2$$

考虑进行少量的股权公开转让下的福利变化:

$$\frac{\partial W^{\theta E}}{\partial \theta}\bigg|_{\theta=0^+} = \frac{2a^2}{(H^\theta)^3}(-26\alpha^7+131\alpha^6-232\alpha^5+263\alpha^4-250\alpha^3+214\alpha^2-123\alpha+24)$$

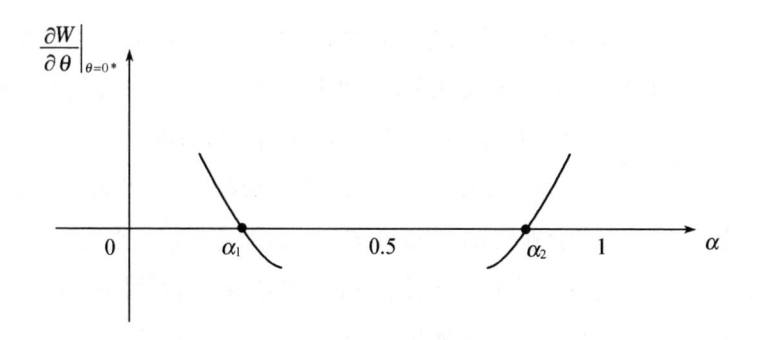

令 $g(\alpha) = \frac{\partial W^{\theta E}}{\partial \theta}\bigg|_{\theta=0^+}$，解 $g(\alpha)=0$ 可知,这一方程最多有 7 个零点。不失一般性,我们通过验证可以得到: $g(0)>0, g(0.5)<0, g(1)>0$,从而,我们知道:在 $\alpha \in (0,0.5)$ 必存在一个最接近 0 的零点 α_1,使得 $g(\alpha_1)=0$,当 $\alpha \in (0,\alpha_1)$ 时, $\frac{\partial W^{\theta E}}{\partial \theta}\bigg|_{\theta=0^+}>0$;并且存在 $\delta_1 > 0$,当 $\alpha \in (\alpha_1, \alpha_1+\delta_1)$ 时, $\frac{\partial W^{\theta E}}{\partial \theta}\bigg|_{\theta=0^+}<0$;同理在 $\alpha \in (0.5,1)$ 必存在一个最接近 1 的零点 α_2,使得 $g(\alpha_2)=0$,故当 $\alpha \in (\alpha_2,1)$ 时, $\frac{\partial W^{\theta E}}{\partial \theta}\bigg|_{\theta=0^+}>0$;并且存在 $\delta_2 > 0$,当 $\alpha \in (\alpha_2, \alpha_2-\delta_2)$ 时, $\frac{\partial W^{\theta E}}{\partial \theta}\bigg|_{\theta=0^+}<0$,以上结果可以参考图 28-1:

图 28-1 福利变化图

故而,我们可以得到以下的命题。

命题 5:存在持股水平 α_1 和 $\alpha_2 (\alpha_1 < \alpha_2)$,当国营企业持股水平低于水平 α_1 或高于水平 α_2 时,进行少量的股权公开转让提高社会福利;当国营企业持股水平处于 α_1 右邻域或 α_2 左邻域时,进行少量的股权公开转让则减少社会福利。

这一结果具有对称性,当国内国营企业持股水平低于水平 α_1 时,股权公开转让使国外合资者的持股比例下降导致的福利增加弥补了国内国营企业持股比例下降导致的福利减少,而当国内国营企业持股水平高于这一水平 α_1 时,股权的公开转让将带来相反的结果;当国内国营企业持股水平高于水平 α_2 时,股权的公开转让导致国营企业持股比例下降,对于国内经济而言,国营企业在合资混合企业中的持股比例下降会导致该国有部分私有化程度提高,由此带来的福利增加,这点与既有论文中有关部分私有化会提高社会福利的观点基本相同,但当国内国营企业持股水平低于这一水平 α_2 时,股权下降也会带来相反的结果。以上的两个相反的结果不同于现有的研究结果的新结论。

第 4 节　结　论

本章与既有文献研究外资渗透型的研究的情况不同,我们研究了"合资混合制企业"——国营企业和国外投资者共同出资成立企业的两种股权结构变化:一是国营企业和国外投资者之间的股权转让;二是合资混合制企业向国内私人的公开转让。我们得到一些与现有成果不同的结论。例如,命题 1 与考虑外资渗透的 Lin & Matsumural(2012)结论不同,该文认为外资持股比例上升,合制企业的产出上升,而本章则认为外资持股比例上升,合资混合制企业的产出降低;再如,一般地,人们认为混合制企业的部分私有化可以提高社会福利,而本章命题 2 告诉我们,在考虑合资混合企业的情况下,当国营企业持股比例很低时提高国营企业持股比例也可以提高社会福利,等等。故而,在处理合资混合制企业的部分股权转让或民营化问题时,应该根据合资混合制企业的股权特点来展开。本章的结论可以为长三角地区的混合制企业的民营化提供参考。

参考文献

[1] CHAO C C, Yu E S H. Partial privatization, foreign competition, and optimum tariff [J]. Review of International Economics, 2006, 14(1): 87-92.

[2] CHI-CHUR CHAO EDEN YU S H. Partial Privatization, Foreign Competition, and Optimum Tariff[J]. Review of International Economics, 2006(14): 87-92.

[3] FUJIWARA K. Partial Privatization in a Differentiated Mixed Oligopoly[J]. Journal of

Economics 2007(92): 51 - 65.

[4] HAN L, OGAWA H. Economic Integration and Strategic Privatization in an International Mixed Oligopoly[J]. Finanz Archiv, 2008(64): 352 - 363.

[5] LEONARD F S. Wang and Tai-Liang Chen. Mixed Oligopoly, Optimal Privatization, and Foreign Penetration[J]. Economic Modelling, 2011(28): 1465 - 1470.

[6] LIN M H, MATSUMURA T. Presence of foreign investors in privatized firms and privatization policy[J]. Journal of Economics, 2012, 107(1): 71 - 80.

[7] MATSUMURA T. Partial Privatization in Mixed Duopoly[J]. Journal of Public Economics 1998(70): 473 - 83.

[8] MING HSIN LIN, TOSHIHIRO MATSUMURA. Presence of Foreign Investors in Privatized Firms and Privatization Policy[J]. Journal of Economics, 2012(107): 71 - 80.

[9] WANG L F S, CHEN T L. Mixed oligopoly, optimal privatization, and foreign penetration[J]. Economic Modelling, 2011, 28(4): 1465 - 1470.

第29章 农民工汇款与现代农业的发展

本章摘要：本章基于开放、发展中的小国经济，建立了一个涉及汇款、包含现代农业部门在内的四部门一般均衡理论模型，研究农民工汇款对现代农业发展和对经济的影响。通过比较静态分析，我们发现在现代农业发展初期，农民工增加汇款有提高国民收入和促进现代农业增加投入的效果；在现代农业深入发展阶段，提升汇款尽管仍会使国民收入增加，但却使现代农业的投入下降。

第1节 前 言

农民工将务工收入的一部分汇回故乡(以下有简称为"汇款"之处)，是农民工经济中的普遍现象。2005年多项调查估算当年农民工汇款规模在2 000~3 000亿元，约占当年中国GDP规模的1.3%[①]；到2012年广州市流动人口动态监测调查数据发现，79.5%的务工者都会向家里汇款，平均汇款数额为6 106元，而当年农民工总量为26 261万人，据此估算出当年农民工汇款总额约为1.6万亿元，在当年中国GDP占比已上升到约3%，根据本书第26章的估计，2014年我国农民工的汇款总量已经超过2.1万亿元人民币。

这样规模的汇款，能够对整个国民经济规模和结构产生很大的影响。从微观来看，农民工的汇款将为农村家庭生活带来一定的改善，首先会提高农村家庭的消费水平，增加农村家庭对食物与日常生活用品的消费；其次对于有老人和子女的家庭来

---

① 程恩江，徐忠.中国农民工国内汇款服务问题报告，世界银行扶贫协商小组报告，2005年等。

说,汇款的一部分将作为老人的赡养费和子女的教育费用;再次,汇款也会用在住房建设与农业生产等事务中。另外,汇款还改变了农村的经济金融生态:汇款的存在客观上使得农村存在可观的生活结余,通过政府和团体集资以及地下金融,这些资金被部分用于基础设施建设和规模化生产。不论是用于生活改善还是规模化生产,这些汇款都有提高农村劳动力素质、加快农村的市场化进度的作用,还提供了部分购置设备所需的资金,对现代农业的发展有积极的推动作用。众多研究认为,相当部分的农民工汇款被用于农村资本投入,提高了农村的生产效率。例如,Adams(1998)对巴基斯坦的研究指出汇款有助于增加农村资本投入。而在现代化过程中的发展中国家,农业既包含资本深度运作,市场导向较高的现代农业,又包含小本小户的传统农业。现代农业近年在中国的发展非常迅速,以广泛应用于农业生产的大中型拖拉机数量为例,从 2005 年的 1 395 981 台上升到了 2012 年的 4 852 400 台[①]。然而现代农业是否会受到汇款变动的影响,以及对整个经济是否存在关联反应,却很少被学者提及。

  学术界对移民汇款问题进行的研究,大多在实证分析的层面上,理论分析的文献十分有限。例如,Lundahl(1985)假定汇款在劳动外购国家汇款被用于消费,做出二乘二模型以解决汇款对经济发展和福利水平的影响,认为汇款引起了移民输入国非移民收入的变动。Ralph & Samir(2003)则认为汇款导致了用于发展的资本流出,因而不利于移民输入国(地区)经济的发展。Li & Wang(2015)研究了一个经济中农民工汇款对于城市和农村的影响,但是由于这些研究没有考虑经济中的现代农业部门,因而局限了对国民收入的结论,也无从知晓汇款对现代农业的影响究竟如何。为了更好更完善地研究一个经济中汇款对经济总量和现代农业的影响,本章以 Harris-Todaro(1970)的模型为基础考虑劳动力的移动,建立了一个包含汇款因素和现代农业的经济模型,并以此进行了政策分析,我们的主要结论是:在现代农业发展初期,农民工增加汇款有增加国民收入和促进现代农业增加投入的效果;在现代农业深入发展阶段,增加汇款尽管仍增加国民收入,却使现代农业的投入下降。

---

① 国家统计局年度数据 http://data.stats.gov.cn/easyquery.htm? cn=C01.

本章的第二部分为模型构建，在产品价格外生给定的前提下，将分现代农业发展初期和深入发展两阶段，建立一个四部门的劳动力转移模型对汇款给经济的影响展开研究；第三部分为汇款变动对现代农业和国民收入变动的分析；第四部分为本章的结束语。

第2节 模 型

本章考虑的是四部门小国开放经济。四个部门包含：城市正式部门、城市非正式部门、现代农业部门和传统农业部门。本章假设城市正式部门雇佣劳动 L_1，使用资本 K_1 生产可进口产品 X_1；城市非正式部门代指零散或小规模服务业部门，只使用劳动 L_2 生产不可贸易的产品 X_2，完全由城市居民消费。现代农业使用劳动 L_3 和资本 K_3 生产可出口产品 X_3；传统农业仅使用劳动生产可出口产品 X_4；X_1，X_3，X_4 的价格由国际市场外生给定，其中 X_4 价格设为 1。

各部门生产函数如下：

$$X_1 = F_1(L_1, K_1) \tag{29-1}$$

$$X_2 = F_2(L_2) \tag{29-2}$$

$$X_3 = G_1(\beta) F_3(L_3, K_3) \tag{29-3}$$

$$X_4 = G_2(\beta) F_4(L_4) \tag{29-4}$$

其中，F_1，F_3 是严格拟凹，规模报酬不变的函数；F_3，F_4 则表示要素投入的效果，以下分别称其为现代农业，传统农业的"规模函数"；$G_i(i=1,2)$ 表示汇款对农业生产的"影响函数"，G 是农民工汇款量 β 的函数，并假定有 $G_i = G_i(\beta)$，$G_i(0) = 1$，$G_i' > 0$，$G_i'' < 0$，$i = 1,2$。在我们的模型中，X_3 和 X_4 分别表示现代农业，传统农业的生产量。要注意的是，本章之所以将规模函数和生产函数分开，是因为规模函数与生产函数不一样，不能直接表达生产量，它表达的是要素投入的效果，是一种"准生产函数"，通过投入要素的规模来影响产出。生产量则由规模函数与汇款的影响函数相乘得到。

在市场是完全竞争的情况下，我们可以得到下列等式：

$$p_1 = a_{L1}\bar{w} + a_{K1}r_1 \tag{29-5}$$

$$p_2 = a_{L2}w_2 \qquad (29-6)$$

$$p_3 G_1(\beta) = a_{L3}w_3 + a_{K3}r_3 \qquad (29-7)$$

$$G_2(\beta) = a_{L4}w_4 \qquad (29-8)$$

其中，a_{ij} 表示要素 i 用于 j 单位产品生产的平均消耗量；$\bar{w}$ 是城市正式部门工资，是外生变量；r_1 和 r_3 是工业部门和现代农业部门的利息率。根据禀赋条件我们有下面的等式：

$$a_{L1}X_1 + a_{L2}X_2 + a_{L3}F_3 + a_{L4}F_4 = L \qquad (29-9)$$

$$a_{K1}X_1 = K_1 \qquad (29-10)$$

$$a_{K3}F_3 = K_3 \qquad (29-11)$$

依据 Harris-Todaro(1970)模型，传统农业部门的工资等于其他部门的预期工资：

$$w_4 = (a_{L1}X_1 w_1 + a_{L2}X_2 w_2 + a_{L3}F_3 w_3)/(a_{L1}X_1 + a_{L2}X_2 + a_{L3}F_3) \qquad (29-12)$$

最后是城市居民以其可支配收入的一定比例消费 X_2，g 反映了城镇居民对这些产品的边际消费倾向，即有：

$$p_2 X_2 - g(p_2 X_2 + p_1 X_1 - \beta) = 0 \qquad (29-13)$$

至此模型主体构建完毕。

第 3 节 比较静态分析

一、现代农业的发展初期

在现代农业发展的初期我们设 $w_3 = \bar{w}$。这是因为在一般的情况下，现代农业首先出现于城市周边或者交通沿线等交通便利的地方，如果不以城市正式部门的工资雇佣劳动力，那么劳动力就很容易流入城市。根据(29-5)到(29-13)式共 9 个式子可以确定 $w_2, w_4, r_1, r_3, X_1, X_2, F_3, F_4, p_2$ 共计 9 个内生变量，我们将汇款 β 作为一个变动参数考察静态均衡。通过全微分[依次是(29-9)、(29-12)、(29-7)、(29-8)、(29-13)、(29-11)]并化简，我们得到下式：

$$\begin{pmatrix} a_{L2}+s_{LX}^2 a_{L2} & a_{L3} & s_{LF}^4 a_{L4} & s_{LK}^3 a_{L3} F_3/r_3 & 0 & 0 \\ (a_{L3}+a_{L2}s_{LX}^2)(w_2-w_4) & a_{L3}(\bar{w}-w_4) & 0 & s_{LK}^3 q_{L3} F_3(\bar{w}-w_4)/r_3 & a_{L3}X_2 & -(L_1+L_2+L_3) \\ 0 & 0 & 0 & \dfrac{s_{LK}^3 \bar{w} a_{L3}}{r_3}+s_{KK}^3 a_{K3}+a_{K3} & 0 & 0 \\ 0 & 0 & \dfrac{s_{LF}^4 a_{L4}}{F_4} & 0 & 0 & a_{L4} \\ a_{L2}w_2(s_{LX}^2+1) & 0 & 0 & 0 & a_{L2}X_2 & 0 \\ 0 & a_{K3} & 0 & \dfrac{s_{KK}^3 a_{K3} F_3}{r_3} & 0 & 0 \end{pmatrix}$$

$$\begin{Bmatrix} \mathrm{d}X_2 \\ \mathrm{d}F_3 \\ \mathrm{d}F_4 \\ \mathrm{d}r_3 \\ \mathrm{d}w_2 \\ \mathrm{d}w_4 \end{Bmatrix} = \begin{Bmatrix} 0 \\ 0 \\ p_3 C_1' \mathrm{d}\beta \\ G_2' \mathrm{d}\beta \\ -g\mathrm{d}\beta/(1-g) \\ 0 \end{Bmatrix} \qquad (29-14)$$

$$\Delta_1 = a_{K3}\left(\frac{s_{LK}^3 w_3 a_{L3}}{r}+s_{KK}^3 a_{K3}+a_{K3}\right)\{-a_{L2}X_2(a_{L2}+s_{LX}^2 a_{L2})(L_1+L_2+L_3)+$$
$$s_{LK}^3 a_{L3} F_3 [a_{L2}X_2(a_{L2}+a_{L2}s_{LX}^2)(w_2-w_4)-a_{L2}w_2(s_{LX}^2+1)a_{L2}X_2]\} < 0$$

由于计算的结果部分依赖于参数的大小,我们将做出以下假设。

假设1:假设不等式 $G_2' > \dfrac{g}{1-g}$ 成立。

这个假设是基于经济现实,它的依据在于:人们在汇款时会比较效益和成本,有净收益才会做出汇款决定,此时不等式左面偏大,而由于城镇非正式部门在城镇经济中属于从属地位,人们对其边际消费倾向通常不会太大,故而不等式右面偏小。

依据 Cramer 法则求解(29-14)式,得到以下关系:

$$\frac{\mathrm{d}F_3}{\mathrm{d}\beta}>0,\frac{\mathrm{d}r_3}{\mathrm{d}\beta}>0,\frac{\mathrm{d}X_1}{\mathrm{d}\beta}=0$$

也即意味着发展初期农民工汇款会使现代农业部门投入规模上升,利息上升,城市正式部门的产出保持不变。在假设 1 的前提下,汇款上升,w_4 将会上升。由于模型中传统农业生产受汇款影响函数的作用,一般的 Harris-Todaro 模型中的 L_4 和 w_4 的反向关系在这里并不明确,我们分 L_4 下降和不下降两种情况来讨论 w_4 的变化:若传统农业部门的劳动人数减少,则该部门人均生产规模增加,而汇款增加使得影响函数 k_2 增加,故 $w_4 = G_2 a_{L4}$ 上升;若传统农业部门劳动人数不减少,工资总和的变化为:

$$d(\bar{w}L_1 + p_2 X_2 + \bar{w}L_3 + X_4) > -\frac{g}{1-g}d\beta + \bar{w}dL_3 + G'_2 d\beta > 0$$

由式(29-12)可知,w_4 为社会平均工资,因而工资总和上升,w_4 必然上升。也就是说不论 L_4 下降与否 w_4 都上升。

以下对国民收入进行分析:国民收入由利息总和与工资总和两部分构成,其表达式为:

$$I = r_1 K_1 + r_3 K_3 + \bar{w}L_1 + \bar{w}L_3 + w_4 L_4 + w_2 L_2$$
$$= r_1 K_1 + r_3 K_3 + w_4 L$$

汇款上升时,由于 r_1 不变、r_3 上升、w_4 上升以及资本量和劳动量不变,因而国民收入上升,也就是意味着汇款上升对国民收入将有提高作用。

综上所述,得到以下的表 29-1:

表 29-1 (29-14)式的计算结果

	dX_1	dX_2	$dF_3(dL_3)$	dF_4	dp_2	dw_2	dw_4	dr_1	dr_3	dI
$d\beta$	0	/	+	/	/	/	+	0	+	+

注意:"—"表示横向栏中的项与相对纵向栏中的项之比为负值;"+"表示横向栏中项与相对纵向栏中的项之比为正值;"0"表示横向栏中的项变化对纵向栏中的项无影响;"/"表示横向栏中的项对纵向栏中项的影响无法判断。

综上所述以下命题成立。

命题 1:在现代农业发展初期,农民工汇款提升会提高现代农业的产出和劳动雇佣,投入规模上升;提升该部门利息,提升国民收入。

二、现代农业深入发展阶段

随着现代农业的发展,经济的发展水平得到足够的提高,现代农业渐渐发展到了农村各处,因而该部门不再需要以城镇正式部门的工资来雇佣劳动力,同时各部门的资本共用一个统一利率 r 流动。(29-10)和(29-11)两式替换为:

$$a_{K1}X_1 + a_{K3}F_3 = \bar{K} \tag{29-15}$$

$$w_3 = w_4 \tag{29-16}$$

同时将所有的 r_1、r_3 统一成 r。

对(29-9)、(29-12)、(29-7)、(29-8)、(29-13)、(29-15)进行全微分并将其余式子带入我们得到:

$$\begin{bmatrix} a_{L1} & (1+s_{LX}^2)a_{L2} & a_{L3} & (1+s_{LF}^4)a_{L4} & 0 & s_{LL}^3 a_{L3} F_3/w_3 \\ a_{L1}(\bar{w}-w_3) & (1+s_{LX}^2)a_{L2}(w_2-w_4) & 0 & 0 & a_{L2}X_2 & -(a_{L1}X_1+a_{L2}X_2) \\ 0 & 0 & 0 & 0 & 0 & a_{L3}(1+s_{LL}^3)+s_{KL}^3 a_{K3} r/w_3 \\ 0 & 0 & 0 & s_{LF}^4 a_{L4} w_4/F_4 & 0 & a_{L4} \\ -\dfrac{gp_1}{1-g} & a_{L2}w_2(1+s_{LX}^2) & 0 & 0 & a_{L2}X_2 & 0 \\ a_{K1} & 0 & a_{K3} & 0 & 0 & a_{K3}F_3 s_{KL}^3/w_3 \end{bmatrix} \begin{bmatrix} dX_1 \\ dX_2 \\ dF_3 \\ dF_4 \\ dw_2 \\ dw_3 \end{bmatrix} / d\beta = \begin{bmatrix} 0 \\ 0 \\ p_3 G_1' \\ G_2' \\ -\dfrac{g}{1-g} \\ 0 \end{bmatrix} \tag{29-17}$$

为了方便以下的计算,我们做出如下假设。

假设 2：$\frac{a_{K3}}{a_{L3}} \approx \frac{a_{K1}}{a_{L1}}, \frac{c_6}{p_3 G_1'} < \frac{a_{L4}}{G_2'}$。其中，$c_6 = a_{L3}(1 + s_{LL}^3) + s_{KL}^3 a_{K3} r / w_3$。

假设 2 的第一个部分来自现代农业部门与城镇正式部门人均资本量相当，这在现代农业的深入发展阶段时可以实现的。假设 2 的第二个部分中的 c_6/p_3 反映了现代农业的工资变动对现代农业部门生产成本的影响的百分比，由于现代农业部门使用两种要素，生产要素比不变时成本变动比例将小于单个要素价格变动比例，而考虑到生产投入要素比的变化是生产成本最小化的结果，这将比原生产要素投入比成本低，也就是说最终的生产成本变动比例将小于工资变动比例；传统农业部门成本则完全来自工资，二者比例相等，即有：$\frac{c_6}{p_3} < a_{L4}$，如果 $k_2' \le k_1'$，我们便可以得到这个假设，而在现代农业深入发展阶段汇款对于现代农业和传统农业生产率的影响接近，较为符合现实情况。

Cramer 法则求解式(29-17)，并考虑到上述假设 2，我们可以得到表 29-2，进而可以得到以下的结论。

表 29-2　(29-17)式的计算结果

	dX_1	dX_2	dF_3	dF_4	dp_2	dw_2	dw_4	dr_1	dr_3	dI
$d\beta$	+	/	−	−	/	/	+	0	0	/

注意："—"表示横向栏中的项与相对纵向栏中的项之比为负值；"+"表示横向栏中项与相对纵向栏中的项之比为正值；"0"表示横向栏中的项变化对纵向栏中的项无影响；"/"表示横向栏中的项对纵向栏中项的影响无法判断。

综上所述有以下命题。

命题 2：在现代农业深入发展阶段，农民工汇款增加使得城市正式部门的产出增加，现代农业和传统农业部门的规模函数下降，农村工资上升。

汇款变动不会影响社会的利率 r，这是因为汇款不会影响城镇正式部门的工资，生产函数和产品价格，由生产成本最小化，$c(r, \bar{w}) = \bar{p}_1$，$r$ 应为定值。汇款增加虽然提高了现代和传统农业部门的生产率，但二者投入规模反而减小了。这是因为：首先由于汇款流入，现代农业和传统农业生产效率提高，现代农业部门的边际劳动生产力高于工资,会提高工资雇佣工人直至工资与最小成本下边际劳动生产率相等,传统农业部门则劳动力流出,工资上升而投入规模减小。以下,以图 29-1 解释增加汇款的经济效果。

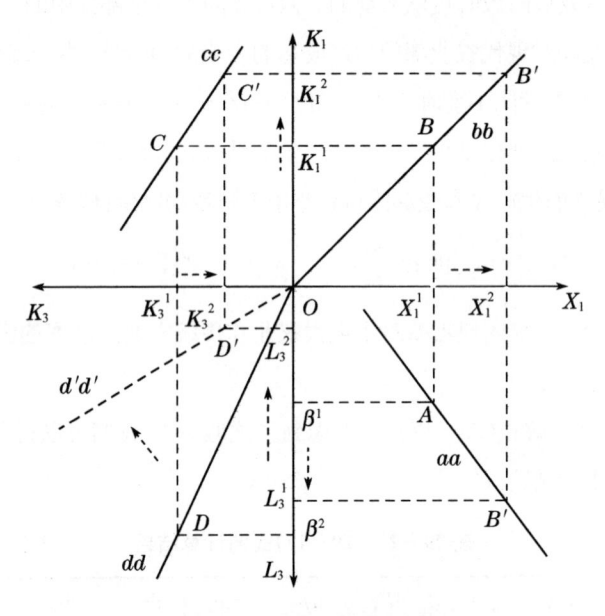

图 29-1　提升汇款效果图

图 29-1 中的 L_3/β 轴的左侧为 L_3,右侧为汇款 β。根据表 29-2,我们以 aa 线表现的是 β 与 X_1 之间的关系;由于城镇城市部门生产要素和产品的价格不变,故而 a_{K1} 不变,又因为 $K_1 = a_{K1} X_1$,所以和 K_1 二者呈正比例关系,以 bb 线表示之;根据式 (29-15) 以 cc 表现的是 K_1、K_3 之间的关系;K_3 与 L_3 的关系取决于 w_3 和 r,每当二者确定时,根据生产成本最小化和 F_3 规模报酬不变的性质,要素投入比为定值,二者将呈正比例关系,即为 dd 线。经济的起点的汇款量为 β^1,依次在 aa 至 dd 各线取得对应点 A,B,C,D,当汇款由 β^1 上升至 β^2 时,要素价格 w_3 上升,劳动与资本的投入比下降,dd 线旋转至 $d'd'$,对应点为 D';β^2 与 aa,bb,cc 线上的对应点分别为 A',B' 和 C';此时对应的 K_3^2 和 L_3^2 较前下降了。

在此过程中,现代农业部门经营者可能发现虽然工资提高后生产仍有利可图,但成本最小化时利率有下降趋势，因而投资会从现代农业部门转向城市正式部门，劳动力也因此开始从农村流向城镇，现代农业部门投入规模比汇款率增加前下降。

最后分析国民收入的变化情况：国民收入：

$$I = rK = \bar{w}L_1 + w_3L_3 + w_3L_4 + w_2L_2 = rK + w_3L$$

由于 r、K、L 保持不变，w_3 随着汇款上升而上升，因而汇款上升 $I = rK + w_3L$ 上升，提高国民收入。

命题3：现代农业深入发展阶段，农民工汇款上升使得国民收入上升。

比较二阶段的结果可以发现在现代农业发展初期，汇款上升既提高了现代农业的生产效率，也提高了现代农业的劳动投入。而在现代农业深入发展阶段，汇款上升虽然仍提高了现代农业部门的生产效率，却导致了该部门投入资本和劳动的下降，这说明了两阶段汇款对现代农业发展将产生的不同影响。这种影响的不同主要和现代农业发展阶段的特性有关。

在现代农业发展初期，生产主要位于地理位置靠近城镇或者道路沿线等较为优越的地方，生产效率比较高，产品相对新颖，属于社会中相对先进的生产部门，高昂的劳动成本和资本成本是限制产业发展的关键因素，因而汇款上升提高的生产效率可以使其进一步扩大劳动投入；而随着现代深入发展，规模扩大的同时，不再占据相对优越的地理位置，部门生产效率下降，产品供给的大幅度上升也不再有相对稀缺的特性，此时需求对产业规模影响显露，伴随着汇款上升生产率上升，投入规模自然下降。

而汇款上升对国民收入一直具有的正向作用反映了配置资源的一种先前较少被察觉的方式：不仅仅是市场通过竞争或政府调控来配置资源，生活在其中的人们同样会基于血缘或地域的联系，实现收入配置优化并实现国民收入增加，只是因为通过汇款是货币由边际效用较低的人转向了货币边际效用较高的人，增加了经济的货币边际效用。汇款越大当然反映了对当前资源配置优化程度越高，越能提高国民收入。值得注意的是，政府可以做的是不仅仅是直接鼓励汇款——汇款对收入配置的优化当然是在个体自发判断的前提下，更应该做的是减少其中的交易成本，例如减少汇款手续费，增加汇款渠道，进行普及性的宣传等。

三、考虑关税时的国民收入

最后,我们考虑模型中进口产品设置关税的问题,研究此时汇款变动对社会福利的影响。基于经济发展阶段假设该国进口工业品和现代农业产品,并有税率分别为 t_1、t_2,那么根据税率该国产品国内价格 p_1、p_3 和国际价格 p_1^*、p_3^* 关系应为:

$$p_1 = (1+t_1)p_1^* \qquad (29-18)$$

$$p_3 = (1+t_2)p_3^* \qquad (29-19)$$

本章以 U 表示社会效用,表示社会的福利水平,$e = e(p,U)$ 为效用 U 下的最小支出函数;G 表示国民收入,经济的收支均衡表示为:

$$e(p,U) = I \qquad (29-20)$$

此时该国国民收入应该包括关税,据此我们得到:

$$I = p_1 X_1 + p_2 X_2 + p_3 X_3 + X_4 + t_1 p_1^* (e_{p_1} - X_1) + t_2 p_3^* (e_{p_3} - X_3) \quad (29-21)$$

微分式(29-21)得到 $e_p \mathrm{d}p + e_U \mathrm{d}U = \mathrm{d}I$,由于 β 变动对除 p_2 外产品价格不产生影响,即 $e_p \mathrm{d}p/\mathrm{d}\beta = e_{p_2} \mathrm{d}p_2/\mathrm{d}\beta$,两边同处以 $\mathrm{d}\beta$ 得到:

$$\frac{\mathrm{d}U}{\mathrm{d}\beta} = \frac{1}{e_U}\left(\frac{\mathrm{d}I}{\mathrm{d}\beta} - e_{p_2}\frac{\mathrm{d}p_2}{\mathrm{d}\beta}\right)$$

其中 e_U 表示最小支出函数对 U 的偏导,$e_U > 0$,带入式(29-21)我们得到:

$$\frac{\mathrm{d}U}{\mathrm{d}\beta} = \frac{1}{e_U}\left[\frac{p_1 - t_1 p_1^*}{a_{L1}}\frac{\mathrm{d}L_1}{\mathrm{d}\beta} + p_2 F_2'\frac{\mathrm{d}L_2}{\mathrm{d}\beta} + (p_3 - t_2 p_3^*)\left(\frac{\mathrm{d}G_1}{\mathrm{d}\beta}X_3 + G_1 F_L^3\frac{\mathrm{d}L_3}{\mathrm{d}\beta} + G_1 F_K^3\frac{\mathrm{d}K_3}{\mathrm{d}\beta}\right) + G_1' X_4 + G_4'\frac{\mathrm{d}L_4}{\mathrm{d}\beta}\right]$$

当该式大于 0 时表示汇款上升社会福利增加,为 0 时表示无影响,小于 0 时表示汇款上升社会福利减少。对应于第三部分中现代农业发展初期情况,此时应有 $\frac{\mathrm{d}K_3}{\mathrm{d}\beta} = 0$。对应于现代农业深入发展阶段,此时此国不再进口现代农业产品,因而有 $e_{p_3} = X_3$ 以及 $t_2 = 0$。

第 4 节 数值模拟分析

数值模拟的方法能够很好地帮助我们考察得出模型数值特征,得到相关冲击的定量结果。我们尝试在本节中探讨当前中国经济对应的参数,检验模型的合理性,并依据这些参数探讨先前无法判断汇款影响方向的变量(特别是代表城市化进度的 L_4)。结合当前经济状况,我们的数值模拟针对第一阶段模型(现代农业仍未充分发展)。

一、数据来源与参数校准

由于当前没有全局层面的现代农业的数据,所以我们采取国家成立的现代农业示范区作为经济中的现代农业部门,其余对于模型中三部门生产函数的设定,设城市部门(部门1)和现代农业部门(部门3)有 C-D 形式的生产函数,而传统农业部门(部门4)和传统服务业部门规模报酬递减,分别如下:

$$X_1 = L_1^{a_1} K_1^{1-a_1}$$

$$X_2 = L_2^{a_2}$$

$$X_3 = (1+A\beta) L_3^{a_3} K_3^{1-a_3}$$

$$X_4 = (1+A\beta) L_4^{a_4}$$

2015年各部门劳动力数据、工资采用国家统计局的数据,现代农业部门的劳动力数据来源于中国农业农村部网站中现代农业示范区的成果汇报文件,城镇部门资本价格用2015年央行1~5年贷款的基准利率上浮5个点,即10%。资本存量的估计采用永续盘存法(10%折旧)估算的结果,城镇采用王华估计的数据,现代农业部门采用李谷成等估算的数据。汇款采用本书第26章估算的方法约为2.17万亿。

我们需要校准的数据包括 $\{\alpha_1, \alpha_2, \alpha_3, \alpha_4, A, p_3, \bar{w}, \bar{L}, \bar{K}, g\}$,校准基准如表29-3:

表29-3 用于外生变量校准的内生变量值

	部门1	部门2	部门3	部门4
工资(元)	59 924.6	23 727.2	59 924.6	22 500.5
劳动力数量(万人)	56 252.7	5 549.4	805.5	28 488.4
资本数量(亿元)	1 620 000	\	9 870	\
部门增加值	626 047	2 090.02	4 827	56 036

校准结果如表 29-4：

表 29-4　模型外生变量的校准值

α_1	α_2	α_3	α_4	A	p_3	$\bar{w}$	$\bar{L}$	$\bar{K}$	g
0.68	0.63	0.77	0.82	$1.2*10^{-8}$	0.3	59 925	91 096	1 629 870	0.04

二、数值模拟

我们采用 GAMS 中的 CGE 来进行数值模拟，用校准后的数据及调节的汇款金额，得到农民工汇款与现代农业产值间的若干组数据，用平滑的曲线连接起来结果如图 29-2：

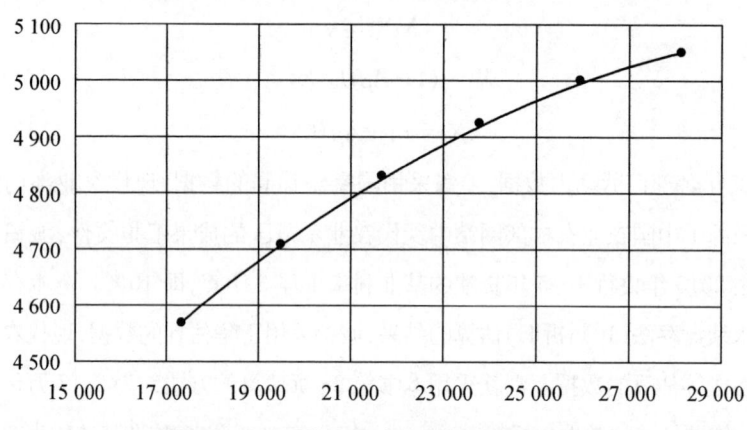

图 29-2　现代农业产出值与农民工汇款

类似地，我们得到总产出与汇款间的关系（如图 29-3）：

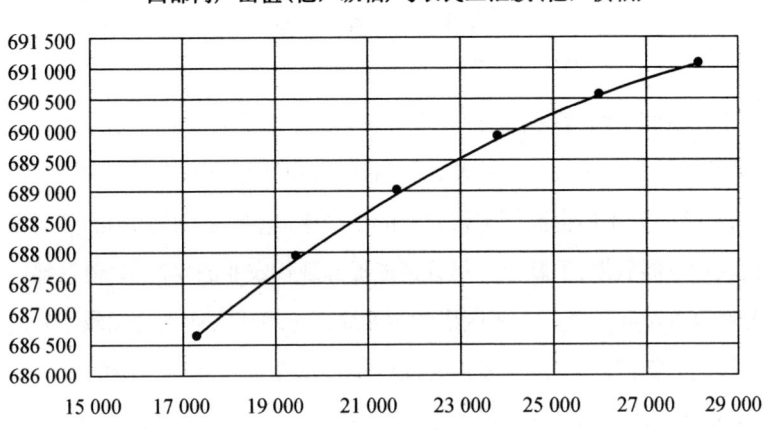

四部门产出值(亿,纵轴)与农民工汇款(亿,横轴)

图 29-3 GDP 与农民工汇款

以及传统农业部门(第四部门)劳动力数量与汇款数量间的关系(如图 29-4):

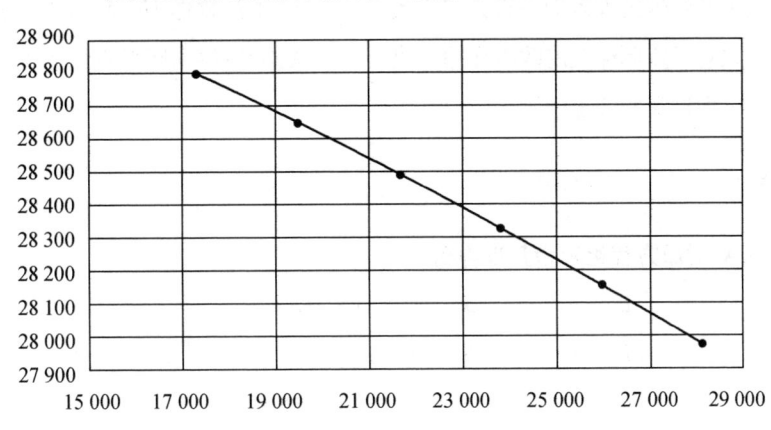

传统农业部门劳动力人数(亿,纵轴)与农民工汇款(亿,横轴)

图 29-4 传统农业部门劳动力数量与农民工汇款

这意味着在其他外部条件不变的情况下,在 2015 年的水平下,如果农民工汇款上升 10%,则会有以下经济效果:现代农业增长约 2.2%,农村人口向现代农业和城镇转移 0.56%,以及 GDP 上升约 0.138%。

第 5 节 结 论

本章主要研究了两阶段下的涉及现代农业的汇款问题。不论是现代农业问题还是汇款问题,在研究中都较少被涉及,但二者的规模和作用都值得研究。在现代农业发展初期,汇款上升不但提高了现代农业的生产率,也提高了该部门的劳动投入。而到了现代农业发展后期,汇款上升尽管还能提高现代农业的生产率,但该部门的资本投入和劳动投入都在下降。二者区别的主要原因是现代农业在初期属于利用社会资源效率比较高的部门,到了深入发展时期则逐步演变成了相对一般的部门。值得注意的是,本章之所以使用投入规模而不是产量来进行两阶段现代农业受汇款影响的变动分析,就在于它是直接反映要素投入效果的量而不直接受外生的汇款函数和价格的干扰,它的变动直接体现了现代农业所占社会资源的变化,因而可以直观地得出现代农业在社会经济结构受汇款影响下的相对变动,而这正是本章的目标之一。

汇款上升对国民收入则一直具有正效应,这反映了汇款作为一种微观自发的收入调节方式对于资源配置的改善作用。政府应该做的是:尽力降低农民工汇款中的交易成本以促进资源合理配置。

附 录

附录 A:对原方程组稍稍整理得到

$$\begin{pmatrix} a_1 & a_2 & a_3 & a_4 & 0 & 0 \\ B_1 & b_2 & 0 & b_4 & b_5 & B_6 \\ 0 & 0 & 0 & c_4 & 0 & 0 \\ 0 & 0 & d_3 & 0 & 0 & d_6 \\ e_1 & 0 & 0 & 0 & b_5 & 0 \\ 0 & h_2 & 0 & H_4 & 0 & 0 \end{pmatrix} \begin{pmatrix} dX_2 \\ dF_3 \\ dF_4 \\ dr_3 \\ dw_2 \\ dw_4 \end{pmatrix} / d\beta = \begin{pmatrix} 0 \\ 0 \\ m_1 \\ m_2 \\ M \\ 0 \end{pmatrix}$$

所有的大写表示为负,小写为正。

系数矩阵行列式 $\Delta_1 < 0$ 有前面判定可知。由克莱姆法则可以得到:

$$D_1 = -b_5(B_6 a_3 c_4 h_2 m_2 - B_6 H_4 a_2 d_3 m_1 + B_6 a_4 d_3 h_2 m_1 - H_4 a_3 b_2 d_6 m_1 + M a_3 c_4 d_6 g_2 + a_3 b_4 d_6 h_2 m_1)$$

类似求得 $D_2 \sim D_6$ 的表达式。$D_i(i=2,3,4,5,6)$ 表示的是将方程右侧向量替换 Δ_1 第 i 列所得行列式，D_i/Δ_1 的正负即表示对应第 i 个变量与汇款变动量之比的正负。可以判断：$D_2 < 0, D_4 < 0$。

附录 B：对原方程组整理

$$\begin{pmatrix} a_1 & a_2 & a_3 & a_4 & 0 & A_6 \\ b_1 & B_2 & 0 & 0 & b_5 & B_6 \\ 0 & 0 & 0 & 0 & 0 & c_6 \\ 0 & 0 & 0 & d_4 & 0 & 0 \\ E_1 & e_2 & 0 & 0 & b_5 & 0 \\ h_1 & 0 & h_3 & 0 & 0 & h_6 \end{pmatrix} \begin{pmatrix} dX_1 \\ dX_2 \\ dF_3 \\ dF_4 \\ dw_2 \\ dw_3 \end{pmatrix} /d\beta = \begin{pmatrix} 0 \\ 0 \\ m_1 \\ m_2 \\ M \\ 0 \end{pmatrix}$$

该方程组系数矩阵

$$\Delta_2 = c_6 d_4 b_5 (B_2 a_1 h_3 - B_2 a_3 h_1 + E_1 a_2 h_3 - a_2 b_1 h_3 - a_1 e_2 h_3 + a_3 e_2 h_1) < 0$$

根据假设 2 把 $a_1 h_3 - a_3 h_1 = 0, c_6 m_2 - d_6 m_1 < 0$，并应用 Cramer 法则，可以判断：

$$D_1 < 0; D_2 > 0; D_3 > 0; D_4 > 0; D_5 <,=,> 0; D_6 < 0。$$

参考文献

[1] 程恩江,徐忠. 中国农民工国内汇款服务问题报告[R]. 世界银行扶贫协商小组报告,2005.

[2] ADAMS R H J. Remittances, Investment and Rural Asset Accumulation in Pakistan[J]. Economic Development and Cultural Change[J], 1998, 47(1)：155-173.

[3] HARRIS J R, Todaro M P. Migration Unemployment and Development：A Two-Sector Analysis[J]. American Economic Review, 1970, 60(1)：126-42.

[4] LI XC, WANG D. The Impacts of Rural-Urban Migrants' Remittances on the Urban Economy[J]. Annals of Regional Science, 2015, 54(2)：591-603.

[5] LUNDAHL M. International Migration, Remittances and Real Incomes：Effects on the

Source Country. Scand J Econ 1985, 87(4): 647-657.

[6] RALPH CHAMI, SAMIR JAHJAH. Are Immigrant Remittance Flows a Source of Capital for Development[J]. Social Science Electronic Publishing, 2003, 52(1): 55-81.

第 30 章　农民工汇款对就业和福利的影响

本章摘要：2019 年,我国将就业优先政策置于国家宏观政策层面,长三角地区的就业形势也趋向严峻。促进、稳定就业的工作已经引起各方的高度重视,但农民工汇款与城市就业和福利水平之间存在的内在联系,却很少被关注。本章从农民工汇款视角,以我国经济特色为基础,建立了 2 物品 2 部门的一般均衡模型,用静态分析方法研究了农民工汇款的变动对就业、工资和经济福利水平等方面所产生的影响。本章得到的主要结论是农民工提高汇款率使得城市技术密集部门减少就业,而城市劳动密集部门则增加就业。

第 1 节　引　言

农民工汇款是当前我国经济活动中一个非常值得重视的领域。其理由有两个方面,一是规模巨大,根据第 26 章的估算,2014 年约为 2.17 万亿元,几乎与两个新西兰的当年 GDP 相当,故而,当前的农民工汇款是中国历史上规模最大的城市反哺农业的行动;二是汇款是私人行为,可以保证汇款实实在在地为农民所得。所谓"农民工汇款"就是农民工将务工所得的一部分通过汇款或携带回乡(以下有时简称为"汇款"),从经济上援助留在故乡的家人,或为自己在家乡添置房屋家产。这种向家乡的汇款现象在外出的农民工中极为普遍,大量的农民工汇款缓解了农村地区的资金需求压力,成为农村家庭用来支付教育、医药和日常生活花费的重要来源(Cheng & Xu, 2005)。汇款对我国经济的发展产生着重要影响,也对城市就业的变动发挥着不可忽视的作用,因为汇款与城市就业之间存在内在关联,它们之间有一条清晰的关系链:

农民工汇款→改善农村家人生活→带动周边劳动力转移→影响城市就业

结合到当前的经济形势,就会发现汇款正发挥着重要的作用:当前,我国经济正处于增速放缓、结构加快调整的关键时期,需要就业发挥"稳定器"的作用。2019年,我国已经将就业优先政策置于国家宏观政策层面,此时,如果能厘清汇款对就业的影响,发挥汇款对稳就业的有利作用,排除汇款对就业的负面影响,意义更为不一般。

在人口经济学或国际经济学领域中,汇款应属于"迁移汇款"的范畴,历来是一个引人关注的课题。国内外都有学者从汇款的形成、影响汇款的因素到它的经济效果等多方面进行研究的先例。例如,国外早期有代表性的理论规范研究有:Lucas & Stark(1985)以契约安排的理论解释迁移汇款现象,指出在迁移动机是"利他"的情况下,贫困家庭中的其他人员的福利也会得到改善;在研究国际迁移汇款经济效果的论文中,以研究迁移汇款对劳动力输出国的经济影响为主,例如,Lundahl(1985),Djajic(1986)以迁移汇款成为劳动力输出国的消费、从而对劳动力输出国的经济发展和福利水平的提升产生影响为前提,分别利用2物品2要素模型进行了理论规范分析;Kirwan & Holden(1986)则研究了迁移汇款数量对于劳动力输出国社会福利的影响;Rivera-Batiz & Francisco(1986)讨论了即时移民和持续性移民汇款对于输出国的价格、收入分配和社会福利效果;Quibria(1997)拓展了Kirwan & Holden的研究,讨论了汇款对于劳动力输出国不同收入阶层福利的影响;Djajic(1998)将外资纳入汇款研究的分析框架,研究了汇款返回劳动力输出国后,分别用于消费和生产投资的福利效果;Li & Zhou(2015)研究了汇款与环境的关系,得到了汇款数量越多环境压力越大的结论。我国经济学界有关迁移汇款的研究,主要是针对农民工汇款对农村经济生活影响的实证研究,例如,李强(2001)根据他在四川、北京等地的调查和其他研究发现我国农民工汇款的比例高于其他国家,占农民家庭收入的比例也较高,他认为农民工汇款的本质是资本在区域间的流动,使农村急需的资金得到了补偿,其结果是有利于缩小城乡差距;都阳和朴之水(2003)则通过对西部4个贫困县的调查,发现转移劳动力的"利他性"行为(包括农民工汇款)对缓解贫困起着积极的作用;胡枫等(2008)则用实证研究得出结论,认为利他主义并不能完全解释农民工的汇款行为,农民工汇款在一定程度上反映了外出农民工的利己性;李强等(2008)通过研究发现,汇款对农村社会发展的影响是间接的,同时,农民工举家外出对农民工汇款行为有广泛而深刻的影响,比单独外出的家庭汇款的概率少约14%,但会增加汇款在赡养父母方面使用的概率;李晓春和杨彩娇(2018)运用理论规范研究的方法分析了农民工汇款对收入差距的影响,等等。

虽然我们认为汇款与就业之间存在相互影响的关系,但正如我们上述回顾的有关文献,无论国外还是国内,现有的与汇款有关的研究很少将关注点放到城市就业上。但是,"稳就业"的工作关系到经济的各领域,研究汇款对就业的影响已经成为经济实际工作的需要,进行这方面的分析并掌握其规律,除了具有学术创新的意义之外,对于全面做好农民工工作、稳定和促进城市就业也具有重要意义。

正是因为如此,本章拟通过定性的理论分析解明汇款的就业和其他经济效果。本章结合我国经济的特色建立伦达尔(1985)式的2物品2部门模型,以分析农民工汇款对城市就业影响为主线,同时就汇款对物价、工资和经济福利水平等方面的影响展开研究,并通过这些分析所得到的结论为有关部门制定相关政策提供理论依据。本章下面的第二部分为建立模型,第三部分为理论分析,第四部分是政策启示和结束语,计算上较为烦琐的部分则安排在附录中。

第2节 模 型

虽然我国城乡间的劳动力转移已经持续了30多年,但我国城市地区有一部分企业(如一些国营大企业、银行、高科技生产企业、现代服务业等),事实上不雇佣或较少雇佣农民工,李晓春和马轶群(2004)认为这主要是由于地方政府对本地劳动力的保护主义、企业对劳动者的人力资本因素方面有较高要求等。据此,他们根据农村转移劳动力进城工作的去向将城市部门分为不吸纳农村转移劳动力的部门和可以吸纳农村转移劳动力的部门,而后者则由有体力劳动行业组成。本章亦采用这样的设想,所考虑经济分为两个部门,部门1仅雇佣城市劳动力,生产可贸易品,又被称为"资本密集部门";而部门2既雇佣城市劳动力又雇佣农村转移的劳动力,生产不可贸易品,又被称为"劳动密集部门";这两个部门都使用劳动和资本进行生产;经济的劳动力为城市劳动力和转移进城的农村劳动力。两个部门的生产函数分别设为：

$$X^m = F^1(L_1, K_1)$$

$$X^n = F^2(L_2, K_2)$$

其中，X^m、X^n 分别为部门 1、部门 2 的产量；L_1、L_2 分别是部门 1、部门 2 生产所用的劳动力，K_1、K_2 分别是部门 1、部门 2 生产所用的资本；F^1、F^2 是一阶齐次的严格拟凹函数。由各部门的利益最大化的条件可得以下方程式：

$$F_L^1 = pF_L^2 = w \quad (30-1)$$

$$F_K^1 = pF_K^2 = r \quad (30-2)$$

这里，$F_L^i = \partial F^i/\partial L_i (i=1,2)$，$F_K^i = \partial F^i/\partial K_i (i=1,2)$；部门 1 产品价格标准化为 1，则 p 为部门 2 产品的相对价格；w 是工资率；r 利息率。应该注意的是两部门的劳动力是有区别的，部门 1 只雇佣城市劳动力，而部门 2 在雇佣农村转移劳动力的同时，也雇佣城市劳动力。从而，部门 1 的城市劳动力失业后可以转入部门 2，并且部门 2 雇佣的城市劳动力也可以转入部门 1；另一方面，农民工如果在部门 2 失业，由于有责任田的保障，可以考虑他们回农村务农，等找到部门 2 的新工作后再转移进城工作(参考李晓春和马轶群，2004)，所以，在这个意义上，式(30-1)的实质是城市劳动力的部门间转移的结果。

下面，本章就劳动力市场进行模型设定。设 L 为经济的劳动禀赋量，L_R 是农村劳动力的流入量，设部门 2 中的城市劳动力人数为 L_u，在现实经济中，部门 1 的失业人员为了再就业需要等待机会，在等待的时期中他们会进入部门 2 做一些临时工作以维持生计，基于这样的考虑，也为了突出考察重点我们设经济是完全雇佣的。所以，劳动力市场均衡条件为：

$$L_1 = L - L_R \quad (30-3)$$

$$L_2 = L_u + L_R \quad (30-4)$$

在资本市场上，均衡条件为：

$$K_1 + K_2 = K \quad (30-5)$$

其中 K 为经济的资本禀赋量。

经济对部门 1 产品和部门 2 产品的需求分别为：

$$D^1 = D^1(p, Y)$$
$$D^2 = D^2(p, Y)$$

这里，Y 是经济的收入。不论是部门 1 产品还是部门 2 产品，它们都是正常品，于是我们有：

$$D_Y^i = \partial D^i/\partial Y > 0 \, (i=1,2)$$

如果设 $a(0 < a < 1)$ 为农民工向故乡的汇款率，则能够得到国民收入 Y 的表达式：

$$Y = wL + rK + (1-a)wL_R \tag{30-6}$$

部门 1、部门 2 的产品供给量是价格、经济中的劳动力人数和资本量的函数，即它依赖于 p、$L+L_R$ 和 K。所以，部门 1、部门 2 的供给函数可以分别表示为：

$$S^1 = S^1(p, L_R)$$
$$S^2 = S^2(p, L_R)$$

根据瓦尔拉斯法则，在两种产品的经济中，供需均衡条件可以由一个方程式来表达：

$$D^2(p, Y) = S^2(p, L_R) \tag{30-7}$$

由式(30-1)、(30-2)、(30-3)、(30-4)、(30-5)和式(30-7)共 8 个方程构成一般均衡体系，可以决定 p、w、K_1、K_2、r、L_U、L_1、L_2 共 8 个内生变量。建模中涉及的其他变量为外生变量，至此，完成模型构建。

第 3 节　比较静态分析

要考察汇款对要素价格和就业的影响，先要考察汇款对部门 2 产品价格的影响。我们首先就民工汇款对于城市的价格影响进行分析。

由式(30-7)，就 p 对于 a 微分可以得到：

$$\frac{dp}{da} = \frac{-D_Y^2(\partial Y/\partial a)}{D_P^2 - S_P^2 + D_Y^2(\partial Y/\partial p)} \tag{30-8}$$

其中，$D_P^2 = \partial D^2/\partial p$，$S_P^2 = \partial S^2/\partial p$。由瓦尔拉斯价格调整过程可以知道：

$$\dot{p} = D^2(p,Y) - S^2(p,L_R)$$

这里，$\dot{p} = dp/dt$。在进行比较静态分析时，均衡解必须稳定。即 L_R 给定时，上述的调整过程必须满足下述条件：

$$D_p^2 - S_p^2 + D_Y^2(\partial Y/\partial p) < 0 \qquad (30-9)$$

由此可以知道，式(8)右边的分母为负值。在式(30-6)中，当 p 不变化时有：

$$\partial Y/\partial a = -wL_R \qquad (30-10)$$

因为部门2产品是正常产品，再根据(30-9)和(30-10)两式，我们能够知道：

$$\frac{dp}{da} = \frac{-D_Y^2(\partial Y/\partial a)}{D_p^2 - S_p^2 + D_Y^2(\partial Y/\partial p)} < 0 \qquad (30-11)$$

从而可以得到以下结论。

结论：农民工提升汇款率使得劳动密集部门的产品价格下降。

部门2产品的价格下降有刺激经济对部门2产品需求的效果，这对城市而言，有扩大部门2产品供给、增加部门2的雇佣的经济效应，故对经济是有利的，反之则是不利的。还要注意的是，上述结论是以下各命题的推导基础。以下，考察汇款对要素价格和就业的影响。

一、汇款对要素价格和就业的影响

我们考虑农民工汇款率变化对工资率的影响。就式(30-1)式对 a 微分得到：

$$\frac{dw}{da} = \frac{\partial w}{\partial p}\frac{dp}{da} = \left(F_{LL}^1 \frac{dL_1}{dp} + F_{LK}^1 \frac{dK_1}{dp}\right)\frac{dp}{da}$$

根据附录的式(A-11)和(A-12)，上式可以写成：

$$\frac{dw}{da} = \frac{[(k^1/k^2-1)F_L^2 + (k^1-k^2)F_k^2]pF_{LK}^1 F_{LK}^2}{\Delta}\frac{dp}{da}$$

化简可得：

$$\frac{dw}{da} = \frac{k^1(F_L^2 + k^2 F_K^2)}{k^1 - k^2}\frac{dp}{da}$$

同样，就式(30-2)对 a 微分得到：

$$\frac{dr}{da} = \frac{\partial r}{\partial p}\frac{dp}{da} = \left(F_{KL}^1 \frac{dL_1}{dp} + F_{KK}^1 \frac{dK_1}{dp}\right)\frac{dp}{da}$$

由式(A-11)和式(A-12)可以求得：

$$\frac{dr}{da} = -\frac{(F_L^2 + k^2 F_K^2)}{k^1 - k^2}\frac{dp}{da}$$

这里，$F_{LL}^i = \partial^2 F^i/\partial L^2$，$F_{KK}^i = \partial^2 F^i/\partial K^2$ 和 $F_{LK}^i = \partial^2 F^i/\partial L \partial K (i=1,2)$；$\Delta$ 由附录给出定义；$k^1 = K_1/L_1$、$k^2 = K_2/L_2$，分别表示部门 1 和部门 2 的人均资本量。

综上所述，我们可以获得以下的命题 1。

命题 1：在所设的经济中，当资本密集部门的人均资本量大于劳动密集部门的人均资本量时，农民工汇款率上升使得城市的工资率下降、利息率上升。

根据命题 1 有 $dp/da < 0 < 0$，所以当 $k^1 > k^2$ 时，$dw/da < 0 < 0$，$dr/da > 0$。

与上述过程相似地，我们还能够得到：当 $k^1 < k^2$ 时，$dw/da > 0$，$dr/da < 0$。也就意味着当部门 1 的人均资本量小于部门 2 的人均资本量时，农民工汇款率上升使得城市的工资率上升、利息率下降。但在我国现阶段的经济运行中，部门 1 中资本密集型、知识密集型的企业较多，人均资本量较高，而部门 2 中劳动密集型企业多，人均资本量较低。所以，在实际经济中往往表现出部门 1 的人均资本量大于部门 2 的人均资本量，即 $k^1 > k^2$ 的情况。另外，在没有经济波动时，农民工汇款率上升使得汇出经济的资金量增加，城市的流动性减少故而会出现工资下降、利息上升的情形。

另外，根据附录的式(A-11)和(A-12)，有：

$$dL_1/dp > 0 \qquad (30-12)$$

$$dK_1/dp > 0 \qquad (30-13)$$

根据式(30-3)、(30-4)和式(30-12)有：$dL_2/dp = dL_u/dp = -dL_1/dp < 0$；根据式(30-5)和式(30-13)有：$dK_2/dp < 0$。所以，我们再结合式(30-11)，就能够得到下列不等式：

$$\frac{dL_1}{da} = \frac{dL_1}{dp}\frac{dp}{da} < 0$$

$$\frac{dK_1}{da} = \frac{dK_1}{dp}\frac{dp}{da} < 0$$

$$\frac{dL_2}{da} = \frac{dL_u}{da} = \frac{dL_u}{dp}\frac{dp}{da} > 0$$

$$\frac{dK_2}{da} = \frac{dK_2}{dp}\frac{dp}{da} > 0$$

综上所述，我们可以得到以下的命题2。

命题2：农民工提高汇款率对就业和资本雇佣有以下影响：

(1) 资本密集部门减少就业和资本雇佣；

(2) 劳动密集部门增加雇佣劳动力和资本，并且劳动密集部门增加城市劳动力的雇佣量。

命题2是本章的主要成果。根据上述结论，农民工汇款率上升使得部门2的产品价格下降，经济对该部门产品需求的增加。部门2扩大生产就要增加劳动力和资本的投入，反之部门2的企业就要减少劳动和资本的雇佣；这就是命题2(2)的含义。在劳动力和资本完全雇佣的所设经济中，部门2扩大生产所要增加的资本只有来自部门1；劳动力则来自部门1和经济外的农村转移劳动力，使得部门1的劳动力和资本都下降，而增加农村转移劳动力就扩大了就业，这是命题2(1)的含义。

另外，命题2是从农民工提升汇款率的角度来进行阐述的，在实际经济活动中，农民工也有可能降低汇款率，这种情况在当下第二代农民工的身上反应明显。此时，部门1就会增加就业和资本雇佣，部门2就会减少雇佣劳动力和资本，并且减少城市劳动力的雇佣量。值得注意的是，如果发生这样的情况，部门2不会只减少雇佣城市劳动力，也会减少雇佣农村转移劳动力，被减少部分的农民工就会返回农村，退出所设经济。由于农村劳动力退出经济就意味着失业，有关部门除了应该注意疏导失业农民工，更应该采取积极措施遏制失业，扩大雇佣，做好稳就业的工作。

二、汇款对城市经济福利水平的影响

为了考察经济的福利水平变化情况，我们首先对开放经济下的福利水平进行描述。

设p^*是部门1产品相对于国内价格为1时国际市场的价格，t是部门1产品的进口关税率。我们设C_1, C_2分别为部门1产品、非进口品的城市消费量；U为定义在(C_1, C_2)上的城市社会效用函数，为严格拟凹的函数；$e(p, U)$为效用U下的最小支

出,经济的收支平衡条件为:

$$e(p,U)=X^m+pX^n+tp^*M \tag{30-14}$$

这里,M是经济的部门1产品进口量,tp^*M是关税收入。对式(30-14)进行全微分,并进行整理便可以得到下式:

$$e_U dU+e_p dp=w(dL_1+dL_2)+r(dK_1+dK_2)+X^n dp+tp^* dM$$

这里,$e_U=\partial e/\partial U$,根据 Hotelling 引理,有 $e_p=X^n$。另外,在考察农民工汇款时,关税等其他外生变量为0,故有:

$$e_U dU/da=w(dL_1/da+dL_2/da)+r(dK_1/da+dK_2/da) \tag{30-15}$$

根据附录的式(A-3)、(A-4)和(A-5),可以得到:

$$\frac{dL_1}{da}=-\frac{dL_2}{da}$$

$$\frac{dK_1}{da}=-\frac{dK_2}{da}$$

再结合式(30-11),我们便可从式(30-15)得到:

$$e_U dU/da=0$$

所以,我们能得到以下的命题。

命题3:农民工汇款率的变动不影响城市福利水平。

这是一个耐人寻味的命题。一般地,农民工汇款率的上升给人以因资金流出比例增加而造成在城市消费比例下降,使得城市福利水平下降的印象,而农民工汇款率下降则给人相反的印象,但命题3反映的情况并不如此。这是因为由命题2可知,农民工汇款率的变动会使得劳动力和资本在部门之间进行转移,在转移到达均衡状态时,部门间劳动力和资本的边际产值相同。因此,当劳动力和资本禀赋一定时,部门1减少的产值等于部门2增加的产值,城市的总收入并不发生变化,故而汇款率的变动并不会改变劳动力城市的福利水平。我们还要看到,农民工汇款是作为经济主体的农民工自觉的"利他"行为,汇款率上升的主要原因是农民工的收入增加,使得农民工只要留出较小比例的收入就可以维持在城市的打工生活,消费的绝对水平不会改变。从而,鼓励农民工汇款不仅不会降低城市福利水平,还有可能提高农村的福利水平,所以,农民工提升汇款率对于全社会而言是一个帕累托改进,从这个意义上看问题,命题3具有很强的政策意义,它不仅为城市鼓励农民工汇款提供了重要的理论依据,也是城市制定相关经济政策理论依据。

第4节 政策启示和结束语

本章从农民工汇款视角,通过建立能够反映长三角经济特点也能推广至全国的一般均衡模型,用静态分析方法研究了汇款率变动对就业、工资和经济福利水平等方面所产生影响。在上一节中我们共得到3个命题,概括了我国农民工汇款对城市经济的影响状况。汇款对于新农村建设具有积极的促进作用,作为国内经济先行发展的城市部门应该为农民工汇款提供便利,多方鼓励,但同时也应该正视汇款对城市就业的影响,因为对于城市的就业和福利而言,并非汇款的所有经济效果都具有积极意义。如果我们能将有利的因素发挥出来,并将不利的影响降到最低,可以期待营造出城市、农村经济双赢的局面。笔者建议做好以下三个方面的工作。

(1) 因势利导促进部门2就业、带动经济发展。部门2是国民经济发展中具有活力的部门,是市场经济的主力军。根据本章结论,农民工提升汇款率有使得部门2的产品价格下降的经济效果,而根据命题2,农民工提升汇款率有增加部门2的劳动力和资本雇佣的效果。这两方面都反映出汇款有扩大部门2生产、促进就业的正面经济效应。从而鼓励农民工提升汇款率,就有可能因势利导发展部门2就业,为国民经济的发展做贡献。

(2) 注意疏导汇款对部门1就业的不利因素。部门1是国民经济中的重要力量,金融、新兴高科技企业都属于部门1,是中国经济发展的引导力量,稳住部门1的就业也是当下经济的中心任务。根据命题2,农民工提升汇款率有减少这个部门劳动力和资本雇佣的效果,而减少劳动力和资本的雇佣则导致这部分经济受到不利影响。特别是在各地加快城镇化进程或提高农民工待遇时,都应该考虑到农民工汇款率上升的经济效果,政府的有关部门要特别关注部门1的劳动和资本要素的变化,采取向部门1倾斜的政策、措施防止部门1的就业和发展因农民工提升汇款率而受到负面影响。

(3) 充分利用本章的 1 个结论和 3 个命题解决实际经济活动中发生的问题。例如,2004 年以来各地出现的民工荒,其主要原因就是农民工的工资过低。所以,不少人认为提高农民工工资就能解决或缓解民工荒的问题,但提高工资也有提升农民工汇款率的效果。在一个经济中,影响工资变化的因素是多元的,命题 1 告诉我们,城市的工资变化中有农民工汇款的因素,并且当前部门 1 的人均资本量大于部门 2 的人均资本量,所以农民工汇提升款率会促使城市的工资率下降,而工资下降就从某些程度上抵消了提高农民工工资的政策效应,故单纯采用提高农民工待遇的做法效果未必就为最佳。如果注意到命题 1 的另外一面:"当部门 1 的人均资本量小于部门 2 的人均资本量时,农民工提升汇款率会促使城市的工资率上升",故与提高农民工工资相配套的同时,采取促进部门 2 转型升级、增加部门 2 的人均资本量的政策,即便部门 2 的人力资本水平不能完全达到部门 1 的程度,也可以缓解农民工提升汇款率时城市工资下降的负面效果。

随着经济发展,可以预计今后我国的工资水平还将不断提升,农民工汇款将长期存在于我国经济之中,它的数量也会越来越大,对经济产生的作用也会越来越显著。笔者将继续关注汇款对于就业和福利水平的影响,这既是一个研究的新视角,也是促进就业和稳定就业工作的新思路,有利于提升经济福利水平。

附 录

对式(30-1)、(30-2)、(30-3)、(30-4)和(30-5)进行全微分,得到以下的方程组:

$$F_L^2 dp + pF_{LL}^2 dL_2 + pF_{LK}^2 dK_2 - F_{LL}^1 dL_1 - F_{LK}^1 dK_1 = 0 \quad (A-1)$$

$$F_K^2 dp + pF_{KL}^2 dL_2 + pF_{KK}^2 dK_2 - F_{KL}^1 dL_1 - F_{KK}^1 dK_1 = 0 \quad (A-2)$$

$$dL_1 + dL_u = 0 \quad (A-3)$$

$$dL_2 - dL_u = 0 \quad (A-4)$$

$$dK_1 + dK_2 = 0 \quad (A-5)$$

由于 F^1、F^2 是一阶齐次函数,所以 F_L^1、F_K^1、F_L^2 和 F_K^2 是零阶齐次的函数,根据 Euler 定理可以得到:

$$F_{LL}^2 L_2 + F_{LK}^2 K_2 = 0 \quad \text{(A-6)}$$

$$F_{KL}^2 L_2 + F_{KK}^2 K_2 = 0 \quad \text{(A-7)}$$

$$F_{LL}^1 L_1 + F_{LK}^1 K_1 = 0 \quad \text{(A-8)}$$

$$F_{KL}^1 L_1 + F_{KK}^1 K_1 = 0 \quad \text{(A-9)}$$

根据式(A-3)至(A-9),我们可以将式(A-1)和(A-2)表示为:

$$\begin{bmatrix} k^2 p F_{LK}^2 + k^1 F_{LK}^1 & -(p F_{LK}^2 + F_{LK}^1) \\ -(p F_{LK}^2 + F_{LK}^1) & \dfrac{1}{k^2} p F_{LK}^2 + \dfrac{1}{k^1} F_{LK}^1 \end{bmatrix} \begin{bmatrix} \mathrm{d}L_1 \\ \mathrm{d}K_1 \end{bmatrix} = \begin{bmatrix} -F_L^2 \\ -F_K^2 \end{bmatrix} \mathrm{d}p \quad \text{(A-10)}$$

根据Cramer法则解式(A-10),可得:

$$\frac{\mathrm{d}L_1}{\mathrm{d}p} = \frac{1}{\Delta} \begin{vmatrix} -F_L^2 & -(p F_{LK}^2 + F_{LK}^1) \\ -F_K^2 & \dfrac{1}{k^2} p F_{LK}^2 + \dfrac{1}{k^1} F_{LK}^1 \end{vmatrix} \quad \text{(A-11)}$$

$$\frac{\mathrm{d}K_1}{\mathrm{d}p} = \frac{1}{\Delta} \begin{vmatrix} k^2 p F_{LK}^2 + k^1 F_{LK}^1 & -F_L^2 \\ -(p F_{LK}^2 + F_{LK}^1) & -F_K^2 \end{vmatrix} \quad \text{(A-12)}$$

这里 Δ 是式(A-10)的系数矩阵行列式:

$$\Delta = (k^1/k^2 + k^2/k^1 - 2) p F_{LK}^2 F_{LK}^1 = [(k^1 - k^2)^2 / k^1 k^2] p F_{LK}^2 F_{LK}^1 > 0。$$

参考文献

[1] 都阳,朴之水.劳动力迁移收入转移与贫困变化[J].中国农村观察,2003(5):2-9.

[2] 胡枫,史宇鹏,王其文.中国的农民工汇款是利他的吗?—基于区间回归模型的分析[J].金融研究,2008(01):175-190.

[3] 李晓春,马轶群.我国户籍制度下的劳动力转移[J].管理世界,2004(11):47-52.

[4] 李晓春,杨彩姣.农民工汇款与城乡收入差距的关联研究[J].经济科学,2018(06):118-128.

[5] 李强.中国外出农民工及其汇款之研究[J].社会学研究,2001(04):64-76.

[6] 李强,毛学峰,张涛.农民工汇款的决策、数量与用途分析[J].中国农村观察,2008(03):2-12.

[7] 于丽敏. 农民工消费行为影响因素研究：以东莞为例[D]. 中南大学, 2010.

[8] CHENG E, XU Z. Domestic money transfer services for migrant workers in China[J]. Microfinance Gateway, CGAP, 2005. http://www.findevgateway.org/.

[9] DJAJIC S. Emigration & welfare in an economy with foreign capital[J]. Journal of Development Economics, 1998, 56(2).

[10] DJAJIC S. International Migration, Remittances and Welfare in a Development Economy[J]. Journal of Development Economics, 1986, 21(2).

[11] KIRWAN F, HOLDEN D. Emigrants Remittances, Non-traded Goods and Economic Welfare in the Source Country[J]. Journal of Economic Studies, 1986, 13(2).

[12] LI X, ZHOU J. Environmental Effects of Remittance of Rural-Urban Migrant[J]. Economic Modelling, 2015(47).

[13] LUCAS R E, STARK O. Motivations to Remit: Evidence from Botswana[J]. Journal of Political Economy, 1985(93).

[14] LUNDAHL M. International Migration, Remittances and Real Incomes: Effects on the Source Country[J]. Scandinavian Journal of Economics, 1985(87).

[15] QUIBRIA M G. International Migration, Remittances and Income Distribution in the source country: A Synthesis'[J]. Bulletin of Economic Research, 1997, 49(1).

[16] RIVERA-BATIZ, FRANCISCO L. International Migration, Remittances and Economic Welfare in the Source Country[J]. Journal of Economic Studies, 1986, 13(3).

第31章 农民工汇款与城乡收入差距的关联研究

本章摘要：长三角是农民工转移的活跃地区。在劳动力的转移中，农民工汇款影响着城乡收入差距。然而，现有研究很少关注这个问题。本章通过建立一个三部门的一般均衡模型，运用比较静态的分析方法，研究了在短期和长期两种不同情况下移民汇款对城乡各部门工资差距的影响，并根据国家统计局数据和可计算一般均衡模型进行了数值模拟，验证了理论分析的结论。本章的主要结论如下：在短期的情况下，农民工提升汇款率能缩小城市正式部门与农业部门的工资差距，而增大农业部门与城市非正式部门的工资差距；在长期情况下，农民工提升汇款率使得城市正式部门与农业部门的工资差距增大，而城市非正式部门和农业部门的工资差距缩小。

第1节 引 言

农民工汇款是指农民工将其在城市务工的收入的一部分汇回农村家中的行为，在现实经济中农民工对家庭的资助不仅仅采用汇款的形式，还有托人捎带以及自己返乡时携带等多种形式，本章将所有的农民工资助家庭的行为统称为农民工汇款（以下简称为"汇款"）。由于农民工数量巨大，2014 年达到 2.7 亿人[①]，加上我国经济的不断发展，汇款数量也在逐年攀升，本书第 26 章就指出，2014 年中国农民工汇款的数量已超过 2.1 万亿元，几乎与当年两个新西兰的 GDP 相当。汇款属于市场经济中移民汇款范畴，是农民工中普遍存在的一种私人的利他行动，它可以将城市收入的一

---

① 国家统计局，《中国统计年鉴 2016》，http://www.stats.gov.cn/。

部分确实地送到农民手中,对于我国农业经济的发展具有重大意义。但在学术界,从理论角度探讨汇款对经济发展影响的文献不是很多,大致可以分为:从经济增长效果方面研究汇款的有 Lundahl(1985)、Pradhan et al.(2008);从社会福利方面研究的有:Quibria(1997)、Djajic(1998);从就业、雇佣方面研究的有 Li & Wang(2015);从环境方面研究的有 Li & Zhou(2015)。但是,纵观这些汇款研究,迄今为止还没有从经济学理论的角度探讨汇款对城乡收入差距影响的文献。同样地,虽然学术界有许多理论与实证研究城乡收入差距文献,却很少顾及汇款。例如,Beladi et al.(2008)、Chaudhuri(2008)分析了在一个二元经济体中国际要素的流动性对工资收入差距的影响;Chaudhuri(2007)研究了经济体制对工资差距的影响;还有学者论证了发展中国家的技术创新对工资差距的影响(Kar & Beladi,2004;Kar & Guha,2006;Fang et al.,2008;Moore et al.,2005);也有学者研究了国外直接投资对工资差距的影响(Chaudhuri & Banerjee,2010;Das,2002);陈斌开和林毅夫(2010)研究了重工业化优先发展战略、城市化和城乡工资差距的关系等。

我们认为汇款与城乡收入差距是两个关联问题。虽然现有文献没有讨论汇款和城乡收入差距之间的机制,但是进行这样的研究是有必要的。这是因为汇款与城乡收入差距的关联是一个客观存在:汇款可以改善农业生产的环境,提高农业生产的效率,从而影响农民的收入;另一方面,接受了汇款的农村家庭也会增加工业品消费,扩大城市产品市场,反过来刺激城市经济的发展,影响城市劳动力的收入。故而我们有理由相信大规模的款项从城市汇往农村一定会给城乡经济带来影响,进而作用于城乡收入差距。但由于在这方面的研究不足,我们并不掌握汇款对城乡收入差距的作用机制。然而,厘清汇款与城乡收入差距相关的市场机制对于化解经济发展中的问题、制定相应政策却是非常重要的。

本章正是为了明确汇款与城乡收入差距之间的关系而展开研究的。本章通过建立一个具有发展中国家特色的三部门一般均衡模型,从短期和长期两个角度考察汇款的增加对城乡收入差距的影响,并用可计算一般均衡模型以及国家统计局公布的数据进行数值模拟,验证了理论研究部分的结论。通过分析,我们发现,在两种不同的情形下,增加汇款对城市正式部门、城市非正式部门和农村农业部门的收入上涨幅度不一样。在短期模型中,汇款的增加导致农村农业部门劳动力的收入上涨幅度要大于城市非正式部门的收入上涨幅度,从而使得收入差距拉大,而城市正式部门劳动力的收入上涨幅度小于农村劳动力的收入上涨幅度,从而使得二者的差距缩小。而在长期模型中,汇款的增加导致城市正式部门和农村农业部门劳动力的收入差距增大,农业部门和城市非正式部门的收入差距缩小。本章的结论不仅与我国的现状吻合,也为政府制定相关政策提供了理论依据。

本章余下部分的结构如下:第二部分为建模,第三部分为模型的理论分析,第四部分为数值模拟分析,第五部分为结论。

第2节 理论模型

本章考虑一个小型开放的经济体,该经济体由三个部门组成:城市正式部门、城市非正式部门和农村农业部门。为了方便模型的计算,我们在不影响科学性的前提下,假设经济中的劳动力分为技术劳动力和非技术劳动力,并且城市居民劳动力是技术劳动力;由于城市部门有就业机会和较高的工资水平,吸引农村剩余劳动力向城市转移,农村转移劳动力进入城市后,作为非技术劳动力在正式部门和非正式部门工作。我们设定城市正式部门使用技术劳动力、非技术劳动力和资本生产能够进口的产品;非正式部门是指提供如做早点、擦皮鞋和卖报纸等小资本的非组织部门,使用非技术劳动力向住在城市的居民提供产品和服务,类似的设定见 Chandra & Khan(1993);农村农业部门则使用非技术劳动力和资本生产能够出口的产品,并且,在正式部门工作的非技术转移劳动力将其收入的一部分汇回农村,补贴家用和农业生产。

城市正式部门、城市非正式部门和农村部门的生产函数分别如下:

$$X = F^1(S, L_1, K_1) \tag{31-1}$$

$$Y = F^2(L_2) \tag{31-2}$$

$$Z = g(k)F^3(L_3, K_3) \tag{31-3}$$

其中,X、Y、Z 分别表示城市正式部门、城市非正式部门和农村部门的产出量;S、L_1、L_2、L_3 分别表示城市正式部门雇佣的技术劳动力、非技术劳动力、非正式部门的非技术转移劳动力和农业部门的当地非技术劳动力。K_1、K_3 分别表示城市正式部门和农村农业部门所使用的资本;城市非正式部门生产的产品和服务仅提供给城市的消费者,且只使用转移劳动力一种生产要素。$g(k)$ 为汇款对农村农业部门生产函数的影响函数,其中 k 是汇款量,移民汇款越多越有利于提高农村农业部门的生产力,即满足 $g \geq 1, g' > 0$ 且 $g'' < 0$。F^1、F^2、F^3 分别表示城市正式部门、非正式部门和农村农业部门的生产函数,其中 F^1 和 F^3 为严格拟凹的一阶齐次生产函数,令 $F_L^i = \partial F^i/\partial L_i (i=1,2)$, $F_{LL}^i = \partial^2 F^i/\partial L_i \partial L_i (i=1,2)$,则 F^2 应满足 $F_L^2 > 0, F_{LL}^2 < 0$。

各部门的劳动力工资水平在利润最大化时满足如下等式:

$$P_X F_S^1 = W_1 \tag{31-4}$$

$$P_X F_L^1 = \bar{W} \tag{31-5}$$

$$P_Y F_L^2 = W_2 \tag{31-6}$$

$$g(k) F_L^3 = W_3 \tag{31-7}$$

其中,P_X、P_Y 分别表示城市正式部门、非正式部门产品相对于农村农业部门产品的相对价格,农村农业部门产品的价格单位化为1,根据上述本书的假设,P_X 是外生给定的;$\bar{W}$ 表示城市正式部门转移劳动力的工资,由于城市正式部门工资具有下方刚性,因此城市正式部门工资 $\bar{W}$ 为常数;W_1 是城市正式部门有技术的劳动力的工资,由于技术劳动力在发展中国家是稀缺的、为完全雇佣,所以 W_1 为弹性的;W_2 是城市非正式部门转移劳动力的工资,W_3 是农村农业部门劳动力的工资,均为弹性工资。

同理,资本利息率在利润最大化时满足:

$$P_X F_K^1 = r_1 \tag{31-8}$$

$$g(k) F_K^3 = r_3 \tag{31-9}$$

其中,$F_K^i = \partial F^i/\partial K_i (i=1,3)$,$r_1, r_3$ 分别为表示城市正式部门和农村农业部门的资本利息率。

由于整个经济体中农村的非技术劳动力总量是一定的,因此,满足如下等式:

$$L_1+L_2+L_3=\bar{L} \quad (31-10)$$

其中，$\bar{L}$ 表示农村的劳动力禀赋量，它包括三部分：转移到城市正式部门和非正式部门的劳动力以及农村农业部门的劳动力。

根据 Harris-Todaro(1970)模型，我们可以建立起农村农业部门的工资率和城市正式部门以及非正式部门的工资率之间的关系，在城乡劳动力转移均衡处满足如下等式：

$$W_3=\frac{L_1}{L_1+L_2}\bar{W}+\frac{L_2}{L_1+L_2}W_2 \quad (31-11)$$

即城市的期望工资率等于农村农业部门的实际工资率，当满足等式时劳动力停止转移。三个部门劳动力的工资水平的大小关系为：$W_1>\bar{W}>W_3>W_2$，尽管城市非正式部门工资水平低于农村农业部门的工资，但农村劳动力还愿意转移到城市的原因在于转移劳动力希望通过城市非正式部门的地域优势和信息优势能够较快地进入城市正式部门。

农村转移劳动力的汇款满足如下等式：

$$k=\theta\bar{W}L_1 \quad (31-12)$$

式(31-12)表示，农村转移劳动力的汇款是由城市正式部门的劳动力转移给农村的一部分收入。由于城市非正式部门的工资小于农村农业部门，因此，本书假设城市非正式部门的劳动力工资仅能满足个人生活消费，无余款汇回农村补贴家用；实数 θ 是城市正式部门中转移劳动力的汇款占工资总额的比例，$0\leqslant\theta<1$。

城市非正式部门所生产的产品仅服务于城市消费者，市场出清时满足如下等式：

$$P_Y Y-\alpha(P_X X+P_Y Y-k)=0 \quad (31-13)$$

其中，$P_Y Y$ 表示城市非正式部门所生产的全部产品，$\alpha(P_X X+P_Y Y-k)$ 表示城市两个部门的收入中用于消费非正式部门产品的部分，由于正式部门转移劳动力将一部分收入 k 汇回农村，故将这一部分转移收入扣除。实数 α 为城市部门的收入中用于消费城市非正式部门所生产的产品的比例，$0<\alpha<1$。

以上即是在资本不在部门间流动的短期一般均衡模型。该模型包括该模型包括方程(31-1)至(31-13)共 13 个方程，这一方程组决定了 13 个内生变量，分别为 X、

Y、Z、L_1、L_2、L_3、W_1、W_2、W_3、r_1、r_3、k、P_Y。外生变量为 θ、S、K_1、K_3、$\bar{W}$、$\bar{L}$、P_X 和 α。

在长期模型中,资本可以在农村部门和城市正式部门间自由流动,达到一般均衡时有 $r_1 = r_3 = r$,故(31-8)、(31-9)式变形为:

$$P_X F_K^1 = r \tag{31-14}$$

$$g(k) F_K^3 = r \tag{31-15}$$

由于资本禀赋量是外生给定的,故有城市正式部门和农村部门的资本满足如下等式:

$$K_1 + K_3 = \bar{K} \tag{31-16}$$

因此,长期模型包括(31-1)至(31-7)、(31-14)、(31-15)以及(31-10)至(31-16)共 14 个方程构成,这一方程组决定了 14 个内生变量,分别为 X、Y、Z、L_1、L_2、L_3、K_1、K_3、W_1、W_2、W_3、r、k 和 P_Y,外生变量为 θ、S、$\bar{W}$、$\bar{L}$、$\bar{K}$、P_X 和 α。

第3节 比较静态分析

一、短期分析

在短期模型中,各部门使用的资本 K_1、K_3 为固定的资本量。由方程(31-1)、(31-4)、(31-5)和(31-8)可知,X、W_1、L_1 和 r_1 不受 θ 的影响,对(31-12)全微分可得 $\frac{dk}{d\theta} = \bar{W} L_1 > 0$,故 θ 对其他变量的影响可以用 k 来代替。对方程(31-6)、(31-7)、(31-9)、(31-11)和(31-13)全微分,可以得到如下联立方程组:

$$\begin{bmatrix} -1 & 0 & P_Y F_{LL}^2 & 0 & F_L^2 \\ 1 & 0 & g F_{LL}^3 & 0 & 0 \\ 0 & 0 & g F_{KL}^3 & 1 & 0 \\ A & -1 & B & 0 & 0 \\ 0 & 0 & C & 0 & D \end{bmatrix} \begin{bmatrix} dW_2 \\ dW_3 \\ dL_2 \\ dr_3 \\ dP_Y \end{bmatrix} = \begin{bmatrix} 0 \\ g' F_L^3 \\ g' F_K^3 \\ 0 \\ -\alpha \end{bmatrix} dk \tag{31-17}$$

其中，$A=\dfrac{L_2}{L_1+L_2}>0$，$B=\dfrac{(W_2-\bar{W})L_1}{(L_1+L_2)^2}<0$，$C=(1-\alpha)P_Y F_L^2>0$，$D=(1-\alpha)Y>0$。定义方程(31-16)中的系数行列式为 Δ_1，则 $\Delta_1=(P_Y F_{LL}^2+gF_{LL}^3)D-F_L^2 C<0$。

由 Cramer 法则解式(31-17)可以得到如下等式：

$$\frac{\mathrm{d}L_2}{\mathrm{d}k}=\frac{g'F_L^3 D+\alpha F_L^2}{\Delta_1}<0$$

$$\frac{\mathrm{d}r_3}{\mathrm{d}k}=\frac{g'F_K^3(P_Y F_{LL}^2+gF_{LL}^3)D-\alpha F_L^2 g'F_{KL}^3-F_L^2 g'F_K^3 C-gF_{KL}^3 g'F_L^3 D}{\Delta_1}>0$$

由式(31-2)可知 $\dfrac{\mathrm{d}Y}{\mathrm{d}k}>0$，虽然城市非正式部门的劳动力也减少，但由于其工资水平远远低于城市正式部门，故其劳动力减少对价格的影响较小，因此非正式部门的产品价格应该上升，即 $\dfrac{\mathrm{d}P_Y}{\mathrm{d}k}>0$。又由式(31-6)全微分结果 $F_L^2 \mathrm{d}P_Y+P_Y F_{LL}^2 \mathrm{d}L_2=\mathrm{d}W_2$，可得 $\dfrac{\mathrm{d}W_2}{\mathrm{d}k}>0$。根据式(31-11)全微分结果 $\dfrac{L_2}{L_1+L_2}\mathrm{d}W_2+\dfrac{(W_2-W_3)}{(L_1+L_2)^2}\mathrm{d}L_2=\mathrm{d}W_3$，可得 $\dfrac{\mathrm{d}W_3}{\mathrm{d}k}>0$。由(31-12)式全微分结果 $\dfrac{\mathrm{d}k}{\mathrm{d}\theta}=\bar{W}L_1>0$，可得到 $\dfrac{\mathrm{d}W_2}{\mathrm{d}\theta}$、$\dfrac{\mathrm{d}W_3}{\mathrm{d}\theta}$、$\dfrac{\mathrm{d}L_2}{\mathrm{d}\theta}$、$\dfrac{\mathrm{d}r_3}{\mathrm{d}\theta}$、$\dfrac{\mathrm{d}P_Y}{\mathrm{d}\theta}$，具体计算结果见附录 A。通过对(31-2)、(31-10)求全微分可得 $\mathrm{d}Y=F_L^2 \mathrm{d}L_2$，$\mathrm{d}L_3=-\mathrm{d}L_2$，根据 $\dfrac{\mathrm{d}L_2}{\mathrm{d}\theta}$ 的计算结果可得：$\dfrac{\mathrm{d}Y}{\mathrm{d}\theta}=\bar{W}L_1 F_L^2 \dfrac{g'F_L^3 D+\alpha F_L^2}{\Delta_1}<0$；$\dfrac{\mathrm{d}L_3}{\mathrm{d}\theta}=-\bar{W}L_1 \dfrac{g'F_L^3 D+\alpha F_L^2}{\Delta_1}>0$；由式(31-3)全微分可知，$\mathrm{d}Z=g'F^3 \mathrm{d}k+gF_L^3 \mathrm{d}L_3$，根据 $\dfrac{\mathrm{d}k}{\mathrm{d}\theta}$ 和 $\dfrac{\mathrm{d}L_3}{\mathrm{d}\theta}$ 的计算结果可得：$\dfrac{\mathrm{d}Z}{\mathrm{d}\theta}=g'F^3 \dfrac{\mathrm{d}k}{\mathrm{d}\theta}+gF_L^3 \dfrac{\mathrm{d}L_3}{\mathrm{d}\theta}>0$。

以上的计算结果用表 31-1 归纳表示如下：

表 31-1　(31-17)式的计算结果汇总

	$\mathrm{d}W_2$	$\mathrm{d}W_3$	$\mathrm{d}L_2$	$\mathrm{d}L_3$	$\mathrm{d}Y$	$\mathrm{d}Z$	$\mathrm{d}r_3$	$\mathrm{d}P_Y$
$\mathrm{d}\theta$	+	+	−	+	−	+	+	+

注："+"和"−"分别表示 θ 的变化使得对应的内生变量向相同或者相反的方向变化。

根据表 31-1 我们可以知道，农民工提升汇款率使得城市非正式部门和农村农业部门的工资水平上升；在雇佣方面，使得城市非正式部门减少雇佣，而农村农业部门的雇佣增加；在产出方面，使得城市非正式部门减少产出，农业部门增加产出；在利率和价格方面，农业部门的利率水平上升，城市非正式部门价格上升。就部门所受的影响而言，当提升汇款率时，农业部门产量和工资上升是由于汇款提高了农业部门的生产效率和工资水平，从而吸引城市非正式部门的转移劳动力返回农村，使得非正式部门劳动力减少，考虑到劳动力资源禀赋为定值，故而农业部门劳动力增加；又由边际技术替代率递减可知，随着农业部门劳动力增多，资本变得相对稀缺，因此资本的价格上升；对城市非正式部门而言，随着劳动力的减少其产出水平也随之下降，故非正式部门的人均工资上升、产品价格上升。

根据表 31-1 可以知道汇款率变化对城市正式部门、非正式部门和农业部门收入水平的影响，但还不能判断汇款率变化对城乡收入差距的影响。为此，本章考虑三种城乡间的收入差距，即技术劳动力、城市正式部门非技术劳动力、城市非正式部门劳动力与农业部门劳动力之间的收入差距。根据表 31-1 计算得到如下结果：

$$\frac{dW_1 - dW_3}{d\theta} < 0; \frac{d\bar{W} - dW_3}{d\theta} < 0$$

为判断 $\frac{dW_3 - dW_2}{d\theta}$ 的符号，我们做如下假设。

假设 1：城市非正式部门劳动力的边际产出弹性 $\varepsilon_{L_2} = \frac{\partial F_L^2}{\partial L_2} \frac{L_2}{F_L^2} < \frac{(W_2 - \bar{W})L_2}{(L_1 + L_2)W_2}$。

当城市非正式部门劳动力增加 1% 时，城市非正式部门边际产出下降 ε_{L_2}。由于 $W_1 > \bar{W} > W_3 > W_2$，故假设 1 的右边小于 0，在实际经济活动中这个假设成立的可能性是存在的。因此，当假设 1 成立时，可得：

$$\frac{dW_3 - dW_2}{d\theta} > 0$$

具体计算结果见附录 A。以上结果可用表 31-2 归纳表示如下：

表 31-2　短期汇款率对城乡收入差距的影响

	$d(W_1-W_2)$	$d(W_1-W_3)$	$d(\bar{W}-W_2)$	$d(\bar{W}-W_3)$	$d(W_3-W_2)$
$d\theta$	−	−	−	−	$+^{[1]}$

注："+"和"−"分别表示 θ 的变化使得对应的内生变量向相同或者相反的方向变化；"[1]"表示对应的符号只有在假设 1 成立时才能确定。

根据表 31-2 我们可以知道，汇款率增加使得城市正式部门和农村工资差距缩小，而城市非正式部门和农村收入差距增大。我们可以得到如下命题。

命题 1：在短期中，提升汇款率使得有技术劳动力和农业部门劳动力、城市正式部门非技术劳动力和农业部门劳动力的工资差距缩小，而农业部门和城市非正式部门工资差距增大。

在短期模型中，虽然城市非正式部门和农业部门的工资随着汇款率的增加而增加，但它们之间的差距却是扩大的。这是因为转移劳动力增加汇款后，农业部门劳动力工资上涨幅度要超过城市非正式部门的工资变化，导致二者的工资差距拉大。

二、长期分析

在资本可以自由移动的长期模型中，对(31-6)、(31-7)、(31-15)、(31-10)～(31-13)式进行全微分，可以得到如下等式：

$$\begin{bmatrix} -1 & 0 & 0 & P_Y F_{LL}^2 & 0 & 0 & F_L^2 \\ 0 & -1 & E & 0 & gF_{LL}^3 & g'F_L^3 & 0 \\ 0 & 0 & F & 0 & gF_{KL}^3 & g'F_K^3 & 0 \\ 0 & 0 & 1 & 1 & 1 & 0 & 0 \\ G & -1 & H & J & 0 & 0 & 0 \\ 0 & 0 & \theta\bar{W} & 0 & 0 & -1 & 0 \\ 0 & 0 & K & L & 0 & \alpha & M \end{bmatrix} \begin{bmatrix} dW_2 \\ dW_3 \\ dL_1 \\ dL_2 \\ dL_3 \\ dk \\ dP_Y \end{bmatrix} = \begin{bmatrix} 0 \\ 0 \\ 0 \\ 0 \\ 0 \\ -\bar{W}L_1 \\ 0 \end{bmatrix} d\theta$$

(31-18)

其中，$E=gF_{LK}^3\dfrac{F_{LL}^1}{F_{LK}^1}<0$，$F=\dfrac{gF_{KK}^3F_{LL}^1-P_X(F_{KL}^1F_{LK}^1-F_{KK}^1F_{LL}^1)}{F_{LK}^1}>0$，$G=\dfrac{L_2}{L_1+L_2}>0$，$H=\dfrac{(\bar{W}-W_2)L_2}{(L_1+L_2)^2}>0$，$J=-\dfrac{(\bar{W}-W_2)L_1}{(L_1+L_2)^2}<0$，$K=-\alpha P_X\dfrac{F_L^1F_{LK}^1-F_K^1F_{LL}^1}{F_{LK}^1}<0$，$L=(1-\alpha)P_YF_L^2>0$，$M=(1-\alpha)Y>0$。

定义方程(31-17)中的系数行列式为 Δ_2，计算 Δ_2 并得到：

$$\Delta_2=\begin{pmatrix}P(F+g'F_K^3\theta\bar{W}-gF_{KL}^3)(K+P_YF_{LL}^2I+gF_{LL}^3)-gF_{KL}^3F_L^2I(M+\alpha\theta\bar{W})\\+gF_{KL}^3P(J-C-g'F_L^3\theta\bar{W}+gF_{LL}^3)-NF_L^2I(F+g'F_K^3\theta\bar{W}-gF_{KL}^3)\end{pmatrix}>0$$

由 Cramer 法则可以得到如下结果：

$$\dfrac{dL_1}{d\theta}=\dfrac{-\bar{W}L_1}{\Delta_2}\begin{Bmatrix}-gF_{KL}^3(g'F_L^3M+\alpha F_L^2G)-F_L^2g'F_K^3LG+\\g'F_K^3M(gF_{LL}^3+J+P_YF_{LL}^2G)\end{Bmatrix}>0$$

$$\dfrac{dL_2}{d\theta}=\dfrac{-\bar{W}L_1}{\Delta_2}\begin{Bmatrix}-(F-gF_{KL}^3)(g'F_L^3M+\alpha F_L^2G)+F_L^2g'F_K^3KG-\\g'F_K^3M(gF_{LL}^3+H-E)\end{Bmatrix}<0$$

$$\dfrac{dL_3}{d\theta}=\dfrac{\bar{W}L_1}{\Delta_2}\begin{Bmatrix}-Fg'F_L^3M+F_L^2g'F_K^3G(K-L)-\\g'F_K^3M(H-E-J-P_YF_{LL}^2G)-\alpha F_L^2GF\end{Bmatrix}<0$$

由(31-2)式可知，城市非正式部门产出减少，又有城市正式部门人口增加的数量超过城市非正式部门人口减少的数量，故城市非正式部门产品的价格随着汇款的增加而增加，即$\dfrac{dP_Y}{d\theta}>0$。由(31-13)式以及初始时 $\theta=0$ 可知，$\dfrac{dk}{d\theta}=\bar{W}L_1>0$。根据式(31-6)全微分结果 $F_L^2dP_Y+P_YF_{LL}^2dL_2=dW_2$，且$\dfrac{dP_Y}{d\theta}<0$，$\dfrac{dL_2}{d\theta}<0$，$F_{LL}^2<0$，因此$\dfrac{dW_2}{d\theta}>0$。由于$\dfrac{dL_1}{d\theta}>0$，$\dfrac{dL_2}{d\theta}<0$，$\dfrac{dW_2}{d\theta}>0$，根据式(31-12)的全微分结果 $dW_3=\dfrac{(\bar{W}-W_2)L_2}{(L_1+L_2)^2}dL_1-\dfrac{(\bar{W}-W_2)L_1}{(L_1+L_2)^2}dL_2+\dfrac{L_2}{L_1+L_2}dW_2$，可知$\dfrac{dW_3}{d\theta}>0$。根据(31-1)、(31-2)、(31-4)、(31-5)、(31-14)以及(31-16)式可得$\dfrac{dX}{d\theta}>0$、$\dfrac{dY}{d\theta}<0$、$\dfrac{dW_1}{d\theta}>0$、$\dfrac{dK_1}{d\theta}>0$、$\dfrac{dr}{d\theta}<0$、$\dfrac{dK_3}{d\theta}<0$，具体计算结果见附录 B。

以上结果用表 31-3 归纳表示如下：

表 31-3 (31-18)式的计算结果

	dW_1	dW_2	dW_3	dL_1	dL_2	dL_3	dK_1	dK_3	dP_Y	dr
$d\theta$	+	+	+	+	−	−	+	−	+	−

注："+"和"−"分别表示 θ 的变化使得对应的内生变量向相同或者相反的方向变化。

从上表可知，农民工在长期中提升汇款率能使得城市正式部门、城市非正式部门和农村农业部门的工资水平上升；城市正式部门雇佣增加，而城市非正式部门和农村农业部门雇佣减少，换言之，农村和城市非正式部门劳动力都向城市正式部门转移；城市正式部门资本增加而农村农业部门资本减少，且利率下降；非正式部门产品价格上升。随着经济的发展，在资本部门间流动的情况下，资本要素对城市正式部门的生产影响将超过劳动要素的影响，由于城市具有更好的企业环境、教育医疗资源、基础设施以及有技术劳动力，因此能够吸引更多的资本流入城市正式部门，这又会吸引更多的农村劳动力进入城市正式部门。资本和劳动力的增加会提高城市正式部门的产出水平，在技术劳动力数量不变的情况下，其工资就会上升。对城市非正式部门而言，由于劳动力减少，导致其产出水平下降，然而由于整个城市的人口增加，根据供需理论，我们可以很容易地推断出其所提供的产品和服务的价格上升。汇款率的上升对农村部门的影响有两个观察角度，一是城市正式部门的农村转移劳动力增加而导致的汇款总量的增加，二是汇款率 θ 的增加引起的汇款总量的增加，更多的汇款回流农村，无疑会提升农业部门的生产水平。此外，由于农村工资是弹性的，农村劳动力的减少必然导致其工资水平的提高。

根据表 31-3 的结果，我们可以分析汇款对城乡工资差距的影响，得到：

$$\frac{dW_3-dW_2}{d\theta}<0, \frac{d\bar{W}-dW_3}{d\theta}<0$$

为判断 $\dfrac{dW_1-dW_3}{d\theta}$ 的符号，我们做出如下两个假设：

假设 2：$\dfrac{gF_{KK}^3 F_{LL}^1 - P_X(F_{KL}^1 F_{KL}^1 - F_{KK}^1 F_{LL}^1)}{F_{LK}^1} > gF_{KL}^3$。

假设3: $\frac{\varepsilon_{L_1}}{\varepsilon_{L_3}} \cdot \frac{\varepsilon_{K_1}}{\varepsilon_{K_3}} > \frac{L_1}{L_3} \cdot \frac{K_3}{K_1}$。

其中，ε_{L_1}、ε_{L_3}、ε_{K_1} 和 ε_{K_3} 分别表示城市的正式部门非技术劳动力的边际产出弹性、农业部门劳动力的边际产出弹性、城市正式部门资本的边际产出弹性以及农业部门资本的边际产出弹性。假设3的左边是农村部门劳动力的边际产出弹性和资本的边际产出弹性之比除以城市正式部门非技术劳动力的边际产出弹性和资本的边际产出弹性之比，右边是农业部门人均资本量与城市正式部门人均资本量之比。

在假设2、假设3的前提下，有 $\frac{dW_1 - dW_3}{d\theta} > 0$。具体计算过程和结果见附录B。

以上结果，用表31-4归纳表示如下：

表31-4　长期汇款率对城乡收入差距的影响

	$d(W_1 - W_3)$	$d(\bar{W} - W_3)$	$d(W_3 - W_2)$
$d\theta$	$+^{[2][3]}$	$-$	$-$

注："+"和"−"分别表示 θ 的变化使得对应的内生变量向相同或者相反的方向变化；"[2][3]"表示对应的符号只有在假设2和假设3同时成立时才能确定。

根据表31-4我们可以知道，增加农民工汇款，城市正式部门和农村农业部门的工资差距将增大，而城市非正式部门和农村农业部门的工资差距将缩小。我们可以得到如下命题。

命题2：在长期中，汇款率上升使得技术劳动力和农村劳动力的工资差距增大，而城市非正式部门和农村农业部门的工资差距缩小。

比较命题1和命题2可知，在短期内汇款率增加能够减少技术劳动力和农村劳动力的收入差距，但是从长期来看，技术劳动力和农村劳动力收入差距不但没有缩小反而增大。汇款对城市非正式部门和农村农业部门的收入差距的影响也不相同，短期内，汇款率增加引起城市非正式部门和农村农业部门收入差距增大，长期中二者的差距是缩小。导致长短期结果不一致的主要原因在于资本要素对生产的影响。短期内，因为资本不流动，故劳动力数量决定了城市各部门的产出水平，而汇款的增加对农村生产的外溢效应使得农村劳动力的工资水平得到提高，故城乡收入差距缩小。

但是，在长期中资本是可以在城市正式部门和农业部门之间流动的，这就产生了一种可能：由于汇款率上升增加了农村对城市正式部门产品的需求，城市正式部门为扩大生产增加劳动和资本的雇佣，使其产出水平和工资水平得到提高；农业部门则因资本流向城市而雇佣下降；虽然农业部门的工资水平也因汇款对农业生产的外溢效应以及劳动雇佣下降而增加，但由于劳动和资本的雇佣下降影响了产出，其工资上升的幅度要小于城市正式部门，使得二者的收入差距增大。

第4节 数值模拟分析

一、模拟方法和数据来源

在本节中，我们采用可计算一般均衡模型对上述理论分析的主要结论进行数值模拟，分别从短期和长期两个角度来验证农民工汇款率的变化对各内生变量的定量影响，并检验命题1和命题2的数值特征。为了使得模拟的结果与现实经济的状况尽可能地贴合，我们采用国家统计局公布的各年度农民工监测调查报告的数据对模型中的参数进行校准。

二、短期数值模拟分析

为了使理论模型可计算，我们设城市正式部门、城市非正式部门和农村农业部门的生产函数分别设为如下 C - D 形式的函数：

$$X = S^{\alpha_1} L_1^{\alpha_2} K_1^{\alpha_3} \quad (31-19)$$

$$Y = L_2^{\delta} \quad (31-20)$$

$$Z = g(k) L_3^{\beta_2} K_3^{\beta_3} \quad (31-21)$$

汇款对农业部门生产函数的影响用 $g(k) = 1 + k^{\varepsilon}$ 来表示，其中 $k = \theta \overline{W} L_1$。根据国家统计局《2017年农民工监测调查报告》中的相关数据对生产函数中各参数进行校准，得到各参数的值为：$\alpha_1 = 0.128$、$\alpha_2 = 0.151$、$\alpha_3 = 0.721$、$\beta_2 = 0.581$、$\beta_3 = 0.419$、$\delta = 1.164$、$\varepsilon = 0.1$、$\alpha = 0.015$。在以下的数值模拟分析中，以上各参数均保持不变，只

有关键外生变量汇款率 θ 提高，θ 从 0.01 逐渐上升到 0.1，我们观察 θ 变化时其他内生变量的变动情况。模拟结果见表 31-5：

表 31-5　短期汇款率上升的经济效果

θ	k	g	Y	L_2	W_2	Z	L_3	W_3	P_Y	r_3	W_1-W_3
0.00	0.000	1.000	1.266	3.345	3.420	2.101	3.059	3.980	0.808	0.996	1.190
0.01	1.014	1.008	1.123	3.018	3.801	2.131	3.091	4.026	0.909	1.018	1.144
0.02	2.029	1.009	1.111	2.991	3.829	2.134	3.094	4.029	0.917	1.020	1.141
0.03	3.043	1.009	1.104	2.974	3.846	2.135	3.096	4.031	0.922	1.021	1.139
0.04	4.057	1.009	1.098	2.960	3.859	2.136	3.097	4.032	0.926	1.022	1.138
0.05	5.071	1.009	1.093	2.949	3.868	2.137	3.098	4.033	0.929	1.022	1.137
0.06	6.086	1.010	1.089	2.938	3.876	2.138	3.100	4.034	0.931	1.023	1.136
0.07	7.100	1.010	1.085	2.929	3.883	2.139	3.100	4.035	0.933	1.023	1.135
0.08	8.114	1.010	1.081	2.921	3.888	2.139	3.101	4.036	0.935	1.024	1.134
0.09	9.129	1.010	1.078	2.913	3.893	2.140	3.012	4.037	0.936	1.024	1.133
0.1	10.143	1.020	1.074	2.905	3.897	2.141	3.103	4.038	0.937	1.025	1.132

注：k、Y、L_2、Z、L_3 的实际值分别为 $k\times 10^3$、$Y\times 10^4$、$L_2\times 10^3$、$Z\times 10^5$、$L_3\times 10^4$。

根据表 31-5 我们可以知道，增加农民工汇款率，城市正式部门的工资水平保持不变，城市非正式部门和农业部门的工资水平都上升，前者从 3.42 上升到 3.897，后者从 3.98 上升到 4.038。汇款率的上升将使得城市正式部门和农村农业部门的工资差距逐渐缩小，从 1.19 下降到 1.132，这与命题 1 相一致。由于通过使用 2017 年国家统计局公布的数据对参数进行校准，得到的 δ 大于 1，即非正式部门的边际产出递增，而我们在理论模型中的假设 1 为非正式部门的边际产出递减。考虑到我国还是一个发展中国家，城市非正式部门仍处于成长的幼稚期，故其边际产出递增是符合我国的发展现状的。因此，在短期的数值模拟分析中，我们不考虑农业部门和城市非正式部门的工资差距。从表 31-5 中，我们还可以知道汇款率的增加导致城市非正式部门的非技术劳动力向农村地区返回，从而使得非正式部门的产出下降，产品价格上升，这与我们在理论分析中得到的结果相一致，数值变化的大小则体现出汇款率变动带来影响的大小。

三、长期数值模拟分析

在长期数值模拟中，各生产函数的参数与短期一致。关键外生变量汇款率 θ 从 0.01 逐渐上升到 0.1，数值模拟结果见表 31-6 和表 31-7：

表 31-6　长期汇款率上升的经济效果

θ	k	g	L_1	K_1	L_2	P_Y	L_3	K_3	r
0.00	0.000	1.000	2.504	4.840	3.127	0.785	3.080	8.841	1.000
0.01	1.024	1.008	2.530	4.894	3.150	0.790	3.052	8.298	1.000
0.02	2.055	1.009	2.538	4.911	3.170	0.801	3.043	8.130	0.999
0.03	3.092	1.009	2.545	4.928	3.193	0.809	3.033	7.959	0.998
0.04	4.136	1.009	2.553	4.946	3.210	0.817	3.023	7.773	0.998
0.05	5.185	1.010	2.560	4.963	3.231	0.826	3.014	7.611	0.997
0.06	6.241	1.010	2.568	4.981	3.249	0.835	3.004	7.430	0.997
0.07	7.300	1.010	2.575	4.996	3.270	0.842	2.995	7.273	0.996
0.08	8.371	1.010	2.584	5.016	3.289	0.850	2.985	7.081	0.996
0.09	9.439	1.010	2.589	5.029	3.307	0.861	2.977	6.948	0.995
1.00	10.524	1.011	2.598	5.050	3.327	0.869	2.966	6.740	0.995

注：k、L_1、K_1、L_2、L_3、K_3 的实际值分别为 $k \times 10^3$、$L_1 \times 10^4$、$K_1 \times 10^5$、$L_2 \times 10^3$、$L_3 \times 10^4$、$K_3 \times 10^4$。

表 31-7　长期汇款率上升对各部门收入以及收入差距的影响

θ	W_1	W_2	W_3	$W_1 - W_3$	$W_3 - W_2$
0.00	5.170	3.420	3.980	1.190	0.560
0.01	5.217	3.446	3.983	1.234	0.537
0.02	5.232	3.498	3.989	1.243	0.491

（续表）

θ	W_1	W_2	W_3	W_1-W_3	W_3-W_2
0.03	5.247	3.537	3.993	1.254	0.456
0.04	5.264	3.575	3.997	1.267	0.422
0.05	5.279	3.618	4.002	1.277	0.384
0.06	5.295	3.661	4.006	1.289	0.345
0.07	5.309	3.695	4.010	1.299	0.315
0.08	5.327	3.734	4.014	1.313	0.280
0.09	5.339	3.786	4.020	1.319	0.234
0.10	5.357	3.825	4.024	1.333	0.199

根据表31-6我们可以知道，汇款率的上升，使得农村和城市非正式部门的非技术劳动力向城市正式部门转移，城市非正式部门由于非技术劳动力减少，其产出水平下降，在城市居住总人口增加的情况下，其产品的价格水平将逐渐上升；资本由农业部门向城市正式部门转移；城市正式部门、分正式部门和农业部门的工资均随着汇款率的增加而增加。其中，城市正式部门的工资由5.17上升到5.357，非正式部门的工资由3.42上升到3.825，农业部门的工资水平由3.98上升到4.024。城市正式部门和农业部门的工资差距增大，从1.19增大到1.333；农业部门与城市非正式部门的工资差距缩小，从0.56下降到0.199。因此，长期中，数值模拟的结果与理论研究部分的命题2的相关结论一致，其数值变化的大小也体现出汇款率变动带来影响的大小。

第5节 结 论

汇款作为农村的重要经济来源，对农村经济发展起了明显的促进作用；而城乡区域发展和收入分配差距较大的现实必然影响到农村的稳定，不利于"三农"问题的解决。通过本章的研究可以知道，在短期中农民工提升汇款率能缩小城市正式部门和农业部门的工资差距而增大农业部门和城市非正式部门的工资差距；在长期中,农民工提升汇款率使得城市正式部门和农业部门的工资差距增大而缩小农业部门和城市非正式部门的工资差距。

目前我国城市的收入水平要高于农村,在市场机制的作用下,农村劳动力向城市的转移还会持续。由于汇款是农民工利他主义的必然产物,如上述那样的城乡不同部门间收入差距的不同变化,并且短、长期结论截然相反的情况,提示政策制定部门必须重视汇款效果的复杂性。另外,从非正式部门的定义可知,它是一个具有临时性质的部门,故而城市正式部门与农业部门之间的收入差距是城乡收入差距问题中的核心。从这个意义上看问题,短期中的提升汇款率的城乡收入效果最优。总之,为遵循市场规律解决好在汇款率变化情况下城乡各部门间的收入差距问题提供理论依据,就是我们进行本研究的价值所在。

附　录

附录 A

在劳动力不同质的模型中,使用 Cramer 法则计算方程(31－17)的具体运算结果如下：

$$\Delta_1 = (P_Y F_{LL}^2 + g F_{LL}^3)(1-\alpha)Y - F_L^2(1-\alpha)P_Y F_L^2 < 0$$

$$\frac{dW_2}{d\theta} = \frac{\overline{W}L_1}{\Delta_1}[P_Y F_{LL}^2 g' F_L^3(1-\alpha)Y - g' F_L^2 F_L^3(1-\alpha)P_Y F_L^2 - \alpha g F_L^2 F_{LL}^3] > 0$$

$$\frac{dL_2}{d\theta} = \frac{\overline{W}L_1}{\Delta_1}[g' F_L^3(1-\alpha)Y + \alpha F_L^2] < 0$$

$$\frac{dr_3}{d\theta} = \frac{\overline{W}L_1}{\Delta_1}\begin{Bmatrix} g' F_K^3(1-\alpha)Y(P_Y F_{LL}^2 + g F_{LL}^3) - \alpha g F_L^2 F_{KL}^3 - \\ F_L^2 g' F_K^3(1-\alpha)P_Y F_L^2 - g F_{KL}^3 g' F_L^3(1-\alpha)Y \end{Bmatrix} > 0$$

$$\frac{dP_Y}{d\theta} = \frac{\overline{W}L_1}{\Delta_1}[-\alpha - \alpha g F_{LL}^3 - (1-\alpha)P_Y F_{LL}^2 g' F_L^3] > 0$$

$$\frac{dY}{d\theta} = \frac{\overline{W}L_1 F_L^2}{\Delta_1}[g' F_L^3(1-\alpha)Y + \alpha F_L^2] < 0$$

$$\frac{\mathrm{d}L_3}{\mathrm{d}\theta} = \frac{-\bar{W}L_1}{\Delta_1}[g'F_L^3(1-\alpha)Y + \alpha F_L^2] > 0$$

$$\frac{\mathrm{d}Z}{\mathrm{d}\theta} = \frac{-\bar{W}L_1}{\Delta_1}[g'F_L^3 g F_L^3 g'F_L^3(1-\alpha)Y + g\alpha F_L^2 F_L^3] > 0$$

$$\frac{\mathrm{d}(W_1 - W_2)}{\mathrm{d}\theta} = \frac{-\bar{W}L_1}{\Delta_1}[P_Y F_{LL}^2 g'F_L^3(1-\alpha)Y - g'F_L^2 F_L^3(1-\alpha)P_Y F_L^2 - \alpha g F_L^2 F_{LL}^3] < 0$$

$$\frac{\mathrm{d}(W_1 - W_3)}{\mathrm{d}\theta} = -\frac{\bar{W}L_1}{\Delta_1}\begin{cases} P_Y F_{LL}^2 g'F_L^3(1-\alpha)Y \frac{L_2}{L_1+L_2} - \alpha g F_L^2 F_{LL}^3 \frac{L_2}{L_1+L_2} + \\ g'F_L^3(1-\alpha)Y \frac{(W_2-\bar{W})L_1}{(L_1+L_2)^2} + \alpha F_L^2 \frac{(W_2-\bar{W})L_1}{(L_1+L_2)^2} - \\ F_L^2 g'F_L^3(1-\alpha)P_Y F_L^2 \frac{L_2}{L_1+L_2} \end{cases} < 0$$

$$\frac{\mathrm{d}(\bar{W} - W_2)}{\mathrm{d}\theta} = \frac{-\bar{W}L_1}{\Delta_1}[P_Y F_{LL}^2 g'F_L^3(1-\alpha)Y - g'F_L^2 F_L^3(1-\alpha)P_Y F_L^2 - \alpha g F_L^2 F_{LL}^3] < 0$$

$$\frac{\mathrm{d}(\bar{W} - W_3)}{\mathrm{d}\theta} = -\frac{\bar{W}L_1}{\Delta_1}\begin{cases} P_Y F_{LL}^2 g'F_L^3(1-\alpha)Y \frac{L_2}{L_1+L_2} - \alpha g F_L^2 F_{LL}^3 \frac{L_2}{L_1+L_2} + \\ g'F_L^3(1-\alpha)Y \frac{(W_2-\bar{W})L_1}{(L_1+L_2)^2} - \alpha g F_L^2 F_{LL}^3 \frac{L_2}{L_1+L_2} + \\ \alpha F_L^2 \frac{(W_2-\bar{W})L_1}{(L_1+L_2)} - F_L^2 g'F_L^3(1-\alpha)P_Y F_L^2 \frac{L_2}{L_1+L_2} \end{cases} < 0$$

$$\frac{\mathrm{d}(W_3 - W_2)}{\mathrm{d}\theta} = \frac{\bar{W}L_1}{\Delta_1}\begin{cases} -P_Y F_{LL}^2 g'F_L^3(1-\alpha)Y \frac{L_1}{L_1+L_2} - \frac{F_L^2 L_2}{L_1+L_2}\alpha g F_{LL}^3 - \\ \frac{F_L^2 L_2}{L_1+L_2} g'F_L^3(1-\alpha)P_Y F_L^2 + \frac{(W_2-\bar{W})L_1}{(L_1+L_2)^2}(1-\alpha)Yg'F_L^3 + \\ F_L^2 g'F_L^3(1-\alpha)P_Y F_L^2 + \alpha g F_L^2 F_{LL}^3 + \alpha F_L^2 \frac{(W_2-\bar{W})L_1}{(L_1+L_2)^2} \end{cases} > 0^{[1]}$$

附录 B

在长期模型中,使用 Cramer 法则计算方程(31 - 18)的具体运算结果如下:

$$\Delta_\varrho = \begin{cases} (1-\alpha)Y\dfrac{gF_{KK}^3 F_{LL}^1 - P_X(F_{KL}^1 F_{LK}^1 - F_{KK}^1 F_{LL}^1)}{F_{LK}^1}\left(-\dfrac{(\bar{W}-W_2)L_1}{(L_1+L_2)^2}+P_Y F_{LL}^2 \dfrac{L_2}{L_1+L_2}+ \right. \\ \left. gF_{LL}^3\right) + (1-\alpha)Y(g'F_K^3 \theta \bar{W} - gF_{KL}^3)\left(-\dfrac{(\bar{W}-W_2)L_1}{(L_1+L_2)^2}+P_Y F_{LL}^2 \dfrac{L_2}{L_1+L_2}+ \right. \\ \left. gF_{LL}^3\right) - gK_{KL}^3 F_L^2 \dfrac{L_2}{L_1+L_2}\left(-\alpha P_X \dfrac{F_L^1 F_{LK}^1 - F_K^1 F_{LL}^1}{F_{LK}^1}+\alpha L\right)+ \\ gK_{KL}^3(1-\alpha)Y\left(\dfrac{(\bar{W}-W_2)L_2}{(L_1+L_2)^2}-gK_{KL}^3 \dfrac{F_{LL}^1}{F_{LK}^3}\right)+gK_{KL}^3(1-\alpha)Y(-g'f_L^3 \theta \bar{W} + gF_{LL}^3)- \\ (1-\alpha)P_Y F_L^2 F_L^2 \dfrac{L_2}{L_1+L_2}\dfrac{gF_{KK}^3 F_{LL}^1 - P_X(F_{KL}^1 F_{LK}^1 - F_{KK}^1 F_{LL}^1)}{F_{LK}^1} - \\ (1-\alpha)P_Y F_L^2 F_L^2 \dfrac{L_2}{L_1+L_2}(g'F_K^3 \theta \bar{W} - gF_{KL}^3) \end{cases} > 0$$

$$\dfrac{dW_2}{d\theta} = -\dfrac{Q}{\Delta_\varrho}\begin{cases} \alpha F_L^2 \dfrac{gF_{KK}^3 F_{LL}^1 - P_X(F_{KL}^1 F_{LK}^1 - F_{KK}^1 F_{LL}^1)}{F_{LK}^1}\left(-gF_{LL}^3 + \dfrac{(\bar{W}-W_2)L_1}{(L_1+L_2)^2}\right) - \\ gF_{KL}^3 g'F_L^3 P_Y F_{LL}^2(1-\alpha)Y - gF_{KL}^3 g'F_L^3 F_L^2\left(-\alpha P_X \dfrac{F_L^1 F_{LK}^1 - F_K^1 F_{LL}^1}{F_{LK}^1}- \right. \\ \left. (1-\alpha)P_Y F_L^2\right) + g'F_K^3\left(\dfrac{(\bar{W}-W_2)L_2}{(L_1+L_2)^2}-gK_{KL}^3 \dfrac{F_{LL}^1}{F_{LK}^3}+\dfrac{(\bar{W}-W_2)L_1}{(L_1+L_2)^2}\right) \\ (-P_Y F_{LL}^2(1-\alpha)Y-(1-\alpha)P_Y F_L^2 F_L^2) - g'F_K^3\left(-gF_{LL}^3+\dfrac{(\bar{W}-W_2)L_1}{(L_1+L_2)^2}\right) \\ \left(-\alpha P_X F_L^2 \dfrac{F_L^1 F_{LK}^1 - F_K^1 F_{LL}^1}{F_{LK}^1}-(1-\alpha)P_Y(F_L^2)^2+P_Y F_{LL}^2(1-\alpha)Y\right)- \\ gK_{KL}^3 \alpha F_L^2\left(\dfrac{(\bar{W}-W_2)L_2}{(L_1+L_2)^2}-gK_{KL}^3 \dfrac{F_{LL}^1}{F_{LK}^3}+\dfrac{(\bar{W}-W_2)L_1}{(L_1+L_2)^2}\right)+ \\ g'F_L^3 \dfrac{gF_{KK}^3 F_{LL}^1 - P_X(F_{KL}^1 F_{LK}^1 - F_{KK}^1 F_{LL}^1)}{F_{LK}^1}(P_Y F_{LL}^2(1-\alpha)Y-(1-\alpha)P_Y F_L^2 F_L^2) \end{cases} > 0$$

$$\frac{dW_3}{d\theta} = \frac{Q}{\Delta_2} \begin{cases} \alpha g F_{KL}^3 F_L^2 \frac{L_2}{L_1+L_2} \left(g K_{KL}^3 \frac{F_{LL}^1}{F_{LK}^1} - g F_{LL}^3 \right) - g F_{LL}^3 g' F_K^3 \\[6pt] \left(-F_L^2 \frac{L_2}{L_1+L_2} \alpha P_x \frac{F_L^1 F_{LK}^1 - F_K^1 F_{LL}^1}{F_{LK}^1} - (1-\alpha)Y \frac{(\overline{W}-W_2)L_2}{(L_1+L_2)^2} \right) + \\[6pt] g' F_L^3 \left(\frac{g F_{KK}^3 F_{LL}^1 - P_X (F_{KL}^3 F_{LK}^1 - F_{KK}^3 F_{LL}^1)}{F_{LK}^1} - g F_{KL}^3 \right)(1-\alpha) \\[6pt] \left(F_L^2 \frac{L_2}{L_1+L_2} P_Y F_L^2 + \frac{(\overline{W}-W_2)L_1}{(L_1+L_2)^2} Y - P_Y F_{LL}^2 \frac{L_2}{L_1+L_2} Y \right) + \\[6pt] g F_{KL}^3 g' F_L^3 \left(-\frac{(\overline{W}-W_2)L_2}{(L_1+L_2)^2}(1-\alpha)Y - F_L^2 \frac{L_2}{L_1+L_2} \alpha P_X \frac{F_L^1 F_{LK}^1 - F_K^1 F_{LL}^1}{F_{LK}^1} \right) + \\[6pt] g F_L^2 F_{LL}^3 \frac{L_2}{L_1+L_2} \alpha \left(\frac{g F_{KK}^3 F_{LL}^1 - P_X (F_{KL}^3 F_{LK}^1 - F_{KK}^3 F_{LL}^1)}{F_{LK}^1} - g F_{KL}^3 \right) - \\[6pt] g' F_K^3 \left(g K_{KL}^3 \frac{F_{LL}^1}{F_{LK}^1} - g F_{LL}^3 \right)(1-\alpha) \left(F_L^2 \frac{L_2}{L_1+L_2} P_Y F_L^2 + \frac{(\overline{W}-W_2)L_1}{(L_1+L_2)^2} Y - \right. \\[6pt] \left. P_Y F_{LL}^2 \frac{L_2}{L_1+L_2} Y \right) \end{cases} > 0$$

$$\frac{dL_1}{d\theta} = \frac{Q}{\Delta_2} \begin{cases} -g K_{KL}^3 g' F_L^3 (1-\alpha)Y - (1-\alpha) P_Y F_L^2 g' F_K^3 F_L^2 \frac{L_2}{L_1+L_2} + \\[6pt] g' F_K^3 (1-\alpha)Y \left(g F_{LL}^3 - \frac{(\overline{W}-W_2)L_1}{(L_1+L_2)^2} + P_Y F_{LL}^2 \frac{L_2}{L_1+L_2} \right) - \\[6pt] \alpha g K_{KL}^3 F_L^2 \frac{L_2}{L_1+L_2} \end{cases} > 0$$

$$\frac{dL_2}{d\theta} = \frac{Q}{\Delta_2} \begin{cases} -g'F_L^3(1-\alpha)Y\left(\dfrac{gF_{KK}^3 F_{LL}^1 - P_X(F_{KL}^1 F_{LK}^1 - F_{KK}^1 F_{LL}^1)}{F_{LK}^1} - gF_{KL}^3\right) \\[2mm] -g'F_K^3 F_L^2 \dfrac{L_2}{L_1+L_2}\alpha P_X \dfrac{F_L^1 F_{LK}^1 - F_K^1 F_{LL}^1}{F_{LK}^1} \\[2mm] -g'F_K^3(1-\alpha)Y\left(\dfrac{(\bar{W}-W_2)L_2}{(L_1+L_2)^2} - gK_{KL}^3\dfrac{F_{LL}^1}{F_{LK}^1} + gF_{LL}^3\right) \\[2mm] -F_L^2 \dfrac{L_2}{L_1+L_2}\alpha\left(\dfrac{gF_{KK}^3 F_{LL}^1 - P_X(F_{KL}^1 F_{LK}^1 - F_{KK}^1 F_{LL}^1)}{F_{LK}^1} - gF_{KL}^3\right) \end{cases} < 0$$

$$\frac{dL_3}{d\theta} = -\frac{Q}{\Delta_2} \begin{cases} -g'F_L^3(1-\alpha)Y\dfrac{gF_{KK}^3 F_{LL}^1 - P_X(F_{KL}^1 F_{LK}^1 - F_{KK}^1 F_{LL}^1)}{F_{LK}^1} + \\[2mm] g'F_K^3 F_L^2 \dfrac{L_2}{L_1+L_2}\left(-\alpha P_x \dfrac{F_L^1 F_{LK}^1 - F_K^1 F_{LL}^1}{F_{LK}^1} - (1-\alpha)P_Y F_L^2\right) - \\[2mm] g'F_K^3(1-\alpha)Y\left(\dfrac{(\bar{W}-W_2)L_2}{(L_1+L_2)^2} - gK_{KL}^3\dfrac{F_{LL}^1}{F_{LK}^1} + \dfrac{(\bar{W}-W_2)L_1}{(L_1+L_2)^2} - \right. \\[2mm] \left. P_Y F_{LL}^2 \dfrac{L_2}{L_1+L_2}\right) - \alpha F_L^2 \dfrac{L_2}{L_1+L_2}\dfrac{gF_{KK}^3 F_{LL}^1 - P_X(F_{KL}^1 F_{LK}^1 - F_{KK}^1 F_{LL}^1)}{F_{LK}^1} \end{cases} < 0$$

$$\frac{dk}{d\theta} = \frac{-Q}{\Delta_2} \begin{cases} (1-\alpha)Y\left(\dfrac{gF_{KK}^3 F_{LL}^1 - P_X(F_{KL}^1 F_{LK}^1 - F_{KK}^1 F_{LL}^1)}{F_{LK}^1} - gF_{KL}^3\right)\left(P_Y F_{LL}^2 \dfrac{L_2}{L_1+L_2} - \right. \\[2mm] \left. \dfrac{(\bar{W}-W_2)L_1}{(L_1+L_2)^2} + gF_{LL}^3\right) + gF_K^3 F_L^2 \dfrac{L_2}{L_1+L_2}\alpha P_X \dfrac{F_L^1 F_{LK}^1 - F_K^1 F_{LL}^1}{F_{LK}^1} + \\[2mm] gF_{KL}^3(1-\alpha)Y\left(\dfrac{(\bar{W}-W_2)L_2}{(L_1+L_2)^2} - gF_{KL}^3\dfrac{F_{LL}^1}{F_{LK}^1} + gF_{LL}^3 L\right) - \\[2mm] F_L^2 \dfrac{L_2}{L_1+L_2}(1-\alpha)P_Y F_L^2\left(\dfrac{gF_{KK}^3 F_{LL}^1 - P_X(F_{KL}^1 F_{LK}^1 - F_{KK}^1 F_{LL}^1)}{F_{LK}^1} - gF_{KL}^3\right) \end{cases} > 0$$

$$\frac{\mathrm{d}P_Y}{\mathrm{d}\theta} = \frac{Q}{\Delta_2} \begin{cases} \alpha \left(\frac{gF_{KK}^3 F_{LL}^1 - P_X(F_{KL}^1 F_{LK}^1 - F_{KK}^1 F_{LL}^1)}{F_{LK}^1} - gF_{KL}^3 \right) \left(P_Y F_{LL}^2 \frac{L_2}{L_1+L_2} - \right. \\ \left. \frac{(\bar{W}-W_2)L_1}{(L_1+L_2)^2} + gF_{LL}^3 \right) - gF_{KL}^3 g'F_L^3 \alpha P_X \frac{F_L^1 F_{LK}^1 - F_K^1 F_{LL}^1}{F_{LK}^1} + \\ g'F_K^3(1-\alpha) P_Y F_L^2 \left(\frac{(\bar{W}-W_2)L_2}{(L_1+L_2)^2} - gF_{KL}^3 \frac{F_{LL}^1}{F_{LK}^1} + gF_{LL}^3 \right) + \\ \alpha P_X \frac{F_L^1 F_{LK}^1 - F_K^1 F_{LL}^1}{F_{LK}^1} g'F_K^3 \left(P_Y F_{LL}^2 \frac{L_2}{L_1+L_2} - \frac{(\bar{W}-W_2)L_1}{(L_1+L_2)^2} + gF_{LL}^3 \right) + \\ \alpha g F_{KL}^3 \left(\frac{(\bar{W}-W_2)L_2}{(L_1+L_2)^2} - gF_{KL}^3 \frac{F_{LL}^1}{F_{LK}^1} + gF_{LL}^3 \right) + \\ (1-\alpha) P_Y F_L^2 g'F_L^3 \left(\frac{gF_{KK}^3 F_{LL}^1 - P_X(F_{KL}^1 F_{LK}^1 - F_{KK}^1 F_{LL}^1)}{F_{LK}^1} - gF_{KL}^3 \right) \end{cases} > 0$$

$$\frac{\mathrm{d}X}{\mathrm{d}\theta} = \frac{F_L^1 F_{LK}^1 - F_K^1 F_{LL}^1}{F_{LK}^1} \frac{\mathrm{d}L_1}{\mathrm{d}\theta} > 0$$

$$\frac{\mathrm{d}Y}{\mathrm{d}\theta} = F_L^2 \frac{\mathrm{d}L_2}{\mathrm{d}\theta} < 0$$

$$\frac{\mathrm{d}W_1}{\mathrm{d}\theta} = \frac{P_X(F_{SL}^1 F_{LK}^1 - F_{SK}^1 F_{LL}^1)}{F_{LK}^1} \frac{\mathrm{d}L_1}{\mathrm{d}\theta} > 0$$

$$\frac{\mathrm{d}K_1}{\mathrm{d}\theta} = -\frac{F_{LL}^1}{F_{LK}^1} \frac{\mathrm{d}L_1}{\mathrm{d}\theta} > 0$$

$$\frac{\mathrm{d}K_3}{\mathrm{d}\theta} = -\frac{F_{LL}^1}{F_{LK}^1} \frac{\mathrm{d}L_1}{\mathrm{d}\theta} < 0$$

$$\frac{\mathrm{d}r}{\mathrm{d}\theta} = \frac{P_X(F_{KL}^1 F_{LK}^1 - F_{KK}^1 F_{LL}^1)}{F_{LK}^1} \frac{\mathrm{d}L_1}{\mathrm{d}\theta} < 0$$

$$\frac{d(W_1-W_3)}{d\theta}=\frac{Q}{\Delta_2}\left\{\begin{array}{l}\frac{P_X(F_{SL}^1F_{LK}^1-F_{SK}^1F_{LL}^1)}{F_{LK}^1}\left[\begin{array}{l}-gK_{KL}^3g'F_L^3(1-\alpha)Y-(1-\alpha)P_YF_{LL}^2g'F_K^3F_L^2\\ \frac{L_2}{L_1+L_2}+g'F_K^3(1-\alpha)Y\Big(gF_{LL}^3-\\ \frac{(\bar{W}-W_2)L_1}{(L_1+L_2)^2}+P_YF_{LL}^2\frac{L_2}{L_1+L_2}\Big)-\\ \alpha gK_{KL}^3F_L^2\frac{L_2}{L_1+L_2}\end{array}\right]-\\ \left\{\begin{array}{l}\alpha gF_{KL}^3F_L^2\frac{L_2}{L_1+L_2}\Big(gK_{KL}^3\frac{F_{LL}^1}{F_{LK}^1}-gF_{LL}^3\Big)-gF_{LL}^3g'F_K^3\\ \Big(-F_L^2\frac{L_2}{L_1+L_2}\alpha P_X\frac{F_L^1F_{LK}^1-F_K^1F_{LL}^1}{F_{LK}^1}-(1-\alpha)Y\frac{(\bar{W}-W_2)L_2}{(L_1+L_2)^2}\Big)+\\ g'F_L^3\Big(\frac{gF_{KK}^3F_{LL}^1-P_X(F_{KL}^1F_{LK}^1-F_{KK}^1F_{LL}^1)}{F_{LK}^1}-gF_{KL}^3\Big)(1-\alpha)\\ \Big(F_L^2\frac{L_2}{L_1+L_2}P_YF_L^2+\frac{(\bar{W}-W_2)L_1}{(L_1+L_2)^2}Y-P_YF_{LL}^2\frac{L_2}{L_1+L_2}Y\Big)+\\ gF_{KL}^3g'F_L^3\Big(-\frac{(\bar{W}-W_2)L_2}{(L_1+L_2)^2}(1-\alpha)Y-\\ F_L^2\frac{L_2}{L_1+L_2}\alpha P_X\frac{F_L^1F_{LK}^1-F_K^1F_{LL}^1}{F_{LK}^1}\Big)+\\ gF_L^2F_{LL}^3\frac{L_2}{L_1+L_2}\alpha\Big(\frac{gF_{KK}^3F_{LL}^1-P_X(F_{KL}^1F_{LK}^1-F_{KK}^1F_{LL}^1)}{F_{LK}^1}-gF_{KL}^3\Big)-\\ g'F_K^3\Big(gK_{KL}^3\frac{F_{LL}^1}{F_{LK}^1}-gF_{LL}^3\Big)(1-\alpha)\Big(F_L^2\frac{L_2}{L_1+L_2}P_YF_L^2+\\ \frac{(\bar{W}-W_2)L_1}{(L_1+L_2)^2}Y-P_YF_{LL}^2\frac{L_2}{L_1+L_2}Y\Big)\end{array}\right\}\end{array}\right\}>0$$

$$\frac{\mathrm{d}(\bar{W}-W_3)}{\mathrm{d}\theta}=-\frac{Q}{\Delta_2}\begin{cases}\alpha g F_{KL}^3 F_L^2 \dfrac{L_2}{L_1+L_2}\left(gK_{KL}^3\dfrac{F_{LL}^1}{F_{LK}^1}-gF_{LL}^3\right)-gF_{LL}^3 g'F_K^3\\[2pt]\begin{bmatrix}-F_L^2\dfrac{L_2}{L_1+L_2}\alpha P_X\dfrac{F_L^1 F_{LK}^1-F_K^1 F_{LL}^1}{F_{LK}^1}-\\[2pt](1-\alpha)Y\dfrac{(\bar{W}-W_2)L_2}{(L_1+L_2)^2}+\\[2pt]g'F_L^3\dfrac{(gF_{KK}^3 F_{LL}^1-P_X(F_{KL}^1 F_{LK}^1-F_{KK}^1 F_{LL}^1)}{F_{LK}^1}-gF_{KL}^3\end{bmatrix}(1-\alpha)\\[2pt]\left(F_L^2\dfrac{L_2}{L_1+L_2}P_Y F_L^2+\dfrac{(\bar{W}-W_2)L_1}{(L_1+L_2)^2}Y-P_Y F_{LL}^2\dfrac{L_2}{L_1+L_2}Y\right)+\\[2pt]gF_{KL}^3 g'F_L^3\Big(-\dfrac{(\bar{W}-W_2)L_2}{(L_1+L_2)^2}(1-\alpha)Y-\\[2pt]F_L^2\dfrac{L_2}{L_1+L_2}\alpha P_X\dfrac{F_L^1 F_{LK}^1-F_K^1 F_{LL}^1}{F_{LK}^1}\Big)+\\[2pt]gF_L^2 F_{LL}^3\dfrac{L_2}{L_1+L_2}\alpha\Big(\dfrac{gF_{KK}^3 F_{LL}^1-P_X(F_{KL}^1 F_{LK}^1-F_{KK}^1 F_{LL}^1)}{F_{LK}^1}-gF_{KL}^3\Big)-\\[2pt]g'F_K^3\Big(gK_{KL}^3\dfrac{F_{LL}^1}{F_{LK}^1}-gF_{LL}^3\Big)(1-\alpha)\Big(F_L^2\dfrac{L_2}{L_1+L_2}P_Y F_L^2+\\[2pt]\dfrac{(\bar{W}-W_2)L_1}{(L_1+L_2)^2}Y-P_Y F_{LL}^2\dfrac{L_2}{L_1+L_2}Y\Big)\end{cases}<0$$

$$\frac{d(W_3-W_2)}{d\theta}=\frac{Q}{\Delta_2}\left\{\begin{array}{l}\alpha g F_{KL}^3 F_L^2 \dfrac{L_2}{L_1+L_2}\left(gK_{KL}^3 \dfrac{F_{LL}^1}{F_{LK}^1}-gF_{LL}^3\right)-gF_{LL}^3 g' F_K^3 \\[4pt] \left(-F_L^2 \dfrac{L_2}{L_1+L_2}\alpha P_X \dfrac{F_L^1 F_{LK}^1-F_K^1 F_{LL}^1}{F_{LK}^1}-(1-\alpha)Y\dfrac{(\bar{W}-W_2)L_2}{(L_1+L_2)^2}\right)+ \\[4pt] g'F_L^3\left(\dfrac{gF_{KK}^3 F_{LL}^1-P_X(F_{KL}^1 F_{LK}^1-F_{KK}^1 F_{LL}^1)}{F_{LK}^1}-gF_{KL}^3\right)(1-\alpha) \\[4pt] \left(F_L^2 \dfrac{L_2}{L_1+L_2}P_Y F_L^2+\dfrac{(\bar{W}-W_2)L_1}{(L_1+L_2)^2}Y-P_Y F_{LL}^2 \dfrac{L_2}{L_1+L_2}Y\right)+ \\[4pt] gF_{KL}^3 g'F_L^3\left(-\dfrac{(\bar{W}-W_2)L_2}{(L_1+L_2)^2}(1-\alpha)Y-F_L^2 \dfrac{L_2}{L_1+L_2}\alpha P_X \dfrac{F_L^1 F_{LK}^1-F_K^1 F_{LL}^1}{F_{LK}^1}\right)+ \\[4pt] gF_L^2 F_{LL}^3 \dfrac{L_2}{L_1+L_2}\alpha\left(\dfrac{gF_{KK}^3 F_{LL}^1-P_X(F_{KL}^1 F_{LK}^1-F_{KK}^1 F_{LL}^1)}{F_{LK}^1}-gF_{KL}^3\right)- \\[4pt] g'F_K^3\left(gK_{KL}^3 \dfrac{F_{LL}^1}{F_{LL}^1}-gF_{LL}^3\right)(1-\alpha)\left(F_L^2 \dfrac{L_2}{L_1+L_2}P_Y F_L^2+\dfrac{(\bar{W}-W_2)L_1}{(L_1+L_2)^2}Y-\right. \\[4pt] \left.P_Y F_{LL}^2 \dfrac{L_2}{L_1+L_2}Y\right)+\alpha F_L^2 \dfrac{gF_{KK}^3 F_{LL}^1-P_X(F_{KL}^1 F_{LK}^1-F_{KK}^1 F_{LL}^1)}{F_{LK}^1} \\[4pt] \left(-gF_{LL}^3+\dfrac{(\bar{W}-W_2)L_1}{(L_1+L_2)^2}\right)-gF_{KL}^3{}'g'F_L^3 P_Y F_{LL}^2(1-\alpha)Y- \\[4pt] gF_{KL}^3 g'F_L^3 F_L^2\left(-\alpha P_X \dfrac{F_L^1 F_{LK}^1-F_K^1 F_{LL}^1}{F_{LK}^1}-(1-\alpha)P_Y F_L^2\right)+ \\[4pt] g'F_K^3\left(\dfrac{(\bar{W}-W_2)L_2}{(L_1+L_2)^2}-gK_{KL}^3 \dfrac{F_{LL}^1}{F_{LL}^3}+\dfrac{(\bar{W}-W_2)L_1}{(L_1+L_2)}\right) \\[4pt] (-P_Y F_{LL}^2(1-\alpha)Y-(1-\alpha)P_Y F_L^2 F_L^2)-g'F_K^3 \\[4pt] \left(-gF_{LL}^3+\dfrac{(\bar{W}-W_2)L_1}{(L_1+L_2)^2}\right)\left(-\alpha P_X F_L^2\right)\dfrac{F_L^1 F_{LK}^1-F_K^1 F_{LL}^1}{F_{LK}^1}- \\[4pt] (1-\alpha)P_Y(F_L^2)^2+P_Y F_{LL}^2(1-\alpha)Y-gK_{KL}^3 \alpha F_L^2\left(\dfrac{(\bar{W}-W_2)L_2}{(L_1+L_2)^2}-\right. \\[4pt] \left.gK_{KL}^3 \dfrac{F_{LL}^1}{F_{LL}^3}+\dfrac{(\bar{W}-W_2)L_1}{(L_1+L_2)^2}\right)+g'F_L^3 \dfrac{gF_{KK}^3 F_{LL}^1-P_X(F_{KL}^1 F_{LK}^1-F_{KK}^1 F_{LL}^1)}{F_{LK}^1} \\[4pt] (P_Y F_{LL}^2(1-\alpha)Y-(1-\alpha)P_Y F_L^2 F_L^2)\end{array}\right\}<0$$

参考文献

[1] 陈斌开,林毅夫. 重工业优先发展战略、城市化和城乡工资差距[J]. 南开经济研究,2010 (01):3-18.

[2] BELADI H,CHAUDHURI S,YABUUCHI S. Can International Factor Mobility Reduce Wage Inequality in a dual Economy?[J]. Review of International Economics, 2008,16(5):893-903.

[3] CHANDRA V,KHAN A M. Foreign Investment in the Presence of an Informal Sector [J]. Economica,1993,79-103.

[4] CHAUDHURI S, BANERJEE D. Foreign Capital Inflow, Skilled - Unskilled Wage Inequality and Unemployment of Unskilled Labour in A Fair Wage Model[J]. Economic Modelling,2010,27(1):477-486.

[5] CHAUDHURI S. Wage Inequality in a Dual Economy and International Mobility of Factors:Do Factor Intensities Always Matter?[J]. Economic Modelling,2008,25 (6):1155-1164.

[6] CHAUDHURI S,YABUUCHI S. Economic liberalization and Wage Inequality in the Presence of Labour Market Imperfection[J]. International Review of Economics & Finance,2007,16(4):592-603.

[7] DAS S P. Foreign Direct Investment and the Relative Wage in a Developing Economy [J]. Journal of Development Economics,2002,67(1):55-77.

[8] DJAJIC S. Emigration and Welfare in an Economy with Foreign Capital[J]. Journal of Development Economics,1998,56(2):433-445.

[9] FANG C,HUANG L,WANG M. Technology Spillover and Wage Inequality[J]. Economic Modelling,2008,25(1):137-147.

[10] HARRIS J R,TODARO P M. Migration,Unemployment and Development:A Two - Sector Analysis[J]. The American economic review,1970(1):126-142.

[11] KAR S, BELADI H. Skill Formation and International Migration: Welfare Perspective of Developing Countries[J]. Japan and the World Economy,2004,16(1):

35 – 54.

[12] KAR S, GUHA B K. Economic Reform, Skill Formation and Foreign Capital[J]. The World Economy, 2006, 29(1): 79 – 94.

[13] LI X, WANG D. The Impacts of Rural-Urban Migrants' Remittances on the Urban Economy[J]. The Annals of Regional Science, 2015, 54(2):591 – 603.

[14] LI X, ZHOU J. Environmental Effects of Remittance of Rural – Urban Migrant[J]. Economic Modelling, 2015(47): 174 – 179.

[15] LUNDAHL M. International Migration, Remittances and Real Incomes: Effects on the Source Country[J]. The Scandinavian Journal of Economics, 1985: 647 – 657.

[16] MOORE M P, RANJAN P. Globalisation vs Skill-Biased Technological Change: Implications for Unemployment and Wage Inequality[J]. The Economic Journal, 2005, 115(503): 391 – 422.

[17] PRADHAN G, UPADHYAY M, UPADHYAY K. Remittances and Economic Growth in Developing Countries[J]. The European Journal of Development Research, 2008, 20(3): 497 – 506.

[18] QUIBRIA M G. International Migration, Remittances and Income Distribution in the Source Country: A Synthesis[J]. Bulletin of Economic Research, 1997, 49 (1): 29 – 46.

[19] RIVERA-BATIZ, FRANCISCO L. International Migration, Remittances and Economic Welfare in the Source Country[J]. Journal of Economic Studies, 1986, 13 (3): 3 – 19.

图书在版编目(CIP)数据

李晓春自选集：劳动力转移的经济学理论探索 / 李晓春著. — 南京：南京大学出版社，2021.10
（南京大学经济学院教授文选）
ISBN 978-7-305-24921-1

Ⅰ. ①李… Ⅱ. ①李… Ⅲ. ①劳动力转移—研究—中国 Ⅳ. ①F249.21

中国版本图书馆 CIP 数据核字(2021)第 172427 号

出版发行	南京大学出版社
社　　址	南京市汉口路 22 号　邮　编　210093
出版人	金鑫荣
丛书名	南京大学经济学院教授文选
书　　名	李晓春自选集：劳动力转移的经济学理论探索
著　者	李晓春
责任编辑	徐　媛
照　　排	南京南琳图文制作有限公司
印　　刷	苏州工业园区美柯乐制版印务有限责任公司
开　　本	787×960　1/16　印张 36　字数 587 千
版　　次	2021 年 10 月第 1 版　2021 年 10 月第 1 次印刷
ISBN	978-7-305-24921-1
定　　价	158.00 元

网址：http://www.njupco.com
官方微博：http://weibo.com/njupco
官方微信号：njupress
销售咨询热线：(025) 83594756

* 版权所有，侵权必究
* 凡购买南大版图书，如有印装质量问题，请与所购图书销售部门联系调换